Helga Kreft-Kettermann

Die Nebenbahnen im österreichischen Alpenraum

Entstehung, Entwicklung und Problemanalyse vor dem Hintergrund gewandelter Verkehrs- und Raumstrukturen

Zuschriften, die die Forschungen zur deutschen Landeskunde betreffen, sind zu richten an:

Prof. Dr. G. Richter, Zentralausschuß für deutsche Landeskunde, Universität Trier, Postfach 3825, D-5500 Trier

Schriftleitung: Dr. Reinhard-G. Schmidt

ISBN: 3-88143-043-1

Alle Rechte vorbehalten

Fotosatz: Satz & Text, Inh.: Hedwig M. Kapp, Trier, Telefon (0651) 36605
Reproduktion und Druck: Paulinus-Druckerei GmbH, Fleischstraße, Trier

FORSCHUNGEN ZUR DEUTSCHEN LANDESKUNDE
Band 232

Helga Kreft-Kettermann

Die Nebenbahnen im österreichischen Alpenraum

Entstehung, Entwicklung und Problemanalyse vor dem Hintergrund gewandelter Verkehrs- und Raumstrukturen

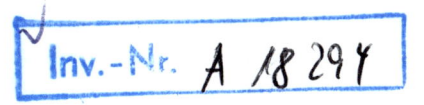

1989
Zentralausschuß für deutsche Landeskunde, Selbstverlag,
5500 Trier

FORSCHUNGEN ZUR DEUTSCHEN LANDESKUNDE

Herausgegeben von den Mitgliedern des Zentralausschusses für deutsche Landeskunde e. V. durch Gerold Richter

VORWORT

Angesichts der Stillegung zahlreicher Neben- und Kleinbahnstrecken sowie der defizitären finanziellen Situation dieser Bahnunternehmen hat die Nebenbahnfrage in den letzten Jahrzehnten entscheidend an Aktualität gewonnen.
Die Verkehrsbedienung durch Eisenbahnen, speziell in ländlichen Räumen, stellt seit jeher einen besonderen Problembereich dar. Dieser zeichnet sich dadurch aus, daß infolge immer stärker abnehmender Verkehrsnachfrage und dem damit verbundenen geringeren Auslastungsgrad der Kapazitäten dieser Strecken eine zunehmende Verschlechterung des Verhältnisses von betriebswirtschaftlichen Kosten und Erträgen eintritt; eine Erscheinung, die immer wieder Anlaß zu Einstellungswünschen von seiten der betreibenden Bahnverwaltungen bot. Seit einiger Zeit stehen damit diese betriebswirtschaftlich unrentablen Neben- und Kleinbahnen, die seit kurzem auch immer wieder für das Defizit der Eisenbahnen mit verantwortlich gemacht werden, häufig der Frage der Existenzberechtigung gegenüber. Sicherlich würden viele dieser Bahnen heute im Zeitalter des fortschreitenden Individualverkehrs, ausgelöst durch den enormen Anstieg des Kraftwagenverkehrs, nicht mehr gebaut; jedoch haben auch diese Verkehrsträger von der Zeit ihrer Entstehung um die Jahrhundertwende bis hin zur Gegenwart ihre speziellen struktur-, verkehrs- und raumbezogenen Bedeutungen und Funktionen besessen, deren Eigenart und Wandel es zu untersuchen gilt.
Für eine umfassende und eingehende Analyse sowie Interpretation der Nebenbahnproblematik ist es angebracht, ausgehend von der Entstehungsgeschichte über den Entwicklungsverlauf bis hin zu einem sich mehr oder weniger deutlich abzeichnenden Bedeutungs- und Funktionswandel, auch einen Gesamtüberblick über die verschiedenen Typen von Nebenbahnen zu geben, wobei nicht nur eine Gegenüberstellung von Staats- und Privatbahnen sowie Normal- und Schmalspurbahnen erfolgt, sondern auch eine Unterscheidung in Verbindungs- und Stichbahnen sowie Gebirgs- und Talbahnen Berücksichtigung findet.
Der österreichische Alpenraum zeigt sich als ein für diese Zwecke besonders geeignetes Untersuchungsgebiet. Aufgrund der durch die orographischen Gegebenheiten bedingten räumlichen Verteilung von wirtschaftlichen Akträumen in den verkehrsmäßig frühzeitig erschlossenen Haupttälern und wirtschaftlichen Passivräumen in den entlegenen Seitentälern ist es gerade in diesem Gebiet während der Phase des Lokalbahnbaues zur Errichtung zahlreicher Bahnen dieses Typs gekommen. Ihre vorrangige Aufgabe war es, die mehr oder weniger entlegenen Talschaften an die Bevölkerungs- und Wirtschaftsagglomerationen sowie an die Standorte zentralörtlicher Einrichtungen in den Haupttälern und somit an das Hauptverkehrsnetz anzuschließen. Die Nebenbahnen des österreichischen Alpenraumes weisen infolgedessen nicht zuletzt aufgrund der vielfältigen Reliefstruktur und der unterschiedlichen wirtschaftlichen wie auch verkehrsmäßigen Erschließung und Ausstattung der einzelnen Regionen neben

verschiedenartigen Anlage- und Betriebsstrukturen auch verschiedene Funktionen auf. Die Heterogenität dieses Verkehrsträgers läßt sich somit in diesem Untersuchungsraum besonders gut darstellen, zumal dieser gerade in den letzten Jahrzehnten durch die Entwicklung des Fremdenverkehrs zum Sozialtourismus eine neue Inwertsetzung erfahren hat, deren Auswirkungen sich nicht nur auf dem Wirtschaftssektor, sondern auch auf dem Verkehrssektor und damit auch hinsichtlich des zu untersuchenden Verkehrsträgers deutlich abzeichnen. Wo der Gesamtüberblick es erforderte, wurde das Untersuchungsgebiet über den österreichischen Alpenraum hinaus erweitert (vgl. Karte 1 im Anhang).

Die vorliegende Abhandlung geht zurück auf eine von mir im April 1987 eingereichte Promotionsschrift mit gleichem Titel. In dieser ungedruckten Fassung sind weitere ausführliche Darstellungen zur Lokalbahnhistorie in den einzelnen Bundesländern, zum Natur- und Kulturraum des Untersuchungsgebietes sowie eine Detailstudie zur Zillertalbahn enthalten. Die Zillertalbahnstudie, 1982 als Staatsexamensarbeit angefertigt, wurde in gekürzter und aktualisierter Form bereits im Jahresband 1986 der Mitteilungen der Österreichischen Geographischen Gesellschaft veröffentlicht, so daß eine auf Kernaussagen reduzierte Darstellung ausreichend erscheint.

Für die Durchführung und Fertigstellung dieser verkehrsgeographischen Nebenbahnstudie waren insbesondere im Hinblick auf den Streckenverlauf sowie den Einzugsbereich einzelner Bahnen umfangreiche Gebietskenntnisse erforderlich, die auf zahlreichen Studien- und Urlaubsreisen in verschiedene Teile des Untersuchungsgebietes erworben werden konnten. Diese Raumkenntnis mußte jedoch durch intensive Literaturstudien, vornehmlich in Österreich, ergänzt werden. Neben den Universitätsbibliotheken in Innsbruck, Graz und Salzburg waren auch die Landesbibliotheken sowie Landesmuseen, hier vorrangig das Ferdinandeum in Innsbruck und das Joanneum in Graz, wichtige und ergiebige Standorte der Literaturarbeit. Wertvolle Hilfe bei der Daten und Materialbeschaffung brachte auch eine Vorsprache bei einzelnen Bahndirektionen sowie bei den Landesregierungen der Länder Vorarlberg, Tirol, Salzburg und Steiermark. Vor diesem Hintergrund bin ich zahlreichen Personen und amtlichen Stellen zu ausgesprochenem Dank verpflichtet; ohne ihre außerordentliche Hilfsbereitschaft wäre die Durchführung dieser Studie nicht möglich gewesen. Stellvertretend für all diese möchte ich ganz besonders Herrn Hofrat Dipl.-Ing. KIENPOINTNER, Präsident der BBDion Innsbruck, Herrn Dr. KRAFFT-EBING, Graz-Köflacher Eisenbahn- und Bergbaugesellschaft, Herrn Mag. MÜLLER, Kundenberater in der BBDion Innsbruck, Herrn SCHEIFINGER, Betriebsleiter der Achenseebahn, Herrn TROGER, pensionierter Sachbearbeiter bei den Zillertaler Verkehrsbetrieben, und Herrn Dr. WITTMANN, Steiermärkische Landesbahnen, danken, die durch viele wertvolle Ratschläge, gehaltvolle Auskünfte und die problemlose Bereitstellung erforderlicher Unterlagen den Fortgang der Arbeit wesentlich vorangetrieben haben.

Mein ganz besonderer Dank gilt meinem verehrten Lehrer, Herrn Prof. Dr. Alois MAYR, der trotz zahlreicher Verpflichtungen immer wieder Gelegenheit fand, die Fertigstellung der Studie zu betreuen und durch entscheidende Hinweise und beratende Gespräche zu fördern. Ebenso danke ich Herrn Prof. Dr. F.-K. HOLTMEIER für die Übernahme des Korreferates.

Für die Aufnahme meiner Untersuchung in die Reihe der Forschungen zur deutschen Landeskunde danke ich den Herausgebern, insbesondere Herrn Prof. Dr. G. Richter; Dank gebührt auch Herrn Dr. R.-G. Schmidt für die schriftleiterische Betreuung.

Ein ganz herzliches Dankeschön sei schließlich auch an die Vorarlberger, Tiroler, Salzburger, Steiermärkische und Kärntner Landesregierung sowie an die Direktionen der Montafonerbahn, Achenseebahn, Zillertalbahn, Graz-Köflacher Bahn und die Innsbrucker Verkehrsbetriebe gerichtet, die durch die Bereitstellung eines Zuschusses die Drucklegung dieser Studie unterstützt haben.

Münster, August 1989   Helga Kreft-Kettermann

INHALTSVERZEICHNIS

	Vorwort	5
	Verzeichnis der Abbildungen	13
	Verzeichnis der Tabellen	15
	Verzeichnis der Karten (im Anhang)	
I.	EINLEITUNG	19
1.	Problemstellung und Zielsetzung der Studie	19
2.	Der theoretische Hintergrund	24
3.	Methodik und Aufbau der Untersuchung	27
4.	Begriffsbestimmung	28
II.	DIE HISTORISCHE ENTWICKLUNG DES ÖSTERREICHISCHEN NEBENBAHNNETZES UNTER BESONDERER BERÜCKSICHTIGUNG DER BAHNEN DES ALPENRAUMES	32
1.	Der Beginn der österreichischen Eisenbahnära — die Anlage der Hauptbahnen	32
2.	Die Phase des österreichischen Lokalbahnwesens — der Ausbau des Lokalbahnnetzes	33
2.1	Gründe für den Bau von Bahnen niederer Ordnung	34
2.2	Die Entwicklung des österreichischen Lokalbahnwesens — Lokalbahngesetzgebung	36
2.3	Typisierung von Lokalbahnen	38
2.4	Anlage- und Betriebsstruktur der Lokalbahnen	42
3.	Das Aufkommen der Kleinbahn — eine Sonderform der Lokalbahn	46
III.	DIE VERKEHRSGEOGRAPHISCHE SITUATION DER NEBENBAHNEN IM ÖSTERREICHISCHEN ALPENRAUM UNTER DEM ASPEKT DER INTERDEPENDENZ VON RAUM UND VERKEHR SOWIE VERKEHRSRÄUMLICHER AKTIVITÄTEN	52
1.	Der österreichische Alpenraum — geographisches Lagepotential und seine Bedeutung für das Verkehrsgeschehen auf den Nebenbahnen	53
1.1	Der Nebenbahnbetrieb unter dem Einfluß der Landesnatur	53
1.2	Die Bedeutung kulturlandschaftlicher Gegebenheiten für die Verkehrssituation der Nebenbahnen	57
2.	Die Raumwirksamkeit des Verkehrsträgers „Nebenbahn" im Prozeßfeld Landschaft	60
2.1	Das Raumwirkungspotential von Eisenbahnen	60

2.2	Die raumdeterminierende Wirkung der Nebenbahnen im österreichischen Alpenraum	62
2.2.1	Die Nebenbahnen als Mitgestalter des Natur- und Kulturraumes	62
2.2.2	Der räumliche Wirkungsgrad dieses Verkehrsmittels in Vergangenheit und Gegenwart	69
3.	Die Verkehrsentwicklung auf den Nebenbahnen vor dem Hintergrund gewandelter Verkehrs- und Raumstrukturen	71
3.1	Der Wandel räumlicher Strukturen und seine Auswirkungen auf verkehrsräumliche Aktivitäten	72
3.2	Verkehrsbedürfnis, Verkehrsnachfrage und Verkehrsangebot — drei Einflußgrößen für die Verkehrsentwicklung auf den Nebenbahnen	73
IV.	DAS HETEROGENE ERSCHEINUNGSBILD DES VERKEHRSTRÄGERS NEBENBAHN: PROBLEMANALYSE EINZELNER BAHNTYPEN	78
1.	Allgemeine Vorüberlegungen	78
2.	Die Privatbahnen	79
2.1	Ein Überblick	79
2.2	Privatbahnen mit normaler Spurweite	87
2.2.1	Die Montafonerbahn — eine Lokalbahn mit hohem Verkehrswert	87
2.2.1.1	Das Montafon — eine Raumbeschreibung	88
2.2.1.2	Die Montafonerbahn — eine Aufzeichnung ihrer Verkehrsgeschichte	97
2.2.1.3	Die heutige Verkehrssituation der Montafonerbahn — eine Analyse ihres Verkehrswertes	108
2.2.2	Die Graz-Köflacher Bahn — eine Nebenbahnlinie mit Hauptbahncharakter	115
2.2.2.1	Entstehung und Entwicklung der GKB — ihre Verkehrsgeschichte im Überblick	115
2.2.2.2	Das Verkehrsgebiet der GKB	127
2.2.2.3	Die Verkehrsbedeutung der GKB heute — Stellung und Funktion im Verkehrssystem der Weststeiermark	141
2.3	Schmalspurige Privatbahnen	145
2.3.1	Die Stubaitalbahn — eine Nebenbahn im Aufwind	145
2.3.1.1	Das Verkehrsgebiet der Stubaitalbahn — Innsbrucker Mittelgebirge und Vorderes Stubaital	145
2.3.1.2	Die Verkehrsgeschichte der Stubaitalbahn	154
2.3.1.3	Die Stubaitalbahn der 80er Jahre	164
2.3.2	Die Murtalbahn — eine Nebenbahn im Konfliktfeld landes- und regionalpolitischer Kontroversen	167
2.3.2.1	Das obere Murtal und seine Bahn — eine Strecken- und Raumbeschreibung	167
2.3.2.2	Die Murtalbahn im Wandel der Zeit	179
2.3.2.3	Die raum- und verkehrswirtschaftliche Bedeutung der Murtalbahn	185

2.4	Exkurs: Museums- und Veranstaltungsbahnen — ein neuer Funktionstyp unter den Privatbahnen	192
2.4.1	Allgemeine Vorinformationen	193
2.4.2	Die Stainzerbahn — von der öffentlichen Landesbahn zur Veranstaltungsbahn	195
2.4.3	Das Projekt der Taurachbahn	201
3.	Die Staatsbahnen	205
3.1	Bundeseigene Normalspurbahnen	206
3.1.1	Die Mittenwaldbahn — eine Hochgebirgsbahn mit Verbindungsfunktion	206
3.1.1.1	Die Bau- und Verkehrsgeschichte der Bahn	206
3.1.1.2	Das Verkehrsgebiet der Mittenwaldbahn	211
3.1.1.3	Die Verkehrsbedeutung der Mittenwaldbahn	219
3.1.2	Die Gailtalbahn — eine Nebenbahn mit besonderer regionalwirtschaftlicher Bedeutung	225
3.1.2.1	Das Verkehrsgebiet der Gailtalbahn — ein Grenzlandbereich	226
3.1.2.2	Die Verkehrsgeschichte der Gailtalbahn — ihr Verkehrsbild in Vergangenheit, Gegenwart und Zukunft	233
3.2	Bundeseigene Schmalspurbahnen	243
3.2.1	Die Verkehrssituation dieses Bahntyps	243
3.2.2	Die Pinzgauer Lokalbahn — eine Staatsbahn mit innerbetrieblichen Schwächen	244
3.2.2.1	Der obere Pinzgau — eine Strukturanalyse des Bahnraumes	245
3.2.2.2	Aus der Chronik der Pinzgauer Lokalbahn	253
3.2.2.3	Die Pinzgauer Bahn heute — ein Modellfall der Nebenbahnsanierung	258
4.	Exkurs: Kleinbahnen — eine zweite Kategorie der Nebenbahnen	266
4.1	Die Achenseebahn — die älteste Dampf-Zahnradbahn Europas	266
4.2	Die Schafbergbahn — der Prototyp einer Fremdenverkehrsbahn	277
5.	Zusammenfassende Gesamtdarstellung	285
V.	DIE VERKEHRSWIRTSCHAFTLICHE REALITÄT DER NEBENBAHNEN HEUTE	289
1.	Das Nebenbahnproblem und seine Ursachen	289
2.	Die Frage der Streckenstillegung — ein Entscheidungsproblem	293
2.1	Wert oder Unwert der Nebenbahnen für die Attraktivität eines Raumes	294
2.2	Der Rückzug der Bahn aus der Fläche	297
2.2.1	Stillegungspraktiken und Antezedenzbedingungen	297
2.2.2	Potentielle Folgewirkungen von Streckenstillegungen	299
2.2.3	Geographische Relikte stillgelegter Nebenbahnstrecken und ihre heutige Nutzung	302
3.	Die Bregenzerwaldbahn — das Schicksal einer defizitären Nebenbahn	304
3.1	Entstehungsgeschichte und Bahnbau	304
3.2	Streckenverlauf und Anlagestruktur — ein Bild der Vergangenheit	306

3.3	Das Verkehrsgebiet der Bregenzerwaldbahn	309
3.4	Die Verkehrs- und Betriebsgeschichte der Bahn	311
3.5	Die Verkehrssituation in den letzten Betriebsjahren	314
3.6	Die Betriebseinstellung der Bregenzerwaldbahn	319
4.	Die Erhaltung von Nebenbahnen, eine verkehrs-, regional- und raumordnungspolitische Aufgabe	324
5.	Allgemeine Empfehlungen und Möglichkeiten für eine Rationalisierung und Sanierung des Nebenbahnbetriebes	327
5.1	Überblick zur Hebung der Wirtschaftlichkeit	327
5.2	Grundsätzliche Überlegungen zur verkehrstechnischen, -betrieblichen und -organisatorischen Formveränderung	328
5.3	Verkehrsnachfrage und Anforderungen an Angebot und Betriebsführung	329
5.3.1	Korrelation von Angebot und Nachfrage	329
5.3.2	Anforderungen an den Fahrplan	330
5.3.3	Kooperation und Koordination mit anderen Verkehrsträgern	332
5.3.4	Anforderungen an die Tarifgestaltung	333
5.3.5	Möglichkeiten im Fremden- und Freizeitverkehr	334
5.4	Anforderungen an den Fahrpark auf Nebenbahnen	336
5.4.1	Spezifische Merkmale des Fahrzeugparks von Nebenbahnen	336
5.4.2	Erneuerungen auf dem Fahrparksektor	337
5.5	Maßnahmen und Möglichkeiten für eine rationelle Betriebsabwicklung	339
5.5.1	Der Bereich des Vorschriftenwesens	339
5.5.2	Korrekturmöglichkeiten in Streckenführung, Trassierung und Oberbau	340
5.5.3	Maßnahmen im Bereich von Bahnhöfen und Haltestellen	341
5.5.4	Rationalisierungsmaßnahmen in der Verkehrssicherung und Verkehrsabwicklung	342
5.6	Maßnahmen im Güterverkehr	344
5.7	Nebenbahnelektrifizierung — eine uneingeschränkte Forderung?	346
VI.	ZUKUNFTSAUSSICHTEN	348
1.	Bedeutung und Zukunft der Nebenbahnen in Abhängigkeit nationaler, landesplanerischer und regionaler Verkehrspolitik	348
1.1	Der Verkehrsträger „Nebenbahn" in der österreichischen Gesamtverkehrspolitik	349
1.2	Räumlich konkretisierte Zielsetzungen in den Verkehrskonzepten einzelner Bundesländer und Planungsregionen des österreichischen Alpenraumes	353
2.	Versuch einer Prognose für die Zukunft der Nebenbahnen im österreichischen Alpenraum	357
	SCHLUSSBETRACHTUNG	361
	LITERATURVERZEICHNIS	363

VERZEICHNIS DER ABBILDUNGEN

Abb. 1	Unterschiedliche Bahntypen und ihr Erscheinungsbild	31
Abb. 2	Streckenlängen der Nebenbahnen in den österreichisch-ungarischen Kronländern im Jahre 1906 unter besonderer Berücksichtigung des Schmalspuranteils	44
Abb. 3	Anteile der einzelnen Kronländer am gesamten Schmalspurnetz der im Jahre 1906 in Betrieb stehenden Bahnen Österreich-Ungarns	45
Abb. 4	Entwicklung des Lokalbahnwesens in der österreichisch-ungarischen Monarchie 1845—1907	51
Abb. 5a	Streckendiagramm der Karwendelbahn (Innsbruck-Mittenwald) — Beispiel einer Gebirgsstrecke	55
Abb. 5b	Streckendiagramm der Zillertalbahn (Jenbach-Mayrhofen) — Beispiel einer Talbahn	56
Abb. 6	Entstehung von Verkehrsströmen	75
Abb. 7a	Entwicklung des Personenverkehrsaufkommens bei den Staats- und nichtbundeseigenen Bahnen Österreichs im Zeitraum 1960—1984	81
Abb. 7b	Entwicklung des Güterverkehrsaufkommens bei den Staats- und nichtbundeseigenen Bahnen Österreichs 1960—1984	82
Abb. 8	Verwaltungspoltische Gliederung des Einzugsbereiches der Montafonerbahn	89
Abb. 9	Verkehrserschließung des Montafons	96
Abb. 10	Streckendiagramm der Montafonerbahn	98
Abb. 11a	Jährliches Personenverkehrsaufkommen der Montafonerbahn 1906—1984	100
Abb. 11b	Jährliches Güterverkehrsaufkommen der Montafonerbahn 1906—1984	101
Abb. 12	Entwicklung der jährlich geleisteten Zugkilometer der Montafonerbahn nach Transportzweigen 1964—1984	105
Abb. 13	Erträge aus und Aufwendungen für den Bahnbetrieb in den Jahren 1964—1984	112
Abb. 14	Der Gesamterfolg des Bahnunternehmens in den Jahren 1964—1984	113
Abb. 15	Das Verkehrsgebiet der Graz-Köflacher Bahnen	116
Abb. 16a	Das Personenverkehrsaufkommen auf den Verkehrsträgern der Graz-Köflacher Eisenbahn- und Bergbaugesellschaft 1860—1984	123
Abb. 16b	Das Güterverkehrsaufkommen auf den Verkehrsträgern der Graz-Köflacher Eisenbahn- und Bergbaugesellschaft 1860—1984	124
Abb. 17	Die Verkehrserschließung der Weststeiermark durch die Verkehrsmittel der GKB	128
Abb. 18	Verwaltungspolitische Gliederung des Verkehrsraums der GKB-Stammlinie	132

Abb. 19	Verwaltungspolitische Gliederung des Verkehrsraums der GKB-Zweiglinie	137
Abb. 20	Verwaltungspolitische Gliederung des Verkehrsraumes der Stubaitalbahn	146
Abb. 21	Streckendiagramm der Stubaitalbahn	156
Abb. 22a	Das Personenverkehrsaufkommen der Stubaitalbahn 1904—1984	158
Abb. 22b	Das Güterverkehrsaufkommen der Stubaitalbahn 1904, 1928, 1935—1940 und 1945—1979	159
Abb. 23	Fahrgastaufkommen des Kraftwagenliniendienstes „Stubaital"	162
Abb. 24	Streckendiagramm der Murtalbahn	168
Abb. 25	Verwaltungspolitische Gliederung des Verkehrsraumes der Murtalbahn	170
Abb. 26a	Personenverkehrsaufkommen der Murtalbahn 1895—1984	182
Abb. 26b	Güterverkehrsaufkommen der Murtalbahn 1895—1984	183
Abb. 27	Fahrgastfrequenzen des Kraftwagendienstes Murau 1947—1984	184
Abb. 28	Streckenverlauf der Stainzerbahn	195
Abb. 29a	Güterverkehrsaufkommen der Stainzerbahn 1947—1980	198
Abb. 29b	Personenverkehrsaufkommen der Stainzerbahn 1947—1980	199
Abb. 30	Streckenverlauf und Verkehrsgebiet der Taurachbahn	203
Abb. 31	Streckenverlauf der Mittenwaldbahn	212
Abb. 32	Streckendiagramm der Mittenwaldbahn	213
Abb. 33	Lage der Mittenwaldbahn (Karwendel- und Außerfernbahn) im nationalen und internationalen Eisenbahngeflecht	220
Abb. 34a	Jährliches Personenverkehrsaufkommen der Mittenwaldbahn 1975—1985	221
Abb. 34b	Jährliches Güterverkehrsaufkommen der Mittenwaldbahn 1975—1985	222
Abb. 35	Das Verkehrsgebiet der Gailtalbahn — Streckenverlauf und verwaltungspolitische Gliederung	227
Abb. 36	Streckendiagramm der Bahnlinie Arnoldstein — Kötschach-Mauthen	236
Abb. 37a	Jährliches Güterverkehrsaufkommen der Gailtalbahn 1975—1985	237
Abb. 37b	Jährliches Personenverkehrsaufkommen der Gailtalbahn 1975—1985	238
Abb. 38	Streckenverlauf der Pinzgauer Lokalbahn	245
Abb. 39	Streckendiagramm der Pinzgauer Lokalbahn	255
Abb. 40a	Jährliches Personenverkehrsaufkommen der Pinzgauer Lokalbahn 1975—1985	259
Abb. 40b	Jährliches Güterverkehrsaufkommen der Pinzgauer Lokalbahn 1975—1985	262
Abb. 41	Streckenverlauf und Verkehrsraum der Achenseebahn	267
Abb. 42	Streckendiagramm der Achenseebahn	268

Abb. 43	Jährliches Personenverkehrsaufkommen der Achenseebahn 1889—1984	275
Abb. 44	Streckenverlauf und Verkehrsgebiet der Schafbergbahn	278
Abb. 45	Streckendiagramm der Schafbergbahn	279
Abb. 46	Jährliches Personenverkehrsaufkommen der Schafbergbahn	284
Abb. 47	Teufelskreise des Nebenbahnverkehrs	298
Abb. 48	Argumentationsketten zu möglichen raumstrukturellen Auswirkungen von Streckenstillegungen	300
Abb. 49	Streckendiagramm der Bregenzerwaldbahn	308
Abb. 50	Entwicklung des Personenverkehrsaufkommens der Bregenzerwaldbahn in ausgewählten Betriebsjahren	316
Abb. 51	Entwicklung des Güterverkehrsaufkommens der Bregenzerwaldbahn in ausgewählten Betriebsjahren	318
Abb. 52	Gefahrenstellen im Streckenbereich Bregenz — Bezau	321

VERZEICHNIS DER TABELLEN

Tab. 1	Eigentums- und Besitzverhältnisse der am 31. 12. 1906 in Betrieb stehenden Nebenbahnen unter Berücksichtigung ihrer Bau- und Betriebslängen	41
Tab. 2	Verteilung des Personen- und Güterverkehrsaufkommens auf die einzelnen Kleinbahntypen 1907	50
Tab. 3	Kohlentransport auf der Aflenzerbahn (Kapfenberg — Au — Seewiesen) und der Graz-Köflacher Bahn 1865—1910	64
Tab. 4	Entwicklung des Holzverkehrs auf der Stainztalbahn (Preding — Wieselsdorf — Stainz), der Murtalbahn (Unzmarkt — Mauterndorf) und der Aflenzerbahn (Kapfenberg — Au — Seewiesen) 1895—1910	66
Tab. 5	Betriebs-, Struktur- und Leistungsdaten der ÖBB und der nichtbundeseigenen Bahnen — ein Vergleich für das Jahr 1984	80
Tab. 6	Österreichische nichtbundeseigene Bahnen — ein Überblick über Anlagestruktur und Betriebsleistung	84
Tab. 7	Bevölkerungsentwicklung in den Montafoner Gemeinden 1823—1981	92
Tab. 8	Berufstätige in der Land- und Forstwirtschaft nach Montafoner Gemeinden 1934—1981	93
Tab. 9	Entwicklung der Fremdennächtigungen im Montafon 1947—1982	93
Tab. 10	Berufstätige der Montafoner Gemeinden nach Wirtschaftssektoren 1971 und 1981 (in %)	94
Tab. 11	Maßzahlen zur Pendlerbewegung in den Gemeinden des Montafons einschließlich Bludenz 1981	95

Tab. 12	Entwicklung der Personen- und Güterverkehrsleistung der Montafonerbahn	107
Tab. 13	Entwicklung des Fahrzeugparks der Montafonerbahn	107
Tab. 14	Entwicklung des Personalstandes der Montafonerbahn 1962—1984	108
Tab. 15	Anteil der Kohlenbeförderung an der Gesamtleistung des Güterverkehrs der Graz-Köflacher Bahnen	125
Tab. 16	Einnahmen aus und Aufwendungen für den Erhalt des Bahnbetriebes der Graz-Köflacher Bahnen 1865—1983	126
Tab. 17	Bevölkerungsentwicklung im politischen Bezirk Voitsberg nach Kleinregionen sowie in vier weiteren Bahngemeinden der GKB 1951—1981	133
Tab. 18	Berufstätige in den Kleinregionen des politischen Bezirks Voitsberg sowie in vier weiteren Bahngemeinden der GKB nach Wirtschaftssektoren (in %)	134
Tab. 19	Maßzahlen zur Pendlerbewegung in den Kleinregionen des politischen Bezirks Voitsberg sowie in vier weiteren Bahngemeinden der GKB 1981	134
Tab. 20	Erwerbswirtschaftliche Mobilität der Bevölkerung im politischen Bezirk Voitsberg nach ihrer Verkehrsmittelwahl 1981	135
Tab. 21	Fremdenverkehrsintensität im politischen Bezirk Voitsberg und in vier weiteren Bahngemeinden der GKB 1982 und 1984	136
Tab. 22	Bevölkerungsentwicklung in den Kleinregionen des politischen Bezirks Deutschlandsberg 1951—1981	138
Tab. 23	Berufstätige in den Kleinregionen des politischen Bezirks Deutschlandsberg nach Wirtschaftssektoren (in %)	138
Tab. 24	Maßzahlen zur Pendlerbewegung in den Kleinregionen des politischen Bezirks Deutschlandsberg 1981	139
Tab. 25	Erwerbswirtschaftliche Mobilität der Bevölkerung im politischen Bezirk Deutschlandsberg nach ihrer Verkehrsmittelwahl 1981	140
Tab. 26	Fremdenverkehrsintensität in den Kleinregionen des politischen Bezirks Deutschlandsberg 1982 und 1984	141
Tab. 27	Nächtigungszahlen in den Gemeinden Mutters und Natters 1972 und 1982	148
Tab. 28	Bevölkerungsentwicklung im Stubaital 1880—1981	149
Tab. 29	Nächtigungszahlen im Stubaital 1972 und 1982	151
Tab. 30	Berufstätige der Stubaitaler Gemeinden nach Wirtschaftssektoren (in %)	151
Tab. 31	Maßzahlen zur Pendlerbewegung im Verkehrsgebiet der Stubaitalbahn 1981	152
Tab. 32	Matrix zur Pendlerbewegung im Verkehrsgebiet der Stubaitalbahn 1981	152
Tab. 33	Wohnbevölkerung in den Bahngemeinden der Murtalbahn 1981	175
Tab. 34	Berufstätige der Bahngemeinden der Murtalbahn nach Wirtschaftssektoren 1971 und 1981	176

Tab. 35 Entwicklung des Fremdenverkehrs in ausgewählten Bahngemeinden des Bezirks Murau 1981—1984 — 177
Tab. 36 Maßzahlen zur Pendlerbewegung in den Bahngemeinden der Murtalbahn 1981 — 178
Tab. 37 Erwerbswirtschaftliche Mobilität der Bevölkerung im politischen Bezirk Murau nach ihrer Verkehrsmittelwahl 1981 — 178
Tab. 38 Güterstruktur der Murtalbahn 1965—1983 — 186
Tab. 39 Entwicklung der Personenverkehrsstruktur auf der Murtalbahn — 194
Tab. 40 Museumsbahnen in Österreich 1983 — 194
Tab. 41 Bevölkerungsentwicklung im Verkehrsraum der Mittenwaldbahn (Karwendel- und Außerfernbahn) nach Gemeinden im Zeitraum 1961—1981 — 215
Tab. 42 Berufstätige in den Einzugsgemeinden der Mittenwaldbahn nach Wirtschaftssektoren 1961—1981 (in %) — 216
Tab. 43 Fremdenverkehrsintensität im Verkehrsraum der Mittenwaldbahn 1972 und 1982 — 217
Tab. 44 Maßzahlen zur Pendlermobilität im Verkehrsraum der Mittenwaldbahn 1981 — 218
Tab. 45 Entwicklung des Individualverkehrs auf den parallel der Mittenwaldbahn verlaufenden Bundesstraßen (Querschnittserhebungen einzelner Zählstellen) — 224
Tab. 46 Entwicklung der Wohnbevölkerung in den Anliegergemeinden der Gailtalbahn — 228
Tab. 47 Berufstätige nach Wirtschaftssektoren und Gemeinden im Verkehrsraum der Gailtalbahn 1981 (in %) — 230
Tab. 48 Maßzahlen zur Pendlermobilität im Verkehrsraum der Gailtalbahn nach Gemeinden 1981 — 231
Tab. 49 Matrix zur Pendlerbewegung im Verkehrsraum der Gailtalbahn 1981 — 231
Tab. 50 Durchschnittliches tägliches Verkehrsaufkommen und Verkehrsmittelwahl im Einzugsbereich der Gailtalbahn 1978 — 239
Tab. 51 Güterstruktur der Gailtalbahn (Versand + Empfang) 1977 — 241
Tab. 52 Entwicklung der Wohnbevölkerung im Einzugsbereich der Pinzgauer Lokalbahn nach Gemeinden 1951—1981 — 247
Tab. 53 Berufstätige im Einzugsbereich der Pinzgauer Lokalbahn nach Wirtschaftssektoren und Gemeinden 1971 und 1981 (in %) — 248
Tab. 54 Fremdenverkehrsintensität im Einzugsbereich der Pinzgauer Lokalbahn — 249
Tab. 55 Maßzahlen zur Pendlermobilität in den Bahngemeinden der Pinzgauer Lokalbahn 1981 — 250
Tab. 56 Matrix zur Pendlerbewegung im Einzugsbereich der Pinzgauer Lokalbahn 1981 — 251
Tab. 57 Durchschnittlicher motorisierter Tagesverkehr auf der Pinzgauer Bundesstraße (B 168) und der Gerlosbundesstraße (B 165) — eine Gegenüberstellung von Querschnittserhebungen einzelner Zählstellen und Jahre — 252

Tab. 58 Werktägliches Verkehrsaufkommen und Verkehrsmittelwahl im Einzugsbereich der Pinzgauer Lokalbahn nach Verkehrsbedürfnissen 1979   261
Tab. 59 Entwicklung der Wohnbevölkerung im Einzugsbereich der Achenseebahn   270
Tab. 60 Beschäftigte im Einzugsbereich der Achenseebahn nach Wirtschaftssektoren 1981 (in %)   270
Tab. 61 Fremdenverkehrsintensität im Einzugsbereich der Achenseebahn 1972 und 1982   271
Tab. 62 Maßzahlen zur Pendlerbewegung im Einzugsbereich der Achenseebahn 1981   272
Tab. 63 Entwicklung des durchschnittlichen motorisierten Tagesverkehrs auf der Achenseebundesstraße (B 181), hier: Zählstelle Eben (1181)   272
Tab. 64 Wesentliche Struktur- und Funktionsdaten der abgehandelten Bahnbeispiele 1984   287
Tab. 65 Bevölkerungsentwicklung im Bregenzerwald   310
Tab. 66 Verkehrsfrequenzen der Dampfsonderzüge auf der Bregenzerwaldbahn   315

VERZEICHNIS DER KARTEN (im Anhang)

Karte 1 Grundkarte zum Untersuchungsgebiet „Österreichischer Alpenraum"
Karte 2 Das österreichische Eisenbahnnetz vor dem Ersten Weltkrieg — ein Ausschnitt der Kronländer des Alpenraumes (Stand 1914)
Karte 3 Das österreichische Eisenbahnnetz im Jahre 1985 — ein Ausschnitt der Bundesländer des Alpenraumes

I. EINLEITUNG

1. PROBLEMSTELLUNG UND ZIELSETZUNG DER STUDIE

Die derzeitigen Verhältnisse in unserem Verkehrssystem sind durch eine steigende Nachfrage nach Verkehrsleistungen sowie rapid angestiegenen und weiter zunehmenden Verkehrsbedürfnissen gekennzeichnet, die ihrerseits Folgewirkungen von Wirtschafts- und Bevölkerungswachstum, von Maßnahmen zur Verkehrsverbesserung, von siedlungsgeographischen Strukturveränderungen wie auch von Wandlungen verkehrsrelevanter Verhaltensweisen darstellen. Dem gegenüber steht eine zunehmende Verlangsamung des Verkehrsflusses im Straßenverkehr, eine steigende Zahl von Verkehrsunfällen und Unfallopfern, ein teilweise mangelhaftes Angebot öffentlicher und privater Verkehrsleistungen. Diese gegenwärtige Verkehrssituation sowie die durch zahlreiche Streckenauflassungen und Stillegungen von Lokalbahnstrecken bewirkte weitere Reduzierung des Angebotes im öffentlichen Verkehr haben unter anderem dazu geführt, daß die Frage der Rentabilität und Existenzberechtigung von Nebenbahnen im Verkehrsnetz der Gegenwart nicht nur zu einem aktuellen und dringlichen Problem geworden ist, sondern auch Anlaß zu zahlreichen Untersuchungen und Diskussionen im In- und Ausland gegeben hat.

Die Zahl der wissenschaftlichen Gutachten, Abhandlungen, Aufsätze und sonstigen Stellungnahmen, in denen die Nebenbahnproblematik Berücksichtigung findet, ist kaum noch zu übersehen. Von Beginn der 50er Jahre an, als sich durch mehrere Streckenstillegungen ein erster Höhepunkt abzeichnete, bis in die jüngste Zeit hinein ist die Problematik dieses Verkehrsträgers, der nach dem Verlust seiner einstigen Monopolstellung innerhalb der Verkehrsbedienung einer Region nun vor der Frage der wirtschaftlichen Daseinsberechtigung steht, sehr kontrovers beurteilt worden. Unterschiedliche Forschungs- und Interessensrichtungen sowie Informationsquellen der Verfasser dürften mit ein Grund für die Meinungsvielfalt hinsichtlich der Bewertung der Nebenbahndienste einerseits und der Gestaltungsforderungen andererseits sein. Bedingt durch die Tatsache, daß die Nebenbahnfrage nicht nur in Fachzeitschriften abgehandelt wird, sondern auch zum Forschungsgegenstand wissenschaftlicher Studien der verschiedensten Fachrichtungen geworden ist, zeigt sich in der Literatur eine unterschiedliche

Schwerpunktsetzung, die im folgenden in einer Zusammenschau kurz vorgestellt werden soll.

Zahlreiche Monographien bringen einen chronologischen Abriß einzelner Bahnen, wobei — ausgegangen von der Entstehungsgeschichte und dem Entwicklungsverlauf — die verkehrstechnische Ausgestaltung, die wirtschaftliche Bedeutung sowie spezielle verkehrswirtschaftliche und verkehrspolitische Probleme der entsprechenden Nebenbahnen aufgezeigt werden (BUCHWALD 1970, FRITZ 1976, STANFEL 1980, RASTL 1981 u. a.). In diesem Zusammenhang ist auch auf zahlreiche Schriften hinzuweisen, die zu Jubiläen einzelner Bahnen herausgegeben werden. In ihnen sind in chronologischer Abfolge wesentliche Daten und Ereignisse der Bahnen sowie wichtige Betriebs-, Verkehrs- und Strukturdaten zusammengestellt.

Neben diesen Werken, die sich mit einzelnen Bahnen beschäftigen, gibt es zahlreiche Abhandlungen, die die Geschichte, strukturelle Beschaffenheit und Wirtschaftlichkeit dieses Verkehrsträgers in einem größeren Untersuchungsraum aufzeigen; als Beispiele sind anzuführen: HILGER 1955, MOLLOW 1972, EGG 1976, ZINTL 1977, HARRER 1980, LOETTGERS 1981. Einen detaillierten Überblick zur Geschichte und zum Fahrpark eines besonderen Typs von Nebenbahnen, der Schmalspurbahn, gibt das Werk von KROBOT, SLEZAK und STERNAHRT (1976): „Schmalspurig durch Österreich".

Die Misere der Nebenbahnen und die darauf begründeten Teil- und Gesamtstreckenauflassungen bedingen eine wahre Flut von Aufsätzen, wissenschaftlichen Abhandlungen und Gutachten, in denen die Stillegungsproblematik, die Frage der Rentabilität, aber auch Rationalisierungs- und Sanierungsmöglichkeiten diskutiert werden. Die Behandlung der Streckenstillegungsproblematik in der Literatur zeigt eine deutliche Ausrichtung auf eine sogenannte 'ex ante' Aufbereitung der Thematik. Die Mehrzahl der Veröffentlichungen beschäftigt sich also mit allgemeinen Erwägungen über *mögliche* raumwirtschaftliche, verkehrswirtschaftliche und regionalpolitische Folgewirkungen von Streckenauflassungen, wobei Verkehrs- und Raumstrukturen des jeweiligen Bahneinzugsbereiches eine bedeutende Rolle spielen (POLLASCHECK 1959, HOFFMANN 1965, BETHKE 1971, DRUDE 1971 u. a.).

An dieser Stelle sei auch auf zahlreiche Gutachten hingewiesen, die von unterschiedlichsten Interessenten in Auftrag gegeben werden und deren Ergebnisse von der Forderung nach einer völligen Auflassung des Verkehrs auf allen verlustbringenden Schienenstrecken bis hin zu einer attraktiven Ausgestaltung der Schienendienste auf eben diesen verkehrsschwachen Strecken reichen. Für die **Bundesrepublik Deutschland** nehmen unter den zahlreichen Gutachten, die zu den verschiedensten Merkmalen der DB abgegeben wurden, das sogenannte Brand-Gutachten[1] und die allein veröffentlichten Schlußbemerkungen des Kostengut-

---

1 Prüfungskommission für die DB, Bericht über die Deutsche Bundesbahn vom 30. Januar 1960, Deutscher Bundestag, 3. Wahlperiode, Drucksache 1602 vom 10. 2. 1960; zitiert bei BETHKE 1971, S. 19.

achtens der Deutschen Revisions- und Treuhand-Aktiengesellschaft (Treuarbeit)[2] im Hinblick auf die Frage der Nebenbahnstillegungen eine besondere Stellung ein. Dieses nicht zuletzt deshalb, weil die in ihnen wiedergegebenen faktischen Informationen von nahezu allen mit den Streckenstillegungen der DB befaßten Kommentatoren — soweit sie sich nach Erscheinen dieser Texte geäußert haben — großenteils zur Grundlage ihrer eigenen Stellungnahmen gemacht wurden (vgl. BETHKE 1971, S. 19). Zusammenfassend läßt sich für diese Gutachten feststellen, daß sie die Nebenbahnfrage und auch die übrigen in der Untersuchung angesprochenen Merkmale der Bahn sowohl betriebs- als auch umweltbezogen diskutieren, wobei jedoch das Rentabilitätsprinzip stets im Vordergrund steht. Alle Gestaltungsforderungen der Gutachter sind im Zusammenhang mit ihren ordnungspolitischen Vorstellungen für die Verkehrsstruktur in der Bundesrepublik Deutschland zu sehen, die sich nahezu ausschließlich an marktwirtschaftlichen Prinzipien orientieren.

Für **Österreich** können folgende bedeutende Nebenbahn-Gutachten angeführt werden: Im Jahre 1956 wurden die ÖBB auf Weisung des damaligen Bundesministers für Verkehr und Elektrizitätswirtschaft veranlaßt, betriebswirtschaftliche Untersuchungen des Bereiches Nebenbahnen durchzuführen. Diese Untersuchungen (1957 begonnen, 1964 beendet) zeigen auf, wie sich die von den ÖBB angestrebte „Normalisierung der Kosten" aufgrund betriebswirtschaftlicher Kriterien bei der finanziellen Verwaltung der Nebenbahnen ausgewirkt hätte (vgl. ÖROK (Hrsg.) 1980, Schriftenreihe Nr. 22a, S. 6).

Nach der Errichtung eines eigenen Nebenbahnausschusses bei den ÖBB wurde Ende 1965 beschlossen, die Frage der Nebenbahnen neuerlich zu analysieren. Die Ergebnisse dieser Untersuchung wurden 1970 in einem Memorandum von den Österreichischen Bundesbahnen festgehalten, wobei die Frage der Erhaltungswürdigkeit der österreichischen Nebenbahnen wieder fast ausschließlich auf der Grundlage des betriebswirtschaftlich-kommerziellen Betriebserfolges beurteilt wurde (vgl. ÖROK (Hrsg.) 1980, Schriftenreihe Nr. 22a, S. 6).

Eine weitere, besonders erwähnenswerte Untersuchung ist das Gutachten der Österreichischen Raumordnungskonferenz (ÖROK) des Jahres 1980, das die Strukturen der Einzugsbereiche der untersuchten Nebenbahnen erläutert und die verkehrs- und raumwirtschaftliche Bedeutung noch bedienter Bahnstrecken für mögliche Entwicklungsimpulse in den betreffenden Nebenbahnräumen aufzeigt. Des weiteren werden konkrete Lösungen zur Verbesserung der wirtschaftlichen Situation von Nebenbahnen gezeigt; anzumerken ist allerdings, daß in dieser Studie nur bundeseigene Nebenbahnen Berücksichtigung finden.

Neben diesen Gutachten, die eine Stellungnahme zum Verkehrsträger „Nebenbahn" allgemein abgeben, existieren auch Gutachten zu einzelnen Lokalbahnen.

---

2   Zurückgehend auf einen Kabinettsbeschluß der Bundesregierung vom 5. 5. 1965. Die Treuarbeit wurde vom Bundesminister für Verkehr beauftragt, die Kostenerfassung, die Kostenzurechnung und die Kostendeckung bei der DB in betriebs- und finanzwirtschaftlicher Hinsicht zu prüfen. Die Schlußbemerkungen wurden veröffentlicht in: Bulletin des Presse- u. Informationsamtes der Bundesregierung Nr. 55, S. 431—434 u. Nr. 56, S. 441—444 vom 27. bzw. 29. 4. 1966, zitiert bei BETHKE 1971, S. 19.

Beispielhaft sei hier eine Studie vorgestellt, die von der Abteilung Raumplanung des Amtes der Steiermärkischen Landesregierung im Jahre 1979 in Auftrag gegeben wurde, nachdem von den Steiermärkischen Landesbahnen eine mögliche Stillegung der Feistritztalbahn in Erwägung gezogen worden war. Diese Untersuchung beschäftigt sich mit möglichen regionalen Auswirkungen der seinerzeit beabsichtigten Stillegung der Schmalspurbahn Birkfeld — Ratten (vgl.: Die regionalpolitische Bedeutung der Schmalspurbahn „Weiz — Birkfeld — Ratten". Verfaßt im Auftrag der Fachabteilung Ib des Amtes der Steiermärkischen Landesregierung). In Ergänzung hierzu sei auch auf die von LAMPRECHT im Auftrag des Instituts für Verkehr und Tourismus/Tirol erarbeitete „Igler-Bahn-Studie" hingewiesen, die im Jahre 1974 fertiggestellt wurde, und die Projektstudien von FALLER, GÜRTLICH und METELKA zur Bahnlinie Gleisdorf — Weiz erwähnt (fertiggestellt im Februar 1986).

Während sich die bisher aufgeführten Arbeiten ausschließlich mit dem 'ex ante'-Aspekt von Streckenstillegungen befassen, gibt es in jüngster Zeit zahlreiche Studien, die den sogenannten 'ex post'-Ansatz postulieren und zur Grundlage ihrer Untersuchungen machen. Hierbei wird versucht, Aussagen darüber zu gewinnen, ob Stillegungen von Bahnstrecken fühlbare Benachteiligungen für die einstigen Benutzergruppen und für den ehemaligen Einzugsbereich bringen. Der Schwerpunkt des Interesses wird somit von den *möglichen* auf die *tatsächlichen* Folgewirkungen von Streckenauflassungen verlagert (JÄGER 1975, NAGEL 1981, MARCINOWSKI 1983 u. a.).

Eng verknüpft mit der Stillegungsproblematik ist auch die Frage der Rentabilität des Verkehrsträgers „Nebenbahn". Zu dieser Thematik gibt es eine Anzahl betriebs-, volks- und verkehrswirtschaftlicher sowie verkehrspolitischer Veröffentlichungen, die häufig unter dem Gesichtspunkt der Kosten-Nutzen-Analyse den Wert oder Unwert einer Nebenbahn zu quantifizieren versuchen, wobei allerdings die Problematik und Ungenauigkeit gerade dieses Ansatzes im Hinblick auf objektive Aussagen nicht unberücksichtigt bleiben dürfen (z. B. ELSE & HOWE 1969, THOMAS 1971, ROCKELMANN 1980). Zahlreiche Aufsätze und Studien gibt es auch zu Rationalisierungs- und Sanierungsmöglichkeiten von Nebenbahnen, in denen raumwirtschaftliche und raumordnungspolitische Aspekte sowie der Zubringerwert dieses Verkehrsmittels häufig eine besondere Akzentuierung erfahren (BOREL 1953, KRAUSE 1953, AUTENRIETH 1954, WURZER 1967, FALLER 1968, FRÖCHTLING, LÖFFLER, EMMERICH, SCHMEHLING 1980 u. a.).

Neben diesen auf den wirtschaftlichen Aspekt ausgerichteten Untersuchungsansätzen findet das Nebenbahnproblem ebenso in zahlreichen verkehrsgeographischen Studien Berücksichtigung. Die deutliche Interdependenz von Raum und Verkehr, die sich nicht nur in der Raumgebundenheit, sondern auch in der Raumwirksamkeit von Verkehr äußert, sowie die regionalwirtschaftlichen und raumordnungspolitischen Folgewirkungen des Rückzuges dieses Verkehrsträgers aus der Fläche legitimieren eine Analyse und Interpretation der Nebenbahnproblematik aus geographischer Sicht, zumal die Verkehrsgeographie in ihrer rauminterpretierenden Synthese auch verkehrswirtschaftliche, verkehrspolitische und verkehrstechnische Aspekte in ihre Untersuchung gleichermaßen miteinbezieht. Obgleich verkehrsgeographische Fragestellungen in der bisher aufgeführten Literatur nicht gänzlich außer acht gelassen werden (vgl. DRUDE 1971, JÄGER 1975, NAGEL 1981), so gibt es doch eine Anzahl von Arbeiten, die verkehrsgeographische Problemstellungen ausdrücklich zum Ansatzpunkt ihrer Untersuchungen machen (HUTTMANN 1949, SANDNER 1958, ESENWEIN-ROHTE 1956, SCHLIEPHAKE 1978 u. 1984, SIMETZBERGER 1979, MAIER 1981 u. a.).

In der vorliegenden Studie soll das Nebenbahnproblem ebenfalls aus verkehrsgeographischer Sicht angegangen werden. Eine Intention dieser Arbeit ist, in einer Zusammenschau einige neue Aspekte und Zusammenhänge aufzuzeigen und zu hinterfragen, die sich im Hinblick auf den theoretischen Untersuchungsansatz, die Herausarbeitung verschiedener Korrelationen zwischen Verkehrs- und Raumstrukturen, die Behandlung dieses Verkehrsträgers in den Verkehrskonzepten der betreffenden Bundesländer und letztlich in der Abgrenzung des Untersuchungsraumes selbst abzeichnen.

Innovationen ergeben sich somit einerseits aus der Synthese dreier unterschiedlicher verkehrsgeographischer Betrachtungsweisen, die im nachfolgenden noch detailliert vorzustellen sind, andererseits hinsichtlich der deutlichen Akzentuierung der heterogenen Gesamtstruktur dieses Verkehrsträgers. Es ist gerade die Vielgestaltigkeit dieses Bahntyps, die in den bisherigen Veröffentlichungen weitgehend unberücksichtigt blieb. In der vorliegenden Abhandlung wird eine Anzahl verschieden strukturierter Nebenbahnen in einem begrenzten Gebiet, dem österreichischen Alpenraum, untersucht, der selbst bislang unter diesem Aspekt noch nicht Gegenstand einer Studie war.

Vor diesem Hintergrund können die **zentralen Fragestellungen** sowie die **Zielsetzung dieser Arbeit** wie folgt formuliert werden:

a) Wie sieht die verkehrsgeographische und verkehrswirtschaftliche Entwicklung der Nebenbahnen von der Zeit ihrer Entstehung bis zur Gegenwart aus?

b) Welche raumwirtschaftliche und regionalpolitische Bedeutung kommt den Nebenbahnen in ihrem Einzugsbereich zu? — Eine Gegenüberstellung von Vergangenheit und Gegenwart.

c) Inwieweit sind Bedeutungsverlust, Funktionswandel und gegenwärtige Misere der Nebenbahnen auf veränderte Raum- und Verkehrsstrukturen sowie verkehrsspezifische Verhaltensweisen zurückzuführen?

d) Welche regionalwirtschaftlichen und raumordnungspolitischen Folgen haben Stillegungen von Nebenbahnstrecken?

e) Wie zeigt sich die Zukunft der Nebenbahnen in den politischen Verkehrskonzepten?

Zentrales Anliegen ist somit, den Entwicklungsverlauf des Verkehrsträgers „Nebenbahn" von der einstigen Monopolstellung im Verkehrsnetz seines Einzugsbereiches bis hin zu Streckenstillegungen der Gegenwart und ihren potentiellen Folgen umfassend nachzuvollziehen und zu analysieren. Funktionswandel, Bedeutungsverlust und die Frage der Existenzberechtigung sollen vor dem Hintergrund gewandelter Verkehrs- und Raumstrukturen untersucht und interpretiert werden. Hierbei spielt die bereits erwähnte Interdependenz von Raum und Verkehr, das heißt die Abhängigkeit des Verkehrsgeschehens von natur- und kulturräumlichen Gegebenheiten — die sogenannte Raumgebundenheit — sowie die dem Verkehr eigene Raumwirksamkeit, beispielsweise sein Einfluß auf die Bevölkerungsentwicklung und -verteilung, auf Siedlungsstrukturen und auf die gesamtwirtschaftliche Entwicklung eines Raumes, ebenso eine Rolle wie der Wandel verkehrsrelevanter Verhaltensweisen. Letzterer kommt insbesondere in veränderten Verkehrsbedürfnissen und verkehrsräumlichen Aktivitäten sowie wachsender Verkehrsnachfrage zum Ausdruck.

Neben einer Globalanalyse, in der die Nebenbahnen als Einheit innerhalb des öffentlichen Verkehrsnetzes untersucht werden sollen, zeigt sich die Notwendigkeit, in verschiedenen Einzeluntersuchungen die Heterogenität dieses Verkehrsmittels zu erarbeiten. Nur unter Berücksichtigung der unterschiedlichen Anlage-, Betriebs- und Verkehrsstrukturen der einzelnen Bahnen sowie der speziellen Raumstrukturen der Einzugsbereiche ist es möglich, die verkehrswirtschaftliche Problemsituation der Nebenbahnen eingehend zu untersuchen und Lösungsmöglichkeiten zu diskutieren, wobei allerdings auch die Änderungen in den verkehrspolitischen Zielsetzungen, ersichtlich aus den Verkehrskonzepten des Bundes und der einzelnen Länder, nicht unberücksichtigt bleiben dürfen.

2. DER THEORETISCHE HINTERGRUND

Verkehrsgeographische Betrachtungsweisen gründen sich nicht nur auf die Raumgebundenheit von Verkehrseinrichtungen und auf die ebenfalls raumgebundene Nachfrage nach Verkehrsleistungen, sondern auch auf die dem Verkehr selbst inhärente Eigendynamik, auf seine Raumwirksamkeit. Der Verkehr erfüllt einerseits die Aufgabe der Entfernungsüberbrückung, wobei naturbedingte Raumwiderstände überwunden werden müssen; er folgt damit weitestgehend bestehender Nachfrage nach Verkehrsleistungen. Andererseits vermag der Verkehr räumliche Prozesse strukturellen Wandels und raumfunktioneller Beziehungen in Gang zu setzen, die ihrerseits wieder Auswirkungen auf die Verkehrsnachfrage zeigen. Diese ambivalenten Wirkungen des Verkehrs auf den Raum sowie die in jüngeren Arbeiten immer wieder im Vordergrund stehende Interdependenz von Raum und Verkehr waren aber nicht seit jeher Schwerpunkt verkehrsgeographischer Untersuchungen.

Ein kurzer Überblick über die historisch-genetische Entwicklung der Verkehrsgeographie zeigt, daß die ersten Ansatzpunkte nach der Loslösung der „Verkehrsgeographie" aus der „Handelsgeographie" neben einer rein beschreibenden, hauptsächlich das Erscheinungsbild untersuchenden Ausrichtung auch eine Schwerpunktsetzung im Hinblick auf die Erforschung der Abhängigkeit des Verkehrs und der Raumerschließung von physiogeographischen Gegebenheiten, besonders der Orographie, aufweisen (vgl. KOHL 1841). Obgleich im Mittelpunkt dieser Betrachtungsweise die Abhängigkeit der Verkehrserschließung von den natürlichen Bedingungen steht, so wird schon frühzeitig erkannt, daß die Kräfte, die die Verkehrsbewegungen und Verkehrsströme auslösen, ebenso zu untersuchende Faktoren darstellen, da die Wegeführung weitgehend durch sie

mit determiniert wird. Zwar wird der Kausalzusammenhang zwischen physiogeograpischem Potential und der Verkehrserschließung eines Raumes durch die Überlegungen KOHLs schon recht früh modifiziert, jedoch bedarf es noch gut eines Jahrhunderts bis CHRISTALLER auf dem Frankfurter Geographentag (1952) die Forderung erhebt, die deskriptive und registrierende oder lediglich die Naturbedingtheit untersuchende Verkehrsgeographie, die aufgrund der starren physiognomischen und kausalen Ausrichtung unfähig war, bis zu den eigentlichen Problemen vorzudringen, durch eine funktionale Betrachtungsweise zu ersetzen. Vordergründige Zielsetzung der funktionalen Verkehrsgeographie ist es, verkehrsgeographische Regeln oder gar Gesetzmäßigkeiten ähnelnde Funktionen herauszukristallisieren und zu analysieren (vgl. MAIER 1976, S. 23).
Der Übergang zu dieser postulierten funktionalen Verkehrsgeographie vollzog sich jedoch langsam. Während sich in der Übergangszeit die zentrale Aufgabenstellung der funktionalen Verkehrsgeographie auf eine Untersuchung des Verkehrsgeschehens im Hinblick auf seine raumprägende Wirkung beschränkte (FOCHLER-HAUKE 1957, ZIMPEL 1958, VOPPEL 1983 u. a.), zeichnet sich in neueren Arbeiten eine weitaus differenziertere und komplexere Aufgabenstellung ab, die SCHLIEPHAKE wie folgt formuliert:

„Die funktionale Verkehrsgeographie soll die gegenseitige Abhängigkeit zwischen dem Verkehrsgeschehen als konkreter Erscheinung und als räumlichem System und dem Raum in seiner natürlichen, bevölkerungsmäßigen und sonstigen vom Menschen geprägten Ausstattung; unter dem Einfluß wirtschaftlicher, sozialer und politischer Mechanismen; unter Berücksichtigung historischer Abläufe, soweit sie für das heutige Geschehen mit verantwortlich sind im Hinblick auf die Erklärung der heutigen Raumstrukturen, ihrer Entstehung und möglichen zukünftigen Entwicklung darstellen und wenn möglich auch quantifizieren" (SCHLIEPHAKE 1973, S. 36).

Neben dieser funktionalen Betrachtungsweise hat sich auf dem Arbeitsfeld der Verkehrsgeographie eine weitere Untersuchungsrichtung aufgetan, deren Ausgangsbasis die Erklärung des anthropogenen Landschaftsbildes aus der Differenzierung menschlicher Verhaltensbereiche und deren räumlichen Verflechtungsmuster ist. Angeregt von BORCHERDT und JANIN, die in ihren verkehrsgeographischen Analysen bereits auf eine Korrelation zwischen Verhaltensweisen und Verkehrsstrukturen hinweisen, kritisiert MAIER, daß gerade der Aspekt der stärkeren Berücksichtigung des Menschen beziehungsweise menschlicher Gruppen als Auslöser und Träger der Verkehrsfunktion in einem Großteil der Untersuchungen zur funktionalen Verkehrsgeographie weitgehend unberücksichtigt bleibt (vgl. MAIER 1976, S. 25). MAIER demonstriert in seiner Studie die Anwendung des sozialgeographischen Ansatzes und postuliert die „Geographie verkehrsräumlicher Aktivitäten", wobei er die zentrale Aufgabenstellung wie folgt beschreibt:

„Diese 'Geographie verkehrsräumlicher Aktivitäten' erhält die Aufgabe einer Analyse der Verbindungen zwischen den Grundfunktionsbereichen, da der Verkehr Voraussetzung und gleichzeitig Folge jeglicher räumlicher Betätigung des Menschen ist. Ihr inhaltlicher Schwerpunkt liegt auf den raumdi-

stanziellen Aspekten und umfaßt auch Analysen von Auswirkungen der Verkehrsvorgänge im Raum ebenso wie von Rückwirkungen räumlicher Prozeßabläufe auf die Funktion und Struktur des Verkehrs, letztlich mit dem Ziel der Erfassung regelhafter Erscheinungen" (MAIER 1976, S. 26).

Gemäß MAIER beinhaltet die Aufgabenstellung einer sozialgeographischen Studie grundsätzlich zwei zentrale Schwerpunkte innerhalb der methodologischen Gliederung:

a) „die Analyse der gruppenspezifischen Verhaltensweisen innerhalb der Grundfunktionen (hier eingeschränkt auf die räumlichen Aktivitäten)" und

b) „die Auswirkungen dieser Bewegungsabläufe sowie der entsprechenden verorteten Einrichtungen innerhalb des Prozeßfeldes Landschaft" (MAIER 1976, S. 32).

Obgleich jede einzelne der hier angeführten verkehrsgeographischen Betrachtungsweisen wesentliche und nicht zu vernachlässigende Untersuchungsrichtungen aufweist, so ist eine umfassende, alle Aspekte berücksichtigende verkehrsgeographische Analyse nur bei einer Verknüpfung dieser drei Ansätze möglich. Zu den Aufgaben der vorliegenden Studie wird es deshalb gehören, sich nicht nur auf der Basis einer physiognomischen und kausalen Betrachtungsweise mit den Verkehrserscheinungen der Nebenbahnen in der Landschaft, ihrer Abhängigkeit von Naturgegebenheiten sowie ihrer Anpassung an diese zu befassen, sondern auch funktionale und sozialgeographische Untersuchungsaspekte zu berücksichtigen.

Da der Verkehr nicht nur von naturräumlichen Gegebenheiten abhängig ist, sondern in den meisten Fällen in noch größerem Maße eine Abhängigkeit von den wirtschaftlichen und sozialen Verhältnissen, von den Lebensformen und Bedürfnissen der sozialen Gruppen aufzeigt, die er seinerseits wiederum durch die ihm eigene raumprägende Wirkung in wechselndem Ausmaß beeinflußt, darf die historische Entwicklung eines Verkehrsträgers, und zwar in engstem Zusammenhang mit den jeweilgen Funktionen, die er im Wandel verschiedener Siedlungs-, Wirtschafts- und Verkehrsraumstrukturen innegehabt hat, nicht außer acht gelassen werden (vgl. hierzu auch FOCHLER-HAUKE 1976, S. 11). Neben den Aspekten der Raumgebundenheit und Raumwirksamkeit muß aber auch das Kriterium der Abhängigkeit von verkehrsspezifischen und raumrelevanten Verhaltensmustern sozialer Gruppen sowie von den Bedürfnissen der einzelnen Verkehrsnachfrager Berücksichtigung finden. Funktions- und Bedeutungswandel eines Verkehrsträgers müssen somit auch im Zusammenhang mit veränderten verkehrsrelevanten Verhaltensweisen gesehen werden, die ihrerseits wiederum Ausdruck gewandelter Raum- und Gesellschaftsstrukturen darstellen können.

Den theoretischen Rahmen dieser Arbeit bildet somit eine Synthese von formalbeschreibender, funktional-analytischer und sozialgeographischer Betrachtungsweise, um so von verkehrsgeographischer Seite einen umfassenden und ausreichenden Einblick in die Problematik der Nebenbahnen gewährleisten zu können.

3. METHODIK UND AUFBAU DER UNTERSUCHUNG

Den Ausgangspunkt dieser verkehrsgeographischen Untersuchung des Nebenbahnproblems bildet zunächst die historische Entwicklung des österreichischen Nebenbahnnetzes (Kap. II). Geschichte, Struktur und Funktion der Lokalbahnen sowie die seinerzeit vertretenen Gründe für den Bau sind wichtige Aspekte, die gegenwärtig an Aktualität gewinnen, da gerade die Ursachen der technischen und finanziellen Misere dieses Verkehrsträgers häufig in seiner Vergangenheit zu suchen und ihre Wurzeln somit nicht selten bereits in der Entstehungsgeschichte von Lokalbahnen verankert sind.

Nach dem historischen Einstieg erfolgt ein Überblick über die verkehrsgeographische Situation der Nebenbahnen des österreichischen Alpenraumes unter besonderer Akzentuierung der Interdependenz von Raum und Verkehr (Kap. III). Neben den natur- und kulturlandschaftlichen Gegebenheiten und ihren Auswirkungen auf den Nebenbahnbetrieb, insbesondere auf Streckenverlauf, Verkehrsablauf und Verkehrsaufkommen, wird unter Anwendung des funktional-analytischen Ansatzes auch die Raumwirksamkeit des Verkehrsträgers „Nebenbahn" aufgezeigt. Hierbei wird die von den Bahnen ausgehende raumdeterminierende Wirkung nicht nur im Hinblick auf den Natur- und Kulturraum, sondern auch unter dem Aspekt zeitlich bedingter Gültigkeit untersucht. Die Vermutung liegt nahe, daß der räumliche Wirkungsgrad dieses Verkehrsmittels im Verlauf der Zeit einem deutlichen Wandel unterlag und je nach Umfeld unterschiedliche Ausmaße und Bedeutung erlangen konnte.

Eine weitere nicht zu vernachlässigende Korrelation ist die Verkehrsentwicklung auf den Nebenbahnen vor dem Hintergrund gewandelter Verkehrs- und Raumstrukturen. Unter Einflechtung sozialgeographischer Fragestellungen wird ein Beziehungsgefüge zwischen räumlichen Strukturen und verkehrsräumlichen Aktivitäten aufgestellt; verkehrsspezifische Verhaltensweisen und deren Wandel erfahren hierbei eine besondere Berücksichtigung.

Nach diesen vornehmlich auf theoretischer Basis erfolgten Informationen zum Verständnis der verkehrsgeographischen Situation der Nebenbahnen im österreichischen Alpenraum erhebt sich die Forderung nach einer Exemplifizierung und Konkretisierung des Geschilderten. Während in den Kapiteln II und III die Methode einer Globalanalyse angewandt wird, das heißt, die Nebenbahnen vorwiegend als Einheit innerhalb des öffentlichen Verkehrsnetzes untersucht werden, zeigt sich nun die Notwendigkeit, in verschiedenen Einzeluntersuchungen die Heterogenität dieses Verkehrsträgers herauszuarbeiten und dabei aufzuzeigen, daß Nebenbahn nicht gleich Nebenbahn und folglich die Problematik jeweils anders gelagert ist.

Vor diesem Hintergrund erhält Kapitel IV, das eine vergleichende Zusammenschau unterschiedlich strukturierter Nebenbahnen und deren Einzugsbereiche zum Inhalt hat, besondere Bedeutung. Im Mittelpunkt steht die Intention zu zeigen, daß nicht generalisierend von **dem** Nebenbahnproblem gesprochen werden kann, sondern daß für jede einzelne Bahn eine spezifische, unterschiedlich begründete und gelagerte Problemsituation vorliegt. Basierend auf dieser Tatsache, erhebt sich die Forderung, in einer Zusammen- und Gegenüberstellung verschieden strukturierte Nebenbahnen vorzustellen und neben Anlage- und Betriebsformen auch die einzelnen Raum- und Verkehrsgefüge der Einzugsbereiche sowie deren Wandel aufzuzeigen, da gerade sie bei einer Problemerkennung und -lösung eine bedeutende Rolle spielen.

Ergänzend zu den bisher dominierenden verkehrsgeographischen Aspekten soll in Kapitel V die verkehrswirtschaftliche Realität dieses Verkehrsträgers untersucht werden. Wesentliche Akzente bilden in diesem Zusammenhang nicht nur die Klärung der Rentabilitätsfrage vor dem Hintergrund des modernen Verkehrsnetzes der Gegenwart, die Diskussion der Stillegungsproblematik, konkretisiert an einigen Fallbeispielen, oder gar die Empfehlungen zur Rationalisierung und Sanierung des Nebenbahnbetriebes, sondern auch die Erkenntnis, daß sich die Erhaltung dieses Verkehrsträgers zu einer verkehrs-, regional- und raumordnungspolitischen Aufgabe entwickelt hat.

In dem Kapitel „Zukunftsaussichten" (Kap. VI) werden schließlich neben künftigen Funktionen der Nebenbahnen und Fragen der Existenzsicherung auch Bedeutung und Auswirkung politisch-institutioneller Kräfte untersucht; denn gerade die Zukunft dieses Verkehrsmittels sowie seine Position im heutigen Verkehrsnetz zeigen eine deutliche Abhängigkeit von verkehrspolitischen Entscheidungen, und zwar nicht nur auf Bundesebene, sondern speziell auch auf Länderebene.

4. BEGRIFFSBESTIMMUNG

Nachdem bereits in den bisherigen Ausführungen die Begriffe Hauptbahn, Nebenbahn und Lokalbahn mehrmals erwähnt wurden und diese Klassifikation der Bahnen im Verlauf der Studie durch den Begriff „Kleinbahn" eine weitere Ergänzung erfahren wird, zeigt sich die Notwendigkeit, die einzelnen Bahnbezeichnungen näher zu bestimmen. Da es jedoch speziell für die Nebenbahnen keine allgemeingültige Definition gibt und bei den verschiedenen Begriffsbestimmungen häufig unterschiedliche Kriterien zugrunde gelegt werden, ist eine eindeutige Zuordnung zu den drei Klassen Hauptbahn, Lokalbahn und Kleinbahn (die beiden letzteren unter dem Oberbegriff „Nebenbahn") häufig nur schwer durchführbar. Die Spurweite bietet beispielsweise kein unter allen Umständen entscheidendes Merkmal, da es je nach Ländern schmalspurige Hauptbahnen, die dem Fernverkehr dienen (beispielsweise Japan), ebensogut gibt wie normalspurige Nebenbahnen für den Nahverkehr (beispielsweise Bundesrepublik Deutschland oder Österreich). Die Ausdrücke Vollspur- oder Normalspurbahn und Schmalspurbahn finden also bei Haupt- wie bei Nebenbahnen gleicherweise Anwendung.

Entscheidend ist letztendlich, jede einzelne Bahn in ihrer Verkehrsbedeutung zu betrachten und danach einer dieser Klassen zuzuteilen. Vor diesem Hintergrund sind auch zahlreiche Definitionen entstanden, von denen einige hier zitiert werden sollen. Gemäß dem LEXIKON DER EISENBAHN (1978) ergibt sich für Haupt- und Nebenbahnen folgende Begriffsbestimmung:

„Eine Hauptbahn ist eine Eisenbahnstrecke mit allgemeiner großer verkehrlicher Bedeutung, sie verbindet wichtige Punkte im Netz miteinander und dient der Bewältigung der Hauptverkehrsströme. Technische Ausnutzung und bauliche Gestaltung der Hauptbahnen (einschließlich der Bahnhöfe) gestatten hohe Fahrgeschwindigkeiten, schwere Zugmassen und dichte Zugfolge" (LEXIKON DER EISENBAHN 1978, S. 395).

Im Gegensatz dazu ist eine Nebenbahn eine *„Eisenbahnstrecke mit geringerer verkehrlicher Bedeutung, sie erfüllt Zubringeraufgaben für Hauptbahnen. Für Nebenbahnen sind größere Steigungen und kleinere Halbmesser zugelassen, damit gutes Anpassen an Geländeformen. Unterscheidung der Nebenbahnen in Normalspur- und Schmalspurbahnen"* (LEXIKON DER EISENBAHN 1978, S. 558).

Des weiteren sind für beide Bahntypen noch einige betriebstechnische Forderungen gesetzlicher Art angeführt, die hier jedoch keine Berücksichtigung finden sollen.

Eine genauere Abgrenzung des Begriffs Nebenbahn sei auch mit Hilfe einiger nationaler Eisenbahngesetze vorgenommen. Das Deutsche Eisenbahngesetz bezeichnet Nebenbahnen als

„Eisenbahnen des öffentlichen Verkehrs, die betriebswirtschaftlich und betriebstechnisch nicht als Hauptbahnen ausgerüstet sind. Die Anforderungen an Trassierung, Sicherung der schienengleichen Wegübergänge und Ausstattung mit Signal- und Meldeeinrichtungen sind sehr gering gehalten" (BGBl 1951/I nach ESENWEIN-ROTHE 1956, S. 27).

Das Schweizerische Bundesgesetz über den Bau und Betrieb von Nebenbahnen bezeichnet diese als diejenigen Eisenbahnen, die

„vorzugsweise dem Lokalverkehr oder speziellen Verkehrszwecken dienen und nicht den großen Durchgangsverkehr für Personen oder Güter vermitteln" (WICK 1948, S. 1, zitiert bei POLLASCHECK 1959, S. 2).

Im Österreichischen Eisenbahngesetz 1957 findet sich in § 4 folgende Einteilung der Eisenbahnen:

„Hauptbahnen sind für den öffentlichen Verkehr bestimmte Schienenbahnen von größerer, Nebenbahnen solche von geringerer Verkehrsbedeutung, sofern sie nicht Straßenbahnen sind" (Österreichische Bundesbahnen: Österreichisches Eisenbahngesetz. Wien 1957, S. 6, zitiert bei POLLASCHECK 1959, S. 3).

Die Nebenbahnen dienen somit enger begrenzten und bescheideneren Verkehrsbedürfnissen, ihnen kommt folglich mehr örtliche Bedeutung zu. Hieraus erklärt sich auch der für „Nebenbahn" häufig synonym gebrauchte Begriff „Lokalbahn". In diesem Zusammenhang sei aus Gründen der Vollständigkeit auf zwei weitere Termini hingewiesen, die in der Fachliteratur ebenfalls häufig synonym für „Nebenbahn" verwandt werden; es handelt sich um die Begriffe „Sekundärbahn" und „Vizinalbahn", wobei letzterer stark veraltet ist.

Zur näheren Bestimmung des Begriffes „Kleinbahn", im synonymen Gebrauch findet sich auch „Tertiärbahn", sei bereits an dieser Stelle auf ein österreichisches Lokalbahngesetz aus dem Jahre 1895 verwiesen, das erstmals Kleinbahnen von den Lokalbahnen trennt. Es bezeichnet als Kleinbahnen diejenigen Bahnen, bei denen *„das rein örtliche Moment der Verkehrsmittlung innerhalb einer Gemeinde oder benachbarter Gemeinden als ausschlaggebendes Begriffsmerkmal hervortritt"* (DULTINGER 1961, S. 90). Diese Bahnen bilden nach dem dritten österreichischen Lokalbahngesetz jedoch noch keine eigene Klasse von Bahnen, sondern lediglich eine Unterart der Lokalbahnen, wobei als Beispiele normal- und schmalspurige Zweigbahnen, Zahnradbahnen, Straßenbahnen und Standseilbahnen aufgeführt werden. Erst mit dem vierten Lokalbahngesetz (1910) wird ihnen in der Gruppe der Nebenbahnen eine eigene Stellung neben den Lokalbahnen gewährt.

Um nun diese Ausführungen zur Begriffsbestimmung einzelner Bahntypen abzuschließen, sei schließlich eine von den Österreichischen Bundesbahnen im Jahre 1975 im Auftrag der Österreichischen Raumordnungskonferenz (ÖROK) erarbeitete Definition von Nebenbahn zitiert, die ebenfalls vorrangig das Kriterium „Verkehrsbedeutung" akzentuiert und damit gleichzeitig Grundlage für das in dieser Studie vertretene Verständnis von „Nebenbahn" ist:

> *„Nebenbahnen sind Schienenbahnen mit geringerer Verkehrsbedeutung, die sich hinsichtlich betrieblicher und bautechnischer Anforderungen von den Hauptbahnen unterscheiden. Bei der Betriebsführung sind den Nebenbahnen von der Behörde Erleichterungen gegenüber den den Hauptbahnen auferlegten Verpflichtungen (§§ 19—27 EG 1957) zu gewähren"* (ÖROK (Hrsg.): Schriftenreihe Nr. 22a, 1980, S. 10).

Einen optischen Überblick zu den in Österreich existenten Bahntypen (Schienenbahnen) vermittelt letztlich auch Abb. 1, in der einzelne Bahnarten einschließlich der sie kennzeichnenden Kriterien zusammengestellt sind.

Abb. 1: Unterschiedliche Bahntypen und ihr Erscheinungsbild

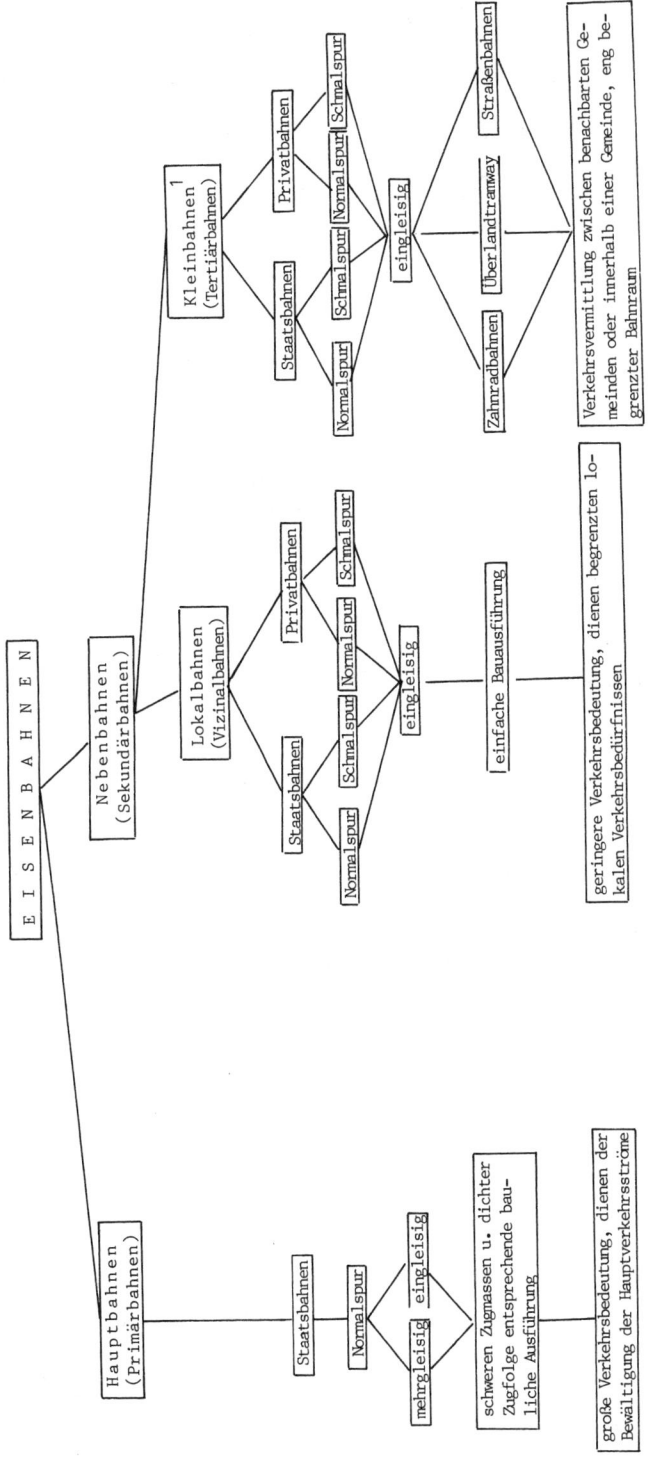

31

II. DIE HISTORISCHE ENTWICKLUNG DES ÖSTERREICHISCHEN NEBENBAHNNETZES UNTER BESONDERER BERÜCKSICHTIGUNG DER BAHNEN DES ALPENRAUMES

1. DER BEGINN DER ÖSTERREICHISCHEN EISENBAHNÄRA — DIE ANLAGE DER HAUPTBAHNEN

Zu Beginn des 19. Jahrhunderts wurde Österreich mit einem neuartigen Verkehrsmittel konfrontiert, der Dampfeisenbahn. Seit 1835 wurden in Europa die ersten Eisenbahnen gebaut, und bereits am 6. 1. 1838 konnte in Österreich die erste Teilstrecke Wien — Wagram der Kaiser-Ferdinands-Nordbahn (Wien — Krakau) eröffnet werden.
In der Folge hat Österreich sein Bahnnetz unter großen Mühen weiter ausgebaut, wobei sich der Staat teils selbst am Bau beteiligte, teils aber auch versuchte, den privaten Unternehmungsgeist durch Gewährung von Begünstigungen zu aktivieren. Staat und Privatkapital richteten ihr Augenmerk naturgemäß zunächst auf die Hauptrichtungen des Verkehrs, da diese sowohl verkehrspolitisch als auch wirtschaftlich am wichtigsten waren. So kam es in der Phase der Ausgestaltung des österreichischen Eisenbahnnetzes vorerst zur Anlage leistungsfähiger, den überregionalen Verkehrsbedürfnissen entsprechender, großer Verkehrslinien, den **Hauptbahnen**.

> *„Die Hauptbahnen sind das Rückgrat des ganzen Verkehrswesens. Sie dienen vornehmlich dem großen Durchgangs- und Wechselverkehr mit dem Ausland, beleben aber auch das Wirtschaftsleben in den von ihnen durchzogenen Gebieten in besonderem Maße"* (KARGEL 1935, S. 321).

Dieses Zitat verdeutlicht die übergeordnete Funktion der Hauptbahnen und unterstreicht die Dringlichkeit ihres Baues in einer von mangelhafter Erschließung durch Massentransportmittel gekennzeichneten Zeit.
Dem geschilderten Verkehrszweck entsprechend zeigt sich auch die technische Ausgestaltung dieses Verkehrsmittels. Die Hauptbahnen besitzen die seinerzeit von England übernommene Spurweite von 1,435 m, Normal-oder Vollspur genannt; ihre gesamten Anlagen und Betriebseinrichtungen sind für einen raschen und dichten Massenverkehr bemessen. Bei diesem Bahntyp handelt es sich

in Österreich ausschließlich um vollspurige Adhäsionsbahnen, die in Linienführung, Oberbau und Signalanlagen an starke Belastungen und hohe Leistungsfähigkeit, das bedeutet schwere Zugmassen und dichte Zugfolge sowie hohe Fahrgeschwindigkeiten, angepaßt sind.

Ohne konkreter auf technische Details eingehen zu wollen, sei jedoch darauf hingewiesen, daß es in Österreich, den Anlageverhältnissen entsprechend, zur Ausführung zweier Arten von Hauptbahnlinien gekommen ist: den zonal verlaufenden Hauptbahnen (großenteils Talbahnen) und den meridional verlaufenden Alpenbahnen, den sogenannten Hochgebirgs-Paßbahnen.

Die Trassen des ersten Typs folgen weitestgehend dem Verlauf der Haupttäler, wobei die Trassenführung den vielfachen Windungen und Krümmungen angepaßt wurde. Beispielhaft anzuführen sind hier weite Strecken der Westbahn, die vornehmlich parallel den von Westen nach Osten verlaufenden Talungen der Ostalpen geführt wird; die Südbahn, die von Wien ausgehend nach Überschienung des Semmering der Mur-Mürz-Furche folgend Graz erreicht und weiter nach Maribor und Zagreb führt; und schließlich die Pustertalbahn, die der südlichen Längstalfurche Drau-Rienz folgt und Villach mit Franzensfeste in Südtirol verbindet. Zu den bedeutendsten Hochgebirgs-Paßbahnen, dem zweiten Hauptbahntyp, gehören unter anderem die Brennerbahn, die Arlbergbahn (ihrerseits selbst Teilstrecke der Westbahn), die Tauernbahn, die Pyhrnbahn, die Semmeringbahn (ihrerseits Teilstrecke der Südbahn) sowie die Karawankenbahn.

Mit der Errichtung des Hauptbahnnetzes waren die Brennpunkte des politischen und wirtschaftlichen Lebens miteinander verbunden. Die an diesen Schienenwegen liegenden Gebiete konnten am durchgehenden Verkehr des eigenen Landes wie auch am internationalen Verkehr teilnehmen und somit Vorteile erlangen, die sowohl wirtschaftlich als auch kulturell von großer Bedeutung waren.

2. DIE PHASE DES ÖSTERREICHISCHEN LOKALBAHNWESENS — DER AUSBAU DES LOKALBAHNNETZES

Nachdem mit der Fertigstellung der Arlbergbahn 1884 der Bau der Hauptbahnlinien zu einem vorläufigen Abschluß gekommen war, galt es, die volle innere Aufschließung des Landes voranzutreiben. Mit Rücksicht auf die allgemein zunehmenden Verkehrsbedürfnisse ergab sich sehr bald die Notwendigkeit, auch abseits der Hauptbahnen liegende Wirtschaftsräume mittels Eisenbahnen zu erschließen. Die Forderung nach einer Verbesserung der lokalen Verkehrsverhältnisse kam vor allem aus jenen Landesteilen, die infolge der Abgeschiedenheit vom allgemeinen Verkehr wirtschaftlich zurückzubleiben drohten. Um auch diesen Gebieten die Vorteile der modernen Verkehrsentwicklung zukommen zu lassen, stand der Bau von **Nebenbahnen** zur weiteren verkehrsmäßigen Erschließung und Anbindung einzelner Landesteile als signifikantes Problem und vordringliche Aufgabe im Vordergrund aller verkehrspolitischen Überlegungen.

2.1 GRÜNDE FÜR DEN BAU VON BAHNEN NIEDERER ORDNUNG

Zu Beginn der 80er Jahre des vorigen Jahrhunderts wurde mit zunehmender Vehemenz die Forderung erhoben, alle Landesteile der Monarchie durch Eisenbahnen zu erschließen und an die Hauptverkehrsadern anzubinden. Dieses geschah einerseits aus gemeinwirtschaftlichen Gründen, wobei eine Ausbreitung der durch die Eisenbahnen erzielten Vorteile für das ganze Land und somit eine möglichst gleichmäßige Dichte des Verkehrsnetzes postuliert wurde; andererseits aus betriebswirtschaftlichen Gründen, deren Zielsetzung die Sicherstellung der Lebensfähigkeit der Hauptbahnen und die Förderung ihrer Rentabilität durch eine Verdichtung des Systems der Zubringerlinien war. Die Bestrebungen gingen dahin, die Verkehrsfrequenz zu steigern und höhere Einnahmen zu erreichen.

Hintergrund dieser neuen Lokalbahnaktivitäten waren überaus positive Erfahrungen mit den bisher errichteten Eisenbahnlinien, die ihre Raumwirksamkeit besonders auf dem Güterverkehrssektor beweisen konnten. Land- und forstwirtschaftliche Produkte oder industrielle Erzeugnisse und Bodenschätze konnten per Bahntransport je nach Bedarf zwischen den einzelnen Regionen ausgetauscht werden. Besonders die Standortwahl von Industrie- und Gewerbebetrieben war nicht länger von den lokal verfügbaren Bodenschätzen und Rohstoffen abhängig, so daß eine Intensivierung der Wirtschaft weiter Landesteile die Folge war. Darüber hinaus hatte sich die Eisenbahn als billigstes, sicherstes und zuverlässigstes Massenbeförderungsmittel eine Monopolstellung erobert, und es war die vorrangige verkehrspolitische Aufgabe, diese zu festigen und durch die Errichtung eines Lokalbahnnetzes weiter auszubauen.

Die ersten Forderungen bezüglich der Errichtung von Nebenbahnen wurden bereits Mitte der 60er Jahre des vergangenen Jahrhunderts an die Öffentlichkeit getragen; es dauerte jedoch noch gut 20 Jahre, bis die Bedeutung der Bahnen niederer Ordnung gänzlich erkannt wurde. Erst die finanzielle Krise des Jahres 1873, die den allgemeinen Bahnbau weitgehend zum Stillstand brachte und damit die Hoffnung auf Verwirklichung zahlreicher, zum Teil bereits gesetzlich sichergestellter Bahnen höherer Ordnung zerstörte, führte zu einem Wendepunkt. In der Folgezeit entstanden teils auf Staatskosten, teils unter Beteiligung des Privatkapitals zahlreiche Bahnen, deren technische Ausgestaltung durch Sondergesetze von Fall zu Fall geregelt wurde; diese Bahnen erhielten im Herbst 1875 die offizielle Bezeichnung „Lokalbahnen" (vgl. WITTEK 1912, S. 19).

Im Vordergrund der neuen Bauvorhaben standen nicht länger Gewinnorientierung und Maximierung des Baukapitals, sondern das Bestreben, den lokalen Verkehrsbedürfnissen einzelner Regionen entgegenzukommen und gegebenenfalls auch diese zu aktivieren. Während über Funktion und Bedeutung dieses Bahntyps Klarheit herrschte, zeigten sich bei der Festlegung der Konditionen für die Errichtung dieser Bahnen zahlreiche Schwierigkeiten. Schon die unterschiedlich gebrauchten Bezeichnungen wie Lokalbahn, Nebenbahn, Sekundär- und auch Vizinalbahn oder Bahnen niederer beziehungsweise minderer Ordnung verursachten nicht nur Unsicherheit, sondern auch Unstimmigkeit bei der Projektierung dieser Bahnlinien. Obgleich eine dieser Studie zugrundegelegte Begriffsbestimmung bereits im vorausgehenden Kapitel vorgenommen worden ist, zeigt sich an dieser Stelle die Notwendigkeit, auf der Basis historischer Quellen ein zeitgemäßes Verständnis des Begriffes „Lokalbahn" zu vermitteln, das auch für die im folgenden aufzuzeigende Lokalbahngesetzgebung von großer Wichtigkeit ist.

WITTEK versteht unter dem Gesamtbegriff „Bahnen niederer Ordnung" jene Schienenwege, *„die vorzugsweise oder ausschließlich örtlichen Verkehrszwecken dienen und dementsprechend in ihren Einrichtungen und Leistungen hinter jenen Bahnen höherer Ordnung zurückstehen"* (WITTEK 1912, S. 5). Während das Begriffsmerkmal der einfacheren Bau- und Betriebsweise eindeutig ist, kann der Verkehrszweck, „örtlichen" Verkehrsbedürfnissen zu dienen, unterschiedlich interpretiert werden. Neben dem Verkehr innerhalb eines Gemeindegebietes können auch Verkehrsbeziehungen zwischen benachbarten Gemeinden oder innerhalb einer größeren Region in dem Terminus „lokal" impliziert sein. Dieser Unterschied zwischen weiterem und engerem örtlichen Verkehr führt zu der Einteilung der Bahnen niederer Ordnung in zwei Kategorien:

a) *„Bahnen für den weiteren örtlichen Verkehr: Lokalbahnen oder auch Sekundär- und Vizinalbahnen"*

b) *„Bahnen für den engeren örtlichen Verkehr: Kleinbahnen (Tertiärbahnen) einschließlich der Straßenbahnen, Bergbahnen, Seilbahnen und sonstigen eisenbahnähnlichen Transportmittel, sofern sie dem öffentlichen Verkehr zu dienen haben"* (WITTEK 1912, S. 7).

Doch auch diese näheren Erläuterungen zum Begriff „Lokalbahn" beinhalten noch keine eindeutige Definition. Festzuhalten ist, daß der Begriff der französischen Terminologie nachgebildet worden ist, welche die Bahnen untergeordneter Bedeutung, die örtlichen Verkehrszwecken dienen, mit dem Ausdruck „Chemin de fer d'intérêt local" bezeichnet. Die österreichische Lokalbahngesetzgebung hat das Entfernungskriterium „lokal" aufgegriffen und lange Zeit versucht, die so übernommene Benennung dieses Bahntyps durch Beifügung von Synonymen zu erläutern. Erst im vierten Gesetz zu Bahnen niederer Ordnung vom 8. August 1910 findet sich in Art. I, RGB. Nr. 149 eine Legaldefinition der Lokalbahnen mit folgendem Wortlaut:

„Lokalbahnen sind jene Bahnen, welche bezüglich der technischen Anlage und Leistungsfähigkeit hinter den Hauptbahnen zurückstehen, jedoch den Verkehr im weiteren Umkreis, insbesondere die Zufuhr zu den Hauptbahnen vermitteln und in der Konzessionsurkunde als Lokalbahnen bezeichnet sind" (WITTEK 1912, S. 8).

Nach diesem Vorgriff auf das Jahr 1910 und damit auf das vierte Lokalbahngesetz soll der historische Werdegang des österreichischen Lokalbahnwesens in seinen Hauptzügen kurz geschildert werden.

2.2 DIE ENTWICKLUNG DES ÖSTERREICHISCHEN LOKALBAHNWESENS — LOKALBAHNGESETZGEBUNG

Den vorausgehenden Ausführungen ist zu entnehmen, daß der für die Projektierung und Ausbildung dieser Schienenwege maßgebende Grundgedanke die Vorsorge für eine Bedarfsdeckung des lokalen Verkehrs ist. Zielgebiete sind hierbei vorrangig jene Regionen, die außerhalb des Hauptbahnnetzes liegen, in weiterer Folge aber auch die Hauptbahnräume selbst, in denen die Bedürfnisse des Lokalverkehrs durch die den Hauptbahnen eigene Anlagestruktur und Betriebsweise nicht genügend Berücksichtigung finden.
Auf der Grundlage dieser Überlegungen entstanden zahlreiche Projekte für neue Eisenbahnlinien, die der zunehmenden Nachfrage nach Lokalbahnen weitgehend Rechnung trugen. Angesichts des einsetzenden Lokalbahnbooms wurde sehr bald die Forderung nach eigenen **Lokalbahngesetzen** erhoben, zumal die von den Hauptbahnen abweichende Eigenart der Bahnen niederer Ordnung sowie das in volkswirtschaftlichen und verkehrspolitischen Interessen begründete Bestreben, das Zustandekommen und die Prosperität dieser Bahnen zu fördern, diesem Verkehrsmittel auch in der allgemeinen Eisenbahngesetzgebung eine Sonderstellung zubilligen mußten. Übereinstimmend wurde diese Sachlage erkannt und der Notwendigkeit entsprochen, die Bahnen niederer Ordnung von den für ihre Verhältnisse nicht passenden Bau- und Betriebsnormen der allgemeinen Eisenbahngesetze zu trennen. In eigenen Lokalbahngesetzen wurden für sie vereinfachte Vorschriften geschaffen, die eine möglichst ökonomische Bauanlage und Betriebsführung gewährleisten sollten. Einhergehend mit den technischen Vereinfachungen, die vorrangig als obligatorische Folge der „organischen Verschiedenheit" der Bahnen niederer von jenen höherer Ordnung anzusehen sind, finden sich in den Lokalbahngesetzen auch Befreiungen von zahlreichen öffentlichen Leistungen, beispielsweise Begünstigungen durch die Gewährung von Steuer- und Gebührenfreiheit sowie anderes mehr.
Das **erste Lokalbahngesetz** erhielt nach zahlreichen zu überwindenden Schwierigkeiten am 25. Mai 1880 die „allerhöchste Sanktion" und trat mit der am 5. Juni im Reichsblatt unter der Nr. 56 erfolgten Veröffentlichung in Kraft. Durch dieses Gesetz wurde die Regierung ermächtigt, bei der Konzessionierung neuer Lokalbahnen nicht nur hinsichtlich der Vorarbeiten, des Baus und der Ausrüstung alle möglichen Erleichterungen zu gewähren, sondern auch von den bisher vorgeschriebenen Sicherheitsvorkehrungen insoweit Abstand zu nehmen, als dies mit Rücksicht auf die besonderen Verkehrs- und Betriebsverhältnisse zulässig erschien. Darüber hinaus wurde die Benutzung von Reichsstraßen zur Anlage von Lokalbahnen dann gestattet, wenn durch den Bahnbetrieb keine Gefährdung der

Sicherheit des Straßenverkehrs zu erwarten war; für die Straßenbenutzung wurde dabei kein besonderes Entgelt gefordert. Die Lokalbahnunternehmung hatte lediglich die Kosten der ordnungsmäßigen Erhaltung des benutzten Straßenteils sowie etwaige, durch die Benutzung gegebene Mehrkosten der Straßenerhaltung zu erstatten (vgl. K. K. EISENBAHNMINISTERIUM (Hrsg.) 1908, S. 1 u. 2).
Neben diesen zahlreichen, von der Regierung zu gewährleistenden Verkehrserleichterungen war in diesem ersten Lokalbahngesetz jedoch noch keine unmittelbare finanzielle Unterstützung seitens des Staates vorgesehen.
Mit Ende des Jahres 1886 war die Wirksamkeit des ersten Lokalbahngesetzes, welches ursprünglich als Provisorium nur für zwei Jahre erlassen, dann jedoch mehrfach unter partiellen Abänderungen verlängert worden war, abgelaufen. Die Regierung hatte sich bemüht, alle fortgeschrittenen Projekte noch vor Ablauf des Jahres zur Konzessionierung zu bringen, so daß unter dem ersten Lokalbahngesetz insgesamt 86 Lokalbahnen in einer Gesamtausdehnung von rund 2400 km konzessioniert worden waren.
Mit dem Ziele, die Lokalbahngesetzgebung laufend den jeweiligen Bedürfnissen anzupassen, entstanden in der Folgezeit weitere Gesetze. Besondere Berücksichtigung sollte künftig die Finanzierungsfrage erfahren, wobei eine Beteiligung des Staates, der Länder, Bezirke und Gemeinden sowie sonstiger Interessenten zur Diskussion stand. Das **zweite Lokalbahngesetz** vom 17. Juni 1887 stellte bereits finanzielle Unterstützung verschiedener Art in Aussicht und ermächtigte zugleich die Regierung, den Betrieb von Lokalbahnen gegen eine Pachtrente zu übernehmen; insgesamt trug dieses zweite Gesetz jedoch wenig zum weiteren Ausbau des Lokalbahnnetzes bei.
Die breiteste Grundlage für die Entwicklung der Lokalbahnen brachte das **dritte Reichsgesetz über Bahnen niederer Ordnung** vom 31. Dezember 1894, das mit dem 1. Januar 1895 in Kraft trat und durch welches die bisher geltenden Bestimmungen in wichtigen Punkten einer durchgreifenden Änderung unterzogen wurden. Es wies insbesondere in der Finanzierungsfrage einige Erneuerungen und Modifizierungen auf. Das seitens der Regierung schon zu einem früheren Zeitpunkt zum Ausdruck gebrachte Bestreben, künftig bei der Förderung des Lokalbahnwesens das Schwergewicht der Aktion auf die finanzielle Mitwirkung der Königreiche und Länder zu verlegen, wurde in eigenen Paragraphen artikuliert. Erwähnenswert sind in diesem Zusammenhang beispielsweise *„Gebührenbefreiungen für Landesbahnobligationen, für fundierte Eisenbahnschuldverschreibungen der Landesbanken und anderer hierzu befugter Kreditinstitute sowie die Gewährung der Pupillarqualifikation für derartige Schuldverschreibungen"* (K. K. EISENBAHNMINISTERIUM (Hrsg.) 1908, S. 3). Darüber hinaus sicherte dieses Gesetz den Konzessionären die Ausdehnung der Konzessionsdauer auf Erweiterungsbauten, die Beteiligung des Staates an der Beschaffung des Anlagekapitals mit nicht rückzahlbaren Beiträgen, die Staatsgarantie für das Prioritätenkapital, die sofortige Übernahme der für öffentliche Zwecke wichtigen Strecken in den Staatsbetrieb und verschiedene Steuer- und Gebührenbegünstigung zu (vgl. KOCH 1951, S. 93). Auch gelangte man zu der Einsicht, daß die gewöhnlich mit 12 bis 15 km/h bemessene Fahrgeschwindigkeit nur eine ungenügende Auslastung des Personals und des Rollmaterials gestatte und deshalb die gesetzlich erlaubte Fahrgeschwindigkeit auf 30 km/h zu erhöhen sei; eine Regelung, die

lange Zeit Gültigkeit besaß (vgl. PROCHASKA (Hrsg.) 1899, Bd. I, 2. Teil, S. 474). Während in den Gesetzen von 1880 und 1887 nur der Sammelbegriff „Lokalbahnen" verwandt wurde, trennt das dritte Lokalbahngesetz erstmals die Kleinbahnen von den Lokalbahnen und stellt diese als Sonderform ersterer heraus. Des weiteren wurde das dritte Lokalbahngesetz im Gegensatz zu den beiden vorhergehenden Gesetzen, die vergleichsweise kurze Geltungsdauer hatten, mit zehnjähriger Gültigkeit erlassen und blieb aufgrund späterer Verfügungen bis zur vierten und letzten legislativen Neuordnung des Lokalbahnwesens im Jahre 1910 in Kraft.

Rückblickend sei noch erwähnt, daß die Regierung bereits am 4. Mai 1894, also noch vor der Kundgebung des dritten Lokalbahngesetzes, ein **Lokalbahnamt** ins Leben gerufen hatte, das dem Handelsministerium unterstellt war und das technisch-administrative Verfahren bei der Genehmigung neuer Pläne beschleunigen sowie alle die Errichtung von Lokalbahnen betreffenden Projekte koordinieren sollte.

Die Entwicklung des Lokalbahnwesens hat insgesamt einen Zeitraum von mehr als 30 Jahren ausgefüllt, wobei der stete Ausbau des Lokalbahnnetzes nicht zuletzt aus den finanziellen, verkehrstechnischen und rechtlichen Regelungen der Lokalbahngesetze zahlreiche positive und aktivierende Impulse erfahren haben dürfte. Einer Übersicht von CZEDIK ist zu entnehmen, daß die Gesamtlänge der in den Jahren 1880—1910 errichteten Lokal- und Kleinbahnen rund 8600 km betragen hat, das sind ungefähr 38 Prozent aller Bahnen des heutigen Österreich (vgl. CZEDIK 1910, S. 273, 274).

2.3 TYPISIERUNG VON LOKALBAHNEN

Nach der Darstellung von Gründen und Gesetzesregelungen für den Bau von Bahnen niederer Ordnung soll nun der Versuch unternommen werden, die seinerzeit errichteten Lokalbahnen in Bahnkategorien einzuteilen, wobei der Typisierung drei verschiedene Kriterien zugrunde gelegt werden: die Funktion der Bahnen, ihre Lage im und zum Gesamtnetz der Hauptbahnlinien sowie die Frage der Besitzstruktur.

Für die Herausarbeitung unterschiedlicher Funktionstypen ist die Kenntnis der Aufgaben und räumlichen Wirkungen der Lokalbahnen zwingende Voraussetzung. Wie bereits deutlich wurde, sind die Bahnen niederer Ordnung als Vermittler des örtlichen Verkehrs dazu bestimmt, diesen entweder im weiteren Umkreis aufzunehmen und ihn den nächstgelegenen Hauptbahnen zuzuführen — **Zubringerfunktion der Neben- bzw. Lokalbahnen** — oder den lokalen Verkehrsbedürfnissen im engeren Gebiet einer Gemeinde zu entsprechen (städtische Straßenbahnen, Stadtbahnen, Tramways und dergleichen). Das Einzugsgebiet einer Hauptbahn erfährt auf diese Weise eine nicht unwesentliche Erweiterung; eine Tatsache, die bereits um die Jahrhundertwende erkannt wurde und dazu führte, die Lokalbahnen als *„Saugadern der Hauptbahnen, als Zubringer und Zuleiter des Verkehrs"* zu verstehen (WITTEK 1912, S. 30).

Aus volkswirtschaftlicher Sicht stand die **Erschließungs- und Anbindungsfunktion** der Lokalbahnen im Vordergrund der Bestrebungen. Abseits der Hauptbahnlinien gelegene Orte und Landesteile in das Bahnnetz zu integrieren, galt als vorrangige Aufgabe. Die Verkehrserschließung wichtiger Siedlungsstandorte und Produktionsgebiete wurde seinerzeit als Forderung der ausgleichenden Gerechtigkeit gewertet, die mit großem Nachdruck geltend gemacht wurde. Verkehrs- und Wirtschaftsexperten versprachen sich von dem Lokalbahnbau eine Behebung der Isolierung und Rückständigkeit zahlreicher Gebiete und eine Aktivierung des Wirtschaftspotentials, die sich ihrerseits in einer gesteigerten Tätigkeit auf gewerblichem, industriellem und landwirtschaftlichem Gebiet konkretisieren sollten. Eine neue wirtschaftliche Inwertsetzung bei gleichzeitigem regionalen Attraktivitätsgewinn wurde angestrebt und, wie noch zu zeigen sein wird, auch verwirklicht.

Vor dem Hintergrund dieser Darstellung der Nebenbahnen als nicht unbedeutende Verkehrsträger und entsprechend den raumwirtschaftlichen Bestimmungsgründen ihrer Verkehrsleistungen können die Bahnen gemäß POLLASCHECK wie folgt typisiert werden: Wird eine Bahn niederer Ordnung in ein abseits der Hauptbahnen gelegenes, verkehrsarmes, vorwiegend landwirtschaftlich geprägtes, jedoch meliorationsbedürftiges Gebiet geführt, um durch Heranführung von landwirtschaftlichen Hilfsstoffen wie auch von Materialien zum Wasserschutz, zur Be- und Entwässerung sowie zum Schutz vor anderen Elementarereignissen der Erhaltung und Verbesserung von agrarischen Produktionsbedingungen zu dienen, so handelt es sich hierbei um den Typ einer **Meliorationsbahn**. Es überwiegt der Güterverkehr, und zwar vornehmlich im Empfang von Massengütern. Sobald der Meliorationsprozeß weiter fortgeschritten ist, nimmt auch die Bedeutung des Exports zu, wobei wiederum landwirtschaftliche Produkte dominieren. Die zunehmende Intensivierung der Landwirtschaft wirkt sich auch auf die Bevölkerungsentwicklung der entsprechenden Region aus. Die Bevölkerungsabwanderung wird gestoppt und die Bevölkerungsdichte nimmt zu, ohne daß ausreichende Erwerbsmöglichkeiten im Einzugsgebiet der Bahn vorhanden sind beziehungsweise geschaffen wurden (vgl. POLLASCHECK 1959, S. 6 u. 7). Ein wenn auch nur entferntes Beispiel für diesen Lokalbahntyp ist die Pinzgauer Lokalbahn, die zumindest in den Anfängen ihrer Verkehrsgeschichte den Charakter einer Meliorationsbahn besessen hat (vgl. Kap. IV 3.3.2).

Wird eine Lokalbahn in ein gewerblich unterentwickeltes Gebiet geführt, dessen Wohnbevölkerung in einem nahe gelegenen Wirtschaftszentrum arbeitet, um so eine gute Pendlerverbindung zwischen diesen Wohn- und Arbeitsstandorten herzustellen, dann handelt es sich um den Typ einer **Agglomerationsbahn**. Es überwiegt der Personenverkehr, gleichgültig, ob nur bis zum Anschlußpunkt einer Hauptbahn oder darüber hinaus gependelt werden muß; sehr hoch ist hierbei der Anteil des Schüler- und Berufsverkehrs (vgl. POLLASCHECK 1959, S. 7). Zu diesem Bahntyp gehören die Lokal- und Kleinbahnen in der näheren Umgebung größerer Städte; so zum Beispiel die Igler Bahn im Nahbereich von Innsbruck, die Lokalbahn Salzburg-Trimmelkam oder auch die Lokalbahnen in der Umgebung von Wien und Linz.

Einen dritten Nebenbahntyp bildet die **Deglomerationsbahn**. Sie stellt die Verkehrsader eines gewerblichen Anschlußgebietes dar. Durch die Bedienung der an die Lagerstätten von Bodenschätzen gebundenen Werke und als Beförderungsmittel für Rohstoffe und Erzeugnisse zu arbeitsintensiven gewerblichen Betrieben wirkt sie weiterer Zentralisierung und Häufung in industriellen Ballungsräumen entgegen; Güter- und Personenverkehr sind gleichmäßig gut entwickelt (vgl. POLLASCHECK 1959, S. 7 u. 8). Ein Vertreter dieses Bahntyps ist die Graz-Köflacher Bahn, deren Struktur und Funktion dem Charakter einer Deglomerationsbahn besonders gut entsprechen (vgl. Kap. IV 2.2.2).

Ein Unterscheidungskriterium ganz anderer Art ist die Lage der Lokalbahnstrecken im und zum Gesamtnetz der Hauptbahnlinien. Der wohl größte Teil der Neben- beziehungsweise Lokal- und Kleinbahnen ist nur einseitig an das bestehende Eisenbahnnetz angeschlossen. Ausgehend von einem Anschlußpunkt an einer Hauptbahnstrecke erschließen die Bahnen niederer Ordnung verkehrsarme Regionen und binden diese damit an das Hauptverkehrsnetz und zugleich an den interregionalen, nationalen, ja internationalen Verkehr an. Da hier keine durchgängige Eisenbahnverbindung vorliegt, werden diese Bahnen als **Stich-, Flügel-** oder auch **Sackbahnen** bezeichnet. Beispiele für diesen Nebenbahntyp finden sich im gesamten österreichischen Alpenraum, wo mit wenigen Ausnahmen Nebenbahnen vornehmlich als Stichbahnen projektiert wurden und auch zur Ausführung kamen.

In einigen Fällen wurde eine Lokalbahn aber auch als **Verbindungsbahn** zwischen zwei Hauptbahnlinien erbaut, so zum Beispiel die Salzkammergutlokalbahn (seit Mitte der 1950er Jahre stillgelegt), die von Salzburg kommend in Ischl Anschluß an die Salzkammergutbahn Attnang-Puchheim — Steinach-Irding hatte, oder die Erzbergbahn, die die Strecke Hieflau — Eisenerz mit der Bahnlinie Vordernberg — Leoben verbindet, und nicht zu vergessen die Mittenwaldbahn, die eine Verbindung zwischen der Westbahn (Innsbruck) und der Linie Mittenwald — München herstellt. Zu berücksichtigen ist in diesem Zuammenhang, daß durch Einstellung des Verkehrs auf Teilstrecken einer vormals durchgängigen Eisenbahnverbindung diese zu einer Stichbahn schrumpfen kann. Auch können ehemalige Verbindungslinien infolge staats- und verwaltungspolitischer Grenzverlegungen zu „zerrissenen Bahnstrecken" werden. Diese Situation war nach dem Ersten Weltkrieg durch den Zerfall der österreichisch-ungarischen Monarchie gegeben; ein Großteil zahlreicher Eisenbahnstrecken liegt seither in den sogenannten Nachfolgestaaten.

Neben Stich- und Verbindungsbahnen gibt es einen dritten, auf das Kriterium „Lage im und zum Hauptbahnnetz" zurückzuführenden Nebenbahntyp, die **Parallelbahnen**. Diese zum überwiegenden Teil parallel der Hauptbahnlinien geführten Bahnen besitzen die Eigenschaft, daß sie die bereits von den Hauptbahnen berührten und bedienten Orte in kürzerer Entfernung verbinden. Die Parallelbahnen greifen damit nicht nur in das Verkehrsgebiet der Hauptbahnen ein, sondern beeinträchtigen durch aufkommenden Wettbewerb auch die Verkehrsentwicklung auf ihnen. Hierbei sind die Konkurrenzierungsmomente so prägnant, daß dieser Nebenbahntyp vom volkswirtschaftlichen Standpunkt mehr Nach- als Vorteile hat. Die Tatsache, daß bei der Konzessionserteilung für Lokalbahnprojekte bereits darauf geachtet wurde, einen Parallelverlauf und somit eine Konkurrenz zu den Hauptbahnen größtmöglich zu vermeiden, führt

Tab. 1: Eigentums- und Besitzverhältnisse der am 31. 12. 1906 in Betrieb stehenden Nebenbahnen unter Berücksichtigung ihrer Bau- und Betriebslängen

I Selbständige Lokalbahnen

Besitzstruktur	Baulänge in km	Betriebslänge	Bahnbeispiele aus dem Untersuchungsraum
Im Betrieb des Staates auf Rechnung der Eigentümer	4085	4158	Montafonerbahn Bregenzerwaldbahn[1] Gailtalbahn[2] Gurktalbahn[3] Außerfernbahn[4]
Im Betrieb von Privatbahnen auf Rechnung der Eigentümer	683	688	Stainztalbahn Stubaitalbahn
Im eigenen Betrieb	716	720	Achenseebahn Linie Innsbruck — Hall Murtalbahn[5] Salzkammergutlokalbahn Schafbergbahn[6] Zillertalbahn Graz-Köflacher Bahn
Im Betrieb des Staates auf eigene Rechnung	173	481	—
Im Betrieb von Privatbahnen auf Rechnung des Staates	8	8	Igler Bahn

1, 2, 3, 4 und 6 sind später in den Betrieb und Besitz der ÖBB übergegangen. 5 ist heute im Betrieb und Besitz der Steiermärkischen Landesbahnen.

II Im Eigentum des Staates oder von Privathauptbahnen stehende Lokalbahnen

Besitzstruktur	Baulänge in km	Betriebslänge	Bahnbeispiele aus dem Untersuchungsraum
Im Betrieb und Eigentum des Staates	1138	1167	Pinzgauer Lokalbahn
Im Eigentum des Staates, aber im Privatbetrieb	9	9	—
Im Eigentum und im Betrieb von Privathauptbahnen	732	730	—
Lokalbahnlinien der Wiener Stadtbahn[1]	19	18	—

1 vom Staate betrieben auf Rechnung der Kommission für Verkehrsanlagen in Wien

Quelle: K. K. EISENBAHNMINISTERIUM (Hrsg.) 1908, S. 8

dazu, daß nur wenige Beispiele für Parallelbahnen zu finden sind. Ein recht bekannter Vertreter dieses Bahntyps ist die bereits aufgelassene Lokalbahnlinie Innsbruck — Hall, deren Trasse parallel der Westbahn verlief.

Aus Gründen der Vollständigkeit und zum besseren Verständnis betriebsinterner Entwicklungen, die es für einzelne Bahnen noch detailliert vorzustellen gilt (siehe Kap. IV), sei letztlich auch eine auf der Basis der Eigentums- und Betriebsverhältnisse erfolgte Einteilung in einzelne Bahnkategorien aufgeführt. Eine tabellarische Zusammenschau, die neben der Besitzstruktur auch Auskunft über die Bau- und Betriebslängen der im Jahre 1906 existenten Lokalbahnen gibt, erscheint geeignet, einen kurzen und sachlichen Überblick zu geben, zumal weitere Ausführungen nicht nur den Umfang unnötig erweitern, sondern auch die Übersichtlichkeit erheblich beeinträchtigen würden (Tab. 1).

2.4 ANLAGE- UND BETRIEBSSTRUKTUR DER LOKALBAHNEN

Der von den Hauptbahnen abweichende Verkehrszweck der Bahnen niedriger Ordnung, enger begrenzten und bescheideneren Verkehrsbedürfnissen mit intraregionalem und bedingt interregionalem Anspruch zu dienen, hat diesem Verkehrsmittel in der Gesetzgebung nicht nur eine Sonderstellung hinsichtlich finanzieller Begünstigungen zukommen lassen, sondern auch zahlreiche Zugeständnisse für eine vereinfachte, möglichst ökonomische Betriebsführung erwirkt. Die Notwendigkeit, aufgrund des gering zu erwartenden Verkehrsaufkommens auch das Anlagekapital gering zu halten, hat den Lokalbahnen jene technischen und betrieblichen Formen gegeben, die heute nicht nur als für Nebenbahnen charakteristisch angesehen werden, sondern auch häufig zur Entstehung des gegenwärtigen Nebenbahnproblems mit beigetragen haben.
In technischer Hinsicht zeichnen sich die Bahnen niederer Ordnung durch leichteres Schienenprofil und geringeren Achsdruck, größere Steigungen und engere Krümmungsradien sowie größtmögliche Erleichterungen bezüglich der Sicherheitsvorkehrungen aus. Ein weiteres Charakteristikum einer Lokalbahnlinie ist die geringe Entfernung zwischen den einzelnen Bahnstationen. Entlang einer Lokalbahnstrecke erhielt seinerzeit jedes Dorf einen Bahnhof und nahezu jeder Weiler eine Bahnhaltestelle, die jedoch dem ökonomischen Anspruch entsprechend in einfacher Bauweise errichtet wurden. Noch heute ist das Erscheinungsbild der Nebenbahnstationen durch Einfachheit und Zweckmäßigkeit geprägt. Die Lage der Bahnhöfe und Bahnhaltestellen zur Quelle des Verkehrsaufkommens, den Dörfern und Weilern, zeichnet sich häufig durch eine gewisse Ortsferne aus, die als weiterer Negativaspekt zum Nebenbahnproblem beiträgt. Dieser von den Siedlungskernen mehr oder minder entfernt gelegene Standort der

Bahnstationen ist großenteils wiederum eine Folge finanzieller Überlegungen. Um die Bahnlinie nicht allzu lang werden zu lassen und möglichst kostengünstig erstellen zu können, wurde die Trasse so geführt, daß sie dem Prinzip des geringst möglichen Widerstandes entsprechend, Steigungen und Krümmungen vermeidend weitestgehend geradlinig verlief; hierbei waren oft kilometerweite Entfernungen zwischen den Bahnhöfen und den Siedlungskernen der einzelnen Orte in Kauf zu nehmen.

Zur Betriebs- und Anlagestruktur der Nebenbahnen ist des weiteren auszuführen, daß sie gleich den Hauptbahnlinien großenteils Adhäsionsbahnen (Ausnahmen bilden einige Zahnradbahnen) sind, jedoch ausschließlich eingleisig zur Ausführung gelangten. Kreuzungspunkte finden sich in den einzelnen Bahnhöfen, wo Ausweichmöglichkeiten durch die Installierung eines zweiten Gleises zur Verfügung stehen. Während die Hauptbahnen in einheitlicher Spurweite von 1,435 m errichtet worden sind, finden sich bei den österreichischen Lokalbahnen fünf Spurweiten: die Normalspur mit 1,435 m, die Schmalspur mit 1 m, 0,900 m, 0,760 m und 0,750 m (vgl. HEINERSDORFF 1975, S. 160). Da die Schmalspurbahnen in ihrer Leistungsfähigkeit lange Zeit unterschätzt wurden, hielt man zunächst solange an einer Errichtung in Normalspur fest, wie die Baukosten aufgrund des zu erwartenden Verkehrsaufkommens einer Bahn wirtschaftlich tragbar erschienen. Bei den vollspurigen Nebenbahnen wurden in der Regel 200 m als zulässiger Krümmungshalbmesser berechnet, der in Ausnahmefällen auf 180 m herabgemindert werden konnte; als Höchstgrenze der Steigung galt 35 bis 40 Promill (vgl. KARGEL 1935, S. 322). Die Nachteile der Normalspur für Bahnen niederer Ordnung zeigen sich in einer geringeren Anpassungsfähigkeit an gegebene Geländeverhältnisse sowie in den vergleichsweise hohen Baukosten, die insbesondere in den Gebirgstälern, wo umfangreiche Erdarbeiten und Kunstbauten durchgeführt werden mußten, zu kostspielig waren.

Die Schmalspur gelangte erst zur Ausführung, als die normalspurigen Nebenbahnen trotz Bau- und Betriebserleichterungen den Forderungen nach billigem und ökonomischem Betrieb nicht mehr gerecht zu werden vermochten und sich bei der Suche nach einfacheren Bauarten und Normen die geringere Spurweite als Ausweg anbot. Eine wesentliche Kostenersparnis zeigt sich bereits in der Frage des Grunderwerbs; hier konnte aufgrund der schmaleren Trasse eine wesentliche Beschränkung der für den Bahnbau erforderlichen Grundbreite erzielt werden. Von den technischen Vorteilen sind anzuführen, daß bei gleicher Geschwindigkeit und gleichem Achsstand engere Kurven durchfahren werden können und als kleinster Krümmungshalbmesser 60 oder teilweise selbst 40 m möglich sind. Eine bessere Anpassung der Bahnlinie an das Gelände wird auch durch die steileren Neigungen möglich; ohne Erschwerung des Betriebes wird eine Steigung von 45 Promill bewältigt (vgl. KARGEL 1935, S. 322 u. 323). Ein bedeutender Faktor war auch der geringere Anschaffungspreis der kleineren und einfach ausgerüsteten Schmalspurfahrzeuge, der einhergehend mit den anderen Vergünstigungen und Erleichterungen die Errichtung einer Schmalspurbahn finanziell weitaus attraktiver gestaltete als eine Ausführung in Normalspur.

Trotz dieser Vorteile verhielten sich Regierung und Staatsverwaltung gegenüber der Schmalspur, insbesondere gegenüber der 0,760-m-Spur, lange Zeit ablehnend. Erst als im Jahre 1878 bei der Besetzung Bosniens mit einer Feldeisenbahn

Abb. 2 Streckenlängen der Nebenbahnen in den österreichisch-ungarischen Kronländern im Jahre 1906 unter besonderer Berücksichtigung des Schmalspuranteils

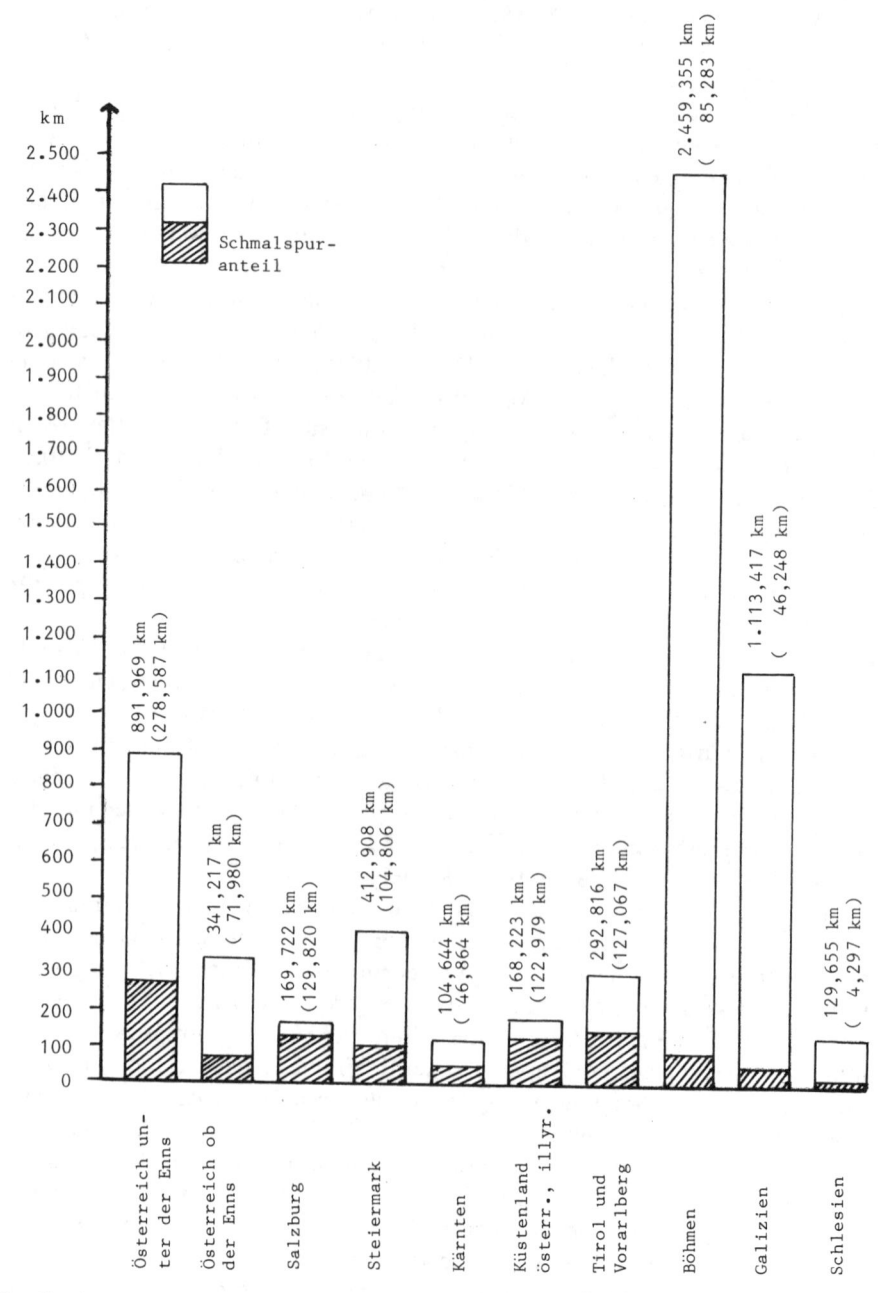

Quelle des Zahlenmaterials: K. K. EISENBAHNMINISTERIUM (Hrsg.) 1908, S. 11 und Anhang, Beilage 4

mit 0,760-m-Spurweite beachtliche Leistungserfolge erzielt wurden, entschloß sich die Regierung, auch für Schmalspurbahnen mit 0,760-m-Spurweite Konzessionen zu erteilen. Verfechter wie auch Gegner dieser Schmalspurbahnen gab es jedoch auch weiterhin. Während die Anhänger der Schmalspur vornehmlich die Möglichkeit schärferer Krümmungen, größerer Steigungen, die Verwendung leichter Schienen und Fahrzeuge, einfacheres Umgehen von Geländeunebenheiten und damit insgesamt die niedrigen Baukosten und das geringere Anlagekapital zur Argumentation heranzogen, verwiesen die Gegner auf den wohl bedeutendsten Nachteil der Schmalspur: die Unmöglichkeit einer unmittelbaren Wagenüberstellung von normalspurigen Hauptbahnen auf Schmalspurbahnen. Zeitraubende und teure Umladearbeiten oder aber besondere Einrichtungen, wie etwa der Rollschemel- und Rollwagenbetrieb, waren stets für den Übergang des Rollmaterials von einer Spurweite zur anderen notwendig. Darüber hinaus wurde auch die Leistungsfähigkeit der Fahrbetriebsmittel, besonders der Triebfahrzeuge, angezweifelt.

Aller Gegenargumente zum Trotz gelangten bis zum Ende des Jahres 1906 jedoch rund 1018 km der insgesamt rund 7556 km Gesamtbahnlänge als Schmalspurstrecken zur Ausführung; das sind 13,47 Prozent der mit Ende des Jahres 1906 in Betrieb stehenden Nebenbahnen. Von der Gesamtlänge der schmalspurigen Bahnen entfielen rund 950 km (= 93 %) auf die 0,760-m-Spur, rund 58 km (= 6 %) auf die 1-m-Spur und rund 11 km (= 1,06 %) auf die 0,750-m-Spurweite. Im Staatsbetrieb befanden sich 437 km schmalspurige Bahnen, das sind rund 8 Prozent aller staatlich betriebenen Lokalbahnen jener Zeit; auf den Privatbetrieb entfielen rund 580 km Schmalspur, was seinerzeit gut 27 Prozent aller im Privatbetrieb befindlichen Nebenbahnen ausmachte. Die Gesamtlänge der Schmal-

Abb. 3   Anteile der einzelnen Kronländer am gesamten Schmalspurnetz der im Jahre 1906 in Betrieb stehenden Bahnen Österreich-Ungarns

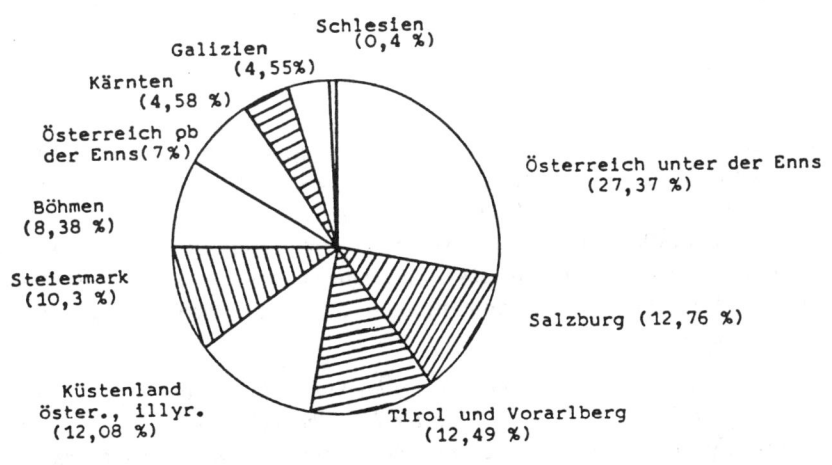

Schlesien (0,4 %)
Galizien (4,55 %)
Kärnten (4,58 %)
Österreich ob der Enns (7 %)
Böhmen (8,38 %)
Steiermark (10,3 %)
Küstenland öster., illyr. (12,08 %)
Tirol und Vorarlberg (12,49 %)
Salzburg (12,76 %)
Österreich unter der Enns (27,37 %)

Quelle des Zahlenmaterials: K. K. EISENBAHNMINISTERIUM (Hrsg.) 1908, S. 11

spurbahnen verteilte sich damit zu zirka 43 Prozent auf den Staats- und 57 Prozent auf den Privatbahnbetrieb (vgl. K. K. EISENBAHNMINISTERIUM (Hrsg.) 1908, S. 11).

Ohne wesentlichen Ausführungen zum Lokalbahnwesen in den einzelnen Bundesländern vorzugreifen, sei bereits an dieser Stelle ein kurzer graphischer Überblick zum jeweiligen Anteil der Schmalspurbahnen an der Gesamtlänge der Nebenbahnen in den einzelnen Ländern für das Jahr 1906 gegeben und in einer weiteren Abbildung eine Zusammenschau der verschiedenen Anteile der einzelnen Länder am gesamten Schmalspurnetz dargestellt; besonderes Interesse gilt, dem Untersuchungsschwerpunkt der Arbeit entsprechend, den Bundesländern (ehemals Kronländern) des österreichischen Alpenraumes (Abb. 2 u. 3).

3. DAS AUFKOMMEN DER KLEINBAHN — EINE SONDERFORM DER LOKALBAHN

Das österreichische Eisenbahnwesen hat Namen und Begriffsinhalt der **Kleinbahn** der preußischen Gesetzgebung entnommen, welche diese Kategorie von Bahnen niederer Ordnung mit dem Gesetz vom 28. 7. 1892, GS. S. 225 ff. bereits geschaffen hatte. Die zugrundegelegte Definition befindet sich im ersten Paragraphen dieses Gesetzes:

„Kleinbahnen sind die dem öffentlichen Verkehre dienenden Eisenbahnen, welche wegen ihrer eigenen Bedeutung für den allgemeinen Eisenbahnverkehr dem Gesetze über die Eisenbahnunternehmungen vom 3. November 1838 (GS. S. 505) nicht unterliegen. Insbesondere sind Kleinbahnen der Regel nach solche Bahnen, welche hauptsächlich den örtlichen Verkehr innerhalb eines Gemeindebezirks oder benachbarter Gemeindebezirke vermitteln, sowie Bahnen, welche nicht mit Lokomotiven betrieben werden" (WITTEK 1912, S. 10 u. 11).

Die Einführung in die österreichische Eisenbahngesetzgebung fand der Begriff „Kleinbahn" durch das 3. Lokalbahngesetz vom 31. 12. 1894, RGB. Nr. 2, das am 1. Januar 1895 in Kraft trat. Dieses Gesetz, das erstmals die Kleinbahn abweichend von den Lokalbahnen behandelt, bringt im Abschnitt B (Artikel XVI bis XXI) die gesetzliche Regelung des österreichischen Kleinbahnwesens. Die in Artikel XVI gegebene und in Anlehnung an die preußische Gesetzgebung entstandene Definition lautet:

„Unter Kleinbahnen (Tertiärbahnen) im Sinne dieses Gesetzes sind jene für den öffentlichen Verkehr bestimmten Lokalbahnen zu verstehen, welche für den allgemeinen Eisenbahnverkehr von geringer Bedeutung sind (normal-oder schmalspurige Zweigbahnen, Straßenbahnen mit Dampf- oder elektrischem Betrieb, anderen mechanischen Motoren oder animalischer Kraft, Seilbahnen

usw.). Insbesondere sind Kleinbahnen in der Regel solche Bahnen, welche hauptsächlich den örtlichen Verkehr in einer Gemeinde oder zwischen benachbarten Gemeinden vermitteln sowie alle Bahnen, welche nicht mit Dampf betrieben werden.
Die Anerkennung einer Lokalbahn als Kleinbahn (Tertiärbahn) und die Konzessionserteilung für dieselbe steht dem Handelsministerium im Einvernehmen mit den anderen beteiligten Ministerien und dem Reichskriegsministerium zu" (WITTEK 1912, S. 11).

Erst der zweite Teil des 3. Lokalbahngesetzes behandelt somit die Kleinbahnen, die — als Tertiärbahnen klassifiziert — keinen eigenen Typ von Bahnen bilden, sondern aufgrund ihrer untergeordneten Bedeutung als Untergruppe der Lokalbahnen verstanden werden. Wesentliche Unterschiede zwischen Lokal- und Kleinbahn zeigen sich neben den Konzessionserleichterungen lediglich im Verzicht des Staates auf sein Einlösungs- und Heimfallsrecht sowie in einer Steuerbefreiung für 15 Jahre (vgl. VAVROWSKA 1949, S. 118).

Auch das 4. Lokalbahngesetz der Monarchie, das am 8. August 1910 Gültigkeit erlangte, stellt den Unterschied zwischen Lokal- und Kleinbahn deutlich heraus; neu ist jedoch, daß die Kleinbahnen erstmals nicht mehr als Untergruppe der Lokalbahnen behandelt, sondern diesen als eigene selbständige Kategorie der Bahnen niederer Ordnung gegenübergestellt werden. Die Definition in Artikel 1, Absatz 3 lautet:

„Kleinbahnen sind solche Bahnen niederer Ordnung, die für den allgemeinen Eisenbahnverkehr von geringer Bedeutung sind, insbesondere jene, die hauptsächlich den örtlichen Verkehr in einer Gemeinde oder zwischen benachbarten Gemeinden vermitteln. Zu den Kleinbahnen gehören auch Seilbahnen, Schwebebahnen und andere eisenbahnähnliche Transportmittel, sofern sie für den öffentlichen Verkehr bestimmt sind und von der Regierung als Kleinbahnen anerkannt wurden" (WITTEK 1912, S. 12).

Vor dem Hintergrund dieser Definition erklärt sich die Funktion dieses Verkehrsträgers, die sich vorrangig auf die Nachfragedeckung begrenzter örtlicher Verkehrsbedürfnisse beschränkt. Eine Kleinbahn kann der besseren Verkehrserschließung einer größeren Stadt dienen, wobei sie vornehmlich als Straßenbahn mit ausschließlichem Personenverkehr zur Ausführung kommt, oder sie verbindet nahegelegene Ortschaften miteinander. Verkehrsverbindung und zu erwartendes Verkehrsaufkommen sind in diesen Fällen jeweils von zu geringer verkehrswirtschaftlicher und verkehrspolitischer Bedeutung, um die Errichtung einer Lokalbahn oder gar einer Hauptbahn zu rechtfertigen. Darüber hinaus können Kleinbahnen auch der besseren Zugänglichkeit einzelner Örtlichkeiten und Regionen mit beispielsweise starkem Fremdenzustrom (Berggipfel, lokale Sehenswürdigkeiten etc.) dienen. Der primäre Verkehrszweck dieser Bahnen ist dabei auf dem Sektor des Freizeit- und Fremdenverkehrs zu suchen, der gerade in den letzten Jahrzehnten eine besondere Expansion erfahren hat und die Existenz dieser Bahnen weitgehend sichert.

Vor dem Hintergrund des enger begrenzten Verkehrszweckes erklären sich auch Struktur und Betriebsweise dieser Bahnen. Ober- und Unterbau sowie Fahrbetriebsmittel sind dem relativ niedrigen Gewicht der Ladungen sowie dem vergleichsweise geringen Potential an Fahrgästen angepaßt. In Österreich kamen seinerzeit Kleinbahnen unterschiedlichster Bauart zur Ausführung. Straßenbahnen mit elektrischem Betrieb wie beispielsweise die Grazer Tramway, eröffnet im Jahre 1906, oder die Wiener Straßenbahn, eröffnet im Jahre 1904, beide mit normaler Spurweite ausgestattet, gehören ebenso zu den Kleinbahnen wie die Bahn Dornbirn — Lustenau (Vorarlberg), die mit einer Spurweite von 1 m im Jahre 1902 dem Verkehr übergeben wurde, heute jedoch eingestellt ist. Als Dampftramway wurde die meterspurige Innsbrucker Mittelgebirgsbahn im Jahre 1900 fertiggestellt; schon frühzeitig auf elektrischen Betrieb umgestellt, ist sie noch heute ein leistungsfähiges Transportmittel.

Dort, wo aufgrund großer Steigungen die Reibung zwischen Rad und Schiene nicht mehr ausreicht, mußten die Bahnen mit besonderen baulichen und maschinellen Einrichtungen ausgestattet werden. Es handelt sich hierbei um die den Kleinbahnen zuzurechnenden Bergbahnen, die Zahnrad-, Standseil- und Seilschwebebahnen.

Die in Österreich existenten Zahnradbahnen dienen mit Ausnahme der Eisenerz — Vordernberger Lokalbahn (Erzbergbahn), die in den 70er Jahren auf Adhäsionsbetrieb umgestellt worden ist und aufgrund ihrer Verkehrsleistungen sowie der Größe ihres Verkehrsraumes keinesfalls den Kleinbahnen zuzuzählen ist, überwiegend dem Touristenverkehr, sie sind hauptsächlich während der Sommermonate in Betrieb. Zu den Vertretern dieses Bahntyps gehören die 6,4 km lange, meterspurige, im Jahre 1889 eröffnete Achenseebahn (Jenbach 532 m, Achensee-Schiffsstation 970 m), die exakt als „Zahnradbahn mit gemischtem Betrieb" zu bezeichnen ist, da sie nach Überwindung der Steigung auf zirka 3 m Länge als gewöhnliche Adhäsionsbahn geführt wird; die Schafbergbahn (St. Wolfgang 542 m, Schafberggipfel 1734 m), die als 5,86 km lange Zahnradbahn mit 1 m Spurweite im Jahre 1893 eröffnet wurde, und die im Jahre 1887 dem Betrieb übergebene, jedoch bereits im Jahre 1929 wieder eingestellte, 5,35 km lange Gaisbergbahn (Salzburg-Talstation 438 m, Gaisberg-Bergstation 1286 m). Als Beispiel für eine Standseilbahn sei die im Jahre 1906 eröffnete, eingleisige, elektrisch betriebene Hungerburgbahn erwähnt, die in Innsbruck von der am rechten Innufer gelegenen Talstation (571 m) auf den nördlich der Stadt gelegenen Hungerburgboden (855 m) führt und eine Länge von 824 m besitzt. Auf eine Detaildarstellung der ebenfalls zu den Kleinbahnen gehörenden Seilschwebebahnen sei hier verzichtet, da sie nicht zu den Schienenbahnen zählen.

Die Bedeutung der Kleinbahnen zur Zeit der Lokalbahnperiode soll schließlich durch einige historische Angaben zur Bau- und Betriebslänge sowie zur Verkehrsleistung dieses Verkehrsträgers niederer Ordnung unterstrichen werden. Bis zum Ende des Jahres 1907 wurden — vornehmlich auf der Basis des 3. Lokalbahngesetzes — insgesamt 563,073 km Kleinbahnen konzessioniert; von diesen waren am 31. 12. 1906 bereits 540,359 km fertiggestellt. Sie verteilen sich auf die nach den Eigentums- und Besitzverhältnissen erstellten Bahnkategorien wie folgt:

Kleinbahnen im	Anzahl	Baulänge	Betriebslänge
		in km	
Betrieb des Staates für Rechnung der Eigentümer	1	25,311	24,941
Betrieb von Privatbahnen für Rechnung der Eigentümer	5	24,108	23,842
eigenen Betrieb	28	490,940	482,051

Quelle des Zahlenmaterials: K. K. EISENBAHNMINISTERIUM 1908, S. 31

Im Eigentum des Staates oder von Privathauptbahnen befand sich keine Kleinbahn. Aufgrund der wohl nur gering zu erwartenden Wirtschaftlichkeit und verkehrspolitischen Bedeutung dieses Bahntyps zeigten Staat und Privatunternehmungen wenig Interesse für den Bau und Betrieb dieser Bahnen. Als die hierfür berufenen Organe erwiesen sich einerseits die Gemeinden und andererseits jene Kreise, die — durch gleiche Verkehrsansprüche getrieben — sich zur Wahrung ihrer Interessen zu Gemeinschaften (beispielsweise Aktiengesellschaften) zusammenschlossen.

Von wesentlichem Einfluß auf die insbesondere nach der Jahrhundertwende einsetzende rasche Expansion des Kleinbahnwesens war der Umstand, daß infolge des technischen Fortschritts zahlreiche bisher mit Pferdekraft betriebene Tramways nun in elektrische Bahnen umgewandelt wurden. Gemäß dem Kriterium der Betriebskraft verteilt sich die Länge der Kleinbahnen zum Ende des Jahres 1906 wie folgt:

Art des Bahnbetriebes	Betriebslänge in km	Betriebskraft
Adhäsionsstrecken[1]	475,412	Elektrizität
	50,942	Dampf
Zahnradstrecken[1]	10,745	Dampf
Drahtseilstrecken	3,260	Elektrizität
insgesamt	540,359	

1 die Achenseebahn, die teils Adhäsions- und teils Zahnradbahn ist, wurde entsprechend zugeordnet

Quelle des Zahlenmaterials: K. K. EISENBAHNMINISTERIUM 1908, S. 32

Die Verteilung des Personen- und Güterverkehrsaufkommens auf verschiedene Kleinbahntypen zeigt für das Jahr 1907 Tabelle 2.

Tab. 2: Verteilung des Personen- und Güterverkehrsaufkommens auf die einzelnen Kleinbahntypen 1909

Bahntyp	Anzahl der beförderten Personen		beförderte Güter (einschließlich Gepäck)	
	gesamt	pro Kilometer Betriebslänge	gesamt in t	pro Kilometer Betriebslänge in t
Adhäsionsbahnen mit				
elektrischem Betrieb	286 504 787	622 941	55 450	860
Dampfbetrieb	359 949	10 617	211 825	5268
Zahnradbahnen	75 009	14 667	1 950	381
Drahtseilbahnen	566 685	1 596 296	21	84

Quelle des Zahlenmaterials: K. K. EISENBAHNMINISTERIUM 1908, S. 33

Diese recht hohen Transportziffern, insbesondere im Personenverkehrsaufkommen, erklären sich durch die ausgesprochen große Verkehrsnachfrage in den Städten, so daß letztlich die hohe Verkehrsleistung der Straßenbahnen, beispielsweise der Grazer Tramway oder der Wiener Straßenbahn, nicht unwesentlich zur Gesamtzahl der beförderten Personen beigetragen hat.
Die nachfolgenden Zahlen zur Verteilung der Gesamtlänge der mit Ende des Jahres 1906 fertiggestellten Kleinbahnen auf die einzelnen Länder der Monarchie geben Auskunft über die unterschiedliche Ausbreitung des Kleinbahnwesens, das sich nicht in allen Landesteilen gleichmäßig entwickelt hat. Von den insgesamt 540,359 km Kleinbahnstrecken entfallen zirka 183,6 km (= 34,9 %) auf Österreich unter der Enns und 140,0 km (= 25,8 %) auf Böhmen. Kärnten und Dalmatien besaßen keine Kleinbahnen, die übrigen Länder partizipierten an der Gesamtlänge mit Anteilen zwischen 0,98 Prozent bis 7,45 Prozent. Eine genauere Untersuchung der Länder des österreichischen Alpenraumes macht deutlich, daß 18,618 km (= 3 %) Kleinbahnstrecken auf Tirol (in den alten Grenzen, inclusiv Südtirol), 36,317 km (= 6 %) auf die Steiermark, 14,09 km (= 2,5 %) auf Salzburg und 11,13 km (= 2 %) auf Vorarlberg entfallen (vgl. K. K. EISENBAHNMINISTERIUM 1908, Beilage 16, S. 141).
Zum Abschluß dieser Ausführungen zum Werden des österreichischen Lokalbahnwesens verdeutlicht Abbildung 4 nochmals den durch die einzelnen Lokalbahngesetze ausgelösten etappenhaften Anstieg im Nebenbahnbau; Karte 2 im Anhang der Studie zeigt unter besonderer Kennzeichnung der Nebenbahnen die Ausdehnung des Eisenbahnnetzes der österreichisch-ungarischen Monarchie um 1910.

Entwicklung des Lokalbahnwesens in der österreichisch-ungarischen Monarchie 1843–1907 (in km)

Quelle des Zahlenmaterials: PASCHER 1904, S. 37 und K. K. EISENBAHNMINISTERIUM (Hrsg.) 1908, Beilage 3

III. DIE VERKEHRSGEOGRAPHISCHE SITUATION DER NEBENBAHNEN IM ÖSTERREICHISCHEN ALPENRAUM UNTER DEM ASPEKT DER INTERDEPENDENZ VON RAUM UND VERKEHR SOWIE VERKEHRSRÄUMLICHER AKTIVITÄTEN

Bildete die historische Entwicklung des österreichischen Eisenbahnnetzes die Grundlage der Ausführungen im vorausgehenden Kapitel, so soll im folgenden der räumliche Bezug des Verkehrs und damit die verkehrsgeographische Betrachtungsweise des Verkehrsträgers „Nebenbahn" eine besondere Akzentuierung erfahren. Raumgebundenheit, Raumerschließung, Raumgestaltung und -prägung, Raumdeterminierung und -differenzierung sowie verkehrsräumliche Aktivitäten sind in diesem Kontext nicht nur wiederkehrende Begriffe, die einen Hinweis auf das jeweils zugrundeliegende verkehrsgeographische Konzept geben, sondern sie verdeutlichen darüber hinaus auch das Beziehungs- und Wirkgefüge zwischen Raum und Verkehr. Zu den Zentralpunkten dieses Kapitels zählen somit neben der Abhängigkeit des Nebenbahnverkehrs von den Naturgegebenheiten des österreichischen Alpenraumes und der Anpassung an sie auch die Erschließungsfunktion dieses Verkehrsmittels einhergehend mit den räumlichen Wirkungen dieser Bahnlinien und nicht zuletzt die Analyse der Dreieckskorrelation zwischen Verkehrsstruktur — bestehend aus Verkehrsweg, Verkehrsmittel, Verkehrsaufkommen und Verkehrsablauf —, Raumstruktur und verkehrsräumlichen Aktivitäten.

1. DER ÖSTERREICHISCHE ALPENRAUM — GEOGRAPHISCHES LAGEPOTENTIAL UND SEINE BEDEUTUNG FÜR DAS VERKEHRSGESCHEHEN AUF DEN NEBENBAHNEN

1.1 DER NEBENBAHNBETRIEB UNTER DEM EINFLUSS DER LANDESNATUR

Verkehrs- und Anlagestruktur einer Bahnlinie werden von zahlreichen Faktoren beeinflußt. Neben den Verkehrsbedürfnissen, den wirtschaftlichen und politischen Komponenten gehören primär die naturräumlichen Gegebenheiten zu den entscheidend prägenden Momenten. Diese Aussage wird durch ein Zitat von ZIMPEL bekräftigt; es heißt dort:

„... doch bleibt die Landesnatur der zentrale Einflußfaktor. Bis heute haben sich weder Verkehrswirtschaft noch Verkehrstechnik vollständig über die Eigenheiten der natürlichen Struktur unserer Erdoberfläche hinwegzusetzen vermocht. Dabei ist längst nicht mehr die Überwindung der Naturgegebenheiten, sondern die Anpassung an sie das Ziel aller Bestrebungen" (ZIMPEL 1958, S. 116).

Vorrangiges Ziel bei der Anlage eines jeden Verkehrsweges ist es, die Überwindung räumlicher Entfernungen zu ermöglichen und zu erleichtern, wobei die Berücksichtigung naturräumlicher Gegebenheiten eine besondere Priorität erhält. Die Auseinandersetzung des Verkehrswegebaus mit den geographischen Gegebenheiten ist unter anderem Gegenstand der „Lehre von der Trassierung"; gemäß dieser ist die Anlage eines Verkehrsweges so zu konstruieren, daß er

„seinen Zweck in Anpassung an die Gegebenheiten der Erdoberfläche unter Aufsuchen und Ausnützung günstiger Geländebedingungen in möglichst vollkommener Weise und mit dem geringsten Aufwand an Mitteln zu erfüllen vermag" (HOFFMANN 1961, S. 65).

Der beim Verkehr allgemein zu überwindende Raumwiderstand, mitunter auch Reibungswiderstand genannt, konkretisiert sich im österreichischen Alpenraum auf der Basis der Reliefstruktur als **Breiten-** und **Höhenhindernis** sowie unter dem Einfluß verschiedenster Naturgefahren auch als sogenanntes **Durchdringungshindernis**. Diese drei Hindernisformen des Verkehrs werden im folgenden erläutert und im Hinblick auf eine Beeinflussung des Nebenbahnbetriebes, speziell in bezug auf Trassierung und Verkehrsablauf, analysiert.

Jede Relieferhebung bildet für den Landverkehr im allgemeinen und den Eisenbahnverkehr im besonderen ein **Breitenhindernis**, das umgangen oder überwunden werden muß, wodurch sich der Verkehrsweg, je nach Ausmaß des zu bewältigenden Hindernisses, verlängert. Man spricht in diesem Zusammenhang von einer künstlichen Längenentwicklung mit gleichzeitig verlorengehendem Streckengewinn (vgl. ZIMPEL 1958, S. 117—122).

Bei den überwiegend alpine Talschaften erschließenden Nebenbahnen des österreichischen Alpenraumes wurden bei der Trassierung vornehmlich die Tiefenlinien des Reliefs, die Täler, bevorzugt. Das sogenannte Breitenhindernis zeigt sich hier in vorspringenden Bergspornen sowie in Schutt- und Schwemmkegeln, die umfahren werden müssen. Darüber hinaus war bei der Anlage der Schienenwege eine Anzahl von Seitenflüssen, Bächen, Seitentobeln, Erosionsrinnen und Wildbächen zu queren; eine Gegebenheit, die die Einrichtung von Brücken, Galerien und Tunnel erforderlich machte. Besonders herausragende Beispiele sind aufgrund ihrer zahlreichen Kunstbauten die Mittenwaldbahn, die als Gebirgsbahn gar den nördlichen Alpenkamm überschient, sowie die Stubaitalbahn.

Bedingt das Breitenhindernis überwiegend einen mehr oder minder ausgeprägten Umweg, so zeigt sich das **Höhenhindernis** in der Form eines notwendigen Anstiegs und gegebenenfalls Überstiegs. Als entscheidender und häufig die Art des Verkehrsmittels sowie die Anlagestruktur seiner Trasse bestimmender Faktor ist der Steigungsgrad zu werten. Dieser äußert sich in bestimmten Neigungsverhältnissen, die zusammen mit den Krümmungsradien — Abschwächung der Steigung durch mehr oder minder gewundenen Verlauf — die Betriebsleistung und -kosten einer Strecke entscheidend formen und somit den Verkehrsmitteln eine Grenze der Leistungsfähigkeit setzen. Kleinst zulässiger Kurvenradius sowie größt möglicher Steigungs- bzw. Neigungsgrad sind variable Größen, die bei den einzelnen Verkehrsmitteln, selbst bei den einzelnen Bahntypen, deutlich schwanken[1].

Zu den wichtigsten Ausbildungsformen des Höhenhindernisses gehören im Alpenraum die Steilstufen der Trogtäler sowie die Bergpässe. Der im Längsprofil deutlich ausgeprägte Stufenbau der alpinen Trogtäler — eine Folgeerscheinung der eiszeitlichen Überformung — beeinflußt den Trassenverlauf der Verkehrswege nicht unwesentlich. Markante Erscheinungsformen in der Anlagestruktur der Bahnen zur Bewältigung dieses Hindernisses, das mit der Höhe der Stufe oder gar bei Ausbildung starker Riegel an verkehrshemmender Kraft gewinnt, sind die den einzelnen Stufen häufig vorgelagerten sogenannten Seitentalkehren, die langen Lehnenkehren sowie auch die Bogenkehren. An dieser Stelle sei auch auf die Erscheinung der Hängetäler hingewiesen, die mit mehr oder weniger ausgeprägten Steilstufen — typische Kennzeichen glazialer Erosion — in die Haupttäler münden und dabei die Linienführung der Verkehrswege ebenfalls erheblich beeinträchtigen. Steilstufen kamen aber nicht bei allen Seitentälern zur Ausprägung, in einigen Fällen münden diese auch gleichsohlig in das Haupttal, was für die Verkehrserschließung und -anbindung der betreffenden Talschaft

---

1 Vollspurige Adhäsionsbahn: zirka 200 m zulässiger Krümmungshalbmesser, 25 Promill durchschnittliche Höchststeigung; schmalspurige Adhäsionsbahn: zirka 40 bis 60 m kleinster Krümmungshalbmesser, 45 Promill als Steigungsgrenze.

von Vorteil ist. Die Stubaitalbahn ist ein Beispiel für eine ein alpines Trogtal mit Stufenmündung erschließende Nebenbahn, wohingegen die Zillertalbahn ein gleichsohlig verlaufendes und mündendes Seitental durchfährt. Die Mittenwaldbahn ist als Vertreter einer Gebirgsketten übersteigenden Nebenbahn zu nennen; der sogenannte Überstieg erfolgt stets an den tiefsten Punkten der Kammlinie, die seit jeher Leitlinien des Verkehrs darstellen.

Zur Verdeutlichung des Unterschiedes zwischen dem Trassenverlauf einer Gebirgsbahn und dem einer Talbahn werden in den Abbildungen 5a und 5b zwei Streckendiagramme einander gegenübergestellt.

Während Breiten- und Höhenhindernis ausschließlich Fragen der Trassierung aufwerfen und sich damit direkt auf die Anlagestrukturen der Nebenbahnen auswirken, beeinflußt das **Durchdringungshindernis** primär den Verkehrsablauf, sekundär aber auch die Anlage und Ausgestaltung von Verkehrswegen. Gemäß ZIMPEL ist das Durchdringungshindernis als „komplexe Größe" aufzufassen, die alle Hinderniswirkungen einbezieht, die nicht direkt durch die Höhe und Breite des Reliefs verursacht werden (vgl. ZIMPEL 1958, S. 137). Gemeint sind die insbesondere im Gebirge auftretenden und Verkehrswege und -betrieb ge-

Abb. 5a: Streckendiagramm der Karwendelbahn (Innsbruck — Mittenwald/ Teilstück der Mittenwaldbahn) — Beispiel einer Gebirgsbahn

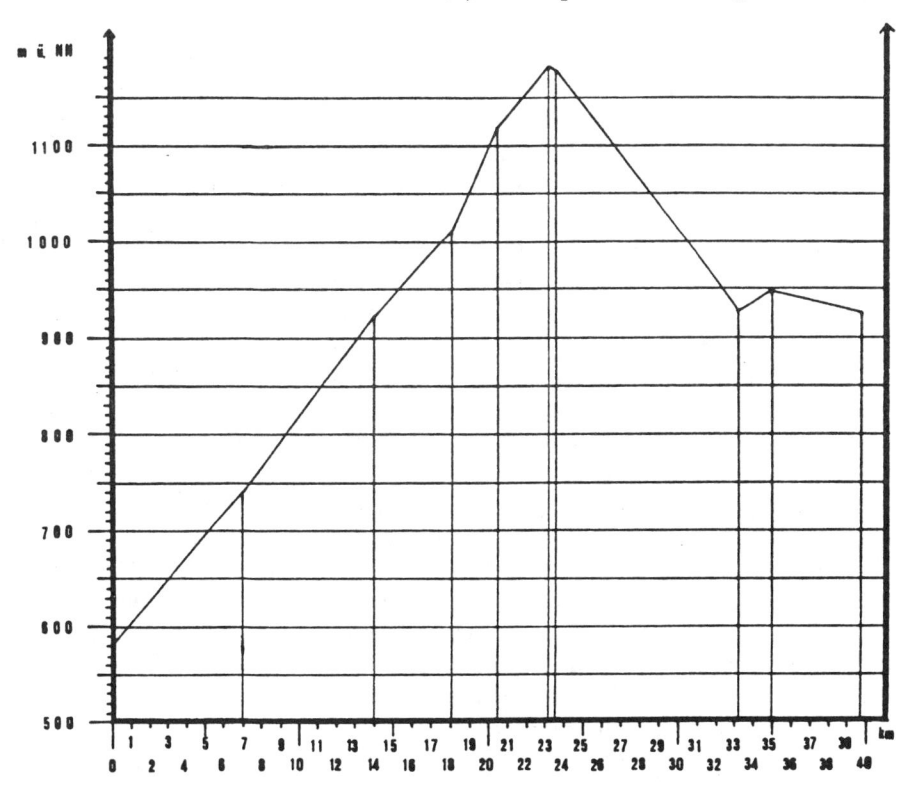

Abb. 5b: Streckendiagramm der Zillertalbahn (Jenbach — Mayrhofen) — Beispiel einer Talbahn

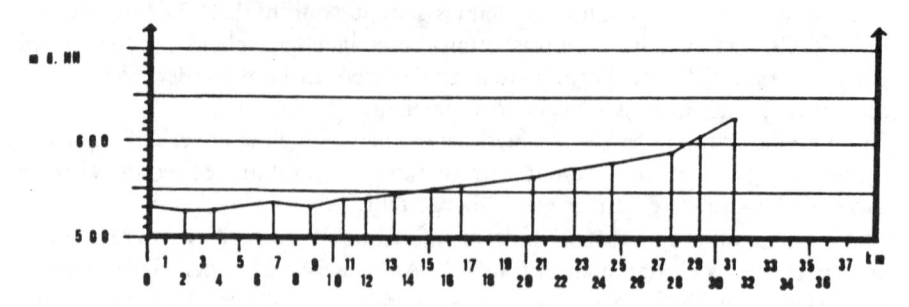

fährdenden Elementarereignisse, die ihrerseits Ausdruck der dort waltenden Geofaktoren sind.

Die Mehrzahl aller Nebenbahnstrecken des österreichischen Alpenraumes ist in großem Ausmaß und zu jeder Jahreszeit im Bestand der Trasse und in der Aufrechterhaltung des Betriebes durch die von exogenen Kräften ausgelösten Elementarereignisse gefährdet. Es sind dieses vor allem Steinschläge, Hangrutschungen, Auslaugungen, Muren, Wildbäche, Überschwemmungen, Schneeverwehungen, Lawinen, aber auch Frostauftrieb und Vereisungen, die nicht nur die Verkehrswege direkt einer Zerstörung unterwerfen, sondern durch ihr unverhofft plötzliches Auftreten auch den gesamten Verkehrsablauf erheblich behindern. Die Folgen sind entweder eine Blockierung des Bahnverkehrs für einige Stunden oder auch Tage bei gleichzeitiger Einrichtung eines Schienenersatzverkehrs (Führung von Buskursen zu Bahntarifen) oder eine Sicherung des Verkehrs durch eine zeitweilige Verlegung der Trasse.

Diese wenn auch nur kurzfristigen Behinderungen haben gerade für den Nebenbahnbetrieb oft weitreichende Folgen. Da die Existenzfrage seit geraumer Zeit für nahezu jede Nebenbahn diskutiert wird, bedarf es häufig nur eines auslösenden Moments, um die Stillegung einer Bahnlinie herbeizuführen. Nicht selten ist eine durch eine Naturkatastrophe notwendig gewordene Betriebsunterbrechung ein willkommener Anlaß, eine Bahnlinie aufzulassen. Die hierbei unter Beweis gestellte Leistungsfähigkeit eines zwangsweise eingerichteten oder schon existenten Kraftwagendienstes liefert häufig ein geeignetes Argument für das endgültige Aus des oftmals defizitären Nebenbahnbetriebes. Bei einer definitiven Streckenauflassung wird der Schienenersatzverkehr in einen planmäßigen Kraftwagenliniendienst überführt, eine nicht zuletzt tariflich bedingte Entscheidung. Das Schicksal der Gurktalbahn, eingestellt aufgrund eines am 5. 6. 1968 erfolgten Dammrutsches, und der Bregenzerwaldbahn, stillgelegt nach einem Murabgang im Jahre 1983, dem bereits im Jahre 1980 ein den Bahnverkehr erheblich behindernder Bergrutsch vorausgegangen war, sind damit auf die Folgewirkungen von Elementarereignissen zurückzuführen.

Daß die auf den Nebenbahnstrecken des österreichischen Alpenraumes auftretenden oder latent vorhandenen Elementargewalten eine wesentliche Erschwernis für den Bahnbetrieb und einen Unsicherheitsfaktor für die fahrplanmäßige

Abwicklung des Verkehrs darstellen, darüber kann kein Zweifel bestehen; auch wird der Kostenaufwand bei der Anlage, der Instandhaltung sowie Wiederinstandsetzung des Schienenweges durch sie erheblich erhöht.
Um die Gefährdung einer Bahnlinie durch Naturkatastrophen relativ gering zu halten, muß diesen bereits bei der Wegeplanung Rechnung getragen werden; eine Forderung, der zu entsprechen angesichts der Vielfalt der agierenden Kräfte und ihres unbestimmten Auftretens in räumlicher und zeitlicher Hinsicht äußerst schwierig sein dürfte. Am deutlichsten gefährdet sind Bahnlinien an Steilhängen, insbesondere im Bereich leicht verwitterbaren Gesteins (Kalk- und Schieferalpen), an Flußufern, in Engtälern und an Höhenübergängen. Aufgrund der überaus großen Sensibilität der Schienenwege (Gleise) gegenüber Deformationen sind Verbauungen der unterschiedlichsten Art oft zwingend notwendig. Neben Galerien und Tunnels, die das Erscheinungsbild des Verkehrsweges prägen, sind aber auch im Naturraum selbst einige Vorkehrungen zu treffen. Flußbegradigungen, Uferschutzbauten, Murenauffangbecken sowie Lawinenverbauungen und Bodenbefestigungen durch Wiederaufforstung sind einige Maßnahmen.
Linienführung, Anlagestruktur und vor allem Verkehrsablauf der Nebenbahnen unterliegen aber keineswegs nur den naturräumlichen Gegebenheiten, sie werden darüber hinaus auch von zahlreichen anthropogenen Faktoren mitbestimmt, deren Einfluß auf die gesamte Verkehrsstruktur ebenfalls von entscheidender Bedeutung ist.

1.2 DIE BEDEUTUNG KULTURLANDSCHAFTLICHER GEGEBENHEITEN FÜR DIE VERKEHRSSITUATION DER NEBENBAHNEN

Die vorausgegangene, auf der Basis der formalen Betrachtungsweise erstellte Analyse des Verkehrsbildes der Nebenbahnen des österreichischen Alpenraumes erfährt in den nachfolgenden Ausführungen eine Ergänzung durch die Aufzeichnung funktionaler Zusammenhänge. Das vor dem Hintergrund der naturlandschaftlichen Gegebenheiten entstandene physiognomische Bild von der Verkehrsstruktur dieses Verkehrsträgers erscheint durch die Darstellung einzelner kulturlandschaftlicher Elemente nicht nur differenzierter, sondern erhält durch die Einbindung in das Wirkungsgefüge „Verkehr — Kulturlandschaft" auch eine Modifizierung. Dieses ist in doppelter Hinsicht von Bedeutung: Einerseits wirken sich die kulturlandschaftlichen Elemente selbst formgestaltend auf das Verkehrsbild aus, andererseits — und das soll im weiteren Verlauf dieses Kapitels noch eingehend untersucht werden — bildet der Verkehr einen wichtigen Einflußfaktor bei der Gestaltung und Umstrukturierung der Kulturlandschaft.
Prägen die naturräumlichen Elemente primär das Erscheinungsbild eines Ver-

kehrsträgers in der Landschaft, das heißt seine Trassierung und Anlagestruktur, so konkretisiert sich die Einflußnahme kulturlandschaftlicher Faktoren vorrangig in der Verkehrsstruktur der Nebenbahnen, und zwar speziell im Hinblick auf die Zusammensetzung des Verkehrsaufkommens. Eine im Erscheinungsbild dieses Verkehrsträgers sichtbare Orientierung an kulturlandschaftlichen Gegebenheiten wird einzig in der Linienführung und in der Anlage der Bahnstationen deutlich, die vor dem Hintergrund der gegebenen Siedlungsstruktur zu analysieren sind. Die für alpine Seitentäler charakteristische große Anzahl von Streu-und Sammelsiedlungen bedingt eine relativ hohe Stationsdichte entlang der Bahnlinien. Die Standorte der Bahnhöfe und Haltestellen in mehr oder minder peripherer Lage zu den Siedlungskernen erklären sich aus der geringen Anpassungsfähigkeit des Verkehrsträgers „Eisenbahn" an Reliefunebenheiten. Die Bahntrasse und so auch die Bahnstationen werden gemäß dem Prinzip des geringsten Widerstandes im Talbereich angelegt, wohingegen die Siedlungen eine sichere, höhere Lage, beispielsweise auf den Schwemmkegeln, bevorzugen.
Stehen Streckenverlauf und Stationsdichte in nahezu direkter Abhängigkeit von dem Siedlungsbild des Bahnraumes, so wird das Verkehrsaufkommen hingegen in seiner Intensität und Zusammensetzung sowohl von der Bevölkerungs-, Wirtschafts- und Siedlungsstruktur als auch von der zentralörtlichen Verteilung und der übrigen Verkehrssituation geprägt. Eine nach Personen- und Güterverkehr getrennte Betrachtung macht dieses deutlich.
Besonders einsichtig ist die aufgezeigte Relation im Güterverkehr; der Güterstrom ist sowohl in der Ein- als auch in der Ausfuhr ein Spiegelbild der Wirtschaftsstruktur der entsprechenden Nebenbahnräume. Da die Einzugsbereiche der zu untersuchenden Nebenbahnen zumeist primär landwirtschaftlich oder gemischt landwirtschaftlich-gewerblich geprägt sind, zeigt sich auch in dem Güterverkehrsaufkommen der Bahnen eine einseitige und kaum gewinnbringende Ausrichtung an land- und forstwirtschaftlichen Transportgütern, die als deklarierte Massengüter zu günstigen Sondertarifen befördert werden müssen. Bedingt durch die zeitliche Trennung von Anbau und Ernte ergibt sich zudem ein deutliches Auseinanderfallen in der temporären Verkehrsauslastung; einer Höchstauslastung zur Erntezeit steht eine Minimalfrequentierung in der übrigen Zeit gegenüber. Wirtschaftliche Veränderungen jedweder Art verursachen Einschnitte in dieser Monotonie. Der energiewirtschaftliche Ausbau eines Hochtales mit der Anlage eines Speicherkraftwerkes und eines Stausees kann beispielsweise für einen bislang defizitären Nebenbahnbetrieb einen vorübergehenden Aufschwung bedeuten. Das in der Folge durch den gesteigerten Transport von Zement, anderen Baustoffen und Baumaterialien maximierte Güteraufkommen wird nicht nur auf dem Einnahmensektor positiv zu verbuchen sein, sondern auch die gesamte Bilanz dieses Betriebes und somit seine Rentabilität steigern.
Auf der anderen Seite wird jedoch die Stillegung eines bislang die landwirtschaftliche Dominanz einer Region modifizierenden, größeren Industrie- oder Gewerbebetriebes auch für ein Verkehrsunternehmen Folgewirkungen haben. Ein Abzug dieses Unternehmens durch Standortverlagerung oder Betriebseinstellung wirkt sich damit nicht nur auf dem Arbeitsmarkt, sondern auch auf dem Verkehrssektor negativ aus. Ein deutlich verringertes Güterverkehrsaufkommen einhergehend mit erheblichen finanziellen Einbußen wird durch den sich einstel-

lenden Rentabilitätsverlust nicht selten das Problem der Existenzsicherung aufwerfen.

Eine Analyse der Relation Personenverkehr und Kulturraum erfordert zunächst eine Unterscheidung einzelner Verkehrsbedürfnisse. Vor dem Hintergrund der Grunddaseinsfunktionen (ISBARY 1963 und PARTSCH 1964) ergibt sich eine Differenzierung in ausbildungs-, erwerbs-, versorgungs- und freizeitorientierte Verkehrsbedürfnisse. In einem nächsten Schritt ist in diesem Kontext auch die Ausstattung einzelner Orte mit zentralen Diensten und die zentralörtliche Struktur einer Region zu untersuchen, da durch diese Komponenten Verkehrsspannungen, die sich ihrerseits in Verkehrsströmen konkretisieren können, verursacht werden.

In den alpinen Talschaften, die überwiegend im Einzugsbereich eines außerhalb der Talschaft gelegenen Zentralen Ortes der Haupt- oder Mittelstufe liegen und intraregional lediglich einen oder maximal zwei bis drei Zentrale Orte eines unteren Ranges aufweisen, sind inner- und interregionale Verkehrsbewegungen zu den zentralen Schul-, Versorgungs- und Arbeitsplatzstandorten vorherrschend. Darüber hinaus darf auch die zunehmende Bedeutung der freizeitorientierten Verkehrsbedürfnisse in dem überwiegend vom Fremdenverkehr stark überformten Untersuchungsraum nicht außer acht gelassen werden. Es ist gerade diese Nachfrage nach einem freizeitorientierten Verkehrsangebot, die zahlreichen Nebenbahnen eine neue Einnahmequelle erschließt.

Die aufgezeigten unterschiedlichen Verkehrsbedürfnisse bestimmen zwar die Struktur des Verkehrsaufkommens, nicht aber seine Intensität; Verkehrsanspruch und Verkehrsangebot sind hier die zu berücksichtigenden Größen. Das durch ein inner- und interregionales Buslinienetz ausgedehnte Angebot im öffentlichen Personenverkehr sowie der immer mehr an den Faktoren Bequemlichkeit und Unabhängigkeit ausgerichtete Verkehrsanspruch (Hinwendung zum Individualverkehr) stellen für den Nebenbahnverkehr zunehmend konkurrierende Momente dar, so daß jedwede weitere verkehrsmäßige Erschließung einer Region, soweit sie nicht eine Zubringer- oder Ergänzungsfunktion einnimmt, einen negativen Einfluß auf die Verkehrssituation jeder Bahn ausüben muß.

Nach der aufgezeigten Raumgebundenheit des Verkehrsträgers „Nebenbahn" gilt es nun, das Raumwirkungspotential sowie die räumliche Gestaltungskraft dieses Verkehrsmittels in die verkehrsgeographische Analyse miteinzubeziehen.

2. DIE RAUMWIRKSAMKEIT DES VERKEHRSTRÄGERS „NEBENBAHN" IM PROZEßFELD LANDSCHAFT

2.1 DAS RAUMWIRKUNGSPOTENTIAL VON EISENBAHNEN

Der Ausbau von Verkehrswegen, -netzen und -systemen ist jeweils von gegebenen oder erwarteten Anforderungen bestimmt worden. Beim Eisenbahnbau im 19. Jahrhundert trat zum Teil der spekulative Faktor deutlich in den Vordergrund. Die weitere Entwicklung war davon abhängig, wie sich der jeweilige Verkehrsweg oder das jeweilige Verkehrsmittel in das Gefügebild der übrigen Standortfaktoren für eine wirtschaftliche und sozialgeographische Nutzung einordnen ließ und in welcher Weise sich eine Raumerschließung vollzog. Das Raumwirkungspotential eines Verkehrsmittels ist damit direkt proportional seiner Fähigkeit zur Raumerschließung. (Vgl. VOPPEL 1980, S. 67)

Das Beispiel der Eisenbahnen ist besonders eindrucksvoll, da hier ein von Anfang an technisch hochentwickeltes Verkehrsmittel auftrat und das überkommene Verkehrssystem revolutionierte; die Phase eines monopolartigen Erschließungsprozesses durch die Eisenbahn begann.

In der Technik des Eisenbahnverkehrs liegt es begründet, daß der Verkehr nur auf besonderen, eigens für die Schienenverkehrsmittel geschaffenen, starren Wegen betrieben werden kann. Hieraus ergibt sich die für Eisenbahnlinien charakteristische Lagekonstanz, die in der Ausbauphase der Eisenbahnen zu einer wesentlichen Voraussetzung für die von ihnen ausgehende Wandlungskraft wurde. Die Schienenbahnen repräsentierten ein stabilisierendes Element, das eine kurzfristige Veränderung des Streckennetzes ausschloß. Es war gerade diese Eigenschaft der Eisenbahnen, die während jener Phase ihren Raumwirkungsgrad verstärkte.

Die potentielle Raumwirksamkeit der Eisenbahnen zeigt sich somit in der von ihnen ausgehenden Gestaltungskraft, die sich in wirtschaftlichen und siedlungsgeographischen Folgeprozessen auf lokaler wie auch regionaler Ebene konkretisiert. Beispielsweise ist die wirtschaftliche Entwicklung während der Industrialisierungsphase in ihrem ersten Abschnitt auf das engste mit der Expansion des Eisenbahnwesens verbunden. Die Schienenbahnen waren bis zum Beginn des 20. Jahrhunderts neben der Binnenschiffahrt, deren räumliche Erschließungsfunktion meist eng begrenzt war, das einzige leistungsfähige Landverkehrsmittel für Mittel- und Ferndistanzen. An den ersten Strecken des Schienenverkehrs eröffneten sich plötzlich ungeahnte Möglichkeiten der wirtschaftlichen Betätigung; Ausweitung des Imports und des Exports vergrößerten die Produktion und gaben vermehrter Bevölkerung bessere Lebensbedingungen. Gleichzeitig kam es zur Bildung neuer Siedlungen und Industrieanlagen, die ihrerseits wiederum

Kristallisationspunkte neuer Ballungszentren darstellten. Die Folge war eine gänzliche Auflockerung des aus der vorindustriellen Zeit überkommenen Standortgefüges. Insbesondere die Standortwahl industrieller Betriebe war nun am Eisenbahnverkehr ausgerichtet, so daß die Verteilung der Industrie jener Zeit mit ein Spiegelbild der Streckenentwicklung der Eisenbahn ist.

Der Eisenbahnverkehr wirkt, bedingt durch seine Anlagestruktur, zunächst in höchstem Maße linear erschließend und konzentrierend; dieses schafft die Voraussetzung für die parallel verlaufenden Agglomerations- und Deglomerationsbewegungen. Stoppt der Bau einer Bahnlinie einerseits Stagnation und rückläufige Tendenzen in seinem Einzugsbereich, so führt er außerhalb des Bahnraumes jedoch zu einem sogenannten „Ausblutungsprozeß"; Abwanderung und Stillegung von Industrieunternehmen sowie Bevölkerungsrückgang sind häufig die Folgen. Ursache dieser Entwicklung ist die Zentripetalwirkung der Bahnstationen, deren Anzahl und Dichte die Erreichbarkeit und damit den Wirkungsgrad des Netzes bestimmen. Der lineare Charakter einer Bahnstrecke löst sich somit in eine Aufreihung von Punkten auf, deren Sogwirkung die regional stark unterschiedlichen Wirtschafts- und Bevölkerungsentwicklungen verursacht.

Neben der Ausgestaltung des Bahnnetzes sind Ausbaustand und Leistungsfähigkeit einer Bahnlinie weitere wichtige Kriterien, so daß die potentielle Raumwirkung der Eisenbahnen je nach Haupt- und Nebenstrecken differenziert zu werten ist. Insgesamt hat die Eisenbahn durch die ihrerseits induzierten industriellen, volkswirtschaftlichen und auch demographischen Folgeprozesse der Entwicklung räumlicher Strukturen ihr Gepräge gegeben. Die in der Blütezeit der Eisenbahnära festgelegten Raumstrukturen finden sich partiell noch heute, haben also über die eigentliche Gestaltungszeit hinausgehende Bedeutung bewahrt.

Wurden die Eisenbahnlinien bisher als sogenanntes Grundgerüst oder als Leitlinien für raumdifferenzierende Vorgänge gewertet und wurde ihre Lagekonstanz als positiver Beitrag zur Festigung des Standortgefüges und damit zur Stärkung des Beharrungsvermögens der Industrie gesehen, so ist aber auch auf die historische Starrheit dieses Verkehrsträgers hinzuweisen. Mangelnde Elastizität und Anpassungsfähigkeit hinsichtlich veränderter Raumstrukturen sowie eine überaus langsame Reaktionsfähigkeit bei Bedarfsänderungen tragen dazu bei, daß die Eisenbahn neben einem zwar bedeutenden Raumwirkungspotential eine überaus geringe interne Entwicklungsdynamik, sprich Eigendynamik, besitzt; eine Tatsache, die nicht zuletzt mit ein Grund für den zu verzeichnenden Bedeutungsverlust dieses Verkehrsträgers ist.

2.2 DIE RAUMDETERMINIERENDE WIRKUNG DER NEBENBAHNEN IM ÖSTERREICHISCHEN ALPENRAUM

2.2.1 *Die Nebenbahnen als Mitgestalter des Natur- und Kulturraumes*

„Mitgestalter des Natur- und Kulturraumes" — diese Themenstellung beinhaltet zwei unterschiedliche Auffassungen des Begriffs „Verkehr", hier des Nebenbahnverkehrs.
„Als Mitgestalter des Naturraumes" stehen die direkten räumlichen Auswirkungen des Nebenbahnverkehrs, der hier als geographisches, passives Element verstanden wird, im Vordergrund der Raumprägung (SCHLIEPHAKE 1973, S. 6). Der Landschaft wird ein Strukturelement im Sinne eines Geofaktors zugeführt, es zeigen sich konkrete Veränderungen des natürlichen Landschaftsbildes durch sichtbare Komponenten des Verkehrs. Hierzu zählen beispielsweise die bei der Trassierung von Nebenbahnen im Alpenraum häufig unumgängliche Errichtung von Brücken, Galerien und Tunnel sowie der Schienenweg selbst, der mit seinen notwendigen Anlagen — Aufschüttung eines Bahndammes, Bau von Bahnstationen etc. — den Naturraum gestaltend beeinflußt. Darüber hinaus war die Konzessionserteilung zum Bau einer ein alpines Seitental erschließenden Nebenbahn nicht selten mit der Auflage verbunden, sämtliche Wasserschutzbauten in ihrem Einzugsbereich zu übernehmen, um auf diese Weise nicht nur den Verkehrsablauf zu sichern, sondern gleichzeitig einen für die Bevölkerung positiven Beitrag zum Schutz vor Überflutungen und Murabgängen zu leisten. Die parallel zum Bahnbau in Angriff genommenen Flußbegradigungen, Regulierungen der Seitenbäche und Wildbachverbauungen stellen somit ebenfalls einen direkten Eingriff in die naturräumlichen Gegebenheiten dar, der außerdem für die einzelnen Nebenbahnunternehmen mit einer nicht unerheblichen finanziellen Belastung verbunden war.
Vielschichtiger und weitreichender sind die sekundären Auswirkungen des Nebenbahnverkehrs, die in raumstrukturellen und raumfunktionalen Entwicklungen, den sogenannten „Arealeffekten", sichtbar werden. Die Wirksamkeit des Verkehrs wird nun als eine Art „räumliches System" verstanden, *„das die Verhaltensweisen des wirtschaftenden Menschen beeinflußt, wobei sich dieses Verhalten wiederum raumwirksam und sichtbar äußern kann"* (SCHLIEPHAKE 1973, S. 6). Für Industrie und Handel war in erster Linie die durch die Bahn bewirkte Transportkostenverbilligung entscheidend. Der Bahnanschluß brachte den Industrieunternehmen mit dem kostengünstigeren Bezug der nötigen Rohprodukte die Möglichkeit, mit anderwärts produzierten Erzeugnissen gleicher Art konkurrieren zu können. Durch eine Produktionssteigerung in den bahnnah gelegenen Industriebetrieben erfuhr zudem der Transportsektor der Bahnen einen mächtigen Aufschwung, so daß die Bahnunternehmung ihrerseits in der Lage war, durch Sondertarife der Industrie einen neuerlichen Anreiz zu bieten. Die durch

den Bahnbau erzielte Ausweitung des Marktgebietes brachte der Industrie und dem Gewerbe aber auch gleichzeitig eine für sie erhöhte Konkurrenzsituation, so daß gerade im ländlichen Gewerbe anstelle des erwarteten Aufschwungs durch Frachtkosteneinsparung vielfach Verluste und letztlich sogar Betriebsauflösungen die Folgen waren, da die in den städtischen Fabriken durchgeführte Massengüterproduktion häufig überlegen war. Dieser negative Folgeaspekt in den durch den Nebenbahnbau verkehrsmäßig erschlossenen alpinen Regionen darf bei allem Zugewinn nicht vergessen werden.

In noch stärkerem Maße als die industriellen Unternehmen erfuhren die Bergwerksbetriebe den Vorteil eines Bahnanschlusses. Vor allem war dieses bei den im Wirtschaftsbezirk Köflach-Voitsberg und im Bereich Kapfenberg — Au — Seewiesen liegenden Kohlenabbaugebieten der Fall. Die Kohle, die abseits einer Eisenbahn gewonnen wurde, war nur von sehr geringem Wert, da sie infolge der Verteuerung durch den Fuhrwerkstransport — *„die Pferdekraft war 6 bis 25 mal so teuer wie die Dampfkraft"* (VON KIRCHSBERG 1914, S. 163) — kaum mit anderweitig gewonnener Kohle konkurrieren konnte. Aus diesem Umstand erklärt es sich, daß beispielsweise erst nach erfolgtem Bau der Graz-Köflacher Bahn die lignitische Kohle am Rande der Grazer Bucht, im Raum Köflach-Voitsberg, die bereits seit dem 18. Jahrhundert im Tage- und Stollenbau gewonnen wurde, an Bedeutung zunehmen und ihre Lagerstätten sich zum bedeutendsten Kohlenrevier Österreichs entwickeln konnten. Der durch die verbesserte Verkehrserschließung bedingte Aufschwung des Kohlenbergbaues spiegelt sich auch im Frachtaufkommen der Bahnen; das belegt die in den ersten Betriebsjahren transportierte Kohlenmenge der Kohlenbergbahn Kapfenberg — Au — Seewiesen und der Kohlenbahn Graz — Köflach (Tab. 3).

Aus den bisherigen Ausführungen wird deutlich, daß Ausmaß und Bedeutung der von den Nebenbahnen initiierten wirtschaftlichen Folgeprozesse primär auf die vorrangig verkehrsorientierten Standortentscheidungen der Gewerbe- und Industrieunternehmen zurückzuführen sind. Die Entscheidung, an einem Ort einen Betrieb zu gründen, seine Struktur oder Produktion zu ändern, ihn auszubauen oder stillzulegen, ist — soweit die Betriebsführung von den Faktoren „Lage" und „Verkehrsanbindung" beeinflußt wird — eindeutig von der konkret gegebenen Verkehrssituation abhängig. Auch die Entwicklung bestehender Unternehmen steht in Relation zur Leistungsfähigkeit des Verkehrs und der gegebenen Eisenbahnferne.

In ebenso bedeutendem Maße wie der Industriesektor erfuhr auch die Forstwirtschaft durch die Erbauung der Lokalbahnen im österreichischen Alpenraum eine Förderung.

Nach der Inbetriebnahme der die alpinen Talschaften erschließenden Nebenbahnen wurde es vielfach erst möglich, die Forstwirtschaft in rationeller Weise zu betreiben. An die Stelle eines bis dahin vielfach angewandten Plenterbetriebes, bei dem nur das beste Holz dort eingeschlagen wurde, wo der Transport zu den Sägewerken leicht möglich war, während das übrige Holz verfaulte oder teils mit geringem Gewinn verkohlt wurde, konnte nun eine intensive Nutzung treten, bei welcher der größte Teil des gewonnenen Holzes als Werk- und Nutzholz verwertet wurde (vgl. VON KIRCHSBERG 1914, S. 169). Darüber hinaus war der Transport zu den im österreichischen Alpenraum — insbesondere in der Ober-

Tab. 3: Kohlentransport auf der Aflenzerbahn (Kapfenberg — Au — Seewiesen) und der Graz-Köflacher Bahn 1865—1910

Jahr	Kohlentransport in Tonnen	
	Graz-Köflacher Bahn	Aflenzerbahn (Kapfenberg — Au — Seewiesen)
1865	120 780	
1866	102 707	
1867	129 811	
1868	149 671	
1869	180 136	
1870	249 629	
1871	248 970	
1872	313 318	
1873	406 205	
1874	442 393	
1875	486 048	
1876	414 656	
1877	384 065	
1878	402 885	
1879	461 971	
1880	438 144	
1881	498 617	
1882	505 368	
1883	581 911	
1884	578 675	
1885	577 378	
1886	541 073	
1887	530 288	
1888	574 807	
1889	575 411	
1890	634 880	
1891	691 718	
1892	566 042	
1893	574 832	
1894	551 547	
1895	585 468	8 041
1896	632 585	8 648
1897	615 168	8 876
1898	605 318	9 647
1899	636 629	9 927
1900	715 680	11 118
1901	663 251	9 558
1902	695 398	17 741
1903	673 279	54 420
1904	660 935	27 906
1905	648 117	24 766
1906	760 040	35 368
1907	882 457	52 918
1908	890 093	45 433
1909	749 427	44 388
1910	827 773	34 631

Quelle: VON KIRCHSBERG 1914, S. 165 und EGGER 1948, S. 60, 61

steiermark und im Lungau — errichteten Papier- und Zellulosefabriken möglich geworden. Weitere Folgeprozesse waren auch eine Ertragssteigerung und dadurch eine Wertzunahme der Forste. Der enorme Aufschwung der Holzwirtschaft läßt sich deutlich am Anstieg der Holztransporte einzelner Lokalbahnen in ihren ersten Betriebsjahren ablesen. Drei Beispiele aus der „Grünen Steiermark", einem der waldreichsten Bundesländer Österreichs, mögen dieses belegen (Tab. 4).

Weit weniger deutlich als bei Industrie, Bergbau und Forstwirtschaft zeigt sich der Einfluß des Nebenbahnbaus auf dem Agrarsektor; eine Tatsache, die darauf zurückzuführen ist, daß gerade die landwirtschaftliche Produktion unter der Einwirkung verschiedenster, in der natürlichen, historischen, sozialen und auch rechtsgeschichtlichen Ausgangslage begründeter Umstände steht. Für die Landwirtschaft im Alpenraum bedeutete die Errichtung der Nebenbahnen die verkehrsmäßige Erschließung peripher gelegener, bislang mehr oder minder autarker, abgeschlossener Talschaften. Bewirkte die Herstellung rascher und billiger Verkehrsverbindungen zu den Bevölkerungs- und Wirtschaftszentren, sprich zu den Konsumenten landwirtschaftlicher Erzeugnisse, einerseits eine Ausweitung des Absatzmarktes, so war andererseits eine Vergrößerung der Konkurrenz durch die einsetzende Einfuhr preiswerter Fabrikprodukte die negative Folge. Darüber hinaus vollzog sich durch die möglich gewordene kostengünstige Einfuhr von Düngemitteln, Gemüse, Getreide und vor allem Stroh ein agrarischer Strukturwandel, der in einer weitestgehenden Aufgabe der mühselig betriebenen Ackerwirtschaft mit Getreide- und Gemüseanbau zugunsten einer Ausdehnung des Futterbaus auf Wiesen und Weiden sichtbar wurde; Vieh- und Grünlandwirtschaft waren von jeher Wirtschaftsformen, denen das Naturraumpotential des alpinen Agrarraumes besser entsprach.

Auf eine weitere, eher negative Folgewirkung des Eisenbahnbaus verweist LEIDLMAIR; er schreibt, daß *„die im Eisenbahnzeitalter erfolgte Einbeziehung der Berggebiete in die außeralpinen Wirtschaftsräume neben anderen Wirkungen auch zahlreiche lebenswichtige Nebenerwerbsmöglichkeiten zum Erliegen brachte und dadurch viele zur Aufgabe ihrer Höfe und zur Abwanderung zwang"*, auch vergrößerte sich die Einkommensdisparität zwischen den Berg- und Talgebieten erheblich (LEIDLMAIR 1983, S. 54). Diese Tatsache wird in der Bergflucht und der Sozialbrache deutlich, wobei letztere eine mehr oder minder indirekt durch den Bahnbau ausgelöste Erscheinung im Kulturlandschaftsbild ist.

Von überaus großer Bedeutung war die Inbetriebnahme der Nebenbahnen für die Entwicklung auf dem Fremdenverkehrssektor. Wie bereits ausgeführt, besitzt der österreichische Alpenraum ein großes Erholungspotential, das es seinerzeit zu aktivieren galt. Zwar konnten zahlreiche Seitentäler schon vor der Fertigstellung einer Bahnlinie eine gewisse Bedeutung als Fremdenverkehrsgebiete aufweisen, es mangelte jedoch an einer guten Anbindung an die Hauptverkehrslinien und an einer ausreichenden innerregionalen Erschließung. Die Aufnahme des Nebenbahnverkehrs konnte einen Teil dieser Probleme beseitigen; sie löste den eigentlichen fremdenverkehrsmäßigen Aufschwung einer Region aus, der seinerseits wiederum aufgrund der dem Fremdenverkehr eigenen Schlüsselposition im Wirtschaftsgefüge die gesamtwirtschaftliche Entwicklung positiv beeinflußt hat.

Tab. 4: Entwicklung des Holzverkehrs auf der Stainztalbahn (Preding — Wieselsdorf — Stainz), der Murtalbahn (Unzmarkt — Mauterndorf) und der Aflenzerbahn (Kapfenberg — Au — Seewiesen) 1895—1910

Jahr	Stainztalbahn			Murtalbahn Transport in t			Aflenzerbahn	
	Bau-, Werk- u. Nutzholz	Brenn- holz	Lorke u. Borke	Bau-, Werk- u. Nutzholz	Brenn- holz	Lorke u. Borke	Bau-, Werk- u. Nutzholz	Brenn- holz	Lorke u. Borke
1895	2 256	282	59	47 809	345	1448	4 759	343	397
1896	2 722	265	20	21 440	1801	1351	5 795	430	254
1897	3 315	110	61	21 045	4261	1055	7 106	856	471
1898	3 073	60	166	28 837	2057	1859	8 546	657	637
1899	3 718	99	91	30 907	5	907	11 750	804	266
1900	3 607	283	131	31 724	0	1467	12 602	1306	200
1901	4 110	553	100	26 101	155	1179	14 948	1032	685
1902	5 079	278	40	30 291	187	1137	16 561	850	260
1903	4 638	130	60	20 851	213	631	11 166	525	322
1904	6 943	192	366	19 425	250	718	13 454	534	469
1905	8 929	395	19	25 250	150	1125	17 903	1006	415
1906	12 558	420	60	36 573	253	1392	16 724	930	457
1907	11 247	744	87	47 641	495	1375	11 347	1592	171
1908	13 407	777	178	62 184	203	1418	25 454	1288	551
1909	9 378	879	103	71 426	20	1350	22 510	1384	481
1910	9 604	1179	121	72 326	67	1920	20 604	1643	549

Quelle: VON KIRCHSBERG 1914, S. 170

Brachte das Eisenbahnzeitalter einerseits den Niedergang einzelner Nebenerwerbsmöglichkeiten, so wurden durch den Fremdenverkehr wiederum zahlreiche neue Einnahmequellen aktiviert. Vorrangig ist hier die Privatzimmervermietung zu nennen, die zu einem wichtigen Neben- und Zuverdienst zahlreicher Bergbauernbetriebe geworden ist.

Wie sehr sich der Bau einer Lokalbahn auf die Fremdenverkehrsentwicklung ihres Einzugsbereiches ausgewirkt hat, verdeutlicht nachfolgende Zahlenentwicklung. Gemäß der Fremdenverkehrsstatistik, die über Erlaß des k. u. k. Ministeriums des Innern vom 15. März 1890, Z. 640 M. I., im Jahre 1890 erstmals durchgeführt wurde, hielten sich vor der Erbauung der Murtalbahn im Jahre 1890 134 Fremde in der Stadt Murau auf, und zwar blieben 99 Gäste 3 Tage, 4 verbrachten 3 bis 7 Tage dort, und 31 blieben über 7 Tage. Im Jahre 1900 (Bau der Murtalbahn 1895) beherbergte die Stadt bereits 260 Fremde, und zwar 159 bis zu 3 Tage, 7 zwischen 3 und 7 Tage und 94 Urlauber über 7 Tage. Diesem Aufschwung des Fremdenverkehrs ist es auch teilweise zuzuschreiben, daß im Jahre 1890 nur 5 Gasthäuser mit 32 und 15 Privathäuser mit 15 Fremdenbetten zur Verfügung standen, während es im Jahre 1900 schon 16 Gasthäuser sowie eine Anzahl von Privatquartieren mit insgesamt 124 Fremdenbetten waren (vgl. VON KIRCHSBERG 1914, S. 176).

Eine allgemeine Folge des Nebenbahnbaues ist die Aktivierung des gesamten wirtschaftlichen Lebens in den von ihnen erschlossenen Gebieten und damit eine Hebung des Wohlstandes.

Eng verknüpft mit der Wirtschaftsexpansion und Attraktivitätssteigerung der Einzugsbereiche waren eine positive Bevölkerungsentwicklung und Siedlungszunahme, die ihrerseits wiederum zur Wirtschaftsförderung und Verkehrsentwicklung beitrugen. Durch die aktivierte Gesamtwirtschaft wurde eine weitere Abwanderung eingedämmt und teilweise sogar eine Einwanderung in die betreffenden Regionen ausgelöst. Das gilt namentlich für die unmittelbar an einer Bahnstrecke liegenden Gemeinden, deren Bewohnerzahl einen bedeutenden Anstieg erfuhr und deren Siedlungsentwicklung infolgedessen beschleunigt wurde. Neben dieser indirekten Wirkung des Bahnbaues auf Bevölkerungs- und Siedlungsexpansion zeigt sich aber auch eine direkte Raumwirksamkeit dieses Verkehrsträgers. Streckenverlauf und Lage der Bahnstationen lassen deutlich erkennen, daß hier im unmittelbaren Einzugsbereich eine gesteigerte Bautätigkeit eingesetzt hat; eine Tatsache, die durch das Alter der Gebäude belegt wird. Während bei der Standortwahl von Gewerbe- und Industriebetrieben aufgrund der möglichen Ausstattung mit einem Anschlußgleis unmittelbare Bahnhofsnähe nicht unbedingt erforderlich war, wurden Hotels, Gasthöfe und Pensionsbetriebe nahe den Bahnstationen errichtet, da gerade im Fremdenverkehr dem Standortfaktor „günstige Verkehrslage" eine außerordentliche Bedeutung zukommt. So haben sich in den Fremdenverkehrsorten um die einzelnen Bahnstationen, soweit es die natürlichen Gegebenheiten erlauben, neue Siedlungsschwerpunkte gebildet, die eine deutliche Prägung durch diesen Wirtschaftszweig aufweisen.

Aber auch das Siedlungsbild jener Orte, die nicht den Fremdenverkehrsgemeinden zuzuzählen sind, hat durch den Schienenverkehr mancherlei Veränderungen erfahren. Obgleich fast nirgendwo der Schienenstrang einen alten Ortskern direkt berührt, führte dennoch gerade der Bahnbau zu den auffälligsten Neuformen der zumeist bäuerlichen Siedlungen. Die neuen Bahnhofsviertel, in mehr oder minder großer Entfernung zu den Dorfkernen gelegen und mit diesen stets durch eigene Straßen (Bahnhofstraße) verbunden, heben sich in Form und Baustil von der ländlichen Siedlungsweise ab. Nicht selten wurden sie zu Zentralpunkten junger Siedlungen und erweiterten auf diese Weise die alte Ortsanlage beträchtlich. Bahneigene Werkstätten, Wagenschuppen, Lagerhäuser sowie eigene Wohnhäuser für die Bahnbediensteten, die sich in ihrer äußeren Erscheinung deutlich vom übrigen Siedlungsbild unterscheiden, sowie kleinere Gewerbebetriebe und Geschäfte konzentrieren sich in Bahnhofsnähe, prägen das Gefügebild dieser Bereiche und geben ihnen eine wenn auch nur geringe innerörtliche zentrale Funktion. Im Vergleich zu den Bahnstationen entlang der Hauptbahnstrecken oder gar zu ausgesprochen großen Hauptbahnhöfen, wo im inneren, bahnhofsnahen Bereich regelrechte Gewerbe- und Einkaufszentren mit mehreren Geschäften des gehobenen und mittleren Bedarfs sowie Vergnügungsviertel entstanden, ist die Raumwirkung der Nebenbahnstationen weitaus geringer, zeigt aber auch die Tendenz zu einer neuen Inwertsetzung dieser Bereiche.

Des weiteren hat der durch den Nebenbahnbau initiierte Entwicklungs- und Modernisierungsprozess unmittelbar zur Entstehung und Festigung zentralörtlicher Strukturen beigetragen und die Eisenbahnorte gegenüber bahnfern gelegenen Orten in ihrem zentralörtlichen Angebot gestärkt. In den Einzugsbereichen der Nebenbahnen des österreichischen Alpenraumes war es vornehmlich die Ausweitung des Fremdenverkehrs, die zu einer gesteigerten Nachfrage nach Dienstleistungen geführt hat. Einen Ausbau des Dienstleistungssektors und eine Erweiterung des zentralörtlichen Angebotes erhielten überwiegend jene Orte, die aufgrund bereits vorhandener Grundfunktionen und -strukturen besonders prädestiniert waren. Auf diese Weise konnten beispielsweise Neustift und Fulpmes im Einzugsbereich der Stubaitalbahn, Seefeld im Verkehrsraum der Mittenwaldbahn, Mayrhofen, Zell am Ziller und Fügen im Einzugsgebiet der Zillertalbahn, Mittersill an der Pinzgauer Lokalbahn, Murau und Tamsweg an der Murtalbahn sowie Hermagor und Kötschach-Mauthen an der Gailtalbahn ihre zentralörtliche Bedeutung steigern und Rangziffern von 2 und 3 der Unteren sowie teilweise auch von 4 und 5 der Mittleren Zentralitätsstufe erreichen (vgl. BOBEK/FESL 1978, Anhang, S. 282—288).

Schließlich brachte der allgemein zu verzeichnende Aufschwung in den Nebenbahnräumen aber auch einen gesteigerten Bedarf an Verkehrsleistungen. Lange Zeit war die linear konzentrierende Raumwirkung der Nebenbahnen ausreichend, zumal sich aufgrund der morphologischen Gegebenheiten alpiner, glazial überformter Talschaften wirtschaftliche Aktivitäten und Siedlungsprozesse primär auf den Talbereich beschränkten und eine vorrangige Nachfrage nach linearer Verkehrserschließung existierte. Erst in einem weiteren Entwicklungsstadium, das die Erschließung, Anbindung und fremdenverkehrsmäßige Inwertsetzung der alm- und forstwirtschaftlich genutzten sowie dispers besiedelten Bergregionen brachte, entstand das Bedürfnis nach einem flächendeckenden Verkehrsaufschluß. Wirtschafts-, Bevölkerungs- und Siedlungsexpansion haben ferner eine gesteigerte Nachfrage nach rationellen, schnellen und dem Flächenanspruch gerecht werdenden Verkehrsträgern ausgelöst; Bedürfnisse, denen die

Lokalbahnen kaum mehr entsprechen können. Somit hat der durch den Nebenbahnbau begründete Aufschwung in seiner Funktion als Auslöser gehobener Verkehrsansprüche den nachfolgend einsetzenden Bedeutungs- und Monopolverlust dieses Verkehrsträgers bereits vorprogrammiert.
Ist rückblickend die gegenseitige Stimulierung der Entwicklung von Industrieproduktion, Bevölkerungswachstum, Lebensstandard, Siedlungsexpansion, Kapitalbildung und Eisenbahnbau sowie Aufnahme des Eisenbahnbetriebes in ihrer Kausalität nicht mehr genau zu entflechten, um etwa der Eisenbahn oder der übrigen Wirtschaft den größeren Teil an der Entstehung des heutigen Gesamtbildes zuzuschreiben, so kann jedoch im Hinblick auf die Raumwirksamkeit der Nebenbahnen des österreichischen Alpenraumes festgehalten werden, daß sie zweifelsohne dazu beigetragen haben, räumliche Disparitäten abzubauen und latent vorhandene Raumpotentiale zu aktivieren.

2.2.2 Der räumliche Wirkungsgrad dieses Verkehrsmittels in Vergangenheit und Gegenwart

Wurde in den vorausgehenden Ausführungen die potentielle und tatsächliche Raumwirksamkeit des Verkehrsträgers „Nebenbahn" vorrangig für die ersten Betriebsjahre — die Zeit ihres maximalen Aktionsradius — untersucht, so soll nun unter Einbeziehung des Raum-Zeit-Aspektes eine prozeßhaft ausgerichtete Wirkungsanalyse durchgeführt werden. Der Mangel an zeitlicher Persistenz der zu berücksichtigenden Raum- und Verkehrsstrukturen unterstreicht diese Notwendigkeit.
Um die Jahrhundertwende, der Zeit der Inbetriebnahme zahlreicher Nebenbahnen, war der Verkehrssektor mehr oder weniger peripher gelegener Räume durch eine entwicklungsbedürftige Verkehrssituation, durch ein mangelhaftes Verkehrsangebot sowie kaum existenter Verkehrsstrukturen gekennzeichnet. Eine Ausgangsbasis, die der Nebenbahn als leistungsstarkem Massentransportmittel bald eine Monopolposition im Transport und folglich in der Verkehrsbedienung dieser Regionen ermöglichte und gleichzeitig eine Phase monopolartiger Erschließungsprozesse zur Folge hatte. Einseitigkeit der Verkehrssphäre sowie die uneingeschränkte Möglichkeit der Aktivierung latent vorhandenen Raumpotentials erklären somit die vergleichsweise große Raumwirksamkeit dieses Verkehrsmittels in den ersten Betriebsjahren. Es sind vorrangig Stichbahnräume, in denen die linear konzentrierende Wirkungsweise der Bahnen besonders sichtbar wurde.
Im Laufe der Zeit haben die insbesondere seit den 50er Jahren einsetzende disproportionale Entwicklung des motorisierten Verkehrs, der damit einhergehende immense Anstieg des Individualverkehrs sowie die Ausweitung des Straßennetzes zu einem tiefgreifenden Strukturwandel in der Verkehrswirtschaft geführt. Das Ende der konkurrenzfreien Verkehrssituation brachte den Eisenbahnen neben dem Verlust der Monopolstellung auch eine Verringerung ihrer

Raumwirksamkeit. Aufgrund der im krassen Gegensatz zum starren Verkehrsdienst der Eisenbahnen stehenden großen Anpassungsfähigkeit des Kraftfahrzeuges an die individuelle Nachfrage im Personen- und Güterverkehr schien der Kraftverkehr prädestiniert, der neuen Verkehrssituation am besten entsprechen zu können.

Die Eignung für den Flächenverkehr, die Schnelligkeit, die schon oft erwähnte Dispositionsfreiheit für den Nachfrager, die Haus-Haus-Bedienung usw. waren so neuartig, daß sich die zunehmende Verwendung des Kraftfahrzeugs, ganz besonders im Eigenverkehr der Wirtschaft, von selbst verstand. Durch den zunehmenden Kraftwageneinsatz wurden auch Wettbewerbsunterschiede zwischen entfernt liegenden Regionen und den günstiger gelegenen Zentralräumen stärker ausgeglichen, die, trotz der Disparitäten abbauenden Nebenbahnerschließung, durch eine lokal zwar linear konzentrierende, regional jedoch stark differenzierende Wirkungskraft des Schienenverkehrs bestanden hatten. Es war nicht zuletzt die Loslösung vom starren Verkehrsweg, von der Spurgebundenheit, die einen erheblichen Einfluß auf die Dynamik der Raumentwicklung mit sich brachte. Durch die Möglichkeit einer größeren Standortstreuung durch den Kraftwagenverkehr sahen sich Industrie und Gewerbe nicht länger gezwungen, ihre Standorte entlang der Bahnlinie zu suchen, so daß mit dem Aufkommen des weitestgehend flächendeckenden Kraftwagenverkehrs eine dezentralisierende Entwicklung einsetzte. Der Raumwirkungsgrad der Nebenbahnen trat deutlich hinter den des Kraftverkehrs zurück, der seither mit jungen Verkehrselementen primär und mit der ihm inhärenten Eigendynamik sekundär das Landschaftsbild gestaltet und dabei zu einer Modifizierung der durch den Eisenbahnverkehr bedingten, überkommenen Raumstrukturen führt.

Was das heutige Ausmaß des Raumwirkungsgrades einzelner Verkehrsmittel, Eisenbahn wie Kraftwagenverkehr, betrifft, so ist festzuhalten, daß dieses in keiner Weise mit dem vergangener Zeiten zu vergleichen ist. Ein großenteils aktiviertes Raumpotential mit einer partiell überdimensionalen (Aus-)Nutzung — lokale Suburbanisierungstendenzen, eine nahezu volle Bedarfsdeckung in einzelnen Wirtschaftsbereichen (Bau-, Möbelindustrie etc.) sowie ein hochgradiger Verbauungszustand der Landschaft und in seiner Folge bereits zu verzeichnende Negativeffekte im Naturraum und Naturhaushalt — haben den Entwicklungsprozeß einer Region nicht nur verlangsamt, sondern bereits zu einem gewissen Stillstand geführt. Die Verkehrserschließung allein reicht kaum noch aus, um räumliche Prozesse strukturellen Wandels und raumfunktionelle Beziehungen in Gang zu setzen; vielmehr haben heute ökonomische, ökologische und politische Kräfte an Bedeutung gewonnen, so daß das rein spekulative Moment kaum noch zählt.

Der Wandel in der Verkehrswirtschaft geht teilweise so weit, daß die Nebenbahnen ihre Existenzberechtigung verlieren, eine Stillegung häufig die unabdingbare Folge ist und der Rückzug dieses Verkehrsträgers aus der Fläche wiederum primäre wie auch sekundäre Auswirkungen im Landschaftsbild zur Folge haben kann. Funktionslos gewordene, verfallene Bahnstationen und Bahnstrecken stellen oftmals nur noch geographische Relikte dar oder werden durch Umgestaltung und Umfunktionierung neuen Aufgaben zugeführt, die ihrerseits wiederum ihre nähere Umgebung zu prägen vermögen.

An dieser Stelle sei eine Aussage SANDNERS angeführt, die hinsichtlich des verkehrswirtschaftlichen Strukturwandels besonders treffend erscheint:

> „... zugleich bedient sich aber andererseits die junge Dynamik kulturlandschaftlicher Differenzierung, wie sie sich in der aktiven Umorientierung von Räumen und dem Wandel von Beziehungsrichtungen und raumfunktionalen Bindungen äußert, ererbter Leitlinien und gestaltet das oft schwerfällige historische Erbe — wertend — in dieser oder jener Richtung um. Dadurch kommt es zu einer Schichtung und Verflechtung verschieden alter, verschieden wertiger und verschieden aktiver Elemente innerhalb der Kulturlandschaft" (SANDNER 1958, S. 112).

Wird der Schienenweg als ererbte Leitlinie betrachtet und die durch ihn bedingten Raumstrukturen als schwerfälliges historisches Erbe, so unterstreicht dieses Zitat nochmals den bis heute existenten Einfluß des Verkehrsmittels „Eisenbahn", und hier speziell der Nebenbahn, auf die Raumordnung.

Ist die Raumprägung durch die Nebenbahnen heute nicht mehr eindeutig nachvollziehbar und auch nicht mehr wie in früherem Maße gegeben, so wird dieses Verkehrsmittel gemäß verschiedentlich durchgeführter Nutzwertanalysen auch gegenwärtig noch als Attraktivitätsfaktor für eine Region und als Orientierungsmoment für einzelne Wirtschaftszweige verstanden (vgl. DRUDE 1971, ÖROK (Hrsg.) 1980, Nr. 22a, NAGEL 1981). Standortwahl und Betriebsentwicklung nicht weniger Industrie- und Gewerbebetriebe sind insbesondere in den alpinen Stichbahnräumen mit der Fortführung des Nebenbahnverkehrs weiterhin eng verknüpft, so daß die raumwirtschaftliche Bedeutung dieses Verkehrsmittels auch künftig nicht unterschätzt werden darf (vgl. Kap. V).

3. DIE VERKEHRSENTWICKLUNG AUF DEN NEBENBAHNEN VOR DEM HINTERGRUND GEWANDELTER VERKEHRS- UND RAUMSTRUKTUREN

Einen geeigneten Ansatz für nachfolgende Untersuchungen liefert die Kausalkette: verkehrsräumliche Verhaltensmuster — Verkehrsmittel- bzw. Verkehrswegewahl — Gestaltung und Umgestaltung der Landschaft durch Verkehrsabläufe (vgl. MAIER 1978, S. 32). Motivationsstrukturen, auslösende Kräfte, räumliche Auswirkungen und in Rückkoppelung insbesondere deren Einfluß auf den Verkehr in seinen Strukturmustern, seinen Entwicklungschancen und seiner Funktionsbezogenheit erfahren eine besondere Beachtung. Die Veränderung des Raumgefüges kann die Entstehung neuer Verkehrsspannungen und -bedürfnisse und somit die Anlage neuer Verkehrswege und Verkehrsverbindungen, aber auch eine Umstrukturierung des Verkehrsmarktes hervorrufen. Es ist insbesondere die Verkehrsentwicklung auf einzelnen Nebenbahnen, die — obgleich nicht immer rückläufig — in keiner Weise der allgemein steigenden Verkehrsnachfrage entspricht und nicht selten durch stagnierende oder rapid zurückgehende Beförderungsdaten das Nebenbahnproblem verschärft. Daß hierbei eine veränderte Verkehrs- und Raumsituation und damit einhergehend gewandelte Bedürfnisse und Anforderungen der Verkehrsleistungen nachfragenden sozialen Gruppen eine nicht unbedeutende Rolle spielen, wird im folgenden nachzuweisen sein.

3.1 DER WANDEL RÄUMLICHER STRUKTUREN UND SEINE AUSWIRKUNGEN AUF VERKEHRSRÄUMLICHE AKTIVITÄTEN

Verkehrsräumliche Aktivitäten basieren auf der Tatsache, daß der Verkehr *„Voraussetzung und Folge der räumlichen Aufspaltung der menschlichen Tätigkeitsmuster ist"* (MAIER 1976, S. 26). Sie unterscheiden sich gemäß den raumrelevanten Tätigkeiten der Menschen, die ihrerseits in die Funktionsbereiche „Arbeiten", „Sich Versorgen", „Sich Bilden" und „Freizeitverhalten" aufgeteilt sind. Das Standortgefüge der verorteten Einrichtungen dieser Funktionsbereiche, beispielsweise die räumliche Verteilung von Schulen oder Freizeitstätten, bestimmt dabei die Verkehrsbewegungen innerhalb des „Funktions-Standort-Systems" (vgl. MAIER, PAESLER, RUPPERT, SCHAFFER 1977, S. 56). Ein Wandel der Raumstrukturen wirkt sich folglich direkt auf die verkehrsräumlichen Aktivitäten aus, die ihrerseits eng mit der Verkehrswege- und Verkehrsmittelwahl sowie der Intensität der Verkehrsströme verknüpft sind.

In den lange Zeit abgeschlossenen, autarken alpinen Talschaften des Untersuchungsraumes waren aufgrund des unterentwickelten Standortgefüges verorteter Einrichtungen der Grunddaseinsfunktionen kaum Verkehrsbedürfnisse vorhanden. Selbstversorgung, eine enge räumliche Verbundenheit von Wohnen und Arbeiten sowie eine ausgesprochene Bildungspassivität kennzeichneten die Situation der agrarisch oder bedingt agrarisch-gewerblich orientierten Regionen und ließen Verkehrsaktivitäten in nur geringer Intensität und Differenziertheit entstehen. Die infolge des Nebenbahnbaues erfolgte Verkehrsanbindung an die Haupttäler eröffnete den Bewohnern alpiner Talzüge ein deutlich erweitertes Nachfragespektrum, das neue Verkehrsspannungen zwischen Haupt- und Nebentälern zur Folge hatte. Neben einer Orientierung nach außen enstand aber auch bereits die aufgezeigte interne Aktivierung wirtschaftlichen, demographischen und soziokulturellen Potentials, die in den Tälern ein mehr oder minder differenziertes Funktionsstandortsystem entstehen ließ und den interregionalen die innerregionalen Verkehrsaktivitäten gegenüberstellte.

Mit der Errichtung und dem Ausbau neuer Industrie- und Gewerbestandorte sowohl innerhalb der Seitentäler als auch in den Haupttälern kam es zu einem Anwachsen erwerbsorientierter Verkehrsbedürfnisse und einem Anstieg der Pendlerströme, die je nach der Standortverteilung der Arbeitsstätten unterschiedlich ausgerichtet waren. Auch die Siedlungsexpansion erweiterte das Spektrum der Verkehrsbedürfnisse; eine flächendeckende Verkehrserschließung sowie eine nachfragegerechte Lokalisation von Haltestellen des öffentlichen Verkehrs rückten in den Mittelpunkt der Anforderungen. Darüber hinaus bewirkte die Veränderung des zentralörtlichen Systems durch die Herausbildung von Nahversorgungs- und Unterzentren entlang der Nebenbahnlinien und die aufgrund der Zubringerfunktion der Nebenbahnen verstärkte Festigung der in den Haupttälern gelegenen Mittelzentren eine Zunahme von versorgungs- und ausbildungsorientierten Verkehrsströmen zu lokalen und regionalen Versorgungs- und Schulstandorten; die Bildungspassivität wurde aufgebrochen, jedoch bis heute nicht ganz abgebaut. Die wachsende Bedeutung der Freizeit und damit einhergehend der enorme Anstieg des Fremdenverkehrs sowie seine Entwicklung zum Sozialtourismus haben das Spektrum der Verkehrsbedürfnisse hinsichtlich der freizeitorientierten Verkehrsnachfrage erweitert.

Insgesamt gibt es durch die quantitative und qualitative Staffelung des Angebotes entsprechender Einrichtungen der Grunddaseinsfunktionen von Gebiet zu Gebiet unterschiedliche Verkehrsbedürfnisse, die sich je nach den einzelnen Sozialgruppen in verschiedenen verkehrsräumlichen Aktivitäten äußern und entsprechend den regionalen Standorten in ihrer Häufigkeit und Präferenzposition verändern. Im Einzugsbereich der Graz-Köflacher Bahn überwiegt beispielsweise aufgrund der dort gegebenen spezifischen Ausstattung mit verorteten Einrichtungen der erwerbsorientierte Verkehr, gefolgt von ausbildungs- und versorgungsorientierten Verkehrsströmen. In den alpinen Talschaften, die überwiegend ausgesprochene Fremdenverkehrsgebiete darstellen, weist die freizeitorientierte Verkehrsnachfrage der Urlauber überdurchschnittliche Werte auf, während bei der einheimischen Bevölkerung wiederum der erwerbs- und ausbildungs- wie auch versorgungsorientierte Verkehr dominiert, allerdings nicht in der Intensität industriell und gewerblich geprägter Räume.

Nach welchen Kriterien sich diese Verkehrsaktivitäten nun auf die einzelnen Verkehrsträger verteilen, und inwieweit Verkehrsbedürfnisse, Verkehrsnachfrage sowie Verkehrsangebot dabei von Bedeutung sind und damit letztlich das Beförderungsvolumen und die Bedeutung eines Verkehrsträgers beeinflussen können, sei im folgenden näher untersucht.

3.2 VERKEHRSBEDÜRFNIS, VERKEHRSNACHFRAGE UND VERKEHRSANGEBOT — DREI EINFLUSSGRÖSSEN FÜR DIE VERKEHRSENTWICKLUNG AUF DEN NEBENBAHNEN

„Vom Transportmonopol zur Existenzfrage", „von der Konkurrenzfreiheit zum Wettbewerb" — dieser für die Verkehrsentwicklung der Nebenbahnen charakteristische Trend verläuft parallel einer quantitativen und qualitativen Wertverschiebung unter den Verkehrsträgern und somit auch innerhalb des Verkehrsangebotes. Mit dem Ende der Monopolstellung der Eisenbahn im Binnenverkehr entstand gleichzeitig eine völlig andere Verkehrsstruktur, die durch eine enorm gesteigerte Nachfrage nach individuellen Verkehrsleistungen gekennzeichnet war und innerhalb derer der Verkehrsbedienung als öffentliche Aufgabe nicht mehr jene allein überragende und einzigartige Aufgabe zukam. Dieser Wertwechsel erklärt sich vor dem Hintergrund gewandelter Verkehrsbedürfnisse, die sich — wie gezeigt wurde — veränderten Raum- und Verkehrsstrukturen anpassen. Nachdem die Begriffe „Bedürfnis", „Nachfrage" und „Angebot" schon einige Male genannt worden sind, zeigt sich die Notwendigkeit einer Begriffsbestimmung und der Erstellung eines Kausalitätsbezuges, um dann vor dem Hintergrund dieses Wirkungsgefüges die Verkehrsentwicklung und den Bedeutungswandel der Nebenbahnen besser verstehen zu können.

Am Anfang jeglichen Verkehrs steht das Verkehrsbedürfnis oder mit ZIMPEL gesprochen, „das Verkehrsbedürfnis ist die Veranlassung jeglichen Verkehrs, gleichgültig aus welchen Ursachen" (ZIMPEL 1958, S. 12). Ausgangspunkt und Träger der unterschiedlichen Verkehrsbedürfnisse ist der Mensch.

Wie verschieden die Verkehrsmotive sein können, verdeutlicht ein bei SCHLIEPHAKE angeführtes Schema von BATH und MÜLLER (1968, S. 373), das durch eigene Überlegungen soweit ergänzt wurde, daß ein Wirkungsgefüge bis hin zu den Verkehrsströmen entsteht (vgl. Abb. 6).

Aus dem Schema geht hervor, daß der auf die unterschiedlichsten Reisemotive zurückzuführende Personenbeförderungsbedarf sich je nach sozioökonomischen Einflußgrößen und einem jeweils individuell verschiedenen Verkehrsanspruch in unterschiedlicher Verkehrsnachfrage artikuliert, wobei auch das sozialgruppenspezifische Verkehrsverhalten eine besondere Bedeutung erlangt. Sozioökonomische Faktoren wie beispielsweise Alters- und Einkommensstrukturen spielen bei der Verkehrswege- und Verkehrsmittelwahl eine Rolle. Im Schulverkehr und bedingt auch im Ausbildungsverkehr ist eine Schwerpunktlegung auf die öffentlichen Verkehrsmittel zu erwarten; auch ältere Menschen, die keinen Führerschein besitzen, zeigen eine gesteigerte Nachfrage nach öffentlichen Verkehrsleistungen. Gemäß der gesellschaftlichen Entwicklung der Gegenwart werden öffentliche Verkehrsmittel vorrangig von den sogenannten „A-Gruppen" frequentiert: den Auszubildenden, den Arbeitern, den älteren Menschen und in immer stärkerem Maße auch von den Arbeitslosen.

Darüber hinaus zeigt das Schema eine Interdependenz zwischen Verkehrsnachfrage und Verkehrsangebot. Einerseits orientiert sich die Nachfrage am Verkehrsangebot, andererseits reagiert dieses häufig direkt auf die Nachfrageintensität. Ein entsprechender Ausbau oder — wie im Falle der Nebenbahnen — Abbau von Verkehrsleistungen ist die Folge. Auf diese Weise wird eine an der Nachfrage ausgerichtete verkehrswirtschaftliche Lenkung des Angebotes sichtbar. Zur Umsetzung der Verkehrsnachfrage in konkrete Verkehrsströme ist die Existenz von Verkehrswegen und -mitteln erforderlich, wobei letztendlich der Kongruenzgrad zwischen Verkehrsanspruch seitens des Verkehrsnachfragers und Verkehrsleistung seitens des Verkehrsangebotes den Intensitätsgrad der einzelnen Verkehrsströme bestimmt.

Vor dem Hintergrund des dargestellten Wirkungsgefüges ist der Bedeutungsver-

Abb. 6: Entstehung von Verkehrsströmen

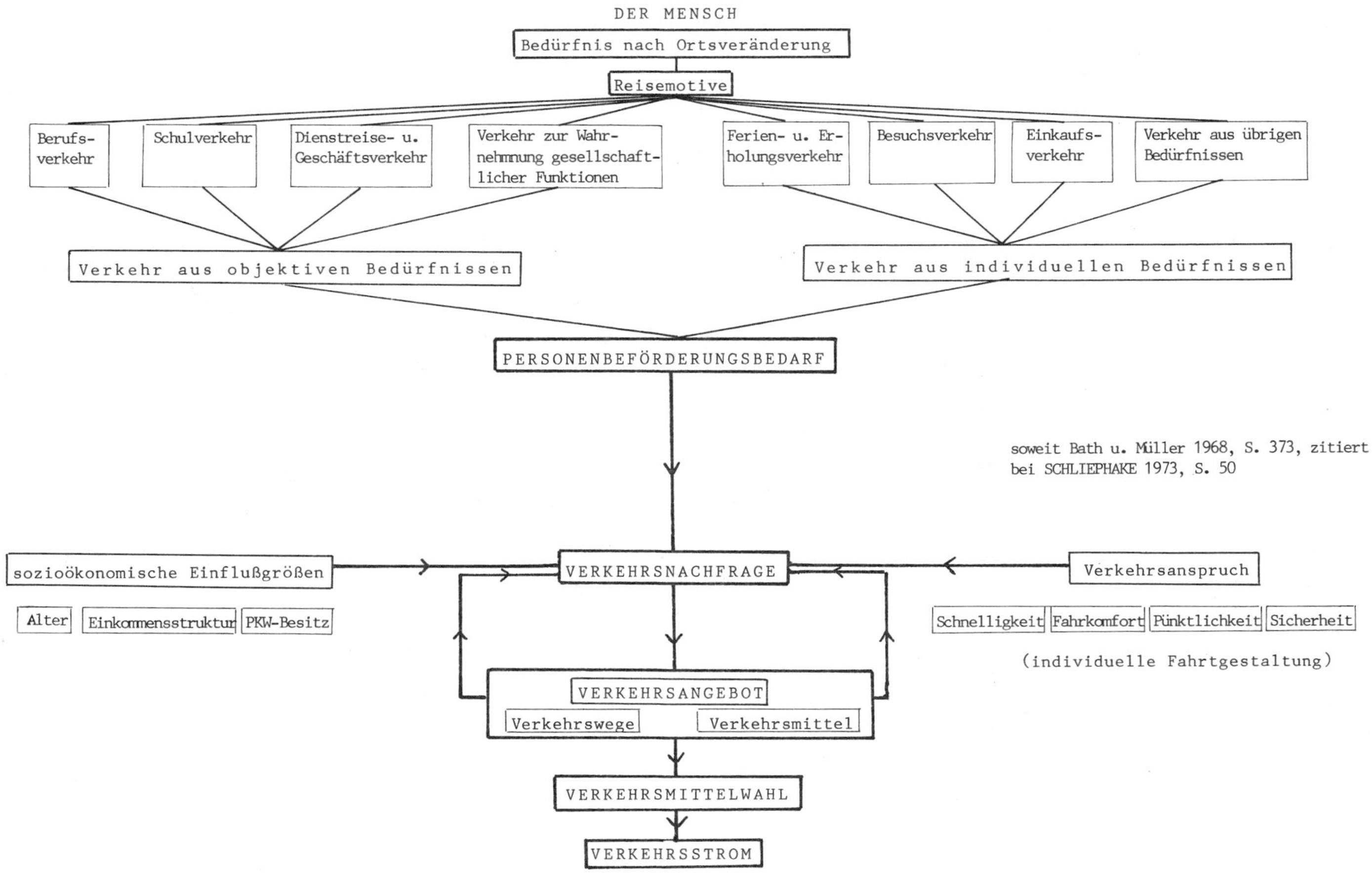

soweit Bath u. Miller 1968, S. 373, zitiert bei SCHLIEPHAKE 1973, S. 50

lust des Verkehrsträgers „Nebenbahn" nachvollziehbar. Die Verkehrssituation in den alpinen Talschaften zur Zeit des Transportmonopols der Nebenbahnen ist durch ein kleines Spektrum an Reisemotiven und damit einem schwach ausgeprägten Beförderungsbedarf gekennzeichnet. Aufgrund des geringen Verkehrsangebotes, das sich in schlechten Straßenverhältnissen und einer lediglich durch die jeweilige Lokalbahn bestimmten öffentlichen Verkehrsbedienung erschöpfte, war der Verkehrsanspruch der Bevölkerung eher gering. Sozioökonomischen Faktoren kam seinerzeit noch nicht die heutige Bedeutung zu, auch sprach die Eisenbahn aufgrund der ihr eigenen gemeinwirtschaftlichen Art der Verkehrsbedienung und einer entsprechend ausgerichteten Tarifpolitik alle Sozialgruppen gleichermaßen an; Erster-, Zweiter- und Dritter-Klasse-Abteile waren durchaus üblich.

Der seit den 50er Jahren durch den verstärkt vorangetriebenen Straßenausbau sowie durch verkehrstechnische Innovationen eingetretene eklatante Wandel in der Verkehrswirtschaft hat auch innerhalb des alpinen Untersuchungsraumes zu einer deutlich veränderten Angebotsstruktur geführt. Im öffentlichen Verkehrsangebot wurde dem gemeinwirtschaftlich geführten Nebenbahnbetrieb nicht selten der Kraftwagendienst als Vertreter einer privatwirtschaftlich ausgerichteten Verkehrsbedienung gegenübergestellt. Darüber hinaus wurde der gesamte öffentliche Verkehr infolge der gesteigerten Nachfrage nach individuellen Verkehrsleistungen durch den privaten Kraftwagenverkehr konkurrenziert. Das auf diese Weise vergrößerte Verkehrsangebot sowie der auf gesellschaftliche, wirtschaftliche und raumbezogene Entwicklungsprozesse zurückzuführende Anstieg des Personenbeförderungsbedarfs haben den allgemeinen Verkehrsanspruch erhöht und in seinen Anforderungen differenzierter werden lassen.

Die heutige Verkehrssituation der Nebenbahnen des österreichischen Alpenraumes, aber auch der Nebenbahnen allgemein, stellt sich wie folgt dar: Trotz Ausweitung der Reisemotive und somit gesteigertem Beförderungsbedarf ist die Nachfrage nach Verkehrsleistungen dieses Verkehrsträgers eher rückläufig. Schnelligkeit, Fahrkomfort und besonders individuelle Fahrtgestaltung sind jene Anforderungen an ein Verkehrsmittel, denen die Nebenbahn nicht mehr zur Gänze genügen kann.

Hat die Eisenbahn ihre Präferenzposition zugunsten des Individualverkehrs und teilweise auch des Kraftwagenliniendienstes verloren, so zeigt sich jedoch für einige Lokalbahnen des Untersuchungsraumes trotz allem ein Funktionsgewinn. Dieser betrifft den Freizeit- und Erholungssektor. Obgleich die Nebenbahnen auch hier kaum noch der An- und Abreise der Urlauber dienen, ist manche jedoch aufgrund ihrer spezifischen Anlage- und Traktionsverhältnisse (Schmalspur und Dampftraktion) selbst zu einer Urlaubsattraktion geworden. Eine Fahrt mit der nostalgisch anmutenden „Bimmelbahn" ist für viele Urlauber heute im Zeitalter des hektischen Massenverkehrs zu einer beliebten Freizeitbeschäftigung geworden.

War bisher nur vom Personenverkehr die Rede, so soll nun auch der Güterverkehr hinsichtlich seiner Anforderungen an die Angebotsstruktur der Verkehrsträger kurz vorgestellt werden, zumal gerade ihm als Haupteinnahmequelle bei der Existenzsicherung der Bahnen eine besondere Bedeutung zukommt.

Die Entwicklung auf dem Güterverkehrssektor der Nebenbahnen ist durch eine

Transportauslese durch den Lastkraftwagenverkehr gekennzeichnet. Dem Eisenbahnverkehr verbleiben häufig nur Güter mit einem relativ geringen Wert pro Gewichtseinheit, die großenteils noch zu Ausnahmetarifen befördert werden müssen. Durch die Abwanderung hochtarifierter Güter zum Lkw-Transport hat der Verkehrsträger „Bahn" allgemein große Einbußen erlitten. Darüber hinaus sind es gerade die überhöhten Preise im öffentlichen Nahverkehr, die speziell den Nebenbahnen Transportgut entzogen und den privaten Spediteuren zugeführt haben. Die Einführung proportionaler Entfernungstarife könnte hier Abhilfe schaffen und der Bahn Frachtgut zurückbringen.

Die Wettbewerbsfähigkeit des Kraftwagens erhöht sich durch die für ihn charakteristische „zweidimensionale Beweglichkeit" (vgl. POLLASCHECK 1959, S. 22). Er findet seinen Weg überall in ausreichender Verzweigung vor und kann daher die Transporte direkt vom Versender zum Empfänger bringen. Spurungebundenheit, die flächige Unbegrenztheit der Verkehrsleistungen und der direkte Dienst von Haus zu Haus, durch den die bei der Eisenbahn notwendigen Lade- und Anschlußtransportkosten erspart bleiben, erhöhen die Attraktivität der durch den Lastkraftwagen angebotenen Transportleistungen und bedingen schließlich den Beförderungsrückgang auf den Bahnen. Neben dieser offensichtlichen Absage an den Bahntransport zeigen einige Unternehmen, vorrangig Lagerhäuser im land- und forstwirtschaftlichen Bereich, auch weiterhin ein deutliches Interesse an den Transportleistungen der Nebenbahnen. Eine Erscheinung, die sicherlich nicht zuletzt in den insbesondere für Massengüter günstigen Ausnahmetarifen und der Existenz von betriebseigenen Gleisanschlüssen begründet liegt.

Nach diesem Gesamtüberblick zur Entstehungsgeschichte und verkehrsgeographischen Situation der Nebenbahnen des österreichischen Alpenraumes wird nun in detaillierten Einzeluntersuchungen die jeweils spezifische Problemsituation einiger Lokalbahntypen vor dem Hintergrund ihrer Verkehrsraum-, Anlage- und Betriebsstrukturen analysiert.

IV. DAS HETEROGENE ERSCHEINUNGSBILD DES VERKEHRSTRÄGERS „NEBENBAHN": PROBLEMANALYSE EINZELNER BAHNTYPEN

1. ALLGEMEINE VORÜBERLEGUNGEN

Das Phänomen der Heterogenität und Komplexität des Untersuchungsgegenstandes „Nebenbahn" fand in der Studie bereits vielfach Erwähnung. Teils als Gegenargument zu einer postulierten multiwirksamen Sanierungsmethode, teils aber auch als dominantes Charakteristikum dieses Verkehrsträgers, das die ihm inhärente Sensibilität gegenüber raum- und verkehrsspezifischen Entwicklungen reflektiert, wurde der Aspekt der heterogenen Gesamtstruktur der Nebenbahnen des österreichischen Alpenraumes und seine akzentuierte Darstellung nicht nur zu einem Novum in der Nebenbahnforschung, sondern auch zu einem Tenor der vorliegenden Arbeit und zur zentralen Themenstellung dieses Kapitels.
Die Intention, verschiedenartige Nebenbahntypen einander gegenüberzustellen, ihre Verkehrsstrukturen, -situationen und -funktionen zu erfassen und vor dem Hintergrund des verschiedenartigen Raumpotentials der jeweiligen Einzugsbereiche zu diskutieren, steht im Mittelpunkt der nachfolgenden Ausführungen.
Bei dem angestrebten Typenvergleich bilden die Eigentums- und Betriebsverhältnisse das primäre Unterscheidungskriterium, gefolgt von den Anlagestrukturen und Funktionsmustern. So ergibt sich eine Globalgliederung in Privat- und Staatsbahnen mit einer Detailgliederung in Normal- und Schmalspurbahnen. Um der Vielgestaltigkeit des Verkehrsträgers „Nebenbahn" gerecht werden zu können, ist auch eine Betrachtung des Sondertyps „Kleinbahn" mit all seinen Erscheinungsformen erforderlich.
Unterschiedliche Funktions- und Strukturmuster der Bahnen und Bahnräume sind darüber hinaus auch auslösendes Moment für eine weitere Differenzierung innerhalb der großen Bahngruppen. So werden — soweit möglich — zwei Bahnen der gleichen Kategorie einander gegenübergestellt. Unter Berücksichtigung verschiedener Entstehungsgeschichten und durch Einflechtung spezifischer räumlicher Entwicklungen im Einzugsbereich wird der Versuch unternommen, die jeweilige Verkehrssituation individuell zu erfassen, zu analysieren und Lösungsmöglichkeiten zu diskutieren.
Es gilt, die spezielle Verkehrsentwicklung einer Bahn nicht nur mittels betriebsinterner Faktoren, wie beispielsweise Betriebsführung, Eigentumsverhältnisse,

Anlagestruktur, Personalstand, Ausbaugrad, Verkehrsbedienung etc., zu belegen, sondern auch betriebsexterne Gegebenheiten, wie Bevölkerungs- und Wirtschaftsstruktur eines Bahnraumes, zu berücksichtigen und in Relation zur Entwicklungsgeschichte der entsprechenden Lokalbahn zu sehen. Inwieweit nun Betriebs- oder Verkehrsraumstrukturen Einfluß auf Stagnation, Aufschwung, Rückgang oder auch Funktionswandel einer Bahn nehmen, sei im folgenden aufgezeigt.

Deklariertes Ziel dieser vergleichenden Einzelbewertungen und somit dieses Kapitels ist letztlich die Erkenntnis zu vermitteln, daß das Nebenbahnproblem zwar als ein verkehrswirtschaftliches Phänomen existiert, sich jedoch unter Einbeziehung raumwirtschaftlicher und regionalpolitischer Momente der Bahnräume zu einzelnen Fallstudien mit unterschiedlichen Problemmustern auflöst. Der Kontrast der aufzuzeigenden Bahnschicksale und nicht zuletzt die natur- und kulturlandschaftlichen Unterschiede der Verkehrsgebiete, zwei weitere Kriterien bei der Auswahl der nahezu ausnahmslos dem österreichischen Alpenraum entnommenen Bahnbeispiele, unterstreichen schließlich die Aussage von der Heterogenität dieses Verkehrsträgers.

2. DIE PRIVATBAHNEN

2.1 EIN ÜBERBLICK

Wer von der Eisenbahn spricht, denkt zuerst an die Bundesbahnen; doch in Österreich wie auch in anderen Ländern (Deutschland, Schweiz etc.) gibt es neben den staatlich betriebenen Bahnen, den ÖBB (DB, SBB) eine Reihe von sogenannten Privatbahnen. In der Schweiz, dem Dorado der Privatbahnen, sind beispielsweise 71 Bahnverwaltungen mit 2100 Streckenkilometern und 6 verschiedenen Spurweiten tätig (vgl. WITTMANN 1983, S. 7).

In Österreich nimmt sich das nichtstaatliche Eisenbahnnetz vergleichsweise bescheiden aus. Im Jahre 1984 waren von dem insgesamt 5963,035 km[1] langen Bahnnetz 553,446 km Strecke im Privatbetrieb, das sind gut 9 Prozent des Gesamtnetzes (vgl. Bundesministerium für Verkehr (Hrsg.): Amtliche Eisenbahnstatistik der Republik Österreich, Bd. I, Berichtsjahr 1984, Wien 1985).

---

1 Betriebslänge am Jahresende

Wesentliche Betriebs- und Leistungsdaten dieser Bahnen können Tabelle 5 entnommen werden, wobei eine Gegenüberstellung mit den ÖBB interessant erscheint. Abbildung 7a und 7b verdeutlichen die leistungsmäßige Entwicklung beider Bahnkategorien über einen Zeitraum von knapp 25 Jahren. Zu beachten ist, daß den Staatsbahnen sowohl Haupt- als auch Nebenbahnen zuzurechnen sind, während die Privatbahnen in Österreich ausschließlich als Nebenbahnen in Erscheinung treten.

Tab. 5: Betriebs-, Struktur- und Leistungsdaten der ÖBB und der nichtbundeseigenen Bahnen — ein Vergleich für das Jahr 1984

Struktur-, Betriebs- und Leistungsdaten	Österreichische Bundesbahnen	Bahnen im Privatbetrieb
Baulänge am Jahresende	5797,257	562,267
davon elektrisch betrieben	3120,917	231,326
davon Schmalspur	414,603	208,476
Betriebslänge am Jahresende	5756,063	553,446
davon elektrisch betrieben	3104,644	267,721
davon Schmalspur	379,276	192,116
beförderte Personen	160 044 729	14 360 126
beförderte Güter (in t)	55 773 737	6 284 765

Quelle: Bundesministerium für Verkehr (Hrsg.): Amtliche Eisenbahnstatistik für die Republik Österreich, Bd. I, Berichtsjahr 1984, Wien 1985

Die Organisation der nichtbundeseigenen Eisenbahnen ist sehr differenziert; eine Tatsache, die als unmittelbare Folge der historischen Entwicklung zu werten ist. In Österreich hatte sich mit der 3. Verstaatlichungsperiode (1905—1908, Ausnahme: die Südbahn, verstaatlicht 1923) das Staatsbahnprinzip endgültig durchgesetzt; dieses galt jedoch nur für den Hauptbahnsektor. Die feineren Verästelungen des Eisenbahnnetzes in Gestalt der Lokal- und Kleinbahnen wurden gemäß den Lokalbahngesetzen (vgl. Kap. II, 2.2) der Initiative der Landesverwaltungen und des Privatkapitals überlassen. So entstanden zahlreiche Nebenbahnstrecken ohne jeglichen räumlichen Zusammenhang, aber jeweils mit einem Anschluß an die Staatsbahnen. Bei den gewählten Betriebsformen handelte es sich im allgemeinen um Aktiengesellschaften, mitunter auch um eine Gesellschaft mbH oder um einen öffentlichen Regiebetrieb. Einige Bahnen, die als im Eigentum und unter der Betriebsführung einer Aktiengesellschaft stehende Privatbahnen gegründet worden waren, gingen aufgrund finanzieller Engpässe des Unternehmens früher oder später in den Besitz des Staates über; ein Phänomen, das recht häufig war (Bregenzerwaldbahn, Gurktalbahn, Pinzgauer Lokalbahn, Schafbergbahn).

Abb. 7a Entwicklung des Personenverkehrsaufkommens bei den Staats- und nichtbundeseigenen Bahnen Österreichs im Zeitraum 1960—1984

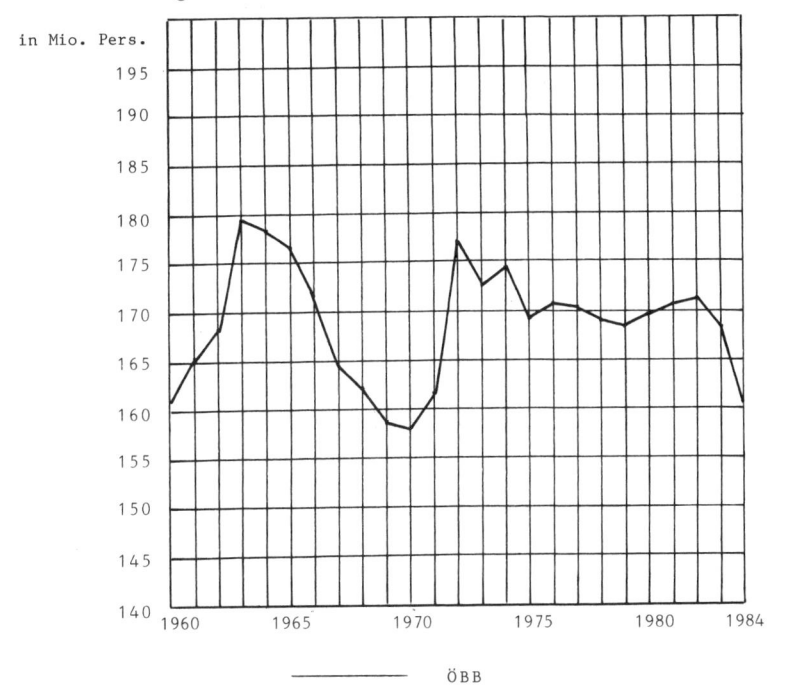

——— ÖBB

- - - - - Privatbahnen

Quelle: BUNDESMINISTERIUM FÜR VERKEHR (Hrsg.): Amtliche Eisenbahnstatistik für die Republik Österreich, Bd. I, Berichtsjahr 1984, Wien 1985

Abb. 7b Entwicklung des Güterverkehrsaufkommens bei den Staats- und nichtbundeseigenen Bahnen Österreichs im Zeitraum 1960—1984

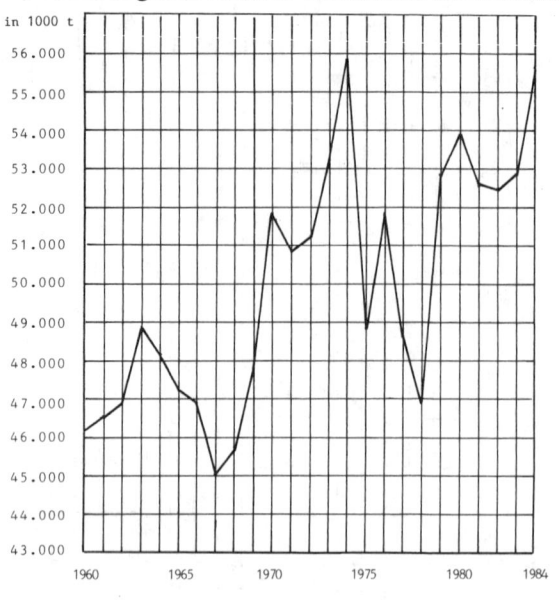

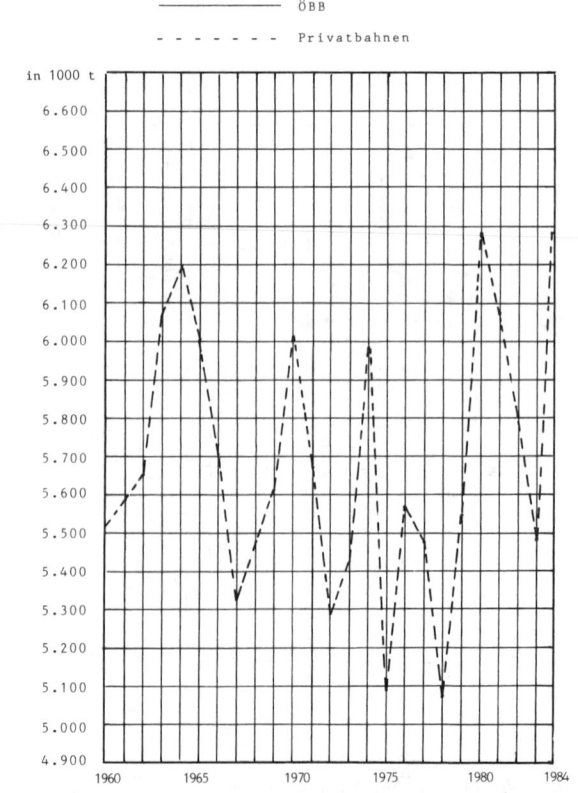

——————— ÖBB

- - - - - - - Privatbahnen

Quelle: BUNDESMINISTERIUM FÜR VERKEHR (Hrsg.): Amtliche Eisenbahnstatistik für die Republik Österreich, Bd. I, Berichtsjahr 1984, Wien 1985

Heute gibt es in Österreich noch 20 private Bahngesellschaften und Regiebetriebe (Tab. 6). Letztere werden zumeist von Landesverwaltungen geführt, so beispielsweise die Steiermärkischen Landesbahnen, die der Betriebsregelung durch die Steiermärkische Landeseisenbahndirektion in Graz unterstellt sind. An den Aktiengesellschaften und Gesellschaften mbH ist zum Teil öffentliches Kapital (Bund, Länder, Gemeinden) beteiligt, zum Teil handelt es sich aber auch um sogenannte gemischtwirtschaftliche Gesellschaften; mit rein privatem Kapital arbeiten nur noch wenige. Folglich sind die allermeisten „Privatbahnen" keineswegs mehr in privaten Händen, so daß dieser Begriff seine Gültigkeit weitestgehend verloren hat und korrekterweise durch die bereits angeführte Bezeichnung „nichtbundeseigene Bahnen" zu ersetzen ist. Da jedoch selbst in der Amtlichen Eisenbahnstatistik der Republik Österreich die „Bahnen im Privatbetriebe" den ÖBB gegenübergestellt werden und auch in der Nebenbahnstudie der ÖROK der Begriff „Privatbahn" erscheint (vgl. ÖROK (Hrsg.): Schriftenreihe Nr. 22e, S. 166), soll auch in dieser Arbeit die Bezeichnung „Privatbahn" im Gegensatz zu Staatsbahn weiter verwandt werden.

Die historische Entwicklung des österreichischen Privatbahnwesens hat dazu geführt, daß sich diese Bahnen von jeher durch eine staatsnahe Haltung ausgezeichnet haben beziehungsweise zu dieser Haltung durch den Gesetzgeber (Lokalbahngesetze) schon recht früh gezwungen wurden. Sie unterliegen einer weitgehend staatlichen Aufsicht, die vornehmlich die Aufrechterhaltung der Betriebssicherheit zum Gegenstand hat. Als Oberste Eisenbahnbehörde hat das Bundesministerium für öffentliche Wirtschaft und Verkehr gemäß den in § 27 des Eisenbahngesetzes von 1957, BGBL Nr. 60 getroffenen Festlegungen das Aufsichtsrecht über die Bahnbetriebe; eine Funktion, die sich besonders in der aufsichtsbehördlichen Überprüfung der Jahresabschlüsse konkretisiert. Darüber hinaus sind die nichtbundeseigenen Bahnen aufgefordert, ihre Beförderungstarife denen der Bundesbahn in weitestgehendem Maße anzupassen, so daß praktisch von einer nahezu völligen Gleichschaltung gesprochen werden kann.

An dieser Stelle darf eine für die privaten Nebenbahnen wesentliche staatliche Finanzhilfe nicht unerwähnt bleiben; es ist dieses die Privatbahnunterstützung. Die wirtschaftliche Notlage der privaten Schienenbahnen veranlaßte das Verkehrsressort, einen Gesetzentwurf zur Unterstützung der privaten nicht vom Bund betriebenen Eisenbahnen auszuarbeiten, der im Jahre 1954 im Privatbahnbegünstigungsgesetz seine Verwirklichung fand. Er wurde alsbald durch das Privatbahnunterstützungsgesetz von 1959 ersetzt, das aufgrund der Novelle vom Dezember 1963 verlängert wurde. Dieses Gesetz sieht insbesondere eine Entschädigung für gewährte Sozialtarife, die Übernahme der von den Privatbahnen an die Österreichischen Bundesbahnen für die Benutzung der Anschlußbahnhöfe zu leistenden Anschlußkosten sowie eine Befreiung von Bundessteuern vor (vgl. SCHANTL 1964, S. 537).

Ein weiterer und offensichtlich wesentlicher Unterschied zwischen den gesamtstaatlichen Eisenbahnen und den Privatbahnen ist neben den Eigentumsverhältnissen die Unternehmensgröße. Die Staatsbetriebe sind in den meisten Ländern die größten Unternehmen auf dem Schienenverkehrssektor, so die ÖBB mit rd. 70 000 Mitarbeitern (vgl. ÖROK (Hrsg.): Schriftenreihe Nr. 22e, S. 167). Doch die unbestreitbare Lehrmeinung, daß die Eisenbahn vom System her der typische

Tab. 6: Österreichische nichtbundeseigene Bahnen — ein Überblick über Anlagestruktur und Betriebsleistung

Bahn	Konzessionär; betriebsführende Verwaltung	Spurweite	Baulänge in km	Betriebs- länge in km	Betriebs- art	beförderte Personen	beförderte Güter in t
Achenseebahn	Achenseebahn AG, Jenbach, Tirol	S (1000 mm)	6,760	6,760	Dampf- zahnrad- bahn mit gem. Be- trieb	71 557	—
Bürmoos — Trimmelkam	Salzach-Kohlenbergbau Ges. m.b.H., Trimmelkam, O-Ö; Stern u. Hafferl, Gmunden, O-Ö	N	8,810	8,810	E	148 186	284 746
Gmunden — Vorchdorf	Lokalbahn Gmunden-Vorchdorf AG, Gmunden, O-Ö; Stern u. Hafferl, Gmunden, O-Ö	S (1000 mm)	14,759	14,656	E	245 628	—
Graz-Köflacher Eisenbahn: Graz — Lieboch — Köflach Lieboch — Wies-Eibiswald	Graz-Köflacher Eisenbahn u. Berg- baugesellschaft, Graz, Steiermark	N	97,487 41,823 55,664	97,487 41,823 55,664	D/Di	2 509 890	1 041 768
Höhenbahn Schoberboden — Reißeck	Österr. Draukraftwerke AG, Klagenfurt; Reißeck-Kreuzeck-Höhenbahn Ges. m.b.H., Klagenfurt, Kärnten	S (600 mm)	3,333	3,333	Zahnrad- bahn	98 537	702
Lambach — Haag am Hausruck	Stern u. Hafferl, Gmunden, O-Ö	N	26,266	26,266	—	61 497	73 098
Linz — Eferding — Waizen- kirchen	Linzer Lokalbahn AG, Linz; Stern u. Hafferl, Gmunden, O-Ö	N	42,411	42,411	E	1 125 308	77 108
Mixnitz — St. Erhard	Lokalbahn Mixnitz-St. Erhard AG; Steiermärkische Landesbahnen, Graz, Steiermark	S (760 mm)	10,380	10,120	E	—	101 094

Bahn	Eigentümer / Betreiber	Spur			Betrieb		
Montafonerbahn	Montafonerbahn AG, Schruns, Vorarlberg	N	12,874	10,874	E	905 530	84 304
Neumarkt-Kallham — Waizenkirchen — Peuerbach	Lokalbahn Neumarkt-Waizenkirchen-Peuerbach AG, Waizenkirchen; Stern u. Hafferl, Gmunden, O-Ö	N	16,504	16,393	E	124 953	16 696
Neusiedlerseebahn	Neusiedlerseebahn AG, Direktion: Budapest II, Zweigniederlassung Wien IX; Raab-Oedenburger-Ebenfurter Eisenbahn, Direktion: Budapest II, Zweigniederlas. Wien IX	N	37,929	37,929	D/Di	83 000	94 936
Raab-Oedenburg-Ebenfurter Eisenbahn	Raab-Oedenburg-Ebenfurter Eisenbahn, Direktion: Budapest II, Zweigniederlassung Wien IX	N	25,643	25,643	D/Di	18 000	3 278 517
Salzburg — Lamprechtshausen	Stadtgemeinde Salzburg, Salzburger Stadtwerke, Salzburg	N	26,183	26,183	E	1 639 216	414 752
Steiermärkische Landesbahnen:	Land Steiermark; Steiermärkische Landesbahnen, Graz, Steiermark	N	156,141	153,961		773 900	482 370
Feldbach — Bad Gleichenberg		N	21,214	21,031	E	31 573	161 785
Gleisdorf — Weiz		N	14,770	14,770	E	231 960	114 619
Kapfenberg — Seebach/Thurnau		S (760 mm)	20,140	19,870	D/Di	—	113 425
Unzmarkt — Tamsweg		S (760 mm)	65,650	64,320	D/Di	365 954	48 829
Weiz — Birkfeld		S (760 mm)	24,120	23,920	D/Di	15 637	33 123
Peggau — Übelbach		N	10,247	10,030	E	128 776	13 498
Stubaitalbahn	Stubaitalbahn AG, Innsbruck, Tirol	S (1000 mm)	18,164	20,900	E	826 745	—
Vöcklamarkt — Attersee	Lokalbahn Vöcklamarkt-Attersee AG, Gmunden Stern u. Hafferl, Gmunden, O-Ö	S (1000 mm)	13,430	13,388	E	215 616	4 426
Lokalbahn Wien — Baden	Aktiengesellschaft der Wiener Lokalbahnen, Wien XII	N	27,989	32,811	E	4 244 364	124 103
Zillertalbahn	Zillertaler Verkehrsbetriebe AG, Jenbach, Tirol	S (760 mm)	31,760	31,760	D/Di	1 164 750	194 146

N = Normalspur (1435 mm);   S = Schmalspur;   D = Dampfbetrieb;   Di = Dieselbetrieb;   E = Elektrischer Betrieb

Quelle: Bundesministerium für Verkehr (Hrsg.): Amtliche Eisenbahnstatistik der Republik Österreich, Bd. I, Wien 1985

Großbetrieb sei, soll nicht darüber hinwegtäuschen, daß andererseits nicht auch Bahnen mit vergleichsweise äußerst geringem Personalstand betrieben werden können. Gerade die kleineren und mittleren Bahnunternehmen (zwischen zirka 8 und 1000 Personen, Achenseebahn AG und Graz-Köflacher Eisenbahn- und Bergbaugesellschaft, hier nur der Verkehrsbetrieb) weisen häufig eine hohe Leistungskraft des Personals auf, gerechnet in geleisteten Personenkilometern und Gütertonnenkilometern pro Personalkopf. Für die großen Bahnverwaltungen ergeben sich neben einem klaren Trend zur Konzentration und zentralistischen Unternehmensführung zusätzliche Probleme durch die geographische Ausdehnung des Betriebes mit seinen Verästelungen (staatlichen Nebenbahnen) sowie durch die gerade in peripheren Bereichen sehr differenzierten Anforderungen von seiten des Marktes und der Streckengestaltung an das Management. Insgesamt sind es die Privatbahnbetriebe, die aufgrund ihrer kleineren Bahnverwaltungen eine rationale und flexible Unternehmensführung demonstrieren können. Eine kurze Zusammenschau soll dieses verdeutlichen:

— Überschaubarkeit des Betriebes erlaubt direkten Kontakt der Leitung zu den Kunden im Personen- und Güterverkehr;
— betriebsnahe Entscheidungen werden begünstigt;
— zumeist besseres Innovationsklima durch mehr Freiheit zu Experimenten, wobei großzügige Lösungen jedoch durch beschränkte finanzielle Möglichkeiten gehemmt werden;
— Problemlösungen, die bei großen Bahnverwaltungen als nicht finanzierbar gelten, werden bei kleineren Bahnen mit bescheideneren Mitteln realisiert;
— der Fahrzeugpark entspricht genau den gegebenen Streckenverhältnissen;
— problemlose, flexible Zugbildung bei deutlicher Orientierung an der Nachfrage erhöht die Rentabilität einzelner Zugkurse;
— umfassendes Zugangebot: große Dichte der Zugfolge in Anlehnung an das System des Taktfahrplanes leichter durchführbar;
— die geringere Größe der Bahnverwaltungen zeigt sich insgesamt positiv hinsichtlich der Entscheidungsstrukturen in der Unternehmensleitung: rasches Erkennen gewandelter Verkehrsansprüche und schnelle Reaktion auf Verkehrsinnovationen, beispielsweise Zugleitfunk oder neue dieselelektrische Triebwagengeneration, bei Nebenbahnen im Privatbetrieb.

Neben diesen zahlreichen Positivmomenten darf jedoch ein weiterer Aspekt nicht unberücksichtigt bleiben: Die primäre Aufgabe der Eisenbahnen und so auch der privaten Nebenbahnen ist nicht Geld zu verdienen, sondern eine öffentliche Aufgabe zu erfüllen (vgl. CALLIES 1952, S. 100). Die Erfüllung dieser Aufgabe, das heißt der Betriebs- und Beförderungspflicht nachzukommen, mit der diese Bahnen konzessionsmäßig belastet sind, hat seit geraumer Zeit zu finanziellen Schwierigkeiten geführt. Bei einigen Gesellschaften übersteigen die Betriebsausgaben die Betriebseinnahmen, andere können nur notdürftig den Ausgleich finden, und von kaum einer Privatbahn kann behauptet werden, es gehe ihr wirtschaftlich zufriedenstellend oder gar gut. Im Jahre 1981 haben die als „kleiner Bruder der ÖBB" bezeichneten Privatbahnen ein Defizit von 216 Millionen Schilling, das sind knapp 31 Millionen DM, eingefahren (vgl. WITTMANN 1983. S. 7); eine Tatsache, die — umgelegt auf die einzelnen Unterneh-

men — für manch einen Bahnbetrieb sicherlich die Existenzfrage aufwerfen dürfte.
Aus dem Wirtschafts- und Verkehrsleben sind die privaten wie auch staatlichen Nebenbahnen jedoch nur schwerlich wegzudenken, was sich gerade in den letzten Jahren des öfteren gezeigt hat. Wenn nämlich die Stillegung oder der Abbruch von Lokalbahnen jüngst erörtert wurde, weil etwa die Konzession in naher Zukunft abläuft (vgl. Achenseebahn) oder die wirtschaftlichen Ergebnisse unzureichend sind (vgl. Zillertalbahn), dann erhob sich sofort in der betreffenden Gegend bei allen behördlichen Stellen und denen der Wirtschaft ein heftiger Widerspruch. Wird die Notwendigkeit der Fortexistenz der Privatbahnen vom Gesichtspunkt des öffentlichen Wohls bejaht — und das sollte sie —, dann muß den Bahnen aber auch die Möglichkeit dazu gegeben werden. Ein Großteil der Privatbahnen wird ohne mittelbare oder unmittelbare Hilfe der öffentlichen Hand nicht auskommen können.
Hinsichtlich der lokalen Verteilung der Privatbahnen ist zu erkennen, daß sich eine Konzentration dieser Bahnen in der Steiermark findet. Von dem insgesamt 563 km langen Privatbahnnetz Österreichs liegen nicht weniger als 243 km in diesem Bundesland. Die Steiermark hat damit nicht nur das bei weitem längste Streckennetz der österreichischen Privatbahnen, sondern weist auch die meisten dieser Bahnlinien auf. Insgesamt befinden sich neun Privatbahnstrecken in der Steiermark. Betrieben werden sie von der Graz-Köflacher Eisenbahn- und Bergbaugesellschaft (GKB), den Steiermärkischen Landesbahnen (StmLB) und der Lokalbahn Mixnitz-St. Erhard AG. Die Steiermärkischen Landesbahnen befahren dabei das längste nichtbundeseigene Schienennetz. Einzelne Fallbeispiele zum Privatbahntyp werden im weiteren Verlauf dieses Kapitels vorgestellt.

2.2 PRIVATBAHNEN MIT NORMALER SPURWEITE

2.2.1 *Die Montafonerbahn — eine Lokalbahn mit hohem Verkehrswert*

Die 12,8 km lange Montafonerbahn Bludenz — Schruns gehört seit jeher zu den modernsten und leistungsfähigsten Verkehrsunternehmen auf dem Sektor der österreichischen Nebenbahnen. Auch stellt sie innerhalb der Verkehrsbedienung des Montafons einen bedeutenden und attraktiven Verkehrsträger dar, der in seiner bisherigen Entwicklungsgeschichte von den Problemen und Ängsten einer Existenzbedrohung weitestgehend verschont geblieben ist.
Im folgenden soll der Werdegang der Montafonerbahn in den Kontext raumbezogener Probleme eingebunden werden: neben dem natur- und kulturräumlichen Erscheinungsbild des in sich äußerst geschlossenen Bahnraumes gilt es, wesentli-

che Charakteristika dieser Lokalbahn aufzuzeigen sowie Bedeutung und Funktion der Bahnlinie vor dem Hintergrund gegebener Raumstrukturen wie auch räumlicher Entwicklungen zu analysieren.

2.2.1.1 Das Montafon — eine Raumbeschreibung

Das Montafon, die südlichste Talschaft Vorarlbergs, umfaßt den Oberlauf der Ill bis zur Einmündung der Alfenz bei Bludenz. Im Norden grenzt das Montafon, das sich bei Lorüns vom übrigen Walgau abgliedert, an das Klostertal, im Südosten an das Paznauntal und im Süden und Südwesten an die Schweiz. Da die naturräumlichen Gebirgsgrenzen mit den politischen Abgrenzungen nahezu identisch sind, zeigt sich das Montafon als eine weitestgehend in sich geschlossene Landschaft. Durch eine ausgeprägte Talenge bei der Mündung des Frattebaches in die Ill ergibt sich intraregional eine orographische Teilung in das Außer- und Innermontafon oder auch Außer- und Innerfratte (vgl. Abb. 8).
Die Talschaft Montafon gehört zum politischen Bezirk Bludenz, bildet jedoch einen eigenen Gerichtsbezirk, der sich aus 10 Gemeinden zusammensetzt. Es sind dieses Stallehr (199 Ew.), Lorüns (200 Ew.), St. Anton (580 Ew.), Vandans (2033 Ew.), Bartholomäberg (2001 Ew.), Schruns (3740 Ew., Sitz des Bezirksgerichts), Tschagguns (2176 Ew.) und Silbertal (834 Ew.) im Außermontafon sowie Gaschurn (1691 Ew.) und St. Gallenkirch (1989 Ew.[2]) im Innermontafon.
Während der Gerichtsbezirk Montafon die Gemeinden Stallehr und Lorüns mit einschließt, ist dieses unter landschaftlichen Gesichtspunkten äußerst umstritten. Stallehr, das am Ausgang des Klostertales liegt, ist keinesfalls der Talschaft Montafon zuzuordnen; es bleibt somit auch bei den weiteren Ausführungen unberücksichtigt. Lorüns hingegen, das in einem sich in den Walgau öffnenden Kessel liegt, wird in die Untersuchung mit einbezogen, nicht zuletzt aufgrund seiner Funktion als Bahnstation der Montafonerbahn. Von den zahlreichen Seitentälern sind nur das Silber- und Gargellental ständig bewohnt.
Dem Betrachter zeigt sich das Montafon als eine Talschaft mit überdurchschnittlicher landschaftlicher Attraktivität, die trotz gewaltiger wirtschaftlicher Entwicklungen im Fremdenverkehr und in der Energiewirtschaft das äußere Erscheinungsbild einer bergbäuerlichen Kulturlandschaft weitestgehend erhalten konnte.
Die Montafonerbahn erschließt dieses Gebirgstal von Bludenz ausgehend bis Schruns und damit den Bereich des Außermontafons oder auch der Außerfratte. Um ihren unmittelbaren Einzugsbereich besser kennenzulernen, erscheint eine Kurzcharakteristik wesentlicher raumstruktureller Daten notwendig.

---

2 Stand: Volkszählung 1981

Abb. 8 Verwaltungspolitische Gliederung des Einzugsbereiches der Montafonerbahn

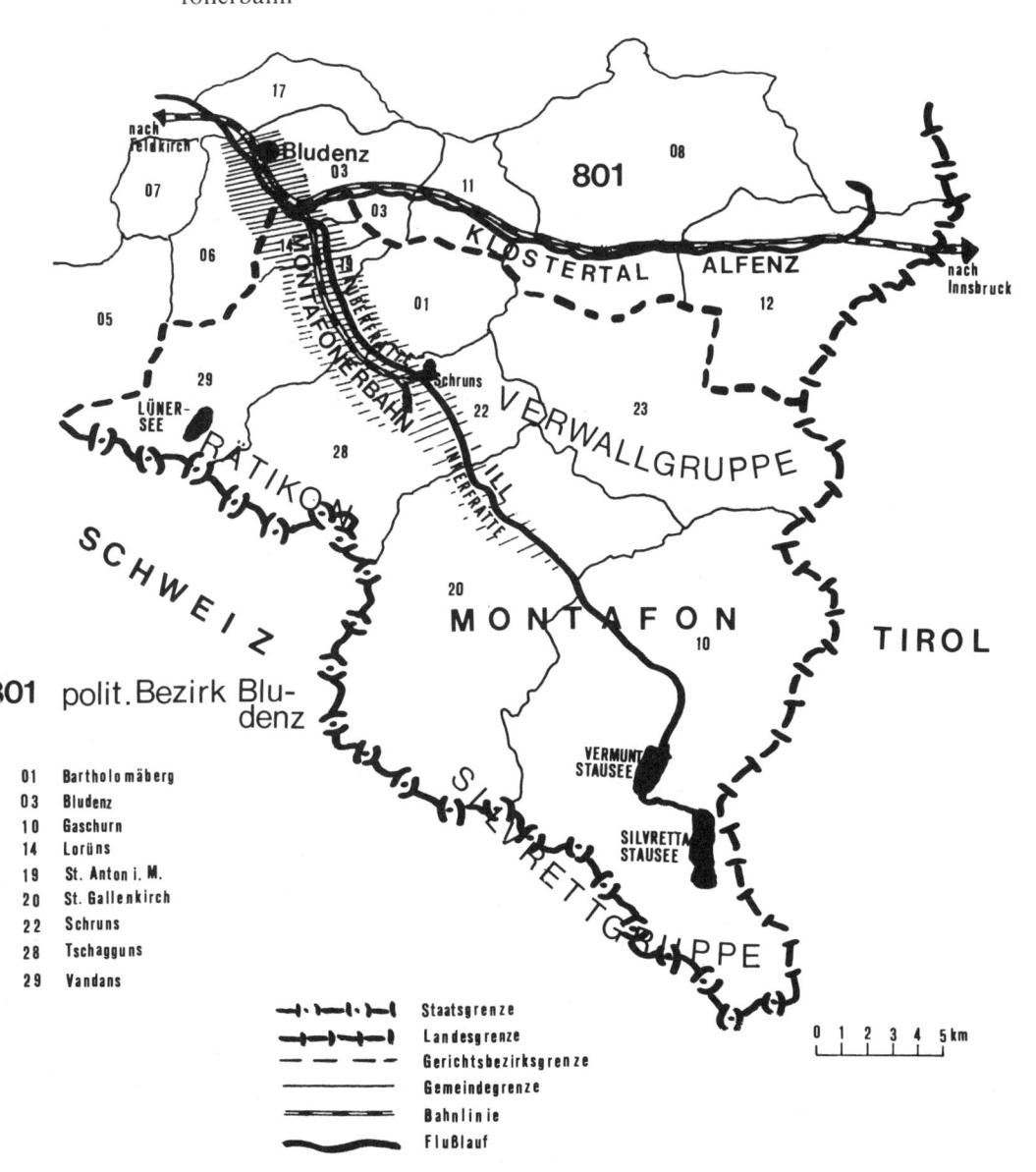

801 polit. Bezirk Bludenz

- 01 Bartholomäberg
- 03 Bludenz
- 10 Gaschurn
- 14 Lorüns
- 19 St. Anton i. M.
- 20 St. Gallenkirch
- 22 Schruns
- 28 Tschagguns
- 29 Vandans

Zeichenerklärung:
- Staatsgrenze
- Landesgrenze
- Gerichtsbezirksgrenze
- Gemeindegrenze
- Bahnlinie
- Flußlauf

Quelle: Ausschnitt aus der Gemeindegrenzenkarte der Republik Österreich mit Kennziffern; hier: Bundesland Vorarlberg, Gebietsstand: 1. 1. 1981, hrsg. v. österr. statist. Zentralamt, Wien 1984. Kartographische Ergänzung: H. Kreft-Kettermann

Der Naturraum

Geologie: Das Montafon hat Anteil an drei bedeutenden Gesteinszonen. Es sind dieses die nördlichen Kalkalpen, die nördliche Grauwackenzone und die Zentralalpen. Die Anteile an den nördlichen Kalkalpen sind eher gering, verleihen jedoch durch das Ost-Rätikon-Massiv und Ausläufer der Verwallgruppe der Gebirgswelt des Taleingangs eine eigene Prägung, auch sind die Kalksteinvorkommen für die Zementgewinnung im vorderen Talbereich von Bedeutung (Lorüns und St. Anton); sie werden seit der Jahrhundertwende abgebaut. Die zweite Gesteinszone setzt sich vorrangig aus erzhaltigem Gestein zusammen; es ist der Streifen der nördlichen Grauwackenzone, der dem Montafon im Mittelalter und auch in der Neuzeit einen wirtschaftlichen Aufschwung brachte (Bergbau im Silbertal). Den zentralalpinen Anteil des Tales stellt die Silvretta-Gruppe dar, die mit ihrer hohen Reliefenergie der Elektrizitätswirtschaft zugute kommt (vgl. STEMER 1974, S. 5).

Klima: Aufgrund der durch hohe Gebirgsmassive geschützten Lage dieser Talschaft (lediglich nach Westen geöffnet) und einem überdurchschnittlichen Vorkommen an Föhnwetterlagen erfährt das Klima (hier: Übergangs- bzw. Randgebirgsklima) eine deutliche Milderung. Die Niederschläge sind vergleichsweise gering; in den Talbereichen sind Durchschnittswerte zwischen 1200 und 1500 mm zu verzeichnen, die jedoch mit der Höhe zunehmen (Silvrettagruppe, Rätikon über 2000 mm). Infolge des milden Klimas, der relativ geringen Niederschläge, der allgemein nur geringen Bewölkung, der weitgehend nebelfreien Lage (Nebel tritt überwiegend nur im Herbst auf) und der Schneesicherheit im Winter bieten sich für den Fremdenverkehr überaus günstige Voraussetzungen, die das Montafon zu den meistbesuchten Ferienlandschaften Vorarlbergs machen.

Wasserhaushalt: Von ausschlaggebender Bedeutung für die Wirtschaftsstruktur des heutigen Montafons ist der Wasserhaushalt. Das Einzugsgebiet der Bäche, die für die Gewinnung elektrischer Energie gefaßt werden, liegt zum Großteil im vergletscherten Gebiet. Im Montafon findet sich die größte vergletscherte Fläche Vorarlbergs. Da die Gletscher mit ihren Firnmassen die Niederschläge speichern, ist die Hochwasserführung der Bäche auf den Sommer und Frühling beschränkt (Auslöser zahlreicher Naturkatastrophen, vgl. auch Verkehrsgeschichte der Montafonerbahn); im Herbst und im Winter ist die Wasserführung der Bäche gering (vgl. KÜHNHOLD 1971, S. 26, 27).

Böden und Vegetation: Bodenuntersuchungen ergeben ein Dominieren von fluvioglazialen und alluvialen Ablagerungen in dieser Talschaft mit einer zusätzlichen Anhäufung von Geröll. Während das Moränenmaterial vor allem an den Talhängen lokalisiert ist, finden sich die alluvialen Ablagerungen im Bereich der Talsohle. Die mächtigen Deckenschotter der Hauptflüsse fallen ebenso auf wie die unterhalb der Mündungsstufen der Seitenbäche aufgeschütteten großen Deltaschotter. Aufgrund der überaus häufigen Hochwassergefahr im Bereich der Talsohle (Schneeschmelze, Gewitterregen) waren die Schwemmkegel von jeher bevorzugte Siedlungspunkte (Vandans, Tschagguns).

Weitestgehend durch den geologischen Bau, die lokalen Bodengegebenheiten und besonders durch die Höhenstufen bestimmt, sind die **Vegetationsverhältnisse**. Es lassen sich global eher vegetationsfeindliche Regionen im Taläußeren (Kalk) von bis in große Höhen begrünten kristallinen Gebieten unterscheiden. In der collinen Stufe (bis zu 1350 m) dominiert neben den Resten des ursprünglichen Laubwaldes (Buchen-Mischwald) das Wiesenland; Ackerland findet sich lediglich auf den Braunlehmböden der Außerfratte. Die kultivierte Talsohle nimmt insgesamt nur einen schmalen Bereich ein. Eine relativ große Ausdehnung hat auch heute noch der Wald; es ist vornehmlich die montane Stufe (1350—1900 m), die durch ein ausgedehntes, lediglich von vereinzelten Rodungen für Weide- und Wiesenland (Zunahme der Gefahr von Murabgängen und Hangrutschungen!) unterbrochenes Waldareal (überwiegend Fichten) gekennzeichnet ist.

Diese überaus abwechslungsreiche natürliche Ausstattung des Montafons wird in ihrer Attraktivität durch eine ebenso ansprechende Kulturlandschaft ergänzt.

Der Kulturraum

Das heutige Siedlungsbild zeigt eine Häufung der Siedlungen im Talgrund auf den Schwemmkegeln der Seitenbäche. Ausnahmen sind St. Anton im Montafon, das auf dem Bergsturz des Davennastockes erbaut wurde, Lorüns, das auf der Illterrasse liegt, und Bartholomäberg, das sich als Streusiedlung an den Hängen des Itonkopfes hinzieht.

Der Hauptort des Tales ist die Marktgemeinde Schruns, die mit ihren rund 3800 Einwohnern und aufgrund ihrer politischen und wirtschaftlichen Bedeutung im Montafon Rang 3 der Zentralen Orte

Unterer Stufe erreicht (vgl. BOBEK/FESL 1978, S. 284). Schruns ist nicht nur ein Standort von Bildungs- und kulturellen Einrichtungen, sondern auch das Bevölkerungs- und Wirtschaftszentrum des Tales, wobei besonders die Fremdenverkehrswirtschaft eine dominierende Stellung einnimmt.

Bevölkerungsentwicklung: Für viele Gebiete Vorarlbergs war die Ende des 18. Jahrhunderts einsetzende Industrialisierung die Wende zu gesunden Existenzverhältnissen; nicht so für das Montafon. Hier setzte die Industrialisierung erst in der Mitte des 19. Jahrhunderts sehr langsam ein. Die ersten Arbeitsplätze entstanden in Betrieben der Zement- und Gipserzeugung (Lorüns, St. Anton) sowie in einigen holz- und wollverarbeitenden Unternehmen (Schruns, Vandans). Doch auch durch die recht positive Entwicklung konnte die seit Jahrzehnten zu verzeichnende Abwanderungswelle des Montafons nicht gestoppt werden. Bis weit in die 20er Jahre dieses Jahrhunderts hinein galt das Montafon als ausgesprochenes Auswanderungsgebiet.

Die Ursache liegt — wie in benachbarten Alpentälern auch — in der Land- und Höhenflucht begründet. Geringe Ernteerträge, die in keinem Verhältnis zu dem hohen Arbeitsaufwand stehen, sowie Besitzzersplitterung infolge des Realerbteilungsrechtes gehören zu den Gründen, die zahlreiche Bergbauern dazu bewegten, ihren Besitz zu verlassen. Es erfolgte eine Abwanderung in die Tallagen und in die Gemeinden, in denen bessere Verdienstmöglichkeiten zu erwarten waren. Innerhalb des Tales war dieses primär die Marktgemeinde Schruns, in der sich einige Kleinindustriebetriebe niedergelassen hatten. Darüber hinaus bildete aber auch das Rheintal mit seiner Textilindustrie einen bedeutenden Anziehungspunkt (vgl. Tab.7).

Es wird deutlich, daß sich der Bevölkerungsschwund besonders auf die bergbäuerlichen Gemeinden Silbertal, Gaschurn, Bartholomäberg und Vandanz konzentrierte, während Schruns, St. Anton und Lorüns bereits leichte Zunahmen zu verzeichnen hatten. Letztere waren aufgrund ihrer Randlage durch die Nähe der Stadt Bludenz begünstigt, auch stand mit dem Gipswerk in Lorüns ein gewisses Arbeitsplatzpotential zur Verfügung. Der Bevölkerungsschwund war damit in der Innerfratte deutlich größer als in der Außerfratte.

Ein allgemeines Bevölkerungswachstum setzte im Montafon allerdings erst nach einer Verbesserung der verkehrsmäßigen Erschließung des Tales durch den Bau der Montafonerbahn (1905) sowie einer Erweiterung und Umstrukturierung des Wirtschaftsgefüges durch das Aufkommen des Fremdenverkehrs und dem seit Mitte der 20er Jahre vorangetriebenen energiewirtschaftlichen Ausbau ein. Es war insbesondere die Gründung der Vorarlberger Illwerke, die zu einem für die Bevölkerungsentwicklung des Montafons günstigen Zeitpunkt erfolgte. Der Ausbau der Wasserkräfte stoppte durch die Schaffung von Arbeitsplätzen und die Hebung des Lebensstandards Existenznot und Arbeitslosigkeit. Der jahrzehntelange Bevölkerungsrückgang konnte somit aufgefangen und in ein bis in die Gegenwart andauerndes stetiges Anwachsen der Bevölkerungsziffern umgewandelt werden.

Wirtschaftsentwicklung: Mit den Anfängen der Elektrizitätswirtschaft vollzog sich neben dem deutlichen Wandel in den demographischen Verhältnissen auch eine prägnante Veränderung in der Wirtschaftsstruktur des Montafons.

Die Landwirtschaft, ehemals die Existenzgrundlage der Montafoner Bevölkerung, wurde seit den 20er Jahren durch die aufkommende Energiewirtschaft und den Fremdenverkehr immer mehr verdrängt. Waren im Jahre 1934 noch 61 Prozent der Montafoner in der Land- und Forstwirtschaft beschäftigt, so verringerte sich dieser Prozentsatz auf 22,7 Prozent im Jahre 1951 und auf nur mehr 9,6 Prozent im Jahre 1971; 1981 waren es nur noch 3,5 Prozent der Berufstätigen, die diesem Wirtschaftssektor zuzuordnen waren. Zu berücksichtigen sind bei diesen Werten jedoch regionale Unterschiede, wie Tabelle 8 zu entnehmen ist.

Der gewerbliche Sektor (einschließlich der Energiewirtschaft) bestimmt immer mehr das Wirtschaftsleben des Tales. Dabei sind es, wie bereits angeklungen, vornehmlich zwei Zweige, die durch ihren Umfang und den Einfluß, den sie auf die übrigen Bereiche ausüben, für die dynamische Entwicklung verantwortlich sind: die Energiewirtschaft und der Fremdenverkehr.

Der Sektor der Energiewirtschaft beschäftigt einen Großteil der Montafoner Bevölkerung und besitzt mit den Vorarlberger Illwerken den weitaus größten Arbeitgeber im Tal. Die Vorarlberger Illwerke AG, im Jahre 1924 gegründet, hatte zur Aufgabe, den energiewirtschaftlichen Ausbau der Oberen Ill mit ihren noch nicht genutzten Nebenflüssen und dem Lünersee durchzuführen. In 5 großen Ausbauphasen wurde diesem Auftrag entsprochen. Die wohl letzte Bauperiode, das Programm 1970, wurde gegen Ende der 70er Jahre nahezu abgeschlossen, so daß der energiewirtschaftliche Ausbau des Montafons weitestgehend beendet ist.

Neben der Energieversorgung Vorarlbergs und damit auch des Montafons liegt die Hauptaufgabe der Vorarlberger Illwerke im Verbundbetrieb mit dem westdeutschen Großraum.

Tab. 7: Bevölkerungsentwicklung in den Montafoner Gemeinden 1823—1981

Gemeinde	1823	1850	1875	1890	1900	1910	1920	1934	1939	1951	1961	1971	1981
Lorüns	98	113	106	134	185	143	134	179	177	207	213	210	200
St. Anton	120	114	95	127	153	145	142	199	195	217	346	486	580
Vandans	933	851	704	625	641	652	661	874	825	1169	1546	1815	2033
Bartholomäberg	1359	1621	1197	1119	997	1003	1054	1132	1125	1368	1553	1729	2001
Silbertal	628	777	646	637	593	541	456	540	523	582	629	774	834
Tschagguns	1219	1103	1106	992	895	947	921	971	1330	1572	1769	2177	2176
Schruns	1511	1651	1396	1462	1503	1663	1690	2021	2218	2717	3304	3607	3724
Außerfratte	5868	6330	5250	5096	4967	5094	5058	5916	6393	7886	9360	10861	11548
St. Gallenkirch	1535	1621	1316	1228	1200	1270	1343	1478	1710	1745	1915	1970	1989
Gaschurn	1136	1079	1101	934	866	828	792	1229	1501	1660	1750	1710	1691
Innerfratte	2671	2700	2417	2162	2066	2098	2135	2707	3211	3405	3665	3680	3680
Montafon	8539	9030	7667	7258	7033	7192	7193	8613	9604	11291	13251	14541	15228

Quelle: KÜHNHOLD 1971, S. 42; Stand Montafon (Hrsg.) 1974, S. 128; Österreichisches Statistisches Zentralamt (Hrsg.), hier: Volkszählung 1981, Hauptergebnisse I — Vorarlberg, Wien 1983 (= Beiträge zur österr. Statistik, Heft 630/9)

Tab. 8: Berufstätige in der Land- und Forstwirtschaft nach Montafoner Gemeinden 1934—1981

Gemeinde	1934 in %	1951 in %	1961 in %	1971 in %	1981 in %
Bartholomäberg	86,9	71,3	49,1	31,4	5,4
Gaschurn	58,1	31,5	14,4	4,7	2,3
Lorüns	32,5	18,0	6,0	1,1	0,0
St. Anton	35,9	18,0	6,6	1,7	1,2
St. Gallenkirch	63,4	44,5	25,2	6,8	3,2
Schruns	40,9	19,4	13,0	4,4	1,9
Silbertal	93,8	57,0	47,2	17,1	13,7
Tschagguns	71,3	43,2	21,3	8,4	4,1
Vandans	39,3	20,0	10,4	4,0	2,0
Montafon	60,6	37,5	22,7	9,6	3,5

Quelle: KÜHNHOLD 1971, S. 72 und Österreichisches Statistisches Zentralamt (Hrsg.): Volkszählung 1981, Hauptergebnisse I — Vorarlberg, Wien 1984 (= Beiträge zur österreichischen Statistik, Heft 630/9)

In den verschiedenen Kraftwerksanlagen und in deren Verwaltung finden rund 800 Personen Beschäftigung; in den Zeiten reger Bautätigkeit war der Personalstand jedoch erheblich größer. Daneben treten auch die Montafonerbahn (betriebseigenes Kraftwerk) und die Vorarlberger Kraftwerke AG als Arbeitgeber im Energiesektor auf (vgl. Stand Montafon (Hrsg.) 1980, S. 576).
Künftig soll das Arbeitsgebiet der Illwerke in andere Teile Vorarlbergs ausgedehnt werden. Projektiert ist die Errichtung eines Walgaukraftwerkes, eines Speichers in Kleinvermunt und der Ausbau der Bregenzerache.
Die Vorarlberger Illwerke haben aber nicht nur die Lebensbedingungen und damit die Sozialstruktur im Montafon entscheidend verbessert, sondern durch den Bau von Straßen (über 100 km), Bergbahnen, Skiliften und Gaststätten einen wesentlichen Beitrag zum Montafoner Fremdenverkehr geleistet, dem zweiten wichtigen Standbein der gewerblichen Wirtschaft.
Schon vor dem Ersten Weltkrieg gab es im Montafon einen Sommer- und Winterfremdenverkehr. Unterbrochen durch Kriegs- und Krisenzeiten expandierte er bis heute stetig. Von den zehn größten Fremdenverkehrsgemeinden in Vorarlberg gehören allein vier dem Montafon an (Schruns, Tschagguns, Gaschurn/Partenen und Gargellen).
Einen Überblick über die Expansion des Montafoner Fremdenverkehrs gibt Tabelle 9.

Tab. 9: Entwicklung der Fremdennächtigungen im Montafon 1947—1982

Jahr	Wintersaison	Sommersaison	Montafon insgesamt
1947/48	12 274	27 254	39 528
1951/52	37 825	107 103	144 928
1955/56	72 625	202 355	274 980
1959/60	133 390	397 175	530 565
1963/64	200 908	592 627	793 535
1967/68	284 027	664 970	948 997
1971/72	439 987	1 061 940	1 501 927
1975/76	720 000	1 028 800	1 748 800
1981/82	1 027 411	902 948	1 930 359

Quelle: Zusammengestellt und berechnet nach der Vorarlberger Wirtschafts- und Sozialstatistik, Bregenz, Jahrgänge 1947/48 bis 1981/82

Innerhalb von zirka 20 Jahren (1963/64—1981/82) haben sich die Nächtigungen im Montafon nahezu verdreifacht. Dabei ist der Winterfremdenverkehr durch zunehmenden Seilbahn- und Liftausbau etwas stärker gestiegen als der Sommertourismus. Der Fremdenverkehr (1981: 1,9 Millionen Nächtigungen) ist im Montafon — einem traditionsreichen Erholungsgebiet — zur Haupteinnahmequelle für die Talbewohner geworden.

Von untergeordneter Bedeutung sind die Industrieunternehmen im Montafon (Zementwerk Lorüns, Gipsplattenwerk in St. Anton, Zweigbetriebe der Textilindustrie in Schruns und St. Gallenkirch), die über den Rahmen eines Kleinbetriebes nur selten hinausgehen (Vorarlberger Zementwerke Lorüns AG mit 188 Beschäftigten im Jahre 1981). Insgesamt überwiegen kleine und mittlere Handels-, Gewerbe- und Dienstleistungsbetriebe. Einen Einblick in die Wirtschaftsstruktur des Tales gewährt Tabelle 10.

Tab. 10: Berufstätige der Montafoner Gemeinden nach Wirtschaftssektoren 1971 und 1981 (in %)

Gemeinde	Land- und Forstwirtschaft		Industrie, Gewerbe, Bauwesen		Dienstleistungen	
	1971	1981	1971	1981	1971	1981
Bartholomäberg	5,4	31,4	49,5	40,2	45,1	28,4
Gaschurn	2,3	4,7	43,4	51,0	54,3	44,3
Lorüns	0,0	1,1	51,9	63,2	48,1	35,8
St. Anton	1,2	1,7	47,6	64,0	51,2	34,3
St. Gallenkirch	3,2	6,8	44,7	48,0	52,1	45,2
Schruns	1,9	4,4	34,2	39,5	63,9	56,1
Silbertal	13,7	17,1	39,1	49,2	47,3	33,7
Tschagguns	4,1	8,4	44,3	56,0	51,6	35,6
Vandans	2,0	4,0	56,3	70,0	41,7	26,0
gerichtlicher Bezirk Montafon	3,5	9,6	44,2	49,9	52,3	40,5
politischer Bezirk Bludenz	3,6	7,7	48,2	52,5	48,1	39,7

Quelle: Österreichisches Statistisches Zentralamt (Hrsg.): Volkszählung 1981, Hauptergebnisse II — Vorarlberg, Wien 1985 (= Beiträge zur österreichischen Statistik, Heft 630/19)

Ein weiterer Aspekt, der bei einer wirtschaftsgeographischen Raumbeschreibung nicht außer acht gelassen werden sollte, ist die Berufspendlerbewegung, zumal sie auch eine gesteigerte Verkehrsnachfrage und damit stärkere Verkehrsströme bedingt.

Im Montafon existieren Pendlerverflechtungen primär innerhalb des Tales, hervorgerufen durch die Realisierung der zahlreichen Kraftwerksprojekte, die intensive Fremdenverkehrswirtschaft sowie die vereinzelt auftretenden Industrie- und Gewerbebetriebe. Sekundär sind Pendlerströme aber auch zwischen dem Montafon und den übrigen Regionen Vorarlbergs auszumachen, beispielsweise in den Walgau nach Bludenz und in das Rheintal nach Feldkirch, Rankweil, Dornbirn, Lustenau und auch nach Bregenz. Es sind insbesondere Gemeinden der Außerfratte, deren Beschäftigte von den Arbeitszentren außerhalb des Montafons angezogen werden (Tab. 11).

Deutliche Einpendlerzentren sind Schruns, Bludenz und Lorüns. Als charakteristische Auspendlergemeinden können Bartholomäberg, St. Anton im Montafon und Silbertal genannt werden; es überwiegen hier die landwirtschaftlich geprägten Gemeinden.

Tab. 11: Maßzahlen zur Pendlerbewegung in den Gemeinden des Montafons einschließlich Bludenz 1981

Gemeinde	Beschäftigte am Wohnort	Aus-pendler	Ein-pendler	Beschäftigte am Arbeitsort	Index des Pendlersaldos	Index der Pendlermobilität
Bludenz	5532	1675	3708	7565	136,7	97,3
Bartholomäberg	748	598	78	228	30,5	90,4
Gaschurn	711	248	230	693	97,5	67,2
Lorüns	80	54	75	101	126,3	161,3
Schruns	1513	546	1271	2238	147,9	120,1
Silbertal	356	237	13	132	37,1	70,2
St. Anton	252	199	37	90	35,7	93,7
St. Gallenkirch	773	465	138	446	57,7	78,0
Tschagguns	862	580	133	415	48,1	82,7
Vandans	826	524	315	617	74,7	101,6

Quelle: Österreichisches Statistisches Zentralamt (Hrsg.): Volkszählung 1981, Hauptergebnisse II — Vorarlberg, Wien 1985 (= Beiträge zur österreichischen Statistik, Heft 630/19)

Der Verkehrsraum: Die Verkehrsverhältnisse des Montafons werden durch den Sackgassencharakter dieser Talschaft empfindlich beeinflußt. Die vorherrschende Verkehrsrichtung beim Güteraustausch war und ist, dem Lauf der Ill folgend, talaus nach Westen gerichtet. In Bludenz, dem Verkehrsknotenpunkt des Walgaues, schließt die Montafoner Verkehrslinie an die Bundesstraße 190 und die Arlbergbahn an. Auch der Bau der Silvretta Hochalpenstraße, ursprünglich von den Vorarlberger Illwerken für die Baufahrzeuge zum Bau der Stauseen angelegt und danach gegen Entrichtung einer Gebühr für den öffentlichen Verkehr freigegeben, hat diese Situation bisher kaum verändert, obgleich diese Privatstraße über die Bielerhöhe eine Verbindung zum benachbarten Tiroler Paznauntal herstellt.
Wichtigste Verkehrsträger des Montafons sind die Silvretta-Straße (B 188) und die Montafonerbahn (Bludenz-Schruns). Als Hauptverkehrsstraße des Tales führt die Silvretta-Straße mit geringen Steigungen von Bludenz nach Partenen (zirka 32 km), sie ist auch bei winterlichen Fahrbahnverhältnissen zumeist gut benutzbar. Die Aufnahmefähigkeit der B 188 ist im Hinblick auf die gegenwärtigen Erfordernisse auf weiten Strecken noch hinreichend. Allerdings treten im äußeren Talbereich an Wochenenden mit Spitzenfrequenzen des Ausflugsverkehrs stundenweise auch Überlastungen auf. Die Straße hat mehrere sanierungsbedürftige Engstellen und Ortsdurchfahrten, dies gilt vor allem für die Innerfratte. Einige Streckenabschnitte der B 188 sind durch Lawinen und Wildbäche gefährdet; zur weiteren Verbesserung der Verkehrsverhältnisse sind seit längerer Zeit Planungen im Gange (vgl. ÖIR (Hrsg.) 1978, S. 19).
Ein großzügiger Ausbau der Silvretta-Straße ist allein schon durch ihre Verkehrsbedeutung gerechtfertigt: Der im Montafon liegende Teil dieser Straße verbindet die Gemeinden Gaschurn und St. Gallenkirch mit dem Zentralen Ort Schruns und den äußeren Talbereich mit der Bezirksstadt Bludenz. Darüber hinaus erschließt die B 188 eines der wichtigsten Fremdenverkehrsgebiete Vorarlbergs und übernimmt seit der Eröffnung der Silvretta-Hochalpenstraße im Sommer auch die Rolle einer Touristendurchzugsstraße.
Von den Landesstraßen des Montafons sind die Silbertaler Straße (L 95), die Gargenuler Straße (L 86) und die Bartholomäberger Straße (L 94) in den vergangenen Jahren gründlich ausgebaut worden; eine Notwendigkeit, die sich aus der wachsenden Bedeutung der durch sie erschlossenen Regionen als Erholungs- und Ausflugsgebiete ergab.
Die Binnenerschließung mit Gemeinde-, Genossenschafts- und öffentlichen Privatstraßen ist sowohl innerhalb wie außerhalb des Dauersiedlungsraumes sehr weit fortgeschritten. Einige Probleme durch

Abb. 9 Verkehrserschließung des Montafons

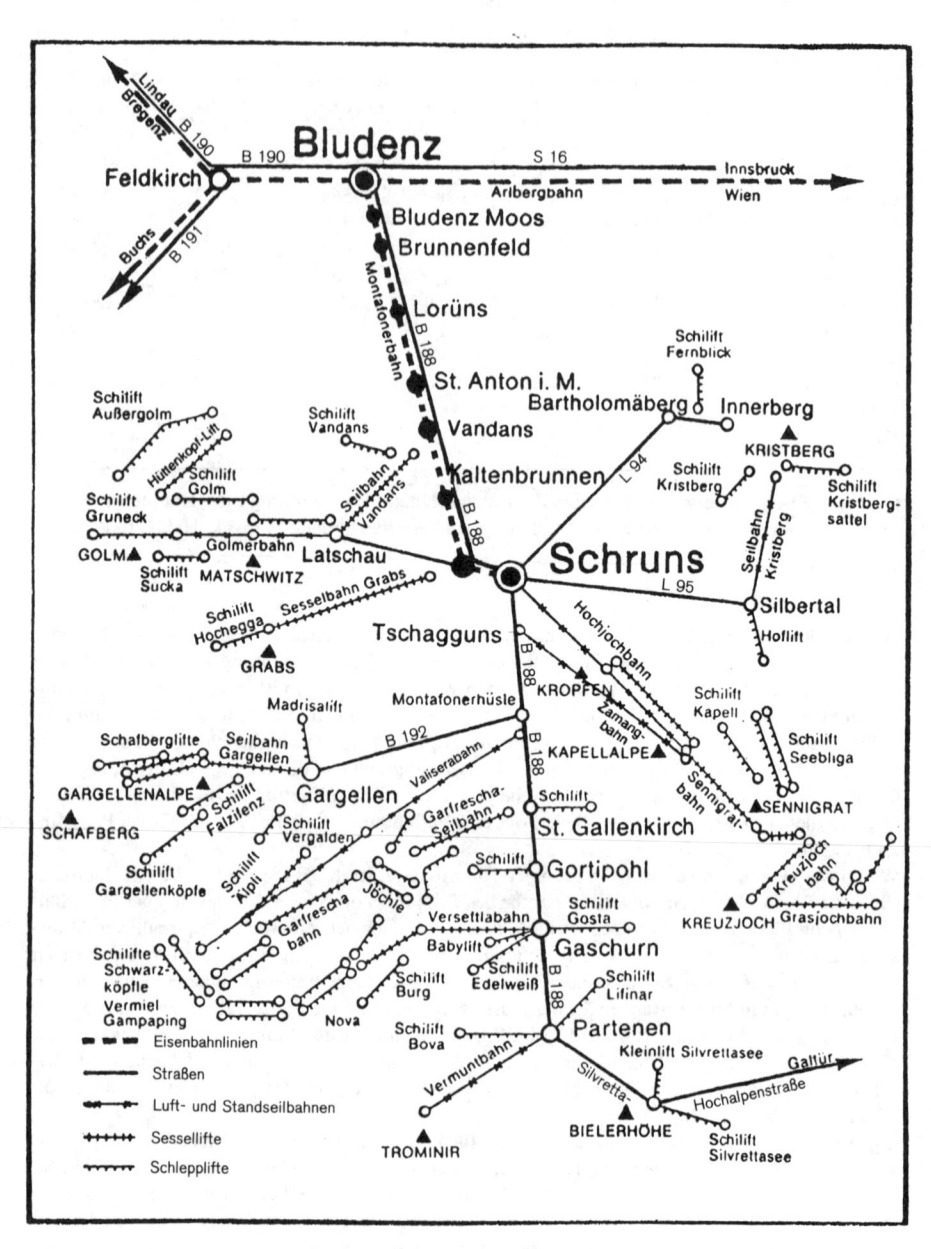

Quelle: Fahrplan der Montafonerbahn

den Tourismus ergeben sich speziell bei den Güter-, Forst- und Almwegen; die unnötige Ausweitung des motorisierten Ausflugsverkehrs führt hier zu lokalen Störungen.
Eine weitere durch den Tourismus bedingte Erscheinung ist die übermäßige Verbauung der Landschaft durch Seilbahnen, Sessel- und Schlepplifte, die gerade im Montafon die oberste Belastungsgrenze erreicht haben dürfte.
Berücksichtigung finden soll in diesem Zusammenhang auch der öffentliche Linienverkehr, der im Montafon mit Bahn und Bus durchgeführt wird. Der öffentliche Busverkehr wird ausschließlich von der Post betrieben, wobei die Linien vornehmlich von Schruns ausgehen (Ausnahme: zwei täglich von und nach Bludenz verkehrende Buskurse); die Verkehrsbedienung ist überwiegend gut organisiert. Einen Eindruck von der Verkehrserschließung des Montafons gibt Abbildung 9.

2.2.1.2 Die Montafonerbahn — eine Aufzeichnung ihrer Verkehrsgeschichte

Entstehung

Der 18. Dezember 1905 ist ein denkwürdiges Datum für das Montafon, an diesem Tag wurde als erste elektrisch-betriebene normalspurige Lokalbahn der österreichisch-ungarischen Monarchie die Montafonerbahn, Österreichs westlichste Privatbahn, eröffnet. Bevor es seinerzeit jedoch zu einer festlichen Eröffnungsfeier kommen konnte, waren neben zahlreichen Meinungskonflikten auch entscheidende Trassierungsprobleme und Finanzierungsschwierigkeiten zu beseitigen.
Ein heftiger Streit entbrannte nicht nur zwischen den Proponenten einer Schmalspurbahn und denjenigen, die in einer normalspurigen Bahnlinie die größeren wirtschaftlichen Möglichkeiten sahen, sondern auch zwischen den Befürwortern und Gegnern einer elektrisch-betriebenen Lokalbahn. Nachdem man sich aus wirtschaftlichen Gründen für den Bau einer Normalspurbahn ausgesprochen hatte, wurde die Entscheidung für eine elektrisch-betriebene Bahn dadurch begünstigt, daß das bereits im Jahre 1895 erbaute Litzkraftwerk bei Schruns — das erste E-Werk in Vorarlberg, welches von Anbeginn für eine öffentliche Stromabgabe gebaut worden war — äußerst günstig von der in Gründung befindlichen Montafonerbahn Aktiengesellschaft angekauft werden konnte (1904). Für die Bahn war somit elektrische Traktion mit eigener Stromlieferung vorgesehen.
Die Konzessionsurkunde zum *„Baue und Betriebe einer normalspurigen, mit elektrischer Kraft zu betreibenden Lokalbahn von der Station Bludenz der Linie Innsbruck-Bregenz der k. k. Staatsbahnen nach Schruns in Gemäßheit der Bestimmungen des Eisenbahnkonzessionsgesetzes vom 14. Sept. 1854"* wurde am 24. Dezember 1904 ausgestellt. Noch heute erfolgt der Betrieb der Bahn aufgrund dieser mit einer Dauer von 90 Jahren befristeten Konzession (vgl. BEITL (Hrsg.) 1956, S. 8).
Nach der Genehmigung wurde mit dem Bahnbau begonnen. Die Ausarbeitung der Trassenführung war mit großen Schwierigkeiten verbunden. Im Raum Brunnenfeld mußte die Alfenz überbrückt werden, und in Lorüns wurde die Ill

gar mit zwei Bogenbrücken überquert. Die Strecke zwischen Lorüns und St. Anton im Montafon erwies sich als besonders schwierig anzulegen, da der Boden aus lockeren Schuttablagerungen der Ill und ihren Nebenbächen besteht. Zudem war es notwendig, die Bahn nicht nur vor Rutschungen des lockeren Bergschuttes zu sichern, sondern die Trasse auch vor Unterspülungen und möglichen weiteren Hochwasserschäden der hier sehr eingeengten Ill zu schützen; eine Tatsache, die in den Folgejahren noch vielfach Probleme aufwerfen sollte. Von St. Anton im Montafon illaufwärts konnte die Bautätigkeit ohne größere Behinderungen fortgeführt werden (vgl. BRÜSTLE 1972, S. 12).

Am 18. Dezember 1905 war der Bau schließlich vollendet, und die 12,8 km lange, normalspurige, elektrisch-betriebene, private Stichbahn Bludenz — Schruns konnte dem Verkehr übergeben werden, wobei die Betriebsführung zunächst von der Staatsbahn übernommen wurde, jedoch auf Kosten der Eigentümer, der Montafonerbahn AG.

Die Montafonerbahn bedient insgesamt 4 Bahnhöfe und 5 Haltestellen. Hauptverwaltung, Betriebsleitung sowie Werkstätten dieses Bahnbetriebes befinden sich in Schruns. Der zu überwindende Höhenunterschied zwischen Bludenz und Schruns beträgt 120 m; das entspricht bei der Streckenlänge von 12,8 km einer durchschnittlichen Steigung von 9,3 m auf 1000 m. Die genaue Verteilung der einzelnen Steigungswerte ist Abb. 10 zu entnehmen.

Abb. 10 Streckendiagramm der Montafonerbahn

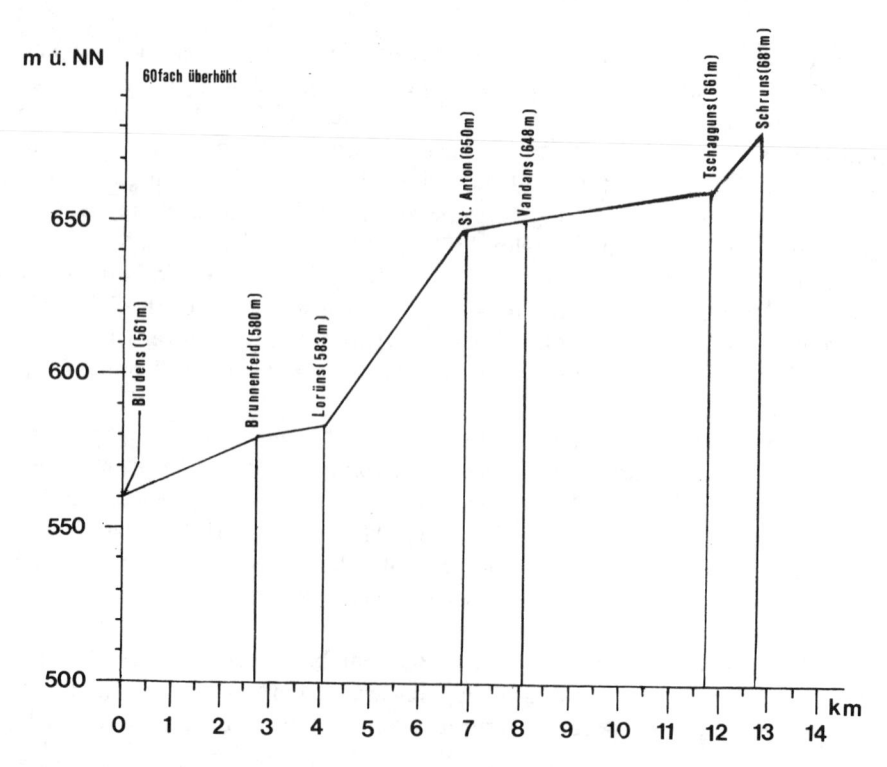

Erwähnenswert sind auch eine Reihe von Anschlußbahnen, die vom Hauptstreckengleis abzweigen: in Bahnkilometer 0,712 zum Rheinisch-Westfälischen Elektrizitätswerk; in km 1,685 zum Umspannwerk der ÖBB; in km 2,878 und in km 3,313 zu den Vorarlberger Zementwerken Lorüns; in km 8,669 und in km 10,483 zu den Vorarlberger Illwerken; in km 11,488 und 11,606 ebenfalls zu den Vorarlberger Illwerken und in km 11,923 zur Raiffeisenbank Schruns.

Betriebs- und Verkehrsentwicklung

Die ersten Betriebsjahre der Montafonerbahn verliefen äußerst zufriedenstellend und ohne nennenswerte Unterbrechungen. Der Bahnbetrieb, der mit einem Wagenpark bestehend aus 2 Triebwagen, 1 Personenwagen, 1 offenen und 1 gedeckten Güterwagen sowie einem Verkehrsangebot von 5 täglich verkehrenden Zugpaaren aufgenommen worden war, erzielte bereits im Jahre 1906, dem ersten Betriebsjahr, einen Überschuß von 38 404 Kronen; eine Summe, die nicht zuletzt auf eine bereits beträchtliche Beförderungsleistung zurückzuführen ist: 81 689 Personen und 5253 Tonnen im Güterverkehr. Die weitere Entwicklung des Unternehmens wurde sowohl durch witterungsbedingte Ereignisse als auch wirtschaftliche und politische Geschehnisse sowie durch betriebsinterne Veränderungen geprägt.
Es sind insbesondere die geologischen, petrographischen und klimatischen Verhältnisse im Montafon, die das Phänomen „Naturkatastrophen" in seinen unterschiedlichsten Ausführungen und Stärken zu einem ständigen Begleiter des Bahnbetriebes haben werden lassen, und dieses — wie nachfolgendes Zitat deutlich macht — von Anbeginn an.

> „In der Nacht zum 20. Mai 1906 fiel schwerer Schneeregen, der zu Folge hatte, daß die Bäume unter dieser großen Last zusammenbrachen und auf der ganzen Linie über der Strecke lagen. Am 28. Mai aber kam plötzlich warmer Regen, so daß das Steigen der Ill und Litz fast stündlich beobachtet werden konnte. Bei Kilometer 7,3 wurde der Bahnkörper völlig ausgewaschen und die Schienen hingen in der Luft" (BEITL 1956, S. 10).

Auch in den darauffolgenden Jahren fügten die Ill und ihre Nebenflüsse der großteils parallel verlaufenden Bahnlinie durch Überschwemmungen beträchtliche Schäden zu. Eine folgenschwere Hochwasserkatastrophe ereignete sich am 14. und 15. Juni 1910, wobei rund 2/3 der Bahntrasse zerstört wurden. Die Bahnlinie wurde samt der neuen Straße zwischen St. Anton und Lorüns zum Großteil vollständig weggerissen, darüber hinaus waren vier bis fünf Kilometer der Linie unterwaschen und stark beschädigt. Der Gesamtschaden dieses Unwetters erreichte allein für das Bahnunternehmen eine Höhe von zirka 350 000 Kronen; eine Summe, die von dem Bahnunternehmen allein nicht aufgebracht werden konnte. In langen Verhandlungen wurden seinerzeit Subventionen zur Instandsetzung der Bahnlinie vom Land Vorarlberg, vom Eisenbahnministerium und vom Stand Montafon erkämpft. Zur Vorbeugung erneuter Schäden wurde die Bahnlinie auf weiten Strecken verlegt, auch versah man besonders gefährdete Stellen mit Uferschutzbauten.
Bis zur Gegenwart wurde die Bahn mehrfach durch Hochwasserkatastrophen

und Murbrüche in ihrem Betrieb gestört; größere Ausmaße erreichten jene Unwetter vom 8. Mai 1912, vom 12. August 1933, vom 12. Juli 1934, vom 15. Juni 1965, vom 2. und 3. Juni 1976 sowie vom 15. Juli 1978 (vgl. Montafonerbahn AG 1983, S. 3).

Die weitere Entwicklung der Bahn ist den Beförderungsleistungen in den einzelnen Betriebsjahren zu entnehmen, die durch betriebsexterne, aber auch betriebsinterne Einflüsse einem ständigen Auf und Ab unterlagen (vgl. Abb. 11a u. b). Der Erste Weltkrieg verursachte durch einen allgemeinen Transportrückgang hohe Einbußen sowohl im Personen- als auch im Güterverkehr. Nach dem Kriege konnte die Bilanz durch Stromlieferungen des gesellschaftseigenen Kraftwerks an das im Bau befindliche Spullerseewerk (1920) weitgehend ausgeglichen werden.

Einen deutlichen Anstieg speziell in der Güter- aber auch in der Personenbeförderung bewirkte der energiewirtschaftliche Ausbau der Wasserkräfte in der Silvretta. Durch die Gründung der Illwerke AG im Jahre 1924, die umgehend mit dem Bau der Vermuntkraftwerke begann, verbesserte sich nicht nur die gesamtwirtschaftliche Situation der Talschaft, sondern auch die Verkehrsbedeutung der Bahn. Durch die umfangreichen Zementlieferungen stieg der Güterverkehr mächtig an, und auch die Beförderung der Arbeiter sorgte für eine Wiederbelebung des Bahnbetriebes. Betriebsinterne Veränderungen zeigten sich im Jahre 1926, als sich das Bahnunternehmen entschloß, den bisher von den Österreichischen Staatsbahnen geführten Betrieb selbst zu übernehmen, um auf diese Weise unnötige Kosten zu sparen.

Abb. 11a   Jährliche Personenverkehrsaufkommen der Montafonerbahn 1906—1984

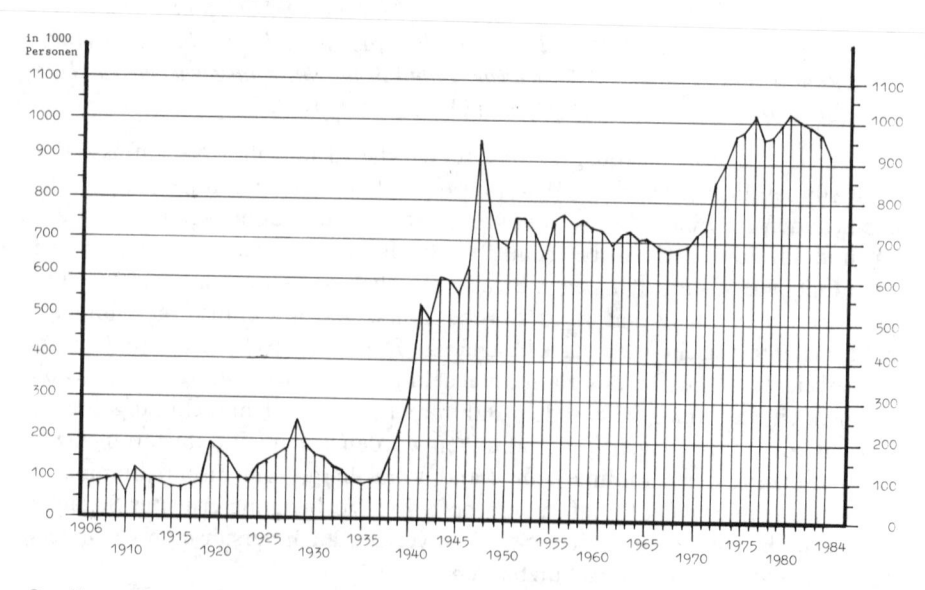

Quelle: Geschäftsberichte der Montafonerbahn AG

Abb. 11b Jährliche Güterverkehrsaufkommen der Montafonerbahn
1906—1984

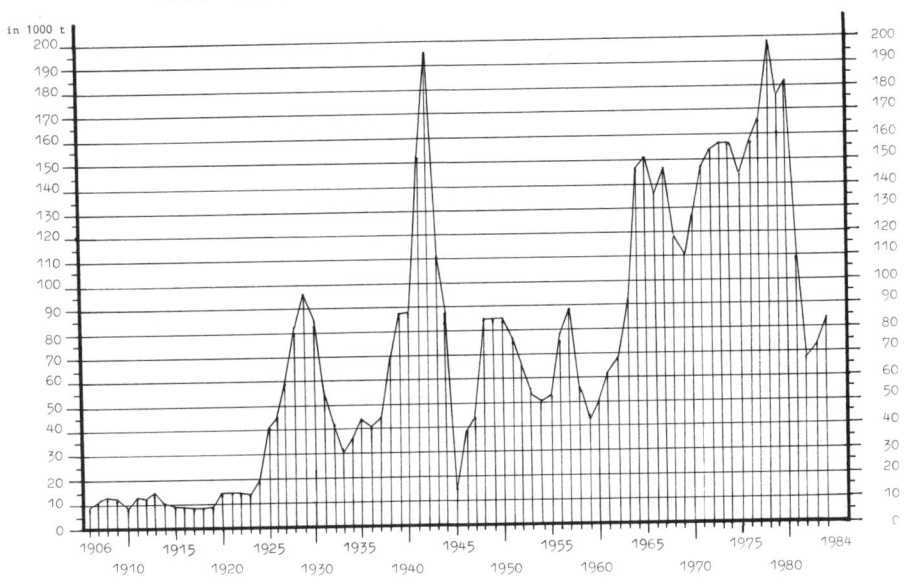

Quelle: Geschäftsberichte der Montafonerbahn AG

Neue Engpässe zeichneten sich nur wenige Jahre später ab, und zwar durch das Einsetzen der Weltwirtschaftskrise sowie die von der Deutschen Reichsregierung erlassene 1000-Mark-Sperre. Durch die wirtschaftliche Depression kam neben dem Kraftwerksbau auch der Tourismus zum Erliegen; das Montafon wurde zum Notstandsgebiet erklärt. Eine Wende in dieser mißlichen Lage brachte der Anschluß an das Deutsche Reich (1938); der Fremdenverkehr wurde wieder aktiviert und auch die Bautätigkeit der Vorarlberger Illwerke AG wurde mit der Errichtung des Obervermuntwerkes und des Werkes Rodund I erneut aufgenommen. Die Beförderungsleistungen des Bahnbetriebes stiegen erheblich an und erreichten im Personenverkehr im Jahre 1947 mit 971 000 beförderten Personen und im Güterverkehr im Jahre 1943 mit rund 111 000 transportierten Tonnen ihren Höhepunkt. In dieser Zeit wurde das Verkehrsbild der Bahn durch den Zweiten Weltkrieg mit seinen umfangreichen Militärtransporten bestimmt. Während der Personenverkehr auch nach Kriegsende noch ein vergleichsweise hohes Beförderungsvolumen aufzuweisen hatte, sank das Güterverkehrsaufkommen mit dem Jahre 1945 auf einen absoluten Tiefstand (15 000 t) und konnte sich erst durch weitere Kraftwerksprojekte wieder normalisieren. Trotz der Dringlichkeit bahntechnischer Erneuerungen mußte aus finanziellen Gründen zunächst auf jedwede Modernisierungs- und Instandsetzungsmaßnahmen verzichtet werden. Erst Mitte der 50er Jahre begann im Montafon ein wirtschaftlicher Aufschwung einzusetzen, der durch einen fortschreitenden energiewirtschaftlichen Ausbau (Errichtung des Lünerseewerkes, Errichtung des Kopsspeicherkraftwerks) sowie einen stetig wachsenden Fremdenverkehr verursacht wurde. Von dieser allgemein positiven Entwicklung wurde auch die Montafonerbahn erfaßt, deren Personenbeförderungsfrequenz in den 50er und 60er Jahren Werte zwischen 600 000 und 800 000 aufwies und in der weiteren Entwicklung bis zur Gegenwart ein Beförderungsvolumen von knapp 1 Millionen Fahrgästen erreichen konnte.

In seiner Zusammensetzung zeigt der Personenverkehr eine Dominanz der Schüler, die in Feldkirch, Bludenz oder Schruns eine Bildungsinstitution besuchen. Die Zahl der Arbeitnehmer, die auf die Dienste der Montafonerbahn angewiesen sind, ist eher gering; ebenso macht der Prozentsatz der Gäste, die mit der Bahn in das Montafon reisen, nur noch etwa 1/3 aus. Nicht unerwähnt bleiben dürfen die versorgungsorientierten Fahrten in die Zentralen Orte Bludenz und Schruns, die durch die zunehmende Motorisierung der Talbewohner jedoch auch im Abnehmen begriffen sind (zirka 8 %). Im Jahre 1984 zeigte das Personenverkehrsaufkommen der Bahn folgende Strukturierung: von den rund 905 000 Personen waren 108 600 Arbeiter (12 %), 407 250 Schüler (45 %) und 389 150 Sonstige (43 %) (Gespräch mit Herrn Dipl.-Ing. WILDE am 28. Juli 1985). Der vergleichsweise hohe Anteil der Sonstigen ist neben dem Versorgungs- und Behördenverkehr sicherlich nicht zuletzt auch auf den Urlauberverkehr zurückzuführen, wobei die Bahn bedingt zur An- und Abreise und verstärkt auch zu Ausflugsfahrten genutzt wird.

Das Güterverkehrsaufkommen wurde bis zur Gegenwart in seiner Intensität von den Bauperioden der Vorarlberger Illwerke bestimmt; eine Tatsache, die den äußerst bewegten Kurvenverlauf erklärt und eine nähere Betrachtung dieser Relation notwendig macht.

Die Montafonerbahn und die Vorarlberger Illwerke

Die Bedeutung der Montafonerbahn in der Beförderung von Gütern war bis zur Mitte der 20er Jahre eher gering (durchschnittlich 10 000 Tonnen Güter pro Jahr). Mit dem Bau des Vermuntkraftwerkes der Vorarlberger Illwerke AG stiegen die Gütertransporte auf das Achtfache an, wobei vornehmlich Baumaschinen und Zement transportiert wurden. Auch in den nachfolgenden Jahren spiegelten sich die insgesamt fünf großen Ausbauphasen der Illwerke in den Transportziffern der Bahn:

1. Ausbauphase 1925—1930:	Bau des Vermuntwerkes	durchschnittlicher Jahrestransport: 68 000 t
2. Ausbauphase 1938—1943:	Bau des Silvrettaspeichers, des Obervermuntwerkes, des Latschau- u. Rodundwerkes I	durchschnittlicher Jahrestransport: 117 000 t
Zwischenphase 1948—1953:	Errichtung verschiedener Bachüberleitungen nach Vermunt	durchschnittlicher Jahrestransport: 74 000 t
3. Ausbauphase 1955—1958:	Bau des Lünerseewerkes (Ausbau des Lünersees)	durchschnittlicher Jahrestransport: 69 000 t
4. Ausbauphase 1960—1968:	Errichtung des Kopsspeicherkraftwerkes/Bau der Kopssperre	durchschnittlicher Jahrestransport: 107 000 t

5. Ausbauphase 1971—1976: (Programm 1970)	Erweiterung des Rodundkraftwerkes mit Rodund II	durchschnittlicher Jahrestransport: 126 000 t
1980—1985:	energiewirtschaftlicher Ausbau im Montafon beendet Bau des Walgaukraftwerkes	

Die mit den Kraftwerksbauten nicht in Einklang zu bringende Transportspitze Ende der 70er Jahre erklärt sich aus den Zementlieferungen des Zementwerkes Lorüns für den Bau des Arlbergstraßentunnels.
Wie sehr gerade das Gütertransportaufkommen von den Kraftwerksprojekten abhängig war, zeigte sich Anfang der 80er Jahre — nach Beendigung des energiewirtschaftlichen Ausbaus im Montafon — in einem eklatanten Rückgang in den Beförderungszahlen. Gegenwärtig nimmt die Güterbeförderung innerhalb des Bahnbetriebes eher eine untergeordnete Stellung ein, da die Massentransporte entfallen und der Lkw-Tansport für kleinere Beförderungsmengen rentabler erscheint.

Streckenbedienung, Wagenpark und Personalstand

In direkter Abhängigkeit zur Verkehrsentwicklung stehen die Intensität der Streckenbedienung sowie der Umfang des Wagenparks und des Personalstandes. In den Anfängen der Bahngeschichte verkehrten täglich 5 Zugpaare, die die knapp 13 km lange Strecke bei einer Durchschnittsgeschwindigkeit von 30 km/h in einer Fahrzeit von nahezu 50 Minuten zurücklegten (vgl. BRÜSTLE 1972, S. 14).
Heute weist die Montafonerbahn unter den im österreichischen Alpenraum verkehrenden Nebenbahnen eines der höchsten Zugangebote im Personenverkehr auf. Ein umfassendes, vom frühen Morgen bis in den späten Abend reichendes Angebot für den Lokalverkehr wie auch im Anschluß- und sogar Kurswagenverkehr für Fernverbindungen ist seit einigen Jahren kennzeichnend für diese Lokalbahn.
Gegenwärtig verkehren auf der Strecke Bludenz — Schruns täglich 38 Personenzuggarnituren, das sind 19 Zugpaare. Die Abfahrzeiten sind nicht nur an den Verkehrsbedürfnissen der Nachfrager orientiert, sondern auch auf die Anschlußverbindungen in Bludenz ausgerichtet; ein zeitgünstiger und problemloser Übergang von den stark frequentierten Fernzügen der Arlbergbahn zur Montafoner Bahn und vice versa ist somit gewährleistet.
Für die Berufstätigen und die Schüler verkehren bis 8.00 Uhr allein 4 Zugpaare; in der Zeit von 9.00 bis 12.00 Uhr werden 3 Zugpaare eingesetzt, sie sollen den versorgungs- und auch freizeitorientierten Verkehrsbedürfnissen entsprechen. Weitere Konzentrationen finden sich dann wieder in der Mittagszeit, den frühen wie auch späten Nachmittagsstunden (Schüler-, Berufs- und Ausflugsrückreiseverkehr). Eine Ausdünnung des Fahrplanes in den Abendstunden entspricht der verringerten Nachfrage; die letzte Rückreisemöglichkeit besteht ab Schruns gegen 22.20 Uhr und ab Bludenz gegen 22.45 Uhr. Die schwach frequentierten Züge am frühen Morgen und am späten Abend werden im Einmannbetrieb geführt, was auf eine rationale Betriebsführung schließen läßt.

Seit Anfang der 60er Jahre bestehen planmäßige Kurswagenverbindungen mit der Bundesrepublik Deutschland. So verkehrte von 1961—1981 in der Sommer- und Wintersaison ein Kurswagenpaar Kiel — Schruns, 1981/82 lief ein Kurswagenpaar Karlsruhe — Schruns und von 1969 bis zur Gegenwart wird in der Hauptsaison ein Kurswagenpaar Dortmund — Schruns geführt. Auch kommt es gelegentlich vor, daß Sonderzüge ausländischer Bahnverwaltungen bis Schruns durchfahren (vgl. Montafonerbahn AG (Hrsg.) 1983a, S. 6).

Die durchschnittliche Fahrzeit beträgt derzeit — nach Erhöhung der Streckenhöchstgeschwindigkeit auf 75 km/h — rund 20 Minuten. Während die Bahnhöfe stets angefahren werden, werden die Bahnhaltestellen nur bei Bedarf bedient.

Erwähnenswert ist im Kontext des Verkehrsangebotes auch der Dampfsonderzugbetrieb der Montafonerbahn. In Kooperation mit dem Österreichischen Eisenbahnmuseum werden seit 1970 in der Sommersaison einmal wöchentlich sowie auf Bestellung Dampfsonderfahrten durchgeführt. Hierfür steht eine Naßdampf-Verbund-Tenderlokomotive aus dem Jahre 1909 zur Verfügung, die in der MBS-Werkstätte in den Ursprungszustand als k. k. StB 178.84 zurückversetzt worden ist (vgl. Montafonerbahn AG (Hrsg.) 1983a, S. 7). Diese Dampfzüge, deren Personal mit altertümlichen Uniformen bekleidet ist und deren Rollmaterial aus alten Personenwagen, einem Aussichts- sowie einem Buffetwagen besteht, erfreuen sich nicht nur bei den Urlaubsgästen, sondern auch bei den Einheimischen großer Beliebtheit.

Der Güterzugverkehr hat mit dem Abschluß des energiewirtschaftlichen Ausbaus im Oberen Illtal zwar entscheidend an Volumen und Intensität verloren, besitzt jedoch auch heute noch Existenzberechtigung. Gegenwärtig werden drei Güterzüge in der Woche geführt, wobei die Zement- und Klinkertransporte des Zementwerkes in Lorüns den größten Anteil am Transportaufkommen haben. Aufgrund des deutlichen Rückganges im Stückgutverkehr ist im Jahre 1983 der Betrieb eines Ortsgüterwagens eingestellt worden (Gespräch mit Herrn Dipl.-Ing. WILDE am 28. Juli 1985).

Ein Vergleich der Entwicklung der jährlich gefahrenen Zugkilometer im Personen- und Güterverkehr für die letzten 20 Jahre (vgl. Abb. 12) zeigt den enormen Anstieg im Reisezugverkehr dieser Bahn, wohingegen der Güterzugverkehr erheblich abgenommen hat. Während im Jahre 1966 von insgesamt 150 430 geleisteten Zugkilometern noch 23 485 km (15,6 %) auf Güter- und Dienstzüge entfielen, verringerte sich dieser Anteil bis zum Jahre 1984 deutlich. Von den insgesamt 183 784 zurückgelegten Zugkilometern (1984) wurden nur noch 3965 km im Güterzugverkehr gefahren, das sind nur mehr 2,2 Prozent.

War bei der Montafonerbahn unter Berücksichtigung des Aspektes „zurückgelegte Zugkilometer" seit jeher der Personenverkehr der dominante Verkehrszweig, so verändert sich dieses Bild bei einer Betrachtung der jährlichen Transportleistung in den einzelnen Transportarten. Die vollzogene Verschiebung von der Dominanz des Güterverkehrs zugunsten des Personenverkehrs kann Tabelle 12 entnommen werden, in der die Verkehrsleistungen für beide Transportarten für einen Zeitraum von 20 Jahren gegenübergestellt werden. Aus Gründen der besseren Vergleichbarkeit werden die gefahrenen Personenkilometer auf Personentonnenkilometer umgerechnet.

Parallele Erscheinungen zur allgemeinen Verkehrsentwicklung sind auch die

Vergrößerung des Fahrzeugparks (vgl. Tab. 13) und die Durchführung eines Oberbauprogrammes.
Im Rahmen des Sanierungsprogrammes wurde neben der Verlegung von Schienen mit größerer Belastbarkeit (33 kg/m) auch eine Beseitigung der Krümmungen mit weniger als 180 m Halbmesser durchgeführt, so daß sich die Durchschnittsgeschwindigkeit der Züge im allgemeinen erhöhen konnte. Im Abschnitt Bludenz — Vandans beträgt die Streckenhöchstgeschwindigkeit derzeit 60 km/h, zwischen Vandans und Tschagguns 75 km/h und zwischen Tschagguns und Schruns 50 km/h.

Abb. 12 Entwicklung der jährlich geleisteten Zugkilometer der Montafonerbahn nach Transportzweigen 1964—1984

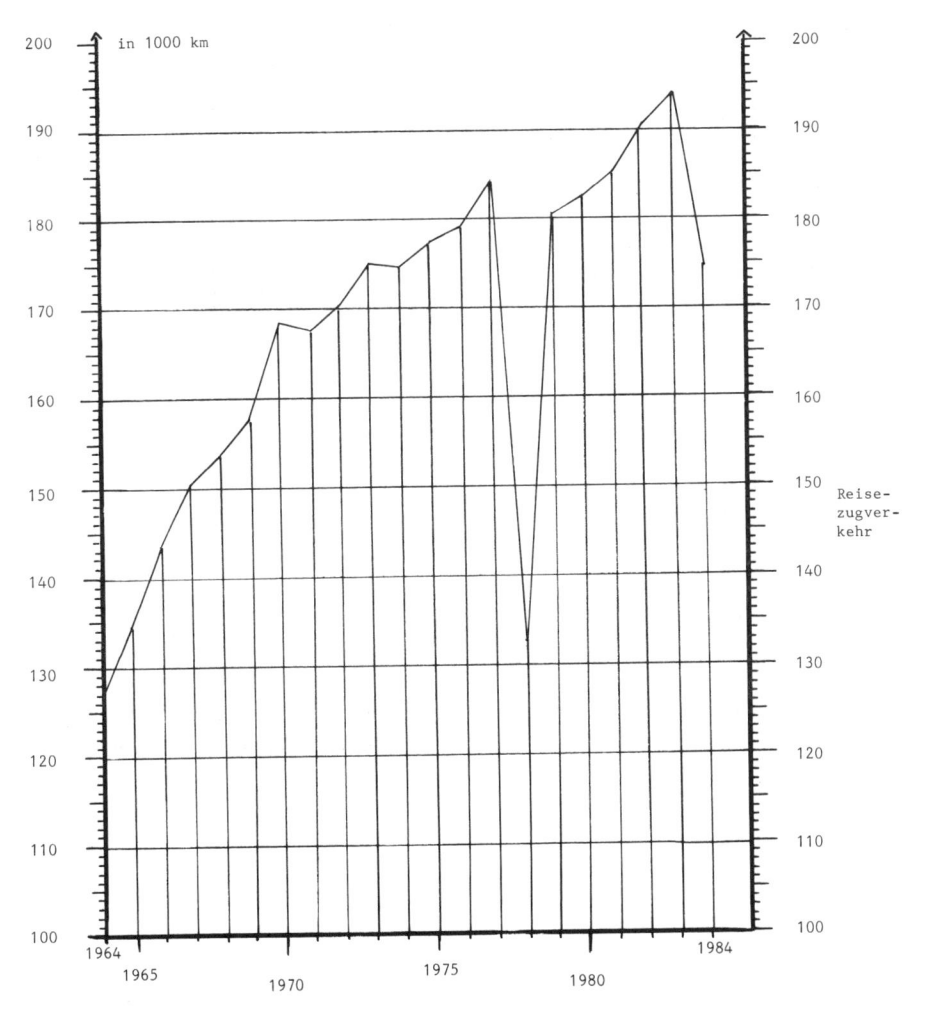

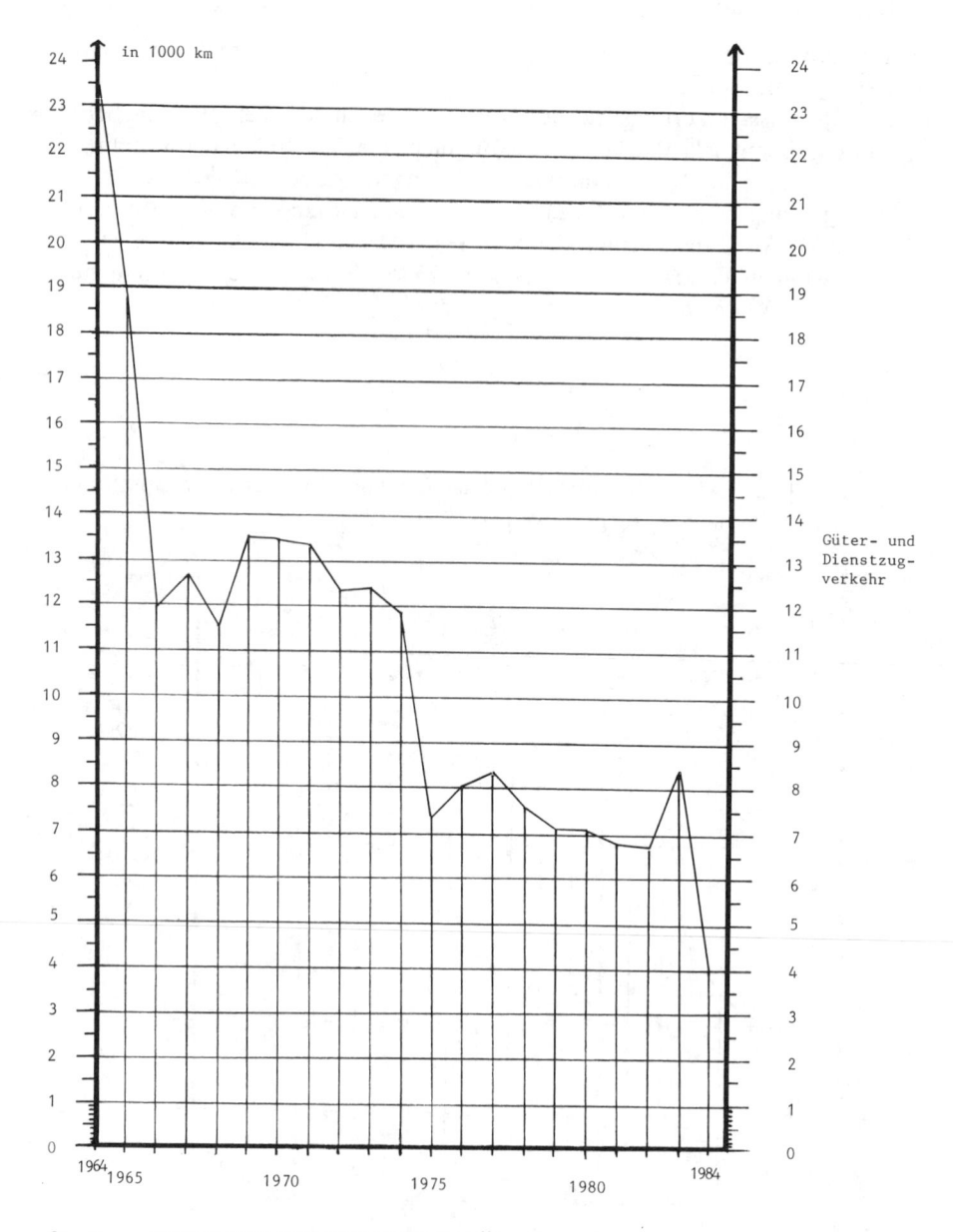

Quelle: BUNDESMINISTERIUM FÜR VERKEHR (Hrsg.): Amtliche Eisenbahnstatistik der Republik Österreich, Wien, verschiedene Berichtsjahre

Tab. 12: Entwicklung der Personen- und Güterverkehrsleistung der Montafonerbahn

Jahr	Personen-kilometer	Personentonnen-kilometer	Gütertonnen-kilometer	prozentualer Anteil Personentonnenkilometer	Gütertonnenkilometer
1965	6 045 510	453 413	802 661	36,1	63,9
1970	6 605 114	495 383	504 435	49,5	50,5
1975	9 112 000	683 410	484 234	58,5	41,5
1980	9 216 745	693 718	593 726	53,8	46,2
1984	7 747 264	581 025	284 117	67,2	37,8

Quelle: Bundesministerium für Verkehr (Hrsg.): Amtliche Eisenbahnstatistik der Republik Österreich, Wien, verschiedene Berichtsjahre sowie Berechnungen der Verfasserin

Tab. 13: Entwicklung des Fahrzeugparks der Montafonerbahn

Jahr	Dampftenderlokomotiven	elektr. Wechselstromlokomotiv.	Diesellokomotiven	Triebwagen Wechselstrom	Triebwagen Gleichstrom	Triebwagen Dieselelektrisch	Personenwagen	Gepäckwagen	Güterwagen offen	Güterwagen gedeckt
1906	—	—	—	—	—	2	1	—	1	1
1954	—	—	2	—	—	1	6	2	2	—
1984	1	2	1	4	—	1	11	—	2	2

Quelle: Montafonerbahn AG (Hrsg.) 1984: Informationsblätter

Besonders erwähnenswert ist im Zuge der Rationalisierungen auch die Aufnahme des 15-kV-Wechselstrombetriebes im Frühjahr 1972 und damit die Angliederung der Fahrdrahtspannung an die Österreichischen Bundesbahnen. Durch diese deutlich verbesserten Traktionsverhältnisse können höhere Anhängelasten bei viel größerer Geschwindigkeit transportiert werden — insgesamt also eine erhebliche Steigerung der Leistungsfähigkeit des Bahnbetriebes.
Zu den betriebsinternen Faktoren gehört auch der Personalstand des Unternehmens. In Zeiten des Transportrückganges und parallel verlaufender finanzieller Engpässe kommt es zu einer Reduzierung der Bediensteten, während umgekehrt in einer positiven Betriebsphase Neueinstellungen vorgenommen werden. Die rückläufige Entwicklung in den letzten Betriebsjahren ist primär auf Mechanisierungs- und Rationalisierungsmaßnahmen im Bahnbetrieb selbst zurückzuführen, hängt sekundär aber auch mit dem Rückgang des Transportvolumens speziell im Güterverkehr zusammen (vgl. Tab. 14).

Tab. 14: Entwicklung des Personalstandes der Montafonerbahn 1962—1984

Jahr	1962	1963	1964	1965	1966	1967	1968	1969	1970	1971	1972	1973
Bedienstete	54	58	61	70	59	57	60	61	58	51	50	43

Jahr	1974	1975	1976	1977	1978	1979	1980	1981	1982	1983	1984
Bedienstete	47	47	48	47	47	47	46	46	46	47	45

Quelle: Bundesministerium für Verkehr (Hrsg.): Amtliche Eisenbahnstatitik der Republik Österreich, Wien

Rückblickend ist festzuhalten, daß die Verkehrsgeschichte der Montafonerbahn vorrangig von betriebsexternen Gegebenheiten beeinflußt worden ist. Politische Unruhen, wirtschaftliche Umstrukturierungen, die Entdeckung und der Ausbau des Montafons zur Ferienregion Nr. 1 in Vorarlberg sowie begleitende demographische, arbeitsmarktorientierte und auch soziologische Entwicklungsprozesse haben Transportvolumen und -zusammensetzung der Bahn bestimmt und zu einer äußerst wechselvollen Verkehrssituation des Unternehmens seit Betriebsbeginn beigetragen.
Waren Betriebsabgänge und Transportverluste sowie Wandlungen auf dem Verkehrssektor und dadurch verursachte Funktions- und Bedeutungseinbußen für viele Lokalbahnen existenzgefährdend und führten sie gar zur endgültigen Auflassung mancher Strecke, so hat sich die Montafonerbahn als bedeutendster Verkehrsträger im öffentlichen Personennahverkehr der Außerfratte behaupten können.

2.2.1.3 Die heutige Verkehrssituation der Montafonerbahn — eine Analyse ihres Verkehrswertes

Die Montafonerbahn bedient in ihrem unmittelbaren Einzugsbereich, der Außerfratte, 7 Gemeinden mit insgesamt 11 548 Einwohnern (ausschließlich Bludenz). Wird die Innerfratte hinzugerechnet, deren Bewohner über den Zubringerdienst der Postbusse ebenfalls die Bahn nutzen können, so erweitert sich der Bahnraum um 2 weitere Gemeinden mit insgesamt 3680 Einwohnern.
Durch die Konzentration der Arbeits- und Ausbildungsstätten in Schruns und Bludenz (beispielsweise Bundesgymnasium) sowie aufgrund der nahezu über den gesamten Raum verteilten Fremdenverkehrsbetriebe und der vornehmlich in der Innerfratte lokalisierten Kraftwerksbauten ergibt sich für den Verkehrsraum der Bahn eine insgesamt sehr hohe Mobilität, die das Beförderungspotential der einzelnen Verkehrsträger bestimmt. Allein der Index der Berufspendlermobilität weist in dieser Region einen Durchschnittswert von 96,1 Prozent auf.

Im Montafon stehen dem Verkehrsnachfrager im öffentlichen Personennahverkehr zwei Verkehrsträger zur Verfügung: die Montafonerbahn und der Linienbusverkehr der Post. Diese beiden Verkehrsunternehmen verkehren jedoch nicht parallel zueinander, sondern im Zubringerdienst.
Die Postbuslinie (Bludenz —) Schruns — Partenen (— Bielerhöhe) verbindet die Ortschaften St. Gallenkirch, Gortipohl, Gaschurn und Partenen mit Schruns (14—17 Kurse täglich); in der Sommersaison wird sie (ausgenommen die Kurse am späten Nachmittag und am Abend) bis zur Bielerhöhe und zweimal täglich bis Bludenz verlängert, wobei der Abschnitt Bludenz — Schruns durchschnittlich nur mit 10 Fahrgästen pro Kurs besetzt ist. Damit hat die Montafonerbahn in der Außerfratte im öffentlichen Personennahverkehr die Verkehrshoheit inne; eine Tatsache, die dadurch bedingt ist, daß dem Verkehrsunternehmen „Post" lediglich die Konzession zur Führung von 2 Kurspaaren parallel dem Bahnbetrieb erteilt worden ist. Parallelverkehre und die ihnen inhärente Problematik, die nicht zuletzt zu Lasten der Wirtschaftlichkeit eines der Transportunternehmen und gleichzeitig auch der Volkswirtschaft gehen, sind auf diese Weise im Äußeren Montafon ausgeschaltet.
Neben der Postbushauptstrecke existieren aber auch noch zahlreiche Nebenlinien, die die Seitentäler mit dem Haupttal verbinden und Zubringerdienste zur Montafonerbahn leisten. Es sind dieses die Linien Innerberg — Bartholomäberg — Schruns (bis zu 9 Buspaare täglich), Silbertal — Schruns (bis zu 12 Buspaare täglich), Latschau — Schruns (bis zu 12 Buspaare täglich) und Gargellen — Schruns (bis zu 5 Buspaare täglich). Das größte Busangebot findet sich auf diesen Strecken in den Sommermonaten, wenn ihre Funktion als Ausflugslinien in den Vordergrund tritt.
Darüber hinaus existiert im Montafon auch ein reger Werksverkehr, der von der Post, von privaten Busunternehmen oder auch von den Industrie- bzw. Gewerbeunternehmen selbst durchgeführt wird; eine Einrichtung, die den öffentlichen Verkehrsträgern Transportpotential entzieht.
Eine vergleichbare Situation zeigt sich auf dem Güterverkehrssektor, auch hier wird das Unternehmen „Montafonerbahn" durch eine Vielzahl privater Frachtunternehmen (1971 waren es bereits 28 an der Zahl) konkurrenziert. Neben dem wöchentlich mehrmals stattfindenden Zustellverkehr der Gewerbe- und Handelsbetriebe ist die Be- und Auslieferung der Produktionsbetriebe zu nennen. Für das Zementwerk Lorüns, am Talausgang gelegen, erfolgt die Warenabnahme großenteils durch Transportunternehmen im Auftrag der Abnehmer oder durch diese selbst; der Verkehr zählt damit zum Baustellenverkehr. Auch für das Gipswerk in St. Anton, in dem kein Gips gebrannt, sondern lediglich gebrochen wird, ist der Versand des Rohgipses — überwiegend ins Gipswerk Rüthi oder ins Zementwerk Untervaz (beide Schweiz), aber auch ins Zementwerk Lorüns — mit Lastkraftwagen günstiger. Es wäre hier auch ein Bahntransport möglich, jedoch liegt der Tarif aufgrund der erforderlichen Inanspruchnahme von Kurzstrecken auf drei verschiedenen Bahnverwaltungen um zirka 20 Prozent höher (vgl. VOSAHLO 1971, S. 155).
Vor dem Hintergrund der aufgeführten Raum- und Verkehrsstrukturen des Montafons ergibt sich für die Bahnlinie folgendes Verkehrsbild: Die von Bludenz nach Schruns führende Montafonerbahn bildet seit jeher das Rückgrat des

öffentlichen Verkehrs in der Außerfratte; eine Tatsache, die einerseits auf die konzessionsbedingte Verkehrshoheit dieses Bahnunternehmens im Vorderen Montafon zurückzuführen ist, andererseits aber auch in einigen diesen Bahntyp und ganz besonders diese Bahn auszeichnenden Charakteristika begründet liegt. Als elektrisch betriebene Lokalbahn verfügte die Montafonerbahn bereits seit ihrer Eröffnung über recht günstige traktionstechnische Voraussetzungen, die durch die Angleichung der Fahrdrahtspannung an die der Österreichischen Bundesbahnen noch verbessert wurden. Von Vorteil zeigte sich auch die normalspurige Streckenführung, durch die ein problemloser Wagenübergang stets gewährleistet war. Die 7 Haltestellen zwischen Bludenz und Schruns, in Entfernungen von 1—3 km lokalisiert, sind für über 60 Prozent der Bewohner des Montafons bzw. für über 85 Prozent der Bewohner und Gäste im Talbereich Bludenz—Schruns in maximal 20 Minuten Gehzeit zu erreichen. Dieses Faktum ist für die Auslastung der Züge und somit für den Verkehrswert der Bahn von größter Wichtigkeit, da gerade bei Nebenbahnen der Nahverkehr eine entscheidende Rolle spielt und dieser für Zugangszeiten empfindlicher ist als der Fernverkehr. Die Zugangsweite wird somit zu einer entscheidenden Größe, die bei der Montafonerbahn als überdurchschnittlich gut zu bezeichnen ist.
Ein weiterer Vorteil und wohl einmalig für eine Stichbahn ist die Einbindung in das Fernverkehrsnetz und somit die Vergrößerung ihres Einzugsbereiches. Die Kurswagenführung Schruns — Dortmund und ehemals auch Schruns — Kiel sowie Schruns — Karlsruhe hebt nicht nur die Verkehrsbedeutung der Montafonerbahn, sondern gleichzeitig den Bekanntheitsgrad der Ferienregion „Montafon".
Die Leistungsfähigkeit eines Verkehrsträgers steht auch in enger Relation zu dem seinerseits bereitgestellten Verkehrsangebot. Mit einer Anzahl von 8 Anschlußbahnen bei einer Streckenlänge von insgesamt knapp 13 Kilometern und einer mit 19 täglich verkehrenden Zugpaaren äußerst dichten Zugfolge nimmt die Bahn auch hier eine Sonderstellung ein. Darüber hinaus stellt sie nicht zuletzt durch ihre umsichtige und weitblickende Betriebsführung unter Beweis, daß Nebenbahnen nicht unbedingt als etwas Nebensächliches oder als hoffnungslos veraltetes Verkehrssystem zu gelten haben. Der gesamte Bahnbetrieb wurde stets nach neuzeitlichen Gesichtspunkten gestaltet; neben den quantitativen Merkmalen der Verkehrsleistungsfähigkeit wurden auch die qualitativen Merkmale den Anforderungen der Verkehrsnachfrager angepaßt. Als besonders beispielhaft ist die Kooperation mit anderen Verkehrsbetrieben anzuführen. Kurze Umsteigewege und attraktive Anschlüsse existieren nicht nur im Bahnhof Bludenz zwischen den Fern- und Nahverkehrszügen der ÖBB und der Montafonerbahn, sondern auch in Schruns beim Übergang zwischen Bahn- und Postbuskursen. Ein weiterer, die Kooperation zwischen Bahn und Bus unterstreichender wie auch dem Verkehrsnachfrager zugute kommender Pluspunkt ist die gemeinsame Darstellung der jeweiligen Fahrpläne in einem einzigen überschaubaren Fahrplanbild.
Gesteigerter Fahrkomfort durch den Einsatz modernster dieselelektrischer wie auch dieselhydraulischer Triebwagen, eine überdurchschnittlich große Verkehrssicherheit (durchschnittlich 5—8 Unfälle im Jahr ohne größeren Personenschaden) und eine unanfechtbare Umweltfreundlichkeit (elektrischer Antrieb)

sind drei weitere positiv zu wertende Komponenten der Bahn im Konkurrenzkampf mit dem Kraftwagenverkehr. Ebenfalls zu den Vorteilen der Montafonerbahn zählen günstige Fahrpreise und vielseitige Fahrpreisermäßigungen. Für Gesellschaftsreisen werden beispielsweise 25 Prozent Ermäßigung gewährt, für Arbeiterwochenkarten mehr als 70 Prozent und für Schülermonatskarten über 90 Prozent.

Die Ausrichtung an der Nostalgiewelle — dokumentiert durch die Dampfsonderzugfahrten — bringt dem Unternehmen jährlich durchschnittlich ein Plus von 8000 Personenfahrten. Obgleich sich die Betriebsleitung der zunehmenden Attraktivität dieser Fahrten bewußt ist, wird dieses Angebot nicht allzusehr propagiert. Auch will man den Dampfbetrieb nur so lange weiterführen, wie die dafür eingesetzte Naßdampf-Verbund-Tenderlokomotive fahrtüchtig ist (Gespräch mit Herrn Dipl.-Ing. WILDE am 28. Juli 1985).

Gegenwärtig und auch wohl künftig wird der Hauptverkehrswert dieser Bahnlinie in der Personenbeförderung zu suchen sein. Inter- und intraregionale Zubringerdienste zu den Buskursen und zahlreichen Seilbahn- und Liftanlagen des Inneren Montafons sowie zu den Nah- und Fernverkehrsanschlüssen in Bludenz und damit eine gezielte Anbindung an Arbeits-, Ausbildungs- und Dienstleistungsstätten zeichnen die Montafonerbahn aus und bedingen eine weitere wichtige Funktion als Verkehrsteiler zwischen Straße und Schiene. Gerade in einer ausgesprochenen Fremdenverkehrsregion wie dem Montafon, in der eine Überlagerung des einheimischen Verkehrsaufkommens durch den Fremdenverkehr und speziell auch Ausflugs- sowie Durchreiseverkehr (Silvretta Hochalpenstraße) gegeben ist, wird jegliche Straßen- und somit auch Umweltentlastung durch den Schienenverkehr begrüßt.

Würde die Montafonerbahn wider Erwarten einmal stillgelegt, so würde die Silvrettastraße (B 188) einer enormen Mehrbelastung ausgesetzt sein, die sie aufgrund ihres Ausbauzustandes nicht in der Lage wäre, aufzunehmen. Der gesamte Schülerverkehr, der derzeit zu 90 Prozent von der Bahn getragen wird, eine nicht geringe Anzahl an Beschäftigten (etwa 25 %) und Urlaubern (etwa 35 %) sowie eine wenn auch geringe Transportquote im Güterverkehr (1984: 84 304 t) wären auf die Straße umzulegen (Gespräch mit Herrn Dipl.-Ing. WILDE am 28. Juli 1985). Die Folgen wären erheblich und für eine Urlaubsregion nahezu untragbar. In den bereits jetzt in der Saison ausgeprägten Verkehrsspitzen (am frühen Morgen und späten Nachmittag) würde sich das Verkehrsaufkommen durch zusätzlichen Pkw-, Lkw- und Busverkehr weiter vehement verdichten. Schon heute existierender Parkraummangel sowie eine Einengung des fließenden Verkehrs durch an den Straßenrändern abgestellte Fahrzeuge würden derart verstärkt, daß speziell Ortsdurchfahrten zu deutlichen Problemräumen würden. Kilometerlange Rückstaus, erhebliche Wartezeiten und vor allem stark zunehmende Lärm- und Abgasemissionen wären dann im Äußeren Montafon die unabdingbare Folge.

Zunächst erscheint die Existenz des Montafoner Bahnunternehmens jedoch wohl kaum in Frage gestellt zu sein. Im Gegenteil, gerade im Personenverkehr ist mit einer weiteren Ausdehnung der Verkehrsleistungen zu rechnen. Ein Wunsch der Betriebsleitung wäre ein durchgehender Personenzugverkehr zwischen Schruns und Bregenz. Während der Bedarf hinreichend sein dürfte, stehen einer

Realisierung verkehrstechnische Hindernisse entgegen. Voraussetzung wäre zunächst einmal ein zweigleisiger Ausbau der Strecke Bludenz — Bregenz, der bisher nur bis Rankweil realisiert ist; darüber hinaus stellt sich das Problem einer entsprechenden Zusammenarbeit der ÖBB mit der Montafonerbahn AG. Eine künftig vielleicht einmal durchgehende Verkehrsverbindung Schruns — Bregenz würde den Anschluß des Montafons an den Bodenseeraum verbessern und eine

Abb. 13 Erträge aus und Aufwendungen für den Bahnbetrieb in den Jahren 1964—1984

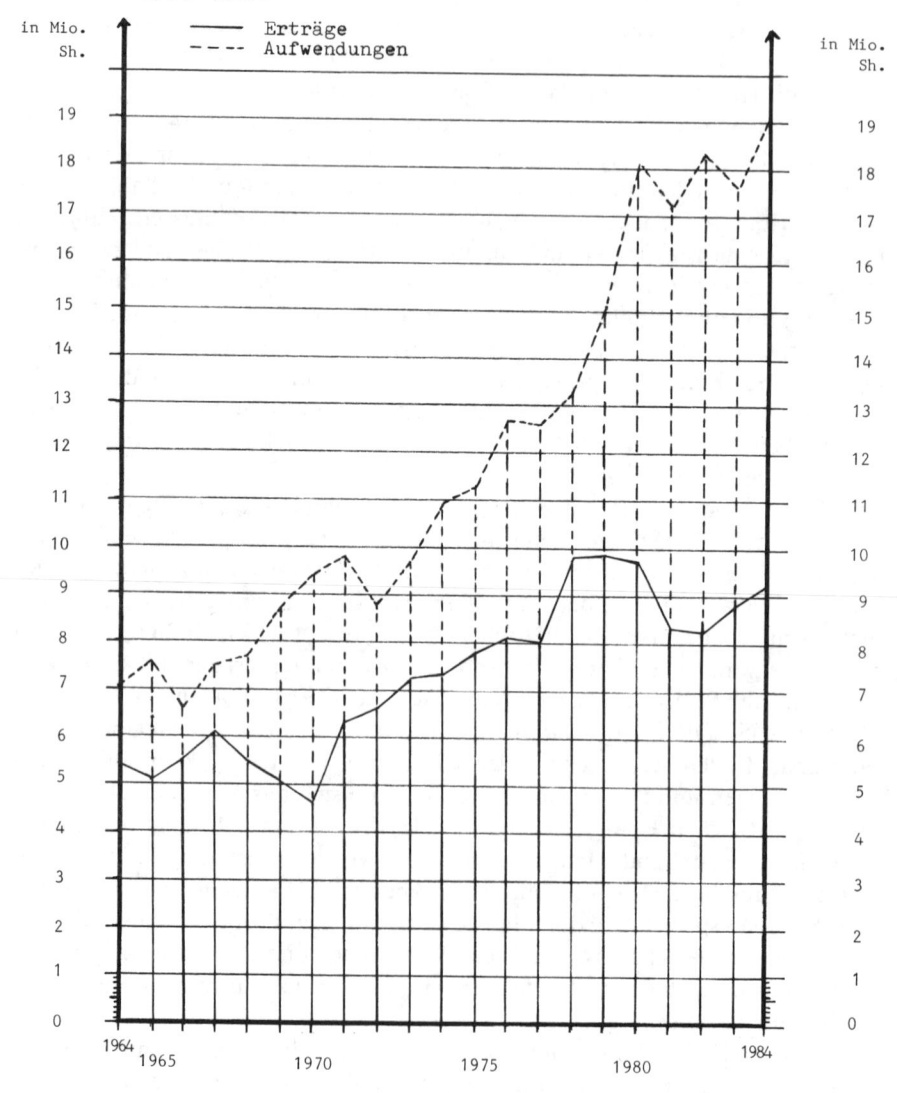

Quelle: BUNDESMINISTERIUM FÜR VERKEHR (Hrsg.): Amtliche Eisenbahnstatistik der Republik Österreich, Wien, verschiedene Berichtsjahre

bereits heute häufig nachgefragte Kurswagenführung Lindau — Schruns ermöglichen; eine weitere Steigerung des Personenverkehrsaufkommens und damit des Verkehrswertes der Montafonerbahn wären die Folge.

Im Rahmen einer Verkehrswertanalyse der Montafonerbahn ist es nahezu unumgänglich, auch die betriebswirtschaftliche Seite des Unternehmens anzusprechen. Wie Abb. 13 zu entnehmen ist, sind die Aufwendungen für den Bahnbetrieb stets höher als die eingefahrenen Erträge.

Abb. 14   Der Gesamterfolg des Bahnunternehmens in den Jahren 1964 bis 1984

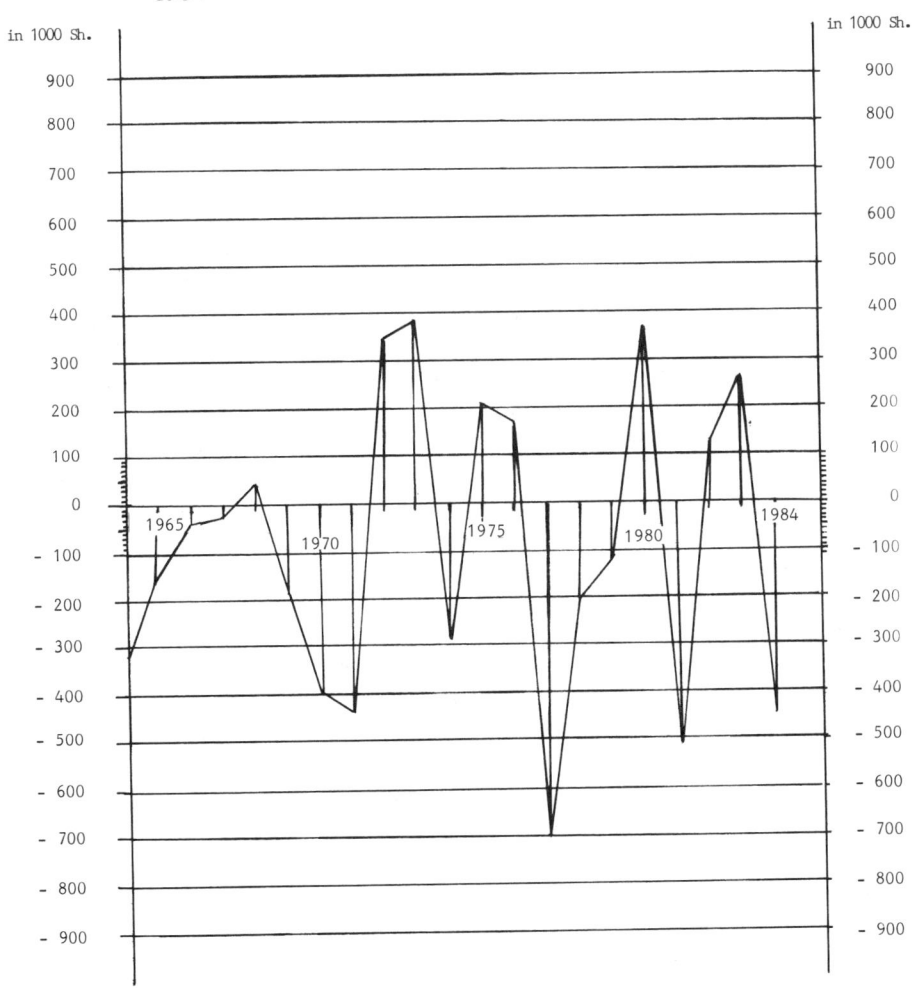

Quelle: BUNDESMINISTERIUM FÜR VERKEHR (Hrsg.): Amtliche Eisenbahnstatistik der Republik Österreich, Wien, verschiedene Berichtsjahre

Obgleich gerade in den letzten Jahren die Differenz immer größer geworden ist, scheint der Gesamterfolg der Montafonerbahn AG (vgl. Abb. 14) von diesen Fehlbeträgen nur bedingt beeinflußt zu werden. Wie die meisten der Privatbahnbetriebe so hat auch dieses Unternehmen einige ertragreiche Nebenbetriebe. Anzuführen sind das bahneigene Elektrizitätswerk, das Litzkraftwerk, das seit jeher eine Haupteinnahmequelle darstellt, ein Elektro-Fachgeschäft (Schruns) und ein Fernsehgeschäft (Schruns). Neben diesen gewinnbringenden Nebenbetrieben erhält das Unternehmen auch finanzielle Unterstützung durch öffentliche wie private Institutionen. An dieser Stelle sind insbesondere der Stand Montafon, das Land Vorarlberg sowie die Vorarlberger Illwerke zu nennen, die auch gleichzeitig Hauptaktionäre der Montafonerbahn AG sind: die Aktienmehrheit besitzt mit 55 Prozent der Anteile der Stand Montafon, die übrigen 45 Prozent verteilen sich zu gleichen Teilen auf die Vorarlberger Illwerke AG, das Land Vorarlberg und private Aktionäre.

Vor dem Hintergrund dieser Ausführungen kann die Montafonerbahn insgesamt als attraktives, wettbewerbsfähiges und modernes Verkehrsunternehmen bezeichnet werden, dessen Bedeutung in der Verkehrsbedienung des Tales von den Verkehrsnachfragern (1984: gut 900 000 Fahrgäste) ebenso geschätzt wird wie seine Funktion als Instrument der Raumordnung von den Verkehrsplanern.

In den vergangenen Jahren hat sich das Verkehrsgebiet der Montafonerbahn zu einem Aktivraum entwickelt. Ein Bevölkerungszuwachs von 4,7 Prozent, eine Zunahme der nicht-landwirtschaftlichen Berufe um 6,1 Prozent und ein Anwachsen der Nächtigungszahlen um 28,5 Prozent im Zeitraum 1971—1981 dokumentieren die Attraktivität dieser Talschaft, die trotz gemischt landwirtschaftlich-gewerblichem Wirtschaftsgefüge ihren bergbäuerlichen Charakter wahren konnte und sich zu einer ausgesprochenen Ferienregion entwickelt hat.

Ein gesunder Nebenbahnraum, eine gesunde, rationelle und weitblickende private Betriebsführung sowie ein modernes, leistungsfähiges Verkehrsangebot sind kennzeichnend für die Montafonerbahn, deren Existenz und Verkehrswert als nahezu konkurrenzfreier Verkehrsträger im öffentlichen Personennahverkehr auch künftig als gesichert gilt.

Ebenfalls der Kategorie „normalspuriger Privatbahnen" zuzuordnen ist das nachfolgende Bahnbeispiel, das sich in seiner Verkehrssituation, sprich seiner Physiognomie, seinem Funktionskatalog sowie auch seinem Betriebs- und Leistungssystem, gänzlich von der Montafonerbahn unterscheidet, die GRAZ-KÖFLACHER BAHN.

Obgleich diese Bahn mit ihrem Einzugsbereich nicht mehr dem österreichischen Alpenraum zuzuordnen ist, soll auf eine Darstellung dieser in ihrem Verkehrsbild so äußerst interessanten Bahnlinie nicht verzichtet werden, sondern vielmehr ist das Untersuchungsgebiet um die Region des weststeirischen Hügellandes mit Glein-, Stub-, Pack- und Koralpe zu erweitern.

2.2.2 Die Graz-Köflacher Bahn — eine Nebenbahnlinie mit Hauptbahncharakter

Die Graz-Köflacher Eisenbahn (GKB) zählt nicht nur zu den ältesten, auf die Zeit der ehemaligen österreichisch-ungarischen Monarchie zurückgehenden Kohlenbahnen, sondern zeigt sich darüber hinaus heute auch als eine der größten öffentlichen Privatbahnen Österreichs. Das Streckennetz umfaßt die Stammstrecke Graz — Lieboch — Voitsberg — Köflach (41 km) und die Zweiglinie (Graz —) Lieboch — Wies-Eibiswald (50,8 km). Die Linien der GKB beherrschen damit den westlichen Teil der Steiermark und stellen den wohl bedeutendsten Verkehrsträger für das weststeirische Hügelland dar, dessen wald- und obstreiche Landschaft sie bis zum Fuße des steirisch-kärntnerischen Grenzgebirges durchziehen und verkehrsmäßig erschließen.

2.2.2.1 Entstehung und Entwicklung der GKB – ihre Verkehrsgeschichte im Überblick

Dieser eisenbahngeschichtliche Teil soll einen kurzen, prägnanten Einblick in den Ablauf der Ereignisse gewähren, wobei bestimmte, für das Eisenbahnunternehmen ausschlaggebende Geschehnisse herausgegriffen und näher analysiert werden. Obgleich die Eisenbahn im Vordergrund der Betrachtung steht, ist es unumgänglich, auch Faktoren in die Schilderung miteinzubeziehen, die den Bergbau betreffen, denn es ist gerade die enge Relation zwischen Bergbau und Eisenbahn, die für das Schicksal dieser Bahnlinie verantwortlich zeichnet.

Entstehungsgeschichte

Durch den fortschreitenden Ausbau der Bergwerksanlagen stieg zu Beginn des 19. Jahrhunderts im Köflacher Revier die Braunkohlenförderung stark an. Den großzügigen Abbau in diesem umfangreichen weststeirischen Kohlenrevier übernahm die im Jahre 1854 gegründete Voitsberg-Köflach-Lankowitzer Steinkohlengewerkschaft, deren oberstes Ziel es war, einen raschen Absatz der im Tagbau geförderten Kohle zu sichern und den wichtigen Rohstoff ohne großen Zeitverlust an die Abnehmer in der Mittel- und Obersteiermark heranzubringen. Um den umständlichen und kostenintensiven Transport mittels Pferdefuhrwerken zu umgehen, wurde seitens der genannten Gewerkschaft der Bau einer normalspurigen Eisenbahnlinie von Köflach nach Graz gefordert, wo sie Anschluß an die Linien der damaligen k. k. Südliche Staatsbahn (Wien — Laibach) erhalten sollte. Das geplante Projekt schien günstig, da die Beförderung der Kohle von Köflach nach Graz talabwärts erfolgen konnte und eine Befeuerung der Lokomotiven mit eigener Kohle zum Selbstkostenpreis möglich war; außerdem ersparte die Anbindung an die Südbahn das Umladen im Anschlußverkehr. Nachdem auch die regionalwirtschaftliche Notwendigkeit einer solchen Bahnli-

Abb. 15   Das Verkehrsgebiet der Graz-Köflacher Bahnen

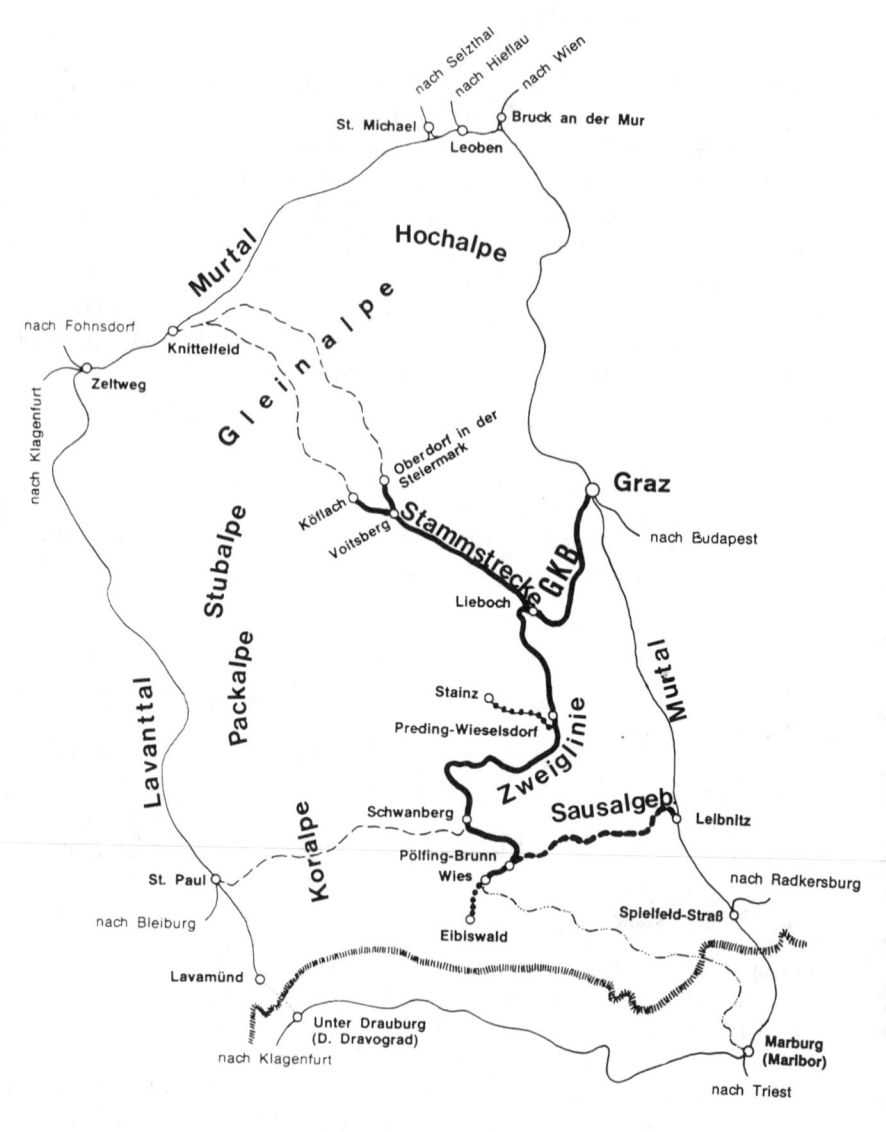

Legende

———	GKB-Strecke
– – –	eh. Sulmtalbahn
•–•–•	Stainzerbahn
———	Hauptbahnlinien
– – –	einst projektierte Verbindungslinien
·····	„ „ Schmalspurbahn
⋀⋀⋀⋀⋀	Staatsgrenze

Quelle: Bahn im Bild 14, 1980. Kartographische Ergänzung: H. Kreft-Kettermann

nie recht bald erkannt worden war, konnte am 26. August 1855 der Voitsberg-Köflach-Lankowitzer Steinkohlengewerkschaft die Konzession zum Bau einer *„Lokomotiveisenbahn für Personen- und Sachtransport von Köflach bis Gratz"* erteilt werden (vgl. Graz-Köflacher Eisenbahn- und Bergbaugesellschaft AG (Hrsg.) 1927, S. 1 u. 2); die Dauer der Konzession wurde auf 80 Jahre festgelegt. Da die notwendigen Geldmittel durch die Gewerkschaft allein nicht aufgebracht werden konnten, wurde eine Aktiengesellschaft gegründet, die mit der Firmenbezeichnung „Graz-Köflacher Eisenbahn- und Bergbaugesellschaft" eingetragen wurde und in deren Eigentum die Konzession überging.
Auf diese Weise wurde eine Verkehrs- und Bergbau-Unternehmung geschaffen, die bis zur Gegenwart wohl einmalig in Österreich ist. Hauptgrundlage dieser Unternehmung waren die reichen Kohlenfelder des Voitsberg-Köflacher Kohlenreviers, deren Volumen — nach damaligen Einschätzungen — für die Konzessionsdauer ausreichend war.
Als primäre Aufgabe des Unternehmens galt der Vertrieb der Kohle über ein weites Verkehrsgebiet. Durch den Besitz der Kohlenwerke zeigte sich die neue Gesellschaft in der Lage, auch ihr Verkehrsunternehmen, die Eisenbahn, mit ausreichenden Frachttransporten, wenn auch vorwiegend nur in einer Richtung, zu versorgen. Durch das Zusammenwirken von Kohlengewinnung und Kohlenbeförderung in eigener Regie war nicht nur ein Wachstum der Gesellschaft, sondern auch der wirtschaftliche Aufschwung dieser Region vorprogrammiert.
Im April 1857 wurde mit dem Bahnbau begonnen. Ursprünglich sollte der Bahnbetrieb bereits im Jahre 1858 aufgenommen werden; unvorhergesehene Ereignisse, insbesondere Geldschwierigkeiten, verzögerten den Bau jedoch beträchtlich und führten dazu, daß die Fertigstellung der Strecke ernstlich in Frage gestellt war. Eine unverhoffte Betriebseinnahme brachten im Jahre 1859 die Kriegsereignisse in Italien. Durch die Gruppentransporte auf der Südbahn war der Kohlenverbrauch außergewöhnlich angestiegen, so daß eine Unterbrechung der Züge zu befürchten war, sofern nicht in kürzester Zeit Abhilfe geschaffen werden konnte. In dieser Notlage wurde die Graz-Köflacher Eisenbahn- und Bergbaugesellschaft als Kohlenzulieferer herangezogen. Über Ministerialbeschluß erfolgte die Bewilligung zur Befahrung der Bahnstrecke, die wegen des damaligen Ausbaugrades der Bauten dem öffentlichen Verkehr noch nicht übergeben werden konnte. Die Verfrachtung der Kohle übernahm die Südbahn; sie stellte auch die Betriebsmittel sowie das Zugbegleitpersonal und überwachte die Bahnlinie. So fuhr am 22. 6. 1859 der erste Kohlenzug von Köflach nach Graz. Die offizielle Eröffnung der Graz-Köflacher Bahn erfolgte für den öffentlichen Personen- und Güterverkehr am 3. 4. 1860 (vgl. Graz-Köflacher Eisenbahn- und Bergbaugesellschaft (Hrsg.) 1960, S. 9—11).
Für den Personenverkehr wurden die Stationen Graz, Premstätten, Lieboch, Söding, Krems, Voitsberg, Oberdorf und Köflach eröffnet; für den Frachtverkehr aber nur die Stationen Graz, Voitsberg und Köflach. Der Betrieb auf der 41 km langen, eingleisigen und mit Normalspur ausgestatteten Strecke wurde mit drei von der Südbahn gemieteten Dampflokomotiven sowie vier Personen- und 15 Kohlenwagen aufgenommen, wobei letztere von der Süd-Norddeutschen-Verbindungsbahn aufgekauft worden waren. Es gehört seit jeher zu den Eigentümlichkeiten der Graz-Köflacher Bahn, daß nahezu alle Fahrbetriebsmittel

von anderen Bahngesellschaften übernommen wurden (vgl. HEINERSDORF 1975, S. 110).

Verkehrsentwicklung

Im ersten Betriebsjahr bedurfte es noch großer Anstrengungen, um den Wettbewerb mit dem seit Jahrzehnten bestehenden und gut organisierten Straßenfuhrwerkverkehr zu gewinnen. Trotz einiger Behinderungen stieg der Verkehr jedoch in beiden Transportarten (Personen- und Güterverkehr) sehr rasch an. Dieser Anstieg wirkte sich auch auf den Wagenpark positiv aus, denn bereits zum Jahresende hatte die Graz-Köflacher Eisenbahn einen Bestand von 5 Lokomotiven und 58 Wagen (darunter 7 Personenwagen) an eigenen und gemieteten Fahrbetriebsmitteln. Reine Güterzüge wurden nur bei Bedarf geführt, fahrplanmäßig verkehrten täglich 4 und an Sonntagen 5 gemischte Züge.
Die Beförderungsleistungen im Personenverkehr waren ab 1861 mit etwa 100 000 — 120 000 Fahrgästen pro Jahr ziemlich konstant. In den Jahren 1870 (143 742) und 1871 (155 533) trat eine leichte Steigerung ein, und erst das Jahr 1872 brachte mit 226 738 Fahrgästen eine Spitzenleistung in der Personenbeförderung (vgl. Abb. 16a).
Im Güterverkehr wurden in den Jahren 1861—1867 jährlich rund 110 000—150 000 t befördert. Schon früher als im Personenverkehr setzte in dieser Transportart ein Wachstum des Transportvolumens ein. Waren es im Jahre 1868 schon 230 453 t, so erfolgte in den nächsten Jahren ein weiterer Aufschwung, der die Leistungsfähigkeit dieser Bahnlinie voll unter Beweis stellte (1872: 421 144 t). Gemäß diesen gesteigerten Anforderungen des Verkehrs mußte auch der Bestand an Fahrbetriebsmitteln entsprechend vergrößert werden. So stellte die GKB in den Jahren 1868-1871 insgesamt 221 Güterwagen und 13 neue Personenwagen in ihren Dienst (vgl. SLEZAK/STERNHART 1960, S. 6). Insgesamt zeigt sich also schon in den ersten Betriebsjahren das große Leistungsvermögen und Verkehrsangebot dieser Bahnlinie.
Der enorme Aufschwung sowie die Idee, auch die Glanzkohlenlagerstätten von Pölfing, Wies und Steieregg verkehrsmäßig zu erschließen, führten zur Projektierung einer Zweigbahn von Lieboch über Preding, Groß-Florian, Deutschlandsberg und Pölfing nach Wies. Am 8. 9. 1871 wurde der GKB die Konzession zum Bau und Betrieb dieser Strecke erteilt, im Frühjahr 1872 wurde mit den Bauarbeiten begonnen, und am 9. 4. 1873 konnte der Verkehr auf der ebenfalls eingleisigen und normalspurigen 50,1 km langen Zweiglinie von Lieboch nach Wies-Eibiswald eröffnet werden (vgl. SLEZAK/STERNHART 1960, S. 6).
Ebenfalls im Jahre 1873 wurde auch von der ungarischen Westbahn die Strecke Graz — Györ (Raab) dem Betrieb übergeben, so daß sich nun die Möglichkeit bot, die weststeirische Kohle ohne Umwege über Wien direkt nach Westungarn und Budapest zu befördern. In der Folge stieg die Frequentierung der nunmehr insgesamt 91 km langen Bahnlinien der GKB auf über 350 000 beförderte Personen (1875) an; der Güterverkehr erreichte im Jahre 1875 eine Höchstleistung von 591 389 t.
Trotz dieses Transportaufschwungs kam es zu schweren finanziellen Belastungen für das Unternehmen, die durch Hochwasserkatastrophen und die damit

einhergehenden Schäden am Bahnoberbau sowie nicht zuletzt auch durch betriebsinterne Auseinandersetzungen ausgelöst wurden. Folge dieser finanziellen Bedrängnis war eine freiwillige Zwangsverwaltung. Aufgrund eines für die GKB günstigen Betriebsvertrages, der unter anderem die unentgeltliche Nutzung des Grazer Hauptbahnhofes zusicherte, übernahm am 2. 9. 1879 die k. k. private Südbahngesellschaft die Betriebsführung auf den Bahnstrecken der GKB.

In die Zeit der Jahrhundertwende fällt die Ausführung von zwei weiteren, ehemals von der GKB projektierten, jedoch nicht realisierten Bahnlinien, die ebenfalls vorübergehend im Betrieb der Südbahn standen und somit nicht unerwähnt bleiben sollen. Es handelt sich hierbei um die Schmalspurbahn Preding—Wieselsdorf—Stainz (Stainzerbahn), die von den Steiermärkischen Landesbahnen erbaut und am 27. 11. 1892 eröffnet wurde, und um die von der Sulmtalbahn AG errichtete Strecke von Leibnitz nach Pölfing-Brunn, die am 13. Oktober 1907 dem Verkehr übergeben wurde (vgl. Bahn im Bild 14, 1980, S. 4).

Auf den Bahnlinien der GKB kam es zu Beginn des 20. Jahrhunderts zu einem deutlichen Rückgang der Transportleistungen; eine Entwicklung, die durch Umschichtungen im Produktionsprozeß des weststeirischen Industriegebietes, ihrerseits hervorgerufen durch eine starke Krise auf dem Sektor der Eisenindustrie, verursacht worden war. Zahlreiche Eisenwerke mußten ihren Betrieb einstellen beziehungsweise eine Verlagerung nach dem obersteirischen Industriegebiet vornehmen, wodurch den GKB-Linien wichtiges Transportpotential entzogen wurde.

Auch während des Ersten Weltkrieges blieb die fallende Entwicklung in der Güterbeförderung ungebrochen, wohingegen die Personenbeförderungsfrequenz zu ungeahnter Höhe anwuchs (1918: 2 193 903 Personen). Ein eklatanter Aufschwung in beiden Transportarten ist für die Nachkriegszeit auszumachen, sie brachte die erste allgemeine Transportspitze seit dem Bestehen der GKB (1921: 2 776 745 Personen, 1923: 1 308 705 t) (vgl. SLEZAK/STERNHART 1960, S. 8).

Trotz der steigenden Beförderungszahlen auf den GKB-Linien verlor die Südbahngesellschaft bald das Interesse an einer rentablen Betriebsführung. Letztendlich waren es die Auswirkungen des Ersten Weltkrieges mit der Zerstückelung der österreichisch-ungarischen Monarchie, der in den Nachkriegsjahren verstärkt eingetretene Währungsverfall mit seinen nachteiligen Folgen für die Eisenbahn sowie das ungewisse Schicksal der Südbahngesellschaft selbst, die diese veranlaßten, den Vertrag mit der GKB zu kündigen. Verhandlungen mit den Österreichischen Bundesbahnen, die am 1. 1. 1924 als Rechtsnachfolgerin der in Liquidation getretenen Südbahngesellschaft den Bahnbetrieb vorerst übernommen hatten, führten zu keinem Erfolg, so daß sich die GKB entschloß, ihre Bahnlinien wieder in Eigenregie zu führen (1. 7. 1924) (vgl. Bahn im Bild 14, 1980, S. 4).

Obgleich sich der Eigenbetrieb kostengünstiger zeigte, konnte die eigentliche Krise jedoch erst durch das Eingreifen der Österreichisch-Alpine-Montangesellschaft (ÖAM) überwunden werden, die im Jahre 1928 die Aktienmehrheit der GKB erworben hatte. Seither erfolgt eine enge Zusammenarbeit beider Gesellschaften in technischer wie in organisatorischer Hinsicht. Gerade durch dieses

Zusammenwirken zwischen Bergbau und Eisenbahn wurden dem Bahnunternehmen auf Dauer zahlreiche Vorteile geschaffen.

Im Jahre 1930 erwarb die GKB die Aktienmehrheit der Sulmtalbahn, deren Betrieb seit dem 1. 1. 1924 von den ÖBB geführt worden war. Am 1. 4. 1930 übernahm die GKB offiziell die Betriebsführung der 24,2 km langen Strecke Leibnitz — Pölfing-Brunn, und ab 1931 verkehrten die Züge erstmals durchgehend von Leibnitz nach Wies. Diese erneute Erweiterung des Verkehrsgebietes brachte der GKB in der Folgezeit aber nicht nur Gewinn; schon bald zeigte sich diese Bahnlinie durch das Sulmtal als eher defizitäres Unternehmen, das die Gesellschaft finanziell stark belastete.

Einen erneuten Tiefpunkt der Transportleistungen brachte die Weltwirtschaftskrise Anfang der 30er Jahre. Nur durch strenge Rationalisierungsmaßnahmen, durch verstärkte Werbetätigkeit, die Einführung von Sonderzügen sowie verbilligter Sonderrückfahrkarten konnte ein noch größerer Einbruch verhindert und eine weitere Krise aufgefangen werden. Der Kohleverkehr konnte aufgrund gesteigerter Nachfrage einen Anstieg verzeichnen; ein Umstand, der sicherlich im Kontext des seinerzeit von der Alpine-Montangesellschaft neu eingeführten Kohletrocknungsverfahren zu sehen ist, das eine Steigerung des Heizwertes der Kohle zur Folge hatte.

Zeugnis über Verkehrsbedienung und Wagenpark jener Zeit geben nachfolgende Zahlen. Der Personenverkehr wurde auf der Stammstrecke Graz — Köflach mit 12 und auf der Zweigstrecke Lieboch — Wies mit 10 Zügen abgewickelt, im Güterverkehr wurde erstgenannte Strecke mit täglich 12 und letztgenannte Linie mit 4 regelmäßig verkehrenden Güterzügen bedient. Der Fahrpark bestand im Jahre 1935 aus 30 Lokomotiven, 53 Personenwagen, ferner aus 22 Dienst- und Postwagen, 77 gedeckten und 1024 offenen eigenen Güterwagen sowie 629 angemieteten Wagen (vgl. GKB (Hrsg.) 1985, S. 7).

Das Problem steigender Kraftwagenkonkurrenz, das sich bereits gegen Ende der 30er Jahre abzuzeichnen begann, wurde durch die Errichtung eines betriebseigenen Omnibus- und Lastwagendienstes abgeschwächt. Die GKB erwarb im Jahre 1935 die Konzession und den Wagenpark der „Steirischen Lastwagen- und Omnibusgesellschaft m. b. H."; auf diese Weise konnten auch jene weststeirischen Orte ohne direkten Bahnanschluß in das Verkehrsnetz der Graz-Köflacher Eisenbahn einbezogen und der Verkehrsraum des Unternehmens erneut erweitert werden.

Eine wesentliche Steigerung der Beförderungsleistung brachte das Jahr 1938 und der Beginn des Zweiten Weltkrieges im darauffolgenden Jahr. Auch die Bergbauförderung nahm in jener Zeit zu; die deutsche Rüstungsindustrie benötigte als wichtigste Betriebsstoffe Kohle und Erz. Obgleich die Kriegsereignisse und die Nachkriegsverhältnisse die wirtschaftliche Lage und Entwicklung der GKB stark in Mitleidenschaft zogen, stand der Betrieb trotz schwerwiegender Verluste keinen Tag still.

Im Jahre 1946 gingen die Anteilsrechte an der Gesellschaft aufgrund des Verstaatlichungsgesetzes in das Eigentum der Republik Österreich über, organisatorisch blieb das bisher bestandene Konzernverhältnis mit der ÖAM aber weiterbestehen. Durch den Zusammenschluß der ÖAM mit den VÖEST-Linz im Jahre 1974 gehört die GKB seither dem Konzern der VÖEST-Alpine AG an; das

Unternehmen trägt aber weiterhin den Namen Graz-Köflacher Eisenbahn- und Bergbaugesellschaft.

Die Erschließung neuer Kohlenvorkommen im Köflacher Revier erforderte im Jahre 1952 eine Streckenverlegung zwischen Oberdorf und Köflach, wobei der Bau des 241 m langen Rosentaltunnels notwendig wurde. Diese wie auch eine bereits im Jahre 1935 erfolgte Verlegung der Bahntrasse waren durchgeführt worden, da sich unter der alten Trasse wertvolle abbauwürdige Kohle befand. Der Bahnhof.Oberdorf erhielt 1955 die Bezeichnung „Bärnbach".

Während der Güterverkehr bei ständig wachsenden Transportzahlen im Jahre 1955 die größte Leistung mit gut 2,9 Millionen Tonnen beförderter Güter aufwies, war die Anzahl der beförderten Personen, deren größte Leistung 1947 mit 5,5 Millionen Fahrgästen erreicht worden war, seither ständig zurückgegangen. Um einen drohenden weiteren Rückgang zu verhindern, wurden schnelle und bequeme Triebwagenzüge eingesetzt, die bei den Fahrgästen sehr beliebt waren und unter der Bezeichnung „Roter Blitz" für die Region Weststeiermark zu einem Begriff wurden. Nach der Anschaffung einer entsprechenden Anzahl von Schienenbussen und Anhängern auch für die Gepäck- und Postbeförderung konnte ab 1956 zunehmend der gesamte Personenverkehr an Werktagen mit Ausnahme je eines Zugpaares auf den Strecken Graz — Köflach und Lieboch — Wies mit diesen für damalige Verhältnisse schnellen und modernen Fahrzeugen abgewickelt werden. Der Güterverkehr wurde vorerst weiter mit Dampflokomotiven geführt, aber auch hier wurden mit der Zeit dieselelektrische Triebfahrzeuge eingesetzt, so daß im Jahre 1976 die Dampftraktion im Linienbetrieb als unrentabel eingestellt werden konnte.

Gegenwärtig werden Dampflokomotiven lediglich für Nostalgiefahrten bereitgehalten, die als besondere Attraktion mit der ältesten Lok Europas (R 29, Nr. 671, Baujahr 1860), 5 Museumswagen (Personenwagen der Baujahre 1885—1890) und einem Buffetwagen ausgestattet sind.

Die zur Zeit modernsten Fahrbetriebsmittel des Eisenbahnbetriebes sind 5 in den Jahren 1980 und 1981 angeschaffte dieselelektrische Gelenktriebwagen der Reihe VT 70, die ein Fassungsvermögen von 222 Personen und eine Höchstgeschwindigkeit von 95 km/h aufweisen (vgl. Graz-Köflacher Eisenbahn- und Bergbaugesellschaft (Hrsg.) 1985, S. 10). Ständig wachsende Anforderungen an die Fahrbetriebsmittel und ein gesteigertes Verkehrsaufkommen führten dazu, daß der gesamte Fahrpark der GKB auf der Grundlage eigens erstellter Beschaffungsprogramme eine Erneuerung und Erweiterung erfuhr. Im Jahre 1984 zeigte der Wagenpark der Graz-Köflacher Bahnlinien folgende Zusammensetzung:

Triebfahrzeuge :   36 davon 3 Dampflokomotiven, 15 Diesellokomotiven und
                      15 Dieseltriebwagen mit insgesamt 1180 Sitzplätzen
Personenwagen :   69
Gepäckwagen :   11
Postwagen :   2
Güterwagen :   469

(vgl. Bundesministerium für Verkehr (Hrsg.): Amtliche Eisenbahnstatistik der Republik Österreich, Bd. 1, 1984, S. 14—21).

Auch weiterhin ist die Unternehmensleitung bestrebt, den Wagenpark zu modernisieren, um den Komfort für die Fahrgäste zu erhöhen und damit ein weiteres Abwandern auf andere Verkehrsträger möglichst zu verhindern.

Nach diesen Ausführungen zur Verkehrsgeschichte der Graz-Köflacher Eisenbahn erscheint es angebracht, einen optischen Überblick über den Entwicklungsverlauf der einzelnen Transportarten zu geben, wobei auch das zweite Standbein der Graz-Köflacher Verkehrsbetriebe, der auf das Jahr 1935 zurückgehende Kraftwagenbetrieb, Berücksichtigung finden soll (Abb. 16a u. b). Dieser unternehmenseigene Verkehrszweig, der derzeit mit 70 Omnibussen und 28 Kraftfahrlinien sowie 15 Lkw-Zügen betrieben wird, hat sich in seinen nunmehr 50 Betriebsjahren ebenfalls als äußerst leistungsstark und überaus gut frequentiert erwiesen.

Während einerseits durch die Errichtung dieses betriebseigenen Kraftwagenverkehrs der zunehmenden Nachfrage auf diesem Transportsektor entsprochen und gleichzeitig einem möglichen Konkurrenzdruck durch andere Verkehrsbetriebe weitestgehend vorgebaut wurde, so zeigen sich betriebsintern jedoch zahlreiche Konkurrenzierungsmomente zwischen Bahn und Kraftwagendienst; insbesondere bei parallel verlaufenden Kraftfahrlinien wird dem Verkehrsträger „Bahn" Transportpotential entzogen.

Trotz wechselhaften Schicksals und bescheidener Anfänge hat sich die GKB im Verlauf von 125 Betriebsjahren zu einem großen und bedeutenden Verkehrsunternehmen der Gegenwart entwickelt; eine Aussage, die 2,5 Millionen Fahrgäste und gut 1 Millionen Tonnen beförderter Güter sowie 774 Bedienstete im Jahre 1984 durchaus bekräftigen. Dennoch zeigen sich, insbesondere auf dem Güterverkehrssektor, mehr oder minder deutlich fallende Transporttendenzen.

Stärker als bei anderen Nebenbahnunternehmen zeigt sich bei der GKB die Abhängigkeit der Beförderungsleistungen von regionalwirtschaftlichen Momenten. Die seit jeher existierende eindeutige Orientierung des Güterverkehrs an den Kohletransporten erhöht die Krisenempfindlichkeit dieses Verkehrsbetriebes. Obgleich die Symbiose von Bergbau und Eisenbahn dem Unternehmen zahlreiche Vorteile brachte, so werden gerade in den letzten Jahrzehnten auch die Nachteile um so deutlicher. Findet die Kohle der gesellschaftlichen Bergwerke keine Abnehmer, so gehen die zu befördernden Transportmengen schlagartig zurück. Eine solche Situation zeigte sich Anfang der 60er Jahre mit dem Einsetzen einer großen Kohlenabsatzkrise und der zunehmenden Wirtschaftsrezession. Auslöser der schlechten Absatzfrage waren seinerzeit Umstellungen auf dem Industriekohlensektor durch den Übergang zu anderen Energieträgern sowie die rückläufige Nachfrage nach Glanz- und Lignitischer Kohle auf dem Hausbrandsektor und bei den kalorischen Kraftwerken. Mit diesem Nachfragerückgang erfolgte auch eine Drosselung der Kohlenförderung in den weststeirischen Gruben, in deren Folge kleinere Kohlenbergbaue geschlossen werden mußten.

Parallel zum Transportabfall verlief auch eine Umstrukturierung in der Zusammensetzung der Transportgüter. Entfielen im Jahre 1964 noch 84 Prozent aller beförderten Güter der GKB auf den Kohlentransport, so reduzierte sich dieser Wert bis zum Jahre 1974 auf 64,3 Prozent und erreichte im Jahre 1984 nur noch 61 Prozent des gesamten Gütertransportes (vgl. Tab. 15).

Abb. 16a Das Personenverkehrsaufkommen auf den Verkehrsträgern der Graz-Köflacher Eisenbahn- und Bergbaugesellschaft 1860—1984

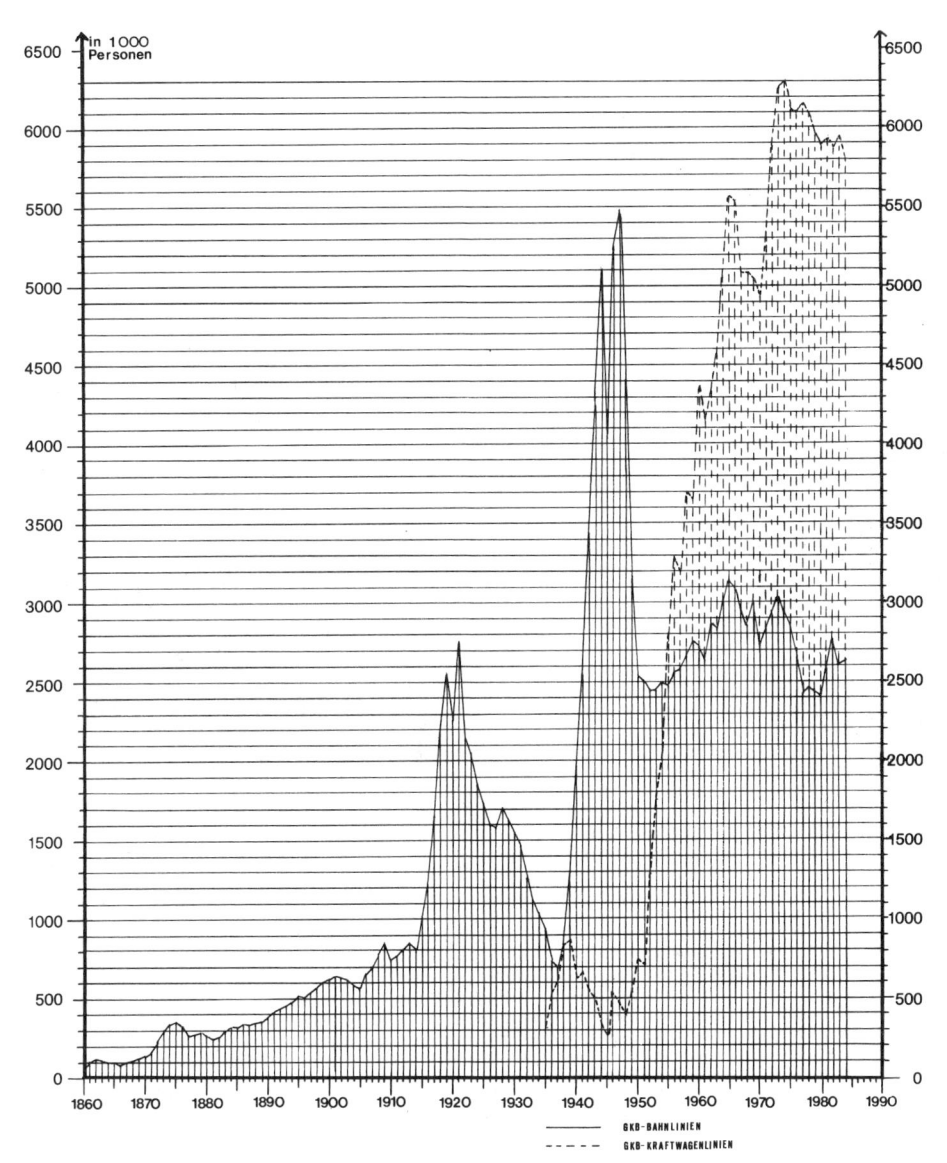

GKB-BAHNLINIEN
- - - - - GKB-KRAFTWAGENLINIEN

Quelle: Geschäftsberichte und Aufzeichnungen der GKB

Abb. 16b Das Güterverkehrsaufkommen auf den Verkehrsträgern der Graz-Köflacher Eisenbahn- und Bergbaugesellschaft 1860—1984

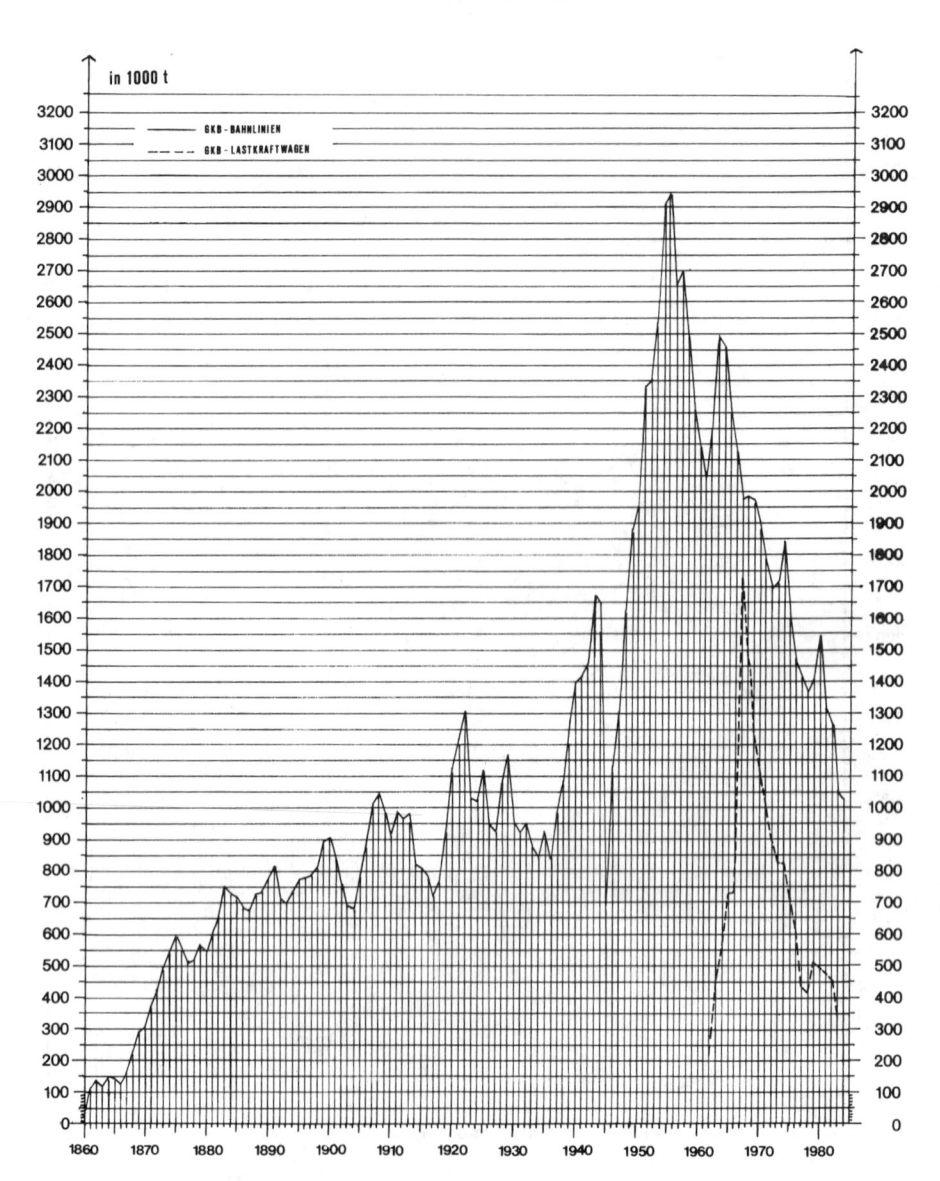

Quelle: Geschäftsberichte und Aufzeichnungen der GKB

Tab. 15: Anteil der Kohlenbeförderung an der Gesamtleistung des Güterverkehrs der Graz-Köflacher Bahnen

Jahr	1964	1965	1966	1967	1968	1969	1970	1971	1972	1973	1974
Anteil der Kohlenbeförderung in %	84,2	82,2	80,9	80,1	78,3	76,1	73,6	71,2	68,8	61,9	64,3

Jahr	1975	1976	1977	1978	1979	1980	1981	1982	1983	1984
Anteil der Kohlenbeförderung in %	70,0	62,8	63,6	63,7	62,1	52,1	63,5	67,5	60,4	61,6

Quelle: Geschäftsberichte der Graz-Köflacher Eisenbahn- und Bergbaugesellschaft 1964—1984

Neben dem Kohlenbergbau der Weststeiermark profitiert der Güterverkehr der GKB aber auch verstärkt von den verschiedenen Gewerbebetrieben des Kainachtales und von der Land- und Forstwirtschaft des Umlandes. Einen Eindruck von der derzeitigen Güterverkehrsstruktur der GKB vermittelt nachfolgende Zusammenstellung für das Jahr 1984:

Transportgut	absolut	%
Land- und forstwirtschaftliche Erzeugnisse und lebende Tiere	144 933 t	15,0
Feste Brennstoffe (Kohle)	641 066 t	62,6
Erdöl und Erdölerzeugnisse	17 444 t	1,7
Erze und Metallabfälle	6 312 t	0,6
Metallerzeugnisse	15 414 t	1,4
Mineralische Rohstoffe oder Erzeugnisse und Baumaterialien	106 033 t	9,2
Düngemittel	11 307 t	1,1
Chemische Erzeugnisse	12 696 t	1,3
Maschinen, Fahrzeuge, bearbeitete Güter und besondere Transportgüter	86 563 t	7,1
Gesamt	1 041 768 t	100,0

Quelle: Bundesministerium für Verkehr (Hrsg.): Amtliche Eisenbahnstatistik der Republik Österreich, Bd. 1, Berichtsjahr 1984, Wien 1985

Auf dem Sektor der Personenbeförderung macht sich der zunehmende Konkurrenzdruck des immer stärker anwachsenden Individualverkehrs bemerkbar. Die Einführung kostengünstiger Sondertarife zum Ende der 60er Jahre sowohl im Eisenbahn- als auch im Kraftwagenlinienverkehr und eine bis zur Mitte der 70er Jahre während Preisstabilität konnten einen weiteren Rückgang zwar etwas

eindämmen, vermochten jedoch nicht, die Attraktivität des öffentlichen Personenverkehrs gegenüber dem Individualverkehr großartig zu steigern. Dominierende Fahrgastgruppen der GKB sind die Schüler (46 %) und Berufstätigen (43 %); Versorgungs- und Behörden- sowie Ausflugsfahrten (11 %) sind vergleichsweise gering (vgl. Geschäftsbericht der GKB 1984). Diese Beförderungsstruktur bedingt das Vorherrschen der Sozialtarife; eine Tatsache, die sich hinsichtlich der Betriebsbilanz negativ auswirkt.
Obgleich die Graz-Köflacher Bahnlinien auch heute noch sowohl im Personen- wie im Güterverkehr ein überdurchschnittlich hohes Verkehrsaufkommen besitzen und damit zu den wohl leistungsintensivsten Vertretern des Typs „Nebenbahn" zählen, gelangte auch dieses Bahnunternehmen — wie alle Eisenbahnbetriebe Österreichs — in den Nachkriegsjahren in die roten Zahlen. Die aufgezeigte rückläufige Entwicklung in der Kohlenbeförderung und die erheblichen Frachteinbußen führten zu einem verstärkten Mißverhältnis zwischen den Aufwendungen für den Erhalt des Bahnbetriebes und den Einnahmen aus diesem (vgl. Tab. 16).
Durch die enge Verbindung von Bergbau und Eisenbahn in der Graz-Köflacher Eisenbahn- und Bergbaugesellschaft wie auch durch den bislang gewinnbringenden Kraftwagendienst besteht zwar die Möglichkeit, einen Teil des Defizites aufzufangen, jedoch benötigt auch die GKB finanzielle Unterstützung von außen. Land und Bund müssen wie bei anderen Nebenbahnbetrieben beträchtliche Summen zuschießen. Diese Anstrengungen sind notwendig, um die zunehmend geforderten Rationalisierungs- und Modernisierungsmaßnahmen durchführen zu können und dabei die Stellung und Bedeutung des Eisenbahnunternehmens für die Bevölkerung der Region Weststeiermark zu sichern.

Tab. 16: Einnahmen aus und Aufwendungen für den Erhalt des Bahnbetriebes der Graz-Köflacher Bahnen 1865—1984

Jahr	Einnahmen	Ausgaben	Ertrag	
1865	781 574	335 552	446 022	(Kronen)
1870	1 348 178	420 492	927 686	
1880	2 337 616	853 001	1 484 615	
1890	3 337 066	1 344 359	1 992 707	
1900	3 851 916	1 645 826	2 206 090	
1910	3 828 391	1 855 198	1 973 193	
1920	61 042 032	58 083 524	2 958 508	
1930	7 916 374	7 552 097	364 277	
1940	7 848 864	5 970 885	1 877 979	(Reichsmark)
1950	19 459 684	16 087 406	3 372 278	(ö. Shillinge)
1960	83 596 161	70 729 102	12 867 059	
1970	100 933 644	119 049 367	— 18 115 723	
1975	114 689 053	194 945 396	— 80 256 343	
1980	127 398 725	266 677 147	— 139 278 422	
1984	120 979 870	329 654 744	— 208 674 874	

Quelle: EGGER 1948, S. 200 und Geschäftsberichte der GKB 1950—1984

2.2.2.2 Das Verkehrsgebiet der GKB

In den Jahren ihrer Betriebsgeschichte hat sich das Verkehrsbild der Graz-Köflacher Bahn mehrfach gewandelt: Ihre Stammstrecke wurde aus Kohleabbaugründen des öfteren partiell verlegt; eine Bahnlinie, die Sulmtalbahn, wurde Anfang der 30er Jahre aufgekauft, Mitte der 60er Jahre aus Rentabilitätsgründen jedoch wieder stillgelegt, und letztlich erfuhr das Angebotsspektrum der Bahn durch die Errichtung und Inbetriebnahme eines dichten Kraftfahrliniennetzes eine entscheidende Ergänzung. Einen Überblick über den gegenwärtigen Verkehrsraum der GKB und die Erschließungsintensität gibt Abbildung 17.

Streckenkunde

Die 40,264 km lange, eingleisige und normalspurige Hauptlinie führt von Graz Hauptbahnhof (km 0,0; 368 m), wo sie Anschluß an die ÖBB-Strecke Wien — Spielfeld — Straß hat, zunächst nach Graz-Köflacherbahnhof (km 0,506) und dann weiter nach Südwesten, wo sie bei Straßgang (km 6,318) das verbaute Stadtgebiet von Graz verläßt. Nach Passieren des Bahnhofes Premstätten-Tobelbad (km 10,996) schwenkt die Strecke um zirka 90 Grad nach Nordwesten und erreicht bald darauf Lieboch (km 15,773). Hier zweigt die Flügelbahn nach Wies-Eibiswald ab. Gleichzeitig ist die Bahn nun in das Tal der Kainach eingefahren, dem sie bis Voitsberg folgt. Die Strecke verläuft über Söding-Mooskirchen (km 21,568) und Köppling (km 24,724) parallel der Kainach, die sie vor Krottendorf-Ligist (km 27,347) auf einer Eisenfachwerkbrücke übersetzt. Nahe der Haltestelle Gaisfeld (km 29,347) wird die Teigitsch überbrückt, ein energiewirtschaftlich genutzter Flußlauf, der in seinem oberen Bereich aufgestaut wird. Die Landschaft ist in dieser Region zu einem bevorzugten Erholungsraum besonders für die Grazer Bevölkerung geworden. Von Gaisfeld führt die Bahnlinie weiter durch das sich nun verengende windungsreiche Tal nach Krems (km 31,438). Hier weitet sich das Kainachtal wieder, und mit der Bezirkshauptstadt Voitsberg (km 33,789) wird das für die Wirtschaftsstruktur der Weststeiermark so bedeutende Köflach-Voitsberger Kohlenrevier erreicht. Umfangreiche Industrieanlagen prägen nun das unmittelbare Umfeld zu beiden Seiten der Bahn. Nur einige 100 Meter vor Bärnbach wird zum dritten und letzten Mal die Kainach übersetzt. In Bärnbach (km 35,948), früher Oberdorf, dann Oberdorf I und bis 1955 Oberdorf Stadt, existieren weitläufige Rangieranlagen; hier findet sich auch die Abzweigung zur Gemeinde Oberdorf, wo die größte Kohlensortierungsanlage Österreichs in Betrieb ist. Kurz nach Bärnbach, dem Ausgangsbahnhof zahlreicher beladener Güterzüge, wird der 244 m lange Rosentaltunnel durchfahren, der infolge einer notwendig gewordenen Streckenverlegung errichtet werden mußte. Nach wenigen Kilometern wird schließlich Köflach (km 39,960; 449 m), der Endpunkt der Hauptstrecke der GKB, erreicht.
Die Stammlinie bedient damit 9 Bahnhöfe (einschließlich Ziel- und Ausgangsbahnhof) sowie 5 Haltestellen (hierbei wurden die Bedarfshaltestellen Weizelsdorf und Graz-Webling, im Bereich des Grazer Stadtgebietes gelegen, mitgezählt).
Von der Anlagestruktur sind neben zwei Tunnel insgesamt 20 Brücken und

Abb. 17 Die Verkehrserschließung der Weststeiermark durch die Verkehrsmittel der GKB

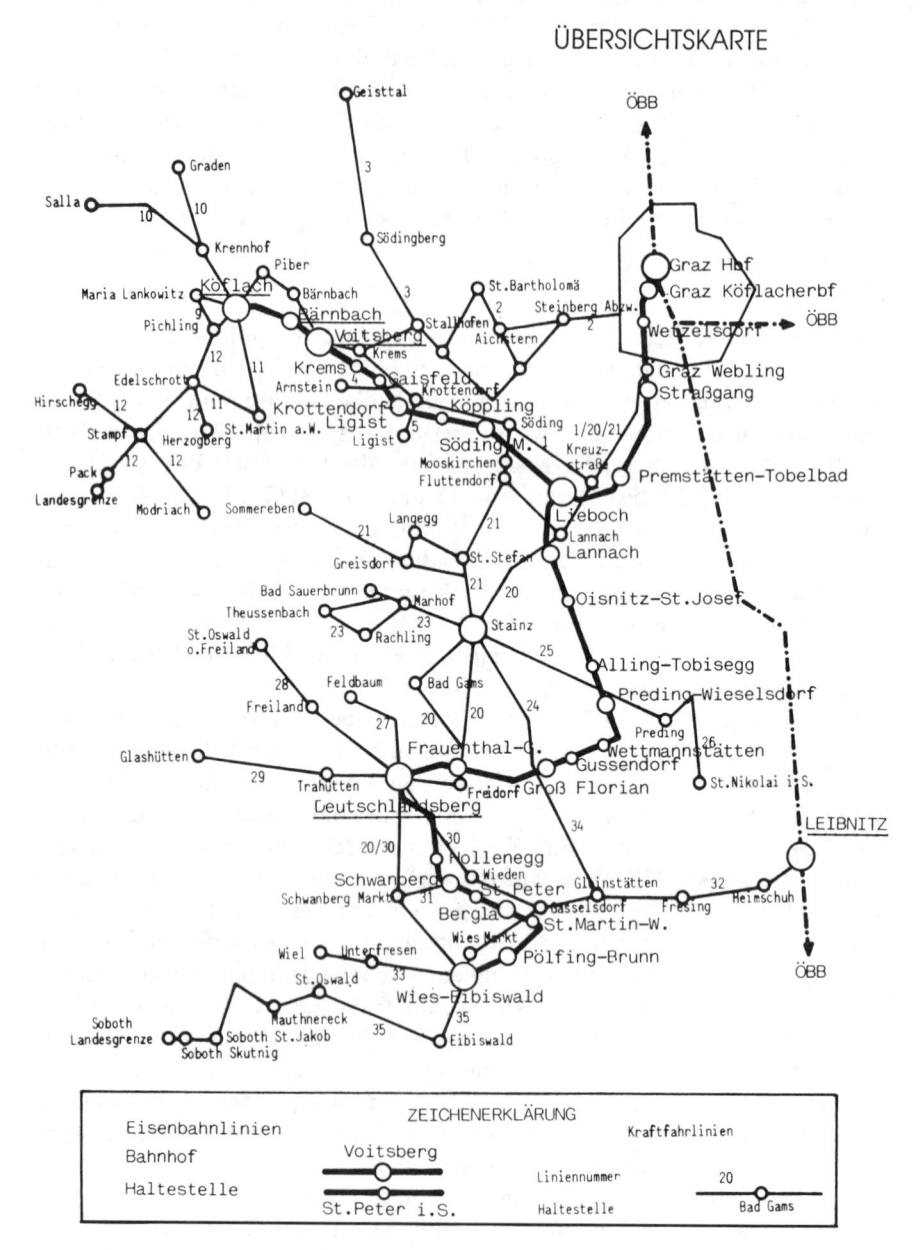

Quelle: GKB (Hrsg.) 1983

Durchfahrten sowie mehrere Durchlässe unterschiedlicher Größenordnung erwähnenswert. Die Trassenführung ist im allgemeinen einfach; die größten Steigungen finden sich zwischen Bärnbach und Köflach (15,0 $^0/_{00}$), der kleinste Krümmungshalbmesser beträgt 300 m. Als besonders günstig wirkt sich bei der Zugförderung der Umstand aus, daß die beladenen Kohlenzüge aus dem Köflacher Revier im Gefälle fahren können, so daß erhöhte Zuggewichte (bis zu 1450 t) möglich sind.

Die ebenfalls eingleisige und mit Normalspur ausgestattete 50,993 km lange Zweiglinie nach Wies-Eibiswald biegt in Lieboch (km 0,0) von der Stammstrecke ab, unterfährt die Autobahn Graz — Pack, übersetzt die Kainach und kreuzt unmittelbar vor dem Bahnhof Lannach (km 4,330) die Radlpaß-Bundesstraße (B 76). In südlicher Richtung, parallel dem Oisnitzbach verlaufend, werden die Haltestellen Oisnitz-St. Josef (km 8,0) und Alling-Tobisegg (km 11,3) passiert, um in Bahnkilometer 14,451 den Bahnhof Preding-Wieselsdorf zu erreichen. Hier bestand von 1898 bis Anfang der 50er Jahre ein Anschluß an die von den Steiermärkischen Landesbahnen betriebene, 11 km lange, schmalspurige Stainzerbahn (Preding — Wieselsdorf — Stainz); diese wurde im Jahre 1951 für den öffentlichen Personenverkehr und im Jahre 1980 für den fahrplanmäßigen Güterverkehr stillgelegt (weitere Angaben hierzu vgl. Punkt 2.4.2).

Kurz nach Preding-Wieselsdorf wendet sich die Bahn im rechten Winkel nach Westen, überquert das Überschwemmungsgebiet des Stainzerbaches und führt dann, das breite Tal der Lassnitz folgend, flußaufwärts über die Bahnhaltestellen Wettmannstätten (km 18,5) und Gussendorf (km 21,3) nach Groß Florian (km 22,5). Im weiteren Verlauf nähert sich die Bahnlinie dem Vorfeld des Koralpengebirgszuges und damit den Bahnhöfen Frauenthal-Gams (km 27,5) und Deutschlandsberg (km 30,4). Unmittelbar nach Passieren des Bahnhofes Deutschlandsberg biegt die Bahnlinie nach Süden ab, über die Leibenfelder Höhe erreicht sie die Bahnstation Hollenegg (km 36,4) und wenig später den Bahnhof Schwanberg (km 38,2). Hier wendet sich die Bahnlinie nach Südosten, führt über St. Peter(km 41,0) und Bergla (km 43,1) nach St. Martin-Welsberg (km 44,373) und passiert bei Bahnkilometer 45,6 die Abzweigung der ehemaligen Sulmtalbahn.

Nach einem erneuten Richtungswechsel, nun in südwestlicher Richtung, fährt die Bahn in den Bahnhof Pölfing-Brunn (km 47,0) ein, dem einstigen Endpunkt der Sulmtalbahn. Von dort sind es nur noch wenige Kilometer bis zum Zielbahnhof dieser Linie, Wies-Eibiswald (km 50,7; 362 m).

Auf dieser Zweigstrecke der Graz-Köflacher Bahn werden insgesamt 10 Bahnhöfe (einschließlich Ausgangs- und Zielbahnhof) sowie 8 Haltestellen bedient. Zur Anlagestruktur ist anzumerken, daß auf dieser knapp 51 km langen Strecke insgesamt 29 Brücken und Durchfahrten existieren, auch gibt es eine größere Anzahl an Durchlässen. Als ungünstig und belastend wirkt sich der ständige Wechsel von Steigung und Gefälle aus, wohingegen die Köflacher Linie nur in einer Richtung steigt oder fällt.

Erwähnenswert ist ferner eine große Anzahl von Industriebahnen und Werkanschlüssen, die großenteils mit GKB-Triebfahrzeugen bedient werden (vgl. Bahn im Bild 14, S. 6—8).

Vor dem Hintergrund dieser kleinen Streckenanalyse lassen sich nun einige wesentliche Strukturdaten für das Verkehrsgebiet der Graz-Köflacher Bahn auflisten, die letztendlich Aussagen über die potentielle Verkehrsnachfrage und den tatsächlichen Verkehrswert der Bahn ermöglichen.

Verkehrsraumanalyse

Das Verkehrsgebiet der Graz-Köflacher Eisenbahn und des unternehmenseigenen Kraftwagen-Linienbetriebes umfaßt eine Fläche von rund 2400 qkm (vgl. Graz-Köflacher Eisenbahn- und Bergbaugesellschaft (Hrsg.) 1960, S.49). Im Gegensatz zu dem für Talbahnen allgemein charakteristischen, linear eng begrenzten Verkehrsraum (vgl. Zillertalbahn, Montafonerbahn, Pinzgauer Lokalbahn etc.) zeigt sich der Einzugsbereich der GKB flächenhaft ausgedehnt; er umfaßt verschiedene Landschafts- und Wirtschaftsräume.

Das Landschaftsbild ist durch eine außergewöhnliche Vielfalt geprägt. Innerhalb weniger Kilometer vollzieht sich der Übergang vom weststeirischen Hügelland über die langgezogenen bewaldeten Höhenrücken der Vorberge bis zum Hauptkamm des Randgebirges. Es ist der Raum der Weststeiermark, die sich als typische Übergangslandschaft zwischen Berg- (1000 m—1800 m) und Hügelland (200 m—600 m) zeigt.

Gemäß den auftretenden Oberflächenformen können drei große Landschaftsräume untergliedert werden: die Talböden der großen Gerinne (Lieberbach, Kainach, Teigitsch, Stainzbach, Sulmbach), der Terrassen- und Hügelbereich sowie der Bergbereich.

Neben den drei Naturräumen lassen sich im Einzugsgebiet der GKB auch drei unterschiedliche Wirtschaftsbezirke abgrenzen (vgl. LEIDLMAIR 1983, S. 147,149 u. 152):

Der Wirtschaftsbezirk Köflach-Voitsberg: Am Rande der Grazer Bucht am Fuße der Stubalpe in 380 bis 460 m Höhe befindet sich ein mit jungtertiären Schichten erfülltes, in der Alpenhebung zurückgebliebenes Becken, in das lignitische Kohle eingelagert ist. Diese bis zu 40 m mächtigen Kohleflöze werden seit dem 18. Jahrhundert im Tage- und Stollenbau abgebaut. Es entstand das Köflach-Voitsberger Braunkohlenrevier, das größte Österreichs. Zu den wichtigsten Bergbauorten in einer überwiegend bergbäuerlichen und waldreichen Umgebung gehören neben Köflach (1981: 12 005 Ew.) und Voitsberg (1981: 10 945 Ew.) auch Maria Lankowitz (1981: 2514 Ew.) und Bärnbach (1981: 5400 Ew.). Weitere Arbeitsplätze bieten in diesem Wirtschaftsbezirk eine kleinbetriebliche Metall-, Glas-, Schuh- und Holzindustrie, deren Produktionsstätten hier günstige Standortvoraussetzungen fanden. In höheren Lagen haben sich — durch die Nähe von Graz begünstigt — kleine Wintersportzentren entwickelt, und im Sommer werden die Stauseen der Teigitsch gern als Erholungsstandorte besucht. Der Bezirkshauptort Voitsberg (394 m ü. NN), seit 1245 eine landesfürstliche Stadt, gilt als Zentrum der Region. Nicht weniger bedeutend ist jedoch Köflach (442 m ü. NN), eine Gründung des Stiftes Lambrecht, das aber erst 1920 Stadt wurde. Beide Städte sind Verwaltungs-, Schul-, Arbeitsmarkt- und Einkaufsstandorte für ihr Umland.

Der Wirtschaftsbezirk Umgebung Graz — Südweststeiermark dehnt sich vom Steirischen Randgebirge über das Grazer Bergland, das Grazer Riedelland und das Grazer Feld nach Südwesten bis an die Koralpe und den Posruck aus. Er besitzt eine leistungsfähige Landwirtschaft, ist aber zugleich auch durch verschiedene gewerbliche Betriebe und vereinzelt auch Kleinindustrien geprägt.

Schon früh waren die Fußpunkte der Koralpe (Deutschlandsberg, Schwanberg etc.) Standorte von Hammerwerken. Eine weitere geringfügige Industrialisierung brachten die Braunkohlenvorkommen des Vorlandes. Dieser Aufschwung war jedoch nicht von Dauer. Aus Rentabilitätsgründen wurde der Braunkohlenbergbau in den vergangenen Jahren aufgelassen, ältere Industriebetriebe gingen zugrunde und neue wurden im Rahmen der Grenzlandhilfe errichtet. Die Standortqualität ist jedoch aufgrund der Verkehrsferne und der Randlage als ungünstig zu bezeichnen.

Das regionale Zentrum ist Deutschlandsberg (1981: 7700 Ew.), es ist Sitz der Bezirkshauptmannschaft und des Bezirksgerichtes.

Der Wirtschaftsbezirk Stainz liegt im Bereich der Koralpe und des westlichen Riedellandes (300—450 m ü. NN). Das kristalline und sanft geformte Bergland ist bis auf 1300 m hinauf besiedelt. Seit einigen Jahrzehnten macht sich aber auch hier ein Rückgang des Bergbauerntums bemerkbar, das hier auf Acker-Grünland und Grünland-Waldwirtschaft basiert.

Das nach Osten abdachende Riedelland hat vollkommen ländlichen Charakter mit Klein- bis Mittelbauern und einem vielfältigen Anbau von Acker- und Futterpflanzen. Die Landflucht ist auch hier beträchtlich; nicht selten werden die Höfe vom Großgrundbesitz aufgekauft und das Nutzland aufgeforstet. Durch die Nähe zu Graz ist im gesamten Bereich die Intensität der Pendlerbewegung sehr groß.

Der Mittelpunkt dieses Wirtschaftsbezirkes ist die Marktgemeinde Stainz (1981: 2000 Ew.), eine typische Alpenrandsiedlung, die am Beginn eines alten Überganges in das kärntnerische Lavanttal liegt.

Im Überblick zeigt sich die Weststeiermark damit als eine überwiegend land- und forstwirtschaftlich geprägte Region. Industrieanlagen sind außerhalb der Hauptstadt Graz und mit Ausnahme des Bergbaureviers nur vereinzelt anzutreffen und zumeist auf den Gebirgsrand begrenzt.

Im Siedlungsbild dominieren auf den Talebenen und Talterrassen Straßendörfer, Einzelhöfe finden sich auf den Riedeln dazwischen, Streusiedlungscharakter ist am Fuße des Steirischen Randgebirges mit seinen breiten Verflachungen vorherrschend.

Die verkehrsmäßige Erschließung der Weststeiermark ist insgesamt ausreichend; einem recht dichten und weit verzweigten Straßennetz stehen die Bahnlinien der GKB gegenüber.

Auf dem Straßenverkehrssektor sind drei bedeutende Bundesstraßen anzuführen: die Packer Bundesstraße (B 70), die von Lieboch über Voitsberg und Köflach zum Packsattel (1169 m) und weiter nach Kärnten führt; die Radlpaßbundesstraße (B 76), die von Graz über Lieboch, Deutschlandsberg und Eibiswald zum Radlpaß (679 m) und weiter nach Jugoslawien führt und somit eine vollständige Nord-Süd-Erschließung gewährleistet; und die Sulmtalbundesstraße (B 74), die von Leibnitz ausgehend das Sausalgebirge durchquert und in Deutschlandsberg an die Radlpaßbundesstraße anschließt. Aus Gründen der Vollständigkeit ist auch die Grenzland-Bundesstraße (B 69) anzuführen, wenn sie auch nicht zum unmittelbaren Verkehrsraum der GKB gehört. Sie verläuft parallel der jugoslawischen Grenze von Radkersburg über Straß, Ehrenhausen, Leutschach und Eibiswald zur steirisch-kärntnerischen Grenze und endet in Lavamünd.

Ein weiterer wichtiger Verkehrsträger befindet sich derzeit noch im Bau, die Südautobahn Wien — Graz — Klagenfurt (A 2). Fertiggestellt ist sie im Bereich der Weststeiermark von Graz (Anschlußstelle Pyhrnautobahn) über Lieboch bis zur Anschlußstelle Mooskirchen.

Großenteils ausreichend und zufriedenstellend ist die Erschließung durch Landesstraßen; die Weststeiermark besitzt ein ausgesprochen dichtes Landesstraßennetz. Topographisch bedingt ist das Angebot an Landesstraßen im östlichen Teil der Region größer als in den westlichen Berggebieten. Nur bedingt zufriedenstellend ist das Gemeindestraßen- und Gemeindewegenetz der Weststeiermark. Bemerkenswert ist die Tatsache, daß die Gemeinden mit den höchsten Abwanderungsraten auch nur einen geringen Teil ihrer Gemeindestraßen (unter 40 %) ausgebaut haben. Da es sich dabei großenteils um Berggemeinden handelt, läßt sich eine klare Kausalität erkennen, die wie folgt zu erklären ist: Diese zumeist großflächigen Gemeinden sind häufig nur dünn besiedelt, woraus sich — bedingt durch die Streulage der Siedlungsflächen — große (Gemeinde-) Wegelängen ergeben. Aufgrund der zu geringen Einwohnerdichte und der vorwiegend landwirtschaftlichen Wirtschaftsstruktur können diese finanzschwachen Gemeinden nur sehr geringe Budgetmittel für den Wegebau aufbringen und auch die Erhaltungsaufgabe in nur sehr beschränktem Umfang wahrnehmen.

Insgesamt liegt das Problem der Verkehrserschließung weniger im weiteren Ausbau des Verkehrsnetzes als vielmehr in der Erhaltung und der qualitativen Verbesserung vorhandener Verkehrswege.

Im öffentlichen Personenverkehr steht der Bahn der Buslinienverkehr zur Seite, dieser wird primär ebenfalls von der GKB, aber auch von der Post und privaten Unternehmen geführt. Der Versorgungsgrad ist örtlich und zeitlich sehr unterschiedlich; so sind die Verbindungen an den regionalen Hauptverkehrswegen (Straße und Schiene) wesentlich günstiger als in den entfernten Bereichen. Besonders schlecht versorgt sind die westlichen Berggemeinden, zum Teil können die innerregionalen Busverbindungen hier sogar nur werktags in Anspruch genommen werden.

Verwaltungspolitisch gehört das Verkehrsgebiet der Graz-Köflacher Bahnlinien drei politischen Bezirken an: dem Bezirk Graz-Umgebung im ersten Streckenabschnitt, dem Bezirk Voitsberg im Bereich der Stammstrecke und dem Bezirk Deutschlandsberg im Bereich der Zweiglinie. Diese innerhalb der Entwicklungsprogramme auch als Planungsregionen bezeichneten Großbezirke sind ihrerseits wiederum in Kleinregionen untergliedert, die sich aus einer unterschiedlichen Anzahl von Gemeinden zusammensetzen.

Im folgenden sollen nun nach der vorausgegangenen globalen Raumbeschreibung einige Strukturdaten ergänzt werden, die aufgrund der Größe des Einzugsbereiches der GKB-Linien und aus Quantitätsgründen nur auf der Basis der Kleinregionen erhoben werden, eine weitere Aufsplitterung nach

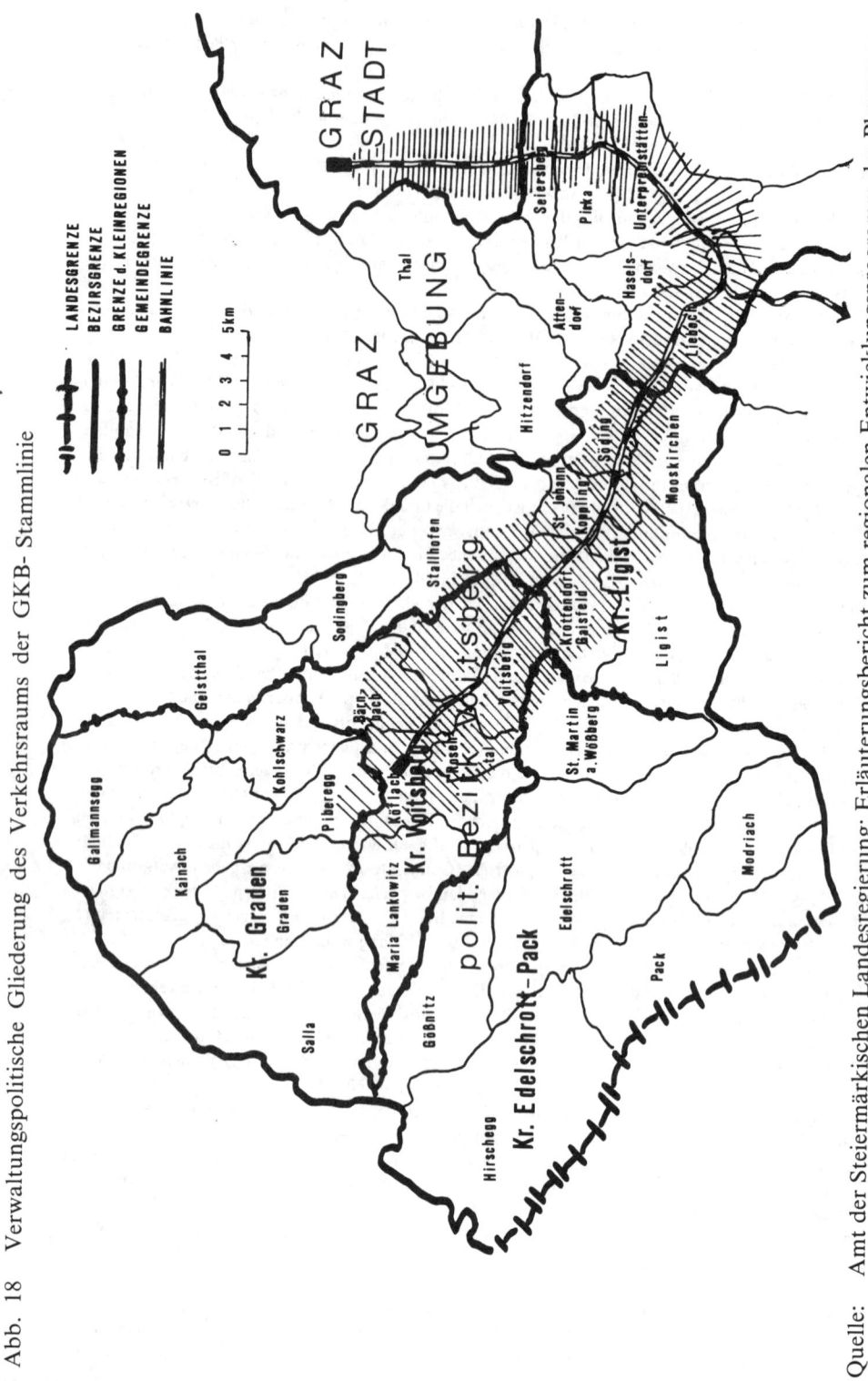

Abb. 18   Verwaltungspolitische Gliederung des Verkehrsraums der GKB- Stammlinie

Quelle: Amt der Steiermärkischen Landesregierung: Erläuterungsbericht zum regionalen Entwicklungsprogramm der Planungsregion Voitsberg, hier: Verwaltungspolitische Gliederung der Kleinregionen Graz 1984. Kartographische Ergänzung: H. Kreft-Kettermann

Gemeinden würde in diesem Fall zu weit führen. Die der Planungsregion Graz-Umgebung angehörenden Bahngemeinden Premstätten, Pirka, Seiersberg und Lieboch werden zusammen mit dem Bezirk Voitsberg untersucht.

Der politische Bezirk Voitsberg

Die Region Voitsberg, benannt nach ihrem regionalen Zentrum Voitsberg (Sitz der Bezirksverwaltungsbehörde), besteht aus den 4 Kleinregionen Graden (6 Gmde), Edelschrott-Pack (6 Gmde), Ligist (8 Gmde) und Voitsberg (5 Gmde) (vgl. Abb. 18).

Die **Bevölkerungsentwicklung** zeigt im politischen Bezirk Voitsberg mit − 1,9 Prozent eine rückläufige Entwicklung. Mit Ausnahme der Kleinregion Ligist trifft dieser negative Trend auf alle Räume zu (vgl. Tab. 17).

Tab. 17: Bevölkerungsentwicklung im politischen Bezirk Voitsberg nach Kleinregionen sowie in vier weiteren Bahngemeinden der GKB 1951—1981

Kleinregion	1951	1961	1971	1981
Graden	3 742	3 640	3 494	3 399
Edelschrott-Pack	5 590	5 435	5 206	5 101
Ligist	12 474	12 748	13 703	14 287
Voitsberg	31 829	33 829	34 490	33 049
Bezirk Voitsberg	53 653	55 652	56 893	55 806
Gemeinden				
Lieboch	.	.	.	2 859
Pirka	.	.	.	1 815
Seiersberg	.	.	.	3 928
Unterpremstätten	.	.	.	2 479

. es lagen keine Angaben vor

Quelle: Amt der Steiermärkischen Landesregierung (Hrsg.) 1983/84a und Österreichisches Statistisches Zentralamt (Hrsg.): Volkszählung 1981, Hauptergebnisse I — Steiermark, Wien 1985 (= Beiträge zur österreichischen Statistik, Heft 630/7)

Das Bevölkerungswachstum in der Kleinregion Ligist (+ 4,2 %) ist insofern besonders zu akzentuieren, da 5 von insgesamt 8 Gemeinden Bahnstationen sind. Bei der Erstellung einer möglichen Kausalität ist jedoch Vorsicht geboten.

Der deutliche Rückgang in der Kleinregion Voitsberg (− 4,1 %) im Zeitraum 1971—1981 basiert primär auf einem Bevölkerungsverlust in den traditionellen Bergbauorten Bärnbach, Köflach und Voitsberg, was seinerseits wiederum im Kontext des rückläufigen Kohleabbaues und der Schließung einiger Gruben zu sehen ist.

In der **Wirtschaftsstruktur** der Region Voitsberg, analysiert auf der Grundlage der prozentualen Verteilung der Berufstätigen der (Wohn-)Gemeinden nach Wirtschaftssektoren, ist allgemein ein Rückgang des Primären Sektors zugunsten des Tertiären aber auch des Sekundären Wirtschaftssektors feststellbar. Vereinzelt sind auch im Bereich Industrie, Gewerbe, Bauwesen abnehmende Zahlen erkennbar, so beispielsweise in der Kleinregion Voitsberg, in der eine Umstrukturierung im Hinblick auf ein stetiges Anwachsen des Dienstleistungsbereiches zu Lasten des Sekundären Sektors erkennbar wird; im Bereich Land- und Forstwirtschaft herrscht eine weitgehende Stagnation (vgl. Tab. 18).

Tab. 18: Berufstätige in den Kleinregionen des politischen Bezirks Voitsberg sowie in vier weiteren Bahngemeinden der GKB nach Wirtschaftssektoren (in %)

Kleinregion	Land- und Forstwirtschaft		Industrie, Gewerbe, Bauwesen		Dienstleistungen	
	1971	1981	1971	1981	1971	1981
Graden	36,7	23,5	43,2	44,4	20,1	32,1
Edelschrott-Pack	45,3	30,1	34,3	34,8	20,4	32,1
Ligist	37,0	21,6	40,1	43,5	22,9	35,9
Voitsberg	4,9	4,2	68,0	59,0	27,1	36,8
Bezirk Voitsberg	17,7	11,8	56,3	51,4	26,0	36,8
Gemeinden						
Lieboch	11,4	3,9	44,6	35,3	44,0	60,7
Pirka	15,9	7,4	42,1	41,3	42,0	51,4
Seiersberg	3,1	2,4	49,6	39,9	47,3	57,7
Unterpremstätten	14,3	6,1	44,1	45,2	41,6	48,8

Quelle: Österreichisches Statistisches Zentralamt (Hrsg.): Volkszählung 1981, Hauptergebnisse II — Steiermark, Wien 1985 (= Beiträge zur österreichischen Statistik, Heft 630/17)

Tab. 19: Maßzahlen zur Pendlerbewegung in den Kleinregionen des politischen Bezirks Voitsberg sowie in vier weiteren Bahngemeinden der GKB 1981

Kleinregion	Beschäftigte am Wohnort	Auspendler	Einpendler	Beschäftigte am Arbeitsort	Index des Pendlersaldos	Index der Pendlermobilität
Graden	1 393	907	151	644	48,3	76,5
Edelschrott-Pack	2 212	1 240	244	1 216	55,1	66,9
Ligist	6 083	3 915	784	2 952	47,9	70,0
Voitsberg	12 778	6 012	6784	13 550	90,5	103,7
Bezirk Voitsberg	22 466	12 074	7970	18 362	81,7	89,2
Gemeinden						
Lieboch	1 166	889	278	555	47,6	100,1
Pirka	796	651	68	213	26,8	90,3
Seiersberg	1 779	1 499	169	449	25,2	93,8
Unterpremstätten	953	589	765	1 129	118,5	142,1

Quelle: Österreichisches Statistisches Zentralamt (Hrsg.): Volkszählung 1981, Hauptergebnisse II — Steiermark, Wien 1985 (= Beiträge zur österreichischen Statistik, Heft 630/17)

Insgesamt zeigt sich jedoch ein Dominieren der Beschäftigtenzahlen im Sekundären Sektor, wodurch sich der politische Bezirk Voitsberg als ein primär industriell-gewerblich strukturierter Raum darstellt.

Ein entscheidender Faktor für die Intensität der Verkehrsnachfrage und somit für das Verkehrsaufkommen der einzelnen Verkehrsträger ist die Pendlermobilität einzelner Gemeinden, die — bedingt durch die Verteilung der Arbeitsplatzstandorte — in den einzelnen Kleinregionen sehr unterschiedlich ist.

In der Planungsregion Voitsberg überwiegen insgesamt die Auspendler, wobei die Nähe der Landeshauptstadt Graz mit ihren Agglomerationen auf dem industriellen, gewerblichen und Dienstleistungssektor sicherlich als Hauptursache für diese Erscheinung anzusehen ist. Mit Ausnahme der Kleinregion Voitsberg ist diese Pendlerstruktur auch auf die Mikroebene der Kleinregionen und der Gemeinden übertragbar. In der Kleinregion Voitsberg überwiegen aufgrund der Bergbau- und Industrieansiedlungen trotz vergleichsweise hoher Auspendlerwerte jedoch die Einpendlerzahlen (vgl. Tab. 19).

Interessant ist an dieser Stelle auch eine Übersicht der Pendler je nach benutztem Verkehrsmittel (vgl. Tab. 20).

Die Tabelle zeigt für den Bezirk Voitsberg eine äußerst geringe Beanspruchung der öffentlichen Verkehrsmittel im Berufspendlerverkehr; von 23 079 Pendlern benutzen nur 3459 Personen (15,0%) einen öffentlichen Verkehrsträger. Noch geringer ist mit nur 4,4 Prozent die Inanspruchnahme der Bahn.

Verkehrsströme werden in ihrer Intensität und Struktur aber nicht nur durch die Pendlermobilität, sondern auch durch andere auslösende Momente geprägt, wie beispielsweise durch den Fremdenverkehr. Ist dieser gerade im Zentralalpenraum von entscheidender Bedeutung für ein gesteigertes Verkehrsaufkommen, so nimmt er im Verkehrsraum der GKB, speziell in der Region Voitsberg-Köflach, nur eine untergeordnete Position ein. Obgleich im Berg- und Almenbereich der Heb-, Pack-, Stub- und Gleinalpe ein ausgebautes Wander- und Bergtourengebiet zur Verfügung steht und auch die ruhigen Orte im Kainach- und Södingtal durch ihre klimatisch günstige Lage Anziehungspunkte für Erholungssuchende darstellen, ist der Fremdenverkehr in dieser Region von einem Massentourismus weit entfernt, was die geringen Nächtigungszahlen belegen (vgl. Tab. 21).

Weitere verkehrsauslösende Momente sind durch die Verteilung zentralörtlicher, öffentlicher Einrichtungen und die Nachfrage nach diesen gegeben. Eine Konzentration des Dienstleistungsangebotes der Behörden und privater Dienstleistungen findet sich in Voitsberg, das neben der Bezirkshauptmannschaft und dem Bezirksgericht auch die Baubezirksleitung, das Finanz- und Arbeitsamt beherbergt; darüber hinaus ist es regionales Schulzentrum mit unterschiedlichen Schultypen von der

Tab. 20: Erwerbswirtschaftliche Mobilität der Bevölkerung im politischen Bezirk Voitsberg nach ihrer Verkehrsmittelwahl 1981

Verkehrsmittel	Binnenpendler abs.	%	Einpendler abs.	%	Auspendler abs.	%	Insgesamt abs.	%
keines	2390	39,3	263	3,7	285	2,9	2 938	12,7
Auto, Motorrad, Moped	2886	47,3	5336	74,7	6823	69,4	15 045	65,2
Eisenbahn	9	0,1	134	1,9	882	9,0	1 025	4,4
Autobus, Obus	122	2,0	983	13,8	1329	13,4	2 434	10,6
Werkbus, Schulbus	32	0,5	243	3,3	314	3,2	589	2,6
Sonstiges	657	10,8	186	2,6	205	2,1	1 048	4,5
Insgesamt	6096	100,0	7145	100,0	9838	100,0	23 079	100,0

Quelle: Österreichisches Statistisches Zentralamt (Hrsg.): Volkszählung 1981, Hauptergebnisse II — Steiermark, Wien 1985 (= Beiträge zur österreichischen Statistik, Heft 630/17)

Tab. 21: Fremdenverkehrsintensität im politischen Bezirk Voitsberg und in vier weiteren Bahngemeinden der GKB 1982 und 1984

Kleinregion	Übernachtungen					
	Sommer		Winter		Insgesamt	
	1982	1984	1982	1984	1982	1984
Graden	5 062	6 051	6 679	6 582	11 741	12 633
Edelschrott-Pack	29 080	28 894	9 787	7 847	38 867	36 741
Ligist	16 645	12 221	3 052	2 197	19 697	14 418
Voitsberg	22 735	14 433	11 196	9 408	33 931	22 841
Bezirk Voitsberg	73 522	61 599	30 714	26 034	104 326	87 633
Gemeinden						
Lieboch	2 059	1 946	857	721	2 916	2 667
Pirka	2 687	1 796	1 588	751	4 275	2 547
Premstätten	1 051	1 160	956	432	2 007	1 592
Seiersberg	506	1 520	524	304	1 030	1 824

Quelle: Berechnungen auf der Grundlage der Fremdenverkehrsstatistik der Steiermark, hrsg. vom Amt der Steiermärkischen Landesregierung, Graz 1983 und 1985

Hauptschule über zahlreiche Fachschulen bis hin zur allgemeinbildenden Höheren Schule. Auch auf dem Sektor „Gesundheit und Soziales" erweist sich Voitsberg mit einem Krankenhaus und mehreren praktischen Ärzten und Fachärzten als besonders gut ausgestattet.
Voitsberg, das Rang 5 der zentralörtlichen Hierarchie belegt (vgl. BOBEK/FESL 1978, S. 282 im Anhang) und damit zu den Zentralen Orten der Mittleren Stufe zählt, ist damit Hauptziel zahlreicher intraregionaler Verkehrsströme. Aber auch Köflach, das Rang 4 einnimmt und ebenfalls einen Ort mittlerer Zentralität darstellt, ist Zielpunkt verschiedener Verkehrsbewegungen.

Der politische Bezirk Deutschlandsberg

Der politische Bezirk Deutschlandsberg, benannt nach seinem regionalen Zentrum Deutschlandsberg (Sitz der Bezirksverwaltungsbehörde), weist eine Gesamtfläche von 862,91 qkm auf und besitzt eine Bevölkerungsdichte von 87,3 E/qkm. Die Region besteht aus den 4 Kleinregionen Stainz (11 Gmde), Deutschlandsberg (13 Gmde), Groß St. Florian (7 Gmde) und Eibiswald (9 Gmde). Auch hier deckt sich die Region weitestgehend mit dem Erschließungsgebiet der Bahnlinie, so daß alle Kleinregionen in die Zusammenschau wesentlicher Strukturdaten aufgenommen werden können (vgl. Abb. 19).
Die **Bevölkerungsentwicklung** in der Region Deutschlandsberg zeigt für den Beobachtungszeitraum 1971—1981 eine geringe Zunahme von 0,7 Prozent, die — wie eine Betrachtung der Mikroebene verdeutlicht — auf die Kleinregionen Stainz und Deutschlandsberg zurückzuführen ist; diese haben bereits seit 1961 einen konstanten Zuwachs aufzuweisen. Während die Kleinregion Groß St. Florian ihren Bevölkerungsstand im Untersuchungszeitraum mit einer Abnahme von nur 6 Personen nahezu konstant halten konnte, wird in der Kleinregion Eibiswald der seit 1951 anhaltende Bevölkerungsschwund durch die hohen Abwanderungszahlen bedingt. Innerregional wird deutlich, daß es primär die Berg- und Grenzlandgemeinden sind, die am stärksten von der Abwanderungsbewegung betroffen sind. Für den gesamten Bezirk ist ein Anwachsen der verkehrsgünstigen Zentralräume zu Lasten der peripheren Regionen festzustellen (vgl. Tab. 22).

Abb. 19 Verwaltungspolitische Gliederung des Verkehrsraumes der GKB-Zweiglinie

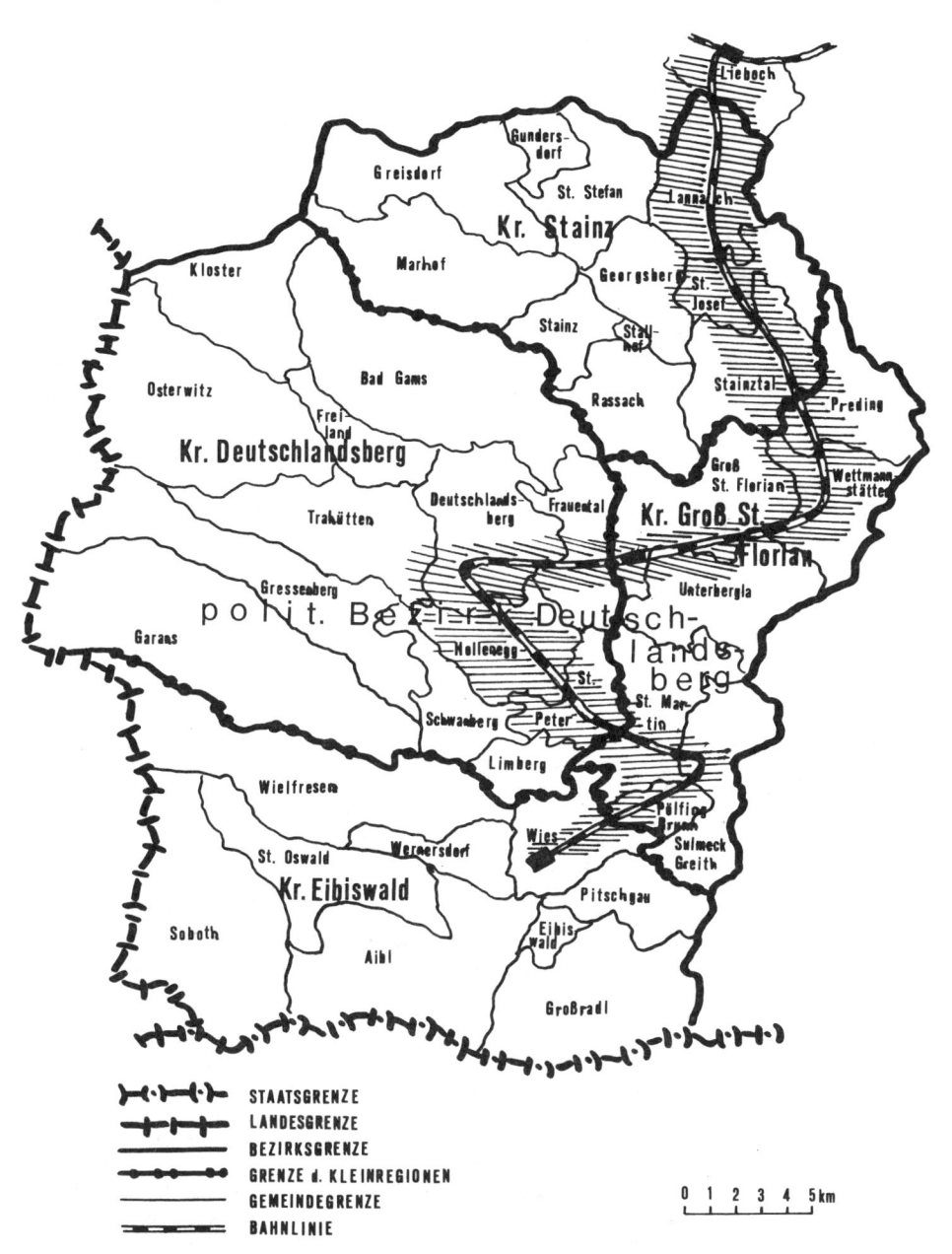

Quelle: Amt der Steiermärkischen Landesregierung: Erläuterungsbericht zum regionalen Entwicklungsprogramm der Region Deutschlandsberg, hier: Regionale Überschau mit Verwaltungsgliederung der Kleinregionen, Graz 1983/84 (unveröffentlicht). Kartographische Ergänzung: H. Kreft-Kettermann

Tab. 22: Bevölkerungsentwicklung in den Kleinregionen des politischen Bezirks Deutschlandsberg 1951—1981

Kleinregion	1951	1961	1971	1981
Deutschlandsberg	19 960	19 728	20 408	20 813
Eibiswald	12 433	12 096	11 956	11 671
Groß St. Florian	12 351	11 919	12 469	12 438
Stainz	13 836	13 465	14 200	12 587
Bezirk Deutschlandsberg	58 580	57 208	59 035	59 509

Quelle: Amt der Steiermärkischen Landesregierung 1983/84 (unveröffentlicht) und Österreichisches Statistisches Zentralamt (Hrsg.): Volkszählung 1981, Hauptergebnisse II — Steiermark, Wien 1985 (= Beiträge zur österreichischen Statistik, Heft 630/17)

Tab. 23: Berufstätige in den Kleinregionen des politischen Bezirks Deutschlandsberg nach Wirtschaftssektoren (in %)

Kleinregion	Land- und Forstwirtschaft		Industrie, Gewerbe, Bauwesen		Dienstleistungen	
	1971	1981	1971	1981	1971	1981
Deutschlandsberg	38,4	27,4	36,8	38,4	24,8	34,2
Eibiswald	35,5	24,1	41,3	42,9	23,2	33,0
Groß St. Florian	37,4	23,3	39,2	44,6	23,4	32,1
Stainz	37,5	24,1	41,0	44,4	21,5	31,5
Bezirk Deutschlandsberg	37,2	24,7	39,6	42,6	23,2	32,7

Quelle: Österreichisches Statistisches Zentralamt (Hrsg.): Volkszählung 1981, Hauptergebnisse II — Steiermark, Wien 1985 (= Beiträge zur österreichischen Statistik, Heft 630/17)

Einen Einblick in die **Wirtschaftsstruktur** der Region Deutschlandsberg gewährt wiederum die prozentuale Verteilung der Berufstätigen auf die einzelnen Wirtschaftssektoren (vgl. Tab. 23). Der Zahlenüberblick zeigt, daß auch in dieser Planungsregion eine Abnahme der in der Land- und Forstwirtschaft Beschäftigten zugunsten der beiden anderen Wirtschaftsbereiche die Entwicklung prägt. Dieser negative Trend auf dem Primären Sektor erklärt sich vorrangig aus der vorherrschenden Betriebsgrößenstruktur und der sozio-ökonomischen Betriebscharakteristik. Rund 4000 der insgesamt 5809 Betriebe (1980) haben nicht mehr als 10 ha Grundbesitz. Vor diesem Hintergrund hat die Zahl der Nebenerwerbsbetriebe auf Kosten der Vollerwerbsbetriebe stark zugenommen. In der Folge haben auch die im Nebenerwerb bewirtschafteten Flächen eine beachtliche Zunahme erfahren. Die Gründe für diesen Strukturwandel sind primär in den besseren Verdienstmöglichkeiten im nichtlandwirtschaftlichen Bereich zu suchen, der dadurch einen erheblichen Zuwachs zu verzeichnen hat (vgl. AMT DER STEIERMÄRKISCHEN LANDESREGIERUNG (Hrsg.) 1983/84 b, S. 7.21). Im Bereich Industrie und Gewerbe zeichnet sich eine deutliche Dominanz der Klein- und Mittelbetriebe (bis zu 50 Arbeitsplätze) ab (94 %), wobei insbesondere im Zentralraum Deutschlandsberg-

Frauenthal eine Konzentration dieser Betriebe festzustellen ist. Diese Region hat aufgrund ihrer arbeitsmarktpolitischen und verkehrswirtschaftlichen Lage sowie vorhandener Flächenreserven und der gegebenen infrastrukturellen Aufschließung beste Standortqualitäten und ist als überörtlich bedeutsamer Industrie- und Gewerbestandort anzusehen. Die übrigen Kleinregionen besitzen eine nur geringe industriell-gewerbliche Überformung und sind in der örtlichen Raumordnungs- und Aufschließungspolitik als Entwicklungsstandorte ausgewiesen.

Das immense Anwachsen des Tertiären Sektors ist nicht zuletzt eine Folge des forcierten Ausbaues öffentlicher und sozialer Dienste sowie der permanenten Ausweitung des Handels und des Gastgewerbes. Auch hier zeigt sich eine deutliche Konzentration der Betriebe im Zentralraum Deutschlandsberg-Frauenthal, gefolgt von den Orten Eibiswald, Stainz und Groß St. Florian, die allesamt auch mit einem Einkaufszentrum[3] ausgestattet sind (vgl. AMT DER STEIERMÄRKISCHEN LANDESREGIERUNG (Hrsg.) 1983/84 b, S. 7.4.1 (unveröffentl.)).

Eine Folge dieser aufgezeigten räumlichen Verteilung von Industrie-, Gewerbe- und Dienstleistungsstandorten und damit der Arbeitsplätze ist eine mehr oder minder stark ausgeprägte Pendlerbewegung (vgl. Tab. 24).

In der gesamten Region Deutschlandsberg überwiegt die Zahl der Auspendler; der Index der Pendlermobilität ist mit 76,4 Prozent deutlich niedriger als der Vergleichswert in der Region Voitsberg mit 89,2 Prozent.

Tabelle 25 macht die äußerst geringe Inanspruchnahme öffentlicher Verkehrsmittel (15 %) deutlich; im Gegensatz zur Region Voitsberg rangiert hier jedoch der Verkehrsträger Bahn mit 9,9 Prozent vor dem Bus mit 4,1 Prozent.

In der Ausstattung mit öffentlichen Einrichtungen und Dienstleistungsbetrieben zeigt sich für den Planungsraum Deutschlandsberg folgendes Bild: Von 40 Gemeinden haben 34 eine Volksschule, Hauptschulen bestehen lediglich in den Nahversorgungszentren Deutschlandsberg, Eibiswald, Groß St. Florian, Schwanberg, Stainz und Wies sowie in den voll ausgestatteten lokalen Zentren Preding

Tab. 24: Maßzahlen zur Pendlerbewegung in den Kleinregionen des politischen Bezirks Deutschlandsberg 1981

Kleinregion	Beschäftigte am Wohnort	Auspendler	Einpendler	Beschäftigte am Arbeitsort	Index des Pendlersaldos	Index der Pendlermobilität
Deutschlandsberg	8 567	4 381	3339	7 525	62,1	70,5
Eibiswald	4 684	2 636	1352	3 400	68,3	79,8
Groß St. Florian	5 369	2 972	1247	3 644	64,7	77,1
Stainz	6 278	3 873	1421	4 012	54,7	78,3
Bezirk Deutschlandsberg	24 898	13 862	7359	18 581	62,4	76,4

Quelle: Österreichisches Statistisches Zentralamt (Hrsg.): Volkszählung 1981, Hauptergebnisse II — Steiermark, Wien 1985 (= Beiträge zur österreichischen Statistik, Heft 630/17)

---

3 Als Einkaufszentren gelten in der Steiermark „Handelsbetriebe und damit im Zusammenhang stehende Dienstleistungseinrichtungen, die nach einem wirtschaftlichen Gesamtkonzept in sich eine bauliche oder planerische Einheit bilden, eine Verkaufsfläche von insgesamt 600 m^2 oder eine Gesamtbetriebsfläche von mehr als 1000 m^2 haben" (StRO Ges. 1974, § 23 Abs. 9).

Tab. 25: Erwerbswirtschaftliche Mobilität der Bevölkerung im politischen Bezirk Deutschlandsberg nach ihrer Verkehrsmittelwahl 1981

Verkehrsmittel	Binnenpendler abs.	%	Einpendler abs.	%	Auspendler abs.	%	Insgesamt abs.	%
keines (zu Fuß)	1604	37,2	203	3,0	223	2,2	2 030	9,5
Auto, Motorrad, Moped	1993	46,2	5080	75,0	6 882	67,2	13 955	65,5
Eisenbahn	7	0,2	510	7,6	1 569	15,3	2 086	9,9
Autobus, Obus	13	0,3	345	5,1	730	7,1	1 088	5,1
Schulbus, Werkbus	34	0,8	304	4,3	533	5,2	871	4,1
Sonstiges	665	15,3	296	5,0	303	3,0	1 264	5,9
Insgesamt	4316	100,0	6738	100,0	10 240	100,0	21 941	100,0

Quelle: Berechnung auf der Grundlage der Volkszählung 1981, Hauptergebnisse II — Steiermark, hrsg. v. Österreichischen Statistischen Zentralamt, Wien 1985 (= Beiträge zur österreichischen Statistik, Heft 630/17)

und St. Stefan ob Stainz. Eine allgemeinbildende Höhere Schule und eine Handelsakademie befinden sich im Bundesschulzentrum Deutschlandsberg. Diese Zentralisierung des höheren Schulwesens in Deutschlandsberg bringt besonders für Schüler aus entlegeneren Gemeinden tägliche Fahrzeiten bis zu 4 Stunden mit sich. Eine weitere Ausstattung mit kulturellen Einrichtungen wie Musikschulen, Museen und Büchereien findet sich ebenfalls vorrangig in den genannten Zentralen Orten.
Auf dem Sektor „Gesundheit und Soziales" entspricht die Quote des ärztlichen Versorgungsgrades mit 1919 Ew./Arzt in etwa dem Empfehlungswert von 2000 Ew./Arzt, jedoch dürfen hierbei die erheblichen innerregionalen Disparitäten und die Standortkonzentrationen innerhalb der Kleinregionen nicht außer acht gelassen werden. In Deutschlandsberg praktizieren beispielsweise 5 der 10 in der gesamten Kleinregion gemeldeten Ärzte. Als unzureichend ist die zahnärztliche Versorgung in diesem Bezirk zu bezeichnen; bei lediglich 12 Zahnärzten ergibt sich eine Versorgungsquote von rund 5000 Ew./Arzt. Eine nahezu ausschließliche Konzentration auf Deutschlandsberg, das auch Standort des Landeskrankenhauses ist, wird ebenfalls bei den fachärztlichen Niederlassungen deutlich (vgl. AMT DER STEIERMÄRKISCHEN LANDESREGIERUNG (Hrsg.) 1983/84 b, S. 8.2—1, 8.2—2 (unveröffentl.)).
Schließlich sei auch für diese Region die Fremdenverkehrsintensität näher untersucht und damit der Fremdenverkehr als möglicher Auslöser von Verkehrsbewegungen berücksichtigt (vgl. Tab. 26).
Die Nächtigungszahlen des politischen Bezirks Deutschlandsberg liegen über denen der Planungsregion Voitsberg, weisen jedoch eine sinkende Tendenz auf, was auf die schlechten Witterungsverhältnisse im Fremdenverkehrsjahr 1984/85 zurückzuführen ist. Auch zeigt sich ein eindeutiges Dominieren des Sommertourismus; lediglich 20,5 Prozent der Jahresfrequenz entfielen 1984 auf das Winterhalbjahr.
Insgesamt ist die Fremdenverkehrsintensität mit 164 715 Übernachtungen im Jahr 1984 ausgesprochen niedrig. Der überwiegende Teil dieser Region, besonders das Steirische Grenzland, besitzt auch kaum eine Eignung für einen Fremdenverkehr nach bekanntem Muster. Und doch liegen für diesen Wirtschaftszweig auch im Steirischen Grenzland Chancen für einen positiven Entwicklungsbeitrag. Seine Bedeutung ist dabei überwiegend im Bereich von Zusatzeinkommen und betrieblicher Absicherung zu suchen. Die Hauptrichtung einer anzustrebenden Fremdenverkehrsentwicklung muß daher in erster Linie auf eine Art „sanften Tourismus" abzielen (vgl. AMT DER STEIERMÄRKISCHEN LANDESREGIERUNG (Hrsg.) 1983/84 b, S. 7.5—12 (unveröffentl.)).
Vorrangiges Ziel ist also eine Art „angepaßter Tourismus" und somit ein gewachsener Fremdenverkehr, der in stärkerer Übereinstimmung mit dem gegebenen Raumpotential sowie den Fähigkeiten

Tab. 26: Fremdenverkehrsintensität in den Kleinregionen des politischen Bezirks Deutschlandsberg 1982 und 1984

Kleinregion	Sommer		Übernachtungen Winter		Insgesamt	
	1982	1984	1982	1984	1982	1984
Deutschlandsberg	103 244	85 514	17 107	19 800	120 351	105 314
Eibiswald	26 485	22 369	2 723	2 787	29 208	25 156
Groß St. Florian	4 448	1 961	514	625	4 962	2 586
Stainz	16 693	21 041	10 943	10 618	27 636	31 659
Bezirk Deutschlandsberg	150 870	130 885	31 287	33 830	182 157	164 715

Quelle: Berechnungen auf der Grundlage der Fremdenverkehrsstatistik der Steiermark, hrsg. vom Amt der Steiermärkischen Landesregierung, Graz 1982 und 1984

der dort lebenden Menschen steht und dadurch einen regionstypischen Charakter erhält. Das Bergland der Koralpe, die Steirische Weinstraße, Heil- und Kurbäder, Burgen, Kleinstädte und Märkte mit einprägsamen Ortsbildern, kulturelle Veranstaltungen und Kunsthandwerkszentren bieten ein umfangreiches Potential für einen attraktiven erholungsbezogenen Urlaub.

2.2.2.3 Die Verkehrsbedeutung der GKB heute — Stellung und Funktion im Verkehrssystem der Weststeiermark

Die Weststeiermark wird im öffentlichen Personennahverkehr primär durch das Bahn- und Buslinienetz der GKB sowie vereinzelt auch durch Buskurse der Post und privater Unternehmer bedient. Die Angebotsstruktur ist dabei weitestgehend an der Verkehrsnachfrage orientiert. Das Fahrplanbild zeigt insgesamt eine vergleichsweise hohe Verkehrsdichte, die sich für die Graz-Köflacher Bahnlinien wie folgt darstellt: Auf der Stammstrecke Graz — Köflach verkehren werktäglich 11 Zugpaare, deren Abfahrts- und Ankunftszeiten großteils am Berufs- und Schülerverkehr ausgerichtet sind (Führung von sog. Arbeiter-, Schüler- und Reisezügen). Am Wochenende sowie an Feiertagen zeigt sich gemäß der geringeren Verkehrsnachfrage eine deutliche Fahrplanausdünnung; die eingesetzten Zugkurse sind dann vornehmlich auf den Besuchs- und Ausflugsverkehr abgestimmt. Eine vergleichbare Fahrplanstruktur weist auch die Zweiglinie Lieboch — Wies-Eibiswald auf, hier verkehren werktäglich 14 und an Sonn- und Feiertagen 5 Zugpaare.

Ergänzt wird das Bahnangebot durch ein ebenso starkes Buslinienangebot, das zwar großenteils streckenparallel, jedoch nicht zeitgleich liegt, so daß eine betriebsinterne Konkurrenzierung weitestgehend ausgeschlossen werden kann. Besonders günstig ist die Situation für die Zweiglinie; hier existiert kein bahnparalleler Busverkehr (vgl. auch Abb. 17). Bedingt durch die weit verzweigte und damit zeitaufwendige Verkehrsbedienung des Kraftwagenliniendienstes und das

Fehlen einer durchgehenden Busverbindung Graz — Wies-Eibiswald (in Deutschlandsberg enden die Linien aus Graz kommend, so daß hier umgestiegen werden muß) ist die Bahn mit einer durchschnittlichen Fahrzeit von 1 Stunde 30 Minuten weit zeitsparender und somit attraktiver als der Kraftwagenliniendienst, der allein für die Strecke Graz — Deutschlandsberg 1 Stunde 25 Minuten benötigt. Im Bereich der Stammstrecke sind die Fahrzeiten von Bus und Bahn nahezu gleich.

Im Personenverkehr der Graz-Köflacher Bahn kommen vorrangig moderne Triebwagengarnituren (Reihe VT 70) zum Einsatz, die entsprechend der Verkehrsnachfrage zusammengesetzt und bei geringem Verkehrsaufkommen auch im kostensparenden Einmannbetrieb geführt werden können.

Im Güterzugverkehr werden derzeit an Werktagen 6 Zugpaare auf der Haupt- und zwei auf der Zweigstrecke geführt. Am Wochenende verkehrt samstags ein Güterzug auf der Strecke Graz — Köflach und sonntags fährt ein Zug von Graz nach Wies-Eibiswald. Darüber hinaus werden im Raum Köflach-Bärnbach und Lieboch-Lannach auch Bedienungsfahrten durchgeführt.

Erwähnenswert sind im Kontext der Erschließung der Weststeiermark mit öffentlichen Verkehrsmitteln auch die zahlreichen, von einzelnen Bahnstationen ausgehenden Kraftfahrlinien zu den Ausflugsorten der Glein-, Stub-, Pack- und Koralpe (vgl. Abb. 17).

Obgleich durch steigende Energiepreise und Autokosten, zunehmende Pendlerzahlen und Pendlerentfernungen der öffentliche Nahverkehr immer mehr an Bedeutung gewinnt, so ist die Nachfrage nach öffentlichen Verkehrsleistungen jedoch sehr gering. Dieses Phänomen wurde auch in den Ausführungen zur Verkehrsmittelwahl der Berufspendler (Tab. 20 u. 25) besonders deutlich. Die Graz-Köflacher Bahn und auch der unternehmenseigene Kraftwagendienst erfahren entsprechend ihrem quantitativ doch recht umfangreichen Angebot keine adäquate Inanspruchnahme. Trotz hoher, im Vergleich zu anderen Nebenbahnen hauptbahnähnlicher Verkehrsleistungen bleibt der Auslastungsgrad insbesondere der Bahn hinter den Erwartungen zurück. Die Frage nach dem Grund läßt sich bei näherer Betrachtung durch einen Mangel an Attraktivität beantworten. Im Vergleich zum Individualverkehr treten lange Fahrzeiten (Graz — Köflach 70 Min., Graz — Wies-Eibiswald zirka 95 Min.), geringer Fahrkomfort, überfüllte Zuggarnituren zu den Stoßzeiten, eine schlechte Bahnhofsausstattung, lange Zufahrtswege zu den Bahnstationen und nicht zuletzt die mangelnde Fahrplanabstimmung zwischen Zubringerbussen und Bahn sowie eine fehlende Ausrichtung der GKB-Linien an den überregionalen und internationalen Verbindungen in Graz (in Graz Hbf. werden keine Anschlüsse abgewartet) äußerst negativ in Erscheinung und zählen auch zu den Hauptkritikpunkten und den primären Argumenten, das Desinteresse an der Bahn zu belegen.

Auch der öffentliche Karftwagenliniendienst hat sich zahlreichen kritischen Stimmen zu stellen. Die Berggebiete und Bereiche abseits der Bahnstrecken weisen eine mangelnde Erschließung durch Kraftfahrlinien auf. Kritisiert werden ferner das Fehlen einheitlicher Fahrttarife bei Bus und Bahn und die überaus schlechten Wochenendverbindungen im Busverkehr; denn gerade an den Wochenenden, wo im Urlauberverkehr der Gästewechsel stattfindet, wird eine außerordentliche Fahrplanausdünnung sichtbar. Diese Tatsache sowie die aufgrund mangelnder Koordination der Abfahrzeiten der GKB-Linien mit den Hauptbahnverbindungen erheblichen Wartezeiten am Bahnhof Graz und die ebenso zeitraubenden Umsteigemöglichkeiten zwischen den Zügen der GKB und den Buslinien in die Berg- und damit Urlaubsgemeinden lassen die derzeitige Situation des Öffentlichen Personennahverkehrs (ÖPNV) auch zu einem Problem und Hindernis für positive Entwicklungsmöglichkeiten des weststeirischen Fremdenverkehrs werden.

Wie aber lassen sich Bus und insbesondere Bahn nachfragegerechter gestalten? Dieser Frage soll zum Ende der Ausführungen zur Graz-Köflacher Bahn nachgegangen werden, wobei einige Verbesserungsvorschläge vorgestellt und diskutiert werden sollen.

Eine Attraktivitätssteigerung der GKB ist unter anderem in einer Verkürzung der Fahrzeit durch eine Reduzierung der Haltestellen bei den wichtigen Morgen- und Abendverbindungen zu suchen. Gemäß diesem Vorschlag halten die Züge nur noch in größeren Bahnhöfen, die umliegenden Gemeinden sind durch Buskurse, deren An- und Abfahrzeiten ein Umsteigen ohne großen Zeitaufwand ermöglichen, an diese nunmehr zentralen Bahnstationen anzubinden. Die Kraftfahrlinien sollen hierbei ausschließlich Zubringerfunktionen zu den Bahnstationen der GKB erfüllen, wobei parallel verlaufende Kurse gänzlich zu vermeiden sind. Der Bahn kommt damit die Aufgabe des direkten, schnellen Verkehrsleiters zu den regionalen Zentren und Nahversorgungszentren der Weststeiermark sowie zur Landeshauptstadt Graz zu.

Für die Strecke Graz — Köflach ist eine Beschränkung auf die Bahnhöfe Graz, Lieboch, Krottendorf-Ligist, Voitsberg und Köflach zu empfehlen, für die Zweigstrecke Lieboch — Wies-Eibiswald bieten sich die Bahnstationen Preding-Wieselsdorf, Groß St. Florian, Frauenthal-Gams, Deutschlandsberg, Pölfing-Brunn und Wies-Eibiswald an. Auf diese Weise ist eine Steigerung der durchschnittlichen Fahrgeschwindigkeit auf 55 km/h möglich, was Zeiteinsparungen auf der Stamm- und Zweigstrecke zwischen 10 und 24 Minuten zur Folge hätte. Die Fahrzeiten nach Graz würden damit ungefähr denen im Individualverkehr entsprechen.

Für die Verkehrsbenutzer, die mit dem Zubringerbus den zentralen Ein- und Aussteigebahnhöfen der GKB zugeführt werden, ergeben sich bei einer optimalen Kooperation zwischen Bus und Bahn zahlreiche Vorteile: Die Buskurse können die Siedlungsgebiete direkt erschließen, der Wechsel zwischen Bus und Bahn kann ohne große Wartezeiten erfolgen, und das Umsteigen wird durch die geringen Fußweglängen zur Haltestelle kompensiert.

Um zusätzliche Fahrgäste anzuwerben, bedarf es neben der Fahrzeitverkürzung auch zusätzlicher flankierender Maßnahmen zur Verbesserung des qualitativen Verkehrsangebotes. In einem hierzu von den GKB-Verkehrsbetrieben erarbeiteten Sanierungsprogramm, das teilweise bereits zur Realisierung gelangen konnte, werden diesbezüglich nachfolgende Maßnahmen angestrebt: Verbesserungen am Schienenkörper, eine Sicherung der Bahnübergänge zur weiteren Erhöhung der Fahrgeschwindigkeiten und Einhaltung der Fahrzeiten, die Erneuerung der Betriebsmittel, die Steigerung des Fahrkomforts durch eine verstärkte Führung moderner Triebwagenzüge (insbesondere für den Berufspendlerverkehr), eine allgemeine Sanierung der Bahnhöfe, die Vermeidung überfüllter Züge durch eine flexible Gestaltung der Zuglängen, ein Mischpreis für Bahn- und Busbenutzung zur Erleichterung des Umsteigens und letztlich die Einführung eines Taktfahrplanes.

Da in dünnbesiedelten Gebieten (Berggemeinden) der PKW häufig die einzige Erschließungsmöglichkeit darstellt, ist auch eine Kopplung zwischen Individualverkehr und öffentlichem Verkehr gemäß dem Park-&-Ride-System anzustreben, so daß der Bahnbenutzer die Station mit dem eigenen Pkw erreichen und dann auf die Bahn umsteigen kann. Voraussetzung für ein Funktionieren ist die Bereitstellung von genügendem Parkraum im Bahnhofsbereich.

All diese Vorhaben zur Modernisierung und Rentabilitätssteigerung der Graz-Köflacher Bahn sind jedoch nur bei einer richtigen Einschätzung der volks- und regionalwirtschaftlichen Bedeutung dieses Verkehrsträgers seitens der Regionalplanung und der öffentlichen Hand durchführbar. Eine Stärkung regionaler und lokaler Zentren durch eine optimale Verkehrsanbindung, eine weitreichende Erschließung der Berg- und Umlandgemeinden sowie eine rasche und problemlose Verbindung nach Graz sind die Kernpunkte regionalplanerischer Interessen, wobei auch fremdenverkehrssteigernde Komponenten nicht außer acht bleiben dürfen. Die Graz-Köflacher Bahn als Verkehrssammler und -zubringer kann sich auf diese Weise als leistungsfähiges öffentliches Verkehrsmittel profilieren. Als Verkehrsteiler Straße — Schiene wird die GKB auch im Güterverkehr ihre Existenzberechtigung weiter behaupten können, zumal gerade bei einer zunehmenden fremdenverkehrswirtschaftlichen Inwertsetzung der Weststeiermark eine weitere Belastung der Straßen durch Gütertransporte und Schwerlastverkehr störend wäre. Darüber hinaus ist sie für den Kohletransport aufgrund günstiger Transporttarife und eines entsprechenden Spezialgüterwagenangebots ein unentbehrliches Beförderungsmittel geworden.

Verfolgt man nun die gesamte Verkehrsgeschichte der Graz-Köflacher Bahn, so ist zu erkennen, daß sich ihr Verkehrsbild im Laufe der Jahre entscheidend gewandelt hat; entgegen ihrem Gründungszweck, der primären Güterbeförderung, hat sie sich mehr und mehr zur Personenbeförderung entwickelt. Ein Wert von 861 906 Reisezugkilometern im Vergleich zu 166 439 Güterzugkilometern im Jahre 1984 dokumentiert diesen Wandel und bekräftigt gleichzeitig die wachsende Bedeutung des Personenverkehrs (vgl. Bundesministerium für Verkehr (Hrsg.): Amtliche Eisenbahnstatistik der Republik Österreich für das Jahr 1984, Wien 1985).

Die Lage ihrer Stammstrecke in einem Industriegebiet und ihre betriebsinterne Verbindung mit einem der größten österreichischen Kohlenbergbaue bedingen eine vergleichsweise günstige Betriebssituation dieser Nebenbahn, die gemäß ihrem Verkehrsangebot und ihrer Leistungsstärke durchaus einer Hauptbahn vergleichbar ist.

2.3 SCHMALSPURIGE PRIVATBAHNEN

Eine der wohl populärsten privaten Schmalspurbahnen Österreichs, wenn nicht gar Europas ist die **Zillertalbahn** in Nordtirol. Ihre Verkehrsgeschichte, Verkehrsleistungen, betriebsinternen und -externen Entwicklungsabläufe und -strategien sowie Bahnraumstrukturen sind mehr als charakteristisch für eine Nebenbahn dieses Typs. Als Musterbeispiel gilt sie auch in puncto einer rationellen, nachfragegerechten Betriebsführung, darüber hinaus ist sie als Vorreiter nebenbahntechnischer Innovationen gut bekannt.

Da eine Detailstudie der Zillertalbahn bereits erschienen ist (vgl. KREFT-KETTERMANN 1986), kann an dieser Stelle — trotz der beispielhaft zu wertenden Positiva — auf eine erneute Aufarbeitung der Untersuchungsergebnisse zugunsten der Darstellung und Analyse weiterer in ihrer Eigenart ebenso interessanter Schmalspurbahnen verzichtet werden. In der Kartenbeilage und als Vergleichsobjekt findet sie aus Gründen der Vollständigkeit jedoch Berücksichtigung.

2.3.1 *Die Stubaitalbahn — eine Nebenbahn im Aufwind*

Von Innsbruck nur wenige Kilometer in südwestlicher Richtung entfernt, beginnt eines der schönsten Gebirgstäler Tirols, das Stubaital. Zu seiner Erschließung trägt die nun bereits gut 80 Jahre alte Stubaitalbahn bei, die aufgrund ihres seinerzeit einzigartigen Elektroantriebsystems wegweisend für die Elektrifizierung europäischer Eisenbahnlinien geworden ist.

Trotz modernster Fahrbetriebstechnik hatte diese Bahn harte Jahre der Existenzangst durchzustehen, bevor ein in den Jahren 1982/83 realisiertes Generalsanierungsprogramm die nötigen Voraussetzungen für ein den gewandelten Verkehrsansprüchen gerecht werdendes Transportangebot brachte. Heute liefert die Stubaitalbahn den Beweis dafür, daß auch eine Lokalbahn ein attraktives und modernes Verkehrsmittel sein kann, das von einem breiten und differenzierten Personenkreis akzeptiert und frequentiert wird.

2.3.1.1 Das Verkehrsgebiet der Stubaitalbahn — Innsbrucker Mittelgebirge und Vorderes Stubaital

Der unmittelbare Verkehrsraum der Stubaitalbahn umfaßt, von Innsbruck ausgehend, einen Teil des auf der linken Seite der Sill gelegenen Innsbrucker Mittelgebirges (sog. Westmittelgebirge) mit den Gemeinden Natters, Mutters und Kreith (zu Mutters eingemeindet) sowie das Vordere Stubaital mit den Orten Telfes und Fulpmes (vgl. Abb. 20).

Abb. 20: Verwaltungspolitische Gliederung des Verkehrsraumes der Stubaitalbahn

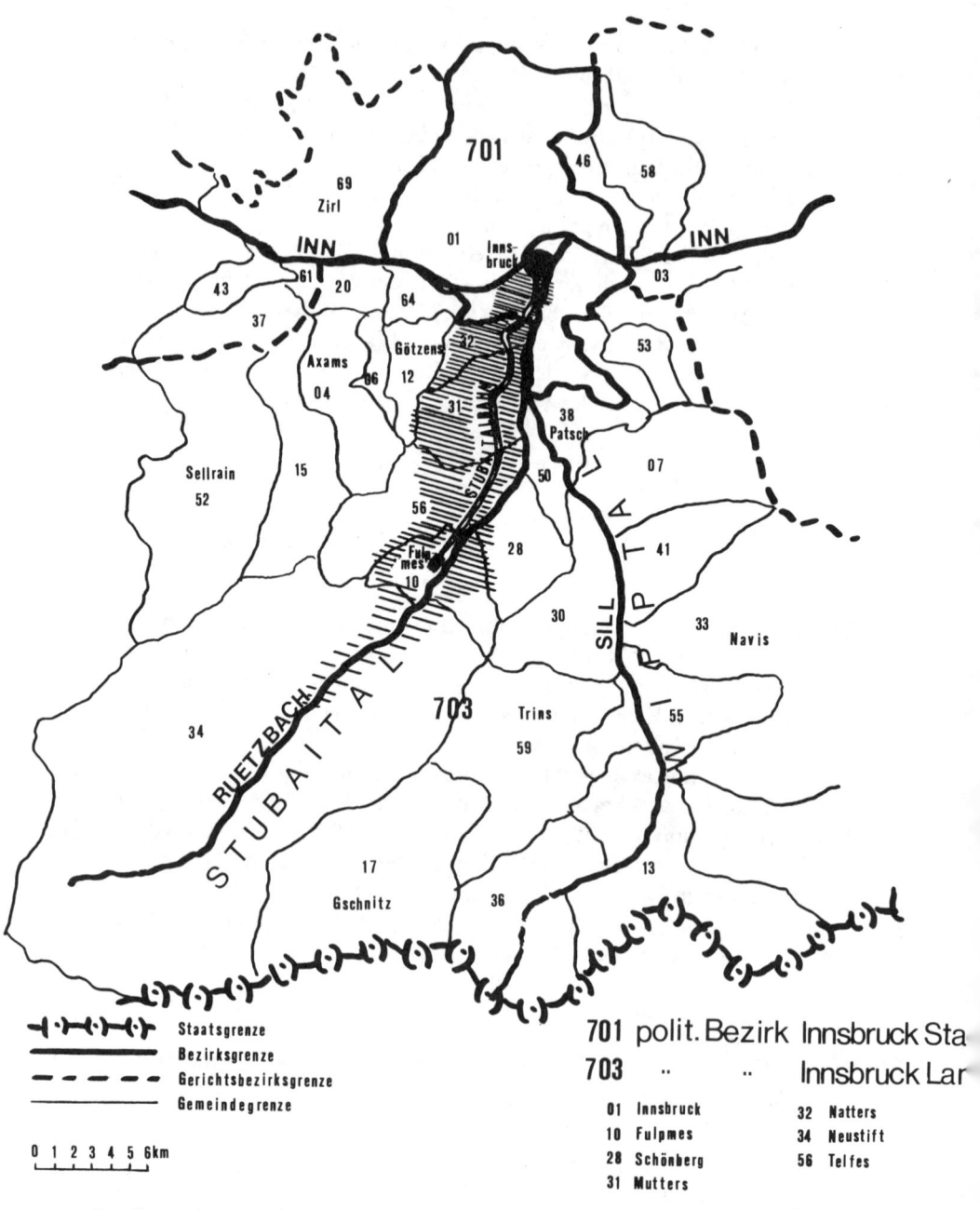

—⊦⊦⊦⊦— Staatsgrenze	**701** polit. Bezirk	Innsbruck Sta
——— Bezirksgrenze	**703** „ „	Innsbruck Lar
— — — Gerichtsbezirksgrenze		
——— Gemeindegrenze	01 Innsbruck	32 Natters
	10 Fulpmes	34 Neustift
0 1 2 3 4 5 6 km	28 Schönberg	56 Telfes
	31 Mutters	

Quelle: Ausschnitt aus der Gemeindegrenzenkarte der Republik Österreich mit Kennziffern, hier: Bundesland Tirol, Gebietsstand 1. 1. 1981, hrsg. v. Österreichischen Statistischen Zentralamt, Wien 1984. Kartographische Ergänzung: H. Kreft-Kettermann

Raumbeschreibung

Die **Mittelgebirgsterrassen**, deutliche Relikte der epigenetischen Entwicklung des Inns, sind Zeugen der unterschiedlichen Talböden des Flusses. Der Terrassenschotter besteht aus fruchtbarem Moränenmaterial, das auf die vorhandenen Felsstufen aufgelagert wurde; an einigen Stellen findet sich auch Sedimentbedeckung. Das durchschnittliche Niveau der glazial überformten Mittelgebirgsterrassen liegt zwischen 850 und 900 m über NN.

Das physiognomische Erscheinungsbild zeigt eine vom Menschen gestaltete Kulturlandschaft, die sich der Geländeform angepaßt hat. Klimatische Vorzüge, bedingt durch Höhenlage und Exposition, sowie relativ gute Bodenverhältnisse (Sand, Ton und Schotter) haben den Terrassensaum schon früh zu einem bevorzugten Siedlungsraum werden lassen; zahlreiche gewachsene Haufendörfer prägen das Siedlungsbild.

Vorherrschende Erwerbsgrundlage dieser Gemeinden war jahrhundertelang die Landwirtschaft, deren Bedeutung jedoch erheblich zugunsten des Fremdenverkehrs abgenommen hat. Bereits das äußere Erscheinungsbild der Dorfkerne läßt die mehr oder weniger starke Verbundenheit mit dem Fremdenverkehr vermuten. Während die Zahl von Gaststätten und Geschäften, die ausschließlich dem Tourismus dienen, deutlich steigt, geht die Anzahl der rein landwirtschaftlichen Betriebe zurück. Darüber hinaus führen die Nähe Innsbrucks und der daraus erwachsende spill-over-Effekt (Bau von Eigenheimen in Ortsrandlage der Mittelgebirgsgemeinden und Zunahme des Pendlerwesens) sowie die Errichtung von Zweitwohnsitzen zu einer Urbanisierung der Terrassensiedlungen und zu einem Strukturwandel von den ehemals rein bäuerlichen Siedlungen hin zu Fremdenverkehrsorten.

Dieses Phänomen läßt sich mehr oder minder deutlich auch für die Gemeinden Natters und Mutters ausmachen. Die Gemeinde Natters hat weitgehend ihr ländliches Siedlungsgefüge bewahren können. Ein Mangel an infrastruktureller Ausstattung und geeigneten Einrichtungen für den Wintersport haben den Fremdenverkehr lange Zeit ferngehalten. Mit dem Aufkommen des Massentourismus in den 70er Jahren und der zunehmenden Expansion des städtischen Einflusses beginnt sich jedoch auch hier langsam ein Strukturwandel abzuzeichnen. Die Einwohnerzahl ist von 1143 im Jahre 1971 auf 1558 im Jahre 1981 gestiegen; die Erwerbstätigenquote hat sich in diesem Zeitraum wie folgt entwickelt: Land- und Forstwirtschaft: 1971 10,5 Prozent / 1981 5,2 Prozent; Industrie, Gewerbe, Bauwesen: 1971 25,7 Prozent /1981 25,0 Prozent, Dienstleistungssektor: 1971 63,8 Prozent /1981 69,8 Prozent. Pendelten im Jahre 1971 rund 45 Prozent der Beschäftigten nach Innsbruck oder in andere umliegende Gemeinden, so betrug dieser Wert im Jahre 1981 bereits 62,1 Prozent.

Gemäß dem rückläufigen Trend der Erwerbstätigen im Primären Sektor hat sich auch die Physiognomie des Ortes gewandelt. Befanden sich im Jahre 1975 noch 26 landwirtschaftliche Voll- und 11 Nebenerwerbsbetriebe im Bereich des alten Dorfkernes, so waren es im Jahre 1983 nur noch 10 Vollerwerbsbetriebe, hingegen jedoch 18 Nebenerwerbsbetriebe. Um den dörflichen Charakter Natters nicht gänzlich zu zerstören, wurde die Errichtung neuer nichtlandwirtschaftlicher Gebäude mit der Auflage belegt, Einfamilien- und Wochenendhäuser im ländlichen Stil zu errichten. Auf der „Neu-Natters-Sonnalm" sind in den letzten 25 Jahren 60 Ein- bzw. Zweifamilienhäuser entstanden. Neu-Natters ist ein Beispiel für das allmähliche Verschwinden des Tiroler Haufendorfes zugunsten neuer Wohnsiedlungen.

In Mutters, der Nachbargemeinde von Natters, spielt seit langem der Fremdenverkehr eine bedeutende Rolle. Aufgrund der überaus reizvollen Lage wurde diese Gemeinde bereits um die Jahrhundertwende zu einem begehrten Sommerfrischeort. Diese Tatsache wird auch im äußeren Bild des Ortskernes deutlich, wobei insbesondere der Dorfplatz den typischen Eindruck eines Tiroler Fremdenverkehrsortes mit echtem Ortszentrum vermittelt. Obgleich die Gemeindeverwaltung darauf achtet, das bäuerliche Einhaus beizubehalten, tritt das bäuerliche Element immer mehr in den Hintergrund; im Ortskern selbst sind volllandwirtschaftlich genutzte Betriebe nicht mehr vorhanden.

Einen besonderen Aufschwung erfuhr speziell der Winterfremdenverkehr durch den Bau der Muttereralmbahn im Jahre 1953/54. Zu weiteren Entwicklungen und Umstrukturierungen hat aber auch das letzte Jahrzehnt geführt: Die Bevölkerung wuchs von 1290 im Jahre 1971 auf 1592 im Jahre 1981. Eine Betrachtung der Berufstätigen nach Wirtschaftssektoren zeigt folgende Umverteilung: Land- und Forstwirtschaft: 1971 11,7 Prozent / 1981 5,5 Prozent; Industrie, Gewerbe, Bauwesen: 1971 30,1 Prozent / 1981 25,1 Prozent; Dienstleistungsbereich: 1971 58,2 Prozent /1981 69,4 Prozent. Diese

Umstrukturierung unterstreicht die wachsende Bedeutung des Tertiären Wirtschaftssektors, dem unter anderem das Beherbergungs- und Gaststättenwesen zuzurechnen ist, das in dem letzten Jahrzehnt durch stetig steigende Nächtigungszahlen, besonders auch in Natters, einen eklatanten Aufschwung zu verbuchen hatte (vgl. Tab. 27).

Für beide im Einflußbereich Innsbrucks liegende Gemeinden ist somit festzuhalten, daß sie seit den 50er Jahren einem Strukturwandel unterliegen, der erheblich in die Entwicklung und damit in die Physiognomie der Ortschaften eingegriffen hat. Die zunehmende Verstädterung der Gemeinden, bedingt durch den Fremdenverkehr und den durch die Nähe Innsbrucks gegebenen Zusiedlungsstrom, zeichnet sich als ernst zu nehmender Faktor ab, der die Dorfgemeinschaften in eine völlige Abhängigkeit vom Zulauf der Touristen gebracht und das Siedlungsbild nachhaltig beeinflußt hat.

Etwas anders ist die Situation in Kreith, das verwaltungspolitisch zur Gemeinde Mutters gehört. In Kreith überwiegt der Streusiedlungscharakter, Einzelhöfe erstrecken sich an den Hängen der Saile. Das äußere Erscheinungsbild dieser Gemeinde wird im wesentlichen noch durch die Landwirtschaft geprägt, wobei die Grünlandwirtschaft im Vordergrund steht. Urlaubsgäste sind in Kreith nur in sehr geringer Zahl anzutreffen.

Die Westmittelgebirgsterrasse in südlicher Richtung verlassend, gelangt man in den Bereich ausgedehnter Lärchenwiesen, die sogenannten Telfeser Wiesen, und damit an den Eingang zum Stubaital. Das **Stubaital**, ein der Sill tributäres Seitental, erstreckt sich von der Brennerlinie ausgehend in südwestlicher Richtung über 35 km bis zum Alpenhauptkamm. Die Formung des Tales, das vom Ruetzbach entwässert wird, ist primär fluvioglazialer Natur und auf die Zeit des Hoch- und Spätglazials zurückzuführen. So sind auch die mächtigen Terrassen, auf denen die Ortschaften Schönberg, Mieders und Telfes liegen, eiszeitlicher Entstehung; späteiszeitlichen Gletscherständen werden die schmalen Hangleisten innerhalb von Fulpmes sowie zwischen Fulpmes und Neustift zugeordnet.

Günstige Ansatzpunkte für die Besiedlung stellen neben den Terrassen auch große Schwemmkegel dar, die den Ruetzbach bei Fulpmes, Kampl, Neder und Neustift zur Aufschüttung breiter Talböden zwangen.

Bergbauernhöfe finden sich an den steilen und kaum gegliederten Berghängen nur vereinzelt, große Almen liegen in den tief eingeschnittenen Nebentälern, die parallel zum Haupttal verlaufen und in Stufen münden.

Neben der Landwirtschaft, die aufgrund der gegebenen klimatischen Bedingungen nicht sehr ertragreich ist, gewann schon sehr früh ein anderer Wirtschaftszweig an Bedeutung und wurde zu einer wesentlichen Grundlage für die wirtschaftliche Entwicklung des Tales, der Bergbau. Die wichtigsten bergbaulichen Produkte waren Silber und Eisen; die Verhüttung der Erze erfolgte im Tal. Während der Bergbau im 17. Jahrhundert versiegte, blieben die im Zusammenhang mit der Erzgewinnung entstandenen Schmieden bis heute erhalten. Aus den ursprünglichen Handwerksbetrieben entwickelte sich mit der Zeit eine Kleineisenindustrie, in der die Werkzeugfertigung sowie die Erzeugung sonstiger Metallwaren, wie zum Beispiel Schellen, Kunstschmieden, Schlösser, Schrauben, bis heute vorherrschend sind. Mehr als ergänzt wird diese bodenständige Kleineisenindustrie durch einen überaus regen Fremdenverkehr, der aufgrund der seit jeher günstigen Verkehrslage und der

Tab. 27: Nächtigungszahlen in den Gemeinden Mutters und Natters 1972 und 1982

Gemeinde	Sommer		Winter		Insgesamt	
	1972	1982	1972	1982	1972	1982
Mutters	58 958	55 282	21 514	31 082	80 472	86 364
Natters	30 904	49 881	5 722	10 036	36 626	59 917

Quelle: Amt der Tiroler Landesregierung (Hrsg.): SITRO, Bd. 3, Innsbruck 1974, S. 91 und dasselbe (Hrsg.): Fremdenverkehrsstatistik der Tiroler Gemeinden für das Jahr 1982, Innsbruck 1983

Nähe zur Landeshauptstadt Innsbruck auf eine lange Tradition zurückblicken kann. Ansatzpunkte des Fremdenverkehrs sind im äußeren Talbereich die Brennerstraße, die Wallfahrtskirche Maria Waldrast sowie die Heilbäder von Mieders und Medraz. Im hinteren Talgrund bilden die Gletscher und markanten Gipfel lohnende Ziele des Alpinismus.

Nach dieser kurzen natur- und kulturlandschaftlichen Gesamtdarstellung soll auch weiterhin an der ganzheitlichen Darstellung dieses Alpentales festgehalten werden. Obgleich die Stubaitalbahn nur den vorderen Talabschnitt bis Fulpmes verkehrsmäßig erschließt, so umfaßt das Einzugsgebiet der Bahn jedoch die gesamte Talschaft, denn auch der hintere Talbereich ist am Verkehrsaufkommen dieser Nebenbahn beteiligt.

Bevölkerungsentwicklung und Siedlungswesen

Das Stubaital zeigt sich als eine Region mit ausgeprägtem Bevölkerungswachstum, das neben einem deutlichen Geburtenüberschuß in jüngster Zeit auch auf erhebliche Wanderungsgewinne zurückzuführen ist (vgl. Tab. 28). Als wesentliche Ursachen für die jüngste Wachstumsentwicklung dürfen angenommen werden: die mit dem Bau der Brennerautobahn einhergehende bessere Erreichbarkeit des Stubaitales von Innsbruck (das Stubaital übernimmt nunmehr Wohnfunktion für die Landeshauptstadt, vergleichbar dem spill-over-Effekt in den Mittelgebirgsgemeinden) und die mit der Bedeutungszunahme des regionalen Fremdenverkehrs verbesserte wirtschaftliche Lage des Tales, die abwanderungshemmend wirkt.

Tab. 28: Bevölkerungsentwicklung im Stubaital 1880 bis 1981

Gemeinde	1880	1890	1900	1910	1923	1934	1951	1961	1971	1981
Fulpmes	1102	1079	1159	1384	1577	1624	2068	2282	2553	2973
Mieders	399	395	390	449	440	492	697	587	702	743
Neustift	1265	1217	1238	1344	1372	1646	2018	2195	2789	3307
Schönberg	264	247	273	454	492	430	556	590	655	782
Telfes	468	474	444	458	506	559	686	649	842	1069
Stubaital	3498	3412	3504	4089	4387	4751	6025	6303	7541	9083

Quelle: Amt der Tiroler Landesregierung (Auftraggeber): Regionales Entwicklungsprogramm, Planungsraum 15 — Stubaital (Endbericht), Innsbruck 1976 (unveröffentlicht) und Österreichisches Statistisches Zentralamt (Hrsg.): Volkszählung 1981, Hauptergebnisse I — Tirol, Wien 1985 (= Beiträge zur österreichischen Statistik, Heft 630/8)

Hinsichtlich der Bevölkerungsverteilung ergibt sich, daß mehr als zwei Drittel (69,1 %) in Fulpmes und Neustift wohnen. Der Rest verteilt sich etwa zu gleichen Teilen auf die drei kleineren Gemeinden. Insgesamt ist festzuhalten, daß der Großteil der Wohnbevölkerung im unteren Talabschnitt bis Milders angesiedelt ist, eine ausgesprochene Bevölkerungskonzentration findet sich im Raum Fulpmes-Telfes (Mieders).

Parallel dem Bevölkerungswachstum wird im Stubaital auch eine Aktivierung der Siedlungstätigkeit sichtbar. Die rasche bauliche Entwicklung ging jedoch sehr unkontrolliert vor sich; eine ausgeprägte Zersiedlungstendenz gefährdet die Ortsbilder nahezu aller Gemeinden.

Trotz der beengenden Talsituation erreicht die Siedlungsdichte im Stubai nur geringe Werte, was auf eine unökonomische, extensive Verbauungsweise hindeutet. Im Jahre 1975 lag die durchschnittliche Siedlungsdichte in der Region bei 193 Ew./ha Bruttobauland (vgl. Amt der Tiroler Landesregierung (Hrsg.) 1976, S. 88 (unveröffentl.)).

Wirtschaftsstruktur, Arbeitsmarkt und Pendlerwesen

Das Stubaital ist ein Bergbauerngebiet; die hier auftretenden Probleme sind zum Großteil nicht regionsspezifisch, sondern im gesamten Alpenraum anzutreffen. Es sind dieses: kleinbetriebliche Strukturen, Abwanderungstendenzen, besonders im Oberbergtal, Rückgang landwirtschaftlicher Nutzflächen infolge mangelnder Mechanisierbarkeit und ähnlichem. Während sich die Viehwirtschaft im Vergleich zur Tiroler Gesamtsituation bei ungefähr durchschnittlicher Wettbewerbsfähigkeit bewegt, sieht sich hingegen die Ackerwirtschaft einem kaum standzuhaltenden Konkurrenzdruck seitens der Landwirtschaft im Inntal mit allgemeinhin wesentlich günstigeren Anbauvoraussetzungen ausgesetzt.

Begünstigt wird das Bergbauerntum im Vergleich zu anderen Regionen durch die vorhandenen und ausbaufähigen Nebenerwerbsmöglichkeiten im Fremdenverkehr. Die verkehrsmäßige Erschließung und Anbindung der Bergbauernhöfe ist im Stubaital weit fortgeschritten (vgl. Amt der Tiroler Landesregierung (Hrsg.) 1976, S. 11 (unveröffentl.)).

Besondere Bedeutung kommt im Stubaital aufgrund der hier angesiedelten altüberkommenen Kleineisenindustrie der Sachgüterproduktion zu. Mit einem Gewerbe- und Industriebesatz von 97,5 Prozent Beschäftigten/1000 Ew. lag das Stubaital Mitte der 70er Jahre sogar über dem Landesmittel mit einem Wert von 91,4 Prozent (vgl. Amt der Tiroler Landesregierung (Hrsg.) 1976, S. 157 (unveröffentl.)).

Die Betriebsstätten des produzierenden Gewerbes und der metallverarbeitenden Industrie (Stubaier Werkzeugindustrie) konzentrieren sich in Fulpmes, und zwar infolge der historischen Anlehnung an die Wasserkraft linear entlang dem Schlickerbach und dem davon abgeleiteten Kanal. Diese im Ortskern angesiedelten Betriebe leiden akut unter Raumnot und unter der schlechten innerörtlichen Verkehrssituation. Darüber hinaus ergeben sich angesichts ihrer Lärmerzeugung Konflikte mit den örtlich ansässigen Fremdenverkehrsbetrieben. Eine Abhilfe für diese schlechte räumliche Situation wurde durch die Errichtung eines neuen Gewerbe- und Industriegebietes im Ortsteil von Medraz beiderseits der Bundesstraße geschaffen.

Die Branchenstruktur der regionalen Produktion wird vom metallverarbeitenden Gewerbe bestimmt, aber auch das Bau- und Baunebengewerbe haben eine gewisse Bedeutung erlangen können. In der Betriebsgrößenstruktur ist der Anteil der Klein- und Kleinstbetriebe sehr hoch; eine Aussage, bei der die genossenschaftliche Organisation vieler Betriebe außer acht gelassen ist.

Die künftige Weiterentwicklung des produzierenden Gewerbes und der Industrie im Stubaital dürfte von Schrumpfungsprozessen begleitet werden. Ein Großteil des gegenwärtigen Produktionsprogrammes, das direkt oder indirekt zum Beispiel mit der Automobilindustrie und dem Baunebengewerbe zusammenhängt, ist in erhöhtem Maße konjunkturempfindlich und gehört außerdem zu einem Bereich, der großenteils bereits gesättigt ist.

Eine Betrachtung des Handelssektors zeigt für das Stubaital ein Vorherrschen der Einzelhandelsgeschäfte mit Gütern des täglichen Bedarfs. Lediglich in Fulpmes finden sich einige Geschäfte mit einem höherrangigen Angebot (Güter des mittel- und langfristigen Bedarfs). Insgesamt sind es Fulpmes und Neustift, die nicht nur das Gros der Handelsbetriebe, sondern auch die größten Geschäfte auf sich vereinigen.

Infolge der Nähe zur Landeshauptstadt ist das Einkaufsverhalten der Stubaitaler Bevölkerung speziell im Bereich der langfristigen Güter deutlich auf Innsbruck ausgerichtet. Die zunehmende touristische Nachfrage sowie das festzustellende Bevölkerungswachstum lassen künftig aber auch für diese Gütersparte eine Vergrößerung des Kaufkraftpotentials und damit eine induzierende Wirkung erwarten.

Beim Stubaitaler Fremdenverkehr war — aufbauend auf ein hervorragendes landschaftliches Angebot — lange Zeit die Sommersaison herausragend. Seit gut einem Jahrzehnt gewinnt aber auch die sogenannte „Zweite Saison" durch zahlreiche Investitionen im Bereich der Wintersporteinrichtungen (Schlicker Skigebiet oberhalb von Fulpmes und Stubaier Gletscherskilaufregion am Talschluß des Unterbergtales) derart an Bedeutung, daß der Tourismus im Stubaital insgesamt stark expandieren konnte (vgl. Tab. 29).

Die Bevorzugung der schneereichen Lagen und die Erschließung der Gletscherregion für den Skilauf haben den auch in anderen Gebieten mit einem ähnlichen touristischen Angebot wirksamen „Talschlußeffekt" voll zur Geltung gebracht, so daß Neustift heute das im vorderen Talbereich liegende Fulpmes in der Fremdenverkehrsintensität um mehr als das Doppelte übertrifft. Diese explosionsar-

Tab. 29: Nächtigungszahlen im Stubaital 1972 und 1982

Gemeinde	Sommer 1972	1982	Winter 1972	1982	Insgesamt 1972	1982
Fulpmes	214 862	221 859	53 973	185 967	268 835	407 826
Mieders	77 918	76 110	12 513	53 035	90 431	129 145
Neustift	331 087	471 121	78 947	459 398	410 034	930 519
Schönberg	41 122	29 460	5 179	16 320	46 301	45 780
Telfes	110 050	88 403	27 603	78 023	137 653	166 426
Stubaital	775 039	687 253	178 215	792 743	953 254	1 679 696

Quelle: Amt der Tiroler Landesregierung (Hrsg.): SITRO, Bd. 3, Innsbruck 1974, S. 90, 91 und dasselbe (Hrsg.): Fremdenverkehrsstatistik der Tiroler Gemeinden für das Jahr 1982, Innsbruck 1983

Tab. 30: Berufstätige der Stubaitaler Gemeinden nach Wirtschaftssektoren (in %)

Gemeinde	Land- und Forstwirtschaft 1971	1981	Industrie, Gewerbe, Bauwesen 1971	1981	Dienstleistungen 1971	1981
Fulpmes	3,5	2,3	54,8	48,3	41,7	49,3
Mieders	14,7	4,9	39,1	29,4	46,1	65,7
Neustift	19,0	8,7	34,4	30,6	46,6	60,7
Schönberg	12,6	5,0	35,5	30,2	51,8	64,8
Telfes	9,5	6,3	61,0	39,4	29,5	54,2
Stubaital	11,9	5,4	45,0	35,6	43,1	59,0

Quelle: Österreichisches Statistisches Zentralamt (Hrsg.): Volkszählung 1981, Hauptergebnisse II — Tirol, Wien 1985 (= Beiträge zur österreichischen Statistik, Heft 630/18)

tige Entwicklung läßt die Gefahren einer touristischen Übererschließung sowie einer Überfremdung der Region besonders akut werden. Zahlreiche Fremdenverkehrsbetriebe, große Hotels, Gaststätten und Pensionen, aber auch weitere Einrichtungen der touristischen Infrastruktur prägen nicht nur die Ortsbilder, sondern verändern auch das Arbeitsplatzangebot und damit die Erwerbstätigenstruktur in diesem Tal, die sich deutlich zugunsten des Tertiären Sektors entwickelt hat (vgl. Tab. 30).
Im Vergleich zu anderen alpinen Seitentälern ist die Situation für den Arbeitsuchenden im Stubaital als relativ günstig zu bezeichnen. Neben den innerregional angebotenen Arbeitsplätzen in Produktion und Dienstleistung existiert ein reichhaltiges Arbeitsplatzangebot in Innsbruck in zum Teil zumutbarer Pendelentfernung.
Aufgrund der regionalen Konzentration der Arbeitsstätten in Fulpmes kristallisiert sich dieser Ort als Einpendlerzentrum heraus. Ausgesprochene Auspendlergemeinden sind Mieders und Neustift. Für das gesamte Stubaital, das mit einem Wert von 74,8 Prozent eine relativ hohe Pendlermobilität besitzt, ist eine starke Ausrichtung auf Innsbruck (50 % aller Auspendler) zu beobachten (vgl. Tab. 31 und 32).

Tab. 31: Maßzahlen zur Pendlerbewegung im Verkehrsgebiet der Stubaitalbahn 1981

Gemeinde	Beschäftigte am Wohnort	Auspendler	Einpendler	Beschäftigte am Arbeitsort	Index des Pendlersaldos	Index der Pendlermobilität
Fulpmes	1266	291	626	1601	126,5	72,4
Mieders	432	270	47	209	48,4	73,4
Mutters	666	458	73	281	42,2	79,7
Natters	691	429	113	375	54,3	78,4
Neustift	1347	464	279	1162	86,3	55,2
Schönberg	350	183	193	360	102,9	107,4
Telfes	442	268	23	197	44,6	65,8

Quelle: Österreichisches Statistisches Zentralamt (Hrsg.): Volkszählung 1981, Hauptergebnisse II — Tirol, Wien 1985 (= Beiträge zur österreichischen Statistik, Heft 630/18)

Tab. 32: Matrix zur Pendlerbewegung im Verkehrsgebiet der Stubaitalbahn 1981

Wohnort / Arbeitsort	Fulpmes	Innsbruck	Mieders	Mutters	Natters	Neustift	Schönberg	Telfes
Fulpmes		46	42			204		148
Innsbruck	189		146	380	343	177	127	75
Mieders								
Mutters		28						
Natters		52						
Neustift	37	46	25					
Schönberg		25						
Telfes								

Quelle: Zusammengestellt auf der Grundlage der Volkszählung 1981, Hauptergebnisse II —Tirol, hrsg. vom Österreichischen Statistischen Zentralamt, Wien 1985 (= Beiträge zur österreichischen Statistik, Heft 630/18)

Soziale Infrastruktur

Angesichts der großen Ausstattung mit öffentlichen Einrichtungen im Bereich der sozialen Infrastruktur hebt sich Fulpmes eindeutig als Zentraler Ort (Rang 2 der Zentralen Orte Unterer Stufe gemäß BOBEK/FESL 1978) der Region ab. Insbesondere fällt dabei der Überhang an Einrichtungen auf dem Schul- und Bildungssektor, im Bereich Gesundheitswesen und Soziales sowie im Sport- und Freizeitbereich auf.

Einen der wichtigsten Bereiche der sozialen Infrastruktur stellt das Schul- und Bildungswesen dar. Im Stubaital existierten zum Ende der 70er Jahre drei Kindergärten (in Fulpmes, Neustift und Mieders), 8 Volksschulen (in Neustift (3), Schönberg (2), Mieders, Schönberg und Telfes), 2 Hauptschulen mit polytechnischen Lehrgängen (in Fulpmes und Neustift) und eine berufsbildende Fachschule mittleren und höheren Typs (Fulpmes).

Für das Gesundheits- und Fürsorgewesen gibt es im gesamten Talbereich kein Krankenhaus und keine Heilanstalt oder dergleichen. Die nächsten derartigen Einrichtungen sind in Innsbruck. Ein praktischer Arzt findet sich in Fulpmes, Mieders und Neustift, ein Zahnarzt sowie ein Tierarzt praktizieren in Fulpmes. Eine Apotheke existiert ebenfalls in Fulpmes, darüber hinaus besitzen die Ärzte jedoch eine Hausapotheke (vgl. Amt der Tiroler Landesregierung (Auftraggeber) 1976, S. 236 u. 240). Infolge der räumlichen Nähe zu Innsbruck weist das Stubaital auch auf diesem Sektor sehr enge Verflechtungen mit der gut ausgestatteten Landeshauptstadt auf.

Technische Infrastruktur (hier ausschließlich Verkehrserschließung)

Die individuelle und öffentliche Verkehrserschließung des Stubaitales zeigt folgende Struktur: Überregional bedeutsam sind innerhalb des Individualverkehrswegenetzes nur die tangential vorbeiführende Brennerautobahn und die Brennerbundesstraße. Die Funktion einer regionalen Hauptverkehrserschließungsachse übernimmt die an beiden angebundene Stubaitalbundesstraße (B 183) und ihre Weiterführung als Landesstraße von Neustift zur Mutterbergalm. Als Durchfahrts- oder als Umfahrungsstraße geführt, erschließt sie mit Ausnahme von Telfes direkt alle bedeutenden Ortschaften der Region. Engpässe stellen die Ortsdurchfahrten von Mieders und Neustift dar, darüber hinaus findet sich eine Vielzahl von Engstellen im Bereich Neustift-Ranalt, wo die Straße teilweise nur einspurig befahrbar ist. Im weiteren Abschnitt Ranalt-Mutterbergalm führt die Trasse bereits durch zahlreiche Lawineneinzugsbereiche, so daß hier sehr viele Sicherungsmaßnahmen errichtet werden mußten und häufig Wintersperren notwendig sind.

Die verkehrsmäßig am schlechtesten erschlossene Gemeinde des Stubaitales ist Telfes, das nur über die unübersichtliche, schmale Ortsdurchfahrt Fulpmes erreichbar ist, da eine direkte Verbindung nach Innsbruck nicht existiert.

Einziger Täger des öffentlichen Verkehrs im Stubaital ist die Stubaitalbahn Aktiengesellschaft mit Sitz in Innsbruck. Diese führt im Bahnverkehr die Linie Innsbruck (Hbf) — Fulpmes und im Busverkehr die Linien Innsbruck — Mutterbergalm, Innsbruck — Krößach, Innsbruck — Milders, Innsbruck — Neustift sowie die Buskurse Schönberg — Krößach, Telfes — Medraz, Telfes — Neustift und Telfes — Milders. Darüber hinaus wird das Stubaital auf dem Territorium der Gemeinde Schönberg von der Buslinienführung Innsbruck — Gries der ÖBB berührt, auch liegt es im Einzugsbereich der Personenzughaltestelle Unterberg-Stefansbrücke der Brennerbahn. Ein direkter öffentlicher Kraftwagenkurs von den Gemeinden des oberen Wipptales ins Stubaital existiert jedoch nicht. Neben diesen bereits erwähnten Linien werden von privaten Unternehmen die Verbindungen Milders — Oberbergtal und Froneben — Schlick aufrechterhalten.

Während Verkehrserschließung und -bedienung dieser Region heute als durchaus zufriedenstellend bezeichnet werden können, so war die Verkehrssituation in der Vergangenheit lange Zeit völlig unzureichend. Um die Jahrhundertwende bestand die einzige Verbindung zwischen dem Wipp- und dem Stubaital in einer schmalen, steilen Schotterstraße, die — besonders im Winter oder nach Unwettern — häufig unpassierbar war. Für die Stubaier und ihre bescheidene Industrie gestaltete sich das Verkehrsproblem zu einer Existenzfrage; ohne eine grundlegende Erneuerung der Straßenverhältnisse und ohne eine möglichst rasche und reibungslose Verbindung mit den Hauptverkehrslinien war ein erfolgreicher Konkurrenzkampf ausgeschlossen. Im Zuge dieser Bestrebungen reifte der Gedanke einer eigenen Bahnverbindung, der späteren Stubaitalbahn, die heute auf gut 80 Betriebsjahre zurückblicken kann.

2.3.1.2 Die Verkehrsgeschichte der Stubaitalbahn

Gründungsmomente und Bauverwirklichung

„Die Stubaitalbahn verdankt ihr Entstehen den Bemühungen jener Kreise, die, besorgt um den weiteren Bestand der Stubaier Kleineisenindustrie, auf Mittel und Wege sannen, wie dem im Zeitalter der Eisenbahnen unaufhaltsamen Rückgang dieser für das ganze Tal lebenswichtigen Industrie vorgebeugt werden könne" (KOFLER 1929, S. 11).

Daß diese Überlegungen dem Tiroler Landtag seinerzeit nicht unbekannt waren, verdeutlicht ein in jener Zeit beschlossenes Straßenbauprogramm, in dem der Bau einer Straße Aufnahme fand, die bei der Stefansbrücke von der Brennerstraße abzweigen und durch die Schlucht des Ruetzbaches bis Fulpmes führen sollte. Diese Trassenführung zeigte sich zwar als kürzeste der möglichen Wegverbindungen Innsbruck — Fulpmes, berührte jedoch nicht die Dörfer auf den Terrassenhängen links und rechts des Taleingangs; eine Tatsache, die speziell bei der Bevölkerung dieser Ortschaften einen klaren Widerstand gegen den projektierten Straßenverlauf auslöste.
Allgemeine Zustimmung fand schließlich ein Vorschlag des Bahningenieurs RIEHL, statt der Straße eine Bahnlinie zu errichten, deren Stammstrecke teilweise unter Benutzung der Straße — nach dem Muster der Hallerbahn — von Innsbruck/Wilten über Natters, Mutters und Telfes nach Fulpmes geführt werden sollte. Von dort war einerseits der Bau einer Stichbahn bis Neustift und andererseits eine Fortführung der Stammstrecke von Fulpmes über Mieders und Schönberg nach Matrei projektiert. Gemäß dem zu jener Zeit vorhandenen Leistungsvermögen der Straßenfahrzeuge war die Bahn im Vergleich zur Straße das wesentlich vollkommenere Verkehrsmittel, so daß sich zahlreiche Befürworter für dieses Projekt fanden. Im September 1900 wurde das Bauvorhaben einer behördlichen Trassenkommissionierung unterzogen. Um die Baukosten zunächst gering zu halten und damit das Problem der Finanzierung abzuschwächen, erfolgte eine Beschränkung des Bauvorhabens auf die Stammstrecke Innsbruck — Fulpmes, auch wurde auf die Benutzung der Straße durch die Bahngleise verzichtet und eine Verlängerung der Bahn von Fulpmes nach Neustift vorerst zurückgestellt. Nach diesen neuen Bauvorgaben wurde ein Detailentwurf erstellt, der auch der politischen Begehung (17. bis 26 Juni 1901) vorlag; diese nahm insgesamt einen zufriedenstellenden Verlauf, und die Vorbereitungen zum Bahnbau konnten weiter vorangetrieben werden.
Gleich der im Jahre 1901 eröffneten Mittelgebirgsbahn war auch für die Stubaitalbahn ursprünglich Dampfbetrieb vorgesehen. Als aber im Jahre 1903 die Fertigstellung des großen städtischen Elektrizitätswerkes an der Sill erfolgte, stand elektrische Energie reichlich zur Verfügung. Und da sich auch die Stadt Innsbruck bereit erklärte, neben dem Erwerb eines umfangreichen Stammaktienpaketes auch ein günstiges Stromangebot zu machen, wurde die Bahnlinie für elektrische Traktion ausgebaut.
Bei der Frage nach der Stromart entschied man sich nach Abwägung aller Vor- und Nachteile für das seinerzeit neue Winter-Eichbergische Wechselstromsy-

stem, das mit Industriefrequenz (2500 V, 42 Hz) arbeitete. Damit war die Stubaitalbahn die erste europäische Einphasenwechselstrombahn und ihre Errichtung nicht nur eine Pionierleistung, sondern praktisch der Ausgangspunkt für die Elektrifizierung der europäischen Eisenbahnen. Das gleiche, jedoch leicht abgewandelte Traktionssystem (15 kV und 15 Perioden) fand bereits 6 Jahre später bei der Errichtung der Mittenwaldbahn (Karwendelbahn) Anwendung, und im Jahre 1920 erklärten die österreichischen, schweizerischen und deutschen Bahnverwaltungen dieses System zur Norm für die Elektrifizierung ihrer Bahnlinien.

Beim Bau der Stubaitalbahn hatte die AEG-Union ein starkes Interesse an der erstmaligen Anwendung des von ihr entwickelten und propagierten Stromsystems, so daß sie sich zur kräftigen Mitfinanzierung dieses Bahnunternehmens bereit erklärte. Auf diese Weise wurde die Finanzierung des Baues wesentlich erleichtert, und die Realisierung des Bahnprojektes konnte in ein konkretes Stadium treten. Die eisenbahnrechtliche Konzession wurde gemäß der Konzessionsurkunde vom 17. 8. 1903, RGBL Nr. 171 für 90 Jahre erteilt. Konzessionärin war und ist die am 18. Oktober des gleichen Jahres konstituierte „Aktiengesellschaft Stubaitalbahn".

Der Bau der Bahnstrecke bot keine Schwierigkeiten, so daß die Betriebseröffnung bereits nach knapp einem Jahr am 1. 8. 1904 stattfinden konnte. Die Betriebsführung übernahm die Lokalbahngesellschaft Innsbruck-Hall in Tirol, aus der später die Innsbrucker Verkehrsbetriebe hervorgingen (vgl. AG Stubaitalbahn 1954, S. 7—11). Eine Weiterführung der Stubaitalbahn bis Matrei wurde einstweilen aufgeschoben, um zunächst die Ergebnisse der ersten Betriebsjahre abzuwarten. Auch in der Folge ist es nicht mehr dazu gekommen, die Trasse von Fulpmes über Mieders und Schönberg bis nach Matrei ins Wipptal zu führen; ein deutlicher Nachteil für die Stubaier Industrie, da sich durch eine direkte Bahnverbindung zur Brennerlinie bei Matrei wesentliche Erleichterungen im Transport schwerer Frachten gezeigt hätten.

Um die Weiterführung der Stubaitalbahn von Fulpmes nach Neustift — ein Planungsvorhaben im Interesse des Stubaitaler Fremdenverkehrs — zu einem späteren Zeitpunkt doch noch realisieren zu können, wurde bereits bei der technischen Anlage des Bahnhofes in Fulpmes dieses Projekt berücksichtigt und Ausbaumöglichkeiten offen gelassen. Eine Verlängerung dieser Art wurde jedoch bis heute nicht ausgeführt. Auch kam seinerzeit die geplante direkte Verbindung der Stubaitalbahn zum Hauptbahnhof in Innsbruck nicht zustande; ein Mißstand, der erst im Jahre 1983 behoben werden konnte. Die Stubaitalbahn ist somit bis heute eine Stich- bzw. Flügelbahn geblieben, deren primäre Funktionen in der Erschließung und Anbindung des Stubaitales und der westlichen Mittelgebirgsgemeinden an das Inntal und damit an überregional und auch international bedeutende Verkehrswege sowie an die Bevölkerungs- und Wirtschaftsschwerpunkte dieses Haupttales zu suchen sind.

Bahncharakter

Angesichts ihres Streckenverlaufes und der Anlagestruktur ist die Bahnlinie in das Stubaital den Gebirgsbahnen zuzuordnen. Vom Ausgangspunkt Innsbruck

(589,5 m) — ehemals Stubaitalbahnhof in der Nähe des berühmten Stiftes Wilten, heute Innsbruck Hauptbahnhof — bis zum End- und damit Kopfbahnhof Fulpmes (935 m) hat die meterspurige eingleisige Bahnlinie eine Strecke von gut 18,2 km zurückzulegen, dabei passiert sie drei weitere Bahnhöfe: Mutters (819 m), Kreith (980 m) und Telfes (1002 m). Darüber hinaus existieren 10 Haltestellen: Sonnenburgerhof (682 m), Gärberbach (706 m), Hölltal (725 m), Birchfeld (843 m, neue Haltestelle seit 1983), Nockhofweg-Muttereralm (867 m), Raitis (905 m), Außerkreith (948 m), Telfeser Wiesen (1001 m), Luimes (1006 m) und Telfes-Tenniscamp (1001 m, neue Haltestelle seit 1983).

Durch die zahlreichen Bögen mit einem Radius von zirka 40 m, eine maximale Neigung von zirka 45 Promill und einen zu überwindenden Höhenunterschied von 413 m kann die Strecke nur mit einer Höchstgeschwindigkeit von 25 km/h befahren werden, was einer Fahrzeit von gut einer Stunde entspricht. Bei einer genauen Betrachtung des Streckendiagramms der Stubaitalbahn kristallisieren sich drei Teilabschnitte heraus (vgl. Abb. 21): Auf der ersten Teilstrecke von Innsbruck (km 0,589 m) bis Kreith (km 10,7; 980 m), der Nordrampe, wird ein Höhenunterschied von nahezu 400 m überwunden. Daran schließt sich bis Telfes (km 16,2; 1003 m) eine mehr oder minder horizontale Strecke an (geringe An-und Abstiege), und im letzten Streckenabschnitt Telfes (km 16,2; 1003 m) — Fulpmes (km 18,2; 935 m) fällt die Trasse nochmals um 66 m. Den höchsten Punkt erreicht die Stubaitalbahn in Luimes mit 1006 m.

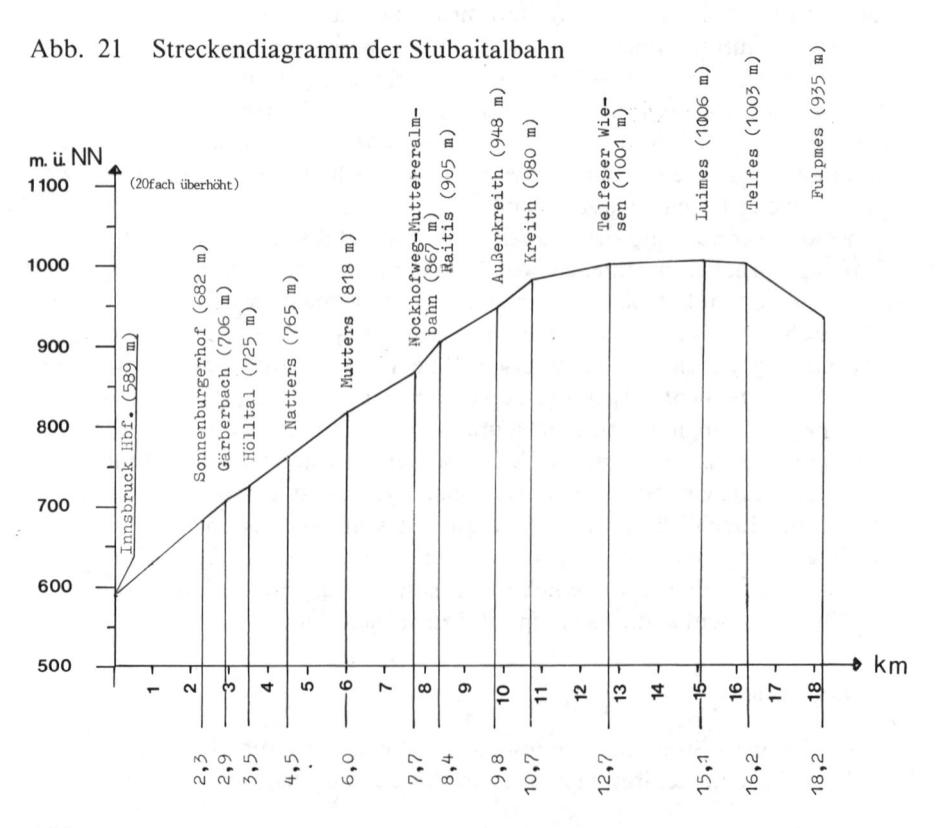

Abb. 21 Streckendiagramm der Stubaitalbahn

Geologisch gesehen liegt die Trasse der Bahn an Hängen und Terrassen aus Moränenschutt der eiszeitlichen Gletscher. Die Bodenbeschaffenheit reicht vom Schotter über Schotter-Lehmgemenge bis zum reinen Lehm. Im trockenen Zustand ist dieses Material ein durchaus sicherer und tragfähiger Baugrund, bei außergewöhnlichen Witterungsverhältnissen jedoch, wie zum Beispiel tagelangem warmen Regen auf eine noch mächtige Schneedecke oder extrem starkem Gewitterregen, verwandelt sich das Schotter-Lehm-Gemisch durch die anfallenden Wassermassen zu einem dünnflüssigen Brei.

Diese Bodenverhältnisse erforderten bereits beim Bau der Bahnlinie kostspielige Entwässerungs- und Sicherungsanlagen, wodurch dem Bahnunternehmen erhebliche Mehrkosten erwuchsen. Trotz zahlreicher Vorkehrungen konnten Verkehrsbehinderungen durch Damm- und Erdrutsche nicht verhindert werden. 1926 verursachte ein Dammrutsch in km 0,5 — 0,7 oberhalb des Umspannwerkes der TIWAG (Tiroler Wasserwerke AG) eine längere Unterbrechung des Verkehrs sowie immense Wiederherstellungskosten. 1944 trat ein Erdrutsch unmittelbar vor der Kreither Brücke auf, und im Februar 1951 kam — ausgelöst durch starke Regenfälle — der Steilhang hinter Kreith in Bewegung. Bei Bahnkilometer 10,9 stürzte die Stützmauer ein, und in km 11,0 rutschten 40 Meter des Bahnkörpers ab.

Während die gesamte Bahnstrecke von Lawinenabgängen nicht bedroht ist und diesbezüglich somit keine Schutzbauten notwendig waren, werden Leistungsstörungen aber auch durch starke Schneefälle mit mächtigen Verwehungen verursacht. Darüber hinaus führt die Stubaitalbahn durch eine Höhenlage, in der bei ausgiebigem Schneefall die Temperatur ständig mehrere Grade um den Nullpunkt wechselt; diese Temperaturschwankungen führen zu starken Vereisungen des festgepreßten Schnees und in der Folge zu Stromausfällen und damit zu vorübergehenden Betriebseinstellungen.

Ein Blick in die Chronik der Stubaitalbahn zeigt, daß neben Elementarereignissen aber auch zahlreiche andere Schwierigkeiten zu überwinden waren, die sowohl technische wie finanzielle und verkehrspolitische Ursachen hatten.

Entwicklungsverlauf (vgl. Abb. 22 a u. b)

Am 1. 8. 1904 nahm die Stubaitalbahn ihren Betrieb mit 3 vierachsigen Triebwagen, 6 zweiachsigen Beiwagen (ausgestattet mit 40 Sitzplätzen der 2. u. 3. Klasse) sowie 8 zweiachsigen Güterwagen auf. Die Bahnunternehmung hatte sich seinerzeit aus betriebswirtschaftlichen und verkehrstechnischen Gründen für den Triebwagenverkehr entschieden, der dieser Lokalbahn einen straßenbahnähnlichen Charakter verlieh. Einem historischen Fahrplan des Jahres 1905 ist zu entnehmen, daß die Strecke Innsbruck — Fulpmes anfangs mit 10 täglich verkehrenden Zugkurspaaren (hin und zurück) und zwei zusätzlichen Sommerkursen bedient wurde. Die Abfahrzeiten zeigten eine deutliche Orientierung an den Verkehrsbedürfnissen der Fahrgäste: drei Frühkurse, zwei während des Vormittags, zwei in den Mittagsstunden, zwei am Nachmittag und drei Verbindungen am Abend.

Bei diesem als optimal zu bezeichnenden Fahrplanangebot erstaunt es nicht, daß das erste Betriebsjahr mit 53 712 Fahrgästen und gut 3 500 t beförderten Gütern

Abb. 22a Das Personenverkehrsaufkommen der Stubaitalbahn 1904—1984

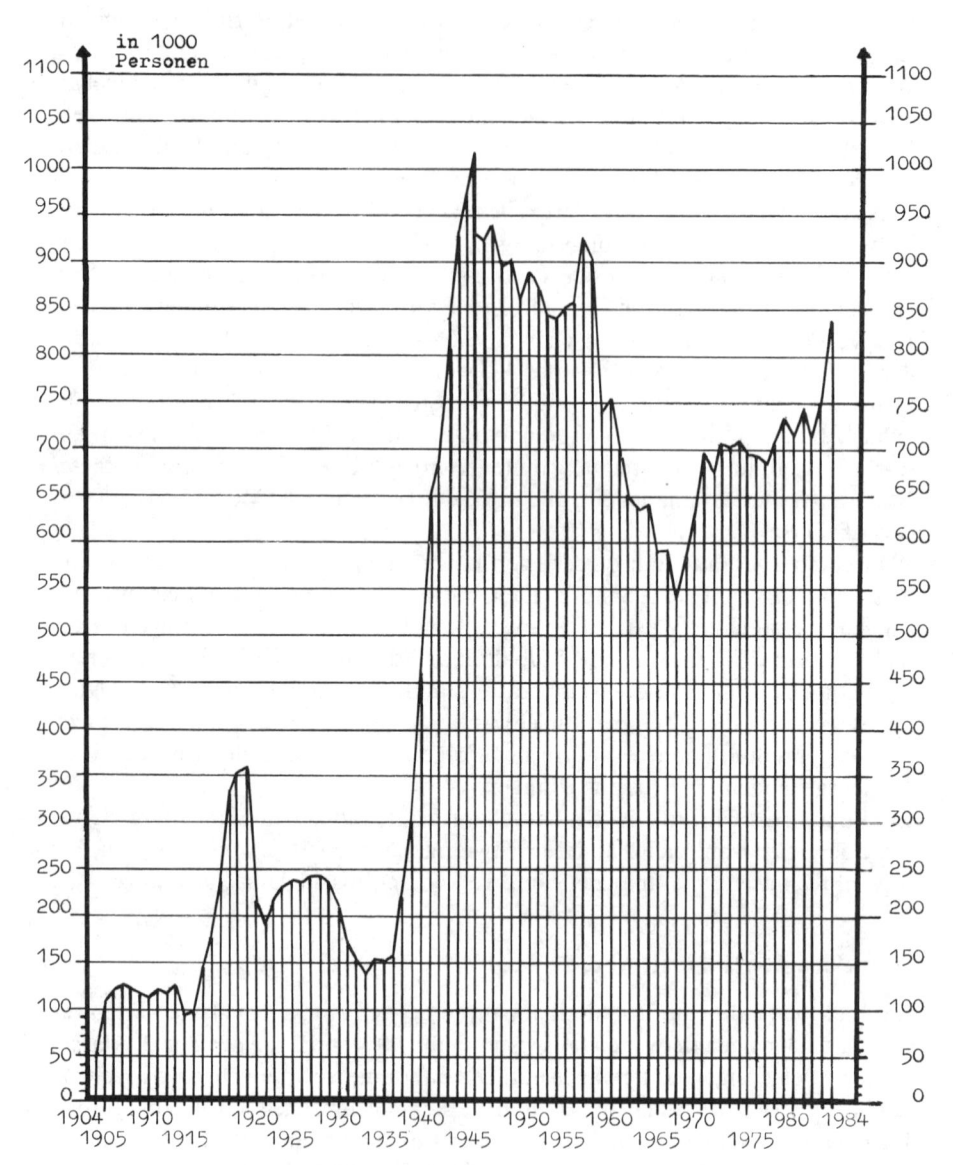

Quelle des Zahlenmaterials: Geschäftsberichte der AG Stubaitalbahn

Abb. 22b Das Güterverkehrsaufkommen der Stubaitalbahn 1904, 1928, 1935—1940 und 1945—1979

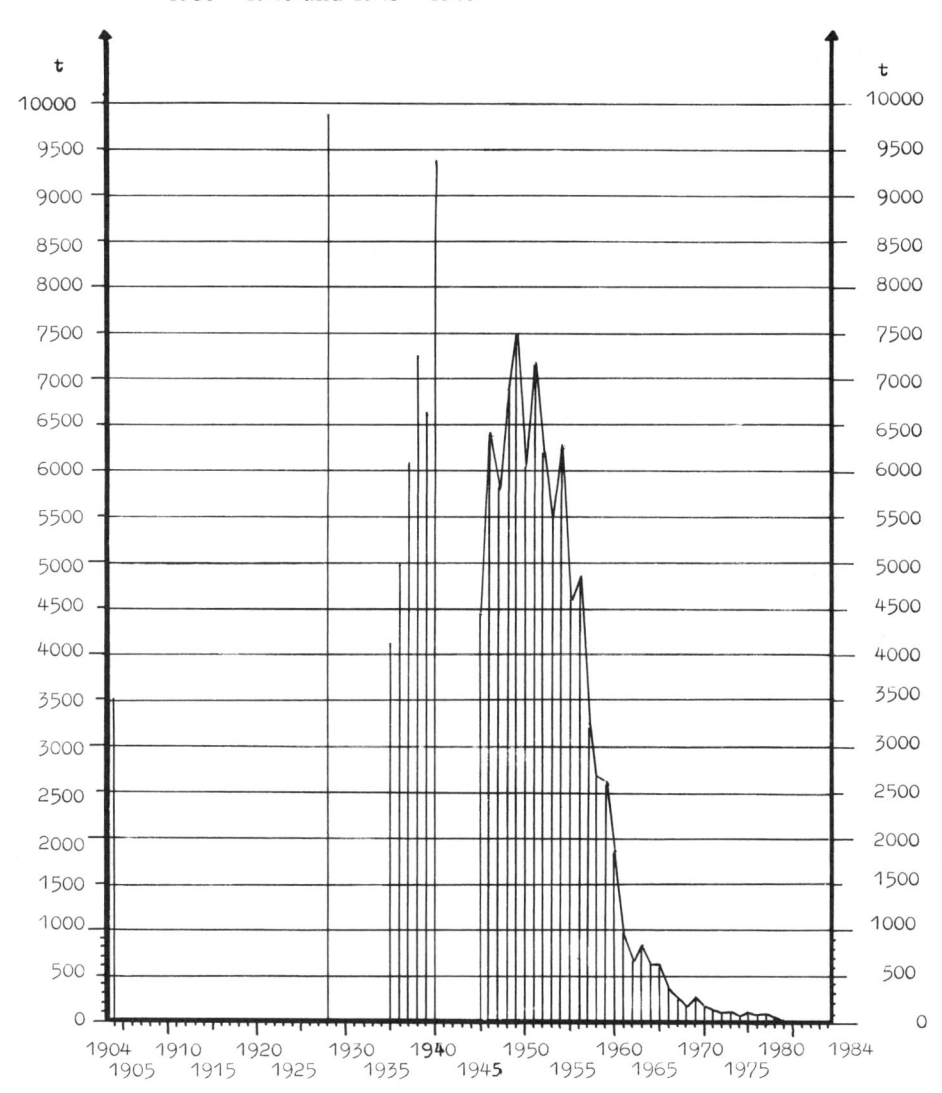

Quelle des Zahlenmaterials: Geschäftsberichte der AG Stubaitalbahn

die Erwartungen gänzlich übertraf. Bereits im Jahre 1905 mußten angesichts der großen Inanspruchnahme der Bahnlinie ein vierter Triebwagen sowie weitere Güterwagen angeschafft werden (vgl. AG Stubaitalbahn 1979, S. 9).
Schon bald nach der Betriebsaufnahme wurden jedoch die ersten sogenannten „Kinderkrankheiten" des bis dahin völlig unerprobten Stromsystems sichtbar. Ein übermäßig hoher Motorverschleiß und damit einhergehend hohe Wartungskosten brachten das Unternehmen mehr als einmal hart an den Rand des Ruins.

Überaus enttäuschend war auch die Entscheidung, die Innsbrucker Straßenbahn nicht, wie anfangs projektiert, mit dem Einphasenwechselstromsystem der Stubaitalbahn zu führen, sondern das Gleichstromsystem anzuwenden. Unbefriedigende Erfahrungen mit dem Wechselstrom hatten damit die beabsichtigte Verbindung zum Hauptbahnhof verhindert und die Stubaitalbahn zum Inselbetrieb werden lassen.

Während des Ersten Weltkrieges fielen der Bahn keine strategischen Aufgaben zu, sie hatte lediglich Heerespflichtige nach Innsbruck zu befördern und die Verbindung unter den Orten des Tales aufrechtzuerhalten. Ein nach Fulpmes verlegtes Notreservespital und ein Militärerholungsheim in Mieders brachten aber dennoch einen erheblichen Verkehrsaufschwung, der mit einem entsprechenden Fahrzeug- und Schienenverschleiß einherging.

In den 20er Jahren setzte der Fremdenverkehr verstärkt ein, und die Beförderungsfrequenz stieg auf 240 000 Personen an. Diese aufwärtsstrebende Entwicklung ist auch für den Gütertransport auszumachen; im Jahre 1928 wurden 9986 t Frachtgut transportiert. Eine Umkehrung der Entwicklung zeigte sich mit dem Beginn der Weltwirtschaftskrise und der von Deutschland verordneten 1000-Mark-Sperre. Die Transportzahlen fielen auf 139 000 Fahrgäste und 4100 t beförderte Güter zurück, das entspricht — gemessen am Jahre 1928 — einem Rückgang um 42,7 Prozent im Personen- und 59 Prozent im Güterverkehr. Diese Krisenjahre wurden durch notwendige, jedoch kaum finanzierbare Ausbesserungsarbeiten am Ober- und Unterbau der Bahnlinie sowie durch reparaturbedürftige Motorschäden in ihren Auswirkungen auf das Bahnunternehmen verschärft, so daß die Gesamtsituation der Bahn vor dem Zweiten Weltkrieg als überaus trostlos zu bezeichnen war. Darüber hinaus setzte sich immer mehr die Erkenntnis durch, daß das Zeitalter der alleinigen Herrschaft der Schienenfahrzeuge innerhalb des Verkehrssystems sich dem Ende neigte. Die durch den Eisenbahnbau verödeten Landstraßen gewannen wieder an Bedeutung, und der Straßenverkehr prosperierte allseits zu einem wichtigen Faktor des Wirtschaftslebens. Auch der Stubaitalbahn blieb in ihrem Verkehrsgebiet der Konkurrenzkampf mit der Straße nicht erspart. Bereits im Sommer 1924 wurde dem Autounternehmer Leo Bayr die Konzession zur Führung einer Omnibuslinie Innsbruck — Schönberg — Mieders — Fulpmes — Neustift erteilt. Finanzielle Schwierigkeiten dieses privaten Omnibusunternehmers ermöglichten der AG Stubaitalbahn schon sehr bald, mit ihm in eine Art Gesellschaftsunternehmen einzutreten. Diese Kopplung führte dazu, daß im Jahre 1930 die „Verkehrsunternehmen Leo Bayr Ges. m.b.H" gegründet wurde. Vier Jahre später (1934) schied Bayr aus dem Gesellschaftsvertrag aus, und mit der gleichzeitigen Umbenennung der Firma in „Verkehrsunternehmen Stubaital Ges. m.b.H." wurde die AG Stubaitalbahn alleiniger Gesellschafter des Kraftwagendienstes. Somit war man wie bei so vielen privaten Nebenbahnen einer externen Konkurrenzierung des Bahnbetriebes zuvorgekommen, mußte jedoch einen inneren Machtkampf zwischen Bus und Bahn in Kauf nehmen.

Auch der Zweite Weltkrieg brachte der Stubaitalbahn einen gewaltigen Verkehrszuwachs. Es wurde ein Transportvolumen von jährlich über 900 000 Personen erreicht, das nicht nur auf Truppen-, sondern auch auf Flüchtlingstransporte zurückzuführen war. In den ersten Nachkriegsjahren wurde die Bahn vornehmlich von den Besatzungsmächten benutzt; darüber hinaus fiel ihr aber auch die nicht unbedeutende Aufgabe der sogenannten „Hamsterfahrten" zu. Die Not an Lebensmitteln zwang die Innsbrucker Bevölkerung, ihren Bedarf direkt bei den Bauern in den Gebirgstälern zu decken, so beispielsweise im Stubaital. Eine Zahl von ungefähr 1 018 000 Fahrgästen im Jahre 1946 dokumentiert den überaus hohen Verkehrswert der Stubaitalbahn in jener Zeit. Dieser großen Verkehrsnachfrage konnte die Bahnlinie zeitweilig kaum entsprechen. War es zuvor der Geldmangel des Unternehmens, der überaus notwendige Instandsetzungsarbeiten verhindert hatte, so war es nun der kriegsbedingte Materialmangel, der Ausbesserungs- und Wartungsarbeiten unmöglich machte. Da häufig nur ein betriebsfähiger Motorwagen vorhanden war, mußte der Verkehr auf einige wenige Berufspendlerzüge reduziert werden.

Nach dem Ende des Zweiten Weltkrieges dauerte es noch zwei Jahre, bis der Normalfahrplan wieder eingeführt und der für die Einnahmen so wichtige Touristen- und Wintersportverkehr wieder aufgenommen werden konnten. Es war insbesondere der sich zunehmender Beliebtheit erfreuende Wintersport, der zu einer der wichtigsten Verkehrsquellen der Bahn wurde. Einen besonderen Aufschwung erfuhr diese Sportart durch die Inbetriebnahme der Muttereralmbahn im Jahre 1954, die das den Innsbruckern so beliebte Skigebiet der Mutterer Alm erschließt, durch die im Jahre 1959 erfolgte Eröffnung des Fronebenliftes (Fulpmes) sowie durch den weiteren Ausbau der Schlicker Alm. Die Eröffnung der Muttereralmbahn ließ den Wintersportverkehr so stark anwachsen, daß bei der Stubaitalbahn speziell an Sonn- und Feiertagen sowie bei gutem Skiwetter die Einführung eines 30-Minuten-Verkehrs zwischen Innsbruck und der Haltestelle Nockhofweg notwendig wurde.

Neben dem Ausflugs- und Fremdenverkehr bezieht die Stubaitalbahn ihr Verkehrsaufkommen aus einem recht ausgeprägten Berufspendlerverkehr. Bedingt durch die seit den beiden Weltkriegen existierende Wohnungsnot in Innsbruck sind die Orte entlang der Stubaitalbahn schon früh zu Wohngemeinden einer weiterhin in Innsbruck beschäftigten Bevölkerung geworden. Diese Entwicklung hat sich gerade in den letzten Jahren durch eine zunehmende Aufwertung des ruhigen, ländlichen Wohnens und Lebens verstärkt, so daß der bereits angeführte spill-over-Effekt die Pendlerverflechtungen der Stubaitaler Bahngemeinden mit Innsbruck und damit die Pendlerbewegung auf der Bahn erhöht hat. Durch dieses Phänomen ist der in den ersten Betriebsjahren noch gänzlich unbedeutende Stammverkehr erheblich angestiegen.

Trotz dieser erfreulichen Entwicklung sanken jedoch die Beförderungszahlen der Bahn von Jahr zu Jahr. Die zunehmende Motorisierung einerseits, aber auch die gesteigerten Ansprüche an Bequemlichkeit, Schnelligkeit und individueller Fahrtgestaltung ließen die Fahrgastzahlen zum Ende der 60er Jahre auf 541 000 jährlich beförderter Personen absinken. Ein nicht unbedeutender Konkurrent der Bahn zeigt sich in dem betriebseigenen Busverkehr, dessen Frequentierung seit den 50er Jahren konstant anwächst und Anfang der 70er Jahre die Transportzahlen des Bahnverkehrs überrundet (vgl. Abb. 23).

Aber auch der Güterverkehr wanderte in zunehmendem Maße auf die Straße ab, da die manuell durchgeführten Umladearbeiten von den normalspurigen Waggons der ÖBB auf die meterspurigen Güterwagen der Stubaitalbahn bzw. umge-

Abb. 23   Fahrgastaufkommen des Kraftwagenliniendienstes „Stubaital"

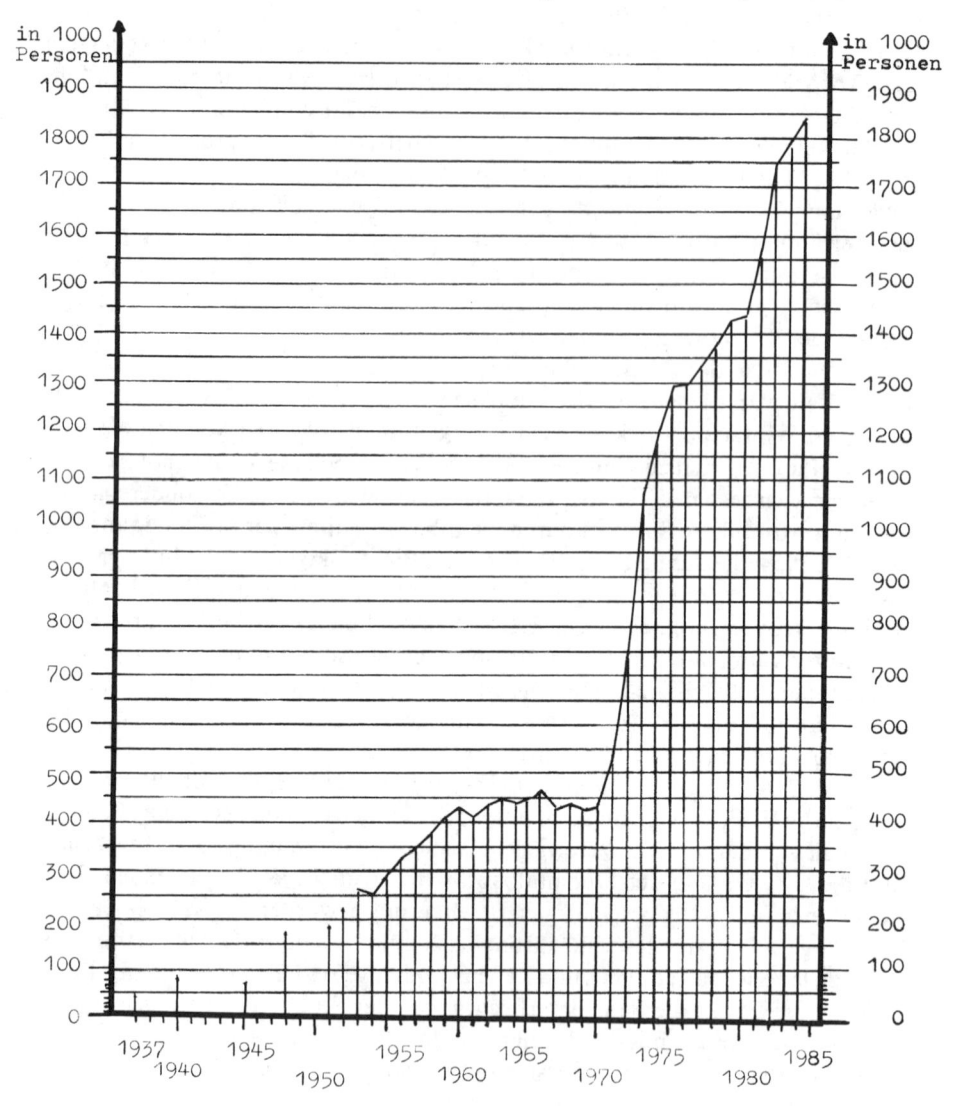

Quelle: Geschäftsberichte der AG StB

kehrt zeitaufwendig und teuer waren. Zweifellos fehlte für eine Steigerung des Güterverkehrs eine direkte Anbindung an das Hauptbahnnetz der ÖBB; diese hätte im Innsbrucker Westbahnhof relativ leicht durch einen Anschluß hergestellt werden können. Da jedoch ein Rollschemel- oder Rollbockverkehr aus Trassierungsgründen nicht realisierbar war, wären auch weiterhin zusätzliche Verladearbeiten nicht erspart geblieben. Somit verlor der auf der Stubaitalbahn niemals übermäßig einnahmenwirksame Güterverkehr gerade in den 60er und 70er Jahren immer mehr an Bedeutung. Zur Verdeutlichung drei Zahlen: Wurden im Jahre 1958 noch 2661 t mit der Stubaitalbahn befördert, so sank dieser Wert auf 604 t im Jahre 1965, und wiederum 10 Jahre später wurden nur mehr 100 t mit der Bahn transportiert. Dieser eklatante Rückgang im Güterverkehrsvolumen führte dazu, daß diese Transportart am 1. 5. 1979 gänzlich eingestellt wurde.

Zu den einstigen Transportgütern zählten neben Eisen (roh), Metallen und Metallwaren auch Brenn- und Baumaterialien; die Beförderungsmenge war letztendlich jedoch so gering, daß die Aufgabe des Bahntransportes keine einschneidende Mehrbelastung des Straßenverkehrs verursachte.

In der Mitte der 60er Jahre war selbst das Schicksal der Stubaitalbahn ungewiß. Deutlich rückläufige Transportzahlen einerseits und der Bau der Brennerautobahn sowie der Südtangente andererseits bedrohten ihre Existenz und verhinderten als Unsicherheitsfaktoren lange Zeit größere Modernisierungsvorhaben. Auf einer im Jahre 1962 abgehaltenen Tagung brachten die Bürgermeister und Fremdenverkehrsfachleute des Tales den Wunsch nach Erhaltung und Modernisierung der Bahn mit einiger Vehemenz zum Ausdruck. Auch sprachen sie sich gegen die Errichtung einer zweiten Straßenverbindung über Mutters und Kreith nach Telfes aus. Dieses offenkundige Bekenntnis zur Bahn veranlaßte den Aufsichtsrat, mit dem Land Tirol und dem Finanzministerium über eine finanzielle Hilfeleistung zu verhandeln. Alle erkämpften größeren Investitionen und bereits begonnenen Sanierungsarbeiten wurden jedoch gestoppt, als im Jahre 1967 der Innsbrucker Gemeinderat den Bau der Südtangente genehmigte, die über das Gelände des Bergisel- und Stubaitalbahnhofes hinwegführen sollte und damit die Einstellung der Bahn zur Folge gehabt hätte. In dieser prekären Situation, in der die Auflassung des Bahnbetriebes besonders akut war, gingen auch die Fahrgastzahlen weiter zurück; sie erreichten im Jahre 1969 mit rund 541 000 Personen den absoluten Tiefstand der Nachkriegszeit.

Ein Ausweg aus dieser mißlichen Lage zeigte sich erst im Jahre 1973, als die endgültige Entscheidung zum Bau der Südtangente zugunsten der Tunnelvariante fiel und die Stubaitalbahn in ihrer Existenz nicht länger durch dieses Bauvorhaben bedroht war. In den darauffolgenden Jahren wurden Oberbau, Fahrleitungen und Brücken erneuert beziehungsweise gründlich überholt, wobei Fahrdraht und Masten der aufgelassenen Haller Straßenbahn und der O-Buslinien weiterverwandt wurden. Auch wurden die Bahnhofsgebäude gründlich saniert und die sanitären Anlagen den modernen Verhältnissen angepaßt. Daß diese großzügigen Sanierungsarbeiten letztendlich möglich geworden waren, verdankt die Bahn der finanziellen Mittelbereitstellung durch die Stadt Innsbruck, das Land Tirol und die Bundesregierung.

Obgleich diese Maßnahmen dazu führten, daß zum Ende der 70er Jahre wiederum eine Fahrgastfrequenz von jährlich rund 700 000 beförderten Personen erreicht werden konnte und die Weiterexistenz des Bahnbetriebes als gesichert galt, entsprachen Verkehrsbild und Verkehrssituation dieser Lokalbahnlinie noch immer nicht den Vorstellungen und Anforderungen an ein modernes und nachfragegerechtes Verkehrsmittel der Gegenwart oder gar der Zukunft.

Inwieweit das Unternehmen der AG Stubaitalbahn, deren Betriebsführung heute durch die Innsbrucker Verkehrsbetriebe erfolgt und deren Aktienmehrheit die Stadt Innsbruck innehat, in jüngster Vergangenheit noch Umstrukturierungen vorgenommen hat, um dem Anspruch eines leistungsstarken und flexiblen öffentlichen Massenverkehrsmittels gerecht zu werden und sich damit gegenüber dem Individualverkehr zu behaupten, dokumentieren nachfolgende Ausführungen.

2.3.1.3 Die Stubaitalbahn der 80er Jahre

Zum Ende der 70er Jahre wurden in der verkehrsmäßigen Anbindung des Stubaitales und der westlichen Mittelgebirgsgemeinden im öffentlichen Regionalverkehr noch zahlreiche Schwächen sichtbar. Zu den Hauptkritikpunkten zählten die zu geringe Bedienungsfrequenz der öffentlichen Verkehrsmittel, besonders jedoch das schlechte Angebot am Abend[4], die nicht bedarfsgerechte Gestaltung des Fahrplanes, insbesondere die großenteils fehlende Berücksichtigung der Erfordernisse des Berufs- und Schülerpendelverkehrs, insgesamt gesehen also die mangelnde Attraktivität der Stubaitalbahn für den Nichtfreizeitverkehr und das Fehlen einer direkten Verbindung zum Hauptbahnhof in Innsbruck. Neben dem öffentlichen Verkehrsangebot gab aber auch das Erscheinungsbild des Bahnbetriebes selbst Anlaß zur Unzufriedenheit.
War die Errichtung der Bahn um die Jahrhundertwende ohne Zweifel eine Pionierleistung der Elektrotechnik, so bedeutete ihr Einphasenwechselstromsystem nun das größte Hindernis für eine Weiterentwicklung. Man mußte nicht nur auf die bereits in der Erstplanung vorgesehene Verlängerung bis zum Hauptbahnhof verzichten, sondern auch auf eine längst notwendig gewordene Modernisierung der Fahrbetriebsmittel, da die Unkosten nahezu einem Neubau gleichgekommen wären. Während beim Autobusbetrieb die kleineren offenen Autobustypen der Anfangsjahre längst durch moderne Diesel-Großraumbusse ersetzt worden waren, entsprach der Fahrzeugpark der Stubaitalbahn schon seit langem nicht mehr den heutigen Anforderungen. Der im Gegensatz zu anderen Nebenbahnen recht einheitliche Wagenpark stammte großteils aus der Ursprungszeit. Das Triebwagensystem, ausgestattet mit den sehr störungsanfälligen Winter-Eichberg-Motoren, war oftmals reparaturbedürftig und auch der Personenwagenpark wurde kaum mehr den Anforderungen an Komfort und Bequemlichkeit gerecht.
Sinkende Fahrgastzahlen gegen Ende der 70er Jahre reflektieren den Bedeutungsverlust der Stubaitalbahn im öffentlichen Verkehr. Für die Fahrt auf der Gesamtstrecke wurde der Kraftwagendienst der Bahn vorgezogen, wobei der bessere Fahrkomfort (Einsatz moderner Reisebusse) und nicht zuletzt die kürzere Fahrzeit immer wieder vorgebrachte Kriterien der Fahrgäste waren. Der

---

4 Zehn täglich verkehrende Zugpaare auf der Strecke Innsbruck — Fulpmes und retour, letzte Fahrtmöglichkeit ins Stubaital um 19.20 Uhr, letzter Zug nach Innsbruck um 18.32 Uhr; daneben zehn täglich verkehrende Buskurse der Linie „Stubaital" Innsbruck — Stubaital über Schönberg und Mieders, letzte Fahrtmöglichkeit ab Innsbruck um 19.01 Uhr und ab Fulpmes um 17.45 Uhr.

immense Anstieg der Fahrgastzahlen des Autobusverkehrs „Stubai", der mit seinem großen Angebot an innerregionalen Linien auch das hintere Stubaital bedient, unterstreicht seine gefestigte Stellung im öffentlichen Personennahverkehr (vgl. auch Abb. 23).

Um die Bevölkerung von der Leistungsfähigkeit der Stubaitalbahn zu überzeugen, galt es, ihr Lokalbahnimage zu verbessern und ihre Attraktivität zu steigern. „Modernisieren statt Auflassen", so lautete Anfang der 80er Jahre die Devise des Bahnunternehmens. In dieser Zeit kam den Bahnfreunden das gestiegene Umweltbewußtsein zur Hilfe und die Erkenntnis, daß der individuellen Mobilität von der Energieseite her Schranken gesetzt sind. Eine zukunftsorientierte Verkehrsplanung muß folglich den Massenverkehrsmitteln — und unter diesen besonders den energiesparenden und umweltfreundlichen elektrisch-betriebenen Schienenbahnen — mehr Beachtung schenken.

Die entscheidenden Planungsvorhaben zur Modernisierung der Stubaitalbahn waren ihr Einbezug in das überregionale Nahverkehrssystem des Tiroler Zentralraumes sowie eine bessere Einbindung der Bahnlinie in das städtische Verkehrssystem Innsbrucks; insgesamt eine Forderung, der nur durch die Weiterführung der Bahnlinie bis zum Innsbrucker Hauptbahnhof, der zentralen Umsteigestelle des öffentlichen Verkehrs, entsprochen werden konnte. Voraussetzung zur Verwirklichung all dieser Pläne war jedoch primär die Veränderung des Stromsystems von Einphasenwechselstrom auf Gleichstrom.

Die langersehnte Gelegenheit einer Betriebsumstellung bot sich schließlich durch eine Entscheidung des Bundesministeriums für Verkehr im Jahre 1980, gemäß der den Privatbahnen dann größere Mittel für Investitionen zur Verfügung gestellt werden sollten, wenn die Gebietskörperschaften ihrerseits Mittel in gleicher Höhe beisteuern würden. Vor diesem Hintergrund wurde im Jahre 1981 zwischen dem Bund, dem Land Tirol, der Stadtgemeinde Innsbruck, den Anliegergemeinden der Bahn (Natters, Mutters, Telfes, Fulpmes) und der Stubaitalbahn AG ein Übereinkommen zur Finanzierung eines mittelfristigen Investitionsprogrammes in einer Höhe von 33,2 Millionen öS für den Umbau der Stubaitalbahn getroffen. In dieser Übereinkunft erklärten sich das Bundesministerium für Verkehr und das Land Tirol bereit, 50 Prozent (Bund) beziehungsweise 25 Prozent (Land) des oben angegebenen Betrages zu leisten, während der Restbetrag zu je einem Drittel von der Stadt Innsbruck, den Bahngemeinden und der Stubaitalbahn AG übernommenen wurde.

Auf dieser finanziellen Grundlage wurde ein Modernisierungsprogramm durchgeführt, das den gesamten Bahnverkehr erfaßte. Vordringlichste und wohl wichtigste Neuerung war ohne Zweifel die Umstellung auf das Gleichstromsystem der Innsbrucker Straßenbahn. Der Generalsanierung fiel darüber hinaus auch der alte Fahrpark zum Opfer. Die Holzkastenwagen wurden durch moderne DÜWAG-2-Richtungsgelenkachtachser ersetzt. Diese Wagen wurden von der aufgelassenen Straßenbahn Hagen in Westfalen als Sechsachser aufgekauft und in den Werkstätten der Innsbrucker Verkehrsbetriebe überholt sowie für den Bergbetrieb adaptiert. Um die Modernisierungskosten möglichst gering zu halten, wurden der gesamte Oberbau und ein Großteil der Fahrleitung durch firmeneigenes Personal erneuert. Ein weiteres Novum zeigte sich in der Einbindung der Stubaitalbahn in den Verkehr der Innsbrucker Verkehrsbetriebe mit einer direkten Verbindung über die Maria-Theresien-Straße zum Hauptbahnhof, wobei der gesamte Ablauf nun im funkgesteuerten Zugleitverfahren erfolgt.

Mit der offiziellen Inbetriebnahme der im Stromsystem, in der elektrischen Ausrüstung und in den Zuggarnituren gänzlich umgestellten und erneuerten sowie in der Streckenführung bis zum Hauptbahnhof verlängerten Stubaitalbahn am 2. Juli 1983 wurde ein gegenwartsbezogenes, aber auch zukunftsorientiertes Planungskonzept nach kurzer Bauzeit verwirklicht. Eine mit dieser Modernisierung verbundene Fahrzeitverkürzung, die Schaffung eines Kombinationstarifes (Stubaitalbahn und innerstädtisches Netz der Innsbrucker Verkehrsbetriebe), ein Mehr an Komfort und durch die Führung bis zum Hauptbahnhof auch verkürzte Wegzeiten haben zu einer außerordentlichen Verkehrswertsteigerung dieser Lokalbahn beigetragen.

Neben diesen vornehmlich verkehrstechnischen Umstrukturierungen ist auch eine nachfrageorientierte, dem Schüler-, Berufs- und Ausflugsverkehr weitestgehend gerecht werdende Fahrplanverdichtung vorgenommen worden. Nach der Umstellung wurde zunächst im 75-Minuten-Takt gefahren; die vollen Züge zwangen aber schon im Herbst 1983 zur Einführung eines 35-Minuten-Fahrplanes, wobei jeder zweite Zug nur bis Mutters geführt wurde. Mit dem Sommerfahrplan 1984 wurde schließlich der 50-Minuten-Takt auf der Gesamtstrecke aufgenommen. Trotz dieser Fahrplanverdichtung wurde besonders während der Sommermonate die Führung zahlreicher Sonderzüge notwendig, so daß als nächste Maßnahme weitere kürzere Intervalle geplant sind. Zur Zeit verkehren 17 durchgehende Zugpaare sowie 1 Früh- und 3 Abendzugpaare bis Mutters. Bei der Gestaltung der Abfahr- und Ankunftszeiten wurden Anschlußverbindungen in Innsbruck, aber auch in Fulpmes, hier an die Buslinie Fulpmes-Mutterbergalm, berücksichtigt.

Daß die Betriebsumstellung der Stubaitalbahn und die Ausweitung des Fahrplanes als voller Erfolg zu werten sind, dokumentiert der unerwartet hohe Fahrgastzuwachs von 16 Prozent im Jahre 1984 im Vergleich zum Vorjahr. Dieser gesteigerten Nachfrage stand im Jahre 1984 ein Wagenpark und damit eine Verkehrskapazität von 8 Triebwagen mit 488 Sitzplätzen und 7 Personenwagen mit 266 Sitzplätzen gegenüber.

Die straßenbahnähnliche Stubaitalbahn ist heute eine reine Personenverkehrsbahn; ihre Hauptfunktion findet sie im Berufs- und Schülerpendelverkehr der südwestlichen Mittelgebirgsgemeinden, für die sie den alleinigen öffentlichen Verkehrsanschluß an Innsbruck darstellt. Aber auch auf der Gesamtstrecke Innsbruck-Fulpmes konnte die Bahn ihre Position im öffentlichen Personennahverkehr ausbauen und sichern. Gut frequentierte Früh- (Berufspendler) und Schülerzüge, die mit drei Waggons geführt werden müssen, bestätigen dieses. Darüber hinaus unterstreichen zusätzlich eingesetzte Wintersportzüge ihre Funktion als „Aufstiegshilfe" zu den beliebten Skigebieten Mutterer Alm (Haltestelle Nockhof), Froneben und Schlicker Alm (Fulpmes). Während der Fremdenverkehrssaison benutzen zahlreiche Gäste die Bahn zur Anreise an den Urlaubsort oder zu Ausflugsfahrten, so daß die Stubaitalbahn auch die Aufgaben einer Fremdenverkehrsbahn im weitesten Sinne erfüllt. All diese Funktionen werden jedoch nicht zuletzt durch die direkte Anbindung der Bahn an das Innsbrucker Straßenbahnnetz und damit an den international bedeutsamen

Eisenbahnknotenpunkt Innsbruck Hauptbahnhof verstärkt. Die Stubaitalbahn bildet heute ein wichtiges Glied im Strahlenbündel der Innsbrucker Verkehrswege. Sie verbindet Innsbruck mit der Fremdenverkehrsregion „Stubaital" und mit den Naherholungsorten der westlichen Mittelgebirgsterrasse, deren Bedeutung als Wohngemeinden für die in Innsbruck beschäftigte Bevölkerung bereits angesprochen wurde.

Umstrukturierung und Generalsanierung dieser Bahnlinie haben den Beweis erbracht, daß eine Lokalbahn keineswegs ein überholtes Verkehrsmittel darstellen muß, das seiner Existenzberechtigung in einer modernen Verkehrswelt beraubt ist. Die neue Stubaitalbahn mit ihrem gesteigerten Verkehrsaufkommen verdeutlicht vielmehr, daß eine Wende vom individuellen zum öffentlichen Verkehr möglich sein kann und der Wert umweltfreundlicher Bahnen wieder in den Vordergrund tritt. Vor diesem Hintergrund könnte selbst die schon bei der Eröffnung geplante Verlängerung der Bahn bis Neustift oder gar bis Milders eines Tages noch Wirklichkeit werden.

Eine weitere schmalspurige Privatbahn, jedoch mit gänzlich anderem Verkehrsbild, ist die nachfolgend vorgestellte Murtalbahn; Anlagestruktur, Funktionskatalog und bahnraumspezifisch-bedingte Problemkomplexe stehen im deutlichen Kontrast zur straßenbahnähnlichen Stubaitalbahn.

2.3.2 Die Murtalbahn — eine Nebenbahn im Konfliktfeld landes- und regionalpolitischer Kontroversen

Die Murtalbahn, den Eisenbahnkennern als Vorreiter zahlreicher technischer wie auch ideeller Innovationen auf dem Nebenbahnsektor bekannt, erschließt von Unzmarkt ausgehend das obere Murtal bis Tamsweg. Mit ihrer heute gut 65 km langen Strecke ist sie die zweitlängste Schmalspurbahn Österreichs; ihre Trasse erstreckt sich dabei über zwei Bundesländer, Steiermark und Salzburg. Trotz des wechselvollen wirtschaftlichen Werdeganges, den die Murtalbahn in den gut 90 Betriebsjahren hinter sich brachte, konnte diese den Steiermärkischen Landesbahnen zugehörige Bahnlinie — einst gar bis Mauterndorf geführt — immer wieder ihre Funktion als leistungsstarkes öffentliches Transportmittel sowie als bedeutender Infrastrukturfaktor der Region unter Beweis stellen. Heute demonstriert diese Bahn viele Attribute einer modernen Schmalspurbahn, die sowohl den Verkehrsbedürfnissen der einheimischen Bevölkerung als auch der Touristen entgegenkommt.

2.3.2.1 Das obere Murtal und seine Bahn — eine Strecken- und Raumbeschreibung

Die Murtalbahn zählt zu den typischen Talbahnen. In ihrer gesamten Trassenführung wird sie im Tal parallel der Mur geführt, sie überschreitet keine Wasserscheide und ihre größte Steigung beträgt 20 Promill. Es fehlen größere Kunstbau-

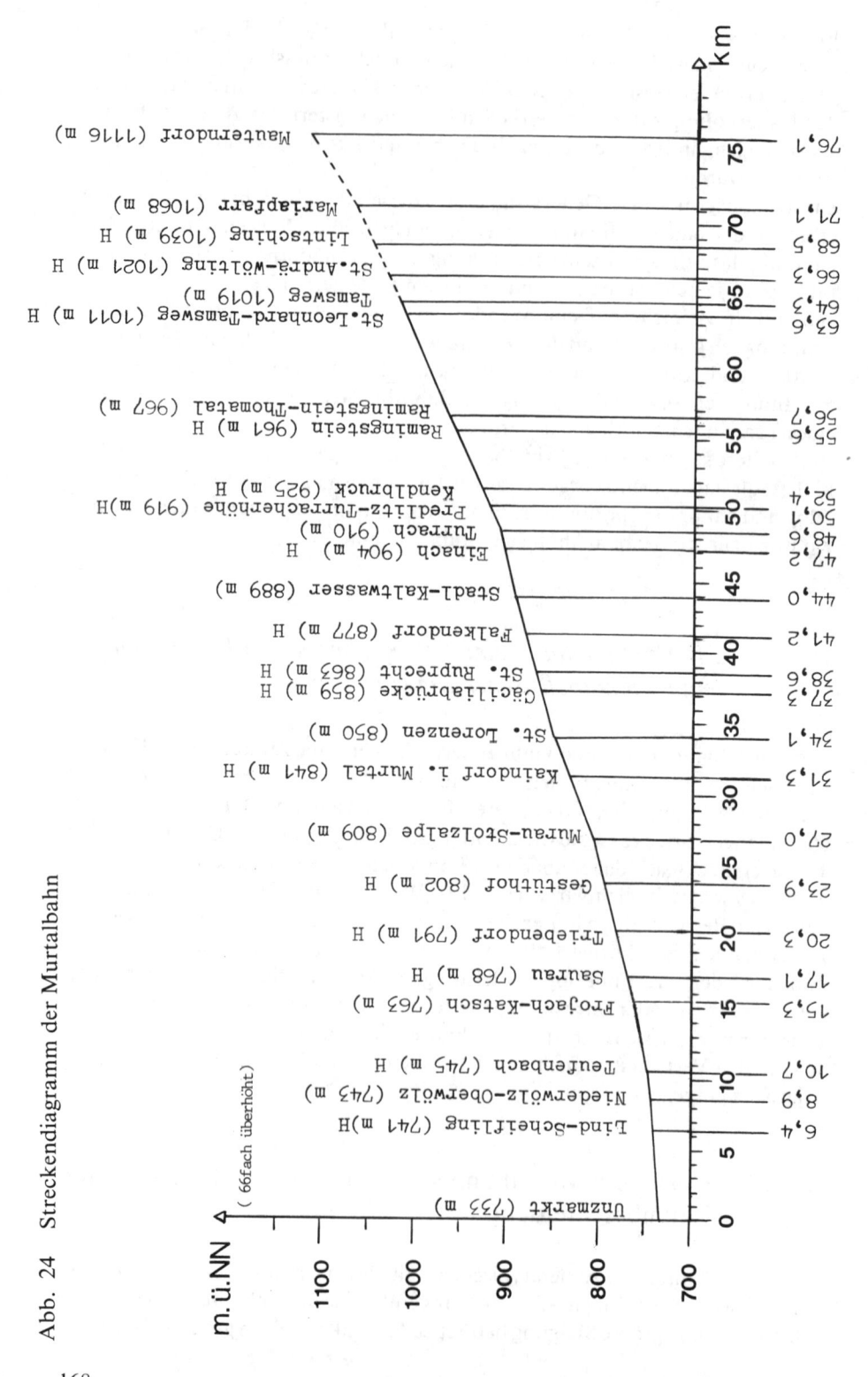

Abb. 24 Streckendiagramm der Murtalbahn (66fach überhöht)

km	Station
0	Unzmarkt (733 m)
6,4	Lind-Scheifling (741 m) H
8,9	Niederwölz-Oberwölz (743 m)
10,7	Teufenbach (745 m) H
15,3	Frojach-Katsch (763 m)
17,1	Sauran (768 m) H
20,3	Triebendorf (791 m) H
23,9	Gestüthof (802 m) H
27,0	Murau-Stolzalpe (809 m)
31,3	Kaindorf i. Murtal (841 m) H
34,1	St. Lorenzen (850 m)
37,3	Cäciliabrücke (859 m) H
38,6	St. Ruprecht (863 m) H
41,2	Falkendorf (877 m) H
44,0	Stadl-Kaltwasser (889 m)
47,2	Einach (904 m) H
48,6	Turrach (910 m) H
50,1	Predlitz-Turracherhöhe (919 m) H
52,4	Kendlbruck (925 m) H
55,6	Ramingstein (961 m) H
56,7	Ramingstein-Thomatal (967 m)
63,6	St. Leonhard-Tamsweg (1011 m) H
64,3	Tamsweg (1019 m)
66,3	St. Andrä-Wölting (1021 m) H
68,5	Lintsching (1039 m) H
71,1	Mariapfarr (1068 m)
76,1	Mauterndorf (1116 m)

m.ü.NN: 700, 800, 900, 1000, 1100

ten wie Kehrtunnel und imposante Viadukte, aber auch Steilrampen waren nirgends notwendig. Die Trasse steigt vielmehr ganz gleichmäßig und langsam von Unzmarkt (733 m) bis zu ihrem einstigen Endpunkt Mauterndorf (1116 m) um 383 Meter an. Seit 1980 ist Tamsweg (1019 m) Endpunkt und damit Kopfbahnhof der Bahn.

Der hypsometrische Trassenverlauf ist dem Streckendiagramm (vgl. Abb. 24) zu entnehmen, in dem alle Steigungen und Gefällsbereiche der Murtalbahn festgehalten sind.

Ausgangsbahnhof der Bahnlinie ist die Station Unzmarkt-Frauenburg, an der ÖBB-Strecke Wien — Villach gelegen. Zu den Bahnanlagen, die sich zwischen dem Gleiskörper der ÖBB und der Mur befinden, gehören Umladeeinrichtungen, ein kleines Heizhaus mit Drehscheibe und — für eine Schmalspurbahn ungewöhnlich — ein Turmstellwerk. Die Murtalbahn verläßt Unzmarkt in südlicher Richtung und folgt dem windungsreichen Lauf der Mur bis etwa zur Haltestelle Leonhard-Tamsweg (km 63,6). Während die Mur in südwestlicher Richtung weiterfließt, verläuft die Bahnlinie nun der Taurach folgend gen Norden und erreicht in Bahnkilometer 64,5 den Bahnhof Tamsweg, die derzeitige Endstation. Tamsweg ist Bezirkshauptort des Lungau und damit Sitz der Bezirkshauptmannschaft sowie der damit verbundenen Ämter und Behörden. Zahlreiche Fachschulen, die Niederlassung mehrerer Ärzte sowie ein neues Hallenbad unterstreichen die Bedeutung des Marktes Tamsweg.

Bis zum Jahre 1980 führte die Murtalbahn jedoch weiter entlang der unteren Taurach bis zur Marktgemeinde Mauterndorf (Bahnkilometer 76,1). Mauterndorf, daß über 80 Jahre Endstation der Bahnlinie war, liegt am Beginn eines bedeutenden Alpenüberganges, der Straße über den Radstätter Tauern. Dieser günstigen Verkehrslage verdankt der Ort seinen raschen kulturellen wie auch wirtschaftlichen Aufstieg. Lange Zeit stand er an erster zentralörtlicher Stelle des Bezirks, wurde dann aber von dem noch zentraler gelegenen Ort Tamsweg von dieser Position verdrängt.

Von den insgesamt 27 Stationen entlang der Bahnlinie ist neben dem Ausgangs- und Zielbahnhof auch die Station Murau-Stolzalpe (km 27,0) besonders erwähnenswert. Als Befehls- und Heimatbahnhof der Murtalbahn sind hier nicht nur die Betriebsleitung, sondern auch Werkstättengebäude und ein Heizhaus mit Drehscheibe lokalisiert.

Der Verkehrsraum der Murtalbahn umfaßt somit heute ausschließlich das Obere Murtal von Unzmarkt bis Tamsweg, erstreckte sich einst jedoch weiter entlang dem unteren Taurachtal bis Mauterndorf im Lungau. Zwei verwaltungspolitische Bezirke werden dabei durchfahren: der Bezirk Murau im Bundesland Steiermark und der Bezirk Tamsweg im Bundesland Salzburg; in einem dritten Bezirk, Judenburg (Stmk), ist der Ausgangsbahnhof Unzmarkt lokalisiert (vgl. Abb. 25).

Raumbeschreibung

Die Marktgemeinde **Unzmarkt-Frauenburg** (1778 Ew./1981) ist angesichts ihrer Funktionen vornehmlich als Wohngemeinde zu bezeichnen. Während im Ortsteil von Frauenburg noch eine starke agrarische Grundstruktur erkennbar ist, dominiert auf der städtisch orientierten Unzmarker Seite durch die ursprünglich stärker herausragende Verkehrsknotenpunktlage der Tertiäre Sektor. Besonders auf dem Gebiet der ärztlichen Versorgung (zwei praktische Ärzte, ein Zahnarzt), in der

Abb. 25 Verwaltungspolitische Gliederung des Verkehrsraumes der Murtalbahn

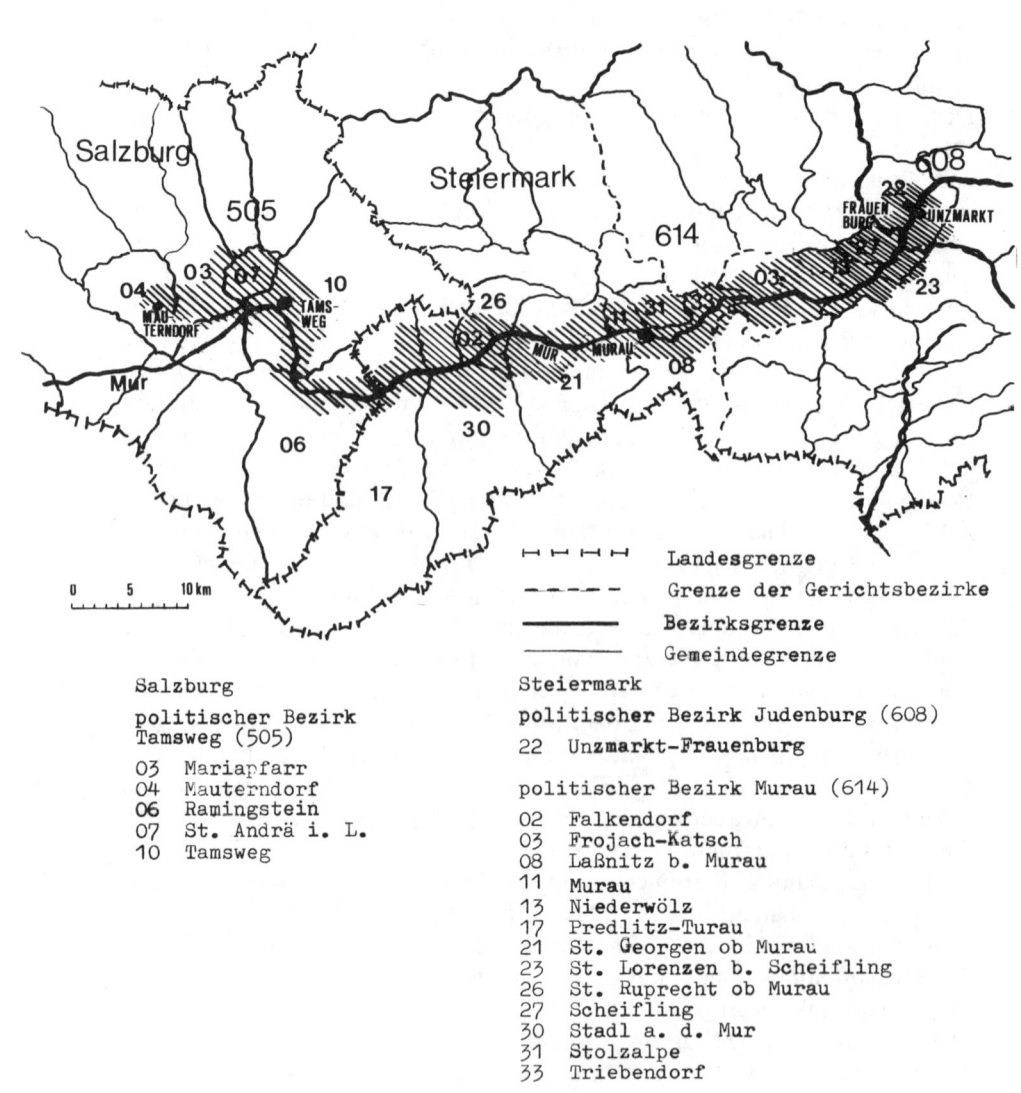

H H H H Landesgrenze
― ― ― ― Grenze der Gerichtsbezirke
──────   Bezirksgrenze
─────   Gemeindegrenze

Salzburg

politischer Bezirk Tamsweg (505)

03 Mariapfarr
04 Mauterndorf
06 Ramingstein
07 St. Andrä i. L.
10 Tamsweg

Steiermark

politischer Bezirk Judenburg (608)

22 Unzmarkt-Frauenburg

politischer Bezirk Murau (614)

02 Falkendorf
03 Frojach-Katsch
08 Laßnitz b. Murau
11 Murau
13 Niederwölz
17 Predlitz-Turau
21 St. Georgen ob Murau
23 St. Lorenzen b. Scheifling
26 St. Ruprecht ob Murau
27 Scheifling
30 Stadl a. d. Mur
31 Stolzalpe
33 Triebendorf

Quelle: Ausschnitt aus der Gemeindegrenzenkarte der Republik Österreich mit Kennziffern, hier: Bundesländer Salzburg/Steiermark, Gebietsstand: 1. 1. 1981, hrsg. v. Österreichischen Statistischen Zentralamt, Wien 1984. Kartographische Ergänzung: H. Kreft-Kettermann

Ausstattung mit öffentlichen Dienstleistungsbetrieben (Bahn/Post) sowie auf dem Bildungs- und Kultursektor (Volksschule, Haushaltungsschule, Kulturheim, Bibliothek) übt Unzmarkt eine wenn auch nur geringe überörtliche Funktion für die Nachbargemeinde St. Georgen o. J. und einen Teil des oberen Murtales aus. Insgesamt ist eine arbeitsplatzmäßige und verwaltungstechnische Zuordnung und Ausrichtung auf das Regionalzentrum Judenburg festzustellen, wohingegen zu den muraufwärts gelegenen Gemeinden nahezu keine Orientierung erkennbar ist.

Die Struktur der Land- und Forstwirtschaft weist hinsichtlich der Entwicklung der Agrarquote eine stagnierende Tendenz auf, wobei weiterhin ein Rückgang bei den Vollerwerbsbetrieben, jedoch eine Zunahme des Nebenerwerbs zu verzeichnen ist. Zuerwerbsmöglichkeiten durch den Fremdenverkehr spielen nahezu keine Rolle. In der landwirtschaftlichen Bewirtschaftungsform dominieren die Grünlandwirtschaft und die Rinderzucht.

Der industriell-gewerbliche Sektor ist in erster Linie auf eine Nutzung der relativen Standortgunst (Verkehrsknotenpunkt, Nutzung des Rohstoffes Holz) aufgebaut. Bereits jetzt finden 42 Prozent der Berufstätigen auf diesem Wirtschaftssektor ihre Existenzgrundlage; von den in der Gemeinde angebotenen Arbeitsplätzen sind 35 Prozent diesem Wirtschaftsbereich zuzurechnen. Neben großen Sägewerken wird das industriell-gewerbliche Gefüge auch durch Zellstoff- und Papierfabriken bestimmt.

Mit zirka 42 Prozent entspricht der Prozentsatz der Beschäftigten des Dienstleistungssektors genau dem Wert der im Bereich Industrie und Gewerbe tätigen Bevölkerung. Durch öffentliche Dienstleistungsbetriebe und die gute Ausstattung mit privaten Diensten ist jedoch der Anteil der Arbeitsplätze in diesem Wirtschaftsbereich an den in der Gemeinde insgesamt vorhandenen Arbeitsplätzen mit rund 46 Prozent größer als auf allen anderen Gebieten. Dennoch sind gerade für diese Arbeitsplatzsparte zirka 150 Auspendler festzustellen, da einige hochqualifizierte Dienstleistungsbereiche in Judenburg lokalisiert sind. Ein großer Aufholbedarf besteht im Beherbergungs- und Gaststättenwesen Unzmarkts, das sowohl für den lokalen Bedarf als auch für den Durchgangsverkehr nicht mehr die nötige Attraktivität besitzt.

Die Entwicklung auf dem Fremdenverkehrssektor ist als unterdurchschnittlich zu bezeichnen; eine Folge des für eine gut funktionierende Fremdenverkehrswirtschaft wenig anziehenden natur- und kulturräumlichen Landschaftsbildes.

Der zur Verfügung stehende Arbeitsmarkt hat seinen lokalen Schwerpunkt im Bereich Aichfeld-Murboden (Verdopplung der Pendler zwischen 1971 und 1979). Mehr als die Hälfte (57 %) aller Berufstätigen der Gemeinde Unzmarkt-Frauenburg waren 1979 zum Auspendeln gezwungen. Da der zumutbare Pendlereinzugsbereich (zirka 25 km oder 1/2 Stunde) häufig bedeutend überschritten wird, zeigen sich für Unzmarkt ganz deutlich Tendenzen zur Abwanderung. Vor diesem Hintergrund erklärt sich auch die immense Bevölkerungsabnahme (— 108 Personen) zwischen 1971 und 1981, während im Jahrzehnt davor noch eine Stagnation festzustellen war. Eine weiterhin verminderte Geburtenbilanz bei gleichbleibend hoher Abwanderungsrate ist als Ursache anzuführen (vgl. Amt der Steiermärkischen Landesregierung (Auftraggeber): Örtliche Raumplanung Unzmarkt-Frauenburg. Entwurf des örtlichen Entwicklungskonzeptes. Graz 1983 (unveröffentl.)). Zur Forcierung einer positiven Entwicklung dieses Ortes ist eine verstärkte Absicherung der Wohn- und Arbeitsplatzfunktionen anzustreben, zumal die Land- und Forstwirtschaft keine starke Grundstruktur aufweist.

Die innergemeindlichen Verkehrswegeverbindungen sind als unzureichend zu bezeichnen und beschränken sich im wesentlichen auf die Murtalbundesstraße (B 96) sowie auf einige Gemeindestraßen, die sich in einem schlechten Ausbauzustand befinden. Überregional ist Unzmarkt an die ÖBB-Hauptbahnstrecke Wien — Villach angeschlossen; die Murtalbahn bindet den Ort an den gesamten Bezirk Murau sowie an den salzburgischen Lungau an.

Der **Bezirk Murau** erstreckt sich von Scheifling/St. Lorenzen im Osten bis zur in der Talenge von Predlitz gelegenen Landesgrenze nach Salzburg. Diese Region, beidseits der Mur zwischen den Niederen Tauern im Norden, dem Nockgebiet, der Frauenalpe und den Seetaler Alpen im Süden gelegen, bildet einen Siedlungs- und Wirtschaftsraum, der verkehrsmäßig in Ost-West-Richtung (Hauptalung) erschlossen ist. Die einzelnen Siedlungsgebiete, überwiegend Haufendörfer und kleinere Weiler, entwickelten sich entlang den Hauptverkehrsverbindungen, der Murtalbahn und der B 97, wobei die Stadt Murau das Versorgungs-, Verwaltungs- und Siedlungszentrum des gesamten Bezirkes ist.

Eine Kurzcharakteristik dieser Region gibt einen Einblick in die vorherrschenden Strukturmuster:

Die Entwicklung der Wohnbevölkerung des Bezirkes Murau war von 1900 bis 1971 durch ein stetiges Wachstum gekennzeichnet, erst im Zeitraum 1971 bis 1981 ist eine Bevölkerungsabnahme von 404 Personen (– 1,2 %) erkennbar. Dieser Wert liegt über dem Landesdurchschnitt (– 0,7 %) und erklärt sich in erster Linie dadurch, daß der politische Bezirk, obgleich eine geburtenstarke Region, hohe Abwanderungsverluste aufweist, die ihrerseits nicht zuletzt eine Folge mangelnder wirtschaftlicher Angebote und einer unzureichenden Arbeitsmarktsituation sind.

Der Bezirk Murau zählt zu den entwicklungsschwächsten Gebieten der Steiermark. Er ist gekennzeichnet durch einen vergleichsweise noch sehr hohen Anteil des land- und forstwirtschaftlichen Wirtschaftsbereiches, durch eine nicht übermäßig entwickelte industriell-gewerbliche Struktur und einen ebenfalls nicht stark ausgeprägten Dienstleistungssektor. Die Pendlertätigkeit nimmt ständig zu. In der Region Murau ist im Zeitraum 1961 bis 1981 ein konstantes Anwachsen des negativen Pendlersaldos feststellbar; eine Entwicklung, die auf der Mikroebene der einzelnen Gemeinden ebenfalls nachvollziehbar ist. Lediglich für die Orte Scheifling, Teufenbach, Stolzalpe und besonders Murau liegt ein Einpendlerüberschuß vor, der bei Murau gar ein Plus von 1044 Einpendlern aufweist. Dieser Einpendlerüberschuß ist durch die zentralörtlichen Funktionen Muraus, das mit Rang 4 zu den Zentralen Orten der Mittleren Stufe zählt (vgl. BOBEK/FESL 1978, S. 283), und durch das vorhandene Arbeitsplatzangebot im Landessonderkrankenhaus Stolzalpe erklärbar.

Bei den Auspendlern liegt als Ziel erwartungsgemäß der Bezirk Judenburg an erster Stelle, gefolgt von den überregionalen Arbeitsplatzzentren in Salzburg und Kärnten (vgl. Amt der Steiermärkischen Landesregierung (Hrsg.) 1984, S. 39, 40).

Die wirtschaftliche Gesamtsituation des Bezirks ist in keiner Weise als überaus positiv zu bezeichnen. In der Landesplanung ist das Gebiet als eines der wirtschaftlich schwächsten der Steiermark ausgewiesen. Es dominieren Land- und Forstwirtschaft, während Industrie und Gewerbe äußerst gering vertreten sind und der Fremdenverkehr noch am Anfang der Entwicklung steht.

Land- und Forstwirtschaft sind von einem weitgehenden Strukturwandel geprägt. Fast sämtliche landwirtschaftlichen Betriebe sind Bergbauernbetriebe mit großenteils extremer Bewirtschaftungserschwernis, so daß der Bezirk Murau zum agrarischen Fördergebiet deklariert worden ist. Im Jahre 1980 waren rund 48 Prozent aller Betriebe Vollerwerbsbetriebe, der Anteil der Nebenerwerbsbetriebe nahm im Zeitraum 1970—1980 von knapp 31 Prozent auf insgesamt 44 Prozent zu. Hinsichtlich der Betriebsgrößenstruktur ist festzustellen, daß 1980 in der Region Murau die durchschnittliche landwirtschaftliche Flächengröße der Vollerwerbsbetriebe bei 34,8 ha, die der Zuerwerbsbetriebe bei 35,5 ha und die der Nebenerwerbsbetriebe bei 7,7 ha lag. Von großer Bedeutung ist hierbei der Anteil der Waldausstattung an der jeweiligen Gesamtbetriebsfläche; er betrug zirka 50 Prozent bei den Voll-, rund 80 Prozent bei den Zu- und knapp 56 Prozent bei den Nebenerwerbsbetrieben (Stand 1980). In der Forstwirtschaft dominiert die Nutzholzwirtschaft; das Schwergewicht wird auf die Erzeugung von Nutz- und Wertholz gelegt. Wie in anderen alpinen Regionen so ging auch im Bezirk Murau die Anzahl der in der Land- und Forstwirtschaft beschäftigten Personen deutlich zurück, und zwar in der Zeitspanne 1971—1981 um 63 Prozent; eine Entwicklung, die noch nicht abgeschlossen scheint (vgl. Amt der Steiermärkischen Landesregierung (Hrsg.) 1984, S. 42—48).

Auf dem Industrie- und Gewerbesektor hatte die Region in den Jahren von 1971 bis 1981 im Vergleich zum Landestrend gar eine Erhöhung der Arbeitsplatzquote zu verzeichnen. Dieses läßt sich als industriell-gewerblicher Aufholungsprozeß einer wirtschaftlich schwach entwickelten Region gegenüber dem Land interpretieren. Eine Analyse der Standortmuster verdeutlicht, daß von den im Jahre 1981 insgesamt bestehenden 82 Gewerbe- und Industriebetrieben 48 (zirka 68 %) in der Bezirkshauptstadt Murau lokalisiert waren. Von diesen 48 Betrieben sind wiederum 1/3 dem Bau-und Baunebengewerbe zuzuordnen, gefolgt von der Nahrungs- und Genußmittelindustrie mit 21 Prozent und den holzverarbeitenden Betrieben mit rund 13 Prozent Anteil. In der Betriebsgrößenstruktur dominieren Betriebe mit 1—4 Beschäftigten (vgl. Amt der Steiermärkischen Landesregierung (Hrsg.) 1984, S. 51—54).

Wie bereits deutlich geworden ist, zeigt sich die Stadtgemeinde Murau innerhalb des Bezirkes als Regionszentrum; als regionales Nebenzentrum ist die Marktgemeinde Neumarkt ausgewiesen. Beide Orte besitzen ein öffentliches und privates Güter- und Leistungsangebot des gehobenen Bedarfs.

Im Jahre 1981 waren im Bezirk Murau insgesamt 288 Betriebe des Tertiären Sektors gemeldet, davon allein 159 oder 55 Prozent im Regionszentrum Murau. Von diesen 159 Betrieben gehören 56 oder 35 Prozent dem Einzelhandel an, 38 sind dem öffentlichen Angebotsbereich zuzuordnen. Der vergleichsweise hohe Ausstattungsgrad der Kleinregion Murau hinsichtlich bestehender Betriebe des

Tertiären Sektors drückt sich auch in der Dienstleistungsquote aus, die im Jahre 1981 54 Prozent betrug. Auffällig ist darüber hinaus der deutliche Zuwachs an Arbeitsplätzen im Dienstleistungsbereich; diese haben von 1971 bis 1981 eine Steigerung um gut 7 Prozent (von 37,9 % auf 42,2 %) erfahren, was nicht zuletzt auf die Vermehrung der Arbeitsplätze im Fremdenverkehr zurückzuführen ist (1961—1981 um 70 %). Die wachsende Bedeutung des Fremdenverkehrs für die Region Murau wird auch durch die Verdoppelung der Fremdenverkehrsdienstleistungsquote von 3,5 Prozent im Jahre 1971 auf 7 Prozent im Jahre 1981 dokumentiert (vgl. Amt der Steiermärkischen Landesregierung (Hrsg.) 1984, S. 62).

Die reichhaltige Gliederung der Landschaft in einer noch relativ unberührten Gebirgsregion mit Almen, Wäldern, zahlreichen Teichen und Bächen sowie die günstige Höhenlage, der Reichtum an naturkundlichen Besonderheiten und die Klimagunst (Stolzalpe) stellen als Basis für die Entwicklung eines Ganzjahrestourismus ein nicht unbedeutendes Potential des Raumes dar. Gemäß diesen naturräumlichen Gegebenheiten sowie den bereits existenten Freizeiteinrichtungen werden im Bezirk Murau als Fremdenverkehrsformen der Wander- und Aktivurlaub propagiert.

Trotz erheblicher Bemühungen des regionalen Fremdenverkehrsverbandes um eine Attraktivitätssteigerung sind jedoch die Nächtigungszahlen zahlreicher Gemeinden seit 1981 deutlich zurückgegangen; eine Tatsache, die Konjunktur- und Witterungsempfindlichkeit dieses Wirtschaftszweiges widerspiegelt (vgl. Tab. 39).

Die bildungsspezifische Versorgung der Region scheint ausreichend. Volksschulen gibt es in nahezu allen Gemeinden des Bezirks Murau (Ausnahmen: Falkendorf, St. Ruprecht, St. Lorenzen und Triebendorf). Die Gemeinden Stadl a. d. Mur, Stadt Murau und Scheifling verfügen über Hauptschulen. Im Regionszentrum Murau gibt es darüber hinaus ein Bundesoberstufenrealgymnasium, eine höhere Bundeslehranstalt für wirtschaftliche Frauenberufe sowie die Karl-Brunner-Landesberufsschule für Maurer, Zimmerer, Rauchfangkehrer und Brunnenmacher. Weiterführende mittlere und höhere Schulen können außerhalb des Bezirks in Tamsweg sowie in Judenburg besucht werden (vgl. Amt der Steiermärkischen Landesregierung (Hrsg.) 1984, S. 75).

Hinsichtlich der gesundheitlichen Versorgung ist festzustellen, daß im Bezirk Murau acht Ärzte für Allgemeinmedizin praktizieren, die teilweise mit einer Hausapotheke ausgestattet sind (Stand 1984). Während im zahnmedizinischen Bereich zwei Dentisten und drei Zahnärzte für den Bezirk als grundsätzlich ausreichend erscheinen, ist die Facharztversorgung unzureichend. Neben dem Landessonderkrankenhaus Stolzalpe (Lungenheilanstalt mit entsprechenden Fachärzten) existiert im Bezirk Murau kein Krankenhaus; ein allgemein zugängliches Landeskrankenhaus gibt es in Tamsweg (vgl. Amt der Steiermärkischen Landesregierung (Hrsg.) 1984, S. 78).

Die Verkehrsinfrastruktur zeigt folgendes Bild: Als Hauptverkehrsverbindungen in die benachbarten Regionszentren Tamsweg und Judenburg sind die Bundesstraßen B 97 bzw. B 96 zu nennen, deren Ausbau nach Westen als Anbindung an den internationalen Verkehr (Tauernautobahn) unbedingt erforderlich erscheint. Darüber hinaus ist aus Gründen der angestrebten Fremdenverkehrsentwicklung die bestehende Nord-Süd-Verbindung von Predlitz über die Turracher Höhe in den Kärntner Raum (B 95) von besonderer Bedeutung. Einen nicht unwichtigen regionalen Stellenwert haben auch die Landesstraßen 511 als Verbindung von Stadl nach Süden in den Kärntner Raum und die L 502 als Verbindung von Murau zur benachbarten Kleinregion Neumarkt.

Im öffentlichen Verkehr wird die Region neben der Murtalbahn von verschiedenen Buslinien der Post und der Steiermärkischen Landesbahnen bedient, letztere werden im Murtal parallel der Hauptverkehrswege und in die Seitentäler geführt. Das Angebot ist derzeit überwiegend auf den Schüler- und Pendlerverkehr von und nach Murau abgestimmt.

An den Bezirk Murau schließt sich gegen Westen der **Bezirk Tamsweg** mit den Bahngemeinden Ramingstein, Tamsweg, St. Andrä, Mariapfarr und Mauterndorf an.

Das unweit der Landesgrenze zum Großteil auf dem Schuttkegel des Mislitzbaches gelegene Ramingstein (1623 Ew./1981) war seit dem Ausgang des Mittelalters bis zum Beginn des 19. Jahrhunderts durch seinen Bergbau (Eisenerz) bedeutend. Heute ist neben der Holzverarbeitung auch die Bausteinerzeugung zu nennen. Die großen Waldgebiete der Gurktaler Alpen liefern viel Holz, das von der Murtalbahn und mittels Lastkraftwagen zu den zahlreichen holzverarbeitenden Betrieben des unteren Taurach- und oberen Murtales gebracht wird.

Das Gemeindegebiet von Ramingstein wird im Norden von dem Hauptort des Lungaus, Tamsweg (5207 Ew./1981), begrenzt. Der Ort liegt an der Sammelstelle zahlreicher Täler. Die Mündung von Leisnitzbach und Taurach bedingen eine Weitung des Murtales zu einem kleinen Becken. Durch die verkehrsgeographisch günstige Lage ist die Marktgemeinde Tamsweg zum demographischen und wirtschaftlichen Mittelpunkt des Lungaus angewachsen. Auch haben sich hier einige Industrie- und Gewerbebetriebe niedergelassen und Tamsweg zum gewerbereichsten Ort der Region gemacht (Holzindustrie, Bürstenerzeugung, Transportgewerbe). Des weiteren ist Tamsweg Sitz zahlreicher Behörden; ausgestattet mit einem Landeskrankenhaus, weiterführenden Schulen und anderen zentralörtlichen Diensten erreicht es gar Rang 5 der Zentralen Orte Mittlerer Stufe (vgl. BOBEK/FESL 1978, S. 281).

Die verkehrsmäßig zentrale Stellung Tamswegs findet ihren Ausdruck darin, daß es Ausgangspunkt zahlreicher regelmäßig und damit fahrplanmäßig befahrener Autobuslinien ist, die heute die wichtigsten Täler des Lungaus erschließen. Es sind dieses die Linien nach Zederhaus, über den Radstädter Tauernpaß nach Radstadt und Salzburg, über Mariapfarr ins Weißpriachtal, nach Lessach und Seetal sowie ins obere Murtal.

Tamsweg ist heute Endpunkt der Murtalbahn, die bereits in ihren ersten Betriebsjahren um die Jahrhundertwende das Siedlungsbild dieser Gemeinde entscheidend geprägt hat: Jenseits der Leisnitz entstand in Bahnhofsnähe ein mehr im Villenstil erbautes Viertel, das in seiner Gründung auf die Existenz der Murtalbahn zurückzuführen ist. In den letzten Jahrzehnten ist Tamsweg durch die Errichtung zahlreicher Siedlungsbauten an den Straßen nach Sauerfeld und Wölting am linken Taurachufer und beiderseits der Murbrücke nach allen Richtungen über seinen ehemaligen Umfang stark hinausgewachsen.

Das breite zum Lungau gehörende Taurachtal zwischen Tamsweg und Mauterndorf ist ein altbesiedeltes Gebiet. Die geschlossene Form der Dörfer und Weiler läßt ein einheitliches Siedlungsbild entstehen. 52 Prozent der gesamten Siedlungsfläche des Lungaus liegt im unteren Taurachtal, das damit nicht nur den fruchtbarsten, sondern auch den siedlungsreichsten Teil des Gaues darstellt.

Die Gemeinden St. Andrä, Mariapfarr und Mauterndorf besitzen die größte Ausdehnung des Ackerlandes und den höchsten Viehbestand. Die land- und forstwirtschaftliche Entwicklung in der Periode 1971—1981 zeigt jedoch auch für diese Region einen erheblichen Rückgang dieses Wirtschaftssektors zugunsten des Dienstleistungsbereiches; ein Trend, den die Arbeitsplatzverteilung unterstreicht.

In St. Andrä (704 Ew./1981) ist eine die Wasserkraft der Taurach nutzende Papierfabrik erwähnenswert sowie ein größerer Betrieb zur Erzeugung von Metallwaren (76 Beschäftigte/1981).

Mariapfarr (2237 Ew./1981) ist eine typische Kirchensiedlung, sie erhebt sich in klimatisch günstiger Lage auf einer sonnseitigen Terrasse. In der Wirtschaftsstruktur dominiert der Dienstleistungsbereich und besonders der Fremdenverkehr. 45 Betriebe des Beherbergungs- und Gaststättenwesens mit insgesamt 108 Beschäftigten unterstreichen diese führende Position.

Ein ebenfalls gern besuchter Sommerfrischeort des Lungaus ist das 1116 m hoch gelegene Mauterndorf (1678 Ew./1981). Hier gabelt sich der vom Tauern kommende Weg einerseits über den Sattel von Neusaß und den Katschberg nach Kärnten, andererseits über Tamsweg in die Steiermark. Der an dieser verkehrsreichen Stelle schon frühzeitig vorhandenen Zollstätte verdankt der Ort, der im Jahre 1217 das Marktrecht erhielt, Entstehung und Namen (vgl. SEEFELDNER 1961, S. 356).

Wenn Mauterndorf mit seinen knapp 1700 Einwohnern auch von seiner ursprünglich führenden Position als Hauptort des Lungaus durch das zentraler gelegene Tamsweg verdrängt worden ist, so kann es doch mit seinen zahlreichen Dienstleistungsbetrieben, allein 44,8 Prozent der Beschäftigten in Mauterndorf sind hier tätig, und seinem nicht minder ausgeprägten Industrie- und Gewerbesektor, vor allem Bauindustrie, unter den Gemeinden des Lungaues die zweite Stelle behaupten.

Das Verkehrsgebiet der Murtalbahn zeigt sich damit insgesamt als ein wirtschaftlich schwach strukturierter Raum. Land- und Forstwirtschaft, speziell die Holzwirtschaft, bestimmen noch weitgehend das Landschaftsbild, während der Fremdenverkehr an Bedeutung gewinnt.

Eine Ergänzung und Konkretisierung erfährt diese Raumbeschreibung in den Tabellen 33—37, in denen einige wichtige Strukturdaten für die derzeitigen und einstigen Bahngemeinden aufgelistet sind.

Tab. 33: Wohnbevölkerung in den Bahngemeinden der Murtalbahn 1981

Bahngemeinden	Bevölkerung
politischer Bezirk Judenburg (Steiermark)	
Unzmarkt	1778
politischer Bezirk Murau (Steiermark)	
Falkendorf	201
Frojach-Katsch	1184
Laßnitz bei Murau	1184
Murau	2622
Niederwölz	604
Predlitz-Turrach	1028
Scheifling	1608
St. Georgen ob Murau	1343
St. Lorenzen bei Scheifling	706
St. Ruprecht ob Murau	340
Stadl an der Mur	1193
Stolzalpe	591
Teufenbach	618
Triebendorf	157
politischer Bezirk Tamsweg (Salzburg)	
Mariapfarr	2237
Mauterndorf	1678
Ramingstein	1623
St. Andrä im Lungau	704
Tamsweg	5207

Quelle: Österreichisches Statistisches Zentralamt (Hrsg.): Volkszählung 1981, Hauptergebnisse I — Steiermark/Salzburg, Wien 1985 (= Beiträge zur österreichischen Statistik, Heft 630/7 und 6)

Tab. 34   Berufstätige der Bahngemeinden der Murtalbahn nach Wirtschaftssektoren 1971 und 1981 (in %)

Bahngemeinde	Land- und Forstwirtschaft		Industrie, Gewerbe, Bauwesen		Dienstleistungen	
	1971	1981	1971	1981	1971	1981
politischer Bezirk Murau (Steiermark)						
Falkendorf	46,6	27,4	31,5	41,1	21,9	31,5
Frojach-Katsch	33,0	19,0	35,4	45,4	31,6	35,7
Laßnitz bei Murau	39,2	21,6	24,9	30,6	35,8	47,8
Murau	8,6	6,2	26,4	28,0	65,0	65,8
Niederwölz	23,3	11,9	38,4	46,0	38,4	42,1
Predlitz-Turrach	35,2	20,6	30,6	39,1	34,1	40,4
Scheifling	15,9	5,8	36,9	46,8	47,2	47,4
St. Georgen ob Murau	37,3	25,3	32,4	36,9	30,3	37,7
St. Lorenzen bei Scheifling	48,5	25,9	24,2	41,7	27,3	32,4
St. Ruprecht ob Murau	53,5	31,2	27,9	40,8	18,2	28,0
Stadl an der Mur	32,0	16,4	31,1	41,6	36,9	42,0
Stolzalpe	17,0	7,7	7,9	14,4	75,1	77,9
Teufenbach	6,1	3,8	52,3	50,8	41,6	45,4
Triebendorf	73,7	34,3	8,8	30,0	17,5	35,7
politischer Bezirk Tamsweg (Salzburg)						
Mariapfarr	24,6	16,0	36,6	34,1	38,8	49,8
Mauterndorf	18,4	12,8	35,9	30,8	45,7	56,3
Ramingstein	32,2	20,8	40,5	36,4	37,9	44,4
St. Andrä im Lungau	25,9	9,2	47,0	44,6	29,5	43,8
Tamsweg	21,1	11,3	33,5	30,7	45,4	58,1

Quelle: Österreichisches Statistisches Zentralamt (Hrsg.): Volkszählung 1981, Hauptergebnisse II — Steiermark/Salzburg, Wien 1985 (= Beiträge zur österreichischen Statistik, Heft 630/17 und 16)

Tab. 35: Entwicklung des Fremdenverkehrs in ausgewählten Bahngemeinden des Bezirks Murau 1981—1984

Gemeinde	Sommersaison				Nächtigungen Wintersaison				Insgesamt			
	1981	1982	1983	1984	1981/82	1982/83	1983/84	1984/85	1981	1982	1983	1984
Frojach-Katsch	787	288	568	323	164	99	234	110	951	387	802	433
Laßnitz b. M.	4 654	8 811	6 428	4 231	8 104	6 287	7 321	7 505	12 758	15 098	13 749	11 736
Murau	23 310	20 871	17 877	19 583	18 149	15 276	15 458	15 700	41 459	36 329	33 335	35 283
Niederwölz	110	157	493	304	68	179	83	58	178	336	576	362
Preditz-Turrach	32 706	29 235	28 127	22 593	52 377	45 571	46 845	46 113	85 083	74 806	74 972	68 706
Scheifling	1 334	1 631	1 408	1 267	541	312	465	571	1 875	1 943	1 873	1 838
St. Georgen o. M.	51 801	37 583	32 827	35 586	56 424	53 244	53 987	46 635	108 229	91 570	86 814	82 221
St. Lorenzen o. M.	1 647	1 730	1 579	1 614	646	549	688	295	2 293	2 279	2 267	1 909
Stadl a. d. M.	5 784	5 285	5 400	5 964	2 213	2 125	2 092	2 331	7 997	7 407	7 492	8 295
Stolzalpe	4 654	5 095	4 163	3 072	2 346	1 573	1 624	1 354	7 000	6 668	5 787	4 426
Teufenbach	2 589	2 011	1 441	1 878	249	244	120	212	2 838	2 255	1 561	2 090

Quelle: Amt der Steiermärkischen Landesregierung (Hrsg.): Fremdenverkehrsstatistik der Gemeinden der Steiermark, Graz, verschiedene Jahrgänge

Tab. 36: Maßzahlen zur Pendlerbewegung in den Bahngemeinden der Murtalbahn 1981

Kleinregion	Beschäftigte am Wohnort	Auspendler	Einpendler	Beschäftigte am Arbeitsort	Index des Pendlersaldos	Index der Pendlermobilität
Polit. Bezirk Murau						
Falkendorf	73	51	2	24	32,9	72,6
Frojach-Katsch	485	268	81	298	61,4	72,0
Laßnitz b. M.	501	323	43	221	44,1	73,1
Murau	1070	252	1296	2114	197,6	144,7
Niederwölz	246	124	85	207	84,1	85,0
Predlitz-Turrach	377	209	92	260	69,0	79,8
Scheifling	632	339	380	673	106,5	113,8
St. Georgen o. M.	590	301	102	391	66,3	68,3
St. Lorenzen b. Sch.	301	151	69	219	72,8	73,1
St. Ruprecht	124	74	4	54	43,5	62,9
Stadl a. d. Mur	474	196	141	419	88,4	71,7
Stolzalpe	310	90	255	475	153,2	111,3
Teufenbach	227	107	119	239	105,3	99,6
Triebendorf	66	40	2	28	42,4	63,6
polit. Bezirk Tamsweg						
Mariapfarr	952	378	179	753	79,1	58,5
Mauterndorf	623	168	300	755	121,2	75,1
Ramingstein	662	390	41	313	47,3	65,1
St. Andrä i. L.	249	181	51	119	47,8	93,2
Tamsweg	2187	547	805	2445	111,8	61,8

Quelle: Österreichisches Statistisches Zentralamt (Hrsg.): Volkszählung 1981, Hauptergebnisse II — Steiermark, Wien 1985 (= Beiträge zur österreichischen Statistik, Heft 630/17 u. 16)

Tab. 37: Erwerbswirtschaftliche Mobilität der Bevölkerung im politischen Bezirk Murau nach ihrer Verkehrsmittelwahl 1981

| Verkehrsmittel | Binnenpendler | | Einpendler | | Auspendler | | Insgesamt | |
	abs.	%	abs.	%	abs.	%	abs.	%
keines(zu Fuß)	1476	54,5	222	7,4	229	6,4	1927	20,6
Auto, Motorrad, Moped	939	34,4	2046	68,5	2325	64,5	5310	57,0
Eisenbahn	3	0,1	47	1,6	142	3,9	192	2,1
Autobus, Obus	24	0,9	369	12,4	459	12,7	852	9,1
Werkbus, Schulbus	97	3,6	222	7,4	368	10,2	687	7,4
Sonstiges	194	7,0	81	2,7	84	2,3	359	3,8
Insgesamt	2733	100,0	2987	100,0	3607	100,0	9327	100,0

Quelle: Österreichisches Statistisches Zentralamt (Hrsg.): Volkszählung 1981, Hauptergebnisse II — Steiermark, Wien 1985 (= Beiträge zur österreichischen Statistik, Heft 630/17)

2.3.2.2 Die Murtalbahn im Wandel der Zeit

Gründungsgeschichte

Erstmals im Jahre 1883 waren die Gemeinden des oberen Murtales an das damals existente Eisenbahnkomitee herangetreten, um eine Bahnverbindung des Bezirkes Murau mit der nächst gelegenen Station der Rudolfsbahn zu beantragen. Es galt, den Bergbauernbetrieben im Gebiet um Predlitz-Turrach und der schon seinerzeit sehr ausgeprägten Holzwirtschaft bessere Transportmöglichkeiten zu schaffen. Nachdem mehrere interessante Projekte für eine Bahnlinie ausgearbeitet worden waren, gab letzlich das steiermärkische Landesgesetz vom 11. 2. 1890 zur Förderung des Lokalbahnbaues den Anstoß zum endgültigen Beginn der Vorarbeiten. Die Detailstudien zur Errichtung einer selbständigen Lokalbahn wurden durch Beschluß des Landtages vom 31. 3. 1892 dem Steiermärkischen Landeseisenbahnamt übertragen (vgl. CLUB 760 (Hrsg.) 1974, S. 3).

Obwohl ursprünglich eine Normalspurbahn vorgesehen war, entschied man sich letzlich aus Kostengründen sowie aufgrund der eingeengten Entwicklungsmöglichkeiten im Murtal zur Errichtung einer Lokalbahn mit 760-mm-Spurweite. Die Bahntrasse wurde jedoch so projektiert, daß die Möglichkeit eines späteren Umbaus in eine Normalspurbahn gegeben war. Die Konzession zum Betrieb dieser schmalspurigen Nebenbahn wurde am 7. 4. 1893 für die Dauer von 90 Jahren erteilt; mit dem Bahnbau wurde noch im gleichen Jahr, am 27. 8. 1893, begonnen.

In knapp einem Jahr wurde die 76,2 km lange, eingleisige Strecke von Unzmarkt nach Mauterndorf einschließlich dreier Tunnel mit einer Gesamtlänge von 234 m sowie fünf größerer Brücken fertiggestellt. Neben den spezifischen Eisenbahnbauten mußten auch viele Kilometer Uferschutz-, Stütz- und Futtermauern errichtet werden.

Die feierliche Eröffnung der Bahnlinie durch das obere Murtal erfolgte am 9. Oktober 1894, tags darauf wurde die Strecke für den öffentlichen Personen- und Güterverkehr freigegeben. Zu dieser Zeit besaß die Bahn 12 Bahnhöfe und 14 Haltestellen. Die Stationen waren untereinander bereits durch Telefon verbunden, eine außergewöhnliche und weitblickende Pionierleistung in jener Zeit. Betriebsleitung und Werkstätten hatten ihren Standort in Murau, Heizhäuser gab es in Unzmarkt, Murau und Mauterndorf. Die technische Betriebsführung der Murtalbahn übernahmen zunächst die k. u. k. Staatsbahnen, während die verwaltungsmäßige Geschäftsführung durch das Steiermärkische Landeseisenbahnamt erfolgte. Zwei Jahre später jedoch wurde am 28. 3. 1896 eine eigene Aktiengesellschaft gebildet, die Murtalbahn Unzmarkt-Mauterndorf AG, die nun alle aus der Konzession entstehenden Rechte und Pflichten übernahm (vgl. Steiermärkische Landesbahnen (Hrsg.) 1984b, S. 5 u. 6).

Zur Betriebseröffnung standen seinerzeit 4 Dampflokomotiven, 1 Salonwagen, 11 Personenwagen, 3 Dienstwagen und 90 Güterwagen zur Verfügung; eine Wagenparkzusammensetzung, die bereits die in den ersten Betriebsjahren dominierende Position des Güterverkehrs deutlich macht. Der Fahrzeugbestand mußte doch schon bald aufgrund der großen Nachfrage nach Verkehrsleistungen erweitert werden.

Die ersten Betriebsjahre

Während erste Rentabilitätsberechnungen noch mit beträchtlichen Transporten von Hüttenprodukten und Anthrazit ab Turrach kalkuliert worden waren, wurde schon kurze Zeit nach der Erbauung der Murtalbahn die Gefahr einer gänzlichen Einstellung des Bergbaues und der Hochofenanlage in Turrach sichtbar. Das Beförderungsaufkommen blieb deutlich hinter den ursprünglichen Erwartungen zurück. Ein erster Tiefpunkt zeichnete sich im Jahre 1897 ab, als die Betriebsergebnisse erheblich zurückfielen. Die Gründe waren der schneearme Winter 1896/97, wodurch die Holzausfuhr erheblich zurückgegangen war, die nahezu gänzliche Einstellung der Erztransporte ab Turrach, eine Erhöhung der Ausgaben infolge einer notwendigen Ausbesserung der entstandenen Hochwasserschäden und letztlich die sich mehr und mehr transporthemmend auswirkende Flößerei auf der Mur, die sich zu einem ernsthaften Konkurrenten der Bahn entwickelte.

Erst der Erlaß von Transportvergünstigungen für die Holzbeförderung und die daraufhin erfolgte Entscheidung zahlreicher Waldbesitzer, ihr gesamtes Holzaufkommen anstatt auf Flößen mit der Bahn zu befördern, brachte zum Ende des 19. Jahrhunderts den lang ersehnten Aufschwung. Die Holztransporte machten bald 70 Prozent des gesamten Frachtvolumens aus. Eine Steigerung der Transportzahlen wurde auch im Personenverkehr sichtbar, so daß beide Transportarten bis zum Ersten Weltkrieg ein kontinuierliches Anwachsen aufweisen konnten. Der Höhepunkt dieses Aufwärtstrends wurde im Jahre 1913 mit 221 000 Personen und 123 408 t Güter erreicht (vgl. Steiermärkische Landesbahnen (Hrsg.): Geschäftsberichte).

Zur besseren Nutzung der großen Holzvorkommen in den Waldgebieten des Zederhaus- und weiteren oberen Murtales wurde im Jahre 1911 die Verwirklichung einer angestrebten Verlängerung der Murtalbahn von Mauterndorf über St. Michael im Lungau bis Unterweißburg forciert. Nachdem in den Jahren 1911 bis 1913 für diese gut 12 km lange Ergänzungsstrecke verschiedene Genehmigungsverfahren abgewickelt worden waren, verhinderte schließlich der Erste Weltkrieg die Realisierung (vgl. RITTER MANGER VON KIRCHSBERG 1914, S. 144).

Der Krieg wirkte sich auch auf die Betriebsabwicklung negativ aus. Bedingt durch den ständigen Kohlemangel kam es zu häufigen Betriebseinstellungen.

Die Zwischenkriegszeit und der Zweite Weltkrieg

In den 20er Jahren entwickelte sich die Bahn recht zufriedenstellend; mit Ausnahme der Jahre 1919 und 1921 gab es durchgehend positive Betriebsergebnisse. Durch die fortschreitende Erschließung der Seitentäler nahm insbesondere die Beförderungsmenge von Holz extrem zu. Das Konjunkturjahr 1929 brachte mit 140 217 t die höchste jemals erreichte Jahresmenge an beförderten Gütern. Dieser Aufwärtstrend wurde jedoch bereits Anfang der 30er Jahre durch die weltweit einsetzende Wirtschaftskrise gestoppt. Die Absatzschwierigkeiten der Holzindustrie bewirkten enorme Transportrückgänge, die im Jahre 1933 mit 50 042 t Jahresbeförderung ihren Tiefpunkt erreichten. Eine Umkehrung der

Verhältnisse brachte die zweite Hälfte der 30er Jahre, auf beiden Beförderungssektoren war ein starkes Ansteigen des Transportvolumens zu verzeichnen.
Zur Verdichtung und Verbesserung des Personenverkehrsangebotes im oberen Murtal wurde bereits im Jahre 1928 eine bahnparallele Kraftwagenlinie eröffnet, die allerdings fünf Jahre später infolge der Aufnahme eines Schnellverkehrs mit drei Daimler-Triebwagen wieder eingestellt wurde (1933). Aber auch die Triebwagen waren in ihrer technischen Leistung nicht zufriedenstellend, so daß sie im Jahre 1939 wieder aus dem Verkehr gezogen wurden (vgl. POTOTSCHAN 1962, S. 1 und Murtaler Zeitung vom 9. 6. 1962, S. 1). Zur weiteren Verbesserung der Verkehrsverhältnisse war darüber hinaus bereits im Jahre 1921 der Betriebsführungsvertrag mit den k. k. Staatsbahnen (Staatsbahndirektion Villach) aufgelöst worden. Ab 1. Juli desselben Jahres hatte die Direktion der Steiermärkischen Landesbahnen die Betriebsführung auf Rechnung der Aktiengesellschaft übernommen. Vor dem Hintergrund finanzieller Schwierigkeiten wurde schließlich im Jahre 1942 auch die Aktiengesellschaft aufgelöst und ihr Vermögen dem Land Steiermark übertragen. Die Murtalbahn wurde daraufhin — gleich den anderen Steiermärkischen Landeseisenbahnen — als „Gaueisenbahn" betrieben.
Durch die Kriegsverhältnisse und die dadurch entstandenen militärischen Verkehrsbedürfnisse mußte im Jahre 1942 eine Kraftfahrlinie Neumarkt — Murau eingerichtet werden, die zur Keimzelle für den nach dem Kriege ausgeweiteten Omnibusverkehr werden sollte. Ebenfalls in die Zeit des Zweiten Weltkrieges fallen Bestrebungen, die Murtalbahn auf Normalspur umzustellen und eine doppelgleisige Schnellzugstrecke mit zwei längeren Tunnel durch den Katschberg und Radtstädter Tauern zu bauen; diese Pläne kamen jedoch nie zur Ausführung.
Während des Zweiten Weltkrieges und auch in der unmittelbaren Nachkriegszeit konnte die Murtalbahn ihre Leistungsfähigkeit als Massentransportmittel beweisen. Im Jahre 1944 stieg die Zahl der beförderten Personen auf das absolute Rekordniveau von 882 000 an (vgl. Steiermärkische Landesbahnen (Hrsg.) 1984b, S. 9).

Die weitere Entwicklung bis zur Gegenwart

Wie viele andere Eisenbahnunternehmen bekam auch die Murtalbahn Anfang der 50er Jahre die Konkurrenz des aufstrebenden Kraftwagenverkehrs deutlich zu spüren. Bedingt durch die Motorisierung und den immer weiter fortschreitenden Ausbau des Straßennetzes zeigte die Frequentierung der Bahn bis in die Mitte der 60er Jahre hinein eine rückläufige Entwicklung. Dieser negative Trend konnte jedoch durch Modernisierungsprogramme, durch tarifliche Vergünstigungen sowie durch technische Verbesserungen des Rollmaterials aufgefangen werden.
Im Frühjahr 1966 verkehrte auf der Murtalbahn die erste Schmalspurdiesellokomotive; es war der Beginn eines Verdieselungsprozesses, der Ende der 60er Jahre bereits als abgeschlossen galt. Die Dampflokomotiven wurden jedoch nicht gänzlich ausrangiert, vielmehr gelang dem Unternehmen zusammen mit dem Club 760 (Eisenbahnfreunde der Murtalbahn) in den Jahren 1968/69 eine weitere Pionierleistung: Nach der Umstellung des Regelbetriebes auf Dieseltrak-

tion wurden erstmals in Österreich auf einer Eisenbahnstrecke Bummelzüge mit Dampflokomotiven und Buffetwagen geführt. Diese verkehren seither jeweils in den Sommermonaten dienstags und mittwochs zweimal täglich zwischen Murau und Tamsweg.

Neben diesen positiven Momenten dürfen aber auch Krisensituationen nicht außer acht gelassen werden. Als ausgesprochenes „Sorgenkind" der Murtalbahn erwies sich schon recht früh in ihrer Betriebsgeschichte der Streckenabschnitt Tamsweg — Mauterndorf, der in der Folge auch als Paradebeispiel für einen

Abb. 26a u. b Personen- und Güterverkehrsaufkommen der Murtalbahn 1895—1984

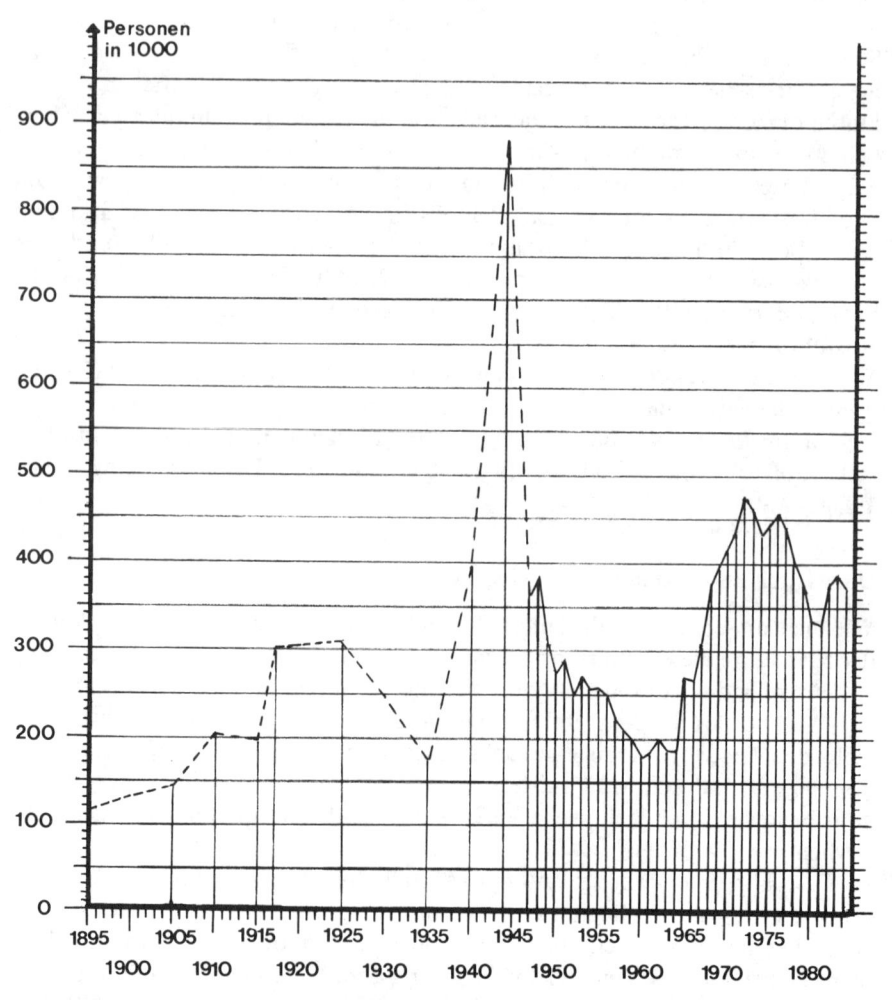

Quelle des Zahlenmaterials: Geschäftsberichte der Steiermärkischen Landesbahnen

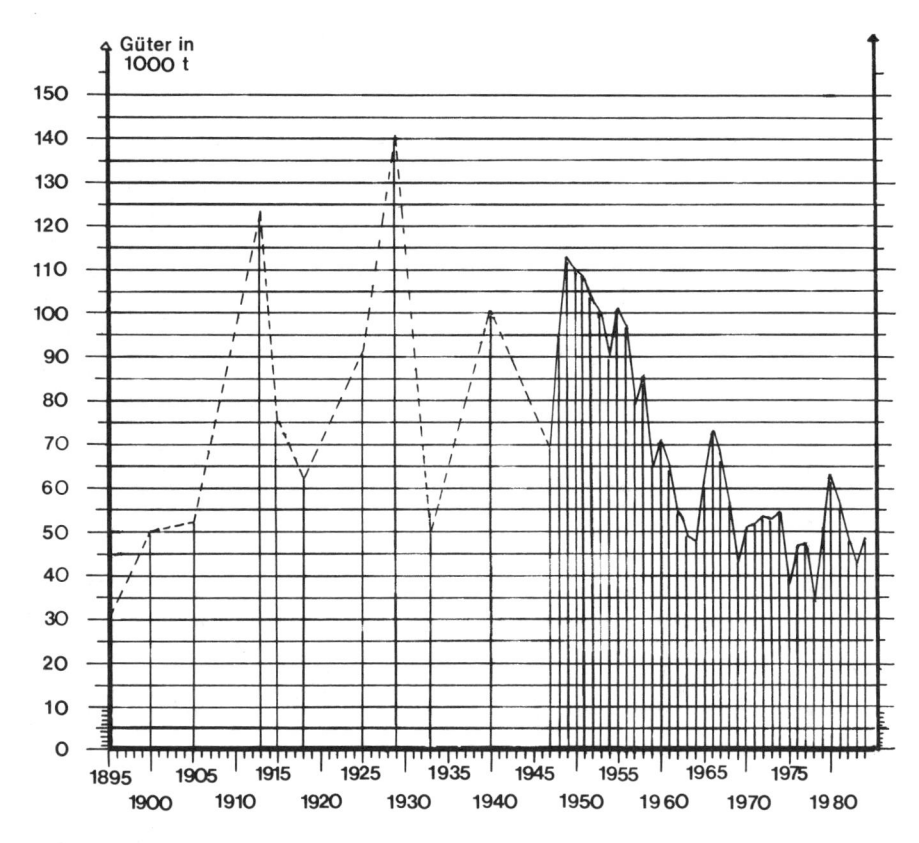

Quelle des Zahlenmaterials: Geschäftsberichte der Steiermärkischen Landesbahnen

sukzessiven Rückzug der Bahn aus der Fläche anzuführen ist. Durch das geringe Fahrgastaufkommen mußte auf dieser Teilstrecke der öffentliche Personenverkehr mit 31. Mai 1973 aufgelassen werden, der Güterverkehr wurde zunächst weiterhin aufrechterhalten. Dieser Angebotsminderung waren einige Querelen zwischen den Bundesländern Salzburg und Steiermark vorausgegangen. Während sich die Steiermark sehr bahnfreundlich gab und durchaus bereit war, die Bahnlinie zu subventionieren, zeigte man auf Salzburger Seite wenig Verständnis für die Probleme dieser Lokalbahn, und eine finanzielle Hilfeleistung wurde versagt. Auch im Jahre 1980, als die gesamte Auflassung dieses Streckenabschnittes zur Diskussion stand, konnte mit keinerlei Unterstützung aus Salzburg gerechnet werden.

Am 9. Juni 1980 wurde eine Eisenbahnbrücke in diesem Streckenabschnitt durch einen Lastkraftwagen derart beschädigt, daß die Strecke ab Bahnkilometer 65,650 auch für Güterzüge gesperrt werden mußte. Diese Betriebsunterbrechung bot einen willkommenen Anlaß, das endgültige Aus für den letzten Streckenabschnitt der Murtalbahn herbeizuführen; am 1. September 1981 erfolgte die Stillegung dieses Streckenteils. Mit der Einstellung wurde auch die offizielle

Abb. 27 Fahrgastfrequenzen des Kraftwagendienstes Murau 1947—1984

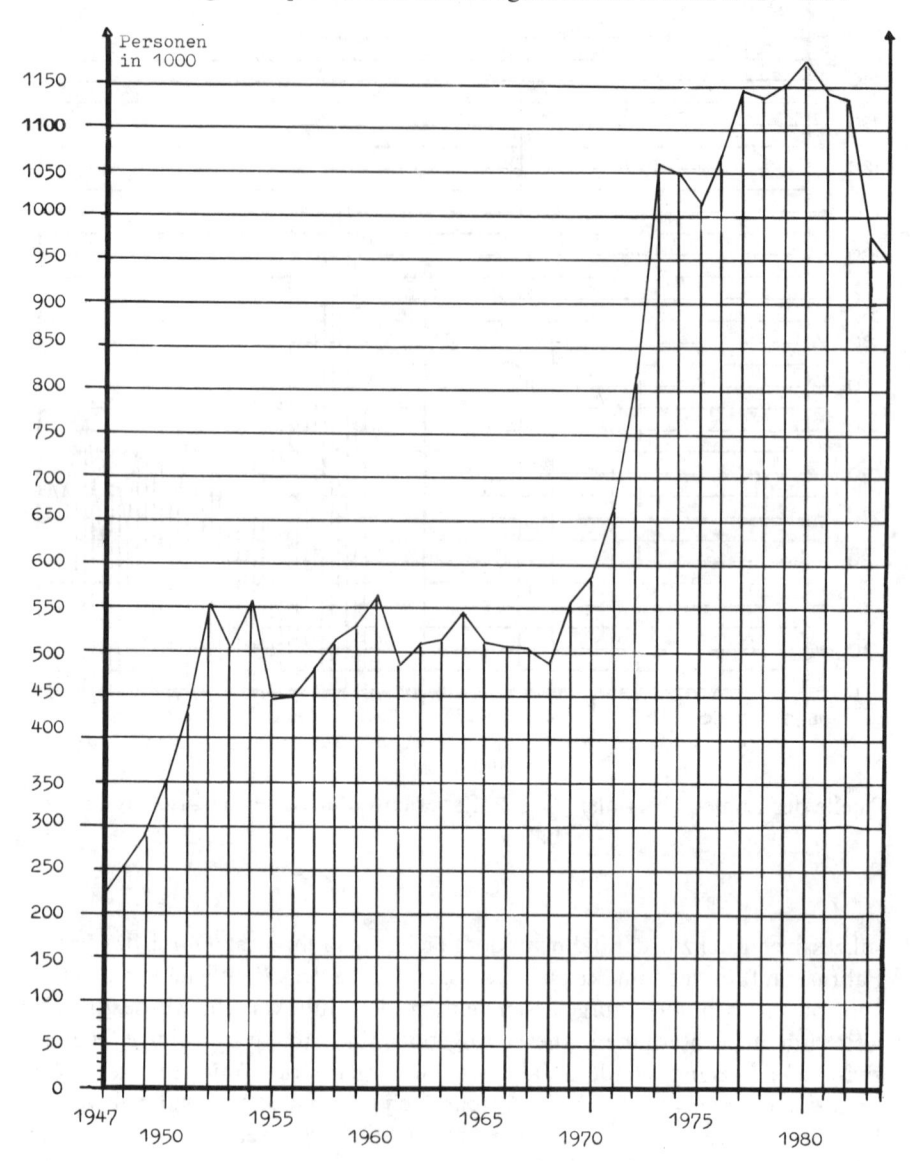

Quelle des Zahlenmaterials: Geschäftsberichte der Steiermärkischen Landesbahnen

Bezeichnung der Murtalbahn von „Landesbahn Unzmarkt-Mauterndorf" in „Landesbahn Unzmarkt-Tamsweg" geändert.

Das Beförderungsvolumen auf der Murtalbahn unterlag auch in den letzten Betriebsjahren großen Schwankungen. War im Personenverkehr von 1965 bis 1976 ein deutlicher Aufwärtstrend zu verzeichnen, so wandelte sich dieser bis zum Jahre 1980 wiederum in einen sichtbaren Rückgang, der jedoch in jüngster Vergangenheit wieder aufgefangen werden konnte. Der Güterverkehr zeigt seit 1955 einen erheblichen Transportverlust. Lediglich in der Mitte der 70er Jahre konnte die Murtalbahn ihr Transportvolumen erneut vergrößern, indem sie durch unbürokratisches Vorgehen einen Großteil der Transporte zu den Baustellen der Tauernautobahn im Lungau für sich gewinnen konnte. Ein großer Erfolg war auch die Aufnahme des Heizöltransportes im Jahre 1972, für den eigens Spezialwaggons angeschafft worden waren. Mit Beginn der 80er Jahre ist die Entwicklung jedoch erneut rückläufig, wobei das Jahr 1984 allerdings wiederum eine leichte Wende verspricht.

Wie im Personenverkehr hat auch im Gütertransport der Kraftwagen der Bahn Beförderungspotential entzogen; so werden die für die Murtalbahn typischen Holztransporte in den letzten Jahren immer mehr auf die Straße verlagert. Wie nahezu jede Lokalbahngesellschaft haben aber auch die Steiermärkischen Landesbahnen die Veränderungen auf dem Verkehrssektor sehr früh erkannt und im Jahre 1942 einen eigenen Kraftwagenbetrieb mit Sitz in Murau gegründet. Die heute insgesamt 150 Omnibusse befahren gegenwärtig im oberen Murtal acht Kraftfahrlinien mit einer Gesamtlänge von 184 km, sie stehen darüber hinaus ebenso im Gelegenheitsverkehr im Einsatz (zur Verkehrsentwicklung auf der Murtalbahn und im Kraftwagendienst Murau vgl. Abb. 26a, 26b und 27).

2.3.2.3 Die raum- und verkehrswirtschaftliche Bedeutung der Murtalbahn

Die im Jahre 1894 in Betrieb genommene 760-mm-Schmalspurbahnlinie in das obere Murtal schuf den verkehrsmäßigen Anschluß des Bezirkes Murau und des Lungaues an das übrige Eisenbahnnetz. Im wesentlichen besorgte sie den gesamten öffentlichen Personenverkehr in dieser Region und den Abtransport von Holz. Im Laufe der Zeit wurden die Transportgüter vielfältiger; landwirtschaftliche Produkte, Brennstoffe, Zement und Mineralölprodukte kamen hinzu. Für den Wirtschaftsraum „Oberes Murtal" ist die Bahn als maßgeblicher Entwicklungsträger anzusprechen. Zahlreiche Betriebe, so eine Holzstoffabrik in St. Andrä, ein Lagerhaus-Zentrum für bäuerliche Produkte in Tamsweg, ein Tanklager in Predlitz oder auch ein großes Sägewerk in Murau sind direkt auf die Existenz dieses Bahnanschlusses zurückzuführen. Insgesamt besitzt die Murtalbahn 6 Anschlußbahnen, wovon 5 als Industriebahnen zu bezeichnen sind.

Der **Güterverkehr** ist seit jeher das Rückgrat der Bahn; die Betriebseinnahmen aus diesem Transportzweig sind mit gut 31 Millionen Schilling zirka sechsmal so hoch wie jene aus dem Personenverkehr (vgl. Geschäftsbericht der StmLB für das Jahr 1983, S. 31). Jährlich rollen heute rund 50 000 t über die Schienen dieser

Strecke. Etwa die Hälfte des Transportaufkommens entfällt auf Rund- und Schnittholz. Einen Einblick in die Zusammensetzung der Güterstruktur in den letzten 20 Jahren gewährt die Warenstatistik in Tabelle 38.

Tab. 38: Güterstruktur der Murtalbahn 1965—1983

Warengruppen	prozentuale Anteile in den Jahren				
	1965	1970	1975	1980	1983
Landwirtschaftliche Erzeugnisse, Bedarfsgüter u. Genußmittel	22,67	30,74	25,32	22,44	27,48
Holz u. Holzwaren	39,02	25,38	15,09	45,49	46,36
Bergbaugüter	11,72	11,16	10,11	12,57	8,53
Industrie-, Handels- u. sonstige Güter	15,90	19,96	33,84	15,88	14,57
Stückgüter	6,21	5,64	5,37	3,62	3,05
Dienst- u. Regiegüter	4,48	9,12	10,27	—	0,01

Quelle: Geschäftsberichte der Steiermärkischen Landesbahnen

Das große Beförderungsvolumen der Murtalbahn erforderte stets eine Angleichung des Rollmaterials an die entsprechenden Transportanforderungen. Bereits zu Beginn der 60er Jahre reichte die Beförderungskapazität der vorhandenen Güterwagen nicht mehr aus, um die Nachfrage zu bewältigen. Insbesondere im Herbst kam es regelmäßig zu Frachtrückständen in Unzmarkt. Es zeigte sich somit die dringende Notwendigkeit, den überalteten Güterwagenpark durch neue Waggons gedeckter und offener Bauart sowie Spezialgüterwagen zu ersetzen.

Als erste Spezialwagen kamen auf der Murtalbahn Zementsilowagen zum Einsatz. Da sich die Zementtransporte gut entwickelten, beschafften die Steiermärkischen Landesbahnen im Jahre 1965 zwei weitere Staubgutkesselwaggons. 1972 wurden auf Drängen eines Tanklagerunternehmens einige Ölkesselwagen gekauft, um diese Firma auf dem Schienenweg beliefern zu können. Durch die weitere Anschaffung von Spezialwaggons für Getreide und Düngemittel in loser Schüttung, von Plateauwagen mit Rungen für die Containerbeförderung und für Holztransporte sowie von Schiebewandwagen für palettierte Güter wurde das Wagenangebot den Kundenwünschen angepaßt. Um auch eine optimale Be- und Entlademöglichkeit bieten zu können, mußten schmalspurige Selbstentlade-Trichterwagen gebaut werden. Durch die Verkürzung der Ladezeiten gelingt es nun, einen eintägigen Wagenumlauf durchzuführen (Be- und Entladung sowie Fahrt von Unzmarkt bis Tamsweg und retour).

Im Zuge der Spezialisierung bei den Güterwagen und mit fortschreitender Mechanisierung der Ver- und Entladung mußten die Umladeeinrichtungen im Spurwechselbahnhof Unzmarkt modernisiert werden. Entsprechend der breiten Güterschichtung existieren hier Umladeeinrichtungen für Mineralöle, Staubgüter und Getreide, mobile Ladegeräte für Rundholz und feste Brennstoffe sowie seit Mai 1984 ein Portalkran mit einer Tragfähigkeit von 30 t zum Umschlag von Mauersteinen auf containerähnlichen Plattformen und paketiertem Schnittholz. Um den Wirtschaftsunternehmen der Region einen zeitgemäßen Transportservice bieten zu können, wurde der Bahnhof Unzmarkt als ausgesprochener Stützpunkt auch für die Umladung von Holz im kombinierten Verkehr (Schiene — Straße) ausgebaut, wobei die Steiermärkischen Landesbahnen das Transportgut beim Versender mit eigenen oder angemieteten Lkw-Zügen abholen und für eine rasche und eisenbahngerechte Umladung sorgen (vgl. Tagespost vom 8. Juni 1984, S. 7).

Das Bedienungsangebot im Güterverkehr weist gegenwärtig ein jeweils an Werktagen verkehrendes Güterzugpaar auf.

Im **Personenverkehr** der Murtalbahn, dessen Angebot in den letzten Jahren eine Modernisierung und Verdichtung erfahren hat, werden jährlich rund 400 000 Personen befördert, wobei zwei Drittel Schüler sind, die besonders die seit 1973 existierende Schülerfreifahrt nutzen (Sozialtarif der Bahn, vom Bund bezuschußt).

Tab. 39: Entwicklung der Personenverkehrsstruktur auf der Murtalbahn

Jahr	Anteile der Personengruppen in %			
	Schüler	Berufstätige	Sonstige	Insgesamt
1960	6,4	6,3	87,3	100,0
1965	40,0	3,1	56,9	100,0
1970	61,9	4,5	33,6	100,0
1975	72,7	2,2	25,1	100,0
1980	76,3	2,6	21,1	100,0
1983	69,4	3,4	27,2	100,0

Quelle: Geschäftsberichte der Steiermärkischen Landesbahnen, Graz, verschiedene Jahrgänge

Tabelle 39 zeigt, daß die Gruppe der Schüler seit Anfang der 70er Jahre deutlich dominierend ist. Der für eine Lokalbahn vergleichsweise hohe Anteil der Sonstigen ist nicht zuletzt auf die zahlreichen Urlauber zurückzuführen, die im Rahmen der Bummelzugfahrten die Bahn frequentieren. Aber auch die Konzentration zentralörtlicher Einrichtungen in Murau und Tamsweg trägt zu wichtigen Verkehrsbewegungen bei. Recht unbedeutend ist hingegen der Anteil der Berufspendler.

Durch die Konkurrenz von Omnibus und Personenkraftwagen wurde die Murtalbahn zusehends in die Defensive gedrängt. So stand sie in den 70er Jahren vor der Alternative, entweder den gesamten Personenverkehr mit Omnibussen auf die Straße zu verlegen oder die Personenbeförderung auf der Schiene grundlegend neu zu gestalten und längst überholtes Rollmaterial abzubauen und zu ersetzen. Man mußte sich von der traditionellen Betriebsart mit wenigen, langen, lokomotivbespannten Zügen lösen und dem Fahrgast eine Fahrplanverdichtung mit schnellen Triebwagen bieten. Als kleinste Zugeinheit für schwach frequentierte Züge wurde ein allein laufender Motorwagen mit 64 Sitzplätzen angenommen. Nach Bedarf sind Zugbildungen mit beliebig vielen Wagen möglich, jeweils gemischt Trieb- und Steuerwagen. Da es kein Vorbild für einen passenden Schmalspurtriebwagen gab und auch die heimische Waggonbauindustrie in den 70er Jahren kein Interesse an der Entwicklung eines Prototyps zeigte, mußten die Steiermärkischen Landesbahnen eine Wiener Firma zur Herstellung eines neuen Triebwagens für die Murtalbahn gewinnen.

Nebenbahntriebwagen haben vom Betriebseinsatz — Lokalverkehr mit kleinen Haltestellenabschnitten — viel Ähnlichkeit mit Stadt- und Straßenbahnwagen in Ballungszentren. Aus diesem Grunde wurden viele Systemelemente und bewährte Bauteile von U-Bahn, Stadtbahn, Straßenbahn und Omnibus in die Konstruktion des neuen Schmalspurtriebwagens übernommen. Im übersichtlichen, durchgehenden Fahrgastraum befinden sich 64 Sitzplätze. Neben dem Fahrerplatz sind der Geldwechsler und ein Fahrscheindrucker installiert. In den unbesetzten Haltestellen müssen die Fahrgäste ihre Fahrkarte beim Triebwagenführer lösen. Fahrgäste mit Zeitkarten oder anderen gültigen Fahrausweisen können an allen Türen des Triebwagenzuges ohne Fahrscheinkontrolle einsteigen. Eine absolute Neukonstruktion ist die Antriebsanlage und das Laufwerk für 70 km/h. Insgesamt haben die Steiermärkischen Landesbahnen mit ihren Schmalspurtriebwagen erneut technische Pionierarbeit geleistet. Da die Fahrzeuge unverändert auch für den Einsatz auf anderen 760-mm-Schmalspurstrecken Österreichs geeignet sind, stoßen sie allgemein auf ein großes Interesse.

Seit Beginn des Sommerfahrplanes 1982 wird auf der Murtalbahn die Personenbeförderung fast zur Gänze mit 8 dieser Trieb- und Steuerwagen abgewickelt. Für die Postbeförderung wurde im Zuge des Modernisierungsprogramms ein neuer Post- und Gepäckwagen angeschafft. Parallel zur Erneuerung der Fahrbetriebsmittel wurden auch die baulichen Anlagen verbessert (vgl. Steiermärkische Landesbahnen (Hrsg.) 1984b, S. 29—32).

Die **Bedienungsintensität** der Strecke Unzmarkt-Tamsweg entspricht großenteils der Verkehrsnachfrage. Die Bahnlinie verkehrt werktags viermal zwischen Unzmarkt und Tamsweg zuzüglich eines morgendlichen Schülerzuges von Murau nach Tamsweg und eines nur an werktäglichen Samstagen geführten Zuges von Unzmarkt nach Murau. Auf der Gegenstrecke verkehren werktags ebenfalls vier Züge auf dem gesamten Streckenabschnitt, zusätzlich eines in den Mittagsstunden geführten Schülerzuges Tamsweg-Murau. An Samstagen kommt ein weiterer Zug hinzu, der die Gesamtstrecke bedient. Nach Sonn- und Feiertagen wird darüber hinaus ein Frühzug von Murau nach Unzmarkt eingesetzt und an schulfreien Werktagen tritt ein in den frühen Abendstunden geführter Zug von Tamsweg nach Murau hinzu. An Sonn- und Feiertagen verkehrt seit 1971 keine Bahn; eine Angebotslücke, die sich besonders im Fremden- und Ausflugsverkehr nachteilig auswirkt. Ergänzt wird das Verkehrsangebot noch durch zusätzlich verkehrende Buskurse, deren Benutzung nach dem Autobustarif erfolgt.

Kritisch anzumerken ist die komplexe und überaus komplizierte Fahrplanstruktur, die, mit zahlreichen Sonderfällen angereichert, nur schwer überschaubar ist und sicherlich nicht unbedingt zum Bahnfahren ermutigt.

Während die **verkehrswirtschaftliche Bedeutung** der Murtalbahn aus dem Ist-Zustand des Bahnbetriebes abzuleiten ist, erklärt sich die **raumwirtschaftliche Funktion** vor dem Hintergrund der Verkehrsraumstrukturen.
Die Einstellung des öffentlichen Personenverkehrs auf dem Streckenabschnitt Tamsweg — Mauterndorf im Jahre 1972 und die im Jahre 1980 erfolgte Auflassung des Güterverkehrs waren die unabänderlichen Konsequenzen aus einem allzu geringen Auslastungsgrad des Bahnangebotes in dieser Region des Lungaus. Das Verkehrsaufkommen in diesem Streckenbereich war schon seit Jahren rückläufig. Waren es im Jahre 1974 noch rund 30 000 Tonnen, die von den Gemeinden Mauterndorf und Mariapfarr auf die Schiene gebracht wurden, so waren es 1978 nur noch knapp 1000 t, wobei es sich großenteils um landwirtschaftliche Produkte, manchmal auch Stückgüter und Expreß-Sendungen handelte. Daß es dann im Jahre 1979 noch einmal zu einem leichten Anstieg kam, war eine Ausnahme, die in einer künftig nicht weiter zu erwartenden Holzverladung in Mariapfarr begründet lag.
Anlaß für die Einstellung bot aber nicht nur der geringe Kostendeckungsgrad, sondern auch der hohe Investitionsaufwand, der zur Erhaltung der Strecke notwendig gewesen wäre; die Sanierungskosten wurden mit gut 20 Millionen Schilling angegeben. Zur Aufbringung dieser horrenden Summe wurden öffentliche Zuschüsse von den Ländern Steiermark und Salzburg beantragt, wodurch die Existenzfrage des Streckenabschnittes Tamsweg — Mauterndorf gerade in diesem Stadium zu einem ausgesprochenen Politikum zwischen beiden Bundesländern wurde. Während die Grazer Landesregierung mit hohen Zuschüssen für den Erhalt und den Ausbau der Murtalbahn auf steirischem Gebiet sorgte, verwies sie betreffs einer Subventionierung der Strecke Tamsweg — Mauterndorf auf die Salzburger Landesregierung. Ein entsprechender Bericht der Grazer Betriebsführung fand in Salzburg jedoch kein Echo. Der offizielle Beschluß von Salzburger Seite lautete:

„Das Land Salzburg werde keine finanziellen Mittel dafür aufbringen, um den Betriebsabgang der Murtalbahn zwischen Mauterndorf und Tamsweg zu decken" (apa-Meldung).
Damit war die Einstellung der Strecke besiegelt.

Die Salzburger Landesregierung sprach durch ihren Entschluß, keine Hilfeleistung zu geben, diesem Streckenabschnitt jeden Verkehrswert ab, der eine Subventionierung vertretbar gemacht hätte. Eine Entscheidung, die sicherlich nicht zuletzt vor dem Hintergrund der im Lungau vorherrschenden Verkehrssituation getroffen wurde.
Von allen Gauen in Salzburg ragt der Lungau durch seine räumliche Geschlossenheit heraus. Vereinfachend gesehen, kann diese Region mit einem Spinnennetz verglichen werden, wobei Tamsweg im Zentrum liegt, um das sich die Verkehrswege konzentrieren. Aufgrund der räumlichen Gegebenheiten kann hier von einer Grundentfernung von 10 km ausgegangen werden, das heißt, von den beiden großen Stützpunkten Tamsweg und St. Michael sind für die verschiedenen Verkehrsrelationen nicht mehr als 10 km zurückzulegen. Die Binnenerreichbarkeit innerhalb dieser Region ist damit überaus günstig.
Eine zweite Besonderheit ist der vergleichsweise hohe Motorisierungsgrad des

Lungaues, er liegt bedeutend höher als der benachbarter Bezirke (vgl. Österreichische Volkspartei (Hrsg.) 1982, S. 19).
Insgesamt ist wohl die kurze Entfernung zu regional bedeutenden Zentren als großes Hemmnis für eine verstärkte Nachfrage nach öffentlichen Verkehrsmitteln zu werten. Da ein Verkehrsmittel den Entfernungen und Verkehrsbedürfnissen entsprechend einzusetzen ist, erweist sich eine Bahnlinie in dieser Region als unrentabel; eine Tatsache, die auch durch die geringen Frequenzziffern belegt wird. Hinzu kommt, daß die Bedienungshäufigkeit der Strecke im Bahnverkehr deutlich geringer war als im Kraftwagenliniendienst, wo täglich 9 Buskurse die Strecke befahren. Ein überaus entscheidendes Kriterium liegt letztlich beim Verkehrsteilnehmer selbst; er ist nicht bereit, bei den relativ kurzen Entfernungen zwischen den Siedlungsschwerpunkten das Angebot öffentlicher Verkehrsmittel zu nutzen (vgl. Tab. 37).
Im Gesamtverkehrsgutachten Lungau wurde im Jahre 1982 der potentielle Verkehrswert des Abschnitts Tamsweg-Mauterndorf erneut untersucht. Unter Summierung bahntrassenspezifischer Verkehrsrelationen wurde ein fiktives Fahrgastvolumen errechnet, das — ausgedrückt in Personenkilometern (Fahrgäste x Fahrtlänge : Streckenlänge) — knapp 1/3 der Nachfragegröße entsprach, die als Minimalerfordernis für die Aufrechterhaltung einer Nebenbahnstrecke (Wert gemäß dem Nebenbahngutachten der ÖROK) angesehen wird (vgl. Amt der Salzburger Landesregierung (Hrsg.) 1982, S. 31). Diese Daten verdeutlichen die äußerst geringe verkehrswirtschaftliche Bedeutung des untersuchten Streckenabschnitts.
Ganz anders ist die Situation jedoch im Hinblick auf die raumwirtschaftliche Bedeutung dieser Bahnstrecke. Aufgrund der überwiegend agrar- und forstwirtschaftlich wie auch fremdenverkehrswirtschaftlich geprägten Wirtschaftsstruktur im Lungau zeigen sich gerade in diesen Wirtschaftssparten erhebliche Folgewirkungen. Die Auflassung des Schienenverkehrs von Tamsweg nach Mauterndorf hat speziell für die Lungauer Bauern bedeutende Nachteile gebracht, da ein Großteil der landwirtschaftlichen Produkte bei einem Transport mit der Bahn tarifbegünstigt war. Auch in der Forstwirtschaft wird der Verlust der Bahn sichtbar. Der Holztransport muß nun verstärkt über Lastkraftwagen erfolgen, die die schon arg beanspruchte B 95 und einige Landstraßen zusehends belasten. In der Folge wird nicht nur die Durchschnittsgeschwindigkeit des Individualverkehrs verringert, sondern es kommt auch zu Engpässen innerhalb der Ortschaften, zumal der Ausbaugrad der sowohl intra- als auch interregional bedeutsamen B 95 an vielen Stellen den Anforderungen nicht mehr entspricht. Darüber hinaus wurde dieser Region eine Fremdenverkehrsattraktion genommen. Die in der Sommersaison an zwei Wochentagen fahrplanmäßig bis Mauterndorf geführten Dampfbummelzüge waren nicht nur bei den Einheimischen, sondern auch bei den Urlaubsgästen beliebt; ein Verlust, der nicht gerade zu einer Aufwärtsentwicklung der derzeitig stagnierenden Übernachtungszahlen beiträgt.
Eine Bahnlinie ist aber auch für viele Industrie- und Gewerbebetriebe ein attraktiver Standortfaktor. Dieses wurde besonders in den 70er Jahren deutlich, als sich für den Güterverkehr im Taurachtal eine Aufwärtsbewegung durch die Projektierung eines Lagerhauszentrums für Agrarprodukte abzeichnete. Da die Steiermärkischen Landesbahnen diesem Kunden den Weiterbestand eines Bahn-

anschlusses im Bereich Tamsweg-Mauterndorf nicht garantieren konnten, wurde der Betrieb am verkürzten „gesicherten" Streckenteil in Tamsweg errichtet. Die Einstellung des Streckenabschnittes Tamsweg-Mauterndorf hat insgesamt die Standortgunst der Region verringert. Der Rückzug eines Verkehrsträgers bedeutet stets einen Angebotsverlust und damit eine Attraktivitätsminderung des Raumes.

Der stillgelegte Streckenabschnitt wurde jedoch nicht gänzlich aufgelassen; seit dem 1. April 1982 ist dieser Streckenteil an die Taurachbahn GmbH verpachtet, die aus Mitgliedern des Club 760 (Freunde der Murtalbahn) besteht. Diese Gesellschaft setzt derzeit den Bahnkörper instand und beabsichtigt, auf der Grundlage des Salzburger Veranstaltungsgesetzes einen museumsbahnähnlichen Dampfzugverkehr einzurichten (vgl. IV 2.4).

Von den bisherigen Aussagen zum Bahnabschnitt Tamsweg — Mauterndorf unterscheidet sich eine Verkehrswertanalyse der derzeitigen Murtalbahnstrecke Unzmarkt — Tamsweg in einigen entscheidenden Punkten. Der Streckenabschnitt Tamsweg — Murau ist beispielsweise der höchst frequentierteste der Murtalbahn. Zwischen beiden Orten entstehen aufgrund ihrer zentralörtlichen Funktionen auf dem Schul-, Arbeits-, Gesundheits-, Verwaltungs- und übrigen Dienstleistungssektor zahlreiche Verkehrsbewegungen, die sich auch auf die öffentlichen Verkehrsträger und damit unter anderem auf die Bahn übertragen. Die Entfernungen sind in diesem Bereich größer (Tamsweg — Murau = 37,3 km), und das Verkehrsangebot der Bahn rangiert vor dem der Kraftfahrlinie, die hier nur eine Ergänzungsfunktion innehat. Auch wird der Bahnlinie gerade in diesem Streckenabschnitt einiges an Verkehrsaufkommen durch die Zubringerdienste der Kraftfahrlinien aus den zahlreichen Seitentälern mit Streusiedlungscharakter zugeführt, und geradezu prädestiniert für eine linear konzentrierte bahnmäßige Verkehrserschließung zeigt sich der Hauptsiedlungsraum. Er erstreckt sich bandartig im Talbereich der oberen Mur und liegt damit durchaus im fußläufigen Einzugsbereich der Bahnhaltestellen.

Wie bereits deutlich wurde, erfüllt die Murtalbahn im Personenverkehr vorrangig die Aufgaben der Bedienung des Schülerverkehrs und bedingt auch des Berufspendler- und Versorgungsverkehrs. Darüber hinaus sind die Dampfzugfahrten nicht nur für die Bahn, sondern für die gesamte Region zu einem bedeutenden Werbeträger geworden. Die Eisenbahn-Hobbyferien auf der Murtalbahn mit einem entsprechend ausgestatteten Angebotspaket sind international bekannt. Derzeit wird ein Pauschalangebot mit 7 Tage Halbpension, Amateurlokfahrt mit Dampflok, Besichtigung des Eisenbahnmuseums Frojach, Mitfahrt auf dem Führerstand einer Diesellok, Werkstättenbesichtigung und Dampfbummelzugfahrt Murau — Tamsweg — Murau einschließlich zweier Hallenbadbesuche propagiert. Schließlich ist auch für diesen Streckenabschnitt die Bedeutung der Bahn als tarifgünstiger Gütertransporteur und damit ihre Funktion als positiver Standortfaktor und maßgeblicher Entwicklungsträger des Wirtschaftsraumes anzuführen.

Wiederum deutlich geringer ist die Frequentierung der Murtalbahn im Abschnitt Unzmarkt — Murau; eine Folge der wohl eindeutigen Ausrichtung der Unzmarkter Bevölkerung auf das Regions- und Arbeitszentrum Judenburg.

Die Murtalbahn stellt aber nicht nur einen wichtigen Infrastrukturfaktor für die

Wirtschaft der Region dar, sondern bietet selbst 120 Mitarbeitern einen sicheren Arbeitsplatz. Auch ist das Unternehmen ein begehrter Lehrbetrieb für die Ausbildung von Schlossern und Mechanikern.

Damit zeigt sich das Bahnunternehmen insgesamt als wesentlicher Attraktivitätsfaktor für das obere Murtal, das als wirtschaftlich schwach strukturierter Raum mit stagnierender bis rückläufiger Bevölkerungsentwicklung eine Aufwertung benötigt. Vor diesem Hintergrund sind Bestrebungen eines Ausbaus dieser Schmalspurbahn auf Normalspur zu forcieren. Erstrebenswert ist auch eine bessere Abstimmung zwischen den Fahrplänen der ÖBB, der Murtalbahn sowie der Buslinienkurse der Post und der Steiermärkischen Landesbahnen. Darüber hinaus sind die Umsteigemöglichkeiten in Unzmarkt auszubauen und zu verbessern. In diesem Zusammenhang bietet sich die Einführung eines starren Taktfahrplanes in Anlehnung an die Ankunfts- und Abfahrtszeiten der Taktzüge der Südbahn an. Schließlich ist zur Angebotssteigerung im Tourismus- und Ausflugsverkehr des oberen Murtales, besonders jedoch im Hinblick auf die durch das Landessonderkrankenhaus Stolzalpe ausgelösten Verkehrsbewegungen, die Wiedereinführung eines Zugverkehrs an Sonn- und Feiertagen anzustreben.

Unter der Voraussetzung, daß die Steiermärkischen Landesbahnen ihrer wohl bedeutendsten Bahnlinie durch Modernisierungs- und Sanierungsprogramme, durch Angebotsverbesserungen sowie allgemeiner Attraktivitätssteigerung den Konkurrenzkampf mit der Straße zu erleichtern versuchen und die Steiermärkische Landesregierung den verkehrs- und raumwirtschaftlichen Wert der Bahn auch künftig zu schätzen weiß sowie dem Bahnunternehmen durch Subventionen hilfreich zur Seite stehen wird, dürfte die Weiterexistenz der Murtalbahn für die Zukunft als durchaus gesichert gelten.

2.4 EXKURS: MUSEUMS- UND VERANSTALTUNGSBAHNEN — EIN NEUER FUNKTIONSTYP UNTER DEN PRIVATBAHNEN

Rückläufige Fahrgastzahlen, Teilstreckenauflassungen und Stillegungen ganzer Bahnlinien einerseits sowie das zusehends expandierende Nostalgiebedürfnis andererseits haben einen Bahntyp entstehen lassen, der nicht nur durch seine Anlagestruktur, sondern vielmehr durch seine Betriebsstruktur und sein Funktionsmuster eine Sonderstellung unter den bisher vorgestellten Nebenbahnen einnimmt, die Museums- oder Veranstaltungsbahn.

Museumsbahnen wie auch Dampfbummelzüge waren in Österreich um 1965 noch gänzlich unbekannt. Die Idee, speziell mit Dampflokomotiven Sonderzüge zu führen, gewann erst an Attraktivität, als die generell durchgeführten Verdieselungs- und Elektrifizierungsprogramme den regulären Dampfbetrieb beendeten und zum Ende der 60er Jahre das Sterben der Schmalspurbahnen begann.

2.4.1 Allgemeine Vorinformationen

Mit der Einstellung verschiedener Lokalbahn(teilstreck)en als öffentliche Bahnlinien in den 70er und Anfang der 80er Jahre war das Bemühen verschiedener Vereine verbunden, solche Schienenstrecken dennoch der Nachwelt zu erhalten beziehungsweise als Museumsbahnen weiterzubetreiben. Initiativen für einen Museumsbetrieb gingen aber nicht nur von Eisenbahnfreunden aus, sondern auch einige Bahnverwaltungen begannen damit, Sonderfahrten mit historischen Fahrbetriebsmitteln in ihren Fahrplan einzubauen.
Bei der Führung historischer Bummelzüge ist generell zwischen fahrplanmäßigen, im Regelverkehr eingesetzten Dampfzügen (z. B. bei der Zillertalbahn), Sonderfahrten mit Dampflokbespannung (z. B. bei der Montafonerbahn oder der Pinzgauer Lokalbahn) und reinem Museumsbahnbetrieb zu unterscheiden.

„Museumsbahnen sind jene Bahnstrecken, die ausschließlich mit historischen Fahrzeugen aus kulturellen und geschichtlichen Gründen befahren werden. Daneben ist auch ein fremdenverkehrsfördernder Effekt dieser zumeist nur von Amateuren betriebenen Bahnlinien zu verzeichnen" (PRIX 1979, S. 3).

Als erste eindeutig den Museumsbahnen zuzuordnende Bahnlinie in der österreichischen Eisenbahngeschichte ist die Gurktalbahn anzuführen. Als die ÖBB zum Ende der 60er Jahre erwogen, nahezu alle Schmalspurbahnen stillzulegen, vereinigten sich in Kärnten einige Idealisten, die dies zumindest in ihrem Bundesland zu verhindern suchten. Seinerzeit entstand erstmals die Idee, die Vellachtal- und Gurktalbahn nach einer eventuellen Einstellung mit historischen Zügen als Fremdenverkehrsattraktion weiter zu betreiben. Der zu diesem Zweck gegründete Verein der Kärntner Eisenbahnfreunde (VKEF) konnte jedoch aufgrund des völligen Desinteresses der Politiker und der Bahngemeinden eine Stillegung und auch Abtragung der Bahnlinien nicht gänzlich verhindern.
Einer Gesamtauflassung entgangen war die Teilstrecke Treibach — Straßburg der Gurktalbahn, die nun zu einer Museumsbahn umfunktioniert werden sollte; ein Vorhaben, das zunächst verstärkt von allen Seiten kritisiert wurde. Da besonders die Verantwortlichen der ÖBB und der Ministerien einen Eisenbahnbetrieb durch Amateure für unrealisierbar hielten und die Gemeinde Straßburg die Bahn schnellstens abstoßen wollte, konnten die Kärntner Eisenbahnfreunde im Jahre 1974 nur eine 3,2 km lange Strecke zwischen Treibach-Althofen und Pöckstein übernehmen, die damit zum Pionier auf dem Sektor des Museumsbahnbetriebes wurde.
Entgegen allen Prognosen entwickelte sich der Verkehr positiv. Der Bahnbetrieb wird durch zwei Zugpaare (10.30 und 15.00 Uhr) abgewickelt, die jeweils an Sonntagen von Juni bis September ab Treibach verkehren. Das Personal besteht aus geprüften, ehrenamtlich arbeitenden Amateuren. Trotz mancher Schwierigkeiten gelingt es diesem ersten österreichischen Museumsbahnunternehmen, ohne Defizit zu arbeiten; ein Erfolg, den nur wenige Bahnen für sich verbuchen können (vgl. PRIX 1979, S. 3 u. 4). Neben der Gurktalbahn bestehen derzeit in Österreich noch weitere Museumsbahnen, die in Tab. 40 aufgelistet sind.
Die Inbetriebnahme von Museumsbahnen ist aber nicht nur eine finanzielle

Tab. 40: Museumsbahnen in Österreich 1983

Betreiber	Strecke
Kärntner Eisenbahnfreunde (VKEF) nunmehr: Kärntner Museumsbahnen (KMB)	Gurktalbahnteilstrecke Pöckstein — Zwischenwässern — Krumfelden (Inselbetrieb)
Österreichische Gesellschaft für Lokalbahnen (ÖGLB)	Payerbach — Hirschwang (Peàgeverkehr)
Marktgemeinde Stainz	Steinzerbahn Stainz — Wohsdorf (Inselbetrieb)
IG Museumstramway Mariazell	BF Mariazell — Eraufsee (Spurweite 1435 mm)
Österreichische Gesellschaft für Eisenbahngeschichte	„Florianerbahn" — Teilstrecke mit lfd. Verlängerung (Inselbetrieb, Spurweite 900 mm)

Quelle: Taurachbahngesellschaft (Hrsg.) 1983, S. 1

Frage, sondern primär auch mit verkehrsrechtlichen und verkehrspolitischen Problemen behaftet. Obwohl grundsätzlich die Möglichkeit eines beschränkt-öffentlichen Personenverkehrs besteht, hat das Bundesministerium für Verkehr den Interessenten empfohlen, Museumsbahnen nach landesgesetzlichen Vorschriften im Sinne veranstaltungsgesetzlicher Betriebsstätten zu errichten und zu betreiben. Da das Veranstaltungswesen in die Kompetenz des jeweiligen Bundeslandes fällt, sahen sich die Bahnunternehmen mehr oder minder großen Schwierigkeiten gegenüber. Jede Betriebsbewilligung dieser Art war für das jeweilige Bundesland ein Präzedenzfall, der zudem häufig noch ein Einzelfall blieb. Eigene Betriebsrichtlinien wie etwa in anderen Ländern, wo solche Bahnen als „Pioniereisenbahnen" deklariert wurden, existieren in Österreich nicht (vgl. Taurachbahngesellschaft (Hrsg.) 1983, S. 1 u. 2).
Während die einzelnen Museumsbahnen vom öffentlichen Eisenbahnverkehr kaum oder nur peripher tangiert werden — zumeist sind es Inselbetriebe —, gestaltet sich die Regelung der Straßenkreuzungen als äußerst schwierig. Da eine Museumsbahn wohl eine Schienenbahn, aber im rechtlichen Sinne des § 1 ff. EisbG 1957 keine Eisenbahn ist, liegen eindeutige gesetzliche Grundlagen zur Frage der schienengleichen Kreuzung von Straßen und Museumsbahnen nicht vor, so daß sich die Behörden bislang noch mit Hilfslösungen zufrieden geben müssen. Um eine Problemlösung ist derzeit die Taurachbahngesellschaft bemüht, die sich aktiv mit den Paragraphen der Eisenbahn- und Straßenverkehrsordnung auseinandersetzt.
Zwei Fallbeispiele sollen diesen Bahntyp näher vorstellen: die Stainzerbahn, eine bereits im Betrieb befindliche, sich gut bewährende Museumsbahn, und die künftige Taurachbahn, ein mit großem Enthusiasmus und verstärkter Vehemenz

vorangetriebenes Projekt, das nicht zuletzt als Reaktivierung des bereits stillgelegten Murtalbahnabschnitts Tamsweg — Mauterndorf von Interesse ist.

2.4.2 Die Stainzerbahn — von der öffentlichen Landesbahn zur Veranstaltungsbahn

Die Geschichte der Stainzerbahn, einer außerhalb ihres Einzugsbereiches — der Region Stainz im weststeirischen Hügelland — kaum bekannt gewesenen und erst in den letzten Jahren populär gewordenen Schmalspurbahn, reicht nahezu bis zu den Anfängen des steiermärkischen Eisenbahnzeitalters zurück. Bereits vor dem Bau der Zweigstrecke der Graz-Köflacher Bahn, des Wieser Flügels, hatte die Bahngesellschaft diese Linie mit einer Abzweigung nach Stainz projektiert. Das Vorhaben konnte jedoch erst 20 Jahre später, am 27. November 1892, verwirklicht werden.

Bahncharakter

Beim Bahnbau wurde auf größtmögliche Sparsamkeit geachtet. So wählte man, um Kosten zu sparen, die Spurweite 760 mm, obgleich die topographischen Voraussetzungen — die Strecke führt in ganzer Länge durch ein flaches, weites Tal — auch bei normalspuriger Ausführung keinen Mehraufwand an Kosten für Kunstbauten erfordert hätten. Die 11,3 km lange Strecke steigt, stets im Talgrund des Stainzbaches verbleibend, lediglich um 38 m (von 287 auf 325 m) an, was einer durchschnittlichen Steigung von nur wenig mehr als 3 Promill entspricht; die größte Neigung beträgt 10 Promill, der geringste Bogenhalbmesser auf freier Strecke 100 m (bei Weichen 65 m). Die Bahn war zunächst nur für den Tagverkehr mit einer Höchstgeschwindigkeit von 25 km/h zugelassen.
Der Ausgangsbahnhof der eingleisigen Bahn ist die Anschlußstation Preding-

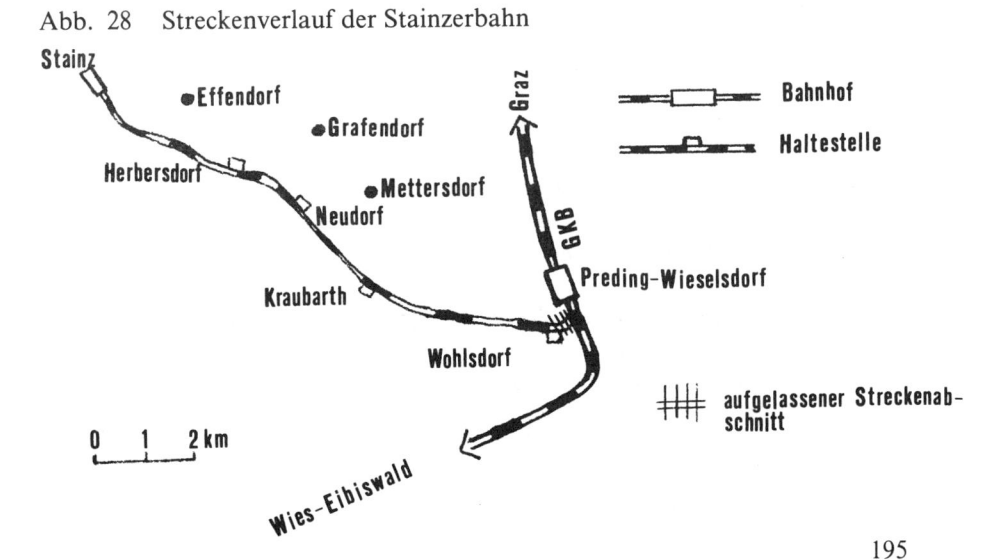

Abb. 28   Streckenverlauf der Stainzerbahn

195

Wieselsdorf der Graz-Köflacher Zweiglinie Lieboch — Wies-Eibiswald. Von Bahnkilometer 0,3 bis 0,7 wird sie zunächst nach Übersetzen des Stainzbaches auf dem Bahnkörper der GKB geführt, und zwar in der Mitte des Normalspurgleises, wodurch seinerzeit der Bau eigener Brücken und andere kostspielige Arbeiten eingespart werden konnten. In Streckenkilometer 0,7 wendet sie sich nach Westen, um nunmehr auf eigenem Bahnkörper in das Stainztal zu gelangen. Sie folgt dem Talboden bis zur Endstation Stainz, passiert drei Halte- und Ladestellen (Kraubarth (km 5,1), Neudorf (km 7,3) und Herbersdorf (km 8,5)) und berührt insgesamt neun Gemeinden der Bezirkshauptmannschaft Deutschlandsberg. Die gesamte Baulänge beträgt 11,5 km, dazu kommen noch 1,2 km Nebengleise.

Um auf einer so kurzen Strecke nicht alle Güter umladen zu müssen, wurde von Anfang an — und damit erstmalig in Österreich — ein Rollbockverkehr mit normalspurigen Güterwagen eingeführt. Betriebszentrum der Stainzerbahn war und ist noch immer der Bahnhof Stainz, der seinerzeit mit einem Aufnahmegebäude, einem Nebengebäude, einem Güterschuppen, zwei Verladerampen, einem Kohlenschuppen, einer Lokomotiv- und Wagenremise mit Werkstätte sowie einem Bahnerhaltungsmagazin ausgestattet wurde. An Fahrbetriebsmitteln wurden als Grundausstattung 2 gleiche Tenderlokomotiven, 4 Personenwagen, 2 kombinierte Post- und Dienstwagen, 12 Güterwagen sowie 2 Rollschemel beschafft (vgl. Club 760 (Hrsg.) 1982, S. 1—4).

Betriebsgeschichte

Die Stainzerbahn war stets im Eigentum der Steiermärkischen Landesbahnen, wurde jedoch in den ersten Betriebsjahren von der k. k. privilegierten Südbahngesellschaft geführt, bevor am 1. Juli 1922 auch diese Aufgabe von den Landesbahnen übernommen wurde.

Zur Zugbildung ist anzumerken, daß grundsätzlich nur gemischte Züge (Personen- und Güterzüge) zum Einsatz kamen. Gemäß verschiedener Fahrpläne verkehrten täglich bis zu drei Zugpaare, an Sonn- und Feiertagen kam ein weiteres Zugpaar hinzu. Gegen Ende des Ersten Weltkrieges wurden jedoch nur mehr zwei Zugkurse geführt.

Der nach dem Krieg einsetzende rasche Aufschwung des öffentlichen und privaten Straßenverkehrs brachte besonders dieser hinsichtlich der wichtigsten Verkehrsrelationen umwegreichen Bahnlinie enorme Einbußen. Während die Straßenentfernung zwischen Stainz und der Landeshauptstadt Graz lediglich 27 km beträgt; eine Distanz, die von den seit 1926 verkehrenden Autobussen seinerzeit in 1—1 1/4 Std. (heute 45—50 Min.) zurückgelegt werden konnte, wies die Bahnverbindung eine Länge von 41 km auf, wobei die Fahrtzeit rund 1 3/4 Std. betrug. Darüber hinaus standen den drei täglich verkehrenden Zugpaaren fünf Autobuskurse gegenüber, wodurch eine intensivere Bedienung der Verbindung zur Landeshauptstadt gegeben war.

Beim Güterverkehr spielte der Umweg keine allzugroße Rolle. Als jedoch die Krisenzeit in den 30er Jahren einsetzte, ging auch in diesem Verkehrszweig das Beförderungsvolumen erheblich zurück. Dieser Rückgang war so enorm, daß am 1. 2. 1932 der Verkehr auf der gesamten Strecke eingestellt werden mußte und damit weder in der Personen- noch in der Güterbeförderung Verkehrsleistungen zur Verfügung standen. Obgleich am 1. 2. 1933 auf Betreiben der Gemeinde Stainz wieder ein beschränkt-öffentlicher Güterverkehr aufgenommen wurde, dauerte es noch bis zum Jahre 1941, bis dieser ohne Einschränkungen abgewickelt werden konnte; der Personenverkehr setzte erst kurz vor Kriegsende im Jahre 1945 erneut ein.

Die Normalisierung der Verkehrssituation Anfang der 50er Jahre brachte der Stainzerbahn, insbesondere durch die verstärkte Aufnahme der Autobusdienste, erneut einen Beförderungsverlust im Personenverkehr, so daß dieser in der Folge am 1. 2. 1951 wiederum eingestellt wurde. Um unnötige Fahrten zu sparen, wurden die eingesetzten Güterzüge nur noch als Bedarfsfahrten klassifiziert.

Eine Wende zeigte sich im Jahre 1971, als die Deutsche Gesellschaft für Eisenbahngeschichte anläßlich einer Steiermarkreise ihren Teilnehmern eine ganz besondere Überraschung bieten wollte und bei diesen Überlegungen die Idee des „Flascherlzuges"[5] geboren wurde. Hierbei handelte es sich um einen dampflokomotivbespannten Zug, der als Fremdenverkehrsattraktion von Preding-Wieselsdorf bis Stainz geführt werden sollte. Am 3. Juli 1971 startete der in Zusammenarbeit mit dem Club 760 eingeführte „Flascherlzug" zu einer triumphalen Jungfernfahrt. Diese im beschränkt-öffentlichen Personenverkehr geführten Züge verkehrten während der Sommersaison stets an den Wochenenden (jeweils am Samstag- und Sonntagnachmittag) und erfreuten sich großer Beliebtheit; sie trugen letztendlich dazu bei, die Stainzerbahn auch überregional bekannt zu machen. Einen derart großen Erfolg dieses Bahnangebotes hatte seinerzeit kaum jemand in dieser von den Touristenströmen abseits gelegenen Region erwartet, und so hat sich nicht zuletzt durch die intensiven Bemühungen der Stainzer Bürger eine neue Idee auf dem Eisenbahnsektor durchgesetzt.

Im Gegensatz zur überaus positiven Entwicklung des „Flascherlzuges" stagnierte der Güterverkehr auf einem recht niedrigen Niveau. Eine unerwartete Transportspitze erreichte er jedoch im Jahre 1974, als eine große Kaufaktion billigen russischen Holzes durch die heimischen Sägewerke zu Spitzenwerten von bis zu 20 Waggons pro Tag führte und der Jahrestransport einen Wert von 14 627 t erreichte. Im allgemeinen setzte sich das Frachtaufkommen der Stainzerbahn hauptsächlich aus landwirtschaftlichen Gütern (Düngemittel, Getreide, Zuckerrüben), Brennmaterialien (außer Holz) sowie Industrie- und Handelsgütern (Stainzer Platten) zusammen. Als in den 70er Jahren aber auch der Versand der bekannten Stainzer Platten auf dem Schienenwege zurückging und das jährliche Frachtaufkommen kaum mehr 5000 t überstieg, rückte die Gefahr der Betriebseinstellung immer näher, so daß auch der recht gut frequentierte „Flascherlzug" mit rund 10 000 jährlich transportierten Fahrgästen Ende der 70er Jahre keine Zukunft zu haben schien.

Einen Überblick zur Entwicklung der Transportzahlen auf der Stainzerbahn geben Abbildungen 29 a u. 29 b.

---

5 Der Spitzname „Flascherlzug" ist auf die Zwischenkriegszeit zurückzuführen, „da damals die Fahrgäste hauptsächlich den in Stainz lebenden Wunderdoktor Hans Höller aufsuchten, der seine Diagnosen aus dem im Flascherl mitgebrachten Urin zu stellen pflegte. Heute dürfte der Name wohl deshalb gerechtfertigt sein, da nahezu gleich viele Flascherl Wein pro Fahrt gebraucht werden, wie Fahrgäste vorhanden sind" (SCHIENENVERKEHR AKTUELL Nr. 4, 1980, S. 19).

Abb. 29a Güterverkehrsaufkommen der Stainzerbahn 1947—1980

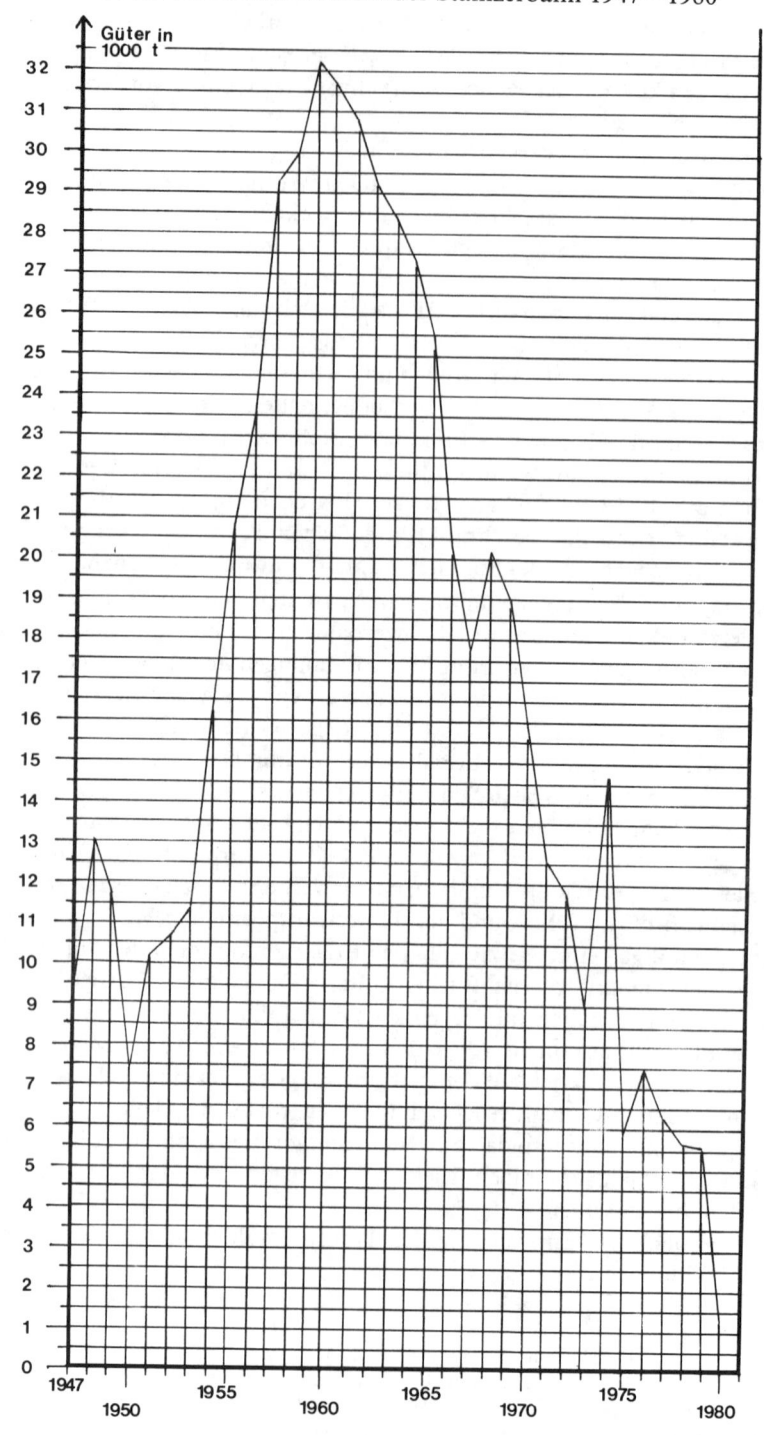

Quelle des Zahlenmaterials: Geschäftsberichte der Steiermärkischen Landesbahnen

Abb. 29b Personenverkehrsaufkommen der Stainzerbahn 1947—1980

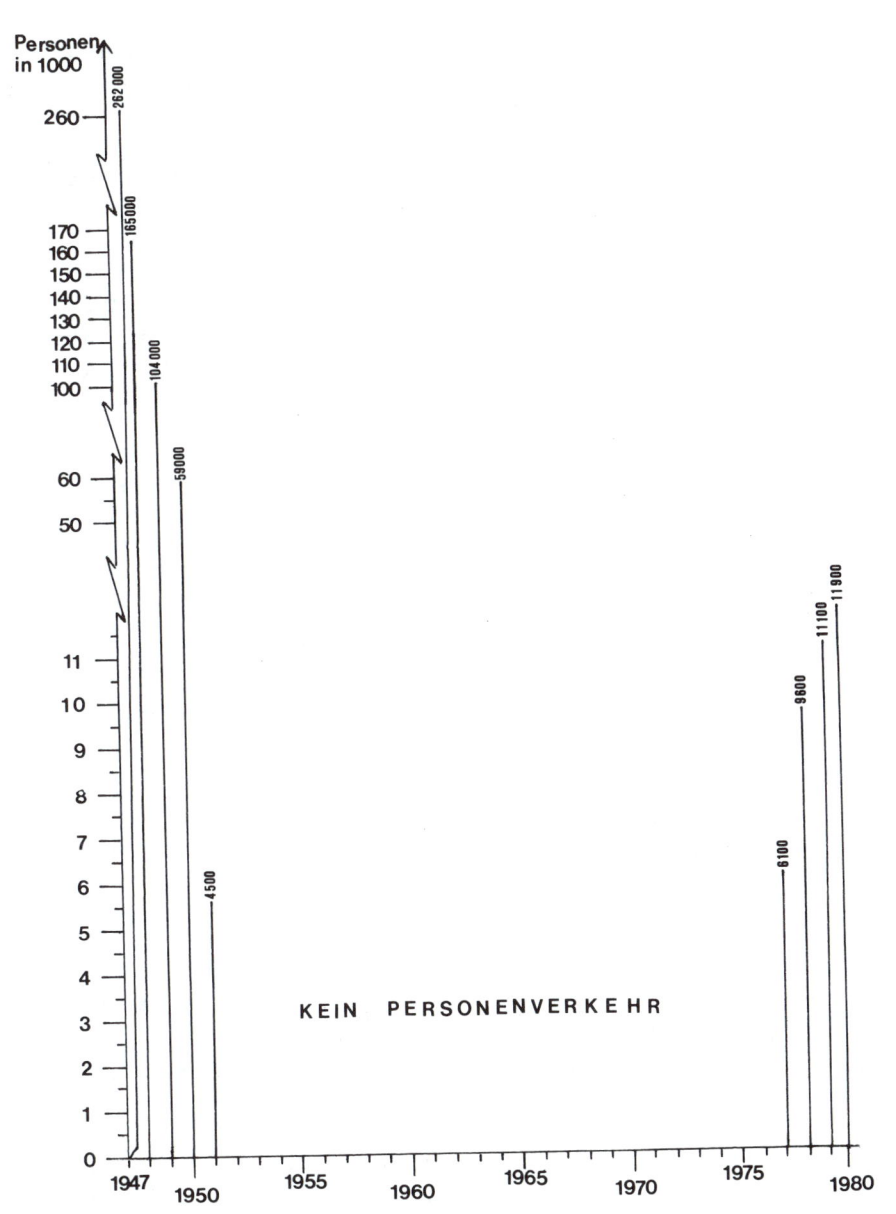

KEIN PERSONENVERKEHR

Quelle des Zahlenmaterials: Geschäftsberichte der Steiermärkischen Landesbahnen

Bahnschicksal und Zukunftschancen

Die steigenden Abgänge in den einzelnen Bahnbetrieben der Steiermärkischen Landesbahnen — für die Strecke Preding-Wieselsdorf — Stainz allein zirka 2,3 Millionen Schilling im Jahre 1978 — zwangen das Land Steiermark verstärkt zu Stillegungsüberlegungen, so daß die Existenzfrage der Stainzerbahn bereits zu Beginn des Jahres 1979 ernsthaft diskutiert wurde. Das endgültige Aus schien jedoch durch eine von der Bahnaufsichtsbehörde erlassene Verfügung hinsichtlich einer notwendigen Erneuerung der vorhandenen, in schlechtem Zustand befindlichen Gleiskreuzungen gegeben. Dieser Forderung war aufgrund der hohen Instandsetzungskosten kaum nachzukommen, und so wurde der Einstellungsbeschluß für den 31. 3. 1980 festgesetzt. Interessant scheint in diesem Zusammenhang das Zitat eines äußerst provokativen, aber sicherlich nicht gänzlich falschen Kommentars zu den Einstellungsabsichten der Steiermärkischen Landesbahnen; er lautet:

„Da im Sinne bewährter ÖBB-Vorbilder keine geeigneten Gewässer zur Unterspülung der Bahntrasse zur Verfügung standen und außer sporadischen Meteoritenfällen kein Steinschlag zu erhoffen war, so war es schließlich die von der Aufsichtsbehörde angeordnete Erneuerung der Herzstücke des Vierschienenabschnittes, die der Bahn den Garaus machte. Nachdem die Öffentlichkeit mit einer sicherlich etwas überhöhten Kalkulation geschockt worden war, wurde die Einstellung des Güterverkehrs am 31. 3. 1980 verfügt" (Club 760 (Hrsg.) 1982, S. 14).

Auf Drängen der Marktgemeinde Stainz versprachen die Steiermärkischen Landesbahnen, den „Flascherlzug" zunächst noch bis zum Herbst des Jahres 1980 weiterzuführen. Da jedoch die Kreuzungsstücke ausgebaut werden mußten, konnte die Anschlußstation Preding-Wieselsdorf nicht mehr erreicht werden, so daß vor der Stainzbachbrücke eine neue Haltestelle (Wohlsdorf) mit einem Umfahrungsgleis für die Lokomotive und geeigneten Warteeinrichtungen errichtet werden mußten. Somit konnte nach einer mehrwöchigen Betriebspause der „Flascherlzug" im Sommer 1980 weiter verkehren. Die Stainzerbahn war damit zu einer reinen Vergnügungsbahn geworden, die am Wochenende zwischen Stainz und dem neuen Endpunkt Wohlsdorf geführt wurde.
Das Schicksal dieser Bahn war jedoch noch nicht endgültig entschieden. Die Steiermärkischen Landesbahnen beabsichtigten vielmehr, die Konzession für die Bahnstrecke zurückzugeben. Einem entsprechenden Ansuchen wurde dann auch von seiten des Bundesministeriums für Verkehr am 1. 9. 1980 stattgegeben. Nun intervenierte die Gemeinde Stainz, die fest entschlossen war, ihre „Flascherlzüge" als Bahnattraktion beizubehalten. Vorsorglich hatte man bereits am 1. September 1980 den Antrag auf eine Betriebsgenehmigung nach dem Steirischen Veranstaltungsgesetz gestellt. Nachdem dieser Antragstellung entsprochen worden war, pachtete die Marktgemeinde Stainz die Strecke, um nun in Eigenregie den Bahnbetrieb weiterzuführen.
Bevor jedoch am 9. Mai 1981 die Dampfzugfahrten aufgenommen werden konnten, waren noch zahlreiche Arbeiten zu erledigen. Das Stainzer Heizhaus war zu renovieren, auf dem gesamten Streckenabschnitt war das Unkraut zu

entfernen, an einigen Stellen war das Schotterbett zu erneuern, und an den Straßen- und Wegübergängen waren gemäß den neuen rechtlichen Bestimmungen entsprechende Warntafeln aufzustellen. Die Fertigstellung all dieser Sanierungs- und Instandsetzungsarbeiten in verhältnismäßig kurzer Zeit war der Initiative einiger Eisenbahnfreunde zu verdanken, die die Bahnlinie in vorbildlicher Weise auch gegenwärtig betreuen.

Daß sich das Engagement der Marktgemeinde Stainz gelohnt hat, beweisen die Frequentierungswerte des ersten Betriebsjahres als reine Vergnügungsbahn (1981), in dem 86 Züge mit insgesamt rund 12 800 Fahrgästen verkehrten (vgl. Club 760 (Hrsg.) 1982, S. 16). Die Betriebstage der Stainzerbahn sind im Mai, Juni, September und Oktober jeweils an Samstagen, Sonn- und Feiertagen sowie im Juli und August an jedem Sonn- und Feiertag um 15.00 Uhr ab Bahnhof Stainz (Stand 1983).

Mit diesem vergnügunsbahnmäßigen Restbetrieb (10,6 km) ist in der wechselvollen Geschichte der wenig bedeutsamen, jedoch idyllischen Stainzerbahn aller Voraussicht nach die wohl letzte Betriebsphase erreicht. Dieses aktuelle Verkehrsbild gilt es nun zu erhalten und zu sichern, um so die Funktionsvielfalt und auch die künftigen Existenzmöglichkeiten von Nebenbahnen zu dokumentieren.

2.4.3 *Das Projekt der Taurachbahn*

Als am 1. 9. 1981 der Streckenabschnitt Tamsweg — Mauterndorf der Murtalbahn offiziell stillgelegt wurde, trat der im Jahre 1969 gegründete Club 760 in den Vordergrund, der als Verein der „Freunde der Murtalbahn" schon seit einigen Jahren aktiv an der Formung des Verkehrsbildes dieser Lokalbahn beteiligt war. Es ist nicht zuletzt ein Verdienst dieser Vereinigung, daß die Bahnlinie Unzmarkt — Tamsweg (— Mauterndorf) als typische Schmalspureisenbahn der breiten Öffentlichkeit bekannt wurde.

Die Tätigkeit des Vereins, die sich auf das gesamte Gebiet der Republik Österreich erstreckt, dient *„unmittelbar und ausschließlich der Förderung gemeinnütziger Zwecke"* (Satzung des Club 760, § 2). Einige wichtige Aufgaben des Club 760 sind in seiner Satzung unter § 2 aufgelistet:

— *historisch wertvolles Archivmaterial zu sammeln und musealen Zwecken zuzuführen,*
— *historisch wertvolle Schmalspurfahrzeuge zu erwerben, sie nach Möglichkeit in betriebsfähigen Zustand zu versetzen und zu erhalten und sie gleichfalls musealen Zwecken zuzuführen,*
— *fortlaufend die Verkehrsprobleme des oberen Murtales und des Lungaues wissenschaftlich zu bearbeiten,*
— *sich an der Betriebsführung einer eventuell aufzulasssenden bzw. aufgelassenen Teilstrecke der Murtalbahn mittelbar zu beteiligen . . .* (Satzungen des Club 760, § 2 2), 3), 5) u. 7)).

Vor dem Hintergrund dieser Satzung, speziell jedoch dem letzten Abschnitt des Aufgabenkatalogs, hat sich der Club 760 bereit erklärt, die Bausubstanz des

Streckenabschnittes Tamsweg — Mauterndorf vor dem Verfall zu retten und diesen zirka 11 km langen Teil zu pachten. Der diesbezüglich ausgehandelte Vertrag mit den Steiermärkischen Landesbahnen trat am 1. April 1982 in Kraft. Die Erhaltung der landschaftlich reizvollen Schmalspurbahn im Taurachtal (vgl. Abb. 30) und eine Wiedereröffnung der Strecke für Museumsbahn- und Touristikverkehr mit geringeren Höchstgeschwindigkeiten als sie eine öffentliche Eisenbahn erfordert, gilt als angestrebtes Ziel des Club 760, der zur Verwirklichung dieser Intention im Jahre 1979 eigens eine Taurachbahn-Studiengesellschaft ins Leben gerufen hat. *„Wir wollen nicht Eisenbahn spielen, sondern einen Verkehrsweg der Allgemeinheit erhalten, der zu ihrem Schaden sonst unwiederbringlich verloren wäre"* (Information des Club 760 Nr. 4/1982, S. 4), so lautet die Devise dieses Eisenbahnvereins, der mit seinen rund 700 Mitgliedern die größte Vereinigung dieser Art ist.

Die Mitglieder/Mitarbeiter der Taurachbahn-Gesellschaft, die zugleich die Rolle des Pächters und Betriebsführers der künftigen Taurachbahn übernimmt, sehen sich bei der Instandsetzung der Strecke Tamsweg — Mauterndorf zahlreichen Schwierigkeiten gegenüber. Da ist einerseits das Problem der Bahnbrücke über die Landesstraße 222 in St. Andrä; bereits zweimal wurde sie durch Lastkraftwagen mit zu hohem Ladegut beschädigt. Anzustreben ist hier eine kurze Streckenkorrektur; durch eine Parallelführung von Bahn und Straße könnten die zwei kurz aufeinanderfolgenden Überschneidungen (Brücke und Kreuzung) dieser beiden Verkehrsadern vermieden werden. Das Projekt der Straßen-Umlegung in St. Andrä entspricht auch einem schon sehr lange bestehenden Anliegen der Firma „Lungauer Metall", den Durchzugsverkehr der L 222 vom Fabrikareal fernzuhalten. Aufgrund dieses mehrheitlichen Interesses an einer Verlegung setzte sich auch die Gemeinde St. Andrä verstärkt für die Verwirklichung einer Trassenkorrektur ein.

Ein weiteres Problem wird in den bereits absehbaren Folgen der in Angriff genommenen Grundstückszusammenlegung im Raume St. Andrä sichtbar. Vor dem Hintergrund einer bevorstehenden Streckenstillegung und einst propagierten Gesamtauflassung des Bahnabschnittes (Aussage der Steiermärkischen Landesbahnen) sind die Kommassierungsvorhaben unter Mitwirkung der Betroffenen mühsam ausgearbeitet worden, wobei der Bahngrund gleich in die Aufteilung miteinbezogen wurde. Jetzt gilt es, einige Abänderungen vorzunehmen, um die Weiterexistenz der Bahnstrecke nicht zu gefährden.

Ein Diskussionspunkt wiederum ganz anderer Art ergab sich mit der Gemeinde St. Andrä, die zwar ihr Interesse an dem Tauracher Bahnprojekt bekundete, jedoch den Vorschlag einer „Endstation St. Andrä" durchbringen wollte. Dieses Vorhaben ist im Hinblick auf einen Eisenbahnbetrieb mit Anschlußmöglichkeit an die öffentliche Murtalbahn in Tamsweg abzulehnen. Sicherlich läßt sich bei einer „Endstation St. Andrä" eine Steigerung der Urlaubsgäste in dieser Gemeinde erwarten, bei durchgehender Strecke von Mauterndorf bis Tamsweg sind aber vielseitige Veranstaltungsprogramme mit den Zügen möglich, und die Gäste können aus beiden Richtungen gebracht werden.

Zur finanziellen wie auch tatkräftigen Unterstützung des Projektes „Taurachbahn" wurde zudem ein „Förderverein Taurachbahn" gegründet, der seit dem 8. August 1973 existiert und sich die *„Erhaltung und Förderung des Lungauer*

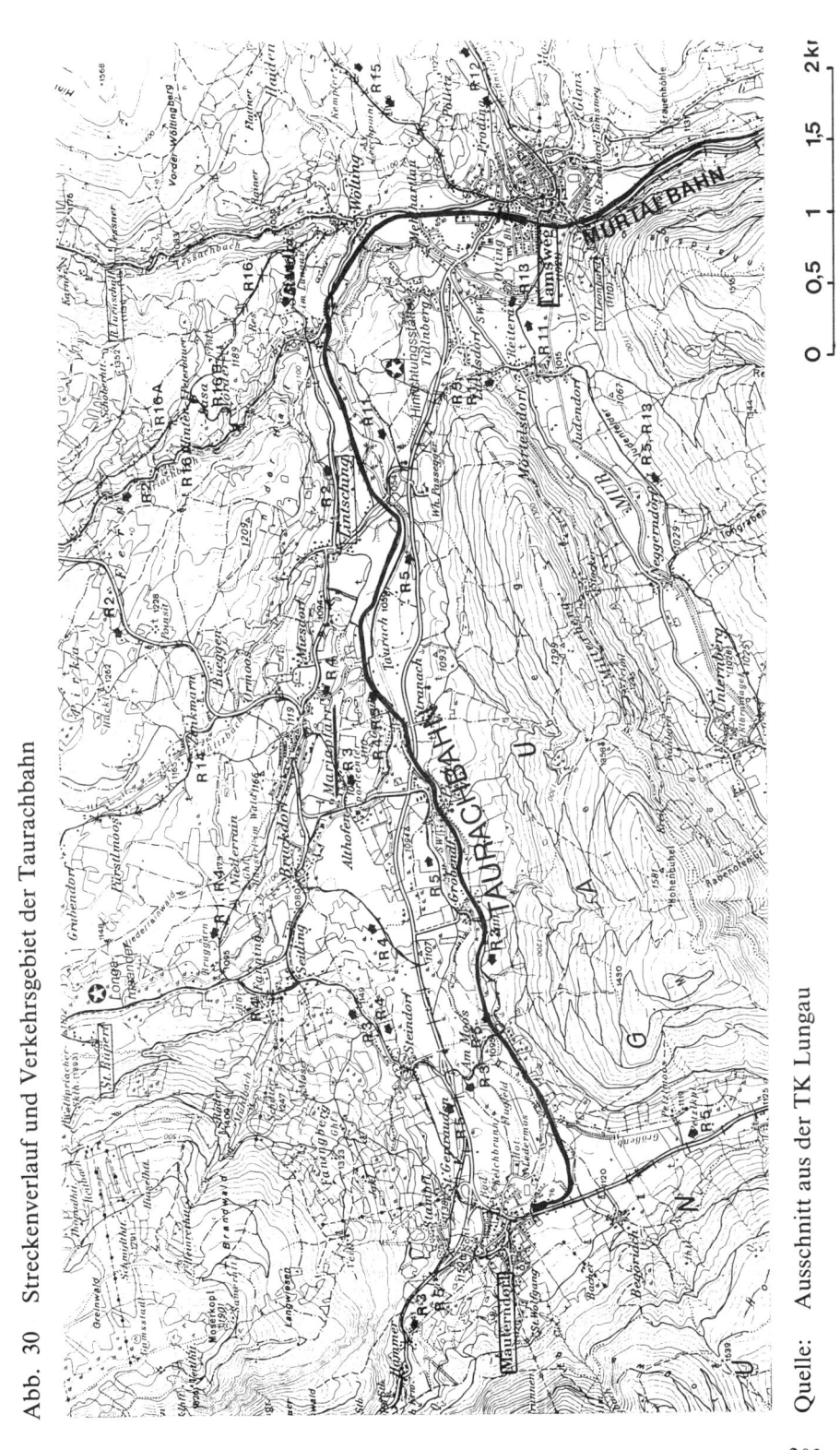

Abb. 30 Streckenverlauf und Verkehrsgebiet der Taurachbahn

Quelle: Ausschnitt aus der TK Lungau

Schienenverkehrs im Dienste des Fremdenverkehrs und des Umweltschutzes" zur Aufgabe gemacht hat.

Infolge umfangreicher Streckenarbeiten durch freiwillige Helfer, die großenteils in den genannten Vereinen organisiert sind, konnten bis zum Jahre 1983 gravierende Schadstellen beseitigt werden, so daß eine durchgehende Befahrbarkeit der Strecke zumindest für Bauzugfahrten wieder gegeben ist. Auch wurde im August 1983 ein „Tag der offenen Tür" am Bahnhof Mauterndorf durchgeführt, um der Bevölkerung und den Gästen des Lungaues Gelegenheit zu geben, sich von den bisherigen Leistungen zur Reaktivierung der Bahn zu überzeugen.

Trotz der bisher durchgeführten Arbeiten ist jedoch noch viel zu tun, auch sind noch einige wichtige Fragen offen, bis die Taurachbahn als bedingt öffentliche Veranstaltungsbahn in Betrieb genommen werden kann. So stellt sich beispielsweise das äußerst brisante und bereits angesprochene Problem der Sicherung schienengleicher Kreuzungen von Straßen und Schienenbahnen, das derzeit noch keine annehmbare Lösung aufweist. Darüber hinaus ist das Projekt „Taurachbahn" selbst stark umstritten. Während die Proponenten die künftige Taurachbahn als Angebotsbelebung in einer derzeit stagnierenden Fremdenverkehrsregion und als Attraktivitätsfaktor für den Raum an sich deklarieren, stellen die Gegner ihren Verkehrs- ja selbst Bedarfswert deutlich in Frage. Sie diskutieren den Aspekt, inwieweit die Taurachbahntrassenführung von Tamsweg nach Mauterndorf überhaupt im öffentlichen Interesse liegt, und ob aufgrund des Mangels an Geh- und Fahrwegen im Bezirk Tamsweg die Trasse nicht besser als Spazier- oder Radweg zu nutzen sei (gleich dem Beispiel der Trasse der aufgelassenen Feistritztalbahn), zumal sicherlich wesentlich mehr Radfahrer und Wanderer als Hobbyzugfahrer existieren würden (vgl. Österreichische Volkspartei (Hrsg.) 1982, S. 56).

Betrachtet man die Frage nach der Existenzberechtigung der Taurachbahn unter raumwirtschaftlichen Aspekten, so ist eine Inbetriebnahme weitestgehend zu befürworten. Wie bereits existente Museumsbahnen oder auch die Führung von Dampfsonderzügen im Regelverkehr gezeigt haben, besteht eine immense Nachfrage nach diesen nostalgischen Einrichtungen, die nicht nur den Verkehrsträger selbst, sondern auch das Verkehrsgebiet über seine Grenzen hinaus bekannt machen. Neben einer Aktivierung und Expansion des Fremdenverkehrsgewerbes dürften auch die Folgeindustrien positiv beeinflußt werden und damit tatsächlich eine Attraktivitätssteigerung des Wirtschaftsraumes nach sich ziehen. Vor diesem Hintergrund ist die Initiative der Taurachbahn-Studiengesellschaft, die zudem noch privater Natur ist, eindeutig zu begrüßen.

Die Vorteile einer veranstaltungsmäßig geführten Taurachbahn haben Verkehrsvereine und Anliegergemeinden weitestgehend erkannt. Als die Steiermärkischen Landesbahnen das von der Taurachbahn-Studiengesellschaft gepachtete Areal der Bahntrasse Tamsweg — Mauterndorf verkaufen und das Land Salzburg die nötigen finanziellen Mittel nicht zur Verfügung stellen wollte, erklärten sich die vier Gemeinden Tamsweg, St. Andrä, Mariapfarr und Mauterndorf bereit, die Trasse zu erwerben, um der Bahngesellschaft die Verwirklichung ihres Vorhabens ermöglichen zu können. Somit ist der Bahngrund trotz Besitzwechsels gesichert und die begonnenen Strecken- und Oberbausanierungen sowie Fahrzeuginstandsetzungen können weiter vorangetrieben werden.

Wie das genaue Verkehrsbild der Taurachbahn aussehen wird, ist noch ungewiß; auch ist die Frage des Verkehrsangebotes noch nicht geklärt, das heißt, ob die Bahn im bedingt öffentlichen Personenverkehr geführt werden soll und damit fahrplanmäßige Züge an bestimmten Tagen eingesetzt werden, oder ob sie als reine Veranstaltungsbahn lediglich von großen Hotels, Reiseveranstaltern oder anderweitigen Vereinen (beispielsweise Kegelclubs etc.) zu Vergnügungsfahrten angemietet werden kann und damit nur zu Sonderfahrten eingesetzt wird. Gleich wie auch die Entscheidung ausfallen wird, der effektive Verkehrswert dieser projektierten Bahnlinie wird erst nach den ersten Betriebsjahren auszumachen sein. Eines ist aber jetzt schon eindeutig: die Idee einer Taurachbahn war ein voller Erfolg; zahlreiche freiwillige Helfer, ausgesprochen hohe Spendenbeträge und große Fortschritte in der Realisierung des Museumsbahnbetriebes auf der Strecke Tamsweg — Mauterndorf beweisen es.

3. DIE STAATSBAHNEN

Bundeseigene Nebenbahnen gibt es im österreichischen Alpenraum nur noch wenige; sie konzentrieren sich vielmehr im Nordosten und Osten Österreichs, in Oberösterreich, Niederösterreich und dem Burgenland. Allein in Niederösterreich existieren 28 (= 60 %) der insgesamt 47 noch in Betrieb befindlichen staatlichen Nebenbahnen.
Im österreichischen Alpenraum wird hingegen schon seit Jahren die restriktive Verkehrspolitik des „Gesundschrumpfens" betrieben. In einem sukzessiven Stillegungsprozeß wurden seit Anfang der 60er Jahre Nebenbahnstrecken, die aufgrund der vorherrschenden orographischen Verhältnisse zumeist schmalspurig angelegt worden waren, verstärkt abgebaut, so beispielsweise die Salzkammergutlokalbahn, die Gurktalbahn und Anfang der 80er Jahre die Bregenzerwaldbahn (vgl. Kap. V 3.).
Gegenwärtig (1986) betreiben die Österreichischen Bundesbahnen noch 9 Nebenbahnlinien im Untersuchungsraum dieser Studie, davon sollen drei in ihrem Bahncharakter und Verkehrsbild vorgestellt werden: die Mittenwaldbahn, die Gailtalbahn und die Pinzgauer Lokalbahn.
Besonders anzumerken ist die aufgrund der minimalen Datenverfügbarkeit erschwerte und dadurch erheblich eingeschränkte Erarbeitung der Verkehrsentwicklung und Betriebsgeschichte der bundeseigenen Bahnen. Eine Aufzeichnung des Beförderungsvolumens konnte rückblickend nur bis Anfang der 70er Jahre erfolgen, älteres Zahlenmaterial war nicht mehr greifbar. Daß jedoch trotz erheblicher Schwierigkeiten zumindest ein Zeitraum von 10 Jahren abgedeckt werden kann, ist dem Entgegenkommen und der außerordentlichen Hilfsbereitschaft der Bundesbahndirektion Innsbruck, insbesondere dem Präsidenten, Herrn Hofrat Dipl.-Ing. Kienpointner, sowie Herrn Mag. E. Müller, zu verdan-

ken, die in Zusammenarbeit mit der Generaldirektion in Wien einige bereits vergessene Daten zusammengetragen haben; ihnen sei an dieser Stelle nochmals herzlichst gedankt.

3.1 BUNDESEIGENE NORMALSPURBAHNEN

3.1.1 *Die Mittenwaldbahn — eine Hochgebirgsbahn mit Verbindungsfunktion*

Die Mittenwaldbahn, die als normalspurige, eingleisige Bahnlinie von Innsbruck zur österreichisch-bayrischen Grenze Scharnitz/Mittenwald führt und über Garmisch-Partenkirchen, Griesen und Lermoos die einzige Schienenverbindung mit dem Außerferngebiet darstellt, zählt zu den schönsten und bekanntesten Gebirgsbahnen Europas. Durch die auf bayrischem Gebiet liegende Mittelstrecke Scharnitzpaß — Garmisch-Partenkirchen — Griesen wird die Tiroler Strecke in zwei Abschnitte unterteilt: Innsbruck — Scharnitz (33 km) und Griesen — Reutte (31 km). Während der erste Bahnabschnitt im Volksmund auch „Karwendel"- oder „Schönwetterbahn" genannt wird, findet sich für den zweiten Tiroler Streckenteil der Name „Außerfernbahn" oder auch „Loisachtalbahn"; für die Gesamtstrecke gilt gemäß einschlägiger Literatur und dem Österreich-Lexikon (Bd. II, S. 773) die offizielle Bezeichnung „Mittenwaldbahn". Diese etwas unglückliche Namengebung nach einem einzigen an der mehr als 100 Kilometer langen Strecke gelegenen Ort, der noch dazu weder Übergangs- noch Endstation ist, vermittelt Lokalbahncharakter und war bereits in den ersten Betriebsjahren Anlaß zahlreicher Kontroversen. Ein Zitat aus einer Festschrift anläßlich der Eröffnung der Bahnlinie greift das Problem ebenfalls auf, es lautet:

> *„'Tiroler Nordalpenbahn', so und nicht anders müßte die Bahn heißen. Denn nicht einem einzigen Ort oder einer einzigen Gebirgsgruppe zuliebe ist sie erbaut worden. Der Schienenweg, der zum ersten Mal die nördlichen Kalkalpen zwischen Arlberg und Kufstein durchbricht, dessen Verzweigung hinübergreift in das Lechtal nach Reutte und zum Plansee, erschließt mit einem Schlag drei Kalkalpengruppen dem großen Verkehr: das Karwendel, den Wetterstein und die östlichen Lechtaler Berge"* (INNEREBNER 1913, S. 3).

Welchem Bahntyp die Mittenwaldbahn nun letztendlich zuzuordnen ist, werden nachfolgende Ausführungen zu klären versuchen.

3.1.1.1 Die Bau- und Verkehrsgeschichte der Bahn

Mit der Eröffnung der Arlbergbahn im Jahre 1884 wurde die lang diskutierte Frage eines Bahnbaues über den Fernpaß und/oder über den Seefeldersattel erneut aufgegriffen. Um die Jahrhundertwende wurde die Grenze Nordtirols gegen Bayern nur von einer durchgehenden Bahnlinie, der Inntalbahn Innsbruck — Kufstein — Rosenheim, überquert, darüber hinaus verkehrte im Nordwesten seit dem Jahre 1905 die Lokalbahn Reutte — Pfronten, die jedoch als Stichbahn keinen Anschluß ins Innere Nordtirols besaß. Von bayrischer Seite reichten seinerzeit hingegen sieben Bahnen, die Abzweigungen von Stammstrecken nicht mitgerechnet, an die Grenze Nordtirols heran. Es waren dieses die Linien Kempten — Reutte und Kempten — Oberndorf, die Verbindungen Kaufbeuren — Füssen und Augsburg — Ammersee — Weilheim — Partenkirchen sowie von München ausgehend die Bahnstrecken Starnbergersee — Garmisch-Partenkirchen, München — Kochel und München — Holzkirchen. Alle diese Linien hatten keine Fortsetzung durch die nördlichen Kalkalpen und endeten somit als Stichbahnen am Alpennordrand.

Das fortwährende Drängen Tirols nach einer immer notwendiger werdenden zweiten Verbindung mit dem Norden und das unabweisliche Bedürfnis nach einer besseren Angliederung des Außerferngebietes an die Landeshauptstadt Innsbruck führten dazu, daß der berühmte Bahningenieur Josef Riehl die Projektierung einer Bahnlinie Innsbruck — Reutte vornahm, die sowohl das Seefelder Plateau verkehrsmäßig erschließen als auch eine Verbindung mit dem Außerfern herstellen sollte. Diese Arbeit bildete dann letztlich auch die Grundlage für den Staatsvertrag, der am 20. November 1904 zwischen Österreich und Bayern geschlossen wurde und der die von Riehl gewählte Trassenführung im wesentlichen billigte. Damit war die viel umstrittene Frage, ob eine Untertunnelung des Fernpasses einer Überschienung des Seefelder Sattels vorzuziehen sei, zugunsten des letzteren entschieden worden.

Im Jahre 1907 gelang es, einen Staatsbeitrag von rund 9 Millionen Kronen für die österreichischen Strecken der projektierten Mittenwaldbahn auf dem Gesetzeswege sicherzustellen. Neben dem Land Tirol und der Stadtgemeinde Innsbruck beteiligten sich auch private Interessenten an der Mittelbereitstellung, und ein noch ausstehender Betrag von 20 Millionen Kronen konnte durch die k. k. private österreichische Kreditanstalt für Handel und Gewerbe in Wien beschafft werden.

In der Zwischenzeit genehmigte auch der bayrische Landtag die Mittel für das bayrische Zwischenstück, und so konnte das k. k. Eisenbahnministerium am 1. Juli 1910 die Konzession zum Bau und Betrieb der projektierten Bahnlinie von Innsbruck über Seefeld zur Reichsgrenze bei Scharnitz und von Reutte über Lermoos zur Reichsgrenze bei Griesen erteilen. Gemäß der Konzessionsurkunde (RGBL. Nr. 127) war eine vollspurige, eingleisige, elektrisch betriebene Lokalbahn zu errichten, womit eindeutig entschieden war, daß keine zweite Hauptbahn München — Innsbruck als kürzere Konkurrenz zur Inntallinie entstehen würde. Konzessionär war die Stadtgemeinde Innsbruck im Verein mit der k. k. privilegierten österreichischen Kreditanstalt für Handel und Gewerbe in Wien, jedoch sah bereits § 8 eine Betriebsführung durch den Staat auf Rechnung der Eigentümer vor. Das bayrische Zwischenstück (Scharnitz — Griesen/38,1 km) war aufgrund des Staatsvertrages von 1904 (RGBl. Nr. 15/1905) vom bayrischen Staat zu errichten.

Eisenbahnrechtliche Grundlage dieser Konzessionserteilung war das 4. Lokalbahngesetz vom 6. 3. 1907 (RGBl. Nr. 74), mit dem die Regierung den Bau von Lokalbahnen durch staatliche Hilfe besonders fördern wollte (vgl. INNEREBNER 1913, S. 5—7 u. KRUTIAK 1976, S. 62).

Mit dem Bahnbau, bei dem nicht zuletzt aufgrund der durchgehenden Elektrifizierung eine enge Zusammenarbeit der beteiligten Bahnverwaltungen unumgänglich war, wurde unmittelbar nach der Konzessionserteilung begonnen. Knapp zwei Jahre später, im Juli 1912, konnte der Bahnbetrieb auf der Teilstrecke Garmisch — Mittenwald aufgenommen werden, im Oktober des gleichen Jahres folgte die Inbetriebnahme der Linie Mittenwald — Innsbruck, und im Mai 1913 war die gut 102 Kilometer lange Gesamtstrecke Innsbruck — Reutte fertiggestellt.

Bei der Erbauung der Mittenwaldbahn waren zahlreiche Schwierigkeiten zu überwinden. Ein Haupthindernis war der Aufstieg aus dem Inntal hinauf zum Seefelder Sattel. Eine wesentliche Voraussetzung für die lange Maximalsteigung von 36,4 Promill im Adhäsionsbetrieb schuf die elektrische Traktion, die hier erstmals in Form des Einphasen-Wechselstromes mit einer Fahrleitspannung von 15 000 Volt und einer Periodenzahl von 15—16 2/3 Perioden in der Sekunde bei einer Normalspurbahn im Bereich der nördlichen Kalkalpen zur Anwendung kam. Den Strom lieferte anfangs ausschließlich das Ruetzwerk, das 6 km südlich von Innsbruck errichtet worden war (vgl. Bau der Stubaitalbahn). Der bayrische Abschnitt sollte später vom Walchenseewerk beliefert werden, das jedoch noch erbaut werden mußte. Darüber hinaus machte die starke Reliefenergie, besonders an der Südrampe der Mittenwaldbahn, im Bereich Innsbruck — Seefeld, aber auch im weiteren Streckenverlauf eine komplizierte Trassenführung mit zahlreichen Kunstbauten notwendig. Von den 18 zusammen 5000 m langen Tunnel sind der Martinswand-Tunnel mit 1800 m, der Schloßbachtunnel mit 720 m und der Tunnel an der Ehrenberger Klause mit 500 m Länge die bedeutendsten (vgl. LECHNER 1913, S. 5). Bautechnisch erwähnenswert ist neben der angesprochenen Maximalsteigung auch der kleinste Krümmungsradius, der jedoch nirgends 200 m unterschreitet (vgl. INNEREBNER 1913, S. 9). Der Oberbau ließ zur Zeit der Errichtung eine maximale Achslast von 14 t zu; die Fahrgeschwindigkeit war auf 30 km/h im Gefällsbereich und im übrigen Streckenverlauf auf 40 km/h festgelegt; seit 1963 sind 20 t Achslast und eine Geschwindigkeit von 60 km/h möglich. Insgesamt paßt sich die Trassenführung dem Gelände so gut an, daß auf der Mittenwaldbahn im Gegensatz zu anderen Alpenbahnen Unwetter- oder Lawinenschäden äußerst selten sind (Vgl. KRUTIAK 1976, S. 10).

Aufgenommen wurde der Bahnbetrieb seinerzeit mit 9 Elektrolokomotiven, 10 Personenwagen erster und zweiter Klasse sowie 23 Wagen dritter Klasse, 8 Gepäck-, 3 Postwaggons, 10 gedeckten und 6 offenen Güterwagen. Die von einer Grazer Waggonfabrik gelieferten Personenwagen wurden als „Alpenschnellzugwagen" bezeichnet, da sie trotz zweiachsiger Ausführung über einige Komforteigenschaften wie beispielsweise elektrische Heizung etc. verfügten. Vierachsige Reisezugwagen konnten auf der Mittenwaldbahn nicht eingesetzt werden; eine Konsequenz der Konzessionsbedingungen, die diese Bahnlinie als Lokalbahn im altösterreichischen Sinne klassifizierten und dadurch beispielsweise unbewachte, unbeschrankte, schienengleiche Wegkreuzungen gestatteten sowie unter anderem aber auch die Höchstgeschwindigkeit auf 50 km/h festlegten.

Der einfachen Streckenausführung entsprechen auch die im alpenländischen Stil erbauten Bahnstationen, die mit ihren knapp bemessenen Gleisanlagen ebenfalls auf eine lokalbahnmäßige Betriebsführung schließen lassen.

Im ersten Betriebsjahr verkehrten auf der Mittenwaldbahn gemäß dem Sommerfahrplan des Jahres 1913 7 täglich geführte Zugpaare in beiden Richtungen sowie ein zusätzlich an Sonn- und Feiertagen eingesetzter Zug. Nach der Streckentrennung in Garmisch-Partenkirchen liefen 7 Zugkurse in Richtung München und 6 nach Reutte, wo sich durch die Lokalbahn Reutte — Schönbichl die Möglichkeit einer Weiterführung über Pfronten-Steinach nach Kempten, Ulm und Stuttgart bot. Auch wurden auf der Mittenwaldbahn bereits in den ersten Betriebsjahren Schnellzüge mit direkten Wagen, sprich Kurswagen, nach München geführt. Die Fahrzeit von Innsbruck nach Garmisch-Partenkirchen betrug seinerzeit 2 Std. 15 Min., nach München 4 Std. 22 Min. und nach Reutte 4. Std. 16 Min.

Die Betriebsführung auf der Bahnlinie Innsbruck — Reutte war anfangs so festgelegt, daß von Innsbruck bis Garmisch die k. k. österreichische und von Garmisch bis Reutte die kgl. bayrische Staatseisenbahnverwaltung den Betrieb regelte (vgl. INNEREBNER 1913, S.17). Erst im Jahre 1971 entschlossen sich die ÖBB und die DB zum Gemeinschaftsbetrieb auf der gesamten Strecke der Mittenwaldbahn.

Ein Blick auf die Karte Nordtirols und Südbayerns läßt die Wichtigkeit der seinerzeit neu eröffneten Bahnlinie erkennen, wobei sich ihre verkehrsgeographische Bedeutung besonders in ihrer Funktion als Bindeglied im österreichisch-deutschen Wechselverkehr zeigt. Die Mittenwaldbahn, deren natürliche Fortsetzung gen Süden die Brennerbahn bildet, strebt im Norden dem Verkehrsgebiet von Augsburg zu. Darüber hinaus ermöglicht sie durch ihre Zweiglinie nach Reutte und der Anschlußkurse nach Kempten und Ulm eine Verbindung nach Südwestdeutschland, und schließlich schafft sie eine zweite, wenn auch nicht so leistungsstarke Verbindung nach München.

Zu ganz besonderer Bedeutung gelangte die Mittenwaldbahn durch das Zugeständnis des bayrischen Verkehrsministeriums, die an diese Bahn anschließenden bisherigen Lokalbahnen als Vollbahnen auszubauen. So wurde die Strecke München — Murnau — Garmisch-Partenkirchen für den Schnellzugverkehr eingerichtet und auch die vollbahnmäßige Ausgestaltung einer zweiten Zugangslinie von Augsburg über Mering und Weilheim projektiert, wodurch Augsburg mit Innsbruck durch eine direkte Hauptbahn verbunden worden wäre. Dieses Vorhaben wurde jedoch in dieser Form nicht realisiert, noch heute werden alle direkten Nord-Südschnellkurse über München — Kufstein geführt; in Mering zweigt hingegen weiterhin eine Lokalbahn ab, die am Ammersee entlang nach Weilheim führt und dort Anschluß an die Strecke München — Garmisch-Partenkirchen hat.

Die verkehrswirtschaftliche Bedeutung der Mittenwaldbahn ist primär auf dem Personenverkehrssektor zu suchen. Bereits wenige Jahre nach ihrer Inbetriebnahme entwickelte sich diese Bahn zu einer Touristenbahn ersten Ranges, denn sie erschließt die touristisch interessanten Gebiete der Lechtaler Alpen, des Wettersteinmassivs, der Zugspitze und vor allem des Karwendels. Auch verbindet sie zahlreiche gut besuchte Fremdenverkehrsorte Tirols und Oberbayerns mit den internationalen Schienensträngen. Ihr vergleichsweise hoher verkehrswirtschaftlicher Wert besteht darin, daß durch sie drei bedeutende Verkehrsgebiete an Tirol angeschlossen werden. Es sind dieses: die Verbindung der Linie Ulm — Lindau mit Innsbruck durch die Strecke Kempten — Reutte — Garmisch-Partenkirchen, wodurch Ulm um 81,5 km näher an Innsbruck heranrückt; der erwähnte Anschluß der Linie Nürnberg — Augsburg über Weilheim nach Innsbruck, der eine Verkürzung der Bahnentfernung Augsburg — Innsbruck um 61,3 km zur Folge hat, und schließlich die Abkürzung von 16,1 km zwischen München und Innsbruck über Garmisch-Partenkirchen (vgl. JAKOPP 1913, S. 7).

Obgleich der Mittenwaldbahn von seiten des bayrischen und österreichischen Verkehrsministeriums aufgrund ihrer Funktion als *„Zwischenglied der Verbindung Innsbruck — München und wegen ihrer Lage zwischen den weitentfernten Eisenbahngrenzpunkten Lindau und Kufstein ohne weiteres internationale Wichtigkeit zuerkannt wurde"* (INNEREBNER 1913, S. 8), so *„vermochte dieselbe nicht die gewünschte Anteilsvermehrung am internationalen Verkehr für die Brennerlinie zu bringen, woran der Mangel auf Rücksichtnahme der westdeutschen Verkehrszubringerlinien, der eingleisige Ausbau, die enormen Steigungen und ihre kleinen Radien Schuld tragen"* (THURNER 1940, S. 6). Diese Kopplung zweier Zitate zeigt, daß die inoffiziellen Erwartungen — offiziell wurde ja nur von einer Lokalbahn gesprochen — nur zum Teil erfüllt wurden. Im Winter des ersten Betriebsjahres wirkte die Bahnlinie wie ausgestorben, und auch in den ersten Verkehrsjahren wurde die Strecke nur mäßig frequentiert. Einen gründlichen Wandel brachte schließlich die enorme Entwicklung des Tourismus, speziell des Wintersports.

So sehr die Mittenwaldbahn seit ihrem Bestehen auf dem Gebiete des Fremden- und Ausflugverkehrs zur Erschließung der Naturschönheiten des Wetterstein- und Karwendelgebirges sowie des Mieminger Gebirgszuges beigetragen hat, so gering ist ihre Bedeutung im Güterverkehr. Unzureichende Rangiergleisanlagen, die Eingleisigkeit der Strecke und ungünstige Trassierungsverhältnisse sowie daraus resultierende lademäßige Beschränkungen gehören zu den Hauptgründen für den unbedeutenden Güterverkehr dieser Bahnlinie, die aufgrund ihres Streckenverlaufes jedoch geradezu prädestiniert erscheint, die überbeanspruchte österreichische Transitstrecke Brenner — Kufstein/Grenze zu entlasten.

Daß trotz ihrer Eingleisigkeit eine starke Zugfolge möglich ist, haben die letzten Jahre des Zweiten Weltkrieges bewiesen, wo täglich 42 und manchmal auch mehr Züge auf der Strecke Innsbruck — Reutte verkehrten. Doch schon im Jahre 1949 hatte sich die Streckenbedienung wieder auf 12 Personen- und zwei täglich verkehrende Güterzüge reduziert.

Einen Aufschwung besonderer Art erlebte die Bahnlinie im Jahre 1976, als — bedingt durch die Olympischen Winterspiele in Innsbruck (Langlauf in Seefeld) — zahlreiche, zusätzlich eingesetzte Olympiazüge verkehrten und das Kursbuch 1975/76 gar 17 täglich verkehrende Zugpaare zwischen Innsbruck und Mittenwald aufwies. Danach wurde es wieder ruhiger auf der Mittenwaldbahn, wodurch sich das Verkehrsangebot weiter verringerte.

Bis zur Gegenwart hat die Verkehrsentwicklung der Mittenwaldbahn primär durch den Fremdenverkehr und den aus ihm entstehenden Verkehrsbedürfnissen eine eindeutige Prägung erfahren, wobei das heutige Verkehrsbild der Bahn letztendlich jedoch auch vor dem Hintergrund ihres Verkehrsraumes zu analysieren ist.

3.1.1.2 Das Verkehrsgebiet der Mittenwaldbahn

Streckenverlauf

Die Mittenwaldbahn beginnt am Innsbrucker Hauptbahnhof (583 m), benutzt zunächst das Gleis der Arlbergbahn bis zum Westbahnhof und zweigt unmittelbar danach auf eigenem Unterbau gen Nordwesten ab. Nach Überquerung des Inntales — alle kreuzenden Verkehrswege werden überbrückt — wird bei Hötting die Berglehne des Karwendelgebirges erreicht. Von nun an führt die Trasse unter steter Anwendung der Größtsteigung zum Seefeldersattel empor, der nach 21 Kilometer Fahrt in einer Meereshöhe von 1184,7 m erreicht wird. Der Bahnhof Seefeld liegt um 604 m höher als der Ausgangspunkt der Bahn. In Streckenkilometer 23,5 wird das Seefelderplateau wieder verlassen, unter Anwendung von 30 Promill Neigung senkt sich die Bahnlinie bis Gießenbach; von hier bis zur Grenze beträgt das mittlere Gefälle 19 Promill.

Auf bayrischer Seite weist die Trasse — mit Ausnahme einer Gegensteigung von 54 m zwischen Mittenwald (Bhf./914 m) und Klais (Bhf./933 m) — ein durchgehendes Gefälle bis zum Bahnhof Garmisch-Partenkirchen (708 m), dem Endpunkt der sogenannten Karwendelbahn, auf. In dieser Verkehrsstelle erfolgt der Anschluß an die Linie nach München mit Abzweigung nach Augsburg. Auch zweigt hier die zweite Teilstrecke der Mittenwaldbahn, die sogenannte Außerfernbahn, in westlicher Richtung ab; sie quert nahe Griesen die österreichische Landesgrenze. Die bayrische Zwischenstrecke Scharnitzpaß-Griesen hat eine Länge von 37,8 km. Von Garmisch bis Griesen (Bhf./821 m) steigt die Trasse fortwährend an. Auch auf österreichischem Boden setzt sich die Steigung fort, wo über Ehrwald (Bhf./974 m) und Lähn (Hst./1106 m) die Wasserscheide (1107 m) zwischen Isar und Lech und damit der in diesem Streckenabschnitt höchste Punkt erreicht wird. Nach einem kontinuierlichen Gefälle folgt wenige Kilometer nach Heiterwang wieder eine leichte Gegensteigung von 31 m, danach fällt die Trasse bis zu ihrem Endpunkt Reutte (Bhf./850 m). Die Bahnlinie weist von der Grenze bis Reutte eine Länge von 30,44 km auf, die Gesamtlänge der Mittenwaldbahn beträgt damit genau 101,43 Kilometer.

In Reutte knüpft die normalspurige Lokalbahn Reutte-Schönbichl an, die auf bayrischem Gebiet über Pfronten nach Kempten im Allgäu geführt wird. Die auf österreichischem Boden liegende Strecke ist 14,4 km lang, ihre Höchststeigung beträgt 20 Promill und der kleinste Krümmungshalbmesser wird mit 200 m angegeben. Diese Anschlußbahn Reutte — Pfronten — Kempten ist im Gegensatz zur Außerfernbahn elektrifiziert und wird ausschließlich von der Deutschen Bundesbahn betrieben.

Das Außerfern ist somit von Österreich aus auf dem Schienenwege nur über die Bundesrepublik Deutschland zu erreichen; ein Phänomen, das der Mittenwaldbahn seinerzeit auch den Beinamen „Landauslandeinbahn" gab (vgl. JAKOPP 1913, S. 6).

Den genauen Streckenverlauf sowie die einzelnen Neigungs- und Steigungsverhältnisse der gesamten Bahnstrecke zeigen Abb. 31 und 32.

Der Verkehrsraum

Das Verkehrsgebiet der Mittenwaldbahn umfaßt auf österreichischem Boden zwei Landschaftsräume: die Seefelder Senke, zum politischen Bezirk Innsbruck Land gehörig, und das Außerfern, das verwaltungspolitisch zum politischen Bezirk Reutte gehört. Zwischengeschaltet ist auf bayrischer Seite das Werdenfelser Land mit dem Hauptort Garmisch-Partenkirchen.

Die Seefelder Senke, die sich nur wenige Kilometer von Innsbruck entfernt 600 m über der Sohle des Inntales in nördlicher Richtung erstreckt, hat als Verlängerung des Brennerweges gen Norden schon seit alters im Nord-Süd-Verkehr eine bedeutende Rolle gespielt. Neben dem Inndurchbruch bei Kufstein stellt diese bis zu 10 km breite Furche den wichtigsten Verkehrsweg durch die Nordtiroler Kalkalpen dar.

Obgleich verkehrsmäßig schon früh bedeutsam, wurde die Seefelder Senke erst während des Hochmittelalters besiedelt. Die wirtschaftlichen Grundlagen der Bevölkerung bildeten primär der Ackerbau und die Viehzucht, darüber hinaus boten aber auch die Holzwirtschaft und der rege Durchgangsverkehr erhebliche Einnahmequellen. Erwähnenswert sind auch die bis zum Ende des 18. Jahrhunderts florierende Wallfahrt nach Seefeld (Hostienwunder 1384) sowie die aufgrund der Einlage-

Abb. 31   Streckenverlauf der Mittenwaldbahn

Quelle: Innerebner, 1913, Anhang

Abb. 32 Streckendiagramm der Mittenwaldbahn

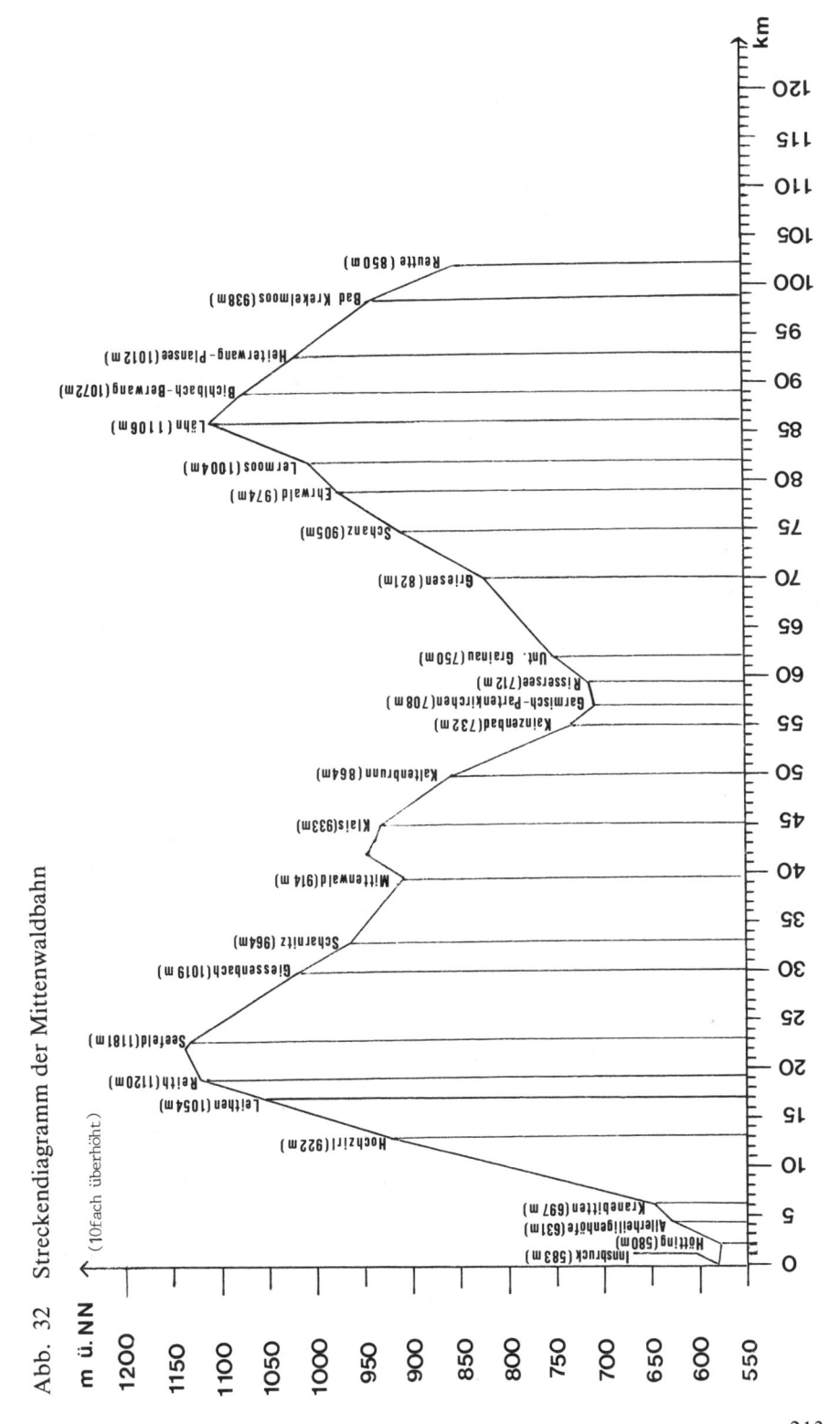

rung stark bituminöser Mergelsteine im Hauptdolomit mögliche Gewinnung von Schieferöl, das für medizinische und technische Zwecke verwandt wird.

Der Niedergang der Wallfahrt zu Beginn des 19. Jahrhunderts und der durch den Bau der Inntaleisenbahn (1858) deutliche Rückgang des Durchgangsverkehrs, der nun über Kufstein geleitet wurde, beeinträchtigten die wirtschaftliche Lage der Gemeinden derart, daß eine negative Bevölkerungsentwicklung die unmittelbare Folge war.

Die Situation änderte sich erst mit dem Bau der Mittenwaldbahn und dem damit einhergehenden Aufschwung des Fremdenverkehrs. Zahlreiche Touristen entdeckten die klimatisch begünstigte Seefelder Senke mit dem angrenzenden Karwendelgebirge, der Mieminger Kette und dem Wettersteingebirge als ideales Urlaubsgebiet, und mit dem Touristenstrom setzte bei nahezu allen Orten ein Wandel von der Agrar- zur Fremdenverkehrsgemeinde ein. Parallel der Fremdenverkehrsentwicklung verlief auch eine deutliche Zunahme der ortsansässigen Bevölkerung.

In Seefeld verdoppelte sich die Einwohnerzahl im Zeitraum von 1910 bis 1934 von 468 auf 986 Personen, wobei die Zuwanderung als wesentlicher Grund angeführt werden muß. Diese positive Bevölkerungsentwicklung, die sich mit Ausnahme von Scharnitz auch in der Zeit nach dem Zweiten Weltkrieg fortsetzte, wurde ihrerseits von einem sozioökonomischen Strukturwandel begleitet. Der primäre und auch der sekundäre Wirtschaftssektor hatten zugunsten des tertiären Wirtschaftsbereiches erhebliche Rückgänge zu verzeichnen. Allein der Anteil der Land- und Forstwirtschaft am Gesamtwirtschaftsgefüge der Seefelder Senke verringerte sich von 43,4 Prozent im Jahre 1934 auf 13,6 Prozent im Jahre 1961 und belief sich im Jahre 1981 nur noch auf knapp 3 Prozent. Dagegen konnte der Dienstleistungssektor eine immense Zunahme verzeichnen, und zwar von 34 Prozent im Jahre 1934 auf 68,5 Prozent Anfang der 80er Jahre (vgl. HAIMAYER 1975, S. 134/135).

Hauptursache dieses tiefgreifenden Wandels im sozialen und wirtschaftlichen Gefüge ist die außerordentliche Fremdenverkehrsintensität dieser Region. Allein in Seefeld belief sich das Bettenangebot im Jahre 1976 auf gut 8000, und es wird jährlich von mehr als 100 000 gemeldeten Gästen in Anspruch genommen. Aber nicht nur Seefeld selbst, sondern alle Gemeinden der Seefelder Senke sind zu ausgesprochenen Fremdenverkehrsorten geworden, wobei der Wert der Nächtigungszahlen noch deutlich steigend ist (vgl. Tab. 43).

Die erste Bahngemeinde auf der Südrampe der Seefelder Senke ist Reith (786 Ew./ 1981). In zunehmendem Maße in den Bann von Seefeld gezogen, hat sich auch dieser Ort von einer Agrar- zu einer Fremdenverkehrsgemeinde entwickelt. Neben dem Fremdenverkehr ist hier aber auch der sekundäre Wirtschaftssektor von Bedeutung; die industrielle Verarbeitung von bituminösen Schiefer, die im Hauptdolomit der Reitherspitzgruppe auftreten, bieten zusätzliche Verdienstmöglichkeiten. An öffentlichen Einrichtungen besitzt Reith ein Postamt, eine Volksschule und ein Freibad. Für einen Arztbesuch muß man nach Innsbruck, Seefeld oder Zirl fahren, eine Apotheke und weitere Fachärzte, wie beispielsweise einen Zahnarzt, gibt es ebenfalls in den genannten Nachbargemeinden.

Der Hauptort der Seefelder Senke ist Seefeld (2476 Ew./1981), das auch durch seine günstige Verkehrslage am Paßübergang schon früh die Bedeutung eines Durchgangsortes erhielt. Eine umfangreiche Land- und Forstwirtschaft, eine ortsansässige Bierbrauerei sowie zahlreiche Fuhrdienste ließen Seefeld zu einem Arbeitsplatzzentrum für die heimische Bevölkerung werden. Ein großes Angebot an Restaurations- und Beherbergungsbetrieben sowie an Unterhaltungs- und Sporteinrichtungen und ein geringer Marktanteil der Privatzimmervermieter weisen auf den hohen Standard des Seefelder Fremdenverkehrs hin, der sowohl im Sommer als auch im Winter mit jeweils über 600 000 Übernachtungen sehr ausgeprägt ist. Entsprechend der enormen Bedeutung des Fremdenverkehrs zeigt sich auch das Wirtschaftsgefüge, woran der primäre Sektor lediglich mit 0,9 Prozent, der sekundäre Sektor mit 16,0 Prozent und der tertiäre Wirtschaftsbereich mit 83,1 Prozent Anteil haben. An öffentlichen Einrichtungen existieren in Seefeld ein Forstamt, eine Volksschule, eine Hauptschule mit polytechnischem Lehrgang, eine Volkshochschule und ein Kindergarten, darüber hinaus gibt es einen Arzt, einen Zahnarzt und eine Apotheke (Stand: Ende der 70er Jahre). In seiner Funktion als Fremdenverkehrsort ersten Ranges ist Seefeld nicht nur mit zahlreichen privaten Diensten, sondern auch mit einem breiten Warenangebot des täglichen, mittleren und auch gehobenen Bedarfs sowie mit mehreren Sporteinrichtungen ausgestattet, so daß es in der Skala der Zentralen Orte bereits Anfang der 70er Jahre Rangziffer 3 der Unteren Zentralitätsstufe einnahm (vgl. BOBEK/FESL 1978, S. 284).

Der letzte Ort vor der Landesgrenze zur Bundesrepublik Deutschland ist Scharnitz (1045 Ew./1981), das in einem durch die eiszeitliche Vergletscherung übertieften Becken liegt. Die unmittelbare Lage an der Paßstraße sowie die Nähe der Grenze haben schon frühzeitig seine Funktion als Grenz- und Raststation ausgebildet; der Durchgangsverkehr war für Scharnitz stets von großer Bedeutung. Eine gute Verdienstmöglichkeit bot seit jeher auch die Holzgewinnung, die in den ausgedehnten Wäldern des Karwendels noch heute in großem Umfang betrieben wird. Wie in den benachbarten Gemeinden so ging aber auch in Scharnitz der Anteil der Land- und Forstwirtschaft am Wirtschaftsgefüge deutlich zugunsten des tertiären Sektors zurück (vgl. Tab. 42). Diese Entwicklung verläuft parallel einer wachsenden Fremdenverkehrsintensität, die in Scharnitz jedoch noch vergleichsweise gering ist; sie weist mit knapp 95 000 jährlichen Nächtigungen (1982) den niedrigsten Wert aller Gemeinden der Seefelder Senke auf. Daß trotz der idealen Verkehrslage die Entwicklung des Erholungswesens hier nur zögernd verläuft, ist nicht zuletzt durch die Funktion des Ortes Scharnitz als Grenz- und Durchgangssiedlung bedingt.

Das Angebot an öffentlichen Einrichtungen ist im Bildungsbereich auf eine Volks- und eine Hauptschule mit polytechnischem Lehrgang sowie einen Kindergarten beschränkt. Deutlich unterversorgt ist Scharnitz auf dem Gesundheitssektor, da hier weder ein Arzt noch eine Apotheke registriert sind, nächste Versorgungsmöglichkeiten bieten sich im 9 km entfernten Seefeld (vgl. Amt der Tiroler Landesregierung (Hrsg.) 1974, S. 106).

Interessant ist auch die Pendlermobilität der Gemeinden der Seefelder Senke. Die Pendlerbewegungen richten sich primär auf die Tiroler Landeshauptstadt, aber auch auf die nahegelegenen Fremdenverkehrsgemeinden Bayerns, Mittenwald und Garmisch-Partenkirchen. Innerhalb der Seefelder Senke kristallisiert sich Seefeld als deutliches Einpendlerzentrum heraus (vgl. Tab. 48).

Die verkehrsmäßige Erschließung dieser Region wird neben der Karwendelbahn durch die Scharnitzerbundesstraße (B 313) und eine große Zahl von Gemeindestraßen sowie ein dichtes Forstwegenetz gesichert. Neben den Zügen der Mittenwaldbahn werden im öffentlichen Personennahverkehr auf der Strecke Innsbruck-Seefeld auch Postbuskurse eingesetzt.

Tab. 41: Bevölkerungsentwicklung im Verkehrsraum der Mittenwaldbahn (Karwendel- und Außerfernbahn) nach Gemeinden im Zeitraum 1961—1981

Gemeinden	1961	1971	1981
Politischer Bezirk Innsbruck-Land			
Reith b. Seefeld	609	731	786
Scharnitz	1014	1202	1045
Seefeld	1801	2266	2476
Zirl (Hochzirl)	3165	4157	4583
Politischer Bezirk Reutte			
Bichlbach	639	730	751
Breitenwang	938	1221	1225
Ehenbichl	431	579	650
Ehrwald	1853	2198	2222
Heiterwang	378	418	480
Lechaschau	1198	1449	1562
Lermoos	768	894	946
Musau	272	309	328
Pflach	448	581	939
Pinswang	317	305	364
Reutte	4285	5006	5132
Vils	1085	1325	1392

Quelle: Amt der Tiroler Landesregierung (Hrsg.): SITRO, 1974 u. Österreichisches Statistisches Zentralamt (Hrsg.) Volkszählung 1981, Hauptergebnisse I-Tirol, Wien 1984

Vor dem Hintergrund dieser Ausführungen kann subsummiert werden, daß sich der Einzugsbereich der Mittenwaldbahn in seinem ersten Tiroler Streckenabschnitt als ein gemischt agrarisch-gewerblich strukturierter Raum mit einer deutlichen Überformung durch den Fremdenverkehr zeigt. Tourismus und Ausflugsverkehr sind hier sogar so stark ausgeprägt, daß HAIMAYER von einer „Fremdenverkehrslandschaft" in der Seefelder Senke spricht (vgl. HAIMAYER 1975, S. 131).

Der zweite Tiroler Streckenabschnitt der Bahnlinie Innsbruck-Reutte durchzieht das Außerfern und damit den politischen Bezirk Reutte. Seine periphere Lage zum übrigen Tirol — nur ein direkter Verkehrsweg über den Fernpaß (B 314) führt nach Tirol, jedoch existieren vier Hauptverkehrslinien und zwei Nebenstraßen, die nach Bayern hinüberreichen — hat dazu geführt, daß das Außerfern stets mehr vom süddeutschen Raum beeinflußt wurde als von Tirol.

Der Aktivraum des Bezirks ist das Reuttener Becken mit dem Markt Reutte als Verwaltungsmittelpunkt (5132 Ew./ 1981). Dieser ist mit allen zentralen Einrichtungen eines Bezirksortes ausgestattet und mit seinem Nachbarort Breitenwang zugleich Standort wichtiger Industriebetriebe. Weiter lechabwärts und bereits im Einzugsbereich der Lokalbahn Reutte-Schönbichl gelegen, schließen sich die dörflichen Gemeinden Pflach (939 Ew./1981) und Musau (328 Ew./1981) sowie die Kleinstadt Vils (1392 Ew./1981)) an. Im Südosten wird dieser Raum vom Lermooser Becken mit seinen Gemeinden Lermoos (946 Ew./1981) und Ehrwald (2222 Ew./1981) begrenzt. Gen Norden verläuft das Loisachtal bis zum bayrisch-tiroler Grenzort Griesen.

Bedingt durch eine nordwestliche Randlage sind die klimatischen Gegebenheiten nicht besonders günstig; durch die Öffnung nach Norden sind die rauhen Nordwestwinde dominierend, darüber hinaus erhält diese Region ganzjährig reichlich Niederschläge (1500 mm). In den agrarischen Nut-

Tab. 42: Berufstätige in den Einzugsgemeinden der Mittenwaldbahn nach Wirtschaftssektoren 1961 bis 1981 (in %)

Gemeinden	Land- und Forstwirtschaft			Industrie, Gewerbe, Bauwesen			Dienstleistungen		
	1961	1971	1981	1961	1971	1981	1961	1971	1981
Karwendelbahn									
Reith b. Seefeld	22,3	4,2	4,2	31,7	29,7	29,9	46,0	66,1	65,9
Scharnitz	16,6	6,5	5,2	30,5	31,9	30,6	52,9	61,6	64,2
Seefeld	5,7	1,7	0,9	25,1	23,9	16,0	69,2	74,5	83,1
Zirl (Hochzirl)	9,8	1,9	1,5	42,0	40,8	37,5	48,2	57,4	61,0
Außerfernbahn									
Bichlbach	45,3	7,9	1,8	34,9	49,2	32,3	19,8	42,9	65,9
Breitenwang	3,6	1,1	1,4	63,7	74,3	61,1	32,7	24,5	37,5
Ehenbichl	14,7	3,2	2,9	58,8	41,9	35,1	26,5	54,8	62,0
Ehrwald	15,3	3,1	1,6	30,3	32,9	27,1	54,4	64,0	71,4
Heiterwang	34,3	21,1	1,5	36,7	36,1	40,5	29,0	42,8	65,9
Lechaschau	2,9	1,8	1,7	69,4	62,5	51,4	27,7	35,6	46,8
Lermoos	32,4	4,1	1,8	25,5	25,3	23,1	42,1	70,7	75,1
Musau	34,4	3,4	0,7	54,0	69,5	65,7	11,6	27,1	33,6
Pflach	16,6	0,6	0,6	61,6	80,7	61,9	21,8	18,6	37,4
Pinswang	34,1	18,8	3,7	36,3	50,0	47,0	29,6	31,3	49,4
Reutte	2,1	1,5	1,5	60,6	55,0	48,2	37,3	43,6	50,2
Vils	27,3	18,1	4,0	51,4	57,8	62,5	21,3	24,2	33,5

Quelle: Amt der Tiroler Landesregierung (Hrsg.): SITRO, 1974 u. Österreichisches Statistisches Zentralamt (Hrsg.): Volkszählung 1981, Hauptergebnisse II — Tirol, Wien 1985 (= Beiträge zur österreichischen Statistik, Heft 630/18)

zungsformen dominiert aufgrund der Witterungsverhältnisse die Grünlandwirtschaft, ein rentabler Getreidebau ist nicht möglich. Wie in anderen Bergregionen ist auch im Bezirk Reutte der Anteil des primären Sektors am Wirtschaftsgefüge deutlich zurückgegegangen; ein Trend, der besonders in landwirtschaftlich geprägten Orten sichtbar wird. Waren in der Gemeinde Bichlbach im Jahre 1961 noch 45,3 Prozent der Beschäftigten in der Land- und Forstwirtschaft tätig, so verringerte sich dieser Anteil auf 7,9 Prozent im Jahre 1971 und schließlich gar auf 1,8 Prozent im Jahre 1981. Eine ähnliche rapide Abnahme der Werte läßt sich für Lermoos, Heiterwang, Musau, Pinswang und Vils feststellen und bedingt auch für Ehrwald und Ehenbichl (vgl. Tab. 42). In diesen Gemeinden hat durch die bis heute übliche Realerbteilung eine starke Besitzsplitterung stattgefunden. Immer kleiner werdende Grundstücke und die ungünstigen Klimabedingungen haben viele Bergbauern schon früh zur Nebenerwerbstätigkeit oder auch zur Hofaufgabe gezwungen; eine Entscheidung, die häufig mit dem Phänomen der Abwanderung einhergeht. Die Landwirtschaft spielt heute nur mehr eine untergeordnete Rolle. Eine neue Inwertsetzung haben diese Gemeinden durch den Fremdenverkehr erfahren, der seinerseits dazu geführt hat, daß der Dienstleistungssektor stark expandierte. Neben Viehhaltung und Milchwirtschaft liefert er heute eine reichhaltige Einnahmequelle.

Auffallend sind die vergleichsweise hohen Anteile des Wirtschaftsbereiches Industrie und Gewerbe, die in den letzten 20 Jahren lediglich einen Rückgang von knapp 3 Prozent aufzuweisen haben (vgl. Tab. 42). Im Reuttener Becken leben 3/5 der Bewohner von der Industrie, wodurch diese Region zu den am meisten industrialisierten Räumen Tirols gehört (vgl. KELLER 1975, S. 260). Der größte Betrieb ist das im Jahre 1921 von Paul Schwarzkopf gegründete Metallwerk Plansee in Mühl, Europas führendes pulvermetallurgisches Werk (1981: 1683 Beschäftigte). Von nicht minder großer Bedeutung sind die Reuttener Textilwerke (1981: 300 Beschäftigte), das Elektrizitätswerk Reutte

Tab. 43: Fremdenverkehrsintensität im Verkehrsraum der Mittenwaldbahn 1972 und 1982

	Fremdennächtigungen					
	Sommer		Winter		Gesamt	
	1972	1982	1972	1982	1972	1982
Karwendelbahn						
Reith b. Seefeld	61 217	49 901	37 266	53 535	98 483	103 436
Scharnitz	60 382	52 813	19 969	41 446	80 351	94 259
Seefeld	583 940	628 850	457 256	626 927	1 041 196	1 255 777
Zirl (Hochzirl)	60 595	46 365	5 536	10 721	66 131	57 086
Außerfernbahn						
Bichlbach	42 917	55 458	16 780	55 959	59 697	111 417
Breitenwang	40 360	68 199	10 197	12 971	50 557	81 170
Ehenbichl	25 319	21 801	7 870	12 773	33 189	34 574
Ehrwald	220 229	250 547	98 164	228 723	318 393	479 270
Heiterwang	38 527	42 631	5 531	19 903	44 058	62 534
Lechaschau	28 205	29 165	4210	13 473	32 415	42 638
Lermoos	189 122	219 482	125 411	190 845	314 533	410 327
Musau	10 745	7 228	677	656	11 422	7 884
Pflach	15 375	16 874	1 637	9 726	17 012	26 600
Pinswang	17 954	12 846	2 256	4 091	20 210	16 937
Reutte	110 902	89 245	29 922	45 770	140 824	135 015
Vils	23 357	14 377	3 589	6 597	26 946	20 974

Quelle: Amt der Tiroler Landesregierung (Hrsg.): SITRO, 1974 u. dass. (Hrsg.): Fremdenverkehrsstatistik der Gemeinden Tirols, Innsbruck 1982

(1981: 161 Beschäftigte) und verschiedene andere industrielle und gewerbliche Betriebe (Betonwaren, Holzverarbeitung etc.). Erwähnenswert ist auch eine kleine Zementindustrie in Vils (1981: 158 Beschäftigte) (vgl. Österreichisches Statistisches Zentralamt (Hrsg.) 1983; hier: Arbeitsstättenzählung in Tirol von 1981).

Die Verteilung der Arbeitsplätze im Außerfern zeigt eine Konzentration im Reuttener Becken. Es sind insbesondere Reutte und die Nachbargemeinde Breitenwang, die sich als deutliche Einpendlerzentren herauskristallisieren, gefolgt von Lermoos, das mit 180 Arbeitsplätzen im Gaststätten- und Beherbergungsgewerbe einen Anziehungspunkt bildet. Die übrigen Gemeinden des Verkehrsraumes der Außerfernbahn sind Auspendlerorte, wobei der Anteil der Pendler häufig mehr als ein Drittel der Beschäftigten am Wohnort ausmacht (vgl. Tab. 44).

Die Verteilung öffentlicher Einrichtungen im Außerfern macht ebenfalls eine deutliche Konzentration in und um Reutte sichtbar, was den Bedeutungsüberschuß dieses Bezirkshauptortes gegenüber seiner Umgebung unterstreicht. Reutte ist Verwaltungs- und Bildungszentrum; neben der Bezirkshauptmannschaft sind unter anderem das Finanzamt, das Gesundheits- und Arbeitsamt sowie das Bezirksgericht hier lokalisiert. Auch sind zwei Schulzentren entstanden, in denen außer den Volks-, Haupt-, Sonder- und Berufsschulen auch ein Bundesrealgymasium, eine Handels- und eine Volkshochschule untergebracht sind (vgl. KELLER 1975, S. 269). Im Gesundheitsbereich erstreckt sich das Angebot vom praktischen Arzt, Facharzt und Tierarzt bis hin zur Apotheke und zum allgemein öffentlichen Krankenhaus (vgl. Amt der Tiroler Landesregierung (Hrsg.): SITRO, 1974, S. 110).

Darüber hinaus existieren auch zahlreiche Geschäfte mit einem höherrangigen Warenangebot, zu denen in den letzten Jahren auch verstärkt Einrichtungen gehobener privater Dienste wie Rechtsanwaltskanzleien, Versicherungsbüros und Banken gekommen sind.

Tab. 44: Maßzahlen zur Pendlermobilität im Verkehrsraum der Mittenwaldbahn 1981

Gemeinden	Beschäftigte am Wohnort	Auspendler	Einpendler	Beschäftigte am Arbeitsort	Index des Pendlersaldos	Index der Pendlermobilität
Karwendelbahn						
Reith b. Seefeld	342	189	52	205	59,9	70,5
Scharnitz	459	201	88	346	75,4	63,0
Seefeld	1217	210	831	1838	151,0	85,5
Zirl (Hochzirl)	2065	1336	543	1272	61,6	91,0
Außerfernbahn						
Bichlbach	318	190	32	160	50,3	69,8
Breitenwang	546	264	910	1192	218,3	215,0
Ehenbichl	276	175	112	209	75,7	105,4
Ehrwald	925	250	184	859	92,9	46,9
Heiterwang	195	132	15	78	40,0	75,4
Lechaschau	670	515	159	314	46,9	100,6
Lermoos	435	122	196	509	117,0	73,1
Musau	131	109	7	29	22,1	88,5
Pflach	462	405	33	90	19,5	94,8
Pinswang	156	107	54	103	66,0	103,2
Reutte	2265	612	2541	4194	185,2	139,2
Vils	637	301	74	410	64,4	58,9

Quelle: Österreichisches Statistisches Zentralamt (Hrsg.): Volkszählung 1981, Hauptergebnisse II — Tirol, Wien 1985 (= Beiträge zur österreichischen Statistik, Heft 630/18)

Mit über 150 000 Nächtigungen jährlich (Stand 1982) ist Reutte auch ein relativ gut besuchter Fremdenverkehrsort, wobei der Sommerfremdenverkehr eindeutig überwiegt. Zahlreiche Beherbergungsbetriebe sowie ein reichhaltiges Angebot auf dem Sport- und Freizeitsektor (Freibad, Hallenbad, Minigolf, Tennisplätze etc.) unterstützen und verstärken diese Funktion.
Die Hauptverkehrslinien des Außerferns sind neben der Außerfernbahn und der Lokalbahn Reutte — Schönbichl die ihnen parallel verlaufende Ehrwalder Bundesstraße Griesen — Ehrwald (B 187), die Fernpaßbundesstraße (B 314) Lermoos — Reutte — Vils, die Lechtal Straße (B 198) sowie die Tannheimer Straße (B 199). Der Verkehrsraum wird des weiteren von einigen Landes- und Gemeindestraßen sowie zahlreichen Forstwegen durchzogen. Im öffentlichen Personennahverkehr wird das Verkehrsangebot der Außerfernbahn durch den Kraftwagenliniendienst der Post ergänzt und partiell auch konkurrenziert.
Insgesamt zeigt sich das Verkehrsgebiet der Mittenwaldbahn als ein Raum, dessen bergbäuerliche Strukturen immer mehr vom Fremdenverkehr verdrängt und überformt werden. Industrie und Gewerbe, die zwar keine dominierende Rolle spielen, jedoch insbesondere im Reuttener Becken die Wirtschaftsstruktur des Raumes entscheidend mitgestalten, bedingen nur eine geringe landschaftliche Beeinträchtigung, so daß eine harmonische Entwicklung des Freizeit- und Erholungsgewerbes weiterhin gegeben ist. Weitere Informationen zu den einzelnen Bahngemeinden der Mittenwaldbahn geben die Tabellen 41 bis 44.

3.1.1.3 Die Verkehrsbedeutung der Mittenwaldbahn

Welche Position bekleidet die Mittenwaldbahn innerhalb des nationalen und internationalen Eisenbahnnetzes? Welche Bedeutung kommt ihr als Verkehrsträger im Verkehrssystem der Gegenwart zu? Zwei Fragen, die es zu klären gilt, um die Verkehrssituation dieser Bahnlinie erfassen und Aussagen über ihre Zukunftsaussichten machen zu können. Im Gegensatz zu den bisher abgehandelten Nebenbahnen handelt es sich bei der Mittenwaldbahn in ihren beiden Streckenabschnitten um eine Verbindungsbahn, die eindeutig als Durchgangs- und damit Zubringerlinie für die an sie anschließenden Bahnen prädestiniert ist und dabei als wichtiges Zwischenglied verschiedene bedeutende Bevölkerungs-, Wirtschafts- und Verkehrszentren miteinander verbindet (vgl. Abb. 33). Diese Aufgabenzuweisung innerhalb des Eisenbahnnetzes scheint ihr vordergründig den Status einer Hauptverkehrslinie mit überdurchschnittlichem Verkehrsaufkommen sowohl im Güter- als auch im Personenverkehr zu sichern.
Ein Verkehrsbild ganz anderer Art zeigt sich jedoch bei einer Analyse der Frequenzziffern dieser Bahnlinie. Mit durchschnittlich 910 000 jährlich beförderten Personen (1975—1985) und rund 185 000 t jährlich transportierter Güter bleibt das Beförderungsquantum deutlich hinter anderen Nebenbahnen (Montafonerbahn — 970 000 Personen, GKB — 2 907 000 Personen, Zillertalbahn — 1 080 000 Personen) zurück, die, obgleich als Stichbahnen angelegt und häufig kürzer, zumindest im Personenverkehr die Beförderungsziffern der Mittenwaldbahn eindeutig übertreffen; ein Phänomen, das der Klärung bedarf. Eine Detailuntersuchung des Verkehrsaufkommens nach Entstehung und Zusammensetzung gibt Aufschluß.
Interessant ist zunächst, daß rund 80 Prozent des Personenverkehrsaufkommens auf die Strecke Innsbruck — Mittenwald — die Karwendelbahn — entfallen und die Außerfernbahn mit nur 23 Prozent Anteil deutlich hinter ersterer zurückbleibt. Nahezu vergleichbare Werte finden sich auf dem Güterverkehrssektor;

Abb. 33 Lage der Mittenwaldbahn (Karwendel- und Außerfernbahn) im nationalen und internationalen Eisenbahngeflecht

220

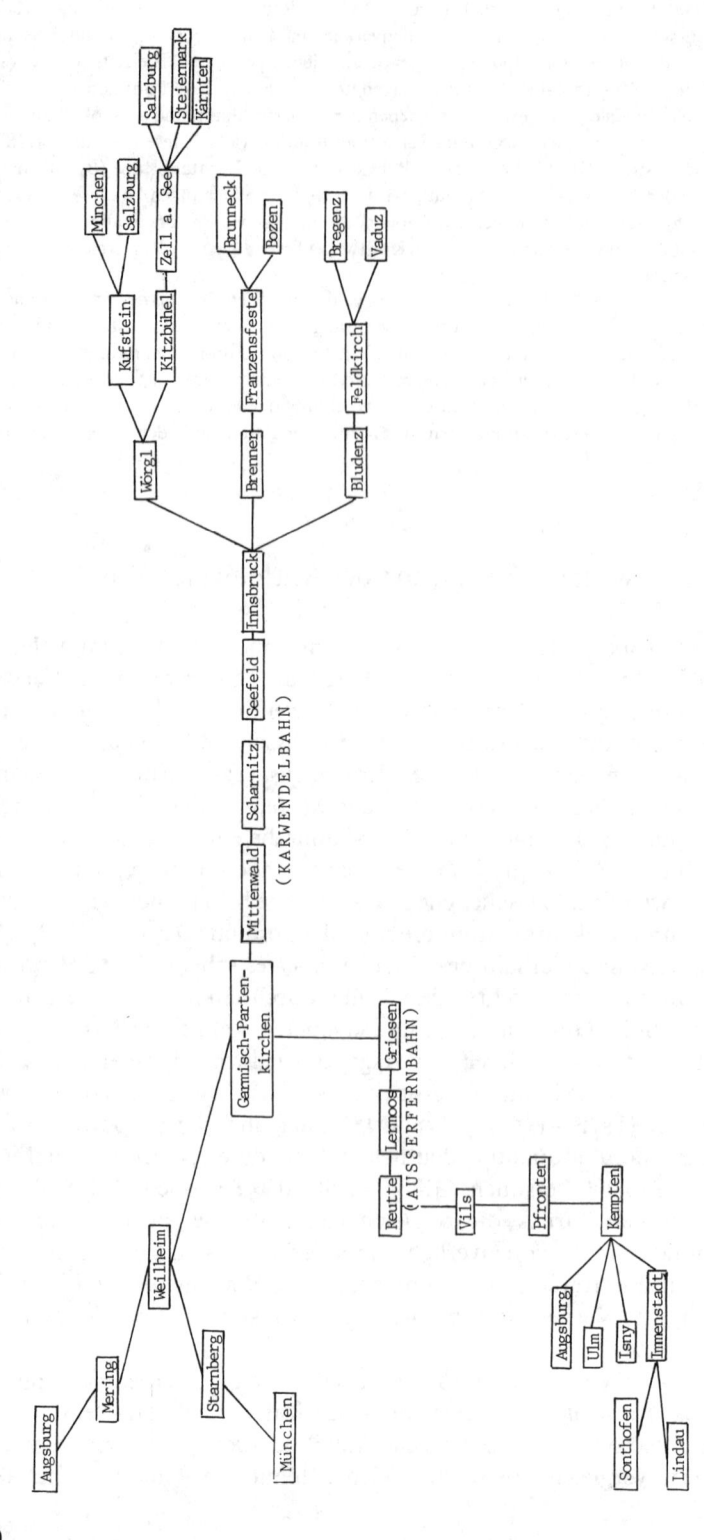

hier bestimmt wiederum der erste Streckenabschnitt mit einem durchschnittlichen Anteil von rund 65 Prozent am gesamten Gütertransport das Verkehrsaufkommen der Mittenwaldbahn (vgl. Abb. 34a u. 34b).
Diese Dominanz der „Karwendelbahn" erklärt sich aus der besseren Integration ihres Streckenverlaufes in die Hauptrichtung internationaler Verkehrsspannun-

Abb. 34a Jährliches Personenaufkommen der Mittenwaldbahn 1975—1985

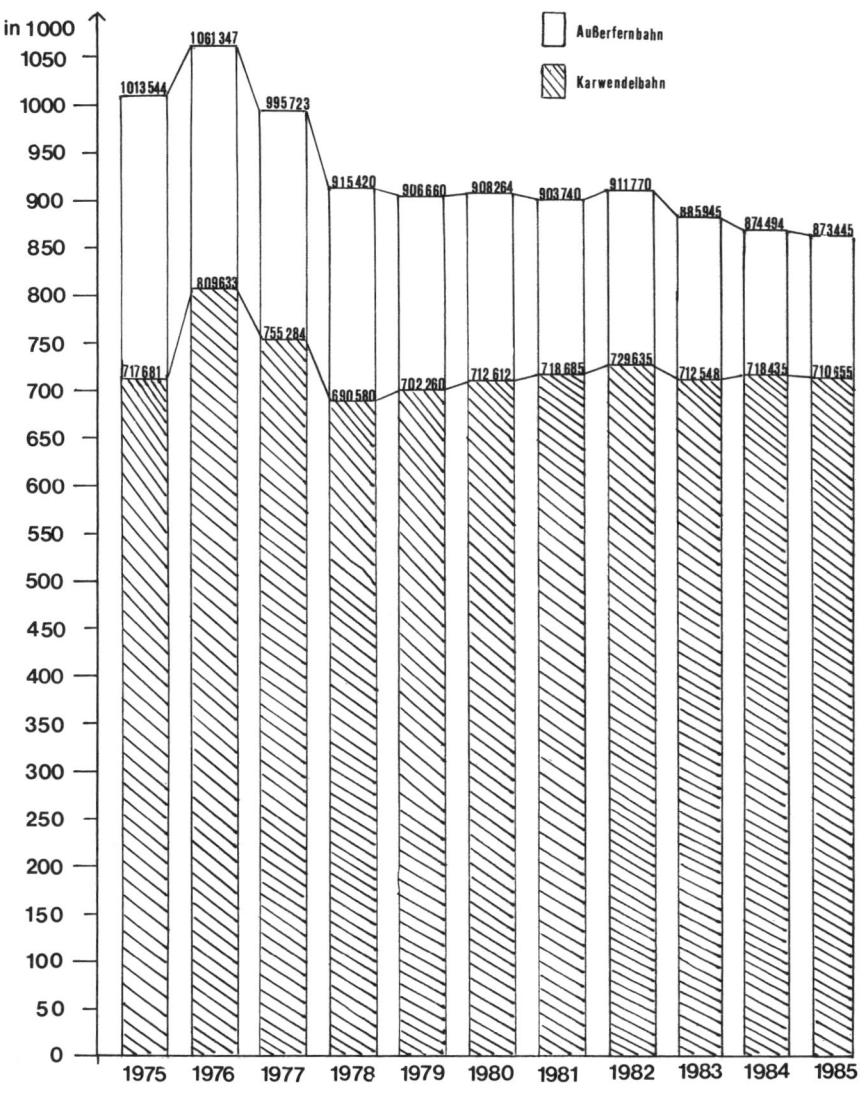

Jahr	Außerfernbahn	Karwendelbahn
1975	1 013 544	717 681
1976	1 061 347	809 633
1977	995 723	755 284
1978	915 420	690 580
1979	906 660	702 260
1980	908 264	712 612
1981	903 740	718 685
1982	911 770	729 635
1983	885 945	712 548
1984	874 494	718 435
1985	873 445	710 555

Quelle des Zahlenmaterials: Betriebsleistungsstatistik der österreichischen Bundesbahnen, hrsg. von der Stabsstelle Betriebswirtschaft der ÖBB, Generaldirektion in Wien

Abb. 34b Jährliches Güterverkehrsaufkommen der Mittenwaldbahn 1975–1985

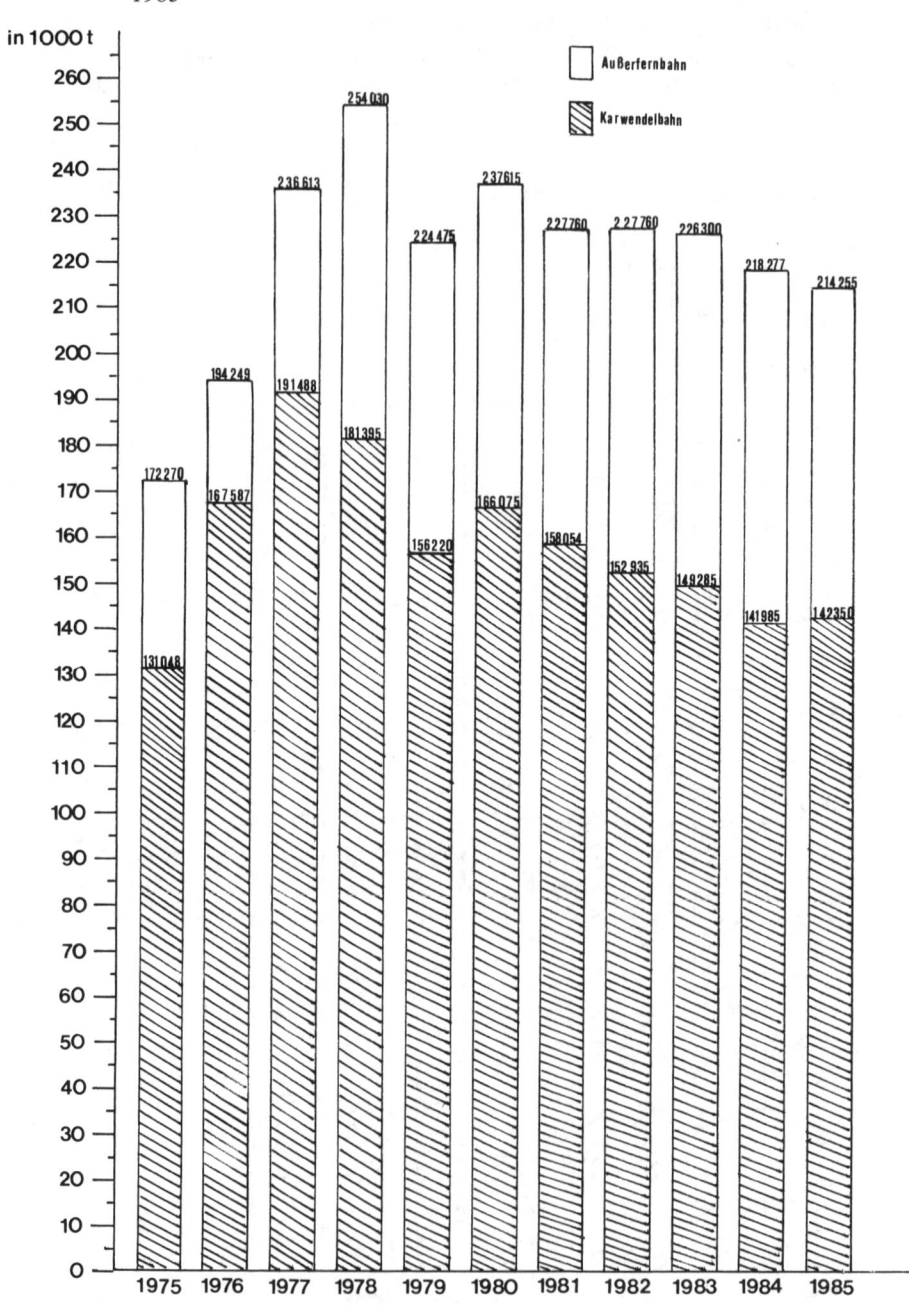

☐ Außerfernbahn
▨ Karwendelbahn

Jahr	Gesamt	Karwendelbahn
1975	172 270	131 048
1976	194 249	167 587
1977	236 613	191 488
1978	254 030	181 395
1979	224 475	156 220
1980	237 615	166 075
1981	227 760	158 054
1982	227 760	152 935
1983	226 300	149 285
1984	218 277	141 985
1985	214 255	142 350

Quelle des Zahlenmaterials: Betriebsleistungsstatistik der österreichischen Bundesbahnen, hrsg. von der Stabsstelle Betriebswirtschaft der ÖBB, Generaldirektion in Wien

gen. Ihre Trasse verläuft parallel des Nord-Süd gerichteten Reise- und Transportflusses, wohingegen der Strecke der Außerfernbahn — trotz guter Anschlußverbindungen — aufgrund ihrer Ost-Westerstreckung in einem abseits wichtiger Durchzugslinien gelegenen Raum mehr lokale Bedeutung zukommt.
In den letzten 10 Jahren (1975—1985) ist jedoch die Frequentierung der Mittenwaldbahn in ihren beiden Streckenabschnitten und in beiden Transportzweigen mehr oder minder kontinuierlich zurückgegangen; eine Entwicklung, die wiederum aus ihrer Position innerhalb des Verkehrssystems, aber auch aus ihrem Verkehrsangebot erklärbar ist.
Auf der Strecke Innsbruck — Mittenwald verkehren gegenwärtig 11 Zugpaare, davon werden 7 als Eil- und 5 als Nahverkehrszüge geführt. Die Außerfernlinie wird derzeit mit 8 täglich verkehrenden Zügen in beiden Richtungen bedient, wovon 3 Zugkurse als Eilzüge laufen; Schnellzüge verkehren auf diesem Bahnabschnitt nicht. Auf beiden Strecken kommt an Samstagen ein zusätzlich eingesetztes Zugpaar hinzu (1986).
Eine Erscheinung besonderer Art sind die auf der Strecke Innsbruck-Reutte verkehrenden „Korridorzüge". Diese Züge führen Sperrwagen 2. Klasse und Übergangswagen, wobei das Aus- oder Zusteigen auf deutschem Gebiet nur den Reisenden der Übergangswagen gestattet ist. Auch werden bestimmten Zugkursen Kurswagen nach München oder auch nach Hamburg angehängt, die den Reisenden das Umsteigen ersparen. Diese Züge werden als Schnellzüge geführt, verkehren jedoch bis Garmisch-Partenkirchen aufgrund der Steigungsverhältnisse als Eilzüge.
In den Abfahrzeiten zeigt sich sowohl eine Orientierung an überregionalen Anschlußverbindungen als auch an den Verkehrsbedürfnissen der Bahnkunden. So werden im Interesse der Berufspendler und Schüler einige Frühzüge nach Innsbruck und Reutte eingesetzt, denen einige Zugkurse in den Mittagsstunden und am späten Nachmittag für die Rückfahrt entsprechen. Dazwischen liegen die typischen Reisezüge, die besonders in den Zeiten der Fremdenverkehrssaison gut besetzt sind. Abgeschlossen wird das tägliche Verkehrsangebot durch einen Abendzug, der in der Regel jedoch keine übermäßige Besetzung aufweist.
Neben den Zügen verkehren im Einzugsbereich der Mittenwaldbahn auch Postbuskurse, die gemäß ihren Abfahrzeiten das Angebot im öffentlichen Personennahverkehr eher ergänzen und kaum eine Konkurrenzierung darstellen.
Im deutlichen Wettbewerb steht die Bahnlinie allerdings mit dem expandierenden Individualverkehr. Der zunehmende Kraftfahrzeugbestand, der Ausbau der Seefelder Schnellstraße sowie die Instandsetzung der Ehrwalder- und Fernpaßbundesstraße haben zusammen mit der nahezu fertiggestellten Autobahn München — Garmisch-Partenkirchen (bis Eschenlohe bereits dem Verkehr übergeben) der Bahn eindeutig Verkehrspotential entzogen. Der Rückgang im Bahnverkehr und eine deutliche Steigerung des durchschnittlichen motorisierten Tagesverkehrs dokumentieren diesen Trend (vgl. Tab. 45).
Rückläufig ist die Verkehrsentwicklung auch im Güterverkehr, wo derzeit werktags auf beiden Streckenabschnitten nur noch ein Güterzugpaar geführt wird (vgl. KENNING 1985, S. 14). Das Haupthindernis für einen stärkeren Güterzugverkehr besteht darin, daß die zur Verfügung stehenden Elektrolokomotiven auf der Bergstrecke Innsbruck — Seefeld nur mit einem beschränkten Ladege-

Tab. 45: Entwicklung des Individualverkehrs auf den parallel der Mittenwaldbahn verlaufenden Bundesstraßen (Querschnittserhebungen einzelner Zählstellen)

Jahr	durchschnittlicher motorisierter Tagesverkehr (Fahrzeuge)								
	Personenverkehr			Güterverkehr			Insgesamt		
	B 313[1]	B 187[2]	B 314[3]	B 313[1]	B 187[2]	B 314[3]	B 313[1]	B 187[2]	B 314[3]
1955	1001	606	866	21	30	110	1022	636	982
1960	2638	1241	1779	17	35	169	2655	1276	1948
1965	5868	1744	2697	49	42	203	5917	1786	2900
1970	4151	2564	.	84	191	.	4235	2756	.
1975	3454	2406	4668	168	75	230	3622	2482	4901
1980	5714	3041	6156	162	82	276	5876	3123	6439

. es lagen keine Angaben vor

1 B 313 = Scharnitzer Bundesstraße, Innsbruck — Scharnitz, beispielhafte Auswertung der Zählstelle 2185 — Scharnitz
2 B 187 = Ehrwalder Bundesstraße, Griessen — Ehrwald, beispielhafte Auswertung der Zählstelle 2187 — Schanz
3 B 314 = Fernpaß-Bundesstraße, Imst — Schönach, beispielhafte Auswertung der Zählstelle 4314 — Reutte

Quelle: Österreichisches Statistisches Zentralamt (Hrsg.): Straßenverkehrszählung im gesamten Bundesgebiet der Republik Österreich, Wien, verschiedene Jahrgänge

wicht fahren dürfen; ein Umstand, der eine Rentabilität der Bergstrecke der Karwendelbahn ausschließt, zumal auf dieser Strecke die gleichen Tarife wie auf den übrigen Strecken der ÖBB gelten und keinerlei Zuschläge gewährt werden. Berücksichtigt man weiter, daß sich im Nord-Süd-Verkehr durch Österreich für die ÖBB auf der längeren, leistungsfähigeren, doppelgleisigen, gleichfalls elektrisch betriebenen Route Brenner — Kufstein/Grenze (112 km) gegenüber der kürzeren Strecke Brenner — Scharnitz/Grenze (72 km) finanzielle Mehreinnahmen ergeben, so ist verständlich, daß seitens der ÖBB, hier der Bundesbahndirektion Innsbruck, der Transitverkehr auf der Mittenwaldbahn nicht unbedingt forciert, sondern im Gegenteil eher abgeblockt wird.

Die innerösterreichische Bedeutung der Mittenwaldbahn für den Güterverkehr besteht in der Verbindung des Außerferngebietes mit dem übrigen Tirol und dem ganzen Bundesgebiet. Erwähnenswert sind größere Zementtransporte von Vils sowie umfangreiche Holztransporte von Reutte und anderen Bahnhöfen des Außerferns. Der lokale Güteranfall zwischen Innsbruck und Scharnitz ist äußerst gering; er besteht zumeist aus Holz und Kreide aus Scharnitz und geringen Mengen Schieferöl aus Seefeld. Darüber hinaus kommen auf beiden Strecken vereinzelt auch landwirtschaftliche Güter sowie Brennmaterialien (außer Holz) zum Transport. Während die Mittenwaldbahn im allgemeinen Güterverkehr und speziell im internationalen Transport nur eine untergeordnete Rolle spielt, ist ihre Beförderungsfunktion jedoch im Stückgutverkehr ungebrochen.

Ein gemischt agrarisch-gewerblich geprägter Raum mit deutlicher Überformung durch den Fremdenverkehr, so erscheint das Verkehrsgebiet der Mittenwaldbahn. Ein von der Lage innerhalb des Eisenbahnnetzes prädestinierter Hauptverkehrsträger, jedoch mit vergleichsweise geringem Verkehrsaufkommen, so zeigt sich die Mittenwaldbahn selbst. Zwei Aussagen, die — in Korrelation — einen Abriß von der Verkehrsbedeutung der Bahnlinie geben.

Die Mittenwaldbahn ist primär eine Touristenbahn, die in ihren Anfängen die Fremdenverkehrsentwicklung ihres Verkehrsgebietes initiierte, begünstigte und vorantrieb, und die heute die Urlauberströme zu ihrer Existenzsicherung benötigt. Zahlreiche Reisebürosonderzüge und der „Gläserne Zug" der DB (Panoramazug) bringen modernste Fahrzeuge auf diesen als Lokalbahn konzipierten Schienenweg. Einer Lokalbahn gleich, belebte sie auch den intraregionalen Verkehr in den von ihr durchzogenen Gebieten. Die Gemeinden entlang der Mittenwaldbahn waren abgelegene Orte, bevor die Bahn zu ihnen führte und sie dadurch Anschluß an die schon bestehenden Wirtschaftszentren fanden. Ferner kommt dieser Bahnstrecke — wenn auch nur bedingt — eine Entlastungsfunktion im Hinblick auf die Inntallinie zu; bei Streckenstörungen ist es möglich, den Verkehr gen München über Scharnitz umzuleiten. Insgesamt hat die Mittenwaldbahn für den internationalen Durchgangsverkehr jedoch wenig Bedeutung, da die wenigen Kilometer Ersparnis durch die ungünstigen Steigungsverhältnisse aufgefangen werden.

Gesichert scheint die Zukunft der Mittenwaldbahn dennoch. Gemäß der Bundesbahndirektion Innsbruck wird sie nicht der Kategorie der Nebenbahnen zugerechnet, sondern erhält als wichtiges Verbindungsglied zur oberbayrischen Fremdenverkehrsregion des Werdenfelser Landes mit seinen Zentren Garmisch-Partenkirchen und Mittenwald sowie zum Außerfern den Status einer Hauptverkehrslinie (Gespräch mit dem Präsidenten der BBDION Innsbruck, Herrn Hofrat Dipl.-Ing. Kienpointner). Damit entgeht sie vorerst dem Schicksal manch bundeseigener Lokalbahn, die von den ÖBB gerade in den letzten Jahren sukzessive stillgelegt worden sind (vgl. Bregenzerwaldbahn im Verwaltungsbezirk der BBDION Innsbruck).

Gemäß ihrer Konzessionsurkunde, ihrer Anlagestruktur und bedingt auch ihrem Verkehrsaufkommen ist die Mittenwaldbahn jedoch korrekterweise den Nebenbahnen zuzuordnen, wobei ihr allerdings im Gegensatz zu anderen Lokalbahnen (besonders Stichbahnen) innerhalb des Bahnsystem eine überregionale Position zukommt.

3.1.2 *Die Gailtalbahn — eine Nebenbahn mit besonderer regionalwirtschaftlicher Bedeutung*

Mit einer Streckenlänge von 62 Kilometern gehört sie zu den längsten und mit einem jährlichen Verkehrsaufkommen von über 560 000 beförderten Personen sowie gut 70 000 Tonnen transportierter Güter zu den bestfrequentiertesten Nebenbahnen der ÖBB. Diese normalspurige Bahnlinie zweigt in Arnoldstein von der Hauptbahnstrecke, der Südbahn, ab und erschließt als Stichbahn das alpine Gailtal bis Kötschach-Mauthen und über diesen Endpunkt hinaus durch Zubringerlinien des Kraftwagendienstes auch das vordere Lesachtal. Sie bedient damit in ihrem Einzugsbereich, der alle Gemeinden des Gailtales umfaßt, die wichtigsten Zentren dieser Region, die Bezirkshauptstadt Hermagor, die Gerichtsbezirksstadt Kötschach-Mauthen, den Industriemarkt Arnoldstein und —von letzterem ausgehend — über die Südbahn auch die Viertelshauptstadt Villach. Der insgesamt hohe Verkehrswert dieser Bahn ist, wie im folgenden zu zeigen sein wird, in erster Linie durch die topographischen Gegebenheiten des Einzugsbereiches bedingt.

3.1.2.1 Das Verkehrsgebiet der Gailtalbahn — ein Grenzlandbereich

Als Gail- und Lesachtal wird der Talzug der Gail auf Kärntner Boden bezeichnet. Dieser in Ost-West-Richtung verlaufende Talbereich erstreckt sich parallel der italienisch-österreichischen Grenze im Südwesten Kärntens und ist damit ein ausgesprochenes Grenzlandgebiet. Die Entwicklung der Wirtschaft verläuft im Schatten der kärntnerischen Gesamtwirtschaft, wodurch das Gailtal zu den wirtschaftlich entwicklungsbedürftigen Gebieten des Landes zählt.
Neben der Grenznähe hat seit jeher auch die Hochwasserhäufigkeit der Gail den Talcharakter beeinflußt. Insbesondere die Land- und Forstwirtschaft, die Besiedlung und der Verkehr stehen mit den negativen Folgewirkungen dieses Flußsystems in enger Wechselbeziehung.

Raumbeschreibung

Der Gailfluß entspringt am Kartischen Sattel in Osttirol. Von seiner Quelle in den Lienzer Dolomiten bis zur Mündung in die Drau südöstlich von Villach hat er eine Strecke von gut 110 km zurückzulegen, wovon knapp 100 km im Bundesland Kärnten verlaufen. Der von der Gail durchflossene Talzug wird im allgemeinen in drei Abschnitte untergliedert: das Lesachtal, das flußabwärts bis Kötschach-Mauthen reicht, das Obere Gailtal von Kötschach-Mauthen bis Hermagor und das Untere Gailtal, das sich bis zum Villacher Feld erstreckt. Dieser Raum deckt sich weitestgehend mit dem politischen Bezirk Hermagor, lediglich die im Unteren Gailtal gelegenen Gemeinden Nötsch/Saak, Feistritz a. d. Gail und Arnoldstein gehören dem politischen Bezirk Villach-Land an; sie schließen das Verkehrsgebiet der Gailtalbahn im Osten ab (vgl. Abb. 35).
Äußerst vielseitig und abwechslungsreich ist das Landschaftsbild des Untersuchungsraumes. Im schluchtartig eingeschnittenen Lesachtal erstrecken sich die kleinen Dörfer und Weiler zirka 100 m über dem Flußbett an den Hängen und Hangleisten. Eingerahmt von mächtigen, bis zu 2800 m Höhe aufragenden Gebirgszügen, den Lienzer Dolomiten und Gailtaler Alpen im Norden sowie den Karnischen Alpen im Süden, liegt das Gebiet ganz im Hochgebirge.
Eine zirka 200 m hohe Geländestufe trennt das Lesachtal vom tiefer gelegenen Gailtal. Aufgrund ständiger Überschwemmungsgefahr ist der breite Talboden hier nur schwach besiedelt, die Ortschaften drängen sich bevorzugt auf vorgeschobenen Schuttablagerungen, Schwemmkegeln und Hangböden. Im Siedlungsbild dominieren Haufendörfer, Groß- und Kleinweiler sowie Einzelhöfe in Streulage, die sich auf kleinräumigen Hangverflachungen, Spornen und Terrassen finden. Nur vereinzelt sind geplante Siedlungen wie Zeilen- bzw. Straßendörfer anzutreffen (vgl. Amt der Kärntner Landesregierung (Hrsg.) 1963, S. 18).

Abb. 35   Das Verkehrsgebiet der Gailtalbahn — Streckenverlauf und verwaltungspolitische Gliederung

203 polit. Bezirk Hermagor

- 02 Dellach
- 05 Hermagor-Pressegger See
- 06 Kirchbach
- 07 Kötschach-Mauthen
- 16 St. Stefan a. d. Gail
- 20 Gitschtal
- 21 Lesachtal

207 polit. Bezirk Villach Land

- 02 Arnoldstein
- 13 Hohen
- 19 Nötsch i. Gailtal

Quelle: Ausschnitt aus der Gemeindegrenzenkarte der Republik Österreich mit Kennziffern, hier: Bundesland Kärnten, Gebietsstand: 1. 1. 1981, hrsg. v. Österreichischen Statistischen Zentralamt, Wien 1984. Kartographische Ergänzung: H. Kreft-Kettermann

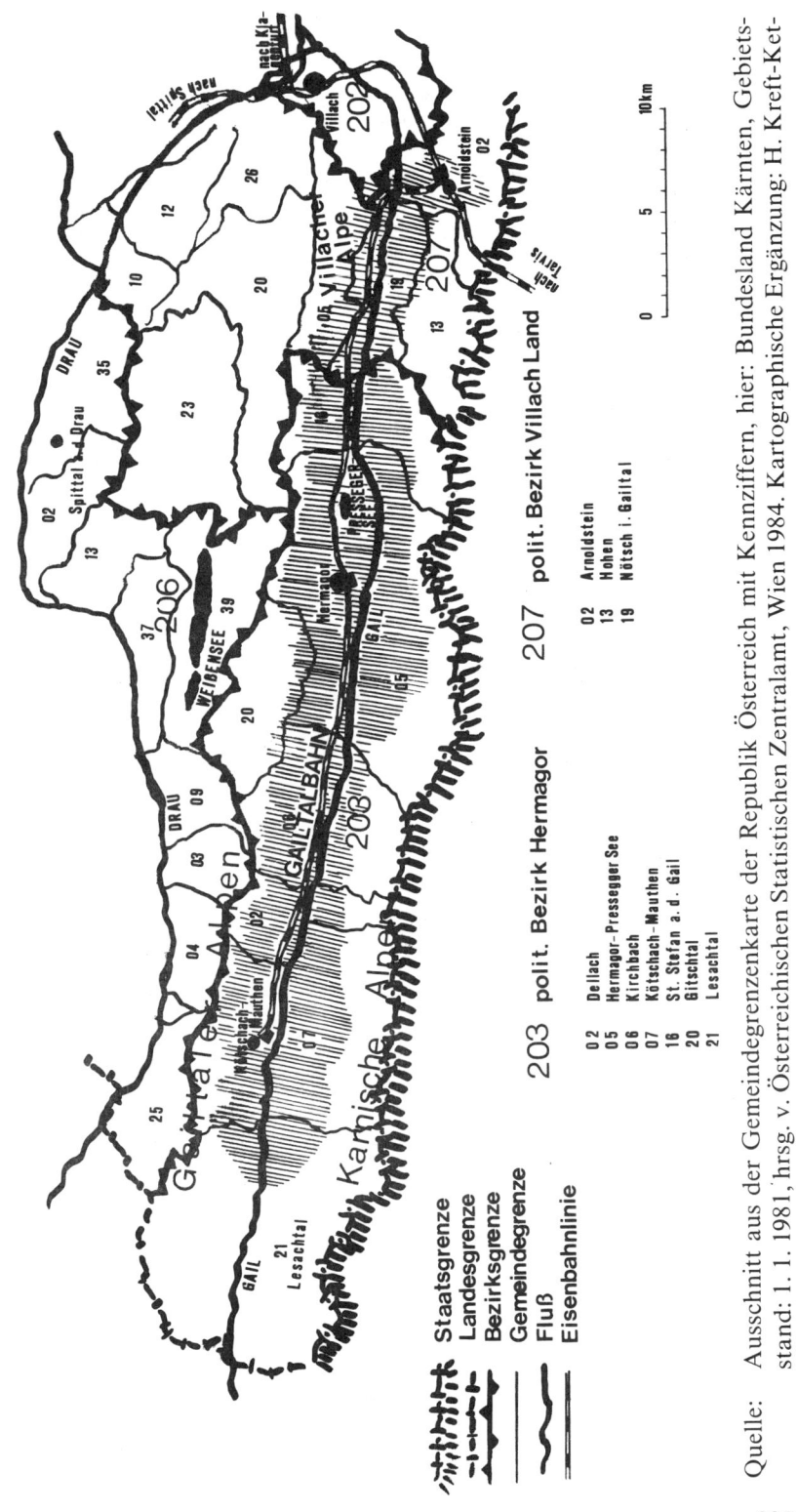

Bevölkerungsentwicklung

Seit jeher schwach ausgeprägt waren im Untersuchungsraum die Bevölkerungs- und Siedlungsentwicklung sowie der industriell-gewerbliche Fortschritt. Von großer Wichtigkeit für die Aufschließung und wirtschaftliche Belebung des Gailtales zeigen sich der Bau der Kronprinz-Rudolf-Bahn (Villach — Franzensfeste) im Jahre 1871 und die Fertigstellung der Gailtalbahn bis Hermagor im Jahre 1894. Während des Ersten Weltkrieges war das Gailtal Frontgebiet; ein Umstand, dem es die Verlängerung seiner Lokalbahn von Hermagor bis Kötschach-Mauthen und die Errichtung der Eggeralmstraße verdankt. Diese beiden Verkehrsprojekte sollten zur weiteren Erschließung des Raumes und damit zur Aktivierung der Wirtschaft beitragen.

Eine gänzlich neue Situation brachte das Ende des Krieges. Mit der Abtrennung des Kanaltales nach dem Friedensvertrag von St. Germain (1919) rückte die Staatsgrenze direkt an das Gailtal heran, das seither als politisches Grenzbiet mit dem Charakteristikum der wirtschaftlichen Grenzregion belastet ist.

Von 1945 bis 1961 betrug das Bevölkerungswachstum lediglich 8,6 Prozent, ein vergleichsweise äußerst geringer Wert für die Nachkriegsjahre. Im Zeitraum von 1961 bis 1971 zeigte sich ein Zuwachs von 2,9 Prozent, obgleich parallel dazu mehr als doppelt soviele Personen durch Abwanderung verloren gingen. Die Begründung für dieses Phänomen ist in der für Nebenbahnräume so typischen hohen Geburtenrate zu suchen. Da diese seit Mitte der 70er Jahre deutlich rückläufig ist, kann der durch weiter anhaltende Abwanderungstendenzen entstandene Bevölkerungsverlust kaum noch ausgeglichen werden. Die unabdingbare Folge ist eine negative Bevölkerungsbilanz, die sich für den Zeitraum 1971—1981 mit - 2,8 Prozent bereits eingestellt hat (vgl. Tab. 46).

Tab. 46: Entwicklung der Wohnbevölkerung in den Anliegergemeinden der Gailtalbahn

Gemeinden	1961	1971	1981
Politischer Bezirk Villach Land			
Arnoldstein	.	.	6603
Nötsch i. Gailtal	.	.	2208
Politischer Bezirk Hermagor			
Dellach	1283	1388	1430
Hermagor-Presseger See	7036	7225	7079
Kirchbach	2879	2975	2858
Kötschach-Mauthen	3663	3740	3632
St. Stefan a. d. Gail	2112	1988	1909
weiterer Einzugsbereich Lesachtal	1915	1950	1823

. es lagen keine Angaben vor

Quelle: Österreichisches Statistisches Zentralamt (Hrsg.): Volkszählung 1981, Hauptergebnisse I — Kärnten, Wien 1985 (= Beiträge zur österreichischen Statistik, Heft 630/3) und Raffer 1976, S. 48

Wirtschaftsstruktur

Ursache dieser hohen Abwanderungsrate ist die geringe wirtschaftliche Attraktivität dieser Region, die auch eine hohe räumliche Mobilität der Berufstätigen verursacht. Die Wirtschaftsstruktur ist gemischt landwirtschaftlich-gewerblich, wobei das Schwergewicht auf dem land- und forstwirtschaftlichen Sektor liegt. Das Obere Gail- und Lesachtal sind als ausgesprochene Bergbauernregion anzusprechen, die von landwirtschaftlichen Klein- und Mittelbetrieben beherrscht wird und deutliche Strukturschwächen aufzuweisen hat. Während auf der Produktionsseite genügend fruchtbarer Boden fehlt, sind auf dem Absatzsektor nicht genügend Konsumzentren vorhanden. Der größte Teil (60 %) der land- und forstwirtschaftlich genutzten Fläche ist Waldfläche. Von der rein landwirtschaftlichen Nutzfläche sind 9/10 Grünland, wobei im Oberen Gailtal die Milchwirtschaft dominierend ist. Auf den wenigen Ackerflächen überwiegt der Maisanbau.

Grünland- und Grünland-Waldwirtschaften sowie eine klein- bis mittelbäuerliche Betriebsgrößenstruktur sind charakteristisch für den Gailtaler Agrarsektor, auf dem die Forstwirtschaft und die Rinderzucht verbunden mit der Milchwirtschaft als Haupterwerbszweige sowie der wachsende Fremdenverkehr im notwendigen und an Bedeutung gewinnenden Nebenerwerb vorherrschen (vgl. HAPERNEGG 1965, S. 137—154).

Da die Waldwirtschaft im Gailtal einen besonderen Wirtschaftsfaktor darstellt, ist es verständlich, daß auf dem industriell-gewerblichen Wirtschaftssektor Holzindustrien und Holzverarbeitungsbetriebe mit gut 85 Prozent Anteil an diesem Wirtschaftsbereich an der Spitze stehen. Besonders prädestiniert für Säge-, Papier-, Zellulose-, Holzstoff- und Pappeindustrien ist das Obere Gailtal, speziell der Raum Hermagor.

Im Unteren Gailtal ist die Stein- und keramische Industrie vorherrschend, wobei Schotterwerke (in Podlanig u. Mitschig) und Zementwarenerzeugung branchenbestimmend sind.

Abbauwürdige Bodenschätze gibt es im Untersuchungsraum nicht mehr. Erwähnenswert sind jedoch die Bleiberger Eisen- und Erzvorkommen (Blei- und Zinkerze), die zwar außerhalb des Untersuchungsraumes in Bleiberg-Kreuth gewonnen werden, aber in Gailitz-Arnoldstein in einem Hüttenwerk der verstaatlichten Bleiberger-Bergwerks-Union (BBU) verarbeitet werden.

Neben diesen bedeutenden Industrie- und Gewerbezweigen sind auch einige kleinere Betriebe zu nennen, beispielsweise der Keramik-, Puppen-, Lederwaren- und Sportmittelerzeugung in Hermagor, Spielwarenerzeugung und eine Schiefermühle in Egg sowie Spinnereien und Webereien in Draschitz.

Zu einem bedeutenden Wirtschaftszweig hat sich in den letzten Jahren auch der Fremdenverkehr im Gailtal entwickelt. Die beachtliche Aufwärtsentwicklung seit Anfang der 60er Jahre dokumentiert nachfolgender Zahlenvergleich. Waren im Fremdenverkehrsjahr 1961/62 601 658 Übernachtungen gemeldet, so waren 1971/72 bereits 1 202 517 Nächtigungen registriert; ein Wert, der sich bis zum Fremdenverkehrsjahr 1981/82 auf 1 743 438 steigerte. Diese stark expandierende Tendenz zeichnet sich auch in den Zahlen der Beherbergungsbetriebe ab: Waren es im Jahre 1962 noch 159, so betrug ihre Anzahl im Jahre 1974 bereits 254 (vgl. RAFFER 1975, S. 220, 222). Als Fremdenverkehrszentrum kristallisiert sich der Raum Hermagor/Pressegger See heraus, der zusammen mit der Gemeinde Kötschach-Mauthen den Hauptteil der Fremdennächtigungen auf sich vereinigt.

Das Gailtal, das in seiner Fremdenverkehrswerbung einen Ruhe- und Erholungstourismus propagiert, besitzt zwar eine gute Sommersaison, jedoch eine überaus schlechte Winterauslastung; ein Strukturproblem, das man künftig durch einen forcierten Ausbau wintersportlicher Einrichtungen mildern will. Charakteristisch für den Gailtaler Fremdenverkehr ist auch das starke Überwiegen der Privatquartiere. Dieses Phänomen mindert die Krisenanfälligkeit des insgesamt äußerst konjunkturempfindlichen Wirtschaftszweiges „Fremdenverkehr", denn die Privatbeherbergung kann einem eventuellen Urlauberrückgang flexibler begegnen als die hauptberuflich geführten gewerblichen Betriebe.

Wie in anderen Alpenregionen so wird auch im Gailtal die positiv stimulierende Wirkung des Fremdenverkehrs sichtbar. Einerseits erhält die Landwirtschaft einen zusätzlichen und vor allem direkten Arbeitsmarkt (Zimmervermietung), und darüber hinaus werden indirekt auch der Gewerbe- und Dienstleistungssektor aktiviert. Das steigende Angebot öffentlicher und privater Dienstleistungen, die durch den Fremdenverkehr stark geprägt sind, ist ein Beweis dieser sekundären Folgewirkungen.

Der enorme Bedeutungszuwachs des Tertiären Sektors einhergehend mit einer Stabilisierung, wenn nicht gar Verstärkung des Industrie- und Gewerbebereiches bei deutlichem Positionsverlust der Land- und Forstwirtschaft zeigt sich auch in der prozentualen Verteilung der Beschäftigten der Gailtaler Gemeinden nach Wirtschaftssektoren (vgl. Tab. 47).

Obgleich die Land- und Forstwirtschaft im Gailtal mit 21,3 Prozent der Beschäftigten stärker vertreten ist als in den bisher untersuchten Nebenbahnräumen, vereinigt der Dienstleistungsbereich mit 44,5 Prozent den Großteil der Arbeitskräfte auf sich, gefolgt von Industrie, Gewerbe, Bauwesen mit 34,2 Prozent.

Tab. 47: Berufstätige nach Wirtschaftssektoren und Gemeinden im Verkehrsraum der Gailtalbahn 1981 (in %)

Gemeinde	Land- und Forstwirtschaft	Industrie, Gewerbe, Bauwesen	Dienstleistungen
politischer Bezirk Villach Land			
Arnoldstein	2,8	42,4	54,8
Nötsch a. d. Gail	8,8	34,6	56,6
politischer Bezirk Hermagor			
Dellach	32,9	31,4	35,7
Hermagor-Pressegger See	10,4	37,7	51,9
Kirchbach	32,6	39,1	28,3
Kötschach-Mauthen	8,4	39,0	52,6
St. Stefan a. d. Gail	20,9	37,6	41,4
weiterer Einzugsbereich			
Lesachtal	53,8	11,8	34,5

Quelle: Österreichisches Statistisches Zentralamt (Hrsg.): Volkszählung 1981, Hauptergebnisse II — Kärnten, Wien 1985 (= Beiträge zur österreichischen Statistik, Heft 630/13)

Zentralörtliche Ausstattung

Eine Betrachtung der zentralörtlichen Struktur des Gailtales zeigt, daß sich Zentrale Orte ausschließlich nahe bedeutenden Verkehrsquerungen entwickelten, wo — bedingt durch die Standortgunst — auch die gewerbliche Wirtschaft bessere Entwicklungsimpulse vorfand. Gemäß dem Dienstleistungsangebot und der Ausstattung mit zentralörtlichen Einrichtungen kristallisieren sich im Untersuchungsraum zwei intraregionale Pole heraus: die ländliche Dienstleistungsgemeinde Kötschach-Mauthen, die einen eigenen Gerichtsbezirk hat und Rang 3 der Zentralen Orte Unterer Stufe einnimmt, und die Dienstleistungs- und Gewerbegemeinde Hermagor, die als Bezirkshauptort des Gailtales und mit einem eigenen Gerichtsbezirk ausgestattet Rang 4 der Zentralen Orte Mittlerer Stufe einnimmt (vgl. BOBEK/FESL 1978, Anhang, S. 283 u. 284). Angesichts seiner Position als Bezirkshauptort sind in Hermagor nicht nur verschiedene Einrichtungen wie etwa Bezirkshauptmannschaft, Finanzamt, Arbeitsamt etc. lokalisiert, sondern es vereinigt auch verschiedene Funktionen auf sich. Mit 352 Arbeitsstätten (Stand 1981) ist es Arbeits- und damit Einpendlerzentrum des Gailtales (wenn man einmal von Arnoldstein absieht). Darüber hinaus zeigt sich Hermagor als regionaler Ausbildungsstandort; das Angebot reicht von einem überregional bedeutsamen musischpädagogischen Realgymnasium, zwei Hauptschulen und einer gewerblichen Berufsschule bis hin zu einer Sonderschule des Rehabilitationszentrums für körperbehinderte Kinder, einer Musikschule sowie einer Volkshochschule. Hauptschulen finden sich auch in St. Lorenzen i. Lesachtal, in Kötschach-Mauthen und Nötsch.

Konträr der Forderung nach einer Verdichtung der Schulinfrastruktur zur Lösung der Bildungsprobleme ländlicher Räume verläuft die sich abzeichnende, allgemein schrumpfende Tendenz im Volksschulwesen, wobei weitere Auflassungen von Schulen im Rahmen einer Konzentration an einigen wenigen Schulstandorten und die Einführung eines Schulsystems geplant sind.

Besonders unbefriedigend ist die Entwicklung im Bereich der medizinischen Versorgung. Eine Niederlassung von Ärzten ist lediglich für die Gemeinden Hermagor, St. Stefan a. d. Gail, Kötschach-Mauthen, St. Lorenzen i. Lesachtal und Arnoldstein registriert.

Die ausgesprochene Konzentration von Arbeitsplätzen, Ausbildungsstätten und öffentlichen wie privaten Dienstleistungen an bestimmten Standorten verursacht eine starke intra- und interregionale Mobilität der Bevölkerung, die sich Mitte der 70er Jahre im Gailtal wie folgt darstellte:

Von den Berufspendlern (Auspendler) der Gemeinden des Untersuchungsraumes (ohne Auspendler

Tab. 48: Maßzahlen zur Pendlermobilität im Verkehrsraum der Gailtalbahn nach Gemeinden 1981

Kleinregion	Beschäftigte am Wohnort	Auspendler	Einpendler	Beschäftigte am Arbeitsort	Index des Pendlersaldos	Index der Pendlermobilität
politischer Bezirk Villach Land						
Arnoldstein	2561	1122	973	2412	94,2	81,8
Nötsch a. d. Gail	821	522	77	376	45,8	73,0
politischer Bezirk Hermagor						
Dellach	585	382	55	258	44,1	74,7
Hermagor-Pressegger See	2870	731	706	2845	99,1	50,1
Kirchbach	1195	565	97	727	60,8	55,4
Kötschach-Mauthen	1337	316	429	1450	108,5	55,7
St. Stefan a. d. Gail	709	496	50	263	37,1	77,0
Lesachtal (weiterer Einzugsbereich)	725	261	29	493	68,0	40,0

Quelle: Österreichisches Statistisches Zentralamt (Hrsg.): Volkszählung 1981, Hauptergebnisse II — Kärnten, Wien 1985 (= Beiträge zur österreichischen Statistik, Heft 630/13)

Tab. 49: Matrix zur Pendlerbewegung im Verkehrsraum der Gailtalbahn 1981

Wohngemeinde \ Arbeitsgemeinde	Arnoldstein	Dellach	Hermagor-Pressegger See	Kirchbach	Kötschach-Mauthen	Nötsch i. Gailtal	St. Stefan a. d. Gail	Lesachtal
Arnoldstein			117			157	113	
Dellach								
Hermagor-Pressegger See	55			157	34	31	109	
Kirchbach	30	28			22			
Kötschach-Mauthen	140	46	121					63
Nötsch i. Gailtal			37				29	
St. Stefan a. d. Gail								
Lesachtal								

Quelle: Zusammengestellt auf der Grundlage der Volkszählung 1981, Hauptergebnisse II — Kärnten, hrsg. vom Österreichischen Statistischen Zentralamt, Wien 1985 (= Beiträge zur österreichischen Statistik, Heft 630/13)

von Arnoldstein nach Villach) pendelten 1976 36,1 Prozent nach Hermagor, 20,2 Prozent nach Villach, 12,4 Prozent nach Arnoldstein und 11,8 Prozent nach Kötschach-Mauthen (vgl. ÖROK (Hrsg.), Schriftenreihe Nr. 22c, 1979, Anhang, Bahn 38). Weitere aktuelle Daten zur Berufspendlerbewegung einzelner Anliegergemeinden der Bahn finden sich in den Tabellen 48 und 49.

Noch ausgeprägter als im Berufsverkehr ist die Ausrichtung des Schülerverkehrs auf einige wenige Ziele. Von den zirka 2500 Fahrschülern im Jahre 1976 fuhren gut 90 Prozent täglich in nur drei Zielgemeinden, und zwar 54,2 Prozent nach Hermagor, 23,6 Prozent nach Kötschach-Mauthen und 11,8 Prozent nach Villach (vgl. ÖROK (Hrsg.), Schriftenreihe Nr. 22c, 1979, Anhang, Bahn 38).

Den unterschiedlichen Verkehrsbedürfnissen der Gailtaler Bevölkerung, der Urlauber und auch der einzelnen Wirtschaftsunternehmen steht ein differenziertes Verkehrsangebot verschiedener, leistungsfähiger Verkehrsträger gegenüber, die über eine lokale Bedeutung jedoch nicht hinauskommen.

Verkehrserschließung

Kennzeichnend für die Verkehrssituation des Gailtales ist seine Lage abseits der Hauptverkehrslinien des Landes. Lediglich der östliche Teil des Untersuchungsraumes wird von einem der ältesten Hauptverkehrswege gen Süden tangiert; es ist die wichtige Nord-Süd-Verkehrsader Villach — Arnoldstein — Kanaltal nach Italien beziehungsweise über den Wurzenpaß nach Jugoslawien. Das Gailtal liegt somit weitestgehend im Verkehrsschatten bedeutender Durchzugsstrecken (Drau- und Kanaltal).

Die verkehrsmäßige Erschließung des Gail- und Lesachtales entspricht der geographisch vorgezeichneten Leitlinie; der Hauptverkehrsstrang verläuft damit in ost-westlicher Richtung. Daneben gibt es zwei Querverbindungen: vom Drautal über den Kreuzbergsattel durch das Gitschtal nach Hermagor und weiter über das Naßfeld nach Italien und vom Drautal über den Gailberg nach Kötschach-Mauthen und weiter über den Plöckenpaß nach Italien.

Die Hauptverkehrsträger des Tales sind die Lokalbahn Arnoldstein — Kötschach-Mauthen sowie die Gailtalbundesstraße (B 111), die das gesamte Gailtal durchzieht und weiter nach Osttirol ins Tilliachertal hinüberführt. Der Ausbauzustand dieser Bundesstraße ist recht unterschiedlich. Verbesserungen der Straßenverhältnisse sind besonders im Tilliacher- und Lesachtal zur weiteren Grunderschließung dieses besonders abgelegenen Teilgebietes und im Hinblick auf die Funktion dieser Bundesstraße als Fremdenverkehrsnebenroute erforderlich. Im Gailtal ist der Ausbaugrad zufriedenstellend, lediglich in Ortsdurchfahrten treten vereinzelt Engpässe auf.

Die insgesamt recht unbefriedigende Verkehrssituation des Gailtales zeigt sich auch in den Dichtewerten des Bundes- und Landesstraßennetzes. Gegenüber einer Bundesstraßendichte von 0,117 km/qkm im Bundesland Kärnten hat das Gailtal nur 0,109 km Bundesstraße/qkm aufzuweisen. Ähnlich verhält es sich mit den Landesstraßen; während Kärnten eine Landesstraßendichte von rund 13,4 km/100 qkm hat, liegt der Wert im Gailtal bei 11,8 km/100 qkm (vgl. RAFFER 1975, S. 171).

Wichtige Landesstraßen sind die L 22, die Naßfeld Straße, die westlich von Hermagor von der B 111 abzweigt und in das Skigebiet Naßfeld führt, die L 23, die Eggeralm Straße, die ein Grenzgebiet erschließt, und die L 26, die Paßriacher Straße, die in den Raum Pressegger See führt. Darüber hinaus existieren Gemeindestraßen, Güterwege, Forst- und Almaufschließungswege, wobei gerade dieser Part der Infrastruktur Ausbau- und Verbesserungsmaßnahmen benötigt.

Als öffentliche Straßenverkehrsmittel stehen neben den Bussen der österreichischen Bundespost auch private Linien zur Verfügung; die Österreichischen Bundesbahnen unterhalten in dieser Region keine Busverbindungen. Die beiden regionalen Zentren Hermagor und Kötschach-Mauthen werden täglich durch vier Autobuspaare verbunden, wobei laut Fahrplan die Fahrzeit 1 Std. 4 Min. beträgt und somit die beiden Zentren nicht innerhalb der Einstunden-Isochronen liegen. Weitere Buskurse sind:

— Greifenburg über Weißbriach nach Hermagor: täglich 5 Buspaare (Post)
— Wurmläch über Mauthen und Oberdrauburg nach Lienz: täglich 1 Buspaar (Post)
— Kötschach-Mauthen — Plöckenpaß: täglich 1 Buspaar (Post)
— Kötschach-Mauthen — Maria-Luggau: täglich 6 Buspaare (Post)
— Hermagor — Tröpolach — Naßfeld: täglich 2 Buspaare (Post)

— Villach — Hermagor: täglich 4 Buspaare (priv. Buslinie)
— Hermagor — Paßriach: täglich 2—3 Buspaare (priv. Buslinie)
— Villach — Nötsch: täglich 4 Buspaare (priv. Buslinie).

Die meisten dieser Buskurse unterliegen in ihrem Verkehrsangebot saisonalen Einflüssen. Es ist nicht zuletzt die Bedeutung Hermagors im saisonalen Fremdenverkehr, die sich in einer Modifizierung des Fahrplanes (Fahrplanverdichtung in den Sommermonaten) auswirkt.
Deutlich an den Reisebedürfnissen der Urlauber orientiert sind zwei internationale Buslinien, die für den intraregionalen Verkehr jedoch keine Bedeutung haben:

— die Verbindung Kötschach-Mauthen — Hermagor — Lussari (in Betrieb vom 15. 6. — 14. 9.) und
— die Linie Kötschach-Mauthen — Plöcken — Tolmezzo — Undine — Grado (in Betrieb vom 7. 7. — 1. 9.) (vgl. Kursbuch für Autobusse, Österreich-West, 1981).

Im Individualverkehr zeigt sich für das Gailtal ein vergleichsweise geringer Kraftfahrzeugbesatz, zwei Werte aus den 60er und 70er Jahren verdeutlichen dieses. Im Jahre 1964 lag die Kraftfahrzeugdichte mit 7,3 Ew./Kfz. klar hinter dem Kärntner Wert mit 6,2 Ew./Kfz. und dem für ganz Österreich geltenden Wert von 5,7 Ew./Kfz.; 10 Jahre später betrug die Dichte im Gailtal 4,2 Ew./Kfz., der Kärntner Wert lag bei 3,7, und die österreichische Dichte betrug 3,4 Ew./Kfz. (vgl. HAPERNEGG 1965, S. 85 und RAFFER 1975, S. 176).
Neben dem Straßenverkehr ist im Gailtal auch der Bahnverkehr von Bedeutung und dieses bereits seit mehr als 90 Jahren. Die eingleisige Stichbahn Arnoldstein — Hermagor — Kötschach-Mauthen erschließt das Gailtal und ermöglicht in Arnoldstein den Anschluß an die ebenfalls eingleisige Hauptbahnlinie Villach — Tarvis — Franzensfeste (Triest).

3.1.2.2 Die Verkehrsgeschichte der Gailtalbahn — ihr Verkehrsbild in Vergangenheit, Gegenwart und Zukunft

Entstehung

In den 80er Jahren des vorigen Jahrhunderts traten auf Anregung des Arnoldsteiner Fabrikbesitzers Felix von Mottony mehrere Interessenten zusammen, um den Bau einer Lokalbahn in das Gailtal voranzutreiben. Durch die Realisierung eines Bahnprojektes sollten Wirtschaftsaktivitäten und Verkehrsströme, die durch den Bau der Bahnlinie Villach — Tarvis eindeutig vom Gailtal abgelenkt worden waren, erneut angeregt werden. Nach langen Beratungen reichte dieses Interessenten-Konsortium schließlich am 28. 7. 1890 bei der k. k. Bezirkshauptmannschaft in Hermagor ein Gesuch zur Bewilligung der technischen Vorarbeiten für eine Schmalspurbahn von Arnoldstein oder Thörl nach Hermagor ein, die primär den lokalen Interessen entsprechen sollte. Am 10. 10. 1890 erteilte das k. k. Handelsministerium den Bewerbern die Bewilligung zur Durchführung der technischen Vorarbeiten, wobei jedoch die Auflage zu berücksichtigen war, die geplante Lokalbahn wegen ihrer vermutlich hohen strategischen Bedeutung in Normalspur auszuführen. Durch diese Bestimmung der Vorkonzession erwuchsen nun größere Schwierigkeiten bei der Kapitalbeschaffung, da eine Schmalspurbahn in ihren Entstehungskosten weitaus billiger gewesen wäre.
Neben den Finanzierungsschwierigkeiten gab es in der Umgebung von Thörl heftige Widerstände gegen den Bahnbau. Die Fuhrwerks- und Gasthofbesitzer, die ihrerseits infolge des Reiseweges durch die Thörlersenke nach Italien gut verdienten, sahen in der Bahn einen Konkurrenten und damit eine Bedrohung

ihrer Existenz. Aus diesem Grunde mußte die Strecke statt von Thörl über Feistritz i. Gailtal nun von Arnoldstein durch die Steinwüste des Dorbratschabsturzes nach Nötsch geführt werden. Trotz erschwerter Trassierungsbedingungen hatte dieser neue Streckenverlauf jedoch einen Vorteil, bei den Grundablösern waren keine Schwierigkeiten zu erwarten.
Am 14. 10. 1891 reichte das eigens konstituierte „Gailtalbahn-Komitee" das General- und Stationsprojekt einer normalspurigen Lokalbahn Arnoldstein — Hermagor beim k. k. Handelsministerium ein und bat gleichzeitig um die Anordnung der Trassenrevision und die Einleitung der Konzessionsverhandlungen. Sofort nach Beendigung letzterer wurde im Juli 1892 das Detail-Projekt erstellt. Als auch die Finanzierungsfrage geklärt war — das erforderliche Baukapital konnte von den Lokalinteressenten nicht aufgebracht werden, woraufhin eine Unterstützung durch den Staat und das Land angestrebt und erzielt worden war — wurde am 11. 6. 1893 die Konzession zum Bau und Betrieb der Gailtalbahn Arnoldstein — Hermagor erteilt. Bereits im Mai des Jahres war mit dem Bahnbau begonnen worden, der nun zügig voranschritt. Im Sinne des § 12 der Konzessionsbestimmungen wurde letztlich eine Aktiengesellschaft „Gailtalbahn Arnoldstein — Hermagor" gegründet, die gleichzeitig als Eigentümer und Betriebsleiter der neuen Bahnlinie fungierte.
Die feierliche Inbetriebnahme der 30,7 km langen, normalspurigen Strecke Arnoldstein — Hermagor fand am 11. 8. 1894 statt. Nach der Eröffnung wurde am selben Tag mit einem gemischten Zug (10 Personen- und 2 Güterwagen) und insgesamt 310 Reisenden der öffentliche Verkehr aufgenommen (vgl. KNELY 1975, S. 7—11). Eine Verlängerung der Bahnlinie um 31,1 km nach Kötschach-Mauthen erfolgte während des Ersten Weltkrieges für militärische Zwecke. Da das Gailtal als Grenzgebiet auch zugleich Frontabschnitt war, wurde die Strecke im Jahre 1915 als Front- und Nachschubbahn bis Kötschach-Mauthen ausgebaut. Es liegt hier einer jener wenigen Fälle vor, in denen ein Grenzgebiet aus seiner Lage profitiert und eine Verbesserung der Verkehrsstruktur erhält. Im Jahre 1923 ging der Streckenabschnitt Kötschach-Mauthen — Hermagor an die Gailtalbahngesellschaft über. Wegen schlechter Betriebsergebnisse mußten jedoch die Österreichischen Bundesbahnen bereits im Jahre 1923 die auf Rechnung der Gailtalbahngesellschaft betriebene Bahnlinie übernehmen, so daß die einst private Gailtalbahn seither zu den bundeseigenen Nebenbahnen zählt. Zugförderungstechnisch untersteht die Strecke heute der Bundesbahn-Betriebsdirektion Villach.

Anlagestruktur und Streckenverlauf

Die Bahnlinie Arnoldstein — Kötschach-Mauthen ist 61,9 km lang; auf dieser Strecke überwindet sie einen Höhenunterschied von 143 m, was einer durchschnittlichen Steigung von 2,3 m auf einem Kilometer entspricht. Angesichts dieses geringen Steigungswertes kann die Gailtalbahn durchaus den Talbahnen zugerechnet werden. Die Anlage- und Trassierungsverhältnisse entsprechen ausnahmslos den Normen für normalspurige Bahnen. Die Bahnlinie ist nicht elektrifiziert, nach anfänglicher Dampflokomotivtraktion verkehren seit 1959 diesellokomotiv-bespannte Züge und Triebwagen. Die zugelassene Höchstge-

schwindigkeit war ursprünglich auf 25 km/h festgelegt, wurde aber bald auf 30 km/h erhöht und beträgt heute 60 km/h.
Ausgangspunkt der Bahnlinie ist der Bahnhof Arnoldstein (km 0,0/567 m), von hier verläuft sie zirka 400 m parallel der Hauptbahnstrecke Bruck/Mur — Tarvis und zweigt in Bahnkilometer 0,458 in nördliche Richtung und damit in das Gailtal ab. Von Arnoldstein bis zum Bahnhof Nötsch (km 9/559 m) führt die Strecke durch das Absturzgelände des Dorbratsch, auch „Schütt" genannt. Danach verläuft sie weiter in westlicher Richtung zwischen dem teilweise moosigen und sumpfigen Talboden der Gail bzw. des Pressegger-See-Beckens und dem Gebirgsfuß der Gailtaler Alpen, dem häufig Schotter- und Moränenkegel vorgelagert sind. In Bahnkilometer 31 wird der Bahnhof Hermagor (590 m) erreicht.
Nun verläßt die Bahn das Untere Gailtal und fährt in ihrem zweiten Teilstück parallel der B 111 durch das Obere Gailtal in westlicher Richtung zu ihrem Zielbahnhof Kötschach-Mauthen (km 62/740 m). Auf diesem Streckenabschnitt ist ein Höhenunterschied von 120 m zu überwinden, der größere Steigungen, besonders im letzten Drittel der Strecke, notwendig macht. Insgesamt besitzt die Bahnlinie 7 Bahnhöfe (einschließlich Ausgangs- und Endstation) und 12 Haltestellen (vgl. Abb. 36).
Zu erwähnen sind auch 3 Anschlußbahnen, sie bestehen in Bahnkilometer 1,597 (Gailitz), im Bahnhof Nötsch (Bleiberger-Bergwerks-Union) und im Bahnhof Hermagor (Fa. Haßlacher). Der Wagenumsatz dieser Werksbahnen betrug im Jahre 1974 1821 Tonnen; eine Beförderungsleistung, die den Zubringerwert dieser kurzen Güterbahnstrecken unterstreicht.
Die **Entwicklungsgeschichte** dieser Lokalbahn ist aufgrund kaum verfügbarer und nur schwer zugänglicher Informationsquellen nur bedingt aufzuarbeiten, dürfte sich in dem durch Kriegsgeschehnisse, Wirtschaftskrise, Nachkriegsfolgen und Fremdenverkehrsaufschwung bedingten Auf und Ab der Bahnfrequentierung jedoch kaum von den bisher abgehandelten Nebenbahnen unterscheiden. Nähere Ausführungen zur Verkehrsentwicklung auf der Gailtalbahn müssen und können somit zugunsten einer detaillierten Gegenwartsanalyse (1975—1985) unterbleiben.

Die heutige Verkehrssituation

Obgleich das Gailtal als demographischer und wirtschaftlicher Passivraum zu den entwicklungsbedürftigen Regionen des Landes zählt, konnte die Gailtalbahn ihre Position innerhalb des Verkehrssystems stärken und gar ihre Verkehrsanschlußfunktion ausbauen. Neben der Anbindung des Gailtales an internationale Verkehrslinien (Wien — Bruck a. d. Mur — Klagenfurt — Villach — Arnoldstein — Tarvis), der verkehrsmäßigen Aufschließung eines regional isolierten Gebietes und der Anbindung Zentraler Orte (hier der Stufe 3 und 4) hat sich der Funktionskatalog in den vergangenen Jahren um noch einen Aspekt erweitert. Im Rahmen des Fremdenverkehrs dient sie nicht nur der Anfahrt zu den Urlaubsorten, sondern darüber hinaus auch der besseren Erreichbarkeit eines außerhalb des Nebenbahneinzugsbereiches gelegenen Freizeitangebotes (bspw. in Villach oder Klagenfurt). Damit ist die Bahn zu einem wesentlichen Faktor zur Erhaltung der Fremdenverkehrsattraktivität des gesamten Gailtales geworden.

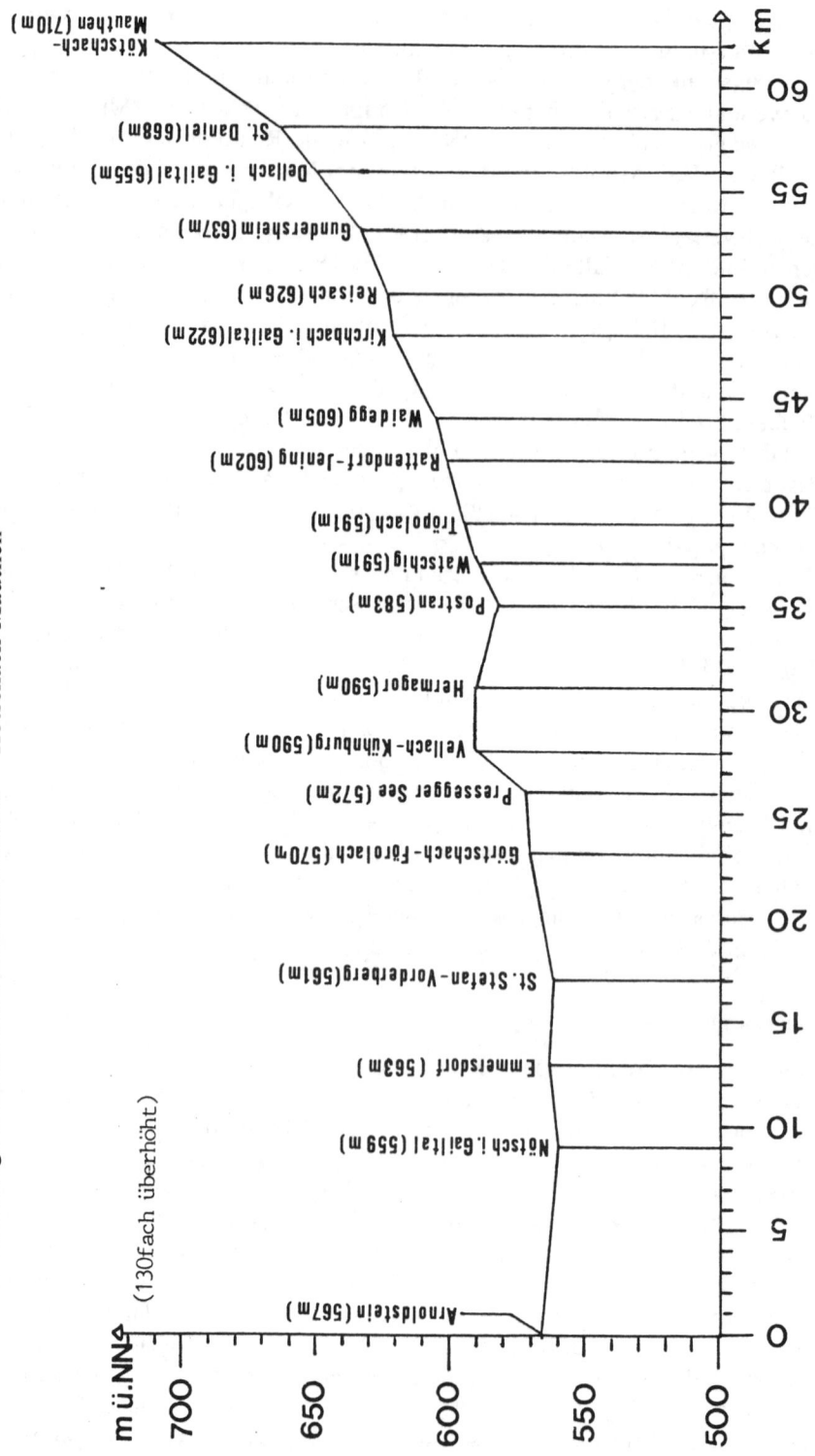

Abb. 36 Streckendiagramm der Bahnlinie Arnoldstein — Kötschach-Mauthen

Vor dem Hintergrund dieses Funktionskatalogs erklärt sich auch das vergleichsweise hohe Verkehrsaufkommen der Gailtalbahn, das in den letzten 10 Jahren nur geringfügigen Schwankungen unterlag (vgl. Abb. 37 a u. 37 b). Die Inanspruchnahme der Bahn im täglichen Verkehr ist im Gailtal eine der höchsten aller bundeseigenen Nebenbahnen (vgl. Tab. 50). Rund 23 Prozent der Berufsfahrten, mehr als 41 Prozent der Schulfahrten und rund 17 Prozent der

Abb. 37a Jährliches Güterverkehrsaufkommen der Gailtalbahn im Zeitraum 1975—1985

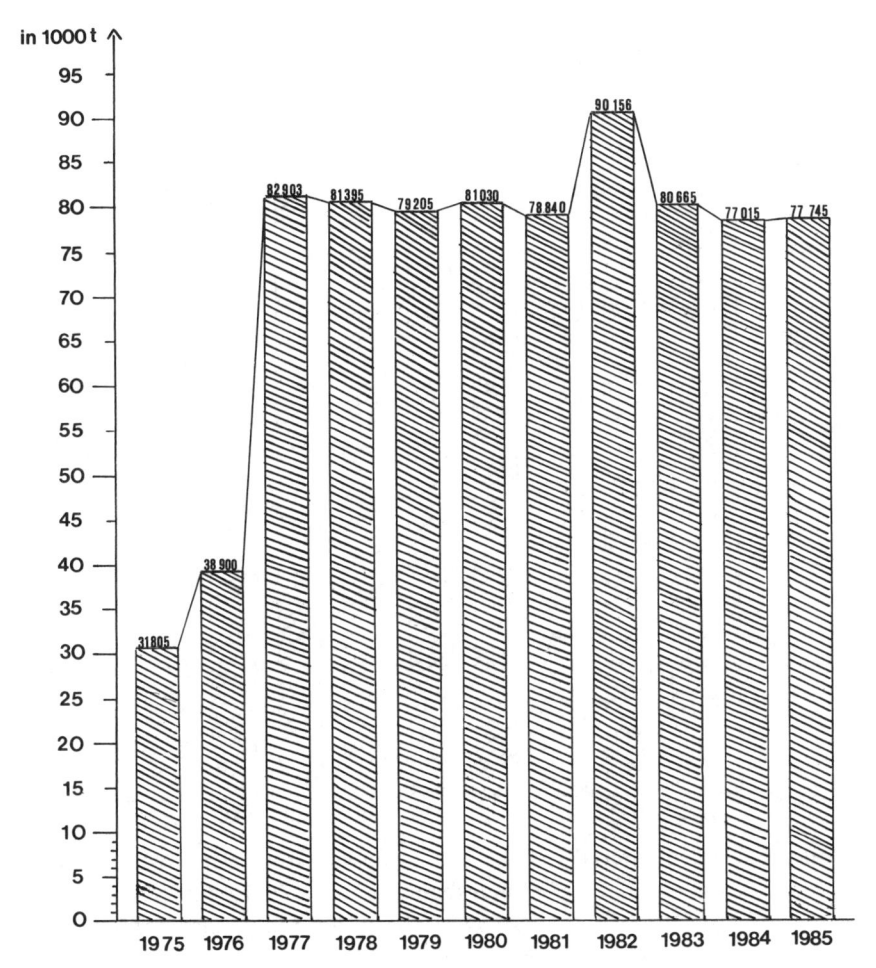

Jahr	in 1000 t
1975	31 805
1976	38 900
1977	82 903
1978	81 395
1979	79 205
1980	81 030
1981	78 840
1982	90 156
1983	80 665
1984	77 015
1985	77 745

Quelle des Zahlenmaterials: Betriebsleistungsstatistik der österreichischen Bundesbahnen, hrsg. von der Stabsstelle Betriebswirtschaft der ÖBB, Generaldirektion in Wien

Abb. 37b Jährliches Personenverkehrsaufkommen der Gailtalbahn 1975—1985

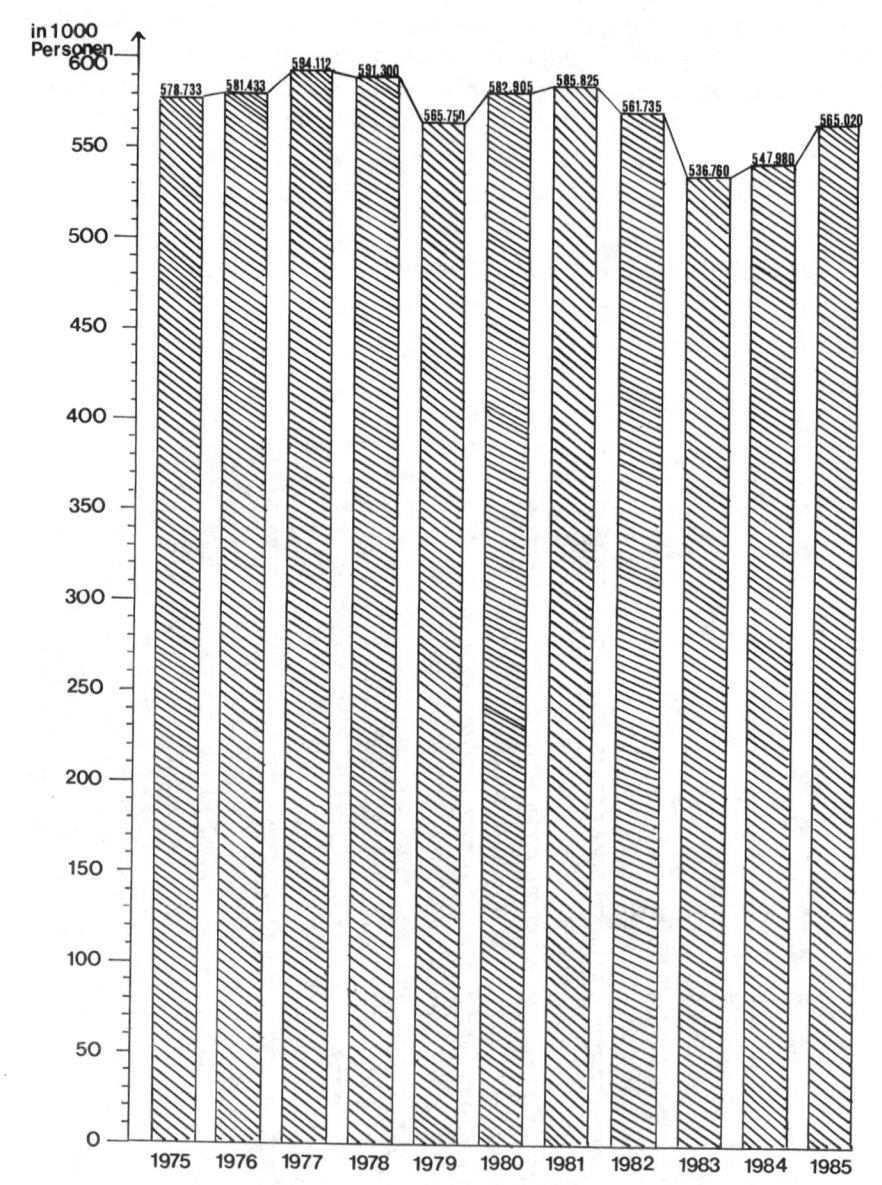

Quelle des Zahlenmaterials: Betriebsleistungsstatistik der österreichischen Bundesbahnen, hrsg. von der Stabsstelle Betriebswirtschaft der ÖBB, Generaldirektion in Wien

übrigen Fahrten werden mit der Gailtalbahn durchgeführt. Damit bedient die Bahn 31 Prozent des gesamten täglichen Verkehrsaufkommens. Der relativ geringe Anteil der Bahn im Berufsverkehr ist in erster Linie darauf zurückzuführen, daß für die zumeist kurzen Entfernungen zu den gewünschten Zielen der Pkw herangezogen wird. Über längere Entfernungen hingegen dominiert die Bahnnutzung; so benutzen beispielsweise mehr als 60 Prozent der Pendler nach Villach die Bahn.

Tab. 50: Durchschnittliches tägliches Verkehrsaufkommen und Verkehrsmittelwahl im Einzugsbereich der Gailtalbahn 1978

Verkehrsnachfrage[1]	Verkehrsaufkommen	Verkehrsmittel			
		Bahn	Bus	Schulbus	Pkw
Berufsverkehr	1967	461	207	—	1299
Schülerverkehr	2475	1005	1220	186	—
Sonstiger Verkehr	660	108	49	—	503
Gesamtverkehr	5102	1574	1476	186	1802

1 nur in Relationen, in denen die Bahn benutzt werden kann

Quelle: ÖROK (Hrsg.): Schriftenreihe Nr. 22c, Anhang, Bahn 38, Wien 1979

Diese bahnorientierte Verkehrsmittelwahl erklärt sich aus der allgemein vorherrschenden Verkehrssituation im Gailtal. Als besonders günstig ist die Verkehrserschließung der Gemeinden durch die Bahn anzusehen, wodurch bereits die primären Bedingungen für eine Bahnbenutzung gegeben sind. Im gesamten Verkehrsraum der Gailtalbahn können zirka 47 Prozent der Einwohner eine Bahnstation zu Fuß erreichen (15-Minuten-Isochrone). Betrachtet man lediglich die Teilstrecke Hermagor — Kötschach-Mauthen, so sind die Zugangsbedingungen zur Bahn noch besser, hier wohnen rund 57 Prozent der Bevölkerung innerhalb des 15-Minuten-Radius.

Interessant ist auch eine Analyse des Verkehrsangebotes der einzelnen Verkehrsträger Bus und Bahn. Während die Bahn von Kötschach-Mauthen durchgehende Züge über Hermagor nach Villach und retour führt, enden die Buslinien bereits in Hermagor. Selbst für Fahrten nach Hermagor bietet die Bahn mit bedarfsgerechten Ankunftszeiten um 5.53 Uhr und um 7.37 Uhr aus Richtung Kötschach-Mauthen für den Berufs- und vor allem für den Schülerverkehr ausgezeichnete Verbindungen an. Diesem Bahnangebot steht lediglich eine Busverbindung mit Ankunft um 7.30 Uhr in Hermagor gegenüber. Auch tagsüber ist das Zugangebot in diesem Streckenabschnitt breiter als im Kraftwagenlinienverkehr.

Eine vergleichbare Situation zeigt sich auf der Strecke Hermagor — Arnoldstein (— Villach). Zwar werden hier durchgehende Busse geführt, jedoch entsprechen

die Abfahrt- und Ankunftzeiten häufig nicht der Nachfrage. Die Bahn bietet beispielsweise zwei Frühverbindungen an (Villach an 6.18 Uhr und 7.22 Uhr), der Bus nur eine (Villach an 7.33 Uhr) (vgl. ÖROK (Hrsg.): 1979, Schriftenreihe Nr. 22c, Anhang, Bahn 38).
Vorrangige Funktion des Busverkehrs im Gailtal ist, Bereiche zu erschließen, die nicht von der Bahn bedient werden können und damit Zubringerdienste zu übernehmen. Ein echter Konkurrenzverkehr Bahn-Bus existiert im Gailtal also nicht, vielmehr zeigt sich eine gegenseitige Ergänzung dieser beiden Verkehrsmittel. Ein Manko wird allerdings in der Tatsache sichtbar, daß in nahezu allen Fällen günstige Busanschlüsse an den Bahnstationen fehlen.
Das derzeitige Verkehrsangebot der Gailtalbahn im Personenverkehr ist nachfolgender Übersicht zu entnehmen:

(Villach —) Arnoldstein — Hermagor: 1 tägl. geführter Zugkurs, bereits von Villach kommend; 1 Zugkurs an Werktagen außer an Samstagen
Hermagor — Arnoldstein (— Villach): 1 werktäglich geführter Zugkurs
(Villach —) Arnoldstein — Kötschach-Mauthen: 5 tägl. geführte Zugkurse;
Kötschach-Mauthen — Arnoldstein (— Villach): 5 tägl. geführte Zugkurse; 1 werktägl. verkehrender Zug; 1 Zug an Schultagen
Hermagor — Kötschach-Mauthen: 1 werktägl. Zugkurs; 1 Zug an Schultagen
Kötschach-Mauthen — Hermagor: in dieser Relation wird kein Zug geführt (vgl. Das österreichische Kursbuch, Sommer 1986, Bd. I, S. 563).

Die Gesamtstrecke wird somit täglich von 5 Zugpaaren bedient, wobei strecken- und tageweise eine Verdichtung im Fahrplan festzustellen ist.
Bei einem Vergleich Bahn-Bus zeigen sich die besseren Konditionen der Bahn nicht nur im Verkehrsangebot, sondern auch hinsichtlich der Fahrzeiten. Benötigt der Bus für die Relation Kötschach-Mauthen — Hermagor 1 Std. 14 Min., so erreicht der Zug Hermagor bereits nach 43 Minuten. Die 61,8 km lange Gesamtstrecke legt die Bahn in rund 1 Std. 30 Min. zurück, was einer Durchschnittsgeschwindigkeit von gut 40 km/h entspricht.
Da das Verkehrsangebot der Gailtalbahn eine deutliche Ausrichtung an einzelnen Fahrgastgruppen aufweist, sollen diese in ihrer Bedeutung für die Bahn nun näher beschrieben werden. Das Personenverkehrsaufkommen rekrutiert sich zu 76,2 Prozent aus Fahrschülern, 3,9 Prozent Berufspendlern und 19,9 Prozent sonstigen Fahrten. Es sind also vornehmlich Schüler, die die Bahn als Verkehrsmittel nutzen und zu ermäßigten Preisen, sogenannten Sozialtarifen, befördert werden. Ausschlaggebend für die starke Inspruchnahme der Bahn im Schülerverkehr dürften unter anderem auch die günstigen Ankunftzeiten vor 8.00 Uhr sein; sie sind für den Schulstandort Hermagor aus beiden Richtungen gegeben. Auch das Fehlen eines Nachmittagsbusses nach 13.50 Uhr beeinflußt die Verkehrsmittelwahl zugunsten der Bahn.
Vor diesem Hintergrund erklärt sich auch die unterschiedliche Gewichtung der einzelnen Fahrgastgruppen bei den tarifarischen Erlösen. Im Jahre 1975 betrugen beispielsweise die Gesamteinnahmen aus dem Personenverkehr 3 790 479,- ö. S., wovon der Schülerverkehr allein 475 153,- ö. S. (= 12,5 %) eingebracht hatte, der Berufsverkehr 101 537,- ö. S. (= 2,8 %) und der Mammutpart vom sonstigen Verkehr, da nicht tarifbegünstigt, mit 3 213 789,- ö. S. (= 84,8 %)

eingefahren wurde (vgl. ÖROK (Hrsg.) 1979, Schriftenreihe Nr. 22c, Anhang, Bahn 38). Der sonstige Verkehr, beispielsweise der versorgungs- oder erholungsorientierte Verkehr, ist somit eine entscheidende Einnahmequelle der Bahn, die es zu erhalten und zu aktivieren gilt. Ein Großteil dieses Verkehrsaufkommens ist durch den Fremdenverkehr bedingt, denn die Gailtalbahn führt durch ein im Aufschwung befindliches Erholungsgebiet.

Weit weniger bedeutend als der Personenverkehr ist die andere Transportsparte der Bahn, der Güterverkehr. Obgleich die Gailtalbahn mit über 70 000 Tonnen jährlich beförderter Güter zur oberen Mittelgruppe der österreichischen bundeseigenen Nebenbahnen zählt, ist der Anteil am Gesamterlös mit 8,5 Prozent verschwindend gering.

Das Güterverkehrsangebot beschränkt sich auf 2 Güterzüge, einem werktäglich geführten Güterzug auf dem ersten Teilstück Arnoldstein — Hermagor und einem nur montags, mittwochs und freitags verkehrenden Zug auf der zweiten Teilstrecke Hermagor — Kötschach-Mauthen (vgl. KENNING 1985, S.19).

Tab. 51: Güterstruktur der Gailtalbahn (Versand und Empfang) 1977

Warengruppe	Zahl der Kunden	Tonnen	%
Land- und Forstwirtschaftliche Produkte (+ Lagerhäuser)	20	23 200	28
Bau- und Brennstoffe	5	5 500	7
Erze, Eisen, Stahl, Metall	—	—	—
Sonstige Ind.: Schotter	1	53 000	64
Diverse	3	1 200	1
Gesamt	29	82 900	100

Quelle: ÖROK (Hrsg.) 1980, Schriftenreihe Nr. 22 b, S. 167

Wie Tabelle 51 zeigt, wird das Transportaufkommen ganz wesentlich von der Schotterverladung (Hermagor) geprägt, die primär für die ÖBB bestimmt ist. Nicht zuletzt durch dieses Transportgut ergibt sich in Hermagor ein deutlicher Frequentierungsbruch; kurioser Weise an jenem Punkt, an dem seinerzeit die zivile Nebenbahnplanung geendet hatte. Abgesehen von diesem überdimensionalen Schottertransport ist die Güterstruktur und auch die Verteilung des Aufkommens über die Strecke durchaus nebenbahntypisch. Nach einer deutlichen Konzentration des Gütertransports auf den ersten Streckenabschnitt Arnoldstein — Nötsch — Hermagor (60 000 — 70 000 t, 1978) sinkt der Wert im zweiten Teilstück sichtbar ab (zirka 10 000 t, 1978), so daß diese zweite Streckenhälfte auch schleppbahnmäßig betrieben werden könnte (vgl. ÖROK (Hrsg.) 1980, Schriftenreihe Nr. 22b, S. 171).

Anzumerken ist an dieser Stelle auch die starke Konkurrenzierung des Gütertransportes der Gailtalbahn durch den Lkw-Verkehr.

Die aufgrund der billigeren und günstigeren Transportmöglichkeiten häufig angesprochene Bedeutung der Eisenbahnlinie für Betriebsgründungen ist auch für das Gailtal in Betracht zu ziehen; Grenzlandlage sowie Abgeschiedenheit von Hauptverkehrsachsen und Wirtschaftszentren lassen die Möglichkeit einer Betriebsansiedlung jedoch sehr gering erscheinen.

Zukunftsperspektiven der Gailtalbahn

Eine Beurteilung der künftigen Verkehrssituation der Gailtalbahn ist primär vor dem Hintergrund der für ihren Verkehrsraum erstellten landesplanerischen Zielsetzungen zu geben. Diese werden — gemäß der Reihung ihrer Priorität — wie folgt formuliert: Als *vorrangig* wird die Stabilisierung der Wohnbevölkerung, die Sicherung der Mindestsiedlungsdichte, die Sicherung der Bildungschancen, die Schaffung von Arbeitsplätzen, die Verhinderung der Abwanderung durch Förderung der Pendelwanderung und die Förderung von Gewerbe- und Industrieansiedlung gesehen. Als *wichtig* wird das Erreichen eines günstigen Bevölkerungspotentials, die Sicherung der Erreichbarkeit geeigneter Bildungseinrichtungen, die Sicherung der bestehenden Gewerbe- und Industriebetriebe, die Erschließung von Gebieten für den Fremdenverkehr und der Ausbau von Zentralen Orten eingeschätzt. Und schließlich ist als *untergeordnete Intention* die Sicherung und der Ausbau von Erholungsgebieten und eine Verbesserung der Qualität der Verkehrsinfrastruktur genannt (vgl. ÖROK (Hrsg.) 1980, Schriftenreihe Nr. 22a, S. 168).

Im Kontext dieser Bestrebungen muß auch die Gailtalbahn ihr Verkehrsangebot weiter ausbauen, um als positiv stimulierender Faktor die Vorhaben zu stützen. Von der Bundesbahndirektion Villach wurde diesbezüglich ein Ausbauprogramm erarbeitet, wonach mit relativ geringen Mitteln die angestrebten Maßnahmen zur Angebotsverbesserung durchgeführt werden sollen.

Bereits mit Beginn des Sommerfahrplanes 1979 wurde in einzelnen Streckenabschnitten eine neue Streckenhöchstgeschwindigkeit von 80 km/h eingeführt, damit wurden die Planfahrzeiten um 7 bis 10 Minuten verkürzt. Die Möglichkeiten einer weiteren Beschleunigung der Bahnfahrzeiten sind für die Gailtalbahn jedoch noch keineswegs erschöpft. Durch eine weitere Sanierung des großteils schadhaften Oberbaues, die Auflassung unnötiger und damit hinderlicher Eisenbahnkreuzungen und eine Verkürzung der Aufenthaltsdauer im Abzweigbahnhof Arnoldstein können weitere Fahrzeitverkürzungen erreicht werden, die sicherlich nicht zuletzt eine weitere Attraktivitäts- und Leistungssteigerung der Bahn nach sich ziehen würden. Eine zusätzliche organisatorische Maßnahme ist die Durchführung einer Fahrplanverbesserung. Zur Verdichtung des Verkehrsangebotes ist die Einführung eines Taktfahrplanes anzustreben, da auf diese Weise das Angebotsloch zwischen 7.00 und 11.30 Uhr sowie zwischen 14.00 und 17.00 Uhr überwunden würde. Auch ist im Sinne einer Frequenzsteigerung das Park-&-Ride-System zu propagieren und die Einrichtung von Buszubringerdiensten voranzutreiben.

Die Zukunftschancen der Bahn im Hinblick auf eine Stabilisierung und gar

Ausweitung des Fahrgastpotentials sind insgesamt als äußerst günstig einzuschätzen. Da in den nächsten Jahren mit einer Ausweitung der Pendlerströme zu rechnen ist und angenommen werden kann, daß die bereits bedeutenden Pendlerzentren (Villach, Arnoldstein, Hermagor und Kötschach-Mauthen) ihre Position verstärken werden, wird die Pendlerbewegung also in jenen Relationen zunehmen, die schon derzeit von der Bahn recht gut bedient werden.

Das Schülerverkehrsaufkommen auf der Gailtalbahn wird allerdings kaum mehr zu steigern sein, da zahlreiche Schüler ungünstig zu den Bahnstationen wohnen. Eine Verkürzung der Fahrzeit könnte jedoch den Schülern im schulisch unterversorgten oberen Gail- und Lesachtal einen zumutbaren Anfahrtsweg zu dem differenzierten Schulangebot der Viertelshauptstadt Villach verschaffen (vgl. ÖROK (Hrsg. 1980, Schriftenreihe Nr. 22c, Anahng, Bahn 38).

Nicht zu unterschätzen ist auch die Funktion der Gailtalbahn für den Fremdenverkehrssektor, wo ihr als Positivfaktor gerade im Hinblick auf den Ausbau dieser Talschaft zur Erholungs- und Freizeitregion aus entwicklungspolitischer Sicht eine wesentliche Bedeutung zukommt.

Funktionskatalog und Frequenzwerte sichern somit vorerst die Aufrechterhaltung des Bahnverkehrs im Gailtal, das bei einer Streckenauflassung noch deutlicher hinter die Verkehrs- und Wirtschaftsräume Kärntens zurücktreten würde, bei einer Forcierung des Bahnverkehrs jedoch in seinen Entwicklungsplänen gestützt werden wird.

3.2 BUNDESEIGENE SCHMALSPURBAHNEN

3.2.1 *Die Verkehrssituation dieses Bahntyps*

Eine Betrachtung des österreichischen Staatsbahnnetzes zeigt deutlich die überragende Dominanz der Normalspur, in der die Hauptbahnstrecken ausschließlich und auch 80 Prozent der Nebenbahnlinien zur Ausführung gelangten. Die Schmalspur spielt damit eine untergeordnete Rolle bei den bundeseigenen Bahnen, ist jedoch noch bei 11 Nebenbahnlinien der ÖBB anzutreffen, die — mit Ausnahme der Pinzgauer Lokalbahn — alle in Ober- und Niederösterreich lokalisiert sind. Bei diesen zu Bahnraritäten gewordenen staatlichen Schmalspurbahnen handelt es sich um:
— die Strecke Vöcklamarkt — Attersee (Oberösterreich, knapp 14 km lang, Stichbahn)
— die Strecke Garsten — Klaus (Oberösterreich, 39,8 km, Verbindungsbahn = Steyrtalbahn)
— die Strecke Kienberg-Gaming — Waidhofen/Ybbs (Niederösterreich, 70,99 km, Verbindungsbahn = Ybbstalbahn)

— die Strecke Gstadt — Ybbsitz (Niederösterreich, 5,7 km, Stichbahn)
— die Strecke Obergrafendorf — Gresten (Niederösterreich, 62,3 km, Stichbahn)
— die Strecke Gußwerk — Mariazell — St. Pölten (Niederösterreich, 91,3 km, Stichbahn = Mariazellerbahn)
— die Strecke Gmünd — Litschau (Niederösterreich, 25,3 km, Stichbahn)
— die Strecke Altnagelberg — Heidenreichstein (Niederösterreich, 13 km, Stichbahn)
— die Strecke Gmünd — Groß Gerungs (Niederösterreich, 43km, Stichbahn)
— die Strecke Puchberg — Hochschneeberg (Niederösterreich, 10,3 km Stichbahn = Schneebergbahn).

Aber auch der Untersuchungsraum wurde bis vor wenigen Jahren noch von schmalspurigen Staatsbahnen durchzogen. Zu nennen sind hier die Salzkammergutlokalbahn, die Gurktalbahn und die Bregenzerwaldbahn; sie sind gleichzeitig Beispiele für den allmählichen Rückzug dieses Bahntyps aus der alpinen Region.

Großenteils sind diese heute als Staatsbahnen betriebenen oder bereits stillgelegten Schmalspurstrecken als private Eisenbahnlinien errichtet worden; sie standen zunächst im Eigentum und teilweise auch unter der Betriebsführung eigens gegründeter Aktiengesellschaften. Da bereits in den ersten Betriebsjahren die Aufwendungen für den Bahnbetrieb höher waren als die eingefahrenen Erträge und eine negative Bilanz das Unternehmen von Anbeginn belastete, gab es schon früh Verhandlungen, die Bahnen in einen staatlichen Betrieb zu überführen. Die schlechte Ertragslage sowie spurbedingte Umladeprobleme änderten sich aber auch nach der staatlichen Betriebsübernahme nicht, so daß die schmalspurigen Lokalbahnbetriebe zu „Sorgenkindern" der österreichischen Bundesbahnen wurden und immer mehr „auf's Abstellgleis" gelangten. Von Modernisierung, Technisierung und Sanierung blieben sie unberührt, so daß ihre Chance, in einem modernen Verkehrssystem zu überleben, immer geringer wurde. Hohe Betriebskosten, ein unzureichender Auslastungsgrad und zahlreiche zur Betriebssicherung notwendige, kostenintensive und lange vernachlässigte Instandsetzungsarbeiten waren letztendlich ausschlaggebend für eine Reihe von Streckenstillegungen, die Mitte der 50er Jahre mit der Salzkammergutlokalbahn ihren Anfang nahm und im Jahre 1983 mit der Bregenzerwaldbahn ihr vorerst letztes Opfer gefunden hat.

Daß auch andere Lösungen gefunden werden können, zeigt das im folgenden dargestellte Beispiel der Pinzgauer Lokalbahn.

3.2.2 *Die Pinzgauer Lokalbahn — eine Staatsbahn mit innerbetrieblichen Schwächen*

Die Schmalspurbahn Zell am See — Krimml, Pinzgauer Lokalbahn oder — nach dem Endpunkt der Strecke — auch gern als Krimmlerbahn bezeichnet, erschließt

mit einer Streckenlänge von rund 54 km als Stichbahn den gesamten Oberen Pinzgau.
Ihre Lage in einem bevorzugten Fremdenverkehrsgebiet Österreichs sowie die Größe und Geschlossenheit des Einzugsbereiches (zirka 1190 qkm bei rund 30 000 Ew./1981) sicherten dieser Bahn jedoch keineswegs ein reges Verkehrsaufkommen. In ihren nunmehr nahezu 90 Betriebsjahren war die Kapazitätsauslastung eher gering, so daß die bange Frage der Einstellung oder Aufrechterhaltung des Bahnbetriebes mehr als einmal zur Diskussion stand und sich besonders Anfang der 80er Jahre äußerst deutlich abzeichnete.
Welche Verkehrsgeschichte die Pinzgauer Bahn in ihren Betriebsjahren begleitet hat, wie sich ihre heutige Verkehrssituation darstellt und welche Entwicklungsmöglichkeiten sich dieser Schmalspurbahn auftun, das sei im folgenden vor dem Hintergrund ihres Verkehrsgebietes aufgezeigt.

3.2.2.1 Der Obere Pinzgau — eine Strukturanalyse des Bahnraumes

Der Obere Pinzgau, das ist der weite Kessel des Salzachtales von Zell am See bis Krimml, bildet eine relativ abgeschlossene, sich in West-Ost-Richtung erstreckende Tallandschaft. Das Längstal der

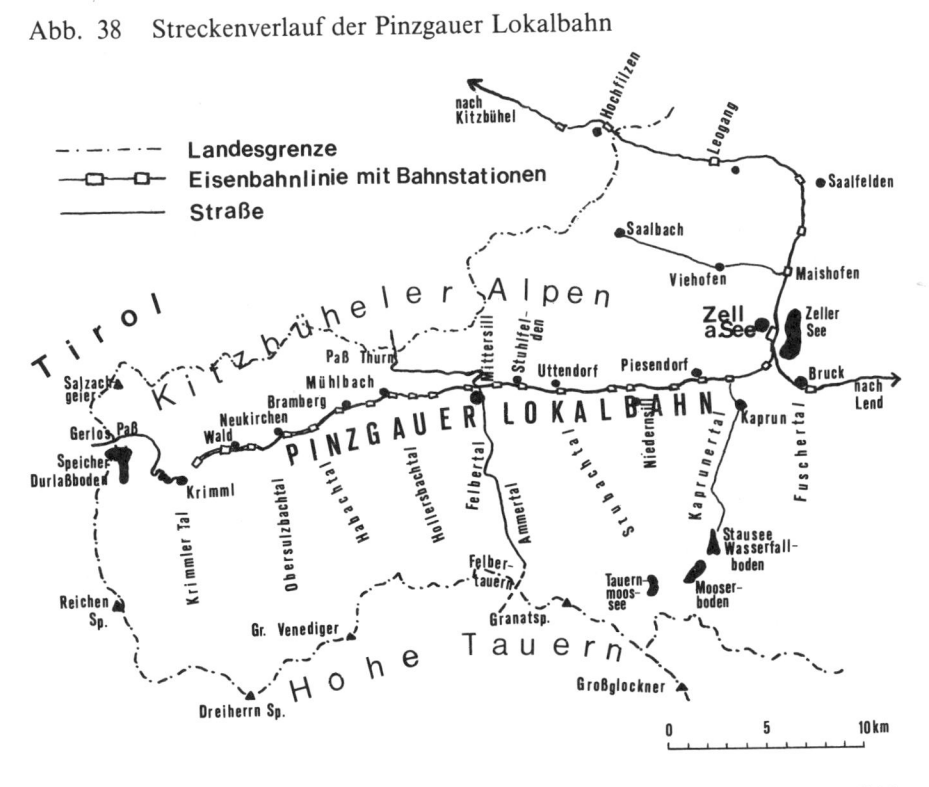

Abb. 38 Streckenverlauf der Pinzgauer Lokalbahn

Salzach nimmt seinen Anfang bei Vorderkrimml, wo sich Salzach und Krimmler Ache vereinigen. Nach dem Zusammenfluß beginnt ein zunächst schmales, durch die Schwemmkegel der Seitenbäche eingeengtes Sohlental, das zuerst Nordostrichtung hat. Bei Mittersill, dem Hauptort des Oberen Pinzgaues, verbreitert sich das Salzachtal und verläuft nun in östlicher Richtung bis zur Zeller Weitung; hier beginnt der Mittlere Pinzgau.

Das Salzachtal wird gen Süden von dem mächtigen Gebirgszug der Hohen Tauern begrenzt; nördlich des Tales schließt sich mit den Pinzgauer Schieferalpen (Kitzbüheler Alpen) die Grauwackenzone an. Während auf der Schattenseite (Nordhang der Hohen Tauern) der kaum durch Rodungsinseln unterbrochene Wald bis zur Talsohle reicht, ist er auf der Sonnseite (Südhang der Kitzbüheler Alpen) stark aufgelöst. Fast geschlossen liegt hier das Kulturland bis in 1300 m Höhe; die mittlere Obergrenze der bäuerlichen Dauersiedlung liegt in 1240 m Höhe. Die besondere Siedlungsgunst der Sonnseithänge drückt sich auch darin aus, daß 70 Prozent aller Höfe des Oberpinzgaues in Streusiedlungsform mit Einödblockflur liegen (vgl. FLIRI/LEIDLMAIR (Hrsg.) 1975, S. 322).

Zu den zahlreichen Einzelhöfen und Kleinweilern an den Hängen treten die Talbodensiedlungen. Erste Siedlungskerne wurden im Tal auf den hochwassergeschützten, aber murengefährdeten Schwemmkegeln relativ spät, erst im 9. bis 11. Jahrhundert, angelegt. Die eigentliche Talsohle, eine feuchte Akkumulationsebene, wird infolge der auch heute noch akuten Überschwemmungsgefahr und der hohen Bodendurchnässung von den älteren Siedlungen völlig, aber auch von den neueren weitgehend gemieden. Standorte der zahlreichen Weiler und Dörfer sind die Schuttkegel der Seitenbäche; hier entstanden zahlreiche Haufensiedlungen.

Während vieler Jahrhunderte wurde das Siedlungswesen im Pinzgau von Kirchdörfern und Kirchweilern geprägt. Piesendorf, Uttendorf, Stuhlfelden und Bramberg sind solche reinen Kirchdörfer; Kirchweiler sind noch in Kaprun und Wald zu finden.

Auf dem Wirtschaftssektor dominierte lange Zeit die Landwirtschaft, die durch eine überregional bekannte Viehzucht (Pinzgauer Rasse) geprägt wurde. Der Forstwirtschaft boten sich durch den ausgesprochenen Waldreichtum ergiebige Einnahmequellen. Mit der modernen Verkehrserschließung erlebte die Wirtschaft des Oberen Pinzgaues jedoch einen ungeahnten Aufschwung; eine Entwicklung, die nicht zuletzt durch den stark expandierenden Fremdenverkehr ausgelöst wurde, der seinerseits das Landschaftsbild deutlich überformt hat und die Funktion als bevorzugtes Erholungsgebiet in den Vordergrund rückte. Verkehrswege wurden ausgebaut, Gipfel- und Bergregionen durch Seilbahnen und Lifte erschlossen und auch das Siedlungsbild erfuhr eine nachhaltige Umstrukturierung. Zahlreiche Neusiedlungen dokumentieren die rege Bautätigkeit; Gasthöfe, Pensionen, Wochenend- und Ferienhäuser sowie einzelne Geschäftszeilen entstehen zusehends in den bekannten Ferienorten und verändern die Physiognomie des Pinzgauer Kirchdorfes. Die Gefahr der planlosen Zersiedlung und Verhüttelung der Landschaft ist allseits gegenwärtig. Neben diesem Negativum ist aber auch auf den hohen Wohn- und Freizeitwert dieser Region hinzuweisen; zwei Faktoren, die den Oberpinzgau als demographischen und wirtschaftlichen Aktivraum auszeichnen.

Vor diesem Hintergrund erklärt sich die positive Bevölkerungsentwicklung dieser Region (vgl. Tab. 52). In allen Gemeinden ist im Zeitraum 1971 bis 1981 ein Bevölkerungszuwachs zu verzeichnen, der — hochgerechnet — einem Wert von + 9,2 Prozent für den ganzen Raum entspricht. Diese Zunahme ist bei leicht negativer Wanderungsbilanz (— 2,2 %) auf die außerordentlich positive Geburtenentwicklung im Oberpinzgau zurückzuführen.

Einer weiteren Strukturanalyse des Einzugsbereiches der Pinzgauer Lokalbahn soll zur besseren Übersichtlichkeit zunächst eine Aufschlüsselung der verwaltungspolitischen Gliederung und Zugehörigkeit vorausgeschickt werden.

Der Verkehrsraum der Bahn liegt im politischen Bezirk Zell am See; er ist identisch mit dem Gerichtsbezirk Mittersill und erstreckt sich darüber hinaus noch auf die der Zentralzone um Zell am See zuzurechnenden Gemeinden Piesendorf und Kaprun (Gerichtsbezirk Zell am See) sowie auf den Bezirkshauptort Zell am See. Die 9 Gemeinden des Gerichtsbezirkes Mittersill sowie Piesendorf, Kaprun und Zell a. S. sind gleichzeitig auch Anliegergemeinden der Bahn, sie besitzen jeweils eine Bahnstation.

In der zentralörtlichen Hierarchie hat Zell am See (1981: 7937 Ew.) als Bezirkshauptort unbestritten die dominierende Stellung inne (1975: Rangstufe 6 der Zentralen Orte der Mittleren Stufe nach BOBEK/FESL 1978, Anhang, S. 281). Es ist Arbeits-, Versorgungs- und Schulzentrum (4 weiterführende Schulen) des Bezirks und besitzt auch auf dem Gesundheitssektor eine führende Position (zahlreiche Ärzte, Fachärzte und 1 Krankenhaus).

Tab. 52: Entwicklung der Wohnbevölkerung im Einzugsbereich der Pinzgauer Lokalbahn nach Gemeinden 1951—1981

Gemeinde	1951	1961	1971	1981
Bramberg a. Wildkogel	2418	2620	3129	3407
Hollersbach i. Pinzgau	803	860	1034	1067
Kaprun	.	.	2604	2761
Krimml	657	645	794	797
Mittersill	3155	3502	4361	5027
Niedernsill	1365	1425	1654	1942
Neukirchen a. Großvenediger	1800	1932	2100	2223
Piesendorf	.	.	2094	2601
Stuhlfelden	972	1087	1266	1352
Uttendorf	3271	2347	2580	2668
Wald i. Pinzgau	775	847	937	977
Zell a. See	.	.	7456	7937

• es lagen keine Angaben vor
Quelle: Amt der Salzburger Landesregierung (Hrsg.) 1962, S. 37 und Österreichisches Statistisches Zentralamt (Hrsg.): Volkszählung 1981, Hauptergebnisse I — Salzburg, Wien 1984 (= Beiträge zur österreichischen Statistik, Heft 630/6)

Im Oberen Pinzgau ist Mittersill (1981: 5027 Ew.) als voll ausgestatteter Zentraler Ort zur Deckung des Grundbedarfs anzusprechen (Rang 3 der Zentralen Orte Unterer Stufe gemäß BOBEK/FESL 1978, Anhang, S. 284). Für die Entwicklung von Mittersill zum Hauptort des Oberen Pinzgaues war der Verkehr über den Felbertauern und über den Paß Thurn von besonderer Bedeutung. Mit 2 Volksschulen, 1 Hauptschule und 1 Realgymnasium, einer ausreichenden gesundheitlichen Versorgung (3 prakt. Ärzte, 1 Zahnarzt, 4 Dentisten, 1 Tierarzt, 1 Apotheke, 1 Krankenhaus) und zahlreichen weiteren öffentlichen und privaten Diensten (1 Rechtsanwalt, Notar und Steuerberater, 2 Sparkassen etc.) sowie einem recht breiten kulturellen Angebot (Theatergruppe, Musikvereine, Kino) ist Mittersill zu einem regionalen Zentrum des Oberpinzgaus geworden.
Neben der Marktgemeinde Mittersill konnten aber auch zwei weitere Gemeinden an Bedeutung gewinnen: Bramberg am Wildkogel (1981: 3407 Ew.) und das in der Weitung des Rosenthales gelegene Neukirchen am Großvenediger (1981: 2223 Ew.) (vgl. Amt der Salzburger Landesregierung (Hrsg.) 1975, S. 92—97). Neukirchen a. G. ist zu einem innerregionalen Gegenpol zu Mittersill angewachsen, so daß der Obere Pinzgau eine weitere Unterteilung in die Regionen Neukirchen und Mittersill erfährt.
Das Wirtschaftsgefüge des Untersuchungsgebietes war in den letzten Jahrzehnten einem bedeutenden Wandel unterworfen, für den zwar bereits vor längerer Zeit durch die Errichtung der Kraftwerksgruppe Glockner-Kaprun die Voraussetzungen gegeben waren, der sich aber im wesentlichen erst in den 60er Jahren vollzog. Anstelle der traditionellen alpenländischen Agrarwirtschaft dominiert heute der Fremdenverkehr, unterstützt von einer kleinen Spezialindustrie.
Trotz aller Umstrukturierungen bleibt die Land- und Forstwirtschaft aber weiterhin im Landschaftsbild bestimmend, auch bildet sie die Grundlage der wirtschaftlichen Entwicklung. Der Obere Pinzgau ist ein typisches Bergbauerngebiet mit nahezu ausschließlicher Grünland-Waldwirtschaft, in der Viehzucht und Milchwirtschaft die Hauptbetriebszweige bilden; immer größere Bedeutung kommt besonders der Fleischerzeugung zu. Insgesamt ist aber auch hier wie in anderen Alpenregionen der Anteil der bäuerlichen Bevölkerung deutlich rückläufig. Der Bedeutungsverlust dieses Wirtschaftssektors spiegelt sich auch in den sinkenden Beschäftigtenzahlen. Waren 1971 noch 18,3 Prozent der Berufstätigen in diesem Wirtschaftsbereich tätig, so verringerte sich dieser Wert bis zum Jahre 1981 bereits auf 10 Prozent (vgl. Tab. 53). Parallel zu diesem rückläufigen Trend wird auch die Abkehr von den Vollerwerbsbetrieben und die wachsende Hinwendung zum Zu- und Nebenerwerbs-

Tab. 53: Berufstätige im Einzugsbereich der Pinzgauer Lokalbahn nach Wirtschaftssektoren und Gemeinden 1971 und 1981 (in %)

Gemeinde	Land- und Forstwirtschaft		Industrie, Gewerbe, Bauwesen		Dienstleistungen	
	1971	1981	1971	1981	1971	1981
Bramberg a. Wildkogel	20,2	8,2	53,4	56,0	26,4	35,8
Hollersbach i. Pinzgau	21,9	12,7	47,0	44,6	31,1	42,7
Kaprun	6,7	3,6	49,9	40,9	43,4	55,4
Krimml	14,9	10,7	43,2	42,1	38,5	47,9
Mittersill	15,2	7,2	49,6	47,8	35,1	45,0
Niedernsill	15,2	6,8	50,6	51,5	34,2	41,8
Neukirchen a. Großvenediger	18,2	11,6	42,2	38,6	39,6	49,7
Piesendorf	24,0	10,7	43,5	44,0	32,5	45,3
Stuhlfelden	23,6	10,3	50,0	48,5	26,4	41,2
Uttendorf	20,8	14,9	43,0	38,9	36,2	46,2
Wald i. Pinzgau	34,8	20,1	28,3	34,7	36,9	45,2
Zell a. See	4,1	2,7	31,4	27,0	64,5	70,3

Quelle: Österreichisches Statistisches Zentralamt (Hrsg.): Volkszählung 1981, Hauptergebnisse II — Salzburg, Wien 1985 (= Beiträge zur österreichischen Statistik, Heft 630/16)

betrieb sichtbar, wobei besonders dem Fremdenverkehr ein zunehmendes Interesse gilt. Der Fremdenverkehr bringt aus bäuerlicher Sicht neben dem Zuerwerb auch einen Absatz der eigenen Produkte und trägt wesentlich dazu bei, das Einkommen zu verbessern.

Im sekundären Wirtschaftsbereich dominieren arbeitsintensive und weitgehend exportorientierte industrielle Mittelbetriebe, die Spezialprodukte erzeugen.

Erwähnenswert ist hier der nach der Beschäftigtenzahl größte Pinzgauer Industriebetrieb, die Blizzard-Skifabrik A. Ansteiner (600 Beschäftigte), die ihren Standort ebenso wie der drittgrößte Industriebetrieb der Region, die Fahnenfabrik Gartrier & Co., in der Gemeinde Mittersill hat. Weitere Industriestandorte sind die Gemeinden Piesendorf und Kaprun als Schwerpunkt einer kleinen, aber durchaus entwicklungsfähigen chemischen Industrie (138 Beschäftigte), die Gemeinde Bramberg mit einer bedeutenden Kesselbaufirma sowie der Bezirksort Zell a. See. Aufgrund der gegebenen Rohstoffbasis hat sich im Oberen Pinzgau auch eine beachtliche Sägeindustrie entwickelt, die in der Region Mittersill, bedingt durch größere Betriebe in Stuhlfelden (41 Beschäftigte) und Uttendorf (59 Beschäftigte), von einiger Bedeutung ist.

Zahlreiche Arbeitsplätze bietet auch das Gewerbe, und hier besonders der Bausektor, der im Zuge steigender Fremdenverkehrsintensität einen Ausbau erfährt.

Auskunft über die Bedeutung des Wirtschaftssektors Industrie, Gewerbe, Bauwesen gibt darüber hinaus nachfolgende Zahlengegenüberstellung: Waren im Jahre 1971 43,2 Prozent der Beschäftigten im Verkehrsraum der Bahn in diesem Wirtschaftsbereich tätig, so ist für 1981 ein nahezu unveränderter Wert von 42,7 Prozent festzustellen; ein mit — 0,5 Prozent insgesamt kaum erwähnenswerter Rückgang.

Seine Position ausbauen konnte der Dienstleistungsbereich; mit 47,9 Prozent der in den Bahngemeinden wohnhaft Beschäftigten 1981 gegenüber 38,5 Prozent im Jahre 1971 hat er deutlich auf Kosten des Primären Sektors hinzugewonnen; eine Entwicklung, die nicht zuletzt auf den immensen Aufschwung im Beherbergungs- und Gaststättenwesen sowie im Einzelhandel gegründet ist. Diese Sparten vereinigen die meisten Beschäftigtenzahlen auf sich.

Bereits mehrfach wurde die wichtige Funktion der Fremdenverkehrswirtschaft für den Oberen Pinzgau erwähnt, der landschaftlich wie auch strukturell als Erholungsgebiet hervorragend geeignet

ist. Das wechselvolle Landschaftsbild, der Naturpark Hohe Tauern, das Naturdenkmal Krimmler Wasserfälle sowie die insgesamt imposante Bergwelt des Untersuchungsraumes prädestinieren ihn für einen ausgeprägten Sommerfremdenverkehr, der auch lange Zeit die Fremdenverkehrsstruktur einseitig beherrscht hat. Hinsichtlich des Winterfremdenverkehrs und damit des Wintersportes bieten vor allem die nördlich der Salzach liegenden Gebiete ideale Voraussetzungen. Auf längere Frist erscheint es optimal, diese für den Wintersport geeigneten Gebiete durch Zusammenschluß mit der Wintersportzone um Kitzbühel zu einem Skigroßraum auszubauen, wobei die Errichtung entsprechender Infrastruktur weiter forciert werden muß, beispielsweise der Bau von Sesselliften, Seilbahnen, Hallenbädern usw.. Für Skifans besitzt der Obere Pinzgau auch ein Sommerskigebiet am Kitzsteinhorn und zwei weitere am Sonnblick und Großvenediger können noch ausgebaut werden. Von entscheidender Signifikanz für die Fremdenverkehrswirtschaft war der Bau der Gerlosstraße und der Felbertauernstraße sowie der Ausbau der Straße über den Paß Thurn. Auch die großen Kraftwerksbauten in Kaprun, am Tauernmoos- und Weißensee sowie das Gerlos-Kraftwerk Durlaßboden sind nicht nur wichtige Faktoren der Energiewirtschaft, sondern beleben als Ausflugsziele auch den Tourismus. Die Übernachtungszahlen stiegen allein im Zeitraum von 1955 bis 1970 im Oberen Pinzgau von 196 230 auf 930 498 Nächtigungen (+ 375 %) und sind durch den Ferien- und Freizeitboom der 70er Jahre noch weiter explosionsartig angewachsen. Mit über 2 Millionen Übernachtungen Anfang der 80er Jahre gehört der Einzugsbereich der Pinzgauer Lokalbahn zu den bedeutendsten Ferienregionen im Land Salzburg; kaum eine andere Region ist so vom Fremdenverkehr abhängig. Nahezu alle Orte zwischen Zell am See und Krimml zeichnen sich als ausgesprochene Fremdenverkehrsorte aus, wobei die Fremdenverkehrsintensität jedoch in Zell am See, Kaprun, Mittersill, Neukirchen a. G. und Krimml am stärksten ist (vgl. Tab. 54).
Nach diesen Ausführungen zu einzelnen Wirtschaftssektoren ist eine Kurzcharakteristik der verschiedenen Wirtschaftsregionen interessant.
Die Region Neukirchen umfaßt die Gemeinden Krimml (1981: 797 Ew.), Wald (1981: 977 Ew.), Bramberg (1981: 3407 Ew.) und Neukirchen (1981: 2223 Ew.). Während Bramberg der siedlungsmäßige Schwerpunkt der Region ist, kann die Gemeinde Neukirchen als wirtschaftlicher Mittelpunkt des Gebietes bezeichnet werden, wobei allerdings die Zentrenbildung bei weitem nicht so deutlich erfolgt wie in der benachbarten Region Mittersill. Von Mittersill wird überdies ein starker Einfluß auf die Region Neukirchen ausgeübt, was sich speziell auch in der Pendlerbewegung ausdrückt.

Tab. 54: Fremdenverkehrsintensität im Einzugsbereich der Pinzgauer Lokalbahn

Gemeinde	Nächtigungszahlen		
	1955	1960	1970
Bramberg a. Wildkogel	11 681	37 127	95 145
Hollersbach i. Pinzgau	5 718	32 216	40 187
Kaprun	.	.	389 698
Krimml	58 187	78 318	126 662
Mittersill	33 485	101 371	185 659
Niedernsill	8 930	49 132	73 220
Neukirchen a. Großvenediger	51 591	96 101	219 643
Piesendorf	.	.	99 038
Stuhlfelden	1 471	23 752	43 109
Uttendorf	11 302	75 759	102 620
Wald i. Pinzgau	13 865	32 430	44 253
Zell a. See	.	.	879 310

. es lagen keine Angaben vor

Quelle: SCHMIDJELL 1971, S. 44—61

Der wichtigste Wirtschaftswachstumsfaktor im Raum Neukirchen ist der Fremdenverkehr, sein Anteil ist vor allem in den Gemeinden Krimml und Wald überdurchschnittlich hoch; Industrie- und Gewerbeansiedlungen sind selten, neben einer Kesselbaufirma in Bramberg sind einige wenige Sägewerke in Neukirchen und Bramberg zu nennen. Eine bedeutende Rolle spielt in dieser Region noch die Land- und Forstwirtschaft; die Zahl der bäuerlichen Betriebe, zumeist Mittel- und Kleinbetriebe, war hier Mitte der 70er Jahre noch vergleichsweise groß (vgl. Amt der Salzburger Landesregierung (Hrsg.) 1975, S. 45).

Die **Region Mittersill** umfaßt die Gemeinden Hollersbach (1981: 1067 Ew.), Niedernsill (1981: 1942 Ew.), Mittersill (1981: 5027 Ew.), Stuhlfelden (1981: 1352 Ew.) und Uttendorf (1981: 2668 Ew.); sie zeichnet sich durch ausgesprochen günstige wirtschaftliche Verhältnisse aus. Das eindeutige Zentrum der Region ist die Gemeinde Mittersill, deren Sogwirkung in den Orten Uttendorf, Stuhlfelden und Hollersbach deutlich zu spüren ist. In Niedernsill überschneidet sich der Einfluß Mittersills mit jenem der Zentralzone Zell.

Eine sehr große Bedeutung kommt in diesem Wirtschaftsraum der Sägeindustrie zu. Bedingt durch die im Hauptort ansässigen Spezialindustrien (Ski- und Fahnenfabrik) hat sich Mittersill zu einem kleinen Industriezentrum des Oberpinzgaus entwickelt, das seine Position aufgrund ausgezeichneter Marktchancen dieser Industriebetriebe stärken und ausbauen kann. Eine herausragende Stellung besitzt auch das Gast-, Schank- und Beherbergungsgewerbe in den Gemeinden Niedernsill, Uttendorf und Stuhlfelden. Die gute Erreichbarkeit des Kapruner und Stubachtales mit ihren zahlreichen Wintersporteinrichtungen und Erholungsmöglichkeiten (Kitzsteinhorn, Stausee Wasserfallboden und Mooserboden sowie Enzingerboden und Tauernmoossee) ist sicherlich ein ausgesprochener Positivfaktor. Durch die Fertigstellung der Felbertauernstraße wurde Mittersill zudem zu einem bedeutenden Verkehrsknoten, der im Schnittpunkt wichtiger Nord-Süd- bzw. Ost-West-Verbindungslinien liegt.

Letztlich sei auch die **Zentralregion Zell am See** kurz erwähnt, zu der unter anderem die im Einzugsbereich der Pinzgauer Lokalbahn liegenden Gemeinden Piesendorf (1981: 2761 Ew.) und

Tab. 55: Maßzahlen zur Pendlermobilität in den Bahngemeinden der Pinzgauer Lokalbahn 1981

Gemeinde	Beschäftigte am Wohnort	Auspendler	Einpendler	Beschäftigte am Arbeitsort	Index des Pendlersaldos	Index der Pendlermobilität
Bramberg a. Wildkogel	1359	726	157	790	58,1	65,0
Hollersbach i. Pinzgau	473	287	81	267	56,4	77,8
Kaprun	1300	342	800	1758	135,2	87,8
Krimml	298	120	78	256	85,9	66,4
Mittersill	2408	507	933	2834	117,7	59,8
Niedernsill	717	436	42	323	45,0	66,7
Neukirchen a. Großvenediger	934	389	216	761	81,5	64,8
Piesendorf	1037	618	191	610	58,8	78,0
Stuhlfelden	560	348	137	349	62,3	86,6
Uttendorf	1134	465	194	863	76,1	58,1
Wald i. Pinzgau	405	204	51	252	62,2	63,0
Zell a. See	3625	701	2782	5706	157,4	96,1

Quelle: Österreichisches Statistisches Zentralamt (Hrsg.): Volkszählung 1981, Hauptergebnisse II — Salzburg, Wien 1985 (= Beiträge zur österreichischen Statistik, Heft 630/16)

Tab. 56: Matrix zur Pendlerbewegung im Einzugsbereich der Pinzgauer Lokalbahn 1981

Wohngemeinde \ Arbeitsgemeinde	Bramberg a. Wildkogel	Hollersbach i. Pinzgau	Kaprun	Krimml	Mittersill	Niedernsill	Neukirchen a. Großvenediger	Piesendorf	Stuhlfelden	Uttendorf	Wald i. Pinzgau	Zell a. See
Bramberg a. Wildkogel					40							
Hollersbach i. Pinzgau							32					
Kaprun	34				40	67		146	30	41		107
Krimml	28				31						25	
Mittersill	218	100	22	35		28	114	22	103	100	49	
Niedernsill												
Neukirchen a. Großvenediger	63				21						43	31
Piesendorf			46			25				20		30
Stuhlfelden	22				46	22				24		
Uttendorf					27							
Wald i. Pinzgau												
Zell a. See	47		129		60	124	23	243	41	77		

Quelle: Zusammengestellt auf der Grundlage der Volkszählung 1981, Hauptergebnisse II — Salzburg, hrsg. vom Österreichischen Statistischen Zentralamt, Wien 1985 (= Beiträge zur österreichischen Statistik, Heft 630/16)

Kaprun (1981: 2761 Ew.) zählen. Die herausragende Stellung der Zentralzone im Pinzgauer Wirtschaftsleben ist primär durch die landschaftlichen Gegebenheiten bedingt. Das Zeller Becken stellt den natürlichen Mittelpunkt des Pinzgaues dar, der auch verkehrsmäßig gut erschlossen ist. Auf der Grundlage landschaftlicher Schönheit und guter Verkehrserschlossenheit konnte sich eine äußerst aktive Fremdenverkehrswirtschaft entwickeln; als Europa-Sportregion und internationales Wintersportzentrum ist der Zeller Raum heute bekannt.

Naturgemäß besitzt der Handel seinen Schwerpunkt in Zell am See, während der Anteil des Gewerbes in Kaprun und Piesendorf, aber auch in Maishofen, Fusch und Bruck überdurchschnittlich hoch ist. Insgesamt zeigt dieser Zentralraum deutlich die Struktur einer Dienstleistungsregion, welche durch den Fremdenverkehr und die zentralörtliche Funktion von Zell geprägt ist (vgl. Amt der Salzburger Landesregierung (Hrsg.) 1975, S. 44—47).

Wirtschaftsstruktur und Arbeitsplatzverteilung bedingen auch in diesem Untersuchungsraum Pendlerbewegungen, die innerregional recht verschieden sind (vgl. Tab. 55). Das wichtigste Ziel im Berufsverkehr ist Zell am See, allein 37 Prozent aller Auspendler der Gemeinden des Einzugsbereiches der Pinzgauer Lokalbahn haben hier ihren Arbeitsplatz. An zweiter Stelle steht Mittersill, wo rund 30 % aller Auspendler ihr Ziel haben. Von geringerer Bedeutung sind die Arbeitsstandorte Kaprun (9 %), Bramberg (7 %) und Uttendorf (4,5 %) (vgl. ÖROK (Hrsg.) 1980, Schriftenreihe Nr. 22c, Anhang, Bahn 36). Stellen Zell am See, Mittersill und Kaprun deutliche Einpendlerzentren dar, so sind alle übrigen Orte des Oberpinzgaus als Auspendlergemeinden zu bezeichnen. Einen weiteren Einblick in die einzelnen Pendlerströme ermöglicht auch eine Matrix zur Pendlerbewegung im Oberpinzgau (vgl. Tab.56).

Die Hauptverkehrsader der Region ist die Salzachtal-Bundesstraße bis Mittersill (B 168) sowie die Gerlosbundesstraße (B 165), die von Mittersill bis Wald führt. Durch die Forcierung des Straßenbaues in den 60er Jahren, die sich im Oberpinzgau im Bau der neuen Gerlospaßstraße nach Tirol (Weiterführung der B 165 über den Gerlospaß ins Zillertal), in der Errichtung der Felbertauernstraße (B 108) und dem Ausbau der Straße über den Paß Thurn (B 161) gezeigt hat, ist dieser Raum zum Kreuzungspunkt wichtiger und bekannter Durchzugsstraßen geworden und hat dadurch auch zahlreiche belebende Impulse erhalten. Allein das Verkehrsaufkommen auf der Salzach- und Gerlosbundesstraße hat sich in den 70er und 80er Jahren enorm gesteigert, was nicht zuletzt auch auf den verbesserten Ausbauzustand dieser Straßenzüge zurückzuführen ist (vgl. Tab. 57).

Die Gesamtlänge beider Bundesstraßen im Untersuchungsgebiet beträgt 63,1 km. Gering ist die Länge der Landesstraßen, hier besteht nur ein kleines Stück zwischen Krimml und Wald, das eine Länge von 5,3 km aufweist. Mit Ausnahme von Mittersill (zirka 70 km Gemeindestraßen) haben auch

Tab. 57: Durchschnittlicher motorisierter Tagesverkehr auf der Pinzgauer Bundesstraße (B 168) und der Gerlosbundesstraße (B 165) — eine Gegenüberstellung von Querschnittserhebungen einzelner Zählstellen und Jahre

Jahr	durchschnittlicher motorisierter Tagesverkehr					
	B 168 (Zählstelle 10.159: Uttendorf)			B 165 (Zählstelle 5.169: Wald)		
	Personenverkehr	Güterverkehr	Gesamt	Personenverkehr	Güterverkehr	Gesamt
1955	750	96	846	350	58	408
1965	2413	288	2701	1319	192	1511
1970	3261	279	3540	2212	227	2439
1975	5141	594	5735	3502	412	3914
1980	7099	672	7771	5090	541	5631

Quelle: Österreichisches Statistisches Zentralamt (Hrsg.): Straßenverkehrszählung im gesamten Bundesgebiet der Republik Österreich, Wien, verschiedene Jahrgänge

alle Gemeinden verhältnismäßig wenig Gemeindestraßen. Die Gesamtlänge dieser Straßenkategorie beträgt im Oberen Pinzgau 107,81 km (vgl. Amt der Salzburger Landesregierung (Hrsg.) 1975, S. 101). In den Höhenlagen wird die Erschließung durch land- und forstwirtschaftliche Wege sowie durch Stichstraßen weiter vorangetrieben.

Insgesamt sind nach dem vollzogenen Ausbau der Bundesstraßen die Verkehrsgegebenheiten als befriedigend zu bezeichnen. Durch den ihnen eigenen hochalpinen Charakter erfährt die inter- und innerregionale Verkehrsbedeutung der angeführten Paßstraßen allerdings eine Einschränkung; Wintersperren und Mautschranken verhindern ein größeres Verkehrsaufkommen.

Im öffentlichen Personenverkehr steht ein Angebot von Bus und Bahn zur Verfügung; außer der schmalspurigen Pinzgauer Lokalbahn verkehren auch Autobusse der österreichischen Bundesbahnen. Letztere sind auf folgenden Strecken eingesetzt:
— Mittersill — Kitzbühel: 1 tägl. Buskurs (im Sommer Angebotsverdichtung)
— Mittersill — Hintersee: 2 tägl. Buskurse (1. 7. — 31. 8.)
— Zell — Uttendorf — Enzingerboden: 4 tägl. Buskurse
— Krimml — Wald — Gerlos — Zell/Ziller — Mayrhofen: 3 tägl. Buskurse
— Krimml Ortsmitte — Krimml Bhf.: 4 tägl. Buskurse
— Zell — Mittersill — Krimml: 5 tägl. Buskurse.

3.2.2.2 Aus der Chronik der Pinzgauer Lokalbahn

Wirtschaftsstruktur und Verkehrssituation entsprachen nicht immer den geschilderten, weitestgehend zufriedenstellenden Gegebenheiten der Gegenwart. Lange Zeit lag die Region im Verkehrsschatten wichtiger Durchgangs- und Handelslinien. Mit der Eröffnung der Salzburg-Tirolerbahn im Jahre 1875, die von Lend kommend, über Zell am See nach Saalfelden und weiter nach Tirol führt, waren zwar der Untere und Mittlere Pinzgau an das österreichische Eisenbahnnetz angeschlossen, nicht jedoch der Oberpinzgau. Das lange Ost-West-Tal der oberen Salzach von Zell bis Krimml, das schon um die Jahrhundertwende das Vordringen einzelner Urlaubsgäste zu verzeichnen hatte, war noch ohne Bahnanschluß und somit verkehrsmäßig schlecht erreichbar.

Baugeschichte

Schon bald nach der Inbetriebnahme der Salzburg-Tirolerbahn (Giselabahn) verstärkte sich auch im Oberen Pinzgau der Wunsch nach einer Bahnverbindung. Bereits 1889 wurden erste Pläne für eine Bahn von Zell am See nach Krimml bekannt gegeben, aber erst 1895 trat dieses Projekt in ein akutes Stadium. Größte Schwierigkeiten bereitete seinerzeit die Finanzierungsfrage. Obgleich man sich aus Kostengründen sehr schnell dazu entschlossen hatte, die Bahnlinie in einer Spurweite von 760 mm, also in Schmalspur, anzulegen und für den Bau und Betrieb der Bahnlinie eigens eine Aktiengesellschaft gründen wollte, war die Bereitstellung der finanziellen Mittel äußerst problematisch. Das Handelsministerium verlangte eine Garantieübernahme durch das Land Salzburg für die Verzinsung und Tilgung des Kapitals, das für die Verwirklichung des Bauvorhabens aufzubringen war. Dieser Aufforderung kam das Land Salzburg nach, und am 14. 2. 1896 faßte der Salzburger Landtag auf der Grundlage des 3. staatlichen Lokalbahngesetzes und einem eigenen Landesgesetz einen entsprechenden Beschluß. Während diese positive Entscheidung einerseits den Bau der Bahn ermöglichte, sollte sie andererseits in den nachfolgenden Jahren dem Land noch ungeheure Kosten und Unannehmlichkeiten bereiten (vgl. MÜLLER 1976, S. 94). Die Konzession zum Bau und Betrieb einer schmalspurigen Lokalbahn von der Station Zell am See der Staatsbahnstrecke Salzburg — Wörgl über Mittersill nach Krimml wurde am 19. 5. 1896 erteilt. Am 5. 1. 1897 wurde dann die „Pinzgauer-Lokalbahngesellschaft" gegründet und mit dem Bahnbau konnte begonnen werden. Wie nachfolgendem Zitat zu entnehmen ist, war bereits die Fertigstellung der Bahnlinie mit zahlreichen Problemen behaftet:

„... die Arbeiten wurden gleich von Anfang an derart schleppend geführt und besonders während des Sommers 1897 so verzögert, daß sich der Landesausschuß auf Grund der an ihn herangetretenen Beschwerden durch seine Organe wiederholt von der schlechten und langsamen Bauführung überzeugen mußte. Hingegen wurde im Herbst des gleichen Jahres mit großer Hast weitergebaut, um über Drängen der Pinzgauer die Bahn mit Beginn des Jahres 1898, ohnehin schon verspätet, eröffnen zu können. Diese Hast führte zu neuen Schlampereien, die sich noch bitter rächen sollten" (MÜLLER 1976, S. 95).

Trotz aller Widrigkeiten fand die Eröffnung der 52,7 km langen, schmalspurigen Bahnstrecke Zell am See — Krimml am 2. 1. 1898 tatsächlich statt.

Trassierungsproblem und Anlagestruktur

Die eingleisige Pinzgauer Bahn beginnt im Personenbahnhof Zell am See in einer Seehöhe von 752 m. Die Strecke verläuft zunächst in südlicher Richtung parallel der Hauptbahnstrecke Salzburg — Innsbruck entlang dem Ufer des Zeller Sees. Nach kurzer Fahrt wird der Betriebsbahnhof der Schmalspurbahn „Tischlerhäusl" (km 1,3) erreicht. Da das Umladen der Güter von Voll- auf Schmalspur aus Platzgründen nicht im Bahnhof Zell durchgeführt werden konnte, erhielt der Spurwechselbahnhof Tischlerhäusl die notwendigen Umladeeinrichtungen. Hier wurden die Zugförderungsanlagen, die Rollwagenverladeeinrichtungen für den Transport der Normalspurwagen auf der Schmalspur, die Wagenwerkstätte und ein Heizhaus errichtet.

In Bruckberg (km 2,9) wendet sich die Bahn nach Westen dem oberen Salzachtal zu. Ihre Trasse verläuft nun ausschließlich am linken Salzachufer, teils in unmittelbarer Flußnähe, teils in weiterer Entfernung durch Wiesen, bis zu ihrem Zielbahnhof Krimml; die Ortschaft Krimml liegt noch zirka 2 km entfernt auf einem Hochplateau. Insgesamt berührt die Bahnlinie 21 Bahnstationen (Ausgangs- und Endbahnhof ausgenommen). Die Durchschnittssteigung der 52,7 km langen Strecke beträgt bei einem zu überwindenden Höhenunterschied von 160 m zirka 3 Promill (vgl. Abb. 39).

Gemäß der Konzessionsurkunde betrug die zugelassene Höchstgeschwindigkeit der mit Dampflokomotiven verkehrenden Züge von der Eröffnung an zunächst 25 km/h. Angestrebte Geschwindigkeitserhöhungen führten dazu, daß bereits im Jahre 1910 die Streckenhöchstgeschwindigkeit auf 30 km/h und 1928 auf 35 km/h erhöht wurde. Die offizielle Anhebung der Geschwindigkeit auf 50 km/h erfolgte nach technisch-polizeilicher Prüfung mit Wirksamkeit vom 12. Juli 1937, sie ist mit einigen Ausnahmen bis heute gültig (vgl. FRITZ 1976, S. 20).

Abb. 39   Streckendiagramm der Pinzgauer Lokalbahn

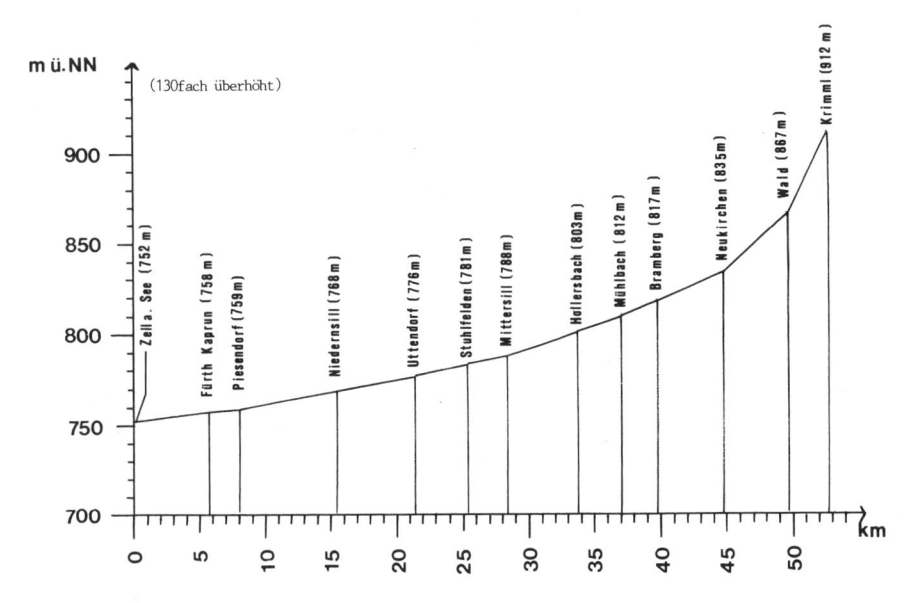

Ein wesentlicher Grund für die lange aufrechterhaltenen Geschwindigkeitsbegrenzungen war die Streckenführung dieser Lokalbahn, deren Trasse nicht schnurgerade, wie es der ebene Talboden erwarten läßt, sondern in zahlreichen Windungen, um den salzachnahen Sümpfen auszuweichen, oder eng am linken Ufer der Salzach, parallel zum Flußbett verläuft. Bei den zahlreichen Kurven sind Mindestradien von 100 m zu verzeichnen; insgesamt liegen nur 58 Prozent der Strecke in der Geraden, wohingegen 42 Prozent im Bogen geführt werden. Die auffallend vielen Kurven gaben seinerzeit Anlaß zu der Vermutung, daß die Bahnlinie absichtlich so krümmungsreich angelegt worden sei, um so die Strecke künstlich zu verlängern und eine Betriebslänge von über 50 km zu erreichen, was die Bereitstellung größerer staatlicher Begünstigungen zur Folge gehabt haben soll. Da jedoch in keinem Lokalbahngesetz eine 50-km-Klausel eingebaut ist, dürfte es sich bei dieser Annahme um ein Gerücht handeln, vielmehr scheint die Bodenbeschaffenheit der Talsohle das ausschlaggebende Moment gewesen zu sein.

Machte man bereits beim Bahnbau zahlreiche Erfahrungen mit der zur Zeit der Schneeschmelze und nach Hochgewittern hochwasserführenden Salzach, so waren es auch in späteren Jahren die Hochwasserkatastrophen, die die Bahn immer wieder in Mitleidenschaft zogen. Überschwemmungen, Gleisunterspülungen und Vermurungen fügten ihr zahlreiche Schäden zu, verursachten Betriebsunterbrechungen und eine beträchtliche Erhöhung der Betriebskosten. Besonders zu erwähnen sind die Hochwasserkatastrophen der Jahre 1897, 1899 und 1903, die hohe Rekonstruktionskosten der Gleisanlagen erforderten und aus den Erträgen des Personen- und Güterverkehrs kaum mehr gedeckt werden konnten (vgl. FRITZ 1976, S. 10, 16 u. 17).

Kunstbauten wie etwa bei der Mittenwaldbahn oder der Salzkammergutlokalbahn sind bei der Krimmlerbahn infolge der gleichmäßigen Tallage — mit Ausnahme kleinerer Brücken und Dämme — nicht anzutreffen. Der ursprünglich schwache Oberbau mußte im Laufe der Zeit, besonders jedoch in den Jahren der Kraftwerkstransporte, bedeutend verstärkt werden. Gegenwärtig sind auf dem Streckenabschnitt Zell am See — Mittersill 12 t und von dort bis Krimml 8 t Achsdruck zulässig (vgl. MÜLLER 1976, S. 98).

Die Verkehrsentwicklung

Die Inbetriebnahme der Pinzgauer Lokalbahn für den öffentlichen Verkehr erfolgte einen Tag nach der feierlichen Eröffnung am 3. Januar 1898. Vorerst verkehrten in jeder Richtung nur 2 Personenzüge, wovon der eine der Personen- und Postbeförderung und der andere auch dem Gütertransport diente. Für die Verkehrsaufnahme stand anfangs folgendes Rollmaterial zur Verfügung: 4 kleine Dampflokomotiven (kleiner als die bei den damals schon bestehenden Schmalspurbahnen verkehrenden), 4 zweiachsige Personenwagen mit 2. und 3. Klasse, 8 zweiachsige Personenwagen 3. Klasse, 3 Gepäckwagen mit Postabteil, 10 gedeckte Güterwagen, 5 offene Güterwaggons für Kohle und 19 Niederbordwagen für den Holztransport (vgl. Dampfzug-Betriebsgesellschaft Pinzgauer Bahn (Hrsg.) 1985, S. 20). Dieser recht bescheidene Fuhrpark der Krimmlerbahn blieb während der Privatbahnzeit unverändert.

War schon der Bahnbau mit unzähligen Schwierigkeiten verbunden, so ließen auch die finanziellen Erfolge der ersten Betriebsjahre deutlich zu wünschen übrig. Das aufgrund des Waldreichtums der Region, der dort intensiv betriebenen Viehzucht und des aufstrebenden Tourismus erhoffte große Verkehrsaufkommen blieb aus, und bereits das erste Betriebsjahr der Bahn endete mit einem Fehlbetrag. Darüber hinaus wurde die übernommene Zinsengarantie für das Land Salzburg zu einer argen Belastung, so daß Überlegungen zur Abwälzung der Bahn an den Staat aufkamen. Erste Verhandlungen mit dem Eisenbahn- und Finanzministerium gab es bereits im Jahre 1902, sie endeten am 13. März 1905 mit einem provisorischen Übereinkommen zwischen dem Salzburger Landesausschuß, dem Staat und der Pinzgauer-Lokalbahn-Gesellschaft. Die gesetzliche Berechtigung zur Erwerbung der Krimmlerbahn durch den Staat trat am 24. Juli 1905 in Kraft, und am 1. 1. 1906 übernahm die k. k. Staatsbahn (Direktion Innsbruck) diese Bahnlinie in ihren Besitz und Betrieb (vgl. Dampfzug-Betriebsgesellschaft Pinzgauer Bahn (Hrsg.) 1985, S. 3).

Weitere Veränderungen in organisatorischer Hinsicht brachte der Anschluß Österreichs an das Deutsche Reich; aus der Österreichischen Staatsbahn wurde die Deutsche Reichsbahn. Die Neuordnung des Streckennetzes der „Ostmark" führte ferner dazu, daß die Hauptbahn Salzburg — Wörgl (Giselabahn) und mit ihr auch die schmalspurige Strecke Zell am See — Krimml der Reichsbahndirektion Linz zugewiesen wurden. Nach 1945 ging die Bahn wieder in den Besitz der Österreichischen Bundesbahnen über, blieb aber weiter der Direktion Linz unterstellt. Die Bahnerhaltung der Strecke Zell — Krimml erfolgt mit Wirksamkeit vom 1. März 1950 durch die Streckenleitung Bischofshofen (vgl. MÜLLER 1976, S. 12).

Die Übernahme der Pinzgauer Lokalbahn durch die Staatsbahnverwaltung brachte der Bahnlinie neben einer Aufstockung ihres Rollmaterials und einer Verbesserung des Fahrplanangebotes auch einen Anstieg des Verkehrsaufkommens durch eine nunmehr gezielt durchgeführte Verkehrspolitik.

Der **Güterverkehr** dieser Nebenbahn stand über viele Jahre im Zeichen des Kraftwerkbaues. Bereits Mitte der 20er Jahre kamen zu der primären Aufgabe, Güter des täglichen Bedarfs in den Oberpinzgau zu bringen und Produkte der Land- und Forstwirtschaft auszuführen, die Transportleistungen für den Bau des ÖBB-eigenen Stubachkraftwerks hinzu; die Vorarbeiten zur Errichtung des Kraftwerkes Enzingerboden begannen schon im Jahre 1921.

Anfangs trug sich die „Elektrisierungsdirektion" der ÖBB mit dem Gedanken, die für den Kraftwerksbau erforderlichen Transporte auf der Straße durchzuführen, um so einen zweifach unterbrochenen Verkehr (Umladung im Bahnhof Tischlerhäusl und in Uttendorf-Stubachtal) zu umgehen. Die daraufhin angestellten Vermessungen der Straße von Zell am See nach Uttendorf bewiesen jedoch die völlige Unzulänglichkeit dieser für die zu erwartenden Großtransporte. Besonders die schwach konstruierten Durchlässe und Brücken hätten der Last von Schwertransporten nicht standgehalten. So blieb nur die Möglichkeit, sämtliche Transporte für den Kraftwerksbau bis Uttendorf auf der Schiene abzuwickeln. Da für den rund 20 km langen Transportweg auf der Schmalspurbahn die kostenintensiven Umladearbeiten jedoch zu aufwendig waren, entschlossen sich die Österreichischen Bundesbahnen auf Anregung der Elektrisierungsdirektion zur Einführung des Rollwagenbetriebes auf der Krimmlerbahn. 1926 lieferte eine Grazer Waggonfabrik fünf sechsachsige Rollwagen, mit denen die Vollspurgüterwagen bis zum Bestimmungsbahnhof weiterbefördert werden konnten. Auch der Güterwagenpark wurde einer gründlichen Erneuerung unterzogen. Anstelle der kleinen Zwei- und Dreiachser wurden nun große Vierachser eingesetzt, die ein den Normalspurwaggons vergleichbares Ladegewicht hatten (vgl. FRITZ 1976, S. 80).

Das Kraftwerk Enzingerboden wurde im Zeitraum 1925—1929 errichtet. Für die Betonbauten (Talsperre) der Kraftwerksanlagen mußten in der Bausaison Zementtransporte von täglich rund 100 t durchgeführt werden. Besonders hoch war die Auslastung der Güterverkehrskapazität dieser Bahnlinie auch während der Kriegsjahre, so daß die Grenze der Leistungsfähigkeit des Güterwagenparks schon bald überschritten wurde. Im Jahre 1943 wurden zur Vergrößerung des Rollmaterials 15 gedeckte vierachsige Güterwagen und 30 vierachsige Hochbordwagen angeschafft.

Ein erneuter Aufschwung im Güterverkehr wurde im Jahre 1951 durch den Bau der Weißseesperre sichtbar, wo täglich 100—200 t Zement transportiert werden mußten. Beachtliche Verkehrsleistungen erbrachte die Bahn auch beim Bau des Staudammes Durlaßboden. Vorwiegend waren es Maschinen und Geräte, die ab April 1964 in zahlreichen Fahrten nach Krimml gebracht werden mußten, wo sie auf der neu errichteten Kopframpe abgeladen wurden. Einen weiteren Transportrekord stellte die Bahn in den Monaten April bis September 1966 auf, als insgesamt 743 Vollspurgüterwagen, beladen mit Rohren für den Bau der Transalpin-Pipeline Triest — Ingolstadt (quert den Oberen Pinzgau zwischen Uttendorf und Mittersill), nach Uttendorf gefahren werden mußten.

Einen vorerst letzten Transportboom für die Krimmlerbahn verursachte der Bau der neuen Tauernmoossperre Anfang der 70er Jahre. Die Anlieferung des Zements erfolgte seinerzeit von den Zementwerken in Kufstein und Kirchbichl mit Staubbehälterwaggons bis Uttendorf-Stubachtal. Dort wurde der lose Zement in einen 200 t fassenden Puffersilo umgeblasen, von dem die Silo-Lkw's den Zement über Freifallrohre übernahmen und zur Betonfabrik am Tauernmoosboden brachten. Das Transportvolumen betrug im Jahre 1971 17 000 t Zement; ein Frachtaufkommen, das nur in eigenen Blockzügen bewältigt werden konnte. Diese Züge verkehrten je nach Bedarf ein- oder zweimal täglich mit bis zu 8 Waggons zwischen dem Umladebahnhof Tischlerhäusl und Uttendorf. Mit 24 000 t Zementtransport wurde im Jahre 1972 das Beförderungsmaximum erreicht, ein Rest von weiteren 20 000 t verteilte sich auf die Jahre 1973 und 1974 (vgl. FRITZ 1976, S. 46, 47).

Nach Beendigung der Kraftwerksbauten ging der Gütertransport der Krimmlerbahn deutlich zurück und wird nun wieder — wie zu Betriebsbeginn — durch die Beförderung land- und forstwirtschaftlicher Güter bestimmt.

Das **Personenverkehrsaufkommen** wurde in seiner Entwicklung von Anbeginn durch ein unzureichendes Fahrplanangebot negativ beeinflußt. Gegen Ende des Ersten Weltkrieges wurde ein Standardfahrplan mit drei täglich geführten Zugpaaren aufgestellt, die am frühen Morgen, in den Mittagsstunden und am Abend verkehrten. Eine spürbare Verbesserung des Zugangebotes zeigte sich in den Nachkriegsjahren; im Jahre 1954 verkehrten bereits 6 Zugpaare. Einen absoluten Höhepunkt brachte die Fahrplanperiode 1963/64, in der neben den 6 Personenzugpaaren auch noch 2 Eilzüge eingesetzt wurden. Da die Frequentierung dieser Eilzugpaare jedoch in keiner Weise befriedigte, wurde diese Zuggarnitur für das Betriebsjahr 1967 wieder aus dem Fahrplan gestrichen. Weitere Einbußen waren auch für das Verkehrsjahr 1965 zu verzeichnen, als der seinerzeitige Verkehrsminister Probst „Einschränkungen im Reiseverkehr der ÖBB" verfügte und einige Zugkurse, besonders die an Samstagen, Sonn- und Feiertagen, ersatzlos gestrichen wurden. Als weitere Einsparungsmaßnahme kam gegen Ende der 60er Jahre die Einführung des Schienenersatzverkehrs hinzu. Hierbei handelt es sich um Autobuskurse des Kraftwagendienstes der ÖBB, die anstelle von Zugkursen, jedoch zum Eisenbahntarif verkehren (vgl. FRITZ 1976, S. 49, 50). Dieses ausgesprochen minimale Personenverkehrsangebot bedingt seit jeher eine nur geringe, in den letzten Jahren noch weiter rückläufige Inanspruchnahme der Bahn durch die Pinzgauer Bevölkerung.

3.2.2.3 Die Pinzgauer Bahn heute — ein Modellfall der Nebenbahnsanierung

Der Verkehrswert dieser Lokalbahn ist in den letzten Jahren immer deutlicher zurückgegangen; eine Entwicklung, die im Kontext der allgemeinen Aufwertung ihres Einzugsbereiches als Wohn-, Wirtschafts- und vor allem Erholungsstandort nur schwer zu erklären ist und vorrangig in betriebsinternen Schwächen begründet liegen muß.

Obgleich der Bahnraum mit rund 32 700 Einwohnern und einer Bevölkerungsdichte von 211 Ew./qkm im Vergleich zu anderen Nebenbahneinzugsgebieten relativ dicht besiedelt ist, und obwohl gut 45 Prozent der Einwohner im Nahbereich der Bahnstationen wohnen, das heißt, diese in nur 10 Minuten zu Fuß erreichen können, ist das Personenverkehrsaufkommen in den letzten 10 Jahren eher rückläufig.
Die räumliche Nähe von Haltestellen ist somit für den Fahrgast nicht das entscheidende Kriterium zur Benutzung eines öffentlichen Verkehrsmittels;

Abb. 40a Jährliches Personenverkehrsaufkommen der Pinzgauer Lokalbahn 1975—1985

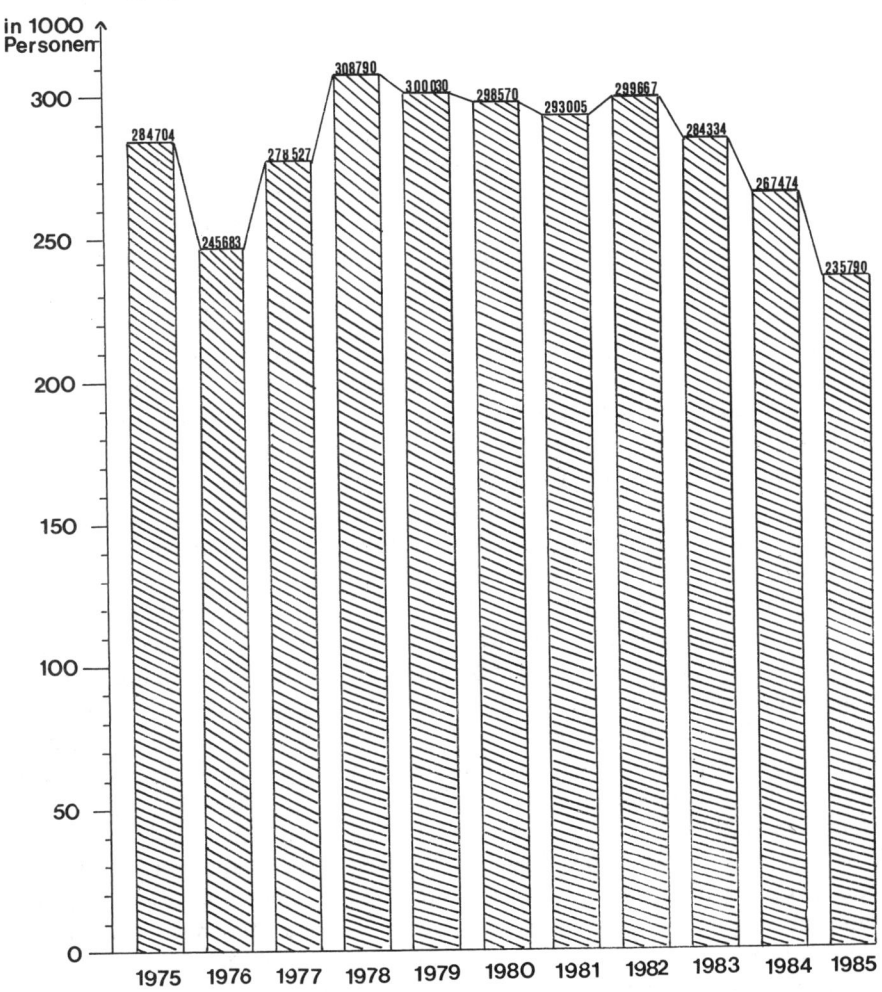

Jahr	Personen
1975	284 704
1976	245 683
1977	278 527
1978	308 790
1979	300 030
1980	298 570
1981	293 005
1982	299 667
1983	284 334
1984	267 474
1985	235 790

Quelle des Zahlenmaterials: Betriebsleistungsstatistik der Österreichischen Bundesbahnen, hrsg. von der Stabsstelle Betriebswirtschaft der OBB, Generaldirektion in Wien

wichtig sind auch die Versorgungsdichte, die Fahrplangestaltung, die Reisegeschwindigkeit und damit die Fahrzeit sowie die Preisgunst.

Das Verkehrsangebot der Pinzgauer Bahn umfaßt derzeit 5 täglich verkehrende Zugverbindungen und 1 bis 2 Busse im Schienenersatzverkehr. Bei einer Streckenhöchstgeschwindigkeit von großenteils 50 km/h werden immerhin durchschnittliche Reisegeschwindigkeiten von nahezu 32 km/h erzielt. Dieses bedeutet aber immer noch eine Fahrzeit von 1 Std. 40 Min. für die 52 Kilometer von Zell am See nach Krimml. Nicht gerade günstig sind besonders für den Berufsverkehr die Ankunftszeiten der Bahn um 6.10 Uhr und 7.20 Uhr in Zell am See; ähnlich zeigt sich auch die zeitliche Erreichbarkeit des zweiten Zentrums, Mittersill. Aus Richtung Krimml trifft der erste Zug in Mittersill um 5.16 Uhr ein und der zweite gegen 6.23 Uhr, die nächste Bahn erreicht Mittersill erst um 9.20 Uhr. Für den Schülerverkehr scheiden diese Zugkurse somit aus. Für den Berufsverkehr sind die Ankunftszeiten auch aus der Gegenrichtung nicht akzeptabel (Mittersill an 7.41 Uhr und 9.26 Uhr). Allerdings bestehen von beiden Zentren recht gute Rückfahrmöglichkeiten.

Konkurrenziert wird die Bahn in erster Linie durch den Autobusverkehr des Kraftwagendienstes der ÖBB. Der Bus bietet im allgemeinen bessere Ankunftszeiten in den beiden wichtigen Schul- und Arbeitsplatzstandorten des Raumes, obgleich er in den seltensten Fällen schneller ist als die Bahn. Darüber hinaus besitzt der Bus ein dichtes Fahrplanangebot. Die Fahrtenhäufigkeit der Bundesbahnbusse einschließlich des Schienenersatzverkehrs liegt — auf die Gesamtstrecke Zell am See — Krimml umgelegt — mit 8—10 Kurspaaren doppelt so hoch wie bei der Bahn, trotz ungefähr gleicher Reisegeschwindigkeit.

Ein Negativum stellt auch das Tarifsammelsurium der drei bundeseigenen Verkehrsarten Eisenbahn, Schienenersatzverkehr und KWD dar, das sowohl bei den Einheimischen als auch bei den Urlaubsgästen für Verwirrung sorgt. Während Eisenbahnfahrkarten beispielsweise in den Kursen des Schienenersatzverkehrs anerkannt werden, so gelten sie jedoch nicht in den von der Bundesbahn zur Bereicherung des Fahrplanangebotes parallel zur Schiene geführten KWD-Bussen.

Aus der Summe der Kritikpunkte erklärt sich letztendlich die sinkende Inanspruchnahme der Bahn. Obgleich 90 bis nahezu 100 Prozent der täglich durchgeführten Fahrten der Pinzgauer Bevölkerung parallel zur Bahn verlaufen, ist das dominierende Verkehrsmittel im öffentlichen Personennahverkehr der Bus, ihn benutzen mehr als 50 Prozent jener Personen, die in bahnspezifischen Relationen ihre Fahrten durchführen. Mit der Bahn werden nur 8,7 Prozent aller werktäglichen Fahrten vorgenommen (vgl. Tab. 58).

Besonders auffällig ist die geringe Inanspruchnahme der Bahn im Schülerverkehr; sie ist mit 8,4 Prozent im Vergleich zu anderen Nebenbahnen sehr schwach. Obgleich zirka 62 Prozent der Fahrschüler im 10-Minuten-Gehbereich einer Bahnstation wohnen, benutzen sie vorzugsweise den Bus, dessen Hauptvorteil in den günstigeren Ankunftszeiten in den Schulstandorten liegt.

Interessant ist auch eine Aufschlüsselung der Personenverkehrsstruktur der Bahn. Sie stellt sich mit einem Schüleranteil von 8,8 Prozent, einem Wert von 8,5 Prozent im Berufsverkehr und 82,7 Prozent im sonstigen Verkehr für eine Nebenbahn recht ungewöhnlich dar, erklärt sich jedoch aus den für Berufs- und

Tab. 58: Werktägliches Verkehrsaufkommen und Verkehrsmittelwahl im Einzugsbereich der Pinzgauer Lokalbahn nach Verkehrsbedürfnissen 1979

Verkehrsnachfrage[1]	durchschnittliches werktägliches Verkehrsaufkommen	Verkehrsmittelwahl							
		Bahn abs.	%	Bus abs.	%	Schulbus abs.	%	Pkw abs.	%
Berufsverkehr	2117	208	9,8	305	14,4	—	—	1604	75,8
Schülerverkehr	2413	204	8,4	1720	71,1	489	20,2	—	—
Sonstiger Verkehr	582	34	5,8	118	20,3	—	—	430	73,9
Insgesamt	5112	446	8,7	2143	41,9	489	9,6	2034	39,8

1 nur in Relationen, in denen die Bahn benutzt werden kann

Quelle: ÖROK (Hrsg.) 1980, Schriftenreihe Nr. 22 c, Anhang, Bahn 36

Schülerverkehr unattraktiven Ankunftszeiten und den großen Angebotslücken im Fahrplan (vgl. ÖROK (Hrsg.) 1980, Schriftenreihe Nr. 22a. S. 57).
Ein im Vergleich zu anderen Nebenbahnen unterdurchschnittliches Verkehrsaufkommen wird auch auf dem Güterverkehrssektor sichtbar. Nach Beendigung der letzten Kraftwerkstransporte Anfang der 70er Jahre ging die Nachfrage nach Güterverkehrsleistungen erheblich zurück und erreichte 1977 mit nur 9 100 Tonnen Jahresbeförderung einen absoluten Tiefpunkt. Obgleich dieser Engpaß in den Folgejahren überwunden werden konnte, gehört die Krimmlerbahn mit knapp 20 000 Tonnen Jahrestransport (1985) noch immer zu den aufkommenschwächsten Nebenbahnen Österreichs
Verantwortlich für diese unbedeutende Position des Güterverkehrssektors ist nicht zuletzt die Lage der Bahn in einem ausgesprochenen Fremdenverkehrsgebiet, in dem keine Großbetriebe mit entsprechendem Transportbedarf angesiedelt sind. Die hauptsächlichen Güterkunden dieser Strecke sind verschiedene Filialen der Lagerhausgenossenschaft Maishofen, so daß land- und forstwirtschaftliche Güter mit 65 Prozent Anteil am Gesamtaufkommen dominieren, gefolgt von 25 Prozent diverser Güter und 20 Prozent Bau- und Brennstoffen (vgl. ÖROK (Hrsg.) 1980, Schriftenreihe Nr. 22b, S. 158).
Als besonders ungünstig ist auch die unterschiedliche Streckenbelastung zu bezeichnen. Der größte Teil der transportierten Güter stammt aus dem ersten Streckenabschnitt Zell am See — Mittersill (zirka 2/3), wohingegen die Nachfrageintensität und damit auch die Transportmenge im zweiten Streckenabschnitt deutlich absinken.
Die Streckenbedienung im Güterverkehr besteht derzeit aus einem montags, dienstags und freitags geführten Güterzug, der die Station Tischlerhäusl gegen 7.27 Uhr verläßt und gegen 16.15 Uhr wieder dort eintrifft. Ist dieses Verkehrs-

Abb. 40b Jährliches Güterverkehrsaufkommen der Pinzgauer Lokalbahn 1975—1985

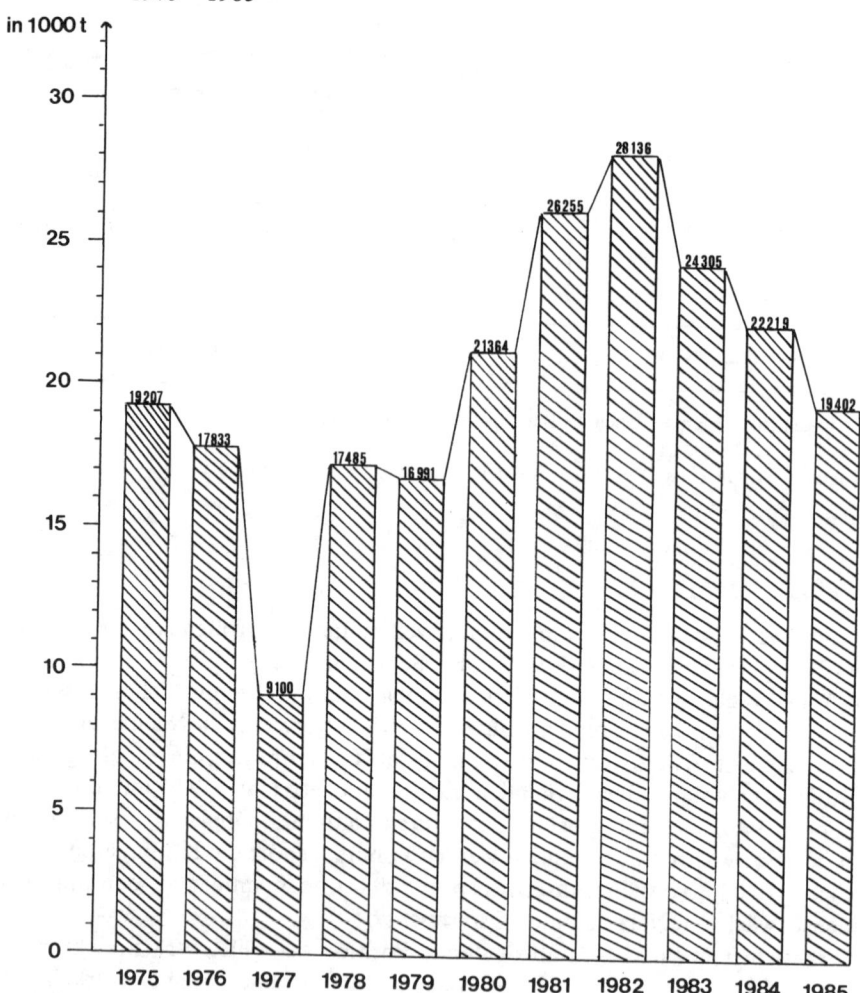

in 1000 t

- 1975: 19207
- 1976: 17833
- 1977: 9100
- 1978: 17485
- 1979: 16991
- 1980: 21364
- 1981: 26255
- 1982: 28136
- 1983: 24305
- 1984: 22219
- 1985: 19402

Quelle des Zahlenmaterials: Betriebsleistungsstatistik der ÖBB, hrsg. von der Stabsstelle Betriebswirtschaft der ÖBB, Generaldirektion in Wien

angebot großenteils ausreichend, so kommt es jedoch im Herbst, wenn die zahlreichen Strohsendungen aus dem Marchfeld dem Oberpinzgau zugeführt werden, zu ausgesprochenen Engpässen. Da die Anzahl der Rollwagen beschränkt ist und eine eingleisige Strecke auch nur begrenzt befahren werden kann (Problem der Zugkreuzungen), kommt es immer wieder zu einem beträchtlichen Rückstau in den Bahnhöfen Tischlerhäusl und Zell am See. Diese Rückstauerscheinungen bedingen ihrerseits Aufnahmesperren für Baustoffe und auch landwirtschaftliche Güter in der Hochsaison, was wiederum negativ auf die Einstel-

lung der Kunden zur Bahn wirkt. Durch ein Aufstocken des Fahrzeugparks könnten diese Engpässe vermieden und der Betriebsablauf gerade im Herbst rationeller gestaltet werden.
Eine mögliche Aufwärtsentwicklung des Güterverkehrs auf der Krimmlerbahn zeichnet sich seit Mitte der 80er Jahre ab. Ein neu errichteter Firmenbetrieb in Piesendorf, die Firma „Senoplast", hat im Jahre 1981 eine Anschlußbahn bekommen und trägt seither mit 4500 t im Empfang und 2000 t im Versand erheblich zum Transportaufkommen der Bahn bei (vgl. Kammer für Arbeiter und Angestellte für Salzburg (Hrsg.) 1982, S. 16). Darüber hinaus ist in Mittersill der Ausbau eines Industrieparks geplant, wobei Standort und Anlageform dieser Betriebsansiedlungsfläche unbedingt noch auf die Möglichkeit der Einrichtung von Bahnanschlüssen geprüft werden müssen. Wünschenswert ist ferner eine Verlagerung der Brennstofftransporte von der Straße auf die Schiene, was nicht zuletzt eine Frage der Verkehrssicherheit ist. Zur Steigerung des Transportvolumens ist auch eine Angebotsverdichtung vorzunehmen; neben 3 existenten Anschlußbahnen sind bereits zwei weitere in Planung (zum Lagerhaus Bramberg und zum Lagerhaus Mittersill), sie sollen in naher Zukunft zur Ausführung gelangen.
Nicht unerwähnt bleiben darf in diesem Zusammenhang die auch auf dem Güterverkehrssektor zunehmende Konkurrenz durch den Kraftwagen. Beachtliche Frachtsubstanzen wechselten zur Straße: sei es, daß tarifpolitische Maßnahmen dafür verantwortlich sind oder einfach der Trend zu rationeller Transportabwicklung im Vordergrund der Überlegungen steht. Diese Entwicklung trifft vor allem die Holztransporte, die vor einigen Jahren noch einen Großteil des Frachtaufkommens ausmachten. Da die Sägewerke heute ihren eigenen Fuhrpark im Werksverkehr einsetzen, ist der Transport von Holz auf der Bahn deutlich zurückgegangen und belastet nun um so mehr das Verkehrsaufkommen auf der Straße.
Letztendlich haben das sowohl im Personen- wie auch im Güterverkehr geringe Beförderungsvolumen der Bahn sowie die hohen Betriebsabgänge (die Krimmlerbahn hatte beispielsweise im Jahre 1975 einen Kostendeckungsgrad von nur 0,7 %) dazu geführt, daß die Frage einer Betriebseinstellung verstärkt diskutiert wurde. Besonders zu Beginn der 80er Jahre schien eine Aufrechterhaltung des Bahnbetriebes aus betriebswirtschaftlicher Sicht kaum noch erstrebenswert. Da jedoch eine Streckenauflassung nicht ohne verkehrs- wie auch regionalwirtschaftliche Folgewirkungen abgelaufen wäre, wurde in Kooperation von Land, Bund und ÖBB erstmalig eine Entscheidung zur Aufrechterhaltung eines Nebenbahnbetriebes getroffen. Durch eine Fahrplan- wie auch Haltestellenverdichtung, eine Erneuerung der Fahrbetriebsmittel und leichte Trassenkorrekturen sollte die Angebotsseite maximal verbessert werden, um so eine verstärkte Nachfrage seitens der Benutzer auszulösen. Wie sich das Sanierungskonzept im einzelnen darstellt, welche Vorüberlegungen notwendig waren und welche Begleiterscheinungen auftraten, wird im folgenden kurz skizziert.
Der Entschluß zur Aufrechterhaltung des Bahnbetriebes wurde am 5. Oktober 1983 auf einer in Mittersill abgehaltenen Enquete zum Thema „Zukunft der Pinzgauer Lokalbahn" gefaßt. Diese Entscheidung basierte primär auf einer Zusage des Landes Salzburg, einen zwanzigprozentigen Investitionszuschuß zum Ausbau der Pinzgauer Lokalbahn zu leisten. Es wurde seinerzeit betont, daß

die Modernisierung dieser Lokalbahn nicht auf betriebswirtschaftliche Überlegungen der ÖBB zurückzuführen sei, sondern über Auftrag des Bundes in Angriff genommen werde. Hierbei ist anzumerken, daß das österreichische Verkehrsministerium seit einiger Zeit den Bahnausbau im Nahverkehr forciert und damit eine expansive Bahnpolitik betreibt.

Für die Pinzgauer Lokalbahn galt es, den Unterbau, die Zuggarnituren und die Organisation zu modernisieren, um so eine bessere Chance für einen wirtschaftlichen Betrieb und damit für das Überleben der Strecke zu erhalten. Im einzelnen stellen sich die erforderlichen Sanierungsmaßnahmen wie folgt dar:

Zunächst einmal muß die Fahrplanmisere behoben werden. Neben zahlreichen Angebotslücken gilt es auch, die betriebsinterne Konkurrenz zwischen Bahn und Bus abzuschaffen. Die Bundesbahn befährt dieselbe Strecke im Kraftwagendienst, so daß durch die Parallelführung der Buskurse der Bahn notwendiges Potential entzogen wird. Bislang fehlt es an einer sinnvollen Aufgabenteilung zwischen den einzelnen Verkehrsträgern ÖBB-Bus und ÖBB-Bahn sowie auch KWD-Post. Auch scheint es nicht einmal Absprachen zur Fahrplangestaltung zwischen den betroffenen Dienstzweigen der Bundesbahn zu geben, was sich in der Existenz vier verschiedener Fahrpläne (Bahn, Schienenersatzverkehr, KWD und Post) äußert.

Vorrangiges Ziel ist es nun, durch eine Fahrplanverdichtung den Verkehr auf die Schiene zurückzubringen und die parallel verlaufenden Autobuskurse durch Zuggarnituren zu ersetzen. Der Kraftwagendienst ist dabei nicht ganz zu streichen, sondern soll künftig primär die Aufgaben des radialen Zubringer- und Fortsetzungsverkehrs übernehmen. Gerade die Linien über Paß Thurn, Gerlos und Felbertauern stellen typische „Busbrücken" zwischen Bahnlinien dar und sollen künftig je nach Saison mit 1 bis 3 Kurspaaren optimale Anschlüsse und Verbindungen zu den benachbarten Regionen herstellen.

Voraussetzungen für die Einführung eines dichteren Fahrplanangebotes sind die Anhebung der zulässigen Höchstgeschwindigkeit auf 60 km/h, die Bereinigung von mindestens 9 Eisenbahnkreuzungen und einzelne Trassenkorrekturen einhergehend mit fälligen Gleiserneuerungen (Beseitigung der hemmenden Kurven). Weitere entscheidende Randbedingungen sind die Anschaffung neuer sparsamer Triebwagenzüge, wie sie bereits auf der Murtalbahn und der Zillertalbahn in Betrieb stehen, die bei geringem Verkehrsaufkommen auch im Einmannbetrieb geführt werden können, die Ausstattung unbesetzter Bahnhöfe mit Rückfallweichen oder funkgesteuerten Weichen sowie eine Modifizierung der Betriebsvorschriften für eine Beschleunigung der Zugkreuzungsabwicklung.

Unter Berücksichtigung dieser angestrebten Rationalisierungsmaßnahmen wurde von der „Kammer für Arbeiter und Angestellte für Salzburg" ein Fahrplankonzept erarbeitet, das fast allen Bedürfnissen des Berufs- und Schülerverkehrs entsprechen kann und mit nur 3 Triebwagenumläufen ein 1—1 1/2stündiges Intervall und damit einen Taktfahrplan ermöglicht, der seinerseits ein Angebot von 15 Zugpaaren (1984 lag die Zahl noch bei 5) einschließlich Spätverbindungen zur Folge haben kann.

Erschwert wurde die Erstellung eines solchen Fahrplanentwurfes jedoch durch die Anschlußverhältnisse in Zell am See, denn der Fahrplan der Westbahn (Salzburg — Innsbruck) weist ebenfalls erhebliche Mängel auf und bedarf einiger

Korrekturen. Auch wurde versucht, die Beginn- und Schlußzeiten der wichtigsten Betriebe und Schulen in Zell, Piesendorf, Stuhlfelden, Mittersill, Bramberg und Neukirchen weitestmöglich zu berücksichtigen; eine Bemühung, die in einer polyzentrischen Tallandschaft wie dem Oberpinzgau nur schwerlich realisierbar ist (vgl. Kammer für Arbeiter und Angestellte für Salzburg (Hrsg.) 1982, S. 36—44).
Nach erfolgreicher Durchführung aller Maßnahmen, wobei hier nur ein Ausschnitt vorgestellt wurde, würde die Zugkilometerleistung, die derzeit im Personenverkehr bei rund 160 000 km/Jahr liegt, auf nahezu 500 000 km/Jahr ansteigen. Der Kostenpunkt dieses Modernisierungsprogrammes, das in drei Ausbaustufen durchgeführt werden soll, liegt bei knapp 80 Millionen ö. S. (vgl. Salzburger Tagblatt v. 6. 10. 1983). Zur Sicherstellung der Finanzierung soll ein Vertrag zwischen dem Bund und dem Land Salzburg geschlossen werden, der sinngemäß dem Beschluß der Salzburger Landesregierung vom 11. April 1983 zu entsprechen hat. Darin heißt es, daß sich das Land bereit erkläre, einen 20prozentigen Investitionszuschuß (bis zu 15,4 Millionen ö. S.) zu dem von den ÖBB genannten Investitionsbedarf von 77 Millionen ö. S. auf der Preisbasis März 1983 unter der Voraussetzung zu leisten, daß die verbleibenden 80 Prozent vom Bund getragen werden (vgl. Die Presse, 10. 10. 1983).
Insgesamt ist es also eine hohe Investitionssumme, die zur Hebung der Attraktivität und Rentabilität dieser Schmalspurbahn bereitgestellt werden muß, zumal diese Bahn wohl selbst kaum mehr kostendeckend geführt werden kann. Vertretbar ist die Erhaltung dieser Lokalbahn jedoch aus landesplanerischer und regionalpolitischer Sicht, da die Strecke eine wichtige Infrastruktureinrichtung des Raumes darstellt und vor allem der Güterverkehr auf der Schiene wesentliche Voraussetzungen für die Stabilität der Wirtschaft und für eine mögliche Ansiedlung transportintensiver Betriebe bietet.
Als Verkehrsträger am Rande des Nationalparks Hohe Tauern und als Zubringer zu bedeutenden Ausflugszielen, wie beispielsweise die Krimmler Wasserfälle, ist die Bahn auch für den Fremdenverkehr von Bedeutung. Innerhalb der Funktionskategorie „Fremdenverkehrsattraktion" ist auf die anfangs schleppend verlaufende, nun jedoch sich im Aufwind befindende Vermarktung der Nostalgiewirkung von Dampf-Bummelzügen hinzuweisen. Eine eigens gegründete „Dampfzug-Betriebsgesellschaft Pinzgauer Bahn", die durch die Mitgliedsbeiträge von 12 zahlenden Gemeinden finanziert wird, erweist sich als Initiatorin dieser immer beliebter werdenden Dampfsonderzugfahrten. Im Jahre 1982 benutzten bei zirka 20 durchgeführten Zugfahrten durchschnittlich 170 Personen die Bummelbahn von Zell nach Krimml, in umgekehrter Richtung 130 Reisende (vgl. Pinzgauer Nachrichten v. 28. 4. 1983).
Durch ein Zusammenwirken all dieser attraktivitätssteigernden Maßnahmen dürfte die Zukunft dieser bundeseigenen Schmalspurbahn vorerst gesichert sein. Damit hat sich das Problem „Pinzgauer Lokalbahn" zu einem Präzedenzfall entwickelt; denn es ist bislang das erste und einzige Mal, daß eine von den ÖBB beabsichtigte Stillegung einer Nebenbahn nicht nur nicht durchgeführt, sondern der Nebenbahnbetrieb sogar ausgebaut wird. Die Pinzgauer Lokalbahn wurde damit zu einem Modellfall für die Modernisierung und Sanierung anderer defizitärer österreichischer Lokalbahnstrecken.

4. EXKURS: KLEINBAHNEN — EINE ZWEITE KATEGORIE DER NEBENBAHNEN

4.1 DIE ACHENSEEBAHN — DIE ÄLTESTE DAMPF-ZAHNRADBAHN EUROPAS

Die älteste Zahnradbahn Österreichs und zugleich die erste Bergbahn Tirols ist die meterspurige Achenseebahn. Sie erschließt von Jenbach, einem kleinen Industrieort im Unterinntal, ausgehend die Fremdenverkehrsregion des Achensees (vgl. Abb. 41). Als Dampf-Zahnradbahn mit gemischtem Betrieb — Adhäsions- und Zahnradbetrieb wechseln im Streckenverlauf — ist sie zu einer einmaligen Touristenattraktion geworden, die das Landschaftsbild außerordentlich bereichert.

Baugeschichte

Die Entstehungsgeschichte der Achenseebahn geht auf das Jahr 1887 zurück. Damals bewarb sich der k. k. Konsul Theodor Friedrich Freiherr von Dreifuß aus Oberbayern um die Konzession zum Bau einer meterspurigen Zahnradbahn vom Bahnhof Jenbach zum Südufer des Achensees. Dieses Bahnprojekt fand jedoch bei den anliegenden Gemeinden wenig Zustimmung. Nicht zuletzt aus Angst, der florierende Fuhrwerkstransport könnte erhebliche Einbußen erleiden, stellte man sich energisch gegen diese „neumodische Zahnradbahn". Eine Einigung wurde schließlich durch die Intervention des Abtes Albert Wildauer aus dem Benediktinerkloster Fiecht bei Schwaz erzielt, der sich zum Fürsprecher der Bahn machte. Als Besitzer des Achensees und Betreiber der Dampfschiffahrt war das Kloster an einem Bahnbau interessiert, der einen Aufschwung des Fremdenverkehrs und damit erhöhte Einnahmen vermuten ließ. Die Konzession zum *„Bau und Betrieb einer schmalspurigen Lokomotiv-Eisenbahn mit gemischtem (Adhäsions- und Zahnschienen-)Betrieb von Jenbach über Eben und Maurach an die Südspitze des Achensee"* (§ 1 der Konzessionsurkunde) wurde am 1. August 1888 erteilt und auf die Dauer von 90 Jahren festgesetzt. Darüber hinaus wurde festgelegt, den Bahnbetrieb lediglich in den Sommermonaten (15. Mai bis 30. September) durchzuführen; eine Auflage zur Betriebspflicht, die bereits die angestrebte Funktion einer Fremdenverkehrsbahn deutlich werden läßt.
Mit dem Bahnbau wurde am 15. Oktober 1888 begonnen. Die Bauleitung hatte Ing. Schröder, Erbauer und Betriebsleiter der im Mai 1887 fertiggestellten, heute jedoch nicht mehr existenten Gaisbergbahn in Salzburg. Die Bauarbeiten gingen zügig voran und konnten bereits am 4. Juni 1889 abgeschlossen werden. Am 8. Juni 1889 erfolgte die feierliche Betriebseröffnung der eingleisigen, schmalspurigen Bahn, deren Betriebsleitung einer am 15. Mai 1889 gegründeten Gesellschaft „Achenseebahn AG" oblag, die ihren Sitz in Salzburg hatte (vgl. Betriebsleitung der Achenseebahn AG (Hrsg.) 1985, S. 2,3).

Abb. 41   Streckenverlauf und Verkehrsraum der Achenseebahn

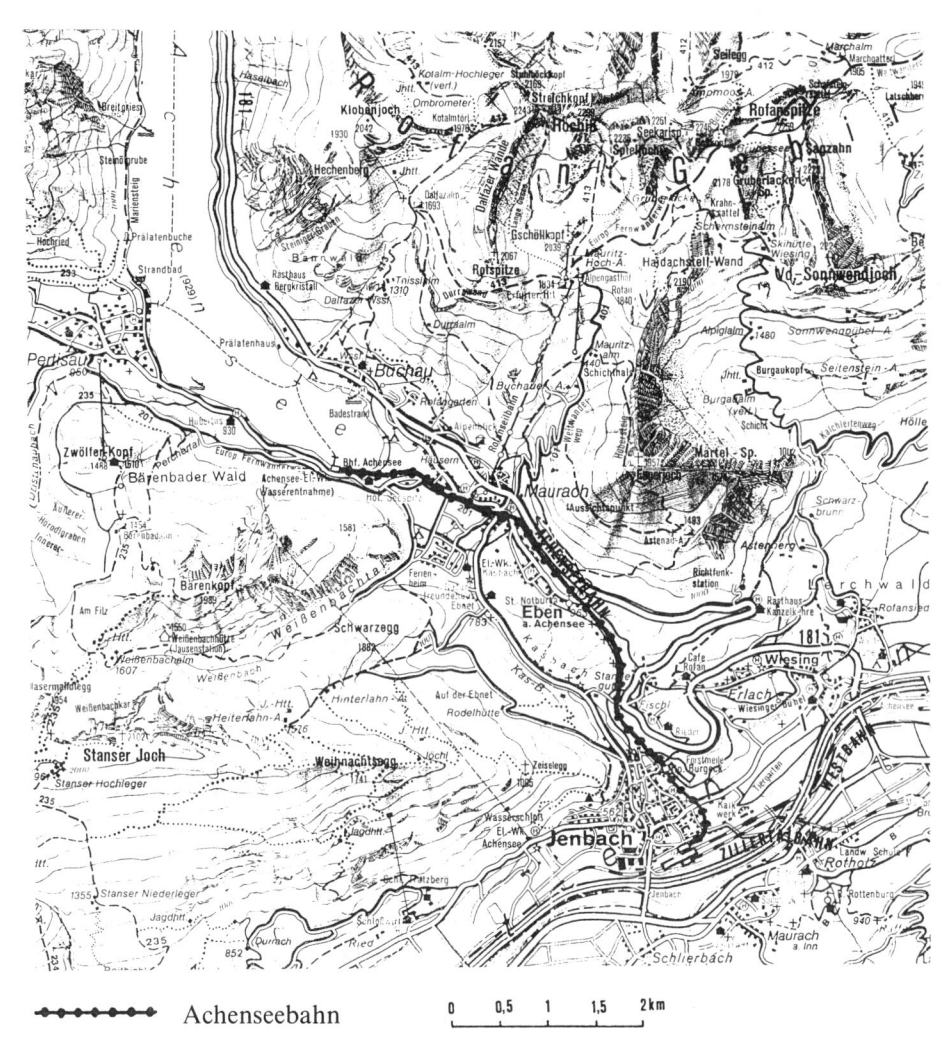

•••••••   Achenseebahn   0   0,5   1   1,5   2 km

Quelle: Ausschnitt aus der Kompass Wanderkarte Nördliches Zillertal; kartographische Ergänzung: H. Kreft-Kettermann

Streckenverlauf, Anlageverhältnisse und Betrieb

Die Achenseebahn hat ihren Ausgangspunkt im Bahnhof Jenbach, der von seiner Verkehrsfunktion wohl einmalig in Europa ist. Hier treffen Bahnlinien mit drei verschiedenen Spurweiten aufeinander: die meterspurige Achenseebahn, die normalspurige bundeseigene Westbahn und die mit 760-mm-Spur ausgestattete Zillertalbahn.

267

Jenbach ist der Betriebsbahnhof der Achenseebahn. Auf dem parallel zur ÖBB-Trasse liegenden Bahnhofsgelände befinden sich alle für den Betrieb wichtigen Einrichtungen und Gebäude. Hierzu zählen das Empfangsgebäude mit dem Büro des Betriebsleiters und dem Fahrkartenschalter, eine Wagenremise, ein Kohlenlager, ein dampfbetriebener Wasserkran und das Heizhaus. Im letzteren ist auch die betriebseigene Werkstätte untergebracht, in der sämtliche Reparatu-

Abb. 42 Streckendiagramm der Achenseebahn

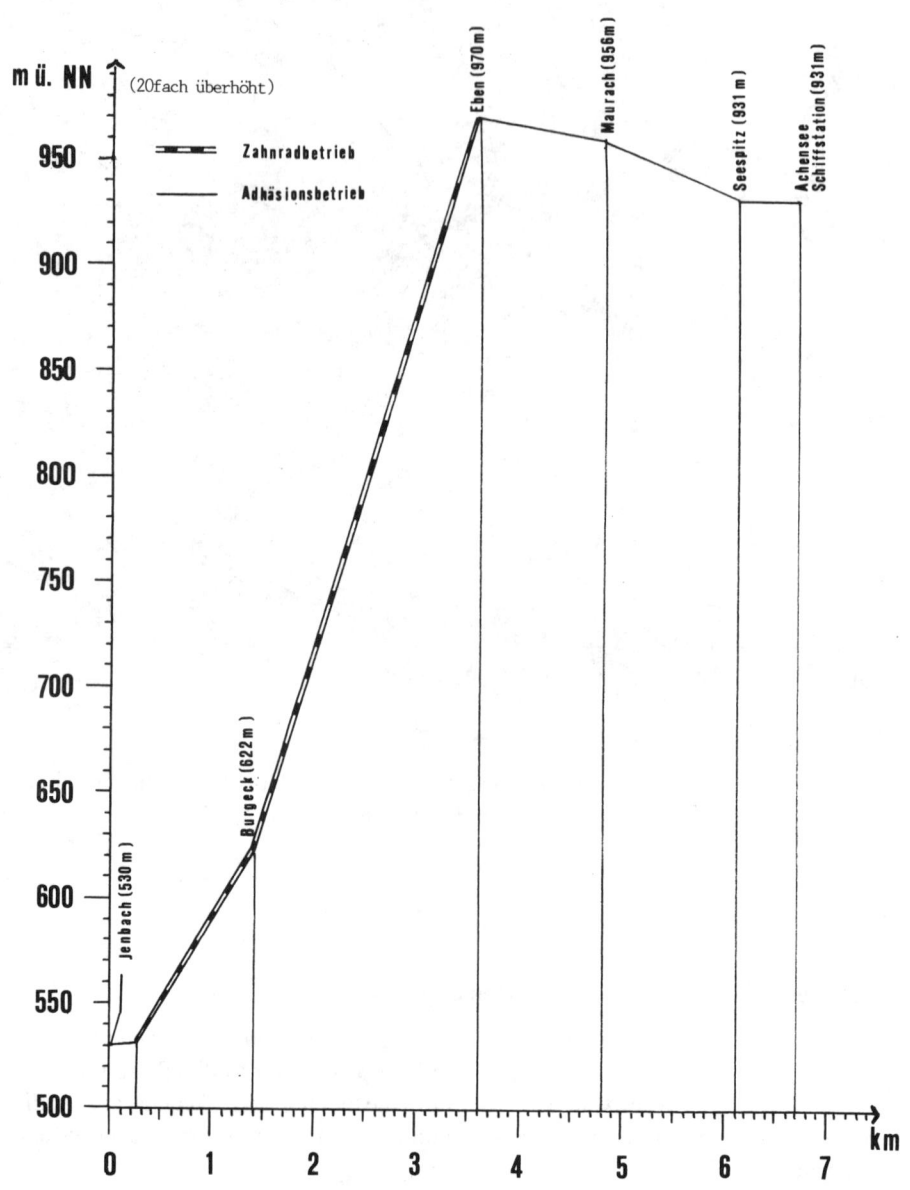

ren und auch die jährlichen Revisionen an den Dampflokomotiven und Wagen vorgenommen werden.

Im Bahnhof Jenbach (530 m) wird die Bahn im Adhäsionsbetrieb geführt (km 0,0 — km 0,5), danach beginnt die Zahnradtrasse. Diese verläuft zunächst parallel dem östlichen Ortsrand von Jenbach und erreicht in Bahnkilometer 1,4 die Bedarfshaltestelle Burgeck (622 m). Nach einer Anfangssteigung von 115 Promill beginnt nun die größte Steigung der Trasse mit 160 Promill. Der höchste Punkt der Bahnstrecke, der Scheitel- und Ausweichbahnhof Eben (km 3,62/970 m), wird nach einer Fahrzeit von 25 Minuten erreicht, wobei 440 Meter Höhe überwunden werden müssen. Auf der Zahnradstrecke, die kurz vor der Station Eben endet, werden die Züge bergwärts aus Sicherheitsgründen von der Lokomotive geschoben. Im Bahnhof Eben wird die Lok an die Zugspitze umgesetzt, um nun die restlichen Kilometer bis zum Achensee im Adhäsionsbetrieb zurückzulegen. Nach Passieren der Haltestellen Maurach (km 4,8/956 m) und Seespitz (km 6,14/931 m) wird der Achensee erreicht. Die Bahn verläuft noch wenige Meter parallel dem Seeufer und gelangt in Streckenkilometer 6,78 zu ihrem Endpunkt Achensee-Schiffsstation (931 m), wo die Züge stets Anschluß an die Achenseeschiffahrt haben. In der Endstation „Achensee" befinden sich ebenso wie in Jenbach ein mit Dampf betriebener Wasserkran sowie ein Stationsgebäude, das durch einen Umbau im Jahre 1971 den heutigen Verkehrsbedürfnissen angepaßt worden ist.

Während die Zahnradtrasse mit einer Geschwindigkeit von 8 km/h befahren wird, werden auf dem fallenden Streckenabschnitt (25 Promill) zwischen Eben und Seespitz 20 km/h erreicht. Für die insgesamt 6,8 km lange Strecke von Jenbach bis Seespitz benötigt der Zug eine Fahrzeit von 40 Minuten.

An dieser Stelle sei auch ein Kuriosum angeführt. In den ersten Betriebsjahren betrug die Baulänge der Achenseebahn lediglich 6,36 km; sie führte damit nicht ganz an den See heran, sondern endete zirka 400 m vor der Anlegestelle der Dampfschiffe in der Haltestelle „Seespitz". Auf dem Reststück bis zum See ließ sich das Kloster Fiecht eine Rollbahn von 640 m Länge und einer Spurweite von 600 mm konzessionieren. Auf dieser wurde das Gepäck der Reisenden vom Schiff zur Bahn und umgekehrt gegen gesonderte Bezahlung befördert. Als Transportmittel standen kleine Wagen zur Verfügung, die von Hand bewegt wurden; eine ungewöhnliche Situation, die sich allerdings auch nur bis zum Jahre 1916 hielt. Das Rollgleis wurde aus strategischen Gründen von der österreichischen Militärverwaltung abgerissen, und die meterspurige Gleisanlage der Achenseebahn wurde bis zur Dampferanlegestelle verlängert, wodurch sie die heutige Betriebslänge von 6,78 km erhielt. Dieser ungesetzliche Zustand der eigenmächtigen Verlängerung wurde im Jahre 1929 durch eine eisenbahnrechtliche Bewilligung legalisiert (vgl. Jenbacher Stimme 1974, Nr. 10, S. 12—13).

Das Verkehrsgebiet der Achenseebahn

Die Achenseeregion gehört verwaltungspolitisch zum Bezirk Schwaz. Bei einer Gesamtfläche von 37 915 ha weist sie eine Bevölkerung von 3656 Einwohner (Stand 1981) auf, wodurch sich in etwa eine Bevölkerungsdichte von 10 Ew./qkm ergibt. Das Gebiet wird vom Achensee sowie dem Karwendel- und Rofangebirge geprägt. Außerordentlicher Waldreichtum und ausgedehnte Almgebiete sind weitere wichtige Merkmale dieses landschaftlich schönen und vielfältigen Raumes, in dem neben der

Land- und Forstwirtschaft auch der Fremdenverkehr schon früh eine wichtige Position im Wirtschaftsgefüge einnahm. Durch das verstärkte Vordringen der Urlauberströme sind die Ortschaften zu bekannten Fremdenverkehrssiedlungen geworden, die sich ihren ländlichen Charakter bewahren konnten.
Im Einzugsbereich der Achenseebahn liegen die Gemeinden Eben und Achenkirch sowie der außerhalb des Achentales im Unterinntal gelegene Ort Jenbach. Die Bevölkerungsentwicklung zeigt für die Achenseeregion einen positiven Trend (vgl. Tab. 59).

Tab. 59: Entwicklung der Wohnbevölkerung im Einzugsbereich der Achenseebahn

Gemeinde	1951	1961	1971	1981
Achenkirch	1492	1549	1763	1904
Eben a. Achensee	1169	1172	1559	1752
Jenbach	5126	5479	5868	5712

Quelle: Amt der Tiroler Landesregierung (Hrsg.): SITRO (Strukturdaten), Innsbruck 1974 und Österreichisches Statistisches Zentralamt (Hrsg.): Volkszählung 1981, Hauptergebnisse I — Tirol, Wien 1984 (= Beiträge zur österreichischen Statistik, Heft 630/8)

Die gesamtwirtschaftliche Situation wird in den Achenseegemeinden zunehmend vom Fremdenverkehr und der damit einhergehenden Einrichtung von Dienstleistungsbetrieben geprägt. Obgleich die Land- und Forstwirtschaft weiterhin ein bedeutender Wirtschaftsträger dieser Region ist, zeigen die strukturbestimmenden Daten für den Zeitraum 1971 bis 1981 einen Rückgang der Arbeitsbevölkerung auf diesem Sektor zugunsten eines enormen Anstiegs im Dienstleistungsbereich, speziell im Beherbergungs- und Gaststättenwesen (vgl. Tab. 60). Parallel zu dieser Entwicklung ist der in den Fremdenverkehrsgemeinden Achenkirch und Eben weit unter dem Landesschnitt liegende Rohertrag je ha landwirtschaftlicher Nutzfläche zu sehen sowie die durchschnittlich starke Auflassung der Betriebe. Strukturprobleme werden auch durch das geringe Maß an intensiv zu bewirtschaftendem Ackerland verursacht, so daß der Zuerwerb notwendig wird.

Tab. 60: Beschäftigte im Einzugsbereich der Achenseebahn nach Wirtschaftssektoren und Gemeinden 1981 (in %)

Gemeinde	Land- und Forstwirtschaft		Industrie, Gewerbe, Bauwesen		Dienstleistungen	
	1971	1981	1971	1981	1971	1981
Achenkirch	15,4	10,0	48,1	38,3	36,5	51,8
Eben a. Achensee	11,6	5,9	30,7	23,9	57,6	70,3
Jenbach	1,3	1,2	69,4	60,9	29,3	37,9

Quelle: Österreichisches Statistisches Zentralamt (Hrsg.): Volkszählung 1981, Hauptergebnisse II — Tirol, Wien 1985 (= Beiträge zur österreichischen Statistik, Heft 630/18)

Ist die Ausstattung der bäuerlichen Betriebe des Achentales mit landwirtschaftlicher Nutzfläche gering, so ist andererseits der Besitz an Wald verhältnismäßig groß. Das Verhältnis landwirtschaftlicher Nutzfläche zu Wald beträgt in Achenkirch etwa 1:6 und in Eben 1:4.
Der Wirtschaftsbereich Industrie, Gewerbe, Bauwesen ist in der Achenseeregion kaum ausgeprägt.

Wurden in früheren Zeiten an mehreren Stellen Erze (Eisen, Blei) abgebaut, so ist derzeit nur mehr der seit 1911 bestehende Abbau von Ölschiefer in Betrieb. Im Tiefenbachgraben westlich von Achenkirch wurden Mitte der 70er Jahre täglich noch 10 t Gestein gewonnen und zu 600 kg Steinöl verarbeitet (vgl. Amt der Tiroler Landesregierung (Hrsg.) 1978, S. 59). Neben diesem Bergbaubetrieb existieren in Achenkirch ein Sägewerk sowie ein mittelgroßes Holzverarbeitungsunternehmen. Die Industrie- und Gewerbesparte ist also insgesamt in diesem Raum kaum vertreten, auch der Handel spielt eine untergeordnete Rolle. Den wichtigsten Wirtschaftsfaktor stellt — wie bereits angedeutet — der Fremdenverkehr dar, der mit einem Angebot von rund 8000 Fremdenbetten und gut 1 200 000 Übernachtungen (Werte des Fremdenverkehrsjahres 1982) mit starker Intensität vertreten ist (vgl. Tab. 61).

Tab. 61: Fremdenverkehrsintensität im Einzugsbereich der Achenseebahn 1972 und 1982

Gemeinde	Sommersaison				Wintersaison				Insgesamt	
	Betten		Nächtigungen		Betten		Nächtigungen		Nächtigungen	
	1972	1982	1972	1982	1972	1982	1972	1982	1972	1982
Achenkirch	1772	2369	98 283	219 209	1772	2474	35 041	136 151	133 324	355 360
Eben a. Achensee	4123	5733	369 479	555 458	3234	5428	108 702	326 645	478 181	882 103
Jenbach	622	459	46 051	25 073	622	451	4627	5784	50 677	30 857

Quelle: Amt der Tiroler Landesregierung (Hrsg.): SITRO (Strukturdaten), Innsbruck 1974, S. 94 und dass. (Hrsg.): Fremdenverkehrsstatistik der Gemeinden Tirols, Innsbruck 1982

Erhebliche wirtschaftliche Bedeutung kommt aber nicht nur dem Ferntourismus zu, sondern — bedingt durch die zentrale Lage des Achenseegebietes zwischen dem Ballungsraum München und dem Zentralraum Unterinntal — auch dem Wochenend- und Naherholungsverkehr, der gerade in den letzten Jahren immens zugenommen hat. Im Spitzenfeld der Tiroler Fremdenverkehrsgemeinden liegt Eben mit knapp 900 000 Übernachtungen im Jahr. Durch den Bau der Rofanseilbahn (1959) und durch die Errichtung mehrerer Skilifte wurde das Achental auch für den Winterfremdenverkehr zusehends erschlossen.
Die regionale Wirtschaftsstruktur sowie die zentrale Lage zwischen zwei mehr oder minder ausgeprägten Ballungsräumen beeinflussen auch die Arbeitsmarktsituation des Achentales, das einen hohen und zunehmenden Arbeitspendleranteil aufweist. 1981 waren 31,4 Prozent der berufstätigen Bevölkerung Auspendler (1971: 27 Prozent), wobei der Anteil der Auslands-Auspendler durch die Nähe zur Bundesrepublik Deutschland vergleichsweise hoch ist (vgl. Tab. 62).
In der zentralörtlichen Orientierung zeigt sich eine eindeutige Ausrichtung der Region an die Arbeits-, Schul- und Dienstleistungsstandorte im Unterinntal, Jenbach, Schwaz und auch Innsbruck. Besondere Bedeutung erlangt neben der Bezirkshauptstadt Schwaz (Bezirksgericht, Finanzamt, Arbeitsamt, Gymnasium, Krankenhaus, Fachärzte etc.) auch der Industrieort Jenbach. Als Standort der Jenbacher Werke, dem größten Industriebetrieb Tirols (1981: 1695 Beschäftigte), zahlreicher kleinerer Industrie- und Gewerbebetriebe sowie des Achenseekraftwerks (1981: 155 Beschäftigte) ist Jenbach deutliches Einpendlerzentrum der Region. Ausgestattet mit einer Hauptschule und weiteren berufsbildenden Schulen sowie einer Apotheke, einigen Fachärzten und mehreren öffentlichen und privaten Diensten ist der Ort primäres Schul- und Versorgungszentrum des Achentales.
Die verkehrsmäßige Anbindung der Achenseeregion an das Unterinntal erfolgt neben der Bahnlinie durch die gut ausgebaute Achenseestraße (B 181), die von Jenbach ausgehend über Maurach und Buchau entlang dem östlichen Achenseeufer nach Achenkirch und weiter bis zur österreichisch-bay-

Tab. 62: Maßzahlen zur Pendlerbewegung im Einzugsbereich der Achenseebahn 1981

Gemeinde	Beschäftigte am Wohnort	Auspendler	Einpendler	Beschäftigte am Arbeitsort	Index des Pendlersaldos	Index der Pendlermobilität
Achenkirch	890	290	134	734	82,5	47,6
Eben a. Achensee	816	245	286	857	105,1	65,1
Jenbach	2499	856	1767	3410	136,5	105,0

Quelle: Österreichisches Statistisches Zentralamt (Hrsg.): Volkszählung 1981, Hauptergebnisse II — Tirol, Wien 1985 (= Beiträge zur österreichischen Statistik, Heft 630/18)

rischen Grenze verläuft. Da das Achental mit dem Achenpaß (941 m) die kürzeste Verbindung zwischen den Zentralräumen München und Unterinntal darstellt, ist durch den verstärkten Durchzugsverkehr ein erhöhtes Verkehrsaufkommen auf der B 181 zu verzeichnen, so daß es speziell in den Urlaubszeiten vereinzelt zu Engpässen kommt (vgl. Tab. 63).
Der Hauptverkehrsträger im öffentlichen Personennahverkehr ist der Kraftwagendienst, der mit seinem ganzjährigen Betrieb das Angebot der saisonal geführten Achenseebahn ergänzt und für die einheimische Bevölkerung das wichtigste öffentliche Verkehrsmittel darstellt. Die Betreiber der Buslinienkurse sind heute die Österreichische Bundespost und die Zillertaler Verkehrsbetriebe (einst die Achenseebahn AG). Während die Strecke Jenbach — Pertisau mit durchschnittlich 11 täglich verkehrenden Buskursen von den Zillertaler Verkehrsbetrieben bedient wird, verkehrt der Postautodienst auf der Strecke Jenbach — Maurach — Achenkirch — Steinberg a. Rofan; auf dieser Linie sind durchschnittlich 9 Buskurse im Einsatz. Der Fahrplan wurde weitestgehend auf die Verkehrsbedürfnisse der einheimischen Bevölkerung abgestimmt, da nicht nur die Berufspendler und Schüler auf dieses Verkehrsmittel angewiesen sind, sondern auch der Einkaufs-, Behörden- und allgemeine Versorgungsverkehr über diesen Verkehrsträger abgewickelt werden. Auf die Bedürfnisse der Urlaubsgäste ausgerichtet ist hingegen das Verkehrsangebot der Achenseebahn. THURNER schreibt hierzu sogar, sie sei *„ursprünglich bereits als reine Touristenbahn ins Leben gerufen worden"* (THURNER 1939, S. 8); eine Behauptung, die bei einer näheren Analyse der Entwicklungsgeschichte dieser Bahn so uneingeschränkt nicht aufrechterhalten werden kann.

Tab. 63: Entwicklung des durchschnittlichen motorisierten Tagesverkehrs auf der Achenseebundesstraße (B 181), hier: Zählstelle Eben (1181)

Jahr	Personenverkehr	Güterverkehr	Gesamt
1955	847	86	933
1960	1053	115	1168
1965	2352	158	2510
1970	2894	172	3066
1975[1]	4189	243	4432
1980	3947	242	4189

1 fehlerhafte Zählsystematik, die Erhebungen dieses Jahres sind nicht ganz korrekt

Quelle: Österreichisches Statistisches Zentralamt (Hrsg.): Straßenverkehrszählungen im gesamten Bundesgebiet der Republik Österreich, Wien, verschiedene Jahrgänge

Die Verkehrsgeschichte der Achenseebahn

Der öffentliche Verkehrsbetrieb wurde auf der Achenseebahn offiziell am 8. Juni 1889 aufgenommen. Zu dieser Zeit waren an Rollmaterial 4 Dampflokomotiven, 7 Personenwagen, 4 offene Güterwagen, 1 Hochbordwagen und 1 gedeckter Güterwagen vorhanden. Diese Zusammensetzung des Wagenparks macht deutlich, daß der Achenseebahn in den Anfängen ihrer Betriebszeit neben der Personenbeförderung auch die Aufgabe des Gütertransportes zugedacht war. Die Beförderung von Wirtschaftsgütern, insbesondere von Holz aus den Wäldern rund um den Achensee, zählte anfangs zu den Hauptaufgaben dieser Kleinbahn. Obgleich im Güterverkehr nie übermäßig hohe Transportzahlen erreicht wurden, konnte sich diese Transportsparte lange Zeit bewähren. Insbesondere in Krisenzeiten, in den Kriegs- und ersten Nachkriegsjahren, wurde das ganze Achenseegebiet praktisch nur durch die Bahn versorgt. In dieser Zeit, in der der Stückguttransport außergewöhnlich groß war, wurde sogar im Winter und in der Nacht gefahren, wobei insgesamt 14 Güterwagen im Einsatz waren. Bevor die neue Achenseestraße dem Verkehr übergeben werden konnte (Mitte der 50er Jahre) und lediglich die steile Straßenverbindung durch das Kasbachtal existierte, waren Sonderfahrten in den Wintermonaten keine Seltenheit. Da Pferdefuhrwerke und Lastkraftwagen auf der häufig zugeschneiten und vereisten Kasbachstraße nicht eingesetzt werden konnten, mußte das Holz vom Sägewerk Maurach per Bahn nach Jenbach gebracht werden.

Von einiger Bedeutung für den Güterverkehr der Achenseebahn war auch das Jahr 1928, in dem die Tiroler Wasserkraftwerke mit dem Bau des Achenseekraftwerkes begannen. Mit der Zulieferung für den Kraftwerksbau wurde seinerzeit die Achenseebahn betraut, was eine deutliche Verbesserung der wirtschaftlichen Lage dieses Verkehrsunternehmens bewirkte. Im Laufe der Zeit wurde der Güterverkehr jedoch wegen Bedarfsmangels eingestellt und die Güterwagen nach und nach verschrottet. Die heute noch im Dienst stehenden Güterwaggons dienen ausschließlich dem betriebsinternen Gütertransport.

Der dominierende Verkehrszweig der Achenseebahn war von Anbeginn der Personenverkehr. Obgleich die entscheidende Funktion dieser Bahnlinie in einer Belebung und Intensivierung des Fremdenverkehrs gesehen wurde, so war das Verkehrsangebot in den ersten Betriebsjahren doch deutlich an den lokalen Verkehrsbedürfnissen der einheimischen Bevölkerung orientiert. Dem ersten Fahrplan aus dem Jahre 1889, „gültig vom Tage der Betriebseröffnung bis zum Schluß der Saison", ist zu entnehmen, daß täglich 7 Zugpaare geführt wurden, deren Abfahrzeiten über den ganzen Tag verteilt waren. Von 5.15 Uhr in der Früh bis 19.30 Uhr verkehrten die Züge ab Jenbach etwa im 2-Stunden-Takt, mit Ausnahme einer Fahrplanlücke zur Mittagszeit von 11.00 Uhr bis 13.30 Uhr; ein vergleichbares Fahrplanbild zeigt sich für die Gegenrichtung Achensee-Jenbach (vgl. Betriebsleitung der Achenseebahn AG (Hrsg.) 1985, S. 11).

Das Fahrgastaufkommen entwickelte sich in den Anfangsjahren recht zufriedenstellend. Achenseebahn und Achenseeschiffahrt waren schon seinerzeit bekannte Urlaubsattraktionen, die zahlreiche Feriengäste in die Achenseeregion lockten. In den 30er Jahren wurde der Fremdenzustrom jedoch durch die einsetzenden politischen Wirren, durch die Wirtschaftskrise und die Tausend-Mark-Sperre entscheidend geschwächt. In der Folge ging auch das Verkehrsaufkommen der Bahn erheblich zurück, so daß sie mehrmals von Einstellung bedroht war. Auch wurde die zunehmende Bedeutung des Straßenverkehrs verstärkt spürbar. Um dieser Straßenkonkurrenz wirksam begegnen zu können und sich gegenüber anderen Verkehrsbetrieben abzusichern, wurde dem saisonalen Betrieb der Bahn ein Autobusbetrieb angegliedert, der ebenfalls im Eigentum und Betrieb der Achenseebahngesellschaft stand.

Während des Zweiten Weltkrieges gewann diese Kleinbahn wieder an Bedeutung, und im Kriegsjahr 1944 wurde sogar mit 141 800 Personen die höchste Beförderungszahl erreicht. Einige kriegswichtige Betriebe und viele Bombenflüchtlinge mußten damals im Achenseegebiet versorgt werden. In der Nachkriegszeit ging das Verkehrsaufkommen dann auf Werte zwischen 50 000 und 60 000 jährlich beförderter Personen zurück (vgl. Abb. 43).

Innerbetriebliche Veränderungen zeigten sich im Jahre 1950, als sich die TIWAG (Tiroler Wasserwerke AG) die Aktienmehrheit der Achenseebahn AG sicherte und damit Alleinbesitzer der Bahn wurde. Mit dem verstärkten Aufkommen des Fremdenverkehrs in den 60er und 70er Jahren verlagerte sich die Bedeutung der Bahn ausschließlich auf den Ausflugs- und Tourismusverkehr. Aber auch hier setzte der zunehmende Straßenverkehr und damit der Autotourismus der Bahn besonders in den Jahren 1965—1970 stark zu; mit der Eröffnung der Achenseestraße erhielt sie einen neuen Konkurrenten. Trotz verstärkt propagierter Dampfzugromantik und auch gesteigerten Interesses der Urlauber an der Dampf-Zahnradbahn entstanden erhebliche Verluste, die die TIWAG nicht mehr bereit war zu tragen. So wurde im Jahre 1979 aus Rentabilitätsgründen der Omnibusbetrieb an die Österreichische Bundespost und an die Zillertaler Verkehrsbetriebe verkauft, das Schicksal der Bahn blieb zunächst ungewiß.

Für einen Weiterbestand der Achenseebahn hatten sich der Tiroler Landtag mit Entschließung vom 28. 11. 1974 und die Raumordnungsbezirkskommission Schwaz in ihrer Sitzung am 7. 3. 1979 einstimmig ausgesprochen. Dieser politischen Willensäußerung stand jedoch auf betriebswirtschaftlicher Seite ein jährlicher Abgang gegenüber, der sich im Jahre 1980 auf knapp 1 Millionen ö. S. belief. Die TIWAG als Eigentümerin der Bahn war deshalb daran interessiert, sich auch von diesem defizitären Verkehrsträger schnellstens zu trennen. In die Zeit des Tauziehens um die Existenz der Achenseebahn fiel darüber hinaus der Ablauf der Konzession. Eine Konzessionserneuerung war gemäß der Aufsichtsbehörde nur bei Durchführung der notwendigen Sanierung der Flachstrecke zwischen Eben und Schiffsstation möglich.

Eine Entscheidung zeichnete sich im Jahre 1981 ab. Zwecks einer Besitzübertragung war die TIWAG als Eigentümerin und Inhaberin der vorhandenen Aktien in Verhandlungen mit den Achenseegemeinden Achenkirch und Eben getreten. Am 14. Dezember 1981 wurde dann zwischen der TIWAG und den Achenseegemeinden eine Entschädigungsvereinbarung im Rahmen eines Talvertrages[6]

---

6 Ein Talvertrag ist ein Abkommen, gemäß dem vom Land für eventuell durch Wasser aufkommende Schäden Gelder ausgezahlt werden; aus dem Überschuß sollte in diesem Fall der Abgang der Bahn finanziert werden.

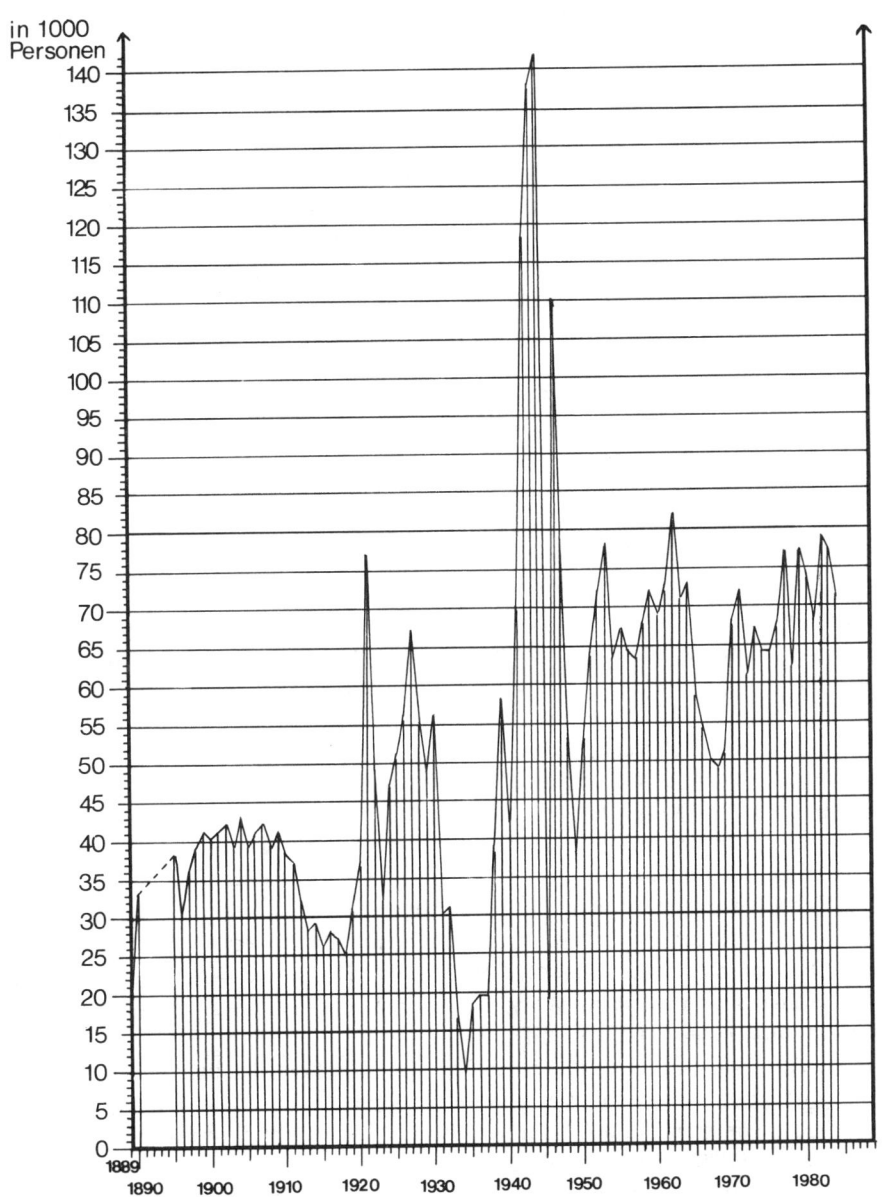

Abb. 43 Jährliches Personenverkehrsaufkommen der Achenseebahn 1889—1984

Quelle des Zahlenmaterials: Geschäftsberichte der Achenseebahn AG

abgeschlossen, wonach gemäß Punkt IV die Übergabe der im Eigentum der TIWAG befindlichen Aktien der Achenseebahngesellschaft zum Stichtag 31. 12. 1981 zu je gleichen Teilen an die Gemeinden Achenkirch und Eben zu erfolgen hatte. Gleichzeitig erklärte sich die TIWAG bereit, für die notwendige Sanierung des Oberbaues in der Flachstrecke einen einmaligen Betrag zur Verfügung zu stellen, und zwar in gleicher Höhe, wie ihn das Land Tirol als Subvention zu dieser Maßnahme leisten wollte. Die neuen Besitzer erhielten die Auflage, eine Verpflichtungserklärung gegenüber dem Land Tirol abzulegen und ein Ansuchen um Konzessionsverlängerung gegenüber dem Bund auf Weiterführung der Bahn für 10 Jahre einzugeben (vgl. Geschäftsberichte der Achenseebahn AG 1981 u. 1982, jeweils S. 1). Seit dem 1. 1. 1982 ist die Achenseebahn somit im Besitz der Achenseegemeinden Achenkirch und Eben, die aus fremdenverkehrswirtschaftlichen Gründen ein deutliches Interesse an der Bahn zeigen.
Die Bauarbeiten am Oberbau, mit denen noch im Jahre 1981 mit finanzieller Unterstützung vom Bund (1 Millionen ö. S.), Land und der TIWAG (jeweils 2,4 Millionen ö. S.) begonnen worden war, konnten 1982 abgeschlossen werden, so daß einer Konzessionsverlängerung um 10 Jahre und damit bis zum 31. 12. 1992 nichts mehr entgegenstand.
Das Verkehrsbild der Achenseebahn wird heute ausschließlich durch den Ausflugsverkehr und den Tourismus bestimmt, wobei ihre vorrangige Verkehrsbedeutung in ihren Funktionen als leistungsfähiger Zubringer zur Achenseeschiffahrt und als wichtigstes Bindeglied zwischen dieser und der ebenfalls teilweise mit Dampf betriebenen Zillertalbahn liegt. In der Bedienung des heimischen Lokalverkehrs spielt die Bahn kaum noch eine Rolle; nur ganz vereinzelt wird sie von der Achenseer Bevölkerung zu Versorgungs- und Berufspendlerfahrten (Jenbacher Werke) genutzt.
Im Betriebsjahr 1984 wurde der fahrplanmäßige Verkehr in der Zeit vom 26. Mai bis einschließlich 30. September mit insgesamt 715 Zugpaaren bewältigt. Durchgängig verkehrten täglich 4 Zugpaare, diese Anzahl wurde vom 2. Juni bis 23. September auf 5 und in der Hochsaison (9. 6. — 9. 9.) auf 6 Zugpaare erhöht. Die Fahrplanstruktur kommt den Wünschen der Urlauber weitestgehend entgegen, eine Orientierung des Fahrplanes an Schulanfangs- und Arbeitsbeginnzeiten ist nicht mehr auszumachen. In Jenbach liegen die Wartezeiten zu den Anschlußzügen in Richtung Wörgl, Innsbruck oder auch ins Zillertal im Durchschnitt unter einer halben Stunde.
Ein wichtiger Gesichtspunkt für eine erfolgreiche Betriebsabwicklung ist auch eine gute Kooperation und Koordination mit der Achenseeschiffahrt, sind doch die meisten der rund 70 000 Bahnfahrer auch Gäste der Schiffahrt (etwa 60 000 der rund 125 000 auf den Achenseeschiffen beförderten Personen/Saison). Dieser Gegebenheit trägt bereits ein Kombibillett mit der Achenseeschiffahrt Rechnung. Auch ist die Einführung durchgehender Tarife ein entscheidender Schritt im Hinblick auf eine weitere Attraktivitätssteigerung der Bahn.
Daß die Bahnlinie trotz saisonalem Betrieb existenzfähig bleiben kann, erklärt sich aus einem äußerst niedrig gehaltenem Betriebsaufwand und einem geringen Bedienstetenstand. Im Jahre 1984 waren das ganze Jahr über 8 Personen beschäftigt, diese wurden in der verkehrsfreien Zeit überwiegend für Reparaturar-

beiten eingesetzt. In der Hauptsaison wurden zusätzlich 8 Hilfskräfte eingestellt (vgl. Geschäftsbericht der Achenseebahn AG 1984, S. 1).
Jährliche Beförderungsleistungen zwischen 70 000 und 80 000 Personen, wobei die mehr oder minder ausgeprägten Schwankungen zumeist wetterbedingt sind, sowie ein Betriebsplus von gut 1 Millionen ö. S. im Berichtsjahr 1984[7] dokumentieren die sich derzeit stabilisierende Verkehrssituation der Achenseebahn, die mit ihren nahezu 100 Verkehrsjahren als älteste Dampf-Zahnradbahn Europas auch zu einer kulturellen Einrichtung der Tiroler Verkehrs- und Technikgeschichte geworden ist.

4.2 DIE SCHAFBERGBAHN — DER PROTOTYP EINER FREMDENVERKEHRSBAHN

Der Schafberg (1734 m), einer der wohl bekanntesten und schönsten Aussichtsberge Österreichs, wird von einer ebenso bekannten wie auch beliebten Bergbahn, der nunmehr gut 90 Jahre alten Schafbergbahn, erschlossen.

Baugeschichte

Bereits in den Jahren des ersten „Eisenbahnfiebers" (Anfang der 70er Jahre des vergangenen Jahrhunderts) waren Bestrebungen zur Erschließung des Schafberggebietes durch eine Zahnradbahn bekannt geworden. Kurz nach der Inbetriebnahme der ersten zahnradbetriebenen Bergbahn in der Schweiz (Rigibahn 1871) bewarben sich zwei Unternehmer, Curant und Peusens, um die Konzession zum Bau einer Zahnradbahn auf den Schafberg. Obgleich die Konzession am 10. August 1872 erteilt worden war, verhinderte jedoch die Wirtschaftskrise des Jahres 1873 die Durchführung des Vorhabens. Erneuert wurde die Konzession erst am 13. Januar 1890. Als Konzessionswerber trat nun die Salzkammergut-Lokalbahn-Gesellschaft auf, die im Jahre 1889 mit dem Bau des ersten Streckenabschnittes ihrer Schmalspurbahn Ischl — Salzburg begonnen hatte. Mit der Bauausführung der projektierten Schafbergbahn, die für 900 000 Gulden veranschlagt worden war, wurde die Bauunternehmung Stern & Hafferl betraut. Die Realisierung dieses Bahnprojektes, das die Errichtung einer meterspurigen Zahnradbahn nach dem System Abt von St. Wolfgang (542 m) zum Gipfel des Schafbergs (1730 m) vorsah, wurde weitestgehend durch die finanzielle Unterstützung der Landesregierungen von Oberösterreich und Salzburg[8] sowie der

---

7 Durch die Verlustfortschreibung aus den Vorjahren wurde der Gewinn jedoch zur Gänze aufgebracht (vgl. Geschäftsbericht der Achenseebahn AG 1984, S. 3).
8 Die Ausgangsstation der Bahn St. Wolfgang befindet sich auf oberösterreichischem Gebiet, wohingegen die Bergstation Schafbergspitze im Salzburger Land liegt.

Abb. 44   Streckenverlauf und Verkehrsgebiet der Schafbergbahn

▲▲▲▲ Zahnradbahn   ━■━ Bahnstation

Quelle: Ausschnitt aus der Freytag & Berndt Wanderkarte „Attersee — Traunsee — Höllengebirge — Mondsee — Wolfgangsee"; kartographische Ergänzung: H. Kreft-Kettermann

Gemeinden Ischl und St. Wolfgang, die den Wert des Bauvorhabens für den Fremdenverkehr erkannten, ermöglicht (vgl. PFEIL 1978, S. 17—19).
Die Bauarbeiten, bei denen rund 350 Arbeiter zum Einsatz kamen, wurden im April 1892 aufgenommen. Durch die Beschaffenheit des Bodens und besonders durch den harten Winter 1892/93 gestaltete sich die Ausführung äußerst schwierig. Neben dem Bau eines 24 Meter langen Viaduktes und der Errichtung mehrerer gewölbter Steinbrücken zur Überwindung zahlreicher Felseinschnitte war auch die Anlage zweier Tunnel (91 und 26 m) erforderlich. Da der Bahnbau nur im Winter aufgrund heftiger Schneefälle ruhte, konnte er in der kurzen Zeit von etwas mehr als einem Jahr vollendet werden. Nach der am 31. Juli erfolgreich

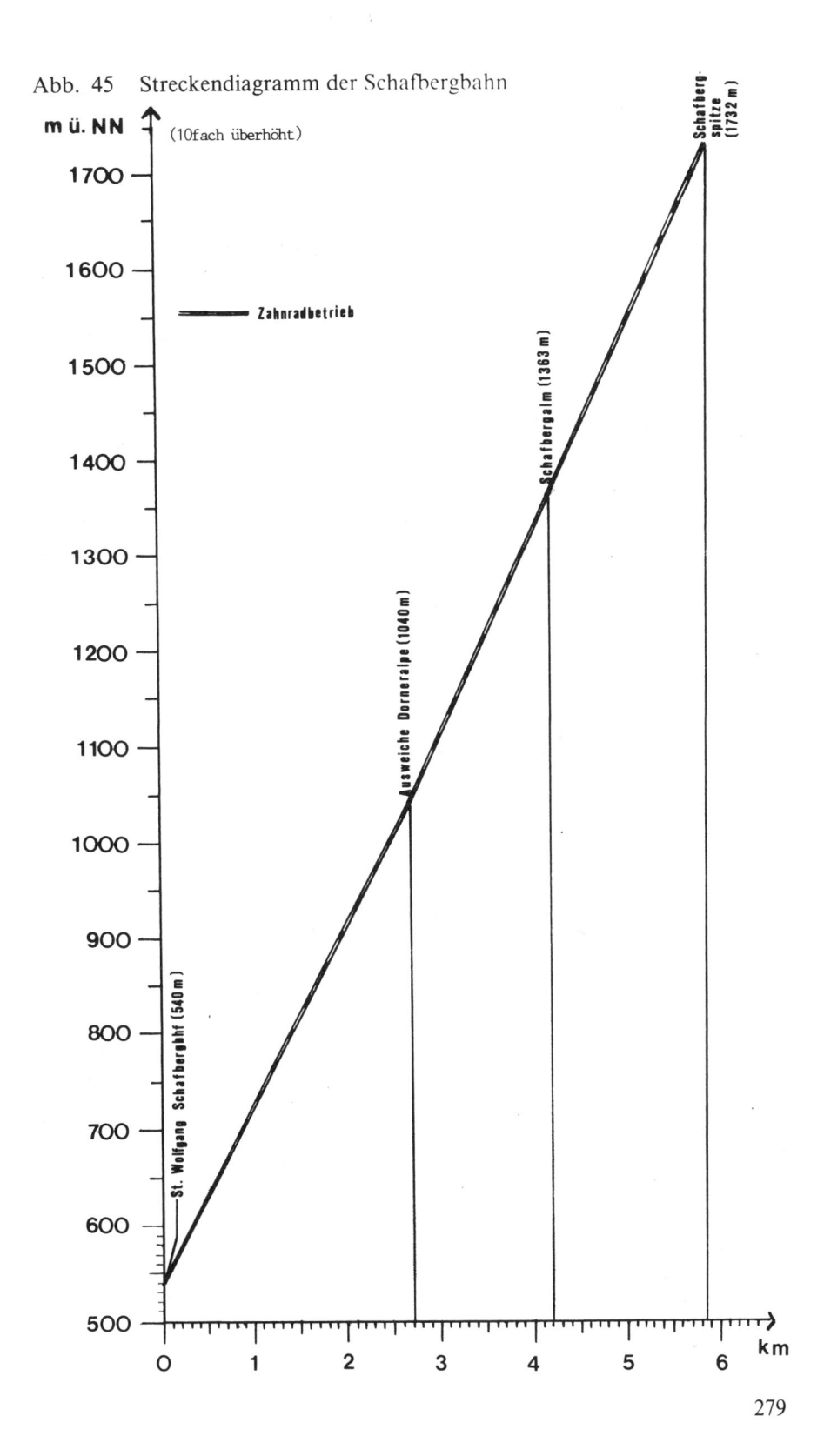

Abb. 45 Streckendiagramm der Schafbergbahn
(10fach überhöht.)

durchgeführten Erprobungsfahrt wurde die Schafbergbahn am 1. August 1893 offiziell für den allgemeinen Verkehr eröffnet.

Zum Zeitpunkt der Inbetriebnahme hatte die Bahn eine Gesamtlänge von 5,880 km, Streckenverbesserungen führten später zu einer Verkürzung um 38 m. Während die ersten 0,472 km der eingleisigen reinen Zahnradstrecke auf oberösterreichischem Boden liegen, befindet sich der Hauptstreckenanteil im Land Salzburg. Der zu bewältigende Höhenunterschied auf der nunmehr 5,842 km langen Strecke beträgt 1192 m (Talstation St. Wolfgang 542 m, Endstation Schafbergspitze 1734 m), was einer durchschnittlichen Steigung von 207 Promill entspricht. Aus Sicherheitsgründen wurde die Strecke bei Steigungen über 80 Promill mit einer Doppelzahnstange ausgerüstet, wohingegen der Betrieb im übrigen Streckenbereich über eine einfache Zahnstange abgewickelt wird (vgl. ÖBB DION Linz (Hrsg.) 1968, S. 4).

Von der Talstation St. Wolfgang (km 0,0/542 m), die mit einem Aufnahmegebäude, einem Heizhaus mit Lokständen, einer Wagenhalle samt Schiebebühne sowie einer Wasserstation ausgestattet ist, führt die Bahnstrecke mit einer wechselnden Steigung von 60 bis zu 250 Promill stetig bergan. Die erste Ausweiche, Dorneralpe (1040 m), wird in Bahnkilometer 2,7 erreicht, die zweite, die Haltestelle Schafbergalpe (1363 m), in Streckenkilometer 4,2. Beide Streckenpunkte gestatten das Kreuzen von Zügen und Ergänzen der Wasservorräte der Dampflokomotiven. Die Bergstation Schafbergspitze ist gleich der Talstation mit einem Aufnahmegebäude und einer Ausweiche ausgestattet.

Verkehrsgebiet

Entsprechend dem Streckenverlauf beschränkt sich das Verkehrsgebiet der Schafbergbahn auf den Südhang des Schafbergs mit der Jausenstation Schafbergalpe und dem Schafberghotel. Bereits im Jahre 1839 war auf dem Gipfel des Schafbergs eine einfache Holzhütte errichtet worden, die ausschließlich den Bergsteigern als Nachtquartier diente. Der verstärkte Zustrom zahlreicher Bergsteiger führte dazu, daß die Kapazität dieser Hütte bald nicht mehr ausreichte und 1862 das erste große Hotel auf dem Schafberg erbaut wurde. Nachdem dieses Hotel durch ein Feuer zerstört worden war, entstand im Jahre 1906 ein den Ansprüchen der damaligen Zeit entsprechendes neues Hotel, das mit zwei großen Speisesälen, mit 16 Zimmern und einem Touristenraum ausgestattet war. Nach dem Zweiten Weltkrieg wurde das Hotel gänzlich renoviert und der östliche Trakt aufgestockt, so daß weitere 20 Zimmer eingerichtet werden konnten. Heute weist das Berghaus „Schafbergspitze" eine Kapazität von gut 60 Betten in rund 30 modern eingerichteten Zimmern auf. In den beiden Speisesälen, im Jägerstüberl und auf der Terrasse stehen insgesamt 305 Sitzplätze zur Verfügung. Als Ausgangspunkt der Schafbergbahn ist die Fremdenverkehrsgemeinde St. Wolfgang zu erwähnen. Der Ort (2500 Ew./1981) liegt unmittelbar am Wolfgangsee, dem wärmsten Badesee des Salzkammergutes. St. Wolfgang, das im Rahmen des Fremdenverkehrs als Höhenluftkurort wirbt, wird in seinem äußeren Erscheinungsbild, seinem Wirtschaftsgefüge und der Infrastruktur eindeutig vom Ausflugs- und Urlauberverkehr geprägt. Mit 316 000 Übernachtungen (Fremdenverkehrsjahr 1977) zählt der Ort zum Spitzenfeld österreichischer

Fremdenverkehrsgemeinden, wobei das Schwergewicht eindeutig auf dem Sommerfremdenverkehr liegt.

Verkehrsentwicklung

Die von Anbeginn primäre Intention, mit der Schafbergbahn eine sogenannte „Aufstiegshilfe" für die Fremden in diesem ausschließlichen Bergsteiger- und Urlaubsgebiet zu schaffen, hat die Entwicklungsgeschichte der Bahn sowie ihr Verkehrsbild nachhaltig geprägt.
Im Eröffnungsjahr 1893 wurde der Fahrbetrieb der Schafbergbahn mit 6 Zwillingszahnrad-Dampflokomotiven und 4 Personenwagen aufgenommen, diese existieren heute noch und werden weiterhin jährlich zur Bewältigung des starken Sommerverkehrs (Betriebszeit: Juni-September) eingesetzt. Bereits in den ersten Betriebsjahren wurden Fahrgastzahlen zwischen 20 000 und 30 000 erreicht; Werte, die die Beliebtheit dieses Verkehrsträgers und seiner Region schon für die Jahrhundertwende dokumentieren.
Die Schafbergbahn und das Schafberghotel waren anfangs im Besitz und Betrieb der Salzkammergut-Lokalbahn-Gesellschaft, deren Bahnlinie von Salzburg über St. Gilgen und Strobl nach Bad Ischl verlief. Eine Verbindung zwischen Schafbergbahn und Salzkammergutlokalbahn wurde durch die von der Bahngesellschaft ebenfalls im Jahre 1893 eingerichtete und betriebene Wolfgangsee-Querschiffahrt St. Wolfgang Lokalbahnhof (auf dem gegenüberliegenden Seeufer gelegen) — St. Wolfgang Schafbergbahnhof hergestellt. So bildeten Lokalbahn, Schiffahrt, Schafbergbahn und Schafberghotel eine beachtliche Wirtschaftseinheit, die dem Fremdenverkehr im Gebiet Ischl und Salzburg einen ungemein großen Aufschwung gab. Verbunden war damit der Beginn einer intensiven Bautätigkeit in den Orten am Wolfgangsee. Zahlreiche Villen wurden am Seeufer errichtet, so daß sich die Zahl der Häuser sehr rasch nach der Jahrhundertwende verdoppelte.
Nach dem immensen Anstieg des Fremdenverkehrs zu Beginn dieses Jahrhunderts zeigten sich jedoch schon bald Stagnation und Rückgang. Der Erste Weltkrieg, gefolgt von schwachen Nachkriegsjahren, der großen Wirtschaftskrise von 1929 und der Tausend-Mark-Sperre des Jahres 1933, wobei letztere das völlige Ausbleiben der Gäste aus Deutschland zur Folge hatte, verhinderten weitere wirtschaftliche Erfolge. Die Salzkammergut-Lokalbahn-Gesellschaft geriet in finanzielle Bedrängnis und verkaufte im Jahre 1931 ihre risikoärmsten und einträglichsten Unternehmen, das Schafberghotel, die Schafbergbahn und die Längsschiffahrt St. Gilgen — St. Wolfgang, an das Österreichische Verkehrsbüro in Wien; ein Schritt, den sie noch erheblich bereuen sollte. Während die Gesellschaft selbst nur mehr verpflichtet blieb, die Querschiffahrt zu ihren Zügen aufrechtzuerhalten, gingen ihre Einnahmen weiter zurück. Von 1938 an wurden Bahn, Hotel und Schiffahrt von der Deutschen Reichsbahn betrieben und im Jahre 1939 angekauft; seit 1945 stehen sie im Besitz und Betrieb der Österreichischen Bundesbahnen (vgl. ÖBB DION Linz (Hrsg.) 1968, S. 3). Die Zugförderungsstelle St. Wolfgang, der neben der Zahnradbahn auch die Schiffahrt zugeteilt ist, gehört heute organisatorisch zur Zugförderungsstelle Attnang-Puchheim, die ihrerseits wiederum der Bundesbahndirektion in Linz untersteht. Die

Stammbelegschaft der Zugförderungsstelle St. Wolfgang besteht durchschnittlich aus 33 Mitarbeitern, die in der Saison (Anfang Mai bis Anfang Oktober) durch weitere 22 von anderen Dienststellen ausgeliehene Arbeitskräfte unterstützt werden. In der Winterpause werden Reparaturen der Lokomotiven durchgeführt und die Zeit für den Urlaub des Personals genutzt (vgl. PFEIL 1978, S. 58).

Wie bereits in ihren ersten Betriebsjahren so ist auch heute das Verkehrsangebot der Schafbergbahn an den Schwankungen in der Nachfrageintensität ausgerichtet, was dazu führt, daß im Fahrplan nach Vor-, Haupt- und Nachsaison unterschieden wird. Im Sommerfahrplan 1986 verkehrte in der Vorsaison (10. Mai bis 20. Juni) im Regelbetrieb täglich ein Zugpaar (St. Wolfgang ab 11.45 Uhr, Schafbergspitze an 12.24 Uhr — Schafbergspitze ab 14.19 Uhr und St. Wolfgang an 14.59 Uhr). Darüber hinaus sind 6 weitere Zugpaare vorgesehen, die zwischen 8.35 Uhr und 17.00 Uhr verkehren und dann eingesetzt werden, wenn sich mindestens 20 Fahrgäste finden; ein ähnliches Fahrplanangebot gilt für die Nachsaison (15. September bis 12. Oktober). In der Hauptsaison tritt eine deutliche Fahrplanverdichtung ein. Im Regelbetrieb werden nun täglich drei Zugpaare geführt (St. Wolfgang ab: 8.35, 11.45 u. 16.45 Uhr — Schafbergspitze ab: 9.16, 14.19 u. 17.36 Uhr), die auf der Hinfahrt durch 6 und auf der Rückfahrt durch 9 weitere Zugkurse ergänzt werden können. Da per Zugnummer maximal 3 Züge eingesetzt werden dürfen, wären in der Hauptsaison bei einer Maximalauslastung der Strecke 27 Züge für die Hinfahrt und 33 Züge für die Rückfahrt im Einsatz. Der Fahrplan der Schafbergbahn ist auf die Wolfgangseeschiffahrt weitestgehend abgestimmt.

Zur Verkehrsabwicklung stehen 6 Dampflokomotiven mit je einem vierachsigen Personenwagen zu 60 Sitzplätzen und die seit dem Sommer 1964 eingesetzten Dieseltriebwagen mit je 70 Sitzplätzen und 6 Notsitzen zur Verfügung. Während der Regelbetrieb mit den Dieseltriebwagen abgewickelt wird, werden die Zusatzfahrten bei schönem Wetter und starkem Andrang mit den Dampfzügen durchgeführt. Der Dampflokomotivbetrieb mit seiner eisenbahnhistorischen Bedeutung ist bei den Fahrgästen außerordentlich beliebt und wird allgemein dem Dieseltriebwagen vorgezogen, der seinerseits eine wirtschaftlichere Betriebsführung erlaubt. Lokomotiven und Waggons der Dampfzüge stammen noch aus der Gründerzeit, haben jedoch in mehreren Renovierungsphasen ihr Äußeres leicht verändert. Im Jahre 1967 wurden beispielsweise von insgesamt 22 000 gefahrenen Kilometern allein 10 000 Kilometer von den Dampflokomotiven geleistet (vgl. ÖBB DION Linz (Hrsg.) 1968, S. 8).

Lange Zeit war bei einem Einsatz der Dampflokomotiven die Gefahr eines durch sie ausgelösten Flächenbrandes nicht auszuschließen. Trotz besonderer Kornauswahl bei der Verwendung der für die Beheizung des Dampfkessels notwendigen Steinkohle kam es durch den starken Funkenauswurf bei der Bergfahrt hin und wieder zum Entzünden des entlang der Strecke wachsenden und gerade in den Sommermonaten stark ausgetrockneten Riedgrases und Heidekrauts. Es war daher notwendig, zu besonders trockenen Zeiten fünf Feuerwachen aufzustellen, um eventuell entstehende Brände sofort löschen zu können. Im besonders trockenen Sommer 1947 kam es jedoch trotz dieser Vorsichtsmaßnahmen am 14. September zu einem ausgedehnten Brand am Schafbergsüdhang, der erst am

23. September durch den Großeinsatz von 42 Feuerwehren gelöscht werden konnte. Diesen Vorfall nahmen die ÖBB zum Anlaß, das Problem des Funkenflugs zu lösen. Durch die Entwicklung eines sogenannten Flachejektors mit Mikrosieb, der an der Schornsteinmündung installiert wurde, gelang es, den Auswurf zündfähiger Funken zu verhindern (vgl. PFEIL 1978, S. 59—61).
Neben dem Schutz der Landschaft ist auch für die Sicherheit der Reisenden umfassend gesorgt. Der ganze Oberbau ist auf Eisenschienen verlegt, die mit Wandersicherungen zusätzlich festgehalten sind. In das Bremssystem wurde zusätzlich zur bisherigen Bremsausstattung (Gegendruckbremse und zwei Rillenhandbremsen) eine selbständig wirkende Sicherheitsdruckluftbremse eingebaut. Bei Überschreitung der zulässigen Höchstgeschwindigkeit von sieben Stundenkilometern auf acht Stundenkilometer wird durch eine elektrische Überwachungs- und Steuereinrichtung ein elektropneumatisches Ventil in Tätigkeit gesetzt. Die Fahrzeuge sind nicht gekuppelt, und es darf nur ein Wagen befördert werden; dieser wird auf der Bergfahrt geschoben und bei der Talfahrt gezogen. Darüber hinaus dürfen aus Sicherheitsgründen jeweils nur drei Züge in Abständen von 5 Minuten hintereinander (Sicht) fahren, so daß in zirka einer Stunde 180 Personen auf einmal befördert werden können. Bei voller Ausnutzung der Sommertagesstunden können maximal zirka 1800 Personen befördert werden (vgl. ÖBB DION Linz (Hrsg.) 1968, S. 5—8).
Auf der Schafbergbahn verkehren aber nicht nur Personenzüge; das bahneigene Hotel wird außer mit den Planzügen jeden Freitagvormittag über einen Güterzug versorgt, der aus zwei Güterwagen und einer Lok besteht. Insgesamt stehen zum Gütertransport 3 zweiachsige Loren zur Verfügung, die auch als Wasserwagen eingesetzt werden. Das Güterverkehrsaufkommen ist jedoch so gering, das es im Bahnbetrieb kaum in Erscheinung tritt.
An dieser Stelle sei ebenfalls auf die Idee einer Elektrifizierung der Schafbergbahn hingewiesen, die bereits seit über 50 Jahren zur Diskussion steht. Die elektrische Zugförderung hat sich insbesondere bei den schweizerischen Bergbahnen (z. B. Jungfraujochbahn) sehr bewährt und würde auch für die Schafbergbahn eine Lösung für eine wirtschaftliche Betriebsführung bieten. Zur Erhaltung der Attraktion und Tradition müßten jedoch auch weiterhin einige Dampfzuggarnituren verkehren.
Wie beliebt die Schafbergbahn tatsächlich ist, zeigen die Beförderungsleistungen in den einzelnen Betriebsjahren (vgl. Abb. 46). Mit einem jährlichen Fahrgastaufkommen zwischen 200 000 und 250 000 Personen, wobei leichte Schwankungen witterungsbedingt sind, stellt die Schafbergbahn einen nicht zu unterschätzenden Verkehrsträger im Verkehrssystem der ÖBB dar. Trotz dieser hohen Beförderungsquoten und den ständigen Bemühungen nach wirtschaftlicher Betriebsführung sind jedoch aufgrund hoher Bahnerhaltungs-, Modernisierungs- und Personalkosten beständig Betriebszuschüsse zu leisten, die von den Österreichischen Bundesbahnen im gesamtwirtschaftlichen Interesse des Fremdenverkehrs erbracht werden.
Zum Abschluß soll die im Laufe der Ausführungen bereits mehrfach erwähnte Relation „Schafbergbahn und Fremdenverkehr" untersucht und für diesen Kleinbahntyp näher interpretiert werden. Die geographische Lage der Schafbergbahn in einem reinen Fremdenverkehrsgebiet, ihre einzige Transportaufga-

Abb. 46   Jährliches Personenverkehrsaufkommen der Schafbergbahn

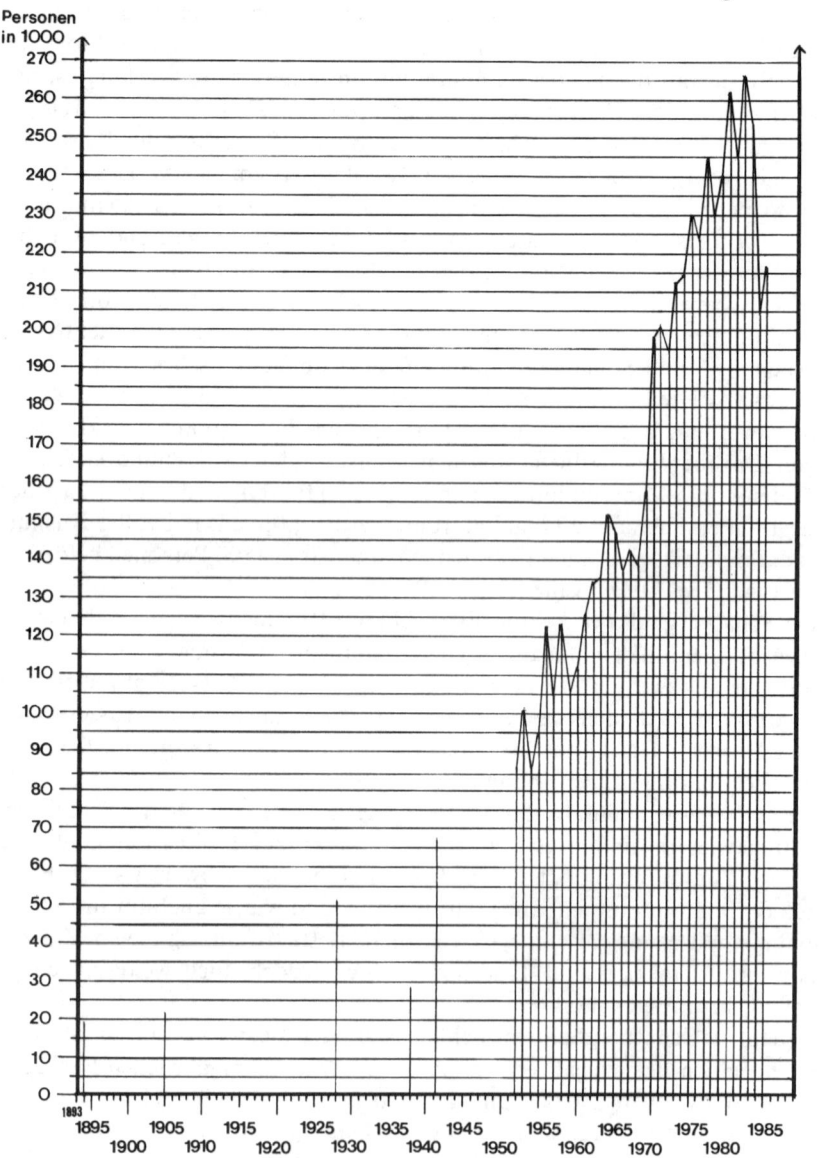

Quelle des Zahlenmaterials: Zusammenstellung der ÖBB Dion Linz

be, die Beförderung von Touristen und vereinzelt auch von Versorgungsgütern zum Schafberggipfel und zum Schafberghotel, die damit verbundene eindeutige Dominanz des Personenverkehrs, bei dem der Fremdenverkehr nahezu 100 Prozent aufweist, wie auch die ausgeprägten Jahres- und Monatsschwankungen in den Beförderungszahlen, die auf Witterungseinflüsse im Verkehrsraum und auch auf Konjunktureinflüsse im Herkunftsgebiet der Gäste zurückzuführen sind, kennzeichnen die Schafbergbahn als eine eindeutige **Fremdenverkehrsbahn im engeren Sinne** (vgl. FROELICHER 1945). Aus dieser innigen Verbindung zwischen Bahn und Fremdenverkehr ergeben sich verschiedene Kausalitäten, die für den Bahnbetrieb äußerst schicksalhaft sein können: Der Fremdenverkehr, einst Gründungsimpuls der Schafbergbahn, kann aufgrund seiner überaus großen Krisenempfindlichkeit letztlich auch zum Stillegungsfaktor werden. Lang anhaltende Schlechtwetterperioden, ausgeprägte Wirtschaftskrisen oder auch politische Wirren (Kriege) können im Extremfall zu einem gänzlichen Rückgang der Touristenströme führen, so daß die Schafbergbahn aufgrund ihrer Lage und der damit verbundenen totalen Abhängigkeit vom Fremdenverkehr ihr Verkehrspotential verlieren und zur Bedeutungslosigkeit herabsinken würde. Auf der anderen Seite geben die Beförderungszahlen der Schafbergbahn auch Auskunft über die Fremdenverkehrsentwicklung am Wolfgangsee, ebenso wie die Nächtigungszahlen reflektieren sie konjunktur- und witterungsbedingte Auf- und Abwärtstrends.

Vor diesem Hintergrund unterscheidet sich die Schafbergbahn ganz wesentlich von den bisher dargestellten Klein- und Lokalbahnen und trägt damit zur Vervollständigung des aufgezeigten Nebenbahnspektrums mit seiner ausgeprägten Typenvielfalt bei.

5. ZUSAMMENFASSENDE GESAMTDARSTELLUNG

In den vorausgehenden Nebenbahnanalysen dürfte durch die Kontrastierung unterschiedlichster Bahntypen deutlich geworden sein, daß es durchaus berechtigt ist, von einer Heterogenität dieses Verkehrsträgers zu sprechen. Neben primären Abweichungen im bahntechnischen Erscheinungsbild wurden auch, durch den jeweils andersartig strukturierten Erschließungsraum bedingt, funktionsmäßige Unterschiede sichtbar.

Während die Vielgestaltigkeit der Nebenbahnen in der Gegenüberstellung der Fallbeispiele klar hervortritt und keiner weiteren Ausführung bedarf, ist es ebenso bedeutsam, erkennbare Gemeinsamkeiten herauszustellen, die trotz aller Verschiedenartigkeit nahezu ausnahmslos für die Nebenbahnen im österreichischen Alpenraum zutreffen. Es sind dieses:

— die mehr oder minder periphere Lage ihrer Verkehrsgebiete zu den Zentralräumen,
— die Charakterisierung ihrer Einzugsbereiche als großenteils bekannte oder zumindest aufstrebende Fremdenverkehrsregionen,
— der Trassenverlauf im unmittelbaren Gefahrenbereich von Naturkatastrophen (Hochwasser, Muren, Steinschlag),
— die durch die Fahrgaststruktur (primär Schüler, Pendler, Urlauber) beding-

ten ausgeprägten täglichen, monatlichen und jährlichen Schwankungen im Verkehrsaufkommen,
— der Bedeutungsverlust als öffentliches Verkehrsmittel vor dem Hintergrund eines weitestgehend unattraktiven Verkehrsangebotes,
— ein sanierungsbedürftiger, veralteter Wagenpark mit großer Typenvielfalt,
— allgemein hohe Instandsetzungskosten der Bahnanlagen aufgrund jahrelanger Versäumnisse,
— geringe Bahnerträge, hohe Betriebsabgänge und in der Folge eine negative Bilanz,
— die Unmöglichkeit einer Existenzsicherung aus eigener Kraft,
— die Abhängigkeit von finanziellen Zuschüssen seitens des Bundes, der Länder und Gemeinden und damit eine allgemeine Subventionsbedürftigkeit,
— die Durchführung von Modernisierungs- und Sanierungsprogrammen auf der Basis öffentlicher Finanzhilfe,
— die Erweiterung des Funktionskatalogs im Zeichen aufstrebender Dampfzugromantik und letztlich
— eine allseits spürbare Erkenntnis ihrer raumwirtschaftlichen und regionalpolitischen Bedeutung und damit eine vorläufige Existenzsicherung, nicht zuletzt im Kontext einer forcierten Nahverkehrspolitik.

Wesentliche Struktur- und Funktionsdaten der aufgezeigten Bahnbeispiele sind nochmals in Tabelle 64 und Karte 3 im Anhang zusammengefaßt.

V. DIE VERKEHRSWIRTSCHAFTLICHE REALITÄT DER NEBENBAHNEN HEUTE

Nach den Fallbeispielen zu einzelnen Bahntypen gilt es nun, den Verkehrswert der Nebenbahnen innerhalb des Verkehrsnetzes der Gegenwart, ihre Erhaltungswürdigkeit, unabdingbare Folgen ihres Rückzuges aus der Fläche sowie Möglichkeiten der Attraktivitätssteigerung aufzuzeigen. Auslöser jeglicher Überlegungen ist dabei das Nebenbahnproblem, das in seiner Entstehung zunächst kurz zu skizzieren ist.

1. DAS NEBENBAHNPROBLEM UND SEINE URSACHEN

Technische Fortschritte, gekoppelt mit Rationalisierung und Modernisierung, sowie permanente organisatorische Umstrukturierungen machen nicht nur auf allen Gebieten des Wirtschaftslebens, sondern auch auf dem Sektor des Verkehrswesens dauernde Umstellungen und Anpassungen notwendig. Durch diesen steten Evolutionsvorgang haben sich gerade in den letzten Jahrzehnten speziell im Landverkehrswesen Strukturwandlungen vollzogen, die speziell für den Verkehrsträger Eisenbahn und hier insbesondere für die Nebenbahnen krisenhafte Verhältnisse schufen. Der Modal Split hat sich zugunsten des Individualverkehrs geändert, der einerseits die Auslastung der Züge zunehmend minderte und andererseits das Anspruchsniveau der Bevölkerung an die Bahn infolge des nunmehr ermöglichten Haus-zu-Haus-Verkehrs steigerte (vgl. KNOLL 1985, S. 7). Hier erwiesen sich nun die im vorigen Jahrhundert vor dem Hintergrund der Monopolstellung der Eisenbahn erhobenen Trassierungsparameter als nicht mehr konkurrenzfähig. Die oftmals abseits der Siedlungen liegenden Bahnhöfe und Haltestellen und damit die — im Vergleich zur nun möglichen Alternative der Pkw-Benutzung — nicht mehr als unabwendbar geltende Zugangsweite wurden zusehends zum Hemmnis und Ablehnungsgrad für die Lokalbahnen. Es war insbesondere der für hohe Zugangszeiten empfindliche und für die Nebenbahnen essentielle Nahverkehr, der sich nun anderen Verkehrsträgern zuwandte.

Die Ursachen der Nebenbahnkrise liegen aber nicht nur im Sinken des Verkehrsumfanges begründet, vielmehr sind es mannigfache Gründe, die ihre Wurzeln in der Entstehungsgeschichte dieses Verkehrsträgers, seiner Stellung zum übrigen Verkehrswesen und zu seinen Verkehrskunden sowie letztendlich auch in der Relation „Eisenbahn und Staat" haben.

Zu den Zeiten, als die Eisenbahn alleiniger Träger des öffentlichen Verkehrs war, haben die Nebenbahnen mangels anderer Verkehrsmittel für Strecken niedrigen Verkehrsaufkommens eine Ausweitung erfahren, deren verkehrswirtschaftliche Daseinsberechtigung heute vielfach in Frage gestellt wird. Primäre Aufgabe dieser Bahnen war die Verbesserung der Verkehrserschließung abseits der Hauptbahnlinien gelegener Gebiete und damit einhergehend eine Hebung der Standortgunst hinsichtlich einer positiven Bevölkerungs- und Wirtschaftsentwicklung, um somit regionale Disparitäten abzubauen. Die Wirtschaftlichkeit der Betriebsführung dieser Bahnen trat hierbei in den Hintergrund, auch wurde zumindest beim Bau der Lokalbahnen nur ein relativ bescheidenes Verkehrsaufkommen einkalkuliert. Vor diesem Hintergrund wurde die Errichtung von Nebenbahnen durch Herabsetzung der Anforderungen an die Trassierungselemente (Neigungen, Bögen, Überhöhung, Breite und Höhenlage des Bahnkörpers, Bahnhöfe), an die schienengleichen Wegübergänge und ihre Sicherung sowie an die Ausstattung der Nebenbahnen mit Signal-, Block- und Fernmeldeeinrichtungen erleichtert (legalisiert durch die Lokalbahngesetze). Der Vorteil dieser einfachen Sachapparatur, die relativ geringe Anlagekosten verursachte, wurde jedoch durch verkehrstechnische Auflagen, wie beispielsweise Einschränkung der Streckenhöchstgeschwindigkeit, und durch hohe Betriebskosten erkauft. Einige Nebenbahnen wurden schon in ihren ersten Verkehrsjahren mit Betriebsabgängen konfrontiert (Pinzgauer Lokalbahn, Murtalbahn u. a.), andere erzielten nur geringe Betriebserträge, so daß eine Subventionierung seitens des Staates häufig unumgänglich war.

Diese dauernd gespannte Finanzlage führte zwangsläufig dazu, den Unterhalt von Ober- und Unterbau, von Fahrbetriebsmitteln und Gebäuden auf das Notwendigste zu beschränken. Die Wettbewerbslage der bereits von ihrer Anlagestruktur und Trassenführung benachteiligten Nebenbahnen wurde dadurch weiter verschlechtert. Bis zum Anfang der 80er Jahre wurden darüber hinaus Investitionen auf Nebenstrecken gemäß einer Entscheidung der ÖBB aus dem Jahre 1964, wonach bauliche Maßnahmen auf Nebenbahnen *„über das zur Erhaltung der Betriebssicherheit hinausgehende Maß nicht hinausgehen dürfen und der strengste Maßstab anzulegen sei"* (Tätigkeitsbericht des Rechnungshofes 1974, S. 248, zitiert bei KNOLL 1985, S. 8), regelrecht abgelehnt. Diese restriktive Eisenbahnpolitik trug entscheidend zum Verkehrswert- und Bedeutungsverlust der Nebenbahnen bei, deren Notstandssituation aber letztlich nicht allein in der finanziellen Misere begründet liegt. Auch der Wandel ihrer Verkehrsleistungsstruktur, der durch veränderte Verhältnisse in einem modernen Verkehrssystem und dem Wettbewerbsproblem Schiene — Straße gekennzeichnet ist, trägt viel zur Verschärfung des Problems bei.

Die Verkehrsleistungen von Nebenbahnen dürfen nicht als eine der Streckenlänge oder der Spurweite angepaßte Reduzierung des Leistungsvermögens normalspuriger Eisenbahnen angesehen werden; eine solche Einschätzung wäre zu einfach und entspricht keinesfalls dem Nebenbahncharakter. Während die Stärke der Hauptbahnlinien im Personenverkehr in der Beförderung zahlreicher Personen über große Entfernungen durch Züge mit hoher Reisegeschwindigkeit liegt und im Güterverkehr die preiswerte Beförderung großer Massen über weite Strecken im Vordergrund steht, so treffen diese beiden Transporteigenschaften für Nebenbahnen nicht zu. Durch die zahlreichen Stationsaufenthalte, die bautechnische Anlage der Trasse und die Eigenart der Fahrbetriebsmittel wird die Reisegeschwindigkeit gedrosselt, so daß die Reisenden den Eindruck eines weitestgehend veralteten Verkehrsmittels bekommen. Im Güterverkehr weisen die zur Beförderung kommenden Güter wohl den Charakter von Massengütern auf, ihre Mengen entsprechen jedoch kaum dieser Bezeichnung. Auch geben die Kunden den Nebenbahnen in der Regel nur niedrigtarifierte Güter zur Beförderung, wohingegen hochtarifierte Fertigprodukte mit werkseigenen Fahrzeugen zum Versand gelangen. Des weiteren überschreitet die Streckenlänge der Nebenbahnen nicht den Nahverkehrsbereich; diese Tatsache und die häufig anlagebedingte Ortsferne der Stationen begründen das vergleichsweise bescheidene Einzugsgebiet dieses Bahntyps. Nebenbahnen haben damit nicht den Kostenvorteil des Fernverkehrs, wohl aber dessen tarifarischen Nachteil beim Übergangsverkehr. Darüber hinaus fehlen den Lokalbahnen auch gänzlich die Überschüsse aus dem Schnellzugverkehr, da dieser Zugtyp nicht geführt wird.

Eine nahezu konkurrenzlose Verkehrsleistung erbringen die Nebenbahnen auf dem Sektor der Sozialtarife, sprich in der Schüler- und Berufspendlerbeförderung, deren Anteil bei manchen Lokalbahnen bis zu 90 Prozent des gesamten Personenverkehrs betragen kann. Die Preise für Arbeiterwochenkarten und Schülermonatskarten der Bahn liegen weit unter dem Eisenbahnnormaltarif, der seinerseits bereits zuschußbedürftig ist. So erklärt es sich, daß Fahrten zu Normaltarifen durch den zunehmenden Privatwagenbestand konstant abnehmen, wohingegen Fahrten zu Sozialtarifen die Verkehrsstruktur und damit den geringen Einnahmensatz der Bahnen bestimmen.

Im Güterverkehr sind die Wettbewerbsverhältnisse sehr unterschiedlich. In bestimmten Sparten verfügen einige Nebenbahnen über ein fast vollständiges Beförderungsmonopol, in anderen mußten sie das Transportgut nahezu zur Gänze an den Lastkraftwagenverkehr abgeben. Im Wagenladungsverkehr fällt bei Lokalbahnen besonders der große Anteil der zu Ausnahmetarifen beförderten Güter auf. Negativ wirken sich für zahlreiche Lokalbahnen auch die durch die Verschiedenartigkeit der Güter beim Empfang und Versand verursachten überdurchschnittlichen Wagenleerläufe aus. Massengüter wie Kohle, Holz, Getreide und Düngemittel nehmen mehr Laderaum in Anspruch als die zu Regeltarifen versandten Erzeugnisse. Obgleich diese Unpaarigkeit der Verkehrsströme ein allgemeines Phänomen im Verkehrswesen ist, wird sie bei den Nebenbahnen und speziell bei Stichbahnen durch die deutlich ausgeprägten Mengenunterschiede im Versand und Empfang und durch die geringe Disponierbarkeit zu einem kostspieligen Problem.

Die stark rückläufige Inanspruchnahme der Bahn in den Nebenbahneinzugsbereichen und die zunehmende Konkurrenz durch den Straßenverkehr erklären sich schließlich auch vor dem Hintergrund eines mangelhaften Bedienungsangebotes, das nur selten den Bedürfnissen der Nachfrager entspricht (ausgenommen sind hier jene Strecken, die von ihrer Netzfunktion her nicht den Charakter der typischen Nebenbahnen haben, wie etwa die Mittenwaldbahn). Die zeitliche Lage der angebotenen Zugverbindungen, die geringen Reisegeschwindigkeiten sowie der zum Einsatz kommende, großenteils überaltete Fahrzeugpark sind als die das Verkehrsbild der Nebenbahnen bestimmenden Faktoren anzuführen, die weder für den Bahnfahrer annehmbar noch für den Betreiber mit vertretbarem Mitteleinsatz zu bewältigen sind; sie beschleunigen jedoch den kumulativen Prozeß der Attraktivitätsminderung. Ein entscheidender Nachteil der Bahn gegenüber dem Kraftwagenverkehr zeigt sich auch darin, das die Bahn die Erhaltung ihres Schienenweges selbst bezahlen muß, wohingegen der Kraftwagen für die Kosten des Straßenbaus und der Straßenerhaltung nicht aufzukommen hat, sie werden vom Bund und den Ländern übernommen.

Als Hauptursache für das Nebenbahnproblem wird neben dem Verlust der marktbeherrschenden Stellung vielfach die Aufrechterhaltung der trotz des tiefgreifenden Strukturwandels verbliebenen, staatlich oktroyierten gemeinwirtschaftlichen Auflagen angeführt. Von besonderer Prägung für den Nebenbahnverkehr waren nachfolgende staatlich diktierte Verpflichtungen:

1. Die **Betriebspflicht**, die zum Weiterbetrieb von Strecken zwingt, selbst wenn die durchschnittliche Belegung der Züge die Betriebskosten nicht deckt.
2. Die **Beförderungspflicht**, die die Eisenbahnen dazu zwingt, einen zur Bewältigung sämtlicher Verkehrsspitzen ausreichenden Wagenpark und das notwendige Personal zur Bedienung sämtlicher, während der Spitzenstunden oder -zeiträume verkehrenden Züge bereitzustellen. Sie beinhaltet die Verpflichtung, jegliche Folgen eines unpaarigen Verkehrs zu tragen, sei es auf Strecken, wo keine Rückfracht zur Verfügung steht, oder sei es zu Zeiträumen von Verkehrsstößen.
3. Die bereits kurz skizzierte Deckung der Wegekosten in Form der **Erneuerungs- und Unterhaltungspflicht** der Gleisanlagen aus Eigenmitteln. Gerade bei Bahnen mit geringem Verkehrsvolumen stellt diese Aufgabe einen großen Teil des Gesamtaufwandes dar.
4. Das **Tarifsystem** sowie die **gesetzlichen Bindungen der Tarifanwendung**. Diese sehen vor, daß die Tarife nur im Rahmen eines Genehmigungs- oder amtlichen Bestätigungsverfahrens durch die Regierungsstellen geändert werden dürfen. Auf diese Weise können Tarifmaßnahmen zur Anpassung der Einnahmen an die Ausgaben sehr häufig erst mit erheblicher Verzögerung in Kraft treten. Da zwischenzeitlich der Fehlbetrag angestiegen sein dürfte, haben somit die Erhöhungen nicht mehr die erwartete Wirkung (vgl. POLLASCHECK 1959, S. 19, 20).

Diese vier gemeinwirtschaftlichen Pflichten bilden in der Regel das Kernstück der staatlichen Eingriffe in die Betriebsgestaltung des öffentlichen Verkehrs. Rechtlich gesehen, können sie in der Konzessionsurkunde oder in Gesetzen (Lokalbahngesetze), Verordnungen und Reglementen enthalten sein; geschichtlich gesehen, entspringen sie der Notwendigkeit einer Monopolkontrolle; wirtschaftlich gesehen, dienen sie der Abstimmung von Einzel- und Gesamtinteresse und aus politischer Sicht bieten sie dem Staat die Handhabe für praktisch beliebig weit gehende Eingriffe, insbesondere in die Tarifpolitik (vgl. KELLER 1970, S. 155).

Obgleich auch die privaten Nebenbahnen mit ihren Personen- und Frachtguttarifen den Österreichischen Bundesbahnen angeschlossen sind, gelten für sie jedoch andere Beförderungstarife, die nahezu doppelt so hoch sind; trotzdem arbeiten auch sie im Defizit.

Nicht unerwähnt bleiben sollen an dieser Stelle auch direkte Staatseingriffe, die für den Bahnbetrieb häufig eine schwere finanzielle Belastung bedeuten. Als

Beispiele sind die Fahrpreise für Arbeiter, Schüler und Kriegsversehrte sowie anderweitig behinderte Personen anzuführen. Auf diese Weise subventioniert der Staat mittelbar die bedürftigen Verkehrskunden. Während das staatliche Bahnunternehmen auf direktem Wege kein entsprechendes Entgelt für diese Sozialleistungen erhält, beziehen die nichtbundeseigenen Bahnen auf der Grundlage des Privatbahnbegünstigungsgesetzes eine Sozialtarifentschädigung. Bei beiden Bahnunternehmungen ist der entstehende Verlust jedoch größer als die diesbezüglichen Einnahmen. Zusätzliche Kosten und eine größere Starrheit erwachsen den Eisenbahnen durch die Gleichsetzung ihres Personals mit den Bediensteten des Staates.

Insgesamt läßt sich aus heutiger Sicht feststellen, daß ein wesentlicher Teil der verkehrspolitischen, betriebstechnischen und betriebswirtschaftlichen Probleme der Nebenbahnen einerseits in einer den damaligen Anforderungen zwar genügenden, später sich aber als nicht ausreichend konkurrenzfähig erweisenden Trassierung und bautechnischen Ausführung dieser Linien begründet liegt, andererseits aber auch die Veränderung des gesamten Verkehrssystems sowie die staatliche Einflußnahme einschließlich der den Bahnen auferlegten Verpflichtungen, speziell das unausgereifte Tarifsystem, als krisenauslösende Momente zu werten sind.

2. DIE FRAGE DER STRECKENSTILLEGUNG — EIN ENTSCHEIDUNGSPROBLEM

Die Diskussion um die Auflassung von Nebenbahnstrecken ist seit jeher von Wert- wie auch Überzeugungskonflikten geprägt worden. Während die Kontroverse um die Verkehrswertigkeit einer Bahnstrecke ihre Position innerhalb des Streckennetzes und des gesamten Verkehrssystems zum Inhalt hat, werden die Überzeugungskonflikte vielfach hinsichtlich der Antezedenzbedingungen von Streckenstillegungen und möglicher verkehrsspezifischer und regionalwirtschaftlicher Folgewirkungen ausgetragen. Unterschiedlich sind auch die Argumentationsweisen: ökonomische Interessen (einzelwirtschaftliche Gewinnmaximierung, Eigenwirtschaftlichkeitsmaxime für öffentlich-wirtschaftliche Betriebe etc.) kollidieren nicht selten mit regional- und raumordnungspolitischen Zielsetzungen (Abbau regionaler Disparitäten, Stabilisierung der Wohnbevölkerung, Schaffung und Sicherung von Arbeitsplätzen, Verhinderung der Abwanderung durch Förderung von Gewerbe- und Industrieansiedlung, Ausbau von zentralen Orten, Verbesserung der Verkehrsinfrastruktur etc.) sowie mit humanitären wie ökologischen Werten (Sicherung gegen Verkehrsunfälle, Schutz der Umwelt vor Abgas- und Lärmimmissionen etc.). Gemäß ihren unterschiedlichen Bewertungsmaßstäben operieren die sog. „Stilleger" und „Aufrechterhalter" mit verschiedenen Untersuchungsverfahren. Die Kosten-Nutzen-Analyse (cost benefit analysis), häufig von den Befürwortern einer Streckenstillegung angewandt, untersucht, welche der in einer Entscheidungssituation realisierbaren Handlungsmöglichkeiten den höchsten gesellschaftlichen (ökonomischen) Nettonutzen abwirft. Alle Kosten und Nutzen eines Vorhabens, hier der Auflassung einer Nebenbahnlinie, werden in Geldeinheiten bewertet und dann einander gegenübergestellt. Damit ist für alle Kosten- und Nutzenkomponenten eine monetäre Bewertung notwendig, die eine Hauptschwierigkeit dieses Verfahrens darstellt. Unberücksichtigt bleiben bei diesem traditionellen Bewertungsansatz gruppenspezifische und regionalwirtschaftliche sowie raumordnungspolitische Effekte und Folgewirkungen (vgl. ÖROK (Hrsg.) 1980, Schriftenreihe Nr. 22a, S. 182, 183).

Der Kosten-Nutzen-Analyse steht vielfach die Kosten-Wirksamkeitsanalyse gegenüber, die auf eine monetäre Bewertung verzichtet und die Folgen von Infrastrukturmaßnahmen in physischen Einheiten (z. B. Anzahl beförderter Berufspendler, Schüler) mißt. Diese Nutzenmessung kann gegenüber der Kosten-Nutzen-Analyse (eindimensional) als multidimensional bezeichnet werden; sie sieht eine Berücksichtigung verschiedener Faktoren vor und zeigt sich insgesamt als die transparentere Methode (vgl. ÖROK (Hrsg.) 1980, Schriftenreihe Nr. 22a, S. 183, 184).

Ergänzt werden diese beiden Beurteilungsverfahren häufig noch durch eine dritte Bewertungsmethode, die Nutzwertanalyse. Sie versucht zu den allgemeinen Kriterien eines Untersuchungsverfahrens *„die Präferenz des Entscheidungsträgers bezüglich der Bedeutung einzelner Zielvorhaben oder Beurteilungskriterien in das Bewertungsverfahren mit Hilfe von verschiedenen Gewichten zu integrieren"* (ÖROK (Hrsg.) 1980, Schriftenreihe Nr. 22a, S. 185).

Bei der nachfolgenden Behandlung der Streckenstillegungsproblematik werden monetäre Aspekte primär außer acht gelassen. Da es sich hier um eine verkehrsgeographische und nicht um eine verkehrswirtschaftliche Studie handelt, wird der Haupttenor auf raumrelevante Momente gelegt. Die verkehrsbetrieblichen Ertragsindikatoren treten damit zugunsten der verkehrs- und raumwirtschaftlichen Angebots- und Nachfrageindikatoren zurück, besondere Akzentuierung erfährt dabei die Verkehrserschließungsfunktion der Nebenbahnen.

2.1 WERT ODER UNWERT DER NEBENBAHNEN FÜR DIE ATTRAKTIVITÄT EINES RAUMES

Vor rund 100 Jahren erschlossen die Nebenbahnen abseits gelegene Seitentäler und Regionen des österreichischen Alpenraumes und schufen damit die Basis für eine industriell-gewerbliche Entwicklung, für ein Bevölkerungswachstum sowie eine Aktivierung des bis dahin latent vorhandenen Fremdenverkehrspotentials. Dieser Aufschließungseffekt der Bahnen, ihr allgemeiner Wohlstandsbeitrag und ihre Existenzberechtigung werden im Rahmen der Nebenbahndiskussion immer wieder skeptisch beurteilt. Die Bahnuntersuchungen dieser Studie haben jedoch gezeigt, daß der Verkehrsträger „Nebenbahn" mit dem ihm inhärenten linearen Bedienungscharakter innerhalb des Bezugsrahmens „österreichischer Alpenraum" — mit seiner großenteils orographisch bedingten bandartigen Erschließung der Täler und linienhaften Aneinanderkettung der Siedlungen — seiner Verkehrsfunktion auch heute noch gerecht werden kann, wohingegen in der Ebene mit nahezu uneingeschränkter Möglichkeit der Siedlungsexpansion eine flächenhafte Verkehrserschließung den Verkehrsbedürfnissen besser entspricht.

Obgleich ein Großteil der Bevölkerung die Nebenbahnen nie oder nur selten frequentiert, so wird ihr Vorhandensein doch überaus positiv eingeschätzt. Sie erhöht die Wahlmöglichkeiten zwischen den Verkehrsträgern und zeigt sich bei witterungsbedingten Straßenverkehrseinschränkungen (Schnee, Glatteis, Nebel) als sicheres und weitgehend pünktliches Transportmittel. Darüber hinaus bildet sie nach Ansicht der Bevölkerung einen wesentlichen Bestandteil der Region; eine Annahme, die häufig nicht näher begründet werden kann und nicht selten auf psychologische Momente zurückzuführen ist. Überaus deutlich wird diese Einstellung bei beabsichtigten Streckenstillegungen, wenn die Bevölkerung der Bahnanliegergemeinden auf die Barrikaden geht, um ihre Bahn zu retten.

Auf dem Wirtschaftssektor liefert das Vorhandensein eines Bahnverkehrs ein Preisargument gegenüber dem Straßenverkehr. Auch sind einige Industrie- und Gewerbebetriebe durch die Existenz eines Anschlußgleises (Industrie- oder Werkgleis) existentiell auf den Transport von Zulieferungen und Produkten auf der Schiene angewiesen (beispielsweise Zement und Holz). Diese Unternehmungen sind durch ihren Standort und die jahrzehntelange Anpassung und Ausrichtung auf die Nebenbahn eindeutig an dieser orientiert. Verlieren sie diese Verkehrsmöglichkeit, so erleiden sie wirtschaftliche Nachteile. Der Zwang zum gebrochenen Verkehr (Versender-Straße-(Haupt-)Bahn-Empfänger) oder eine gänzliche Umstellung auf reinen Straßentransport, jeweils verbunden mit tariflich-bedingten Mehrkosten, sind die Folge. Andere Industrie- und Gewerbeunternehmen machen eine Niederlassung und Firmengründung von der Existenz eines Bahnanschlusses abhängig, so daß die Standortqualität einer Region durch eine Bahnstrecke eindeutig an Wert gewinnt.

Der Fortbestand einer Nebenbahn ist nicht zuletzt auch aus tourismuspolitischer Sicht zu begrüßen. Nicht selten treffen Urlauber die Wahl ihres Ferienzieles aufgrund des Vorhandenseins eines Bahnanschlusses, wobei die Bequemlichkeit, Pünktlichkeit, Sicherheit und Zuverlässigkeit der Bahn bei der An- und Abreise als Hauptargumente angeführt werden. Darüber hinaus ist die Lokalbahn gerade im österreichischen Alpenraum für manche Region zu einer Art Kulturdenkmal geworden, das mit der Landschaft zu einer Einheit verschmolzen ist und ihre Anziehungskraft für Fremde steigert.

Schließlich muß der Wert einer Nebenbahn auch relationsfrei und nur vor dem Hintergrund der von ihr bewältigten Verkehrsaufgaben gesehen und beurteilt werden. Die heute primär erkennbare Verkehrsfunktion der Nebenbahnen liegt beim Schüler- und Berufspendlerverkehr. Durch ihr tariflich begünstigtes Verkehrsangebot wurde es möglich, latent vorhandene Bildungsreserven in den peripheren Gebieten zu mobilisieren. Durch den Verbundeffekt zu regionalen

und speziell überregionalen Schulstandorten können auch Schüler aus bildungsmäßig unterversorgten Gebieten an einem breiten Bildungsangebot teilnehmen und die vielfach anzutreffende Bildungspassivität ländlicher Räume wird aufgebrochen. Gestoppt wird ferner eine Abwanderungswelle der Bevölkerung in ausgesprochene Arbeitsmarktregionen. Durch ein breites infrastrukturelles Angebot ist eine Funktionsteilung von Wohnen und Arbeiten möglich, so daß die Wohnortentscheidung nicht mehr vom Arbeitsort abhängig ist.
Als überaus positiv einzuschätzen ist auch die durch die Existenz einer Bahnlinie mögliche Verkehrsteilung zwischen Schiene und Straße. Schwere und mengenmäßig umfangreiche Transporte können auf der Bahn schnell und sicher durchgeführt werden, ohne den ohnehin schon frequenzstarken Individualverkehr weiter zu belasten. Speziell in den Urlaubsregionen, in denen es gerade zu den Saisonzeiten zu einer Überlastung der Straßen kommt, gewährt die Bahn ihren Fahrgästen ein pünktliches und sicheres Erreichen des Fahrtzieles; ein Angebot, das der öffentliche Busverkehr durch seine Straßen- und Verkehrsdichte-Gebundenheit nicht propagieren kann.
Ein Gradmesser der Verkehrsbedeutung der Nebenbahnen und damit ihrer Entbehrlichkeit ist schließlich die bereits oftmals erwähnte Zubringerfunktion dieser Linien zu den Hauptbahnen. Nahezu 1/4 aller Fernverkehrseinnahmen stammt aus Verkehren, die auf Nebenstrecken beginnen oder enden; damit ist auch der innerbetriebliche Verkehrswert dieser Bahnen angesprochen (vgl. POHLENZ 1959, S. 259). Bei einer Abwanderung des Personenverkehrs und gänzlichen Verlagerung des Güterverkehrs auf die Straße würden somit auch den Hauptbahnen erhebliche Einbußen entstehen.
Abschließend ist festzuhalten, daß die Nebenbahnen im Entwicklungsprozeß einer Region sicherlich eine Schlüsselposition inne hatten und auch heute noch haben, so daß sie bei wachstums-, ausgleichs- und stabilisierungspolitischen Überlegungen nicht außer acht gelassen werden dürfen. Der eigentliche Wert einer Bahnlinie wird für ihren Einzugsbereich jedoch erst bei einer Streckenauflassung und den damit einhergehenden beziehungsweise durch sie ausgelösten Folgewirkungen sichtbar[1].

---

1 Während der WERT einer Nebenbahn vor dem Hintergrund einer Wirksamkeitsanalyse eindeutig aufgezeigt werden kann, kommt der UNWERT einer Lokalbahnlinie bei einer eindimensionalen Rentabilitätsanalyse offen zum tragen; letztere wird aus Gründen des postulierten Raumbezuges hier nicht näher erläuert.

2.2 DER RÜCKZUG DER BAHN AUS DER FLÄCHE

2.2.1 Stillegungspraktiken und Antezedenzbedingungen

Die Schienenverkehrspolitik ist in puncto Nebenbahnverkehr schon seit geraumer Zeit in eine Sackgasse geraten, denn nur allzuoft laufen Rationalisierungskonzepte und Stillegungsabsichten parallel. Durch die vorrangige Konzentration der Investitionen auf die Hauptstrecken werden Zweigstrecken vernachlässigt; die unabdingbare Folge ist ein Niveauverlust des Verkehrsangebotes der Nebenbahnen (längere Fahrzeiten durch schlechten Streckenzustand, veraltete, den Anfordernissen kaum noch entsprechende Fahrzeuge und schlechter Fahrkomfort). Dieser Zustand bedingt seinerseits eine Zunahme des Individualverkehrs und somit weniger Fahrgastzahlen im Nebenbahnverkehr, weniger Einnahmen und dadurch eine Erhöhung der Tarife, aber auch einen Stop weiterer Investitionen, da deren Wirtschaftlichkeit wegen des geringen Fahrgastpotentials und der rückläufigen Einnahmen nicht mehr gesichert ist. Der nächste Schritt ist ein zunehmender Verfall der Nebenbahnlinien, so daß erforderliche Investitionen immer größer und damit immer unwahrscheinlicher werden. Die letzte Phase ist eine in zunehmendem Maße durchgeführte Stillegung der Lokalbahnstrecken. In Nebenbahnen nichts mehr zu investieren und gleichzeitig ihren natürlichen Verfall abzuwarten, bedeutet, den Betrieb selbst ad absurdum zu führen. Bei den Praktiken einer derart betriebenen Nebenbahnpolitik zeichnet sich eine Streckenstillegung häufig schon recht früh ab. Lange vor der endgültigen Betriebseinstellung wird die Zugbedienung zunehmend eingeschränkt, es kommt zu einer kontinuierlichen Reduzierung des Nebenbahnangebotes durch Fahrplanausdünnung, Einschränkung der Abfertigungserlaubnis und des Stückgutverkehrs, gleichzeitig werden häufig konkurrierende Bahnbuslinien eingerichtet. Diese Vorgehensweise führt dazu, daß die oftmals geringe Verkehrsnachfrage im öffentlichen Personennahverkehr ländlicher Gebiete weniger als Ausdruck eines fehlenden Verkehrsbedarfs als vielmehr als Folge einer unzureichenden Angebotsqualität zu werten ist, die ihrerseits eine mehr oder minder erzwungene Unterdrückung von Fahrbedürfnissen bewirkt. Dieser als circulus vitiosus zu bezeichnende Ablauf wird in Abb. 47 schematisch dargestellt.
Eine Bahnlinie, die angesichts ihrer Beförderungsziffern keine nachweisbare Leistung mehr erbringt, hat ihre Existenzberechtigung weitestgehend verloren; es bleibt vielfach nur noch die Streckenstillegung und damit der direkte Eingriff in das Nebenbahnsystem.
Der Rückzug der Bahn aus der Fläche erfolgt dabei in den seltensten Fällen durch eine totale Streckenauflassung, sehr oft wird gleichzeitig oder auch schon früher ein Ersatzverkehr auf der Straße eingerichtet. Häufig wird zuerst der Personenverkehr aufgelassen und der Güterverkehr beibehalten, wobei dieser dann als anschlußbahnmäßiger Güterverkehr bezeichnet wird. Damit ist eine Verringerung der Unterhaltungskosten erreicht, da nun aufsichtsbehördliche

Abb. 47   Teufelskreise des Nebenbahnverkehrs

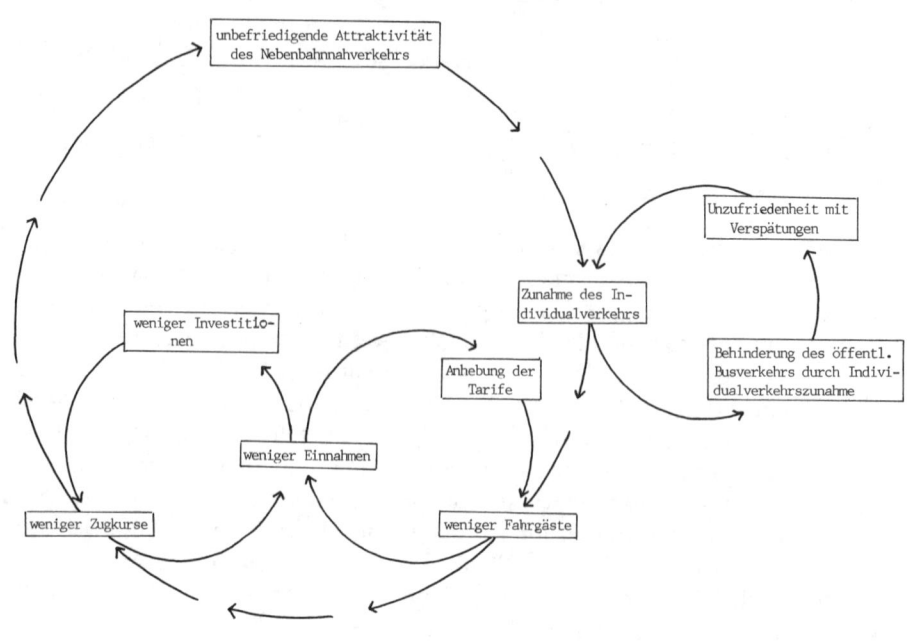

```
                    unbefriedigende Attraktivität
                    des Nebenbahnnahverkehrs

                                                              Unzufriedenheit mit
                                                              Verspätungen

                                    Zunahme des In-
                                    dividualverkehrs
    weniger Investitio-                                       Behinderung des öffentl.
    nen                                                       Busverkehrs durch Indivi-
                          Anhebung der                        dualverkehrszunahme
                          Tarife

              weniger Einnahmen

 weniger Zugkurse              weniger Fahrgäste
```

Auflagen (Frage der Streckensicherung und -sicherheit) entfallen und Personalleistungen eingespart werden können. Stehen jedoch im Laufe der Zeit größere Erhaltungsarbeiten an oder verlangen andere Verkehrsträger — vornehmlich die Straße — beispielsweise Brückenneubauten, so folgt meist auch die Einstellung des Restverkehrs.

Jeder Rückzug der Bahn bringt Einbußen ihres Ansehens und auch der künftigen Benutzungsbereitschaft der Verkehrsnachfrager mit sich, wobei die Einstellung des Personenverkehrs aus Gründen der unmittelbaren Fühlbarkeit publizistisch sicherlich eine bedeutendere Rolle spielt als die spätere Einstellung des Güterverkehrs. Bereits eine Reduzierung des Fahrplanes kann dazu führen, daß eine Bahn mehr oder minder aus dem Bewußtsein der Bevölkerung verschwindet. An dieser Stelle sei mit KNOLL auch eine äußerst wahre Aussage erlaubt, die den allgemeinen Nachteil öffentlicher Verkehrsmittel, hier speziell der Bahnen, deutlich herausstreicht:

„Die vier Grundpflichten und zahlreiche andere Auflagen binden die Bahnen an das Gemeinwohl der potentiellen Fahrgäste, ohne diesen Personenkreis jedoch an die Bahn oder — generell — an den öffentlichen Verkehr zu binden" (KNOLL 1985, S. 45).

Da eine Nebenbahn eine wesentliche Komponente innerhalb eines regionalen Verkehrssystems ist, wird jeder Eingriff in das bestehende Verkehrsnetz kurz- oder langfristig zu strukturellen und damit auch funktionalen Veränderungen sowohl auf dem verbleibenden Verkehrssektor (Straßenverkehr) als auch im Raumgefüge selbst führen.

2.2.2 Potentielle Folgewirkungen von Streckenstillegungen

Die Einstellung von Nebenbahnen wird seit jeher mit raumordnerischen Argumenten bekämpft. Aus raumordnungspolitischen Überlegungen werden alle Anstrengungen unternommen, die Wirtschaftsstruktur gerade dieser ländlich geprägten Nebenbahnräume zu stärken. Die Stillegung von Eisenbahnstrecken scheint dieser Raumordnungspolitik entgegenzuwirken. Befürchtungen, wonach die Auflassung defizitärer Eisenbahnstrecken raumordnungspolitische Zielsetzungen des Bundes und/oder der Länder (Entwicklungsprogramme) konterkarieren könnte, bestimmen somit die Stillegungsdiskussion. Für die Raumordnung stellt sich vor allem ein verteilungspolitisches Problem: Mit jeder Verschlechterung des Angebotes im öffentlichen Verkehr ländlicher Räume werden Dezentralisierungsabsichten zur Entzerrung der Verdichtungsräume und zum Abbau räumlicher Disparitäten in ihrer Realisierung erschwert. Insbesondere die betroffenen Gemeinden und auch die Landesplanungsbehörden sind in der Regel der Auffassung, daß die gesamte ökonomische Entwicklung der ohnehin schon entwicklungsschwachen Regionen gestört wird. Eine Nebenbahnstillegung würde zu einer Rückstufung des Bahnraumes in der Rangskala der Erreichbarkeit und damit in der allgemeinen Attraktivität gegenüber solchen Räumen führen, denen das Leistungsangebot des Schienenverkehrs, und zwar voraussichtlich in verbesserter Form (Investitionen in das Hauptbahnnetz), auch weiterhin zur Verfügung steht. Durch den Verlust einer Schienenanbindung befürchtet man, daß der Raum von der wirtschaftlichen Entwicklung abgehängt und deshalb als sterbende Region angesehen werden könnte. Diese Überlegungen machen deutlich, daß einer Kompensation des Angebotsverlustes durch die Einrichtung von Buskursen kaum Bedeutung zuerkannt wird; eine Tatsache, die auf das schlechte Image des Verkehrsträgers „Bus" zurückzuführen ist.

In welcher Weise zeigen sich aber nun mögliche Reaktionen auf Streckenstillegungen und welche Auswirkungen können sie nachsichziehen?

Vertreter der Raumordnung und Landesplanung formulieren ihre Einwände bei einer geplanten Streckenstillegung im Hinblick auf drohende Betriebsschließungen, eine Minderung der Standortgunst für Betriebsansiedlungen, eine Beeinträchtigung des Berufs- und Schülerverkehrs, eine Belastung des Straßennetzes durch den Ersatzverkehr, eine höhere Umweltbelastung und einen gesteigerten Energieverbrauch sowie eine mentale Schädigung des Selbstwertgefühls und der Innovationsbereitschaft bei Bewohnern und Betrieben in betroffenen Regionen (vgl. GANSER 1976, S. 183).

Um ein Vielfaches detaillierter ist eine Zusammenstellung von Argumentationsketten zu möglichen raumstrukturellen Auswirkungen von Streckenstillegungen in einer in der Schriftenreihe „Raumordnung" des BUNDESMINISTERS FÜR RAUMORDNUNG, BAUWESEN UND STÄDTEBAU eigens zu dieser Thematik herausgegebenen Studie (vgl. Abb. 48). Hier werden mögliche Folgewirkungen für unterschiedliche Bereiche untersucht und in ihren Kausalitätsbeziehungen aufgezeigt.

Die Folgen von Stillegungsmaßnahmen lassen sich insgesamt auf drei Ebenen darstellen:

Abb. 48 Argumentationsketten zu möglichen raumstrukturellen Auswirkungen von Streckenstillegungen

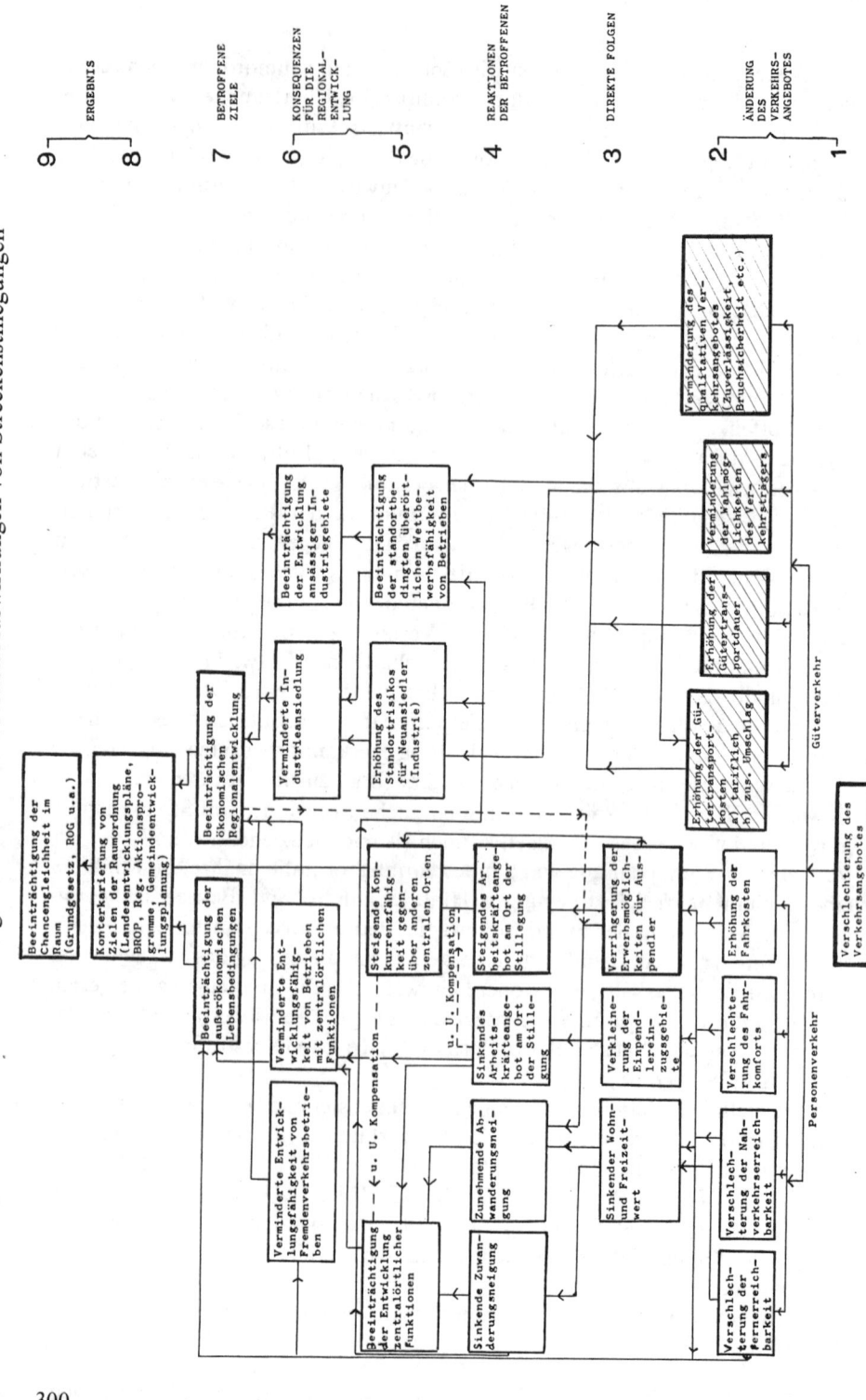

Quelle: Bundesministerium für Raumordnung, Bauwesen und Städtebau (Hrsg.) 1978, S. 24

Primäre Stillegungseffekte zeigen sich in den Konsequenzen für den Verkehrssektor selbst. Im Schienenverkehr entfallen die Zubringerdienste der Nebenbahn. Eine erstrebte Kosteneinsparung ergibt sich für das Bahnunternehmen (ÖBB) nur dann, wenn nachfolgende drei Bedingungen erfüllt sind:

1. Die nach der Stillegungsmaßnahme angebotene Ersatzbedienung verursacht dem Bahnunternehmen keinen Betriebsverlust.
2. Der Zubringerwert der stillgelegten Strecke war für das verbleibende Netz gleich Null.
3. Die stillgelegte Strecke hatte im Gesamtbahnnetz keine Bedeutung (vgl. JÄGER 1975, S. 38).

Im allgemeinen ist der Ersatzverkehr mit Bussen gegenüber der Bedienung mit Schienenfahrzeugen für ein Verkehrsunternehmen kostengünstiger. Es brauchen keine eigenen Verkehrswege gebaut und unterhalten zu werden, auch entfällt die Einstellung von Personal für die Streckensicherung und Fahrdienstleitung. Muß das Busnetz jedoch weiter ausgebaut werden, so entstehen auch hier erhebliche Kosten in bezug auf die Einstellung und Bezahlung qualifizierter Busfahrer, die Anschaffung neuer Busse, die Schaffung von Unterstellmöglichkeiten sowie von nötigem Park- und Warteraum.

Für den Verkehrsnachfrager ergeben sich bei der Benutzung der Buskurse vielfach Nachteile. Beim öffentlichen Kraftwagenverkehr entfallen großenteils die bei der Bahn gewährten tariflichen Begünstigungen. Darüber hinaus steht ein bei der Bahn in der Regel reichliches Platzangebot im Bus nicht mehr zur Verfügung. Auch können Umsteigebedingungen erschwert werden, wenn die Entfernung vom Bahnsteig zum Bus größer ist als die ursprüngliche Entfernung von Bahnsteig zu Bahnsteig. Kommt es aufgrund der Betriebseinschränkungen der Bahn zu Substitutionsvorgängen von öffentlichen zu privaten Verkehrsmitteln, so führt dieses unweigerlich zu einer weiteren Verdichtung des Straßenverkehrs mit all seinen negativen Begleiterscheinungen (erhöhte Verkehrsdichte, Stauungen, erhöhte Unfallgefahr sowie verstärkte Lärm- und Abgasemissionen, Parkraumsorgen etc.). Diese Folgen sind speziell in einem Fremdenverkehrsgebiet aus tourismuspolitischer Sicht zu bedenken.

Sekundäre Stillegungswirkungen werden in den bereits erwähnten raumstrukturellen Wirkungen von Streckenauflassungen sichtbar. Sie können als Veränderung von Pendlerströmen oder Wirtschaftsverkehrsströmen auftreten oder sich auch in denkbaren Bevölkerungs- und Betriebsabwanderungen zeigen. Eine Verschlechterung des öffentlichen Verkehrsangebotes, die durch den Einsatz eines Schienenersatzverkehrs eintritt, kann eine Abnahme der Einpendlerzahlen mit gleichzeitigem Verlust der Auspendlermöglichkeit zur Folge haben. Obgleich auf diese Weise eine Kompensation erreicht würde, könnte ebenso eine zunehmende Abwanderungsneigung entstehen, wodurch das Arbeitskräfteangebot sinken und eine mögliche Industrieansiedlung abgeblockt würde.

Eine Verschlechterung der Erreichbarkeit Zentraler Orte mit ihren zentralörtlichen Versorgungs-, Bildungs- und Gesundheitseinrichtungen kann vor allem die Möglichkeit für Einkaufs-, Behörden- und Ausbildungsfahrten einengen, was allgemein schlechtere Lebensbedingungen der Bevölkerung, Wohn- und Freizeitwertverlust der Region und eine beeinträchtigte Chancengleichheit zur Konsequenz hätte. Speziell für die fremdenverkehrswirtschaftlich geprägten Nebenbahnräume des österreichischen Alpenraumes wäre aufgrund entfallender Bahnverbindungen mit einem Sinken der Nächtigungszahlen zu rechnen, da durch den Schienenersatzverkehr zahlreiche Annehmlichkeiten einer Bahnfahrt, beispielsweise durchgehende Reisegepäckbeförderung bis zum Zielort sowie direkte Anbindung an den Ferienort durch Sonderzüge etc., entfallen.

Tertiäre Stillegungseffekte: Neben den raumordnerischen Kriterien spielen bei Streckenauflassungsdiskussionen auch die Aspekte der Sozialpolitik eine wesentliche Rolle. Sozialpolitische Auswirkungen zeigen sich besonders bei dem Benutzerpotential der Nebenbahnen, das sich überwiegend aus Personen mit niedrigem Einkommen zusammensetzt. So sind es vor allem Schüler, Lehrlinge, Hausfrauen, Arbeiter und Rentner, die durch eine Streckenstillegung in ihren sozialen und kommunikativen Beziehungen eingeschränkt werden.

Abschließend ist zu den potentiellen Folgewirkungen von Nebenbahnauflassungen festzustellen, daß speziell im äußerst weitmaschigen Nebenbahnsystem des österreichischen Alpenraumes etwaige Streckenstillegungen in weitaus stärkerem Maße eine Verschlechterung der Raumerschließung bedeuten als bei relativ dichten Bahnnetzen. Gerade in Regionen, die wirtschaftlich unterentwickelt sind und deshalb in ein Wirtschaftsförderungsprogramm aufgenommen wurden (Gailtal, Oberes Murtal), sind Betriebseinstellungen im Bahnverkehr gründlich zu durchdenken.

War die Untersuchungsbasis der vorausgehenden Darstellung eine ex ante-Betrachtung der Nebenbahnstillegungen, so steht im folgenden eine ex post-Analyse im Vordergrund. Den Zentralpunkt nachfolgender Ausführungen bildet damit eine Aufarbeitung des Nutzungswandels, den Bahntrasse und bahnverwandte Gebäude nach der Stillegung erfahren können.

2.2.3 *Geographische Relikte stillgelegter Nebenbahnstrecken und ihre heutige Nutzung*

Wie bereits ausgeführt, gehen Streckenstillegungen zumeist in mehreren Etappen vor sich. Schon einige Zeit vor der endgültigen Betriebseinstellung werden wegen mangelnder Rentabilität einige kleinere Bahnhöfe oder Haltepunkte geschlossen und die Gebäude sowie dazugehörige Schuppen an Interessenten verkauft oder verpachtet. In einem nächsten Schritt erfolgt häufig eine Einstellung des Personenverkehrs, was wiederum einen Funktionswandel in den verbleibenden Bahnhöfen mit sich bringt. Der Güterverkehr kann noch über Jahre aufrechterhalten werden, so daß in den ehemaligen Bahnhöfen noch der Frachtverkehr abgewickelt wird und damit zumindest noch einige Güterschuppen in bahnverbundener Nutzung stehen. Da es nach Einstellung des Personenverkehrs häufig zur Einrichtung des Schienenersatzverkehrs kommt, wird die Schalterhalle des Bahnhofes oftmals als Warteraum weiter genutzt. Regelrecht tiefgreifende und funktionslösende Umwandlungen erfolgen zumeist erst nach einer Gesamtauflassung der Strecke, wobei Bahngebäude, Bahngelände und die eigentliche Trasse häufig neuen, nicht selten verkehrsfremden Funktionen zugeführt werden. Während die Gebäude in der Regel zu Wohnhäusern umfunktioniert werden und ihnen ein Teil des Geländes als Gartenland beigefügt wird, werden die Güterschuppen häufig als Lagerräume neu verpachtet und weitergenutzt. Die eigentliche Eisenbahntrasse mit dem Schienenkörper bleibt in einigen Fällen noch jahrelang erhalten, so daß die Möglichkeit einer späteren Wiederinbetriebnahme nicht gänzlich ausgeschaltet wird. Die besonderen Gründe der weiteren Trassenerhaltung sind häufig in den hohen Abbaukosten zu suchen, die nicht selten den Realwert überschreiten. Bei der Trasse ist zwischen dem Oberbau, bestehend aus Gleisen, Schwellen und Schottern, dem Unterbau, bestehend aus Dämmen und Einschnitten, den Kunstbauten (Brücken, Tunnels, Galerien) und bahnspezifischen Anlagen (Sicherungsanlagen, Signale, Streckenmarkierungen etc.) zu unterscheiden (vgl. NAGEL 1977, S. 100—102). Als geographische Relikte in der Kulturlandschaft sind in erster Linie der Unterbau und die Kunstbauten bedeutend, beide sind häufig noch Jahre nach Streckenstillegungen im Gelände sichtbar.

Das Verbleiben von Eisenbahnstrecken in der Landschaft, selbst geraume Zeit nach einer Betriebseinstellung, ist nicht zuletzt auch auf die aufwendige Anpassung der Bahnlinie an topographische Gegebenheiten beim Bau zurückzuführen. Es sind insbesondere die Dämme, Einschnitte und andere landschaftliche Umgestaltungen, die einst Voraussetzung waren, um den Bahnbetrieb zu ermöglichen und die nach Entfernung des Oberbaues als morphographische Kleinformen in der Landschaft zurückbleiben. Der Rückbau einer Strecke und die gesamte Auflassung des Planums ist um so schwieriger, je komplizierter seine Erbauung war. Oft sind für das Abtragen eines Dammes beachtliche Erdbewegungen vorzunehmen. Da das Material bei der Erbauung stark verdichtet werden mußte und die Verdichtung sich im Laufe der Betriebszeit zumeist weiter verstärkt hat, ist es äußerst mühevoll, die landschaftlichen Korrekturen, die einst für die Errichtung der Strecke erforderlich waren, wieder zu beseitigen.

Es ist verständlich, daß ein Bahnunternehmen versucht, stillgelegte Strecken in möglichst großen Abschnitten oder im günstigsten Fall als Ganzes an wenige oder einen Interessenten zu verkaufen, um auf diese Weise die ihnen gesetzmäßig auferlegten Folgekosten für den Unterhalt und die Bauwerke einzusparen. Für die Gebäude und den Schienenkörper (Schwellen, Schotter) finden sich häufig sehr schnell Käufer; dieses gilt jedoch nicht für den Gleisraum, so daß dieser oft verwildert. Als Interessenten für die Bahnstrecken treten gerade in den fremdenverkehrswirtschaftlich geprägten Nebenbahnräumen des österreichischen Alpenraumes häufig die Gemeinden in Erscheinung, die aufgrund der geringen Steigungen einer Bahnstrecke die Trasse nach Abbau der Schwellen zu einem Wander- und Fahrradweg umfunktionieren. Die Nutzung des Planums einer stillgelegten Nebenbahnlinie als Radweg findet sich beispielsweise auf dem aufgelassenen Streckenabschnitt Birkfeld — Ratten der Feistritztalbahn (Steiermark); auch für einen Teil der Trasse der Gurktalbahn sowie für das Planum der Bregenzerwaldbahn steht diese weiterhin Verkehrszwecken dienende neue Funktionsaufgabe zur Diskussion. Oftmals wird der Gleisraum aber auch für neue Straßenprojekte oder straßenbaumäßige Erweiterungsmaßnahmen genutzt und fällt damit seinem ärgsten Konkurrenten zum Opfer. Hin und wieder findet sich eine Umwandlung in Ackerland, oder es kommt gar zu einer sogenannten „Trassenwüstung" (NAGEL 1981), was eine gänzliche Verwahrlosung des Bahndammes bedeutet. Stellt sich der Bahndamm als Ödland dar, so bildet er seinerseits eine Art ökologische Nische für Fauna und Flora (vgl. MARCINOWSKI 1983, S. 205, 206).

Abschließend ist noch auf die in der geographischen Namensgebung zu findenden Relikte ehemaliger Eisenbahnstrecken hinzuweisen. Obgleich Nebenbahnen im Gegensatz zu Hauptbahnen auf die Siedlungsstruktur nur einen vergleichsweise geringen Einfluß ausgeübt haben und ausgesprochene Bahnhofsviertel und -straßen nicht entstanden sind, so finden sich aber doch im unmittelbaren Umfeld ihres Ausgangs- und Zielbahnhofes oder gar an einer größeren Bahnstation im Streckenverlauf einige Bezugspunkte zur Eisenbahn. Insbesondere Straßen und Gaststättennamen (Bahnhofsgaststätte, Bahnhofsstraße) zeugen davon, daß hier der einstige Anschluß des Ortes an das Bahnnetz lokalisiert war; an der ehemaligen Salzkammergutlokalbahnlinie findet sich zum Beispiel noch heute ein Gasthaus „Zur Ischler Bahn". Nicht selten verlieren Gasthäuser, die an einem gerade für Nebenbahnstrecken häufig typisch peripher gelegenen Bahnhof errichtet wurden, mit der Auflassung der Bahn ihre Existenzgrundlage, so daß eine Schließung im Extremfall die Folge sein kann.

Eine Konkretisierung finden diese Ausführungen zu Stillegungspraktiken und bahnspezifischen Folgewirkungen in dem nachfolgenden, äußerst aktuellen Beispiel einer Streckenauflassung.

3. DIE BREGENZERWALDBAHN — DAS SCHICKSAL EINER DEFIZITÄREN NEBENBAHN

Der jüngste Fall einer Streckenstillegung findet sich in Vorarlberg; es handelt sich hierbei um die einzige bundeseigene Schmalspurbahn im Liniennetz der Bundesbahndirektion Innsbruck, die Bregenzerwaldbahn, auch Wälderbahn genannt. Seit dem 1. 1. 1985 ist die Nebenbahn Bregenz — Bezau offiziell eingestellt, doch schon seit Anfang der 80er Jahre herrscht Betriebsstille auf dieser Bahnlinie, deren Schicksal letztendlich vor dem Hintergrund betriebswirtschaftlicher Rentabilitätsberechnungen und geologisch bedingter Gefahrenmomente im unmittelbaren Streckenbereich besiegelt wurde.

3.1 ENTSTEHUNGSGESCHICHTE UND BAHNBAU

Noch während des gesamten 19. Jahrhunderts war die Verkehrserschließung des Bregenzerwaldes als äußerst dürftig zu bezeichnen. Das Straßennetz bestand seinerzeit noch überwiegend aus Saumpfaden, die nach und nach für den Verkehr mit Fuhrwerken verbessert wurden, jedoch aufgrund ihrer geringen Dichte der mangelhaften Anbindung dieser Region an das Rheintal und an Bregenz nicht abhelfen konnten.

Der Gedanke zum Bau einer Eisenbahn in den Bregenzerwald tauchte erstmals im Jahre 1873 auf. Gemäß den Projekten jener Zeit sollte die Achtalbahn, wie sie genannt wurde, als Pferdeeisenbahn entlang der Bregenzer Ache von Bregenz nach Au führen. Um diesen Bahnbau bemühte sich eine englische Firma, die zwar die Bahn auf ihre Kosten gebaut hätte, aber auf einer unentgeltlichen Übergabe des Bauareals und einer 30jährigen Steuerfreiheit bestand. Diese nahezu unerfüllbaren Forderungen des englischen Unternehmens und die darüber hinaus beabsichtigten hohen Fracht- und Personentarife sowie eine überwiegend ablehnende Haltung der Bevölkerung gegenüber dem neuen Verkehrsmittel „Eisenbahn" ließen das Projekt scheitern (vgl. FEUERSTEIN 1961, S. 65—67). Im Jahre 1890 wurden die Planungen zum Bau einer Bregenzerwaldbahn erneut aufgenommen. Die entscheidende Initiative ging nun von Bregenz aus, das verstärkt daran interessiert war, Hauptumschlagplatz für Waren aus und in den Bregenzerwald zu werden. Zur Vornahme intensiver Planungsarbeiten wurde eine Gesellschaft von mehreren Interessenten gegründet, an deren Spitze der Bürgermeister der Stadt Bregenz gewählt wurde. In einer Eingabe an das Handelsministerium im Juli 1891 bat dieses Konsortium um die Bewilligung zur Durchführung technischer Vorbereitungen für den Bau einer schmalspurigen, durch Dampflokomotiven oder eventuell auch elektrisch betriebenen Lokalbahn von Bregenz nach Bezau. Am 2. September 1891 erteilte das Handelsministerium die Bewilligung zu den gewünschten Vorarbeiten, und im Jahre 1899 wurde die Konzession zum Bau und Betrieb der schmalspurigen Lokalbahn in den Bregenzerwald erteilt. Zur Finanzierung des Baues, dessen Kostensumme 2,5 Millionen Kronen betragen sollte, wurde eine Aktiengesellschaft mit dem Firmennamen „Bregenzerwaldbahn" gegründet; Gesellschafter waren das Land Vorarlberg, die künftigen Bahngemeinden und zahlreiche private Interessenten (vgl. BEER 1977, S. 8).

Mit dem Bahnbau wurde im Jahre 1900 begonnen. Die meisten Schwierigkeiten verursachten die Enteignungsverhältnisse. Besonders die Waldbesitzer stellten horrende Ansprüche, da ihnen der direkte Zugang zur Ache versperrt wurde, die seinerzeit immer noch zur Holztriftung benutzt wurde. Eine weitere Uneinigkeit bereitete die Stationsanlage und damit verbunden die Trassenführung. Im Vorderen Bregenzerwald ergaben sich verstärkt Probleme aus der Tatsache, daß mehrere Gemeinden an einer Station interessiert sein mußten. Um Baukosten zu sparen, verlegte man die Bahntrasse im Engtal der Bregenzer Ache, denn eine Trassenführung im Siedlungsgebiet des Vorderwaldes hätte die Errichtung kostspieliger Viadukte notwendig gemacht. Während nun einerseits auf teure Kunstbauten weitestgehend verzichtet werden konnte, war andererseits aufgrund des Streckenverlaufs fernab der Siedlungen der Bau von Zufahrtsstraßen erforderlich. In der Folge sollte sich die Trassierung parallel der Ache noch als äußerst ungünstig erweisen, und auch schon während der Bauzeit zeigten sich erste negative Auswirkungen. Ein Hochwasser zerstörte im Jahre 1901 die meisten Neubauten im Achtal. Dieser nicht nur bautechnische, sondern auch finanzielle

Rückschlag zwang die Baufirma dazu, Konkurs anzumelden. Unter staatlicher Bauleitung erfolgte dann die Fertigstellung der Bahnlinie.

Nachdem am 11. 9. 1902 die technisch-polizeiliche Prüfung vorgenommen worden war, konnte die knapp 36 km lange, mit 760-mm-Spur ausgestattete Strecke von Bregenz nach Bezau am 15. 9. 1902 mit einem großen Volksfest eröffnet und dem offiziellen Betrieb übergeben werden. Zur Verkehrsabwicklung stand zu diesem Zeitpunkt folgender Wagenpark zur Verfügung: 4 Dampflokomotiven, 12 Personenwagen, 4 Gepäckwagen, 32 Güterwagen, 5 Schotterwagen, 2 mobile Kräne und 1 Draisine (vgl. BEER 1977, S. 9). Das erste Fahrplanbild zeigt drei täglich verkehrende Zugpaare, die gemäß der traditionellen Fahrplangestaltung als Früh-, Mittags- und Abendzug geführt wurden. Der Bahnbetrieb wurde in den ersten Betriebsjahren von der Staatseisenbahnverwaltung auf Kosten der Eigentümer, der Bregenzerwaldbahn AG, geführt.

3.2 STRECKENVERLAUF UND ANLAGESTRUKTUR — EIN BILD DER VERGANGENHEIT

Nahezu 80 Jahre verband die Bregenzerwaldbahn den Bregenzerwald mit der Landeshauptstadt Bregenz. Von den Ufern des Bodensees führte der schmale Schienenstrang durch das wildromantische Engtal der Bregenzer Ache und setzte sich über die Hochebene des Mittelwaldes bis in das Talbecken von Bezau fort.

Streckenbeschreibung (vgl. Abb. 49)

Ausgangspunkt der Wälderbahn ist der Bahnknotenpunkt Bregenz (km 0,0/ 398 m; 24 561 Ew./Stand 1981). Von hier zieht sich die Bahntrasse zunächst durch die Vororte der Landeshauptstadt und erreicht in Bahnkilometer 1,0 den Betriebsbahnhof Vorkloster (400 m), wo sich die Anlagen der Zugförderung sowie die Umladestelle für den Gütertransport befinden. Kurz nach Vorkloster wird die Rheinstraße niveaugleich überquert und die erste Rampenstrecke (Neigung 24 $^0/_{00}$.) erreicht, die zum Teil im 212 m langen Riedenbergtunnel liegt. Die nächsten Stationen, die Haltestelle Rieden (km 2,6) und der Bahnhof Kennelbach (km 4,7/ 422 m), liegen noch im dichtbebauten Stadteinzugsbereich von Bregenz.

Hinter Kennelbach (2094 Ew./Stand 1981), das am Austritt der Bregenzer Ache aus dem Gebirge in die Rheinebene liegt, fährt die Bahn in das in östlicher Richtung verlaufende Achtal ein. Für die entlang der Bregenzer Ache führende Bahntrasse waren in diesem unwegsamen Gebiet umfangreiche Bauwerke wie Dämme, Hangverbauungen und Steinschlaggalerien erforderlich. Fluh (km 8,4) und Langen-Buch (km 10,1) sind die ersten Haltestellen im Achtal. Ursprünglich führten Wege von den Haltestellen in die oberhalb des Tales liegenden Ortschaften; durch das verstärkte Aufkommen des Individualverkehrs werden diese steilen Waldwege jedoch kaum mehr benutzt. Auch die Orte Doren (711 m) und

Sulzberg (1015 m), die der nächsten Bahnstation, Doren-Sulzberg (km 13,6/456 m), den Namen gegeben haben, liegen 5 und sogar 10 km von der Bahn entfernt; eine einspurige, großenteils unbefestigte Fahrstraße stellt die Verbindung her. Ungefähr 1,4 km oberhalb von Doren-Sulzberg wird die Weißach mittels einer 40 m langen Fachwerkbrücke gequert. Unmittelbar an der Flußmündung befindet sich die gleichnamige Haltestelle Weißbachbrücke (km 15,0). Nach einigen Metern verengt sich dann das Achtal und bei Bahnkilometer 16,0 wird der Bereich des Kavernenkraftwerks Langenegg durchfahren. Bald darauf weitet sich das Tal wieder und der Zug erreicht den Bahnhof Langenegg-Krumbach (km 18,1/486 m — 1966 aufgelassen); von hier verkehren Postomnibusverbindungen zu den Vorderwäldergemeinden Lingenau (685 m), Hittisau (790 m) und Silratsgfäll (929 m) sowie Langenegg (695 m) und Krumbach (732 m). Nach wenigen Kilometern Bahnfahrt wird die ebenfalls im Jahre 1966 aufgelassene Bahnstation Lingenau-Hittisau (km 20,7/506 m) erreicht, sie galt lange Zeit hindurch als wichtigster Hauptumschlagplatz des Vorderbregenzerwaldes; in den letzten Betriebsjahren hielten die Züge hier jedoch nur bei Bedarf. Die Neutrassierung der Straße in den Vorderbregenzerwald schaffte eine neue Verkehrslage; der Straßenverkehr (einschließlich Postomnibuslinien) verlagerte sich von der kurvenreichen Straße über den Bahnhof Lingenau-Hittisau zur neuen Bundesstraße B 205 (Vorderwälderstraße). Die Grenze zwischen Vorder- und Hinterbregenzerwald bildet die Subersach, die kurz oberhalb von Lingenau-Hittisau in die Bregenzerach fließt. Unmittelbar nach der Flußkreuzung beginnt eine etwa 2 km lange Rampenstrecke (Neigung 22 $^0/_{00}$.), sie führt die Bahn allmählich vom Achtal in die Hochflächen des Mittelgebirges empor. Bedingt durch das steile Gelände und die schlechten geologischen Verhältnisse mußte am Ende des Achtales, in Bahnkilometer 22,342 bis 22,452, ein größerer Viadukt errichtet werden, der in die Region des Mittelwaldes mit den Siedlungen Egg, Andelsbuch und Schwarzenberg hinüberleitet.

In einer weiten Talmulde liegt Egg, eine der größten Gemeinden des Bregenzerwaldes (2857 Ew./Stand 1981). Gleich nach dem Bahnhof Egg (km 23,4/553 m) steigt die Bahntrasse weiter an; die nun folgende Rampensteigung ist 2,9 km lang und hat eine Neigung von 21 Promill. In Bahnkilometer 24,7 wird die Haltestelle Unterbach passiert und nur gut einen Kilometer später der Pfisterbachviadukt (km 25,960—26,029). Der nächste Bahnhof ist Andelsbuch (km 26,7/615 m), von hier verläuft die Trasse in südlicher Richtung zu den Haltestellen Bezegg (km 27,9) und Bersbuch (km 29,1). Bei Bersbuch breitet sich eine Hochebene aus, die von der Bahn in gerader Linienführung bis zum Bahnhof Schwarzenberg (km 30,3/626 m) durchfahren wird. Die von Dornbirn kommende Bödelestraße (L 48) erreicht beim Bahnhof Schwarzenberg die Bregenzerwald-Bundesstraße. Letztere wird unmittelbar nach der Station von der Bahn gequert. Nun beginnt eine zirka 1,5 km lange Gefällsstrecke mit einer Neigung von 16 Promill. In Bahnkilometer 31,726 übersetzt die Bahn zum ersten Mal die Bregenzer Ache, wenige Kilometer später passiert sie die Haltestelle Reuthe (km 33,5). Bevor mit dem Bahnhof Bezau (km 35,327/642 m) die Endstation der Bregenzerwaldbahn erreicht wird, überquert die Bahn nochmals die Ache (km 34,273). Die Marktgemeinde Bezau (1554 Ew./Stand 1981) ist der Hauptort des Bregenzerwaldes, von hier fahren Postautolinien in den Hinterbregenzerwald, die in den Sommermonaten bis ins Arlberggebiet (Lech) verlängert werden (vgl. BEER 1977, S. 17—23).

Vor dem Hintergrund dieser Streckenbeschreibung läßt sich die Strecke Bregenz-Bezau in drei markante Abschnitte gliedern:

— das Vorortgebiet von Bregenz: Bregenz — Kennelbach (ca. 5 km)
— das Engtal der Bregenzer Ache: Kennelbach — Egg (ca. 19 km)
— das Siedlungsgebiet des Mittelwaldes bis zum Talbecken von Bezau: Egg — Bezau (ca. 12 km).

Von diesen drei Streckenabschnitten galt seit jeher das Engtal der Bregenzer Ache als schwierigster und gefährdetster Teil.
Geologisch gesehen, besteht das Gebiet des Achtales überwiegend aus Molasse, einem Konglomerat aus Sandstein und Mergel, welches stark der Verwitterung ausgesetzt ist und besonders bei Temperaturschwankungen (Frost und Tauwetter) sowie längeren Regenperioden zur Lockerung und zum Abrutschen des Gesteins führt. Eine zusätzliche Gefahr für die Bahnstrecke war neben der Seitenerosion das durch lang anhaltende Regenfälle ausgelöste Hochwasser der Bregenzer Ache. Dank umfangreicher Sicherungsbauten gegen Steinschlag- und Erdrutschgefahr sowie zusätzlicher Hangsicherungsarbeiten (Bau von Schutzdämmen) konnte den Elementareinflüssen im Engtal großenteils entgegengewirkt werden; sie jedoch gänzlich auszuschalten, war unmöglich. Um trotz allem

Abb. 49   Streckendiagramm der Bregenzerwaldbahn

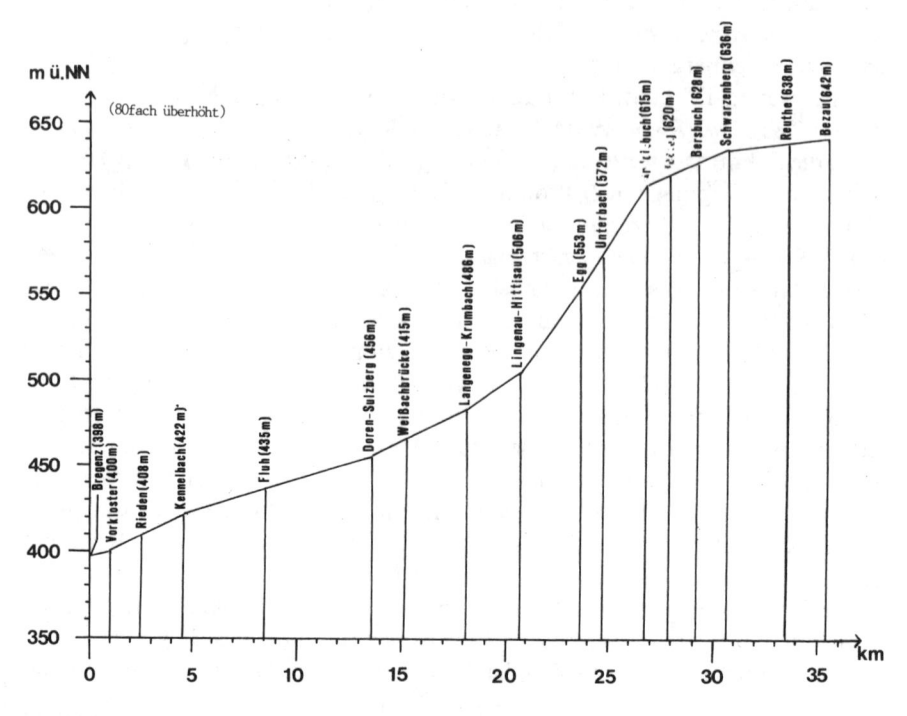

ein Maximum an Sicherheit zu gewährleisten, wurden vor Beginn des fahrplanmäßigen Zugbetriebes täglich Kontrollfahrten durchgeführt. Doch auch diese konnten überraschend auftretende Streckenbehinderungen nicht verhindern, so daß es mehrmals in der Betriebsgeschichte der Bregenzerwaldbahn zu Streckenunterbrechungen und Entgleisungen kam (vgl. BEER 1977, S. 27, 28).
Es liegt auf der Hand, daß bei Annahme des heutigen Wissensstandes der Geologen diese Bahnlinie sicherlich kein zweites Mal in diesem geologisch schwierigen Gelände trassiert würde. Seinerzeit stand jedoch bei allen Überlegungen die Finanzierungsfrage im Vordergrund und begründete somit auch den Streckenverlauf durch das siedlungsarme und durch Felsstürze, Steinschlag, Rutschungen sowie Vermurungen gefährdete Engtal der Bregenzer Ache.
Neben den geologisch bedingten Trassierungsschwächen zeigen sich noch weitere in der Anlagestruktur und im Streckenverlauf begründete Nachteile. Extreme Kurvenradien (kleinster Krümmungsradius = 60 m) und starke Steigungen (Maximalneigung = 24 Promill) begrenzten die Höchstgeschwindigkeit der normalen Zuggarnituren auf 45 km/h. Auf die gesamte gut 35 km lange Strecke verteilten sich darüber hinaus 18 Verkehrsstellen, wovon 11 unbesetzt waren. Es ergibt sich somit eine Haltestellendichte von 0,5 Hst./km Betriebslänge. Diese vergleichsweise hohe Anzahl von Haltepunkten sowie die extremen Trassierungsverhältnisse erhöhen die Fahrzeit, die bei der Bregenzerwaldbahn zum Zeitpunkt der Betriebseinstellung bei 90 Minuten lag.
Als großes Handicap erwies sich auch die überaus ausgeprägte Ortsferne einzelner Bahnstationen. Lediglich in Egg, Unterbach, Bezegg, Bersbuch, Andelsbuch und Bezau befinden sich die Verkehrsstellen im Mittelpunkt der Ortschaften oder Weiler. Alle übrigen Stationen liegen für die betreffenden Gemeinden oft sehr weit entfernt. Es sind insgesamt nur einige wenige Orte des Bregenzerwaldes, die über eine günstig gelegene Bahnstation verfügen. Insbesondere die heute bedeutenden Fremdenverkehrsorte des oberen Achtales wurden von der Bahn nicht mehr erreicht, so daß von einer Verkehrserschließung des Bregenzerwaldes durch die Bahn nur sehr bedingt gesprochen werden kann. Tatsächliche Aufgabe der Wälderbahn war die verkehrsmäßige Anbindung dieser Region an die Landeshauptstadt und eine intraregionale Verbindungsfunktion.

3.3 DAS VERKEHRSGEBIET DER BREGENZERWALDBAHN

Der Bregenzerwald besitzt ein sehr formenreiches Landschaftsbild, er zählt zu den größten selbständigen Talschaften Vorarlbergs. Eine besondere Eigenheit dieser Landschaft liegt darin, daß sie nicht durch ein Längstal gebildet wird, sondern die verschiedenen Bergzüge quer in Richtung zum Hauptfluß stehen.
Die Molasse-Landschaft des Vorderwaldes wird von ostwärts verlaufenden Höhenrücken durchzogen, die gegen das Allgäu leicht ansteigen, dazwischen finden sich breite Mulden, die von Schluchten unterbrochen werden. Die Landschaftsform des Vorderwaldes führte zur Entstehung von Terrassensiedlungen. Kennzeichnend für die Landschaft des Hinterwaldes sind die von Westen kommenden

Kreidekalkfalten, die dieses Gebiet mit ihren mächtigen Schichtbändern durchziehen. Die Becken zwischen diesen Gebirgszügen sind mit Achschotter und dem Schutt der Seitenbäche ausgefüllt, sie bilden die Ebenen von Bezau-Bizau, Mellau-Schnepfau und Au-Schoppernau (vgl. BEER 1977, S. 5 u. 6).
Während der Industrialisierungsperiode des Rheintales und auch noch bis in die Zeit des Ersten Weltkrieges bestand im Bregenzerwald die akute Gefahr einer Entsiedlung. Gestoppt wurde diese Entwicklung erst durch den Bahnbau und ein stetiges Anwachsen des Fremdenverkehrs. Die Einwohnerzahlen konnten sich großteils stabilisieren, und seit den 50er Jahren wird sogar eine Aufwärtsentwicklung verzeichnet, die insbesondere die Gemeinden an der Wälderbahn erfaßte (vgl. Tab. 65).

Tab. 65: Bevölkerungsentwicklung im Bregenzerwald

Jahr	Bevölkerung
1951	15 990
1961	16 555
1965	17 392
1970	18 021
1981	18 779

Quelle: BUCHWALD 1970, S. 32, 33 u. Österreichisches Statistisches Zentralamt (Hrsg.): Volkszählung 1981, Hauptergebnisse I — Vorarlberg, Wien 1984 (= Beiträge zur österreichischen Statistik, Heft 630/9)

Bis in die 50er Jahre hinein zeigte sich der Bregenzerwald als nahezu rein agrarisch strukturiertes Bergbauerngebiet, so daß zwischen dem hochindustrialisierten Rheintal und dem agrarischen Bregenzerwald ein ausgeprägtes sozio-ökonomisches Gefälle existierte. Dieser extreme Gegensatz hat sich durch die zunehmende Fremdenverkehrsorientiertheit des Bregenzerwaldes und durch die vermehrte Errichtung einzelner Industrie- und Gewerbebetriebe in den Bahngemeinden verringert. Vornehmlich wurde die Textilindustrie ansässig. Allein in der Zeit nach dem Zweiten Weltkrieg siedelten sich 26 Zweigbetriebe aus dem Rheintal an, die primär das unterschiedliche Lohnniveau gegenüber dem Bregenzerwald ausnutzen wollten.
Einen weiteren industriellen beziehungsweise gewerblichen Schwerpunkt bilden die bodenständigen Sägewerke und holzverarbeitenden Betriebe. Es dominieren vor allem kleine und mittlere Unternehmungen, denen die räumliche Nähe zu großen Konsumgütermärkten — auch des Auslandes — einen überlokalen Absatz garantiert. Von regionaler Bedeutung sind eine Mühle, eine Brauerei, eine Skibeschlägefabrik und eine Spezialfirma für den Seilbahnbau.
Zu einem entscheidenden Faktor im Wirtschaftsleben des Bregenzerwaldes ist der Fremdenverkehr geworden. Er bietet Arbeitsplätze für die aus der Landwirtschaft ausscheidenden Erwerbstätigen, erschließt abgelegene Gebiete, steigert den Bodenwert, hebt das Einkommensniveau und erlaubt vielen nachgelagerten Wirtschaftszweigen eine Qualitäts- und Quantitätssteigerung.
Die Nächtigungsdichte (68 Nächtigungen/Ew. im Fremdenverkehrsjahr 1982) und eine Gesamtzahl von 1 697 734 Nächtigungen in der Region des Bregenzerwaldes (1982) sind zwar geringer als in den typischen Fremdenverkehrsländern Tirol, Salzburg und Kärnten, jedoch mit an erster Stelle im übrigen Bundesgebiet. In der Fremdenverkehrsstruktur dominiert der Erholungsurlaub mit einer durchschnittlichen Aufenthaltsdauer von mehr als einer Woche. Obgleich der Sommerfremdenverkehr mit 54,1 Prozent noch die erste Stelle einnimmt, so hat doch die Wintersaison an Attraktivität gewonnen. Im Vergleich zum Fremdenverkehrsjahr 1972 hat sie bis 1982 um 101,4 Prozent zugenommen, ihr Anteil betrug 45,9 Prozent (vgl. Amt der Vorarlberger Landesregierung (Hrsg.) 1983, S. 83).

Trotz dieses aufgezeigten Arbeitsplatzangebotes herrscht im Bregenzerwald eine intensive Pendlermobilität, die sich vornehmlich auf die Arbeitszentren Bregenz, Dornbirn und Lustenau konzentriert. Auch fungieren die Gemeinden des Vorder- und Mittelwaldes zunehmend als Wohnstätten für die im Rheintal Beschäftigten, so daß sich nicht zuletzt aus diesem Grund eine starke Pendlerintensität bemerkbar macht.

Verwaltungspolitisch gehört das gesamte Verkehrsgebiet der Bregenzerwaldbahn zum Bereich der Bezirkshauptstadt Bregenz. Bezirksgerichte gibt es in Bregenz und Bezau, alle übrigen Behörden und Ämter haben ihren Sitz in Bregenz. Die für die Bevölkerung des Einzugsgebietes der Bahn in Betracht kommenden Krankenhäuser befinden sich in Bregenz und Dornbirn. Auf dem Bildungssektor sind außer den Volksschulen in allen an der Bahnlinie gelegenen Gemeinden auch die Hauptschulen in Lingenau, Egg und Bezau sowie das Gymnasium in Egg zu nennen. Insgesamt ergeben sich vor dem Hintergrund dieser regionalen Verteilung von öffentlichen und privaten Diensten Verkehrsbedürfnisse und -ströme, die sich unterschiedlich auf die einzelnen Verkehrsmittel verteilen.

3.4 DIE VERKEHRS- UND BETRIEBSGESCHICHTE DER BAHN

Mit der Eröffnung der Bregenzerwaldbahn kam es zu einer deutlichen Umstrukturierung auf dem bis dahin unterentwickelten Verkehrssektor dieser Region. Die Bahn zog den gesamten Verkehr an sich, die Zeit der Postkutsche und der Pferdefuhrwerke war vorbei. In Bezau wurde bald nach der Eröffnung das Wälderhaus gebaut; es handelt sich hierbei um das Lagerhaus der Bregenzerwäldergesellschaft (eine landwirtschaftliche Einkaufsgenossenschaft), die die Verkehrsströme verstärkt auf sich zog. Auch erlebte das Gastgewerbe einen bedeutenden Aufschwung; in allen Orten entlang der Bahnlinie wurden Bahnhofsgaststätten errichtet und die bestehenden Gasthöfe vergrößert. Insgesamt brachte die Bahn dem Bregenzerwald eine wirtschaftliche Belebung, die ihrerseits der bis dahin verstärkten Abwanderungswelle ein Ende setzte (vgl. FEUERSTEIN 1961, S. 71).

Die Begeisterung ging seinerzeit soweit, daß das Eisenbahnministerium — unter Berücksichtigung der volkswirtschaftlichen Bedeutung der Bahn und im Hinblick auf eine bessere Rentabilität — unmittelbar nach ihrer Inbetriebnahme die Ausarbeitung einer Streckenverlängerung von Bezau bis Schoppernau veranlaßte. Vom 8.—10. Juni 1910 erfolgte die Trassenrevision der 16,5 km langen Strecke von Bezau über Reuthe, Mellau, Hirschau, Schnepfau und Au nach Schoppernau. Das Projekt wurde von allen beteiligten Stellen vorbehaltlos unterstützt, da man sich insgesamt nicht nur für die unmittelbar betroffenen, sondern auch für weitere Gebiete des Bregenzerwaldes eine bedeutende wirtschaftliche Förderung durch Erleichterung und Verbilligung der Frachttransporte sowie eine Steigerung des Fremdenverkehrs versprach. Eine Verwirklichung dieses Projektes wurde letztlich durch den Ausbruch des Ersten Weltkrieges sowie die hohen Baukosten, die durch notwendige Schutzbauten im Überschwemmungsgebiet der Ache zwischen Reuthe und Mellau sowie zwischen

Schnepfau und Au sehr beträchtlich waren, verhindert (vgl. BUCHWALD 1970, S. 21, 22).

In den ersten Betriebsjahren konnte das Bahnunternehmen „Bregenzerwaldbahn" eine positive Betriebsbilanz aufweisen, was nicht zuletzt auf eine bis zum Jahre 1908 andauernde jährliche Steigerung der Betriebseinnahmen um 10 Prozent zurückzuführen war. Doch schon bald wuchsen die Betriebsausgaben immens an; sie erhöhten sich jährlich um rund 23 Prozent. Die Gründe waren die notwendige Durchführung von umfassenden Sicherungs- und Ergänzungsbauten zum Schutz vor Elementarereignissen sowie die steigenden Personalkosten.

Von 1911 bis zum Beginn des Ersten Weltkrieges konnte für die Betriebseinnahmen eine noch geringfügig steigende Tendenz verzeichnet werden, die Ausgaben blieben jedoch konstant hoch. Der Krieg brachte einhergehend mit zahlreichen Verkehrsbeschränkungen auch beträchtliche finanzielle Einbußen; das Brennmaterial für die Lokomotiven verteuerte sich und die Aufwendungen für Personal und Reparaturen nahmen sprunghaft zu. Auch veränderte sich die Verkehrsbedeutung der Wälderbahn: War sie bis zum Ende des Krieges noch der alleinige Verkehrsträger des Bregenzerwaldes und bewältigte sie nahezu den gesamten Güter- und Personenverkehr, so mußte sie Anfang der 20er Jahre — nachdem die Straßen in den Bregenzerwald für den Autoverkehr freigegeben worden waren (1920) — den Konkurrenzkampf mit dem Kraftwagen aufnehmen. Die Jahresabrechnungen waren bereits seit 1916 regelmäßig defizitär und die Verschuldung nahm nicht zuletzt durch die Weltwirtschaftskrise und den damit einhergehenden Transportrückgang noch weiter zu.

Da seinerzeit die Betriebsführung durch den Wirtschaftskörper „Österreichische Bundesbahnen" für die negative Betriebsbilanz verantwortlich gemacht wurde, entschloß sich der Verwaltungsrat, einen Wechsel in der Betriebsführung vorzunehmen. Anfangs zeigte sich die Firma Stern & Hafferl AG Gmunden, von der in Oberösterreich noch heute ein großes Lokalbahnnetz betrieben wird, bereit, den Betrieb auf der Bregenzerwaldbahn zu übernehmen und darüber hinaus auch die Strecke auf eigene Kosten zu elektrifizieren. Schließlich scheiterten die Verhandlungen jedoch an der damit verbundenen Übernahme des äußerst umfangreichen Personalstandes. Die Bundesregierung beschloß daraufhin, aufgrund der Konzessionsbestimmungen (Heimfallrecht) die Bregenzerwaldbahn zum 1. 1. 1932 einzulösen; das Eigentum an der Bahnlinie ging mit diesem Tage an den Bund über, so daß fortan Verwaltung und Betriebsführung dem Wirtschaftskörper „Österreichische Bundesbahnen" unterstellt waren (vgl. BEER 1977, S. 10).

Vor dem Hintergrund der allgemein schlechten Wirtschaftslage in den 30er Jahren und den damit verbundenen Einnahmeverlusten im Personen- und Güterverkehr stellte die Generaldirektion der Österreichischen Bundesbahnen am 18. 8. 1936 einen Antrag auf Betriebseinstellung der Bregenzerwaldbahn und richtete diesen an die Vorarlberger Landesregierung. Die Bevölkerung des Bregenzerwaldes, vertreten durch die Bürgermeister, sowie verschiedene Institutionen des Landes lehnten das Vorhaben der ÖBB entschieden ab und sprachen sich für einen Weiterbestand der Bahn aus. Sie bemängelten ihrerseits vielmehr die schlechte Tarifpolitik des Verkehrsunternehmens und räumten darüber hinaus auch ein, daß das Straßennetz des Bregenzerwaldes in einem überaus schlechten Zustand und damit eine Verlagerung des Verkehrs auf die Straße kaum möglich sei. Vor diesem Hintergrund lehnte auch das Bundesministerium für Handel und Verkehr mit Erlaß vom 5. 2. 1937 den Antrag der ÖBB ab, da *„nach dem Ergebnis des eingeleiteten Ermittlungsverfahrens eine dauernde Betriebseinstellung der Bregenzerwaldbahn erst dann erwogen werden könnte, wenn durch entsprechend andere Verkehrseinrichtungen eine ausreichende Befriedigung der Verkehrsbedürfnisse des Bregenzerwaldes möglich sein werde"* (zitiert bei BUCHWALD 1970, S. 30).

In der Zeit des Zweiten Weltkrieges wurde die Bregenzerwaldbahn der Deutschen Reichsbahn (Reichsbahndirektion Augsburg) zugeordnet; der Verkehr wurde auch während des Krieges ohne größere Zwischenfälle weitergeführt.

In den ersten Nachkriegsjahren hatte die Bahn eine wichtige Verbindungsfunktion zwischen den Orten des Bregenzerwaldes und der Landeshauptstadt Bregenz zu erfüllen, so daß das Verkehrsaufkommen erheblich anstieg. Zur besseren Verkehrsabwicklung wurden Anfang der 50er Jahre Diesellokomotiven eingesetzt. Diese leistungsfähigen Zugmaschinen waren nicht nur kostengünstiger, sondern sie ermöglichten auch eine Verkürzung der Fahrzeit von bislang 3 Stunden auf 2 Std. 20 Min. Der in den 50er Jahren einsetzende Individualverkehr sowie die wachsende Zahl der Lastkraftwagen im Bahngebiet führten zu einer rückläufigen Entwicklung der Personen- und Güterbeförderung, zumal die Strecke Bregenz — Bezau mit einem Auto in 45 Minuten zurückgelegt werden konnte.

Konkurrenz erhielt die Wälderbahn aber auch durch den öffentlichen Kraftwagendienst. Zwischen 1929 und 1950 nahmen allein 9 Postautobuslinien ihren Betrieb im Einzugsbereich der Wälderbahn auf. Ein echter Parallelverkehr zur Bahn erfolgte nur im Bereich Egg — Bezau, die übrigen Linien erfüllten Zubringer- und Ergänzungsdienste und waren ihrerseits damit auch vom Bahnverkehr abhängig. Als das Fahrgastaufkommen der Bregenzerwaldbahn zum Beispiel in der Zeit 1960—1969 um zirka 50 Prozent zurückging, erlitten auch die Zubringerlinien (Miselbach — Hittisau, Miselbach — Krumbach und Doren — Sulzberg) etwa gleich hohe Frequenzeinbußen und wurden ebenfalls defizitär (vgl. BUCHWALD 1970, S. 60).

Allgemein gilt jedoch für die Verkehrsstruktur des Bregenzerwaldes, daß sich die öffentlichen Verkehrsmittel zu ergänzen versuchen. So ist das Postliniennetz im Vorderwald, wo sich die Stationen der Bregenzerwaldbahn in ungünstiger Entfernung zu den Ortszentren befinden, stärker ausgebaut als im Mittelwald und in Richtung Bregenz. Insbesondere im Verkehr zwischen den Gemeinden stellt der Postbus die günstigste Verbindung her. Vergleicht man die nach den benutzten Verkehrsmitteln aufgeschlüsselten Pendlerzahlen des Jahres 1970, so zeigt sich, daß die Frequenzwerte des Kraftwagenliniendienstes mit 21,1 Prozent und der Bahn mit 20,9 Prozent in etwa gleich sind, der öffentliche Verkehr (Bus und Bahn) aber nur knapp den privaten Kraftwagen übertrifft, den 38,8 Prozent der Pendler benutzten (vgl. BUCHWALD 1970, S. 60, 61). Diese Entwicklung zu Lasten der öffentlichen Verkehrsträger, speziell der Bahn, hat sich bis in die 80er Jahre hinein noch verstärkt und das Verkehrsbild der Wälderbahn bis zur ihrer Einstellung entschieden geprägt.

3.5 DIE VERKEHRSSITUATION IN DEN LETZTEN BETRIEBSJAHREN

Trotz Bedeutungsverlust blieb die Bregenzerwaldbahn auch in den 70er Jahren die wichtigste öffentliche Verkehrsverbindung zwischen der Region Bregenzerwald und der Landeshauptstadt Bregenz. In der Gewichtung der Transportsparten überwog der Personenverkehr, allerdings ließen auch hier die Voraussetzungen für eine dem steigenden Verkehrsbedarf entsprechende Inanspruchnahme der Personenzüge überwiegend zu wünschen übrig. Neben der bereits erwähnten ungünstigen Lage der Haltestellen und der langen Fahrzeit, die trotz Erhöhung der Durchschnittsgeschwindigkeit noch 1 Std. 20 Min. betrug, hielt auch das Angebot an Betriebsleistungen die Nachfrage in bescheidenen Grenzen. Bis zum Jahre 1980 verkehrten an Werktagen 5 Reisezugpaare, an Sonn- und Feiertagen reduzierte sich ihre Zahl auf 4. Alle Züge waren lokbespannt und führten nur beschränkte Gepäck- und Expreßgutbeförderung durch. Das Fahrplanbild war weitestgehend am Verkehrsbedarf der Bevölkerung orientiert; es verkehrte ein Frühzug (Bregenz an 7.20 Uhr), der von Schülern und Berufstätigen genutzt wurde, und ein weiterer Morgenkurs (Bregenz an 9.30 Uhr), der für Ämter-, Versorgungs- und Besuchsfahrten geeignet war. Rückfahrmöglichkeiten ab Bregenz waren um 12.10 Uhr, 16.34 und 18.20 Uhr gegeben.
Die Zugbildung, durchgeführt im Betriebsbahnhof Vorkloster, erfolgte je nach Bedarf, der seinerseits wiederum jahreszeitlichen und täglichen Schwankungen unterworfen war. Im Durchschnitt bestand der Wagensatz eines Personenzuges aus zwei bis vier 4achsigen Personenwagen sowie einem Waggon mit Dienst- bzw. Gepäckabteil.
Für eine Analyse der Personenverkehrsstruktur der Wälderbahn erscheint nachfolgende Zusammenstellung interessant. Das werktägliche **potentielle** Verkehrsaufkommen in dem durch die Nebenbahn bedienbaren Bereich beträgt rund 3000 Personen (Bahn-, Bus- und Individualverkehr), wobei 47 Prozent auf den Schülerverkehr, 33 Prozent auf den Berufsverkehr und 20 Prozent auf andere Fahrtzwecke entfallen. Auf dem Personenverkehrssektor ist insgesamt eine deutliche Pendlerkonzentration im Berufs- und Schülerverkehr nach Bregenz und Dornbirn festzustellen. Da jedoch die Relation nach Dornbirn nicht von der Bregenzerwaldbahn bedient wird, verringert sich bereits das theoretische Fahrgastpotential der Bahn erheblich. Tatsächlich wurde die Bahn Ende der 70er Jahre täglich von 361 Schülern, 54 Berufspendlern und 27 Personen im sonstigen Verkehr genutzt; damit wurden effektiv 26 Prozent der Schülerfahrten in bahnparallelen Relationen mit der Bahn durchgeführt und nur 5 Prozent der in Frage kommenden Berufspendlerfahrten.
Die Zusammensetzung des Verkehrsaufkommens zeigt mit 81,6 Prozent ebenfalls das deutliche Vorherrschen der Schüler, gefolgt von 12,2 Prozent Berufsfahrer und 6,1 Prozent sonstigem Verkehr (vgl. ÖBB (Hrsg.) 1980, S. 16). Zusätzlich zu den genannten Aufgaben im Personenverkehr erbrachte die Wälderbahn auch Beförderungsleistungen im Bereich des Fremdenverkehrs, die jedoch nicht eindeutig quantifizierbar sind.

In der Hauptreisezeit nahm der Personenverkehr durch die Feriengäste stark zu. Die Züge waren zu dieser Zeit voll ausgelastet, denn ein Teil der Gäste bevorzugte auch weiterhin oder erneut die Bahn zur Anreise an das Urlaubsziel. Beachtlich sind in diesem Kontext die guten Anschlußverbindungen der Bregenzerwaldbahn zu regionalen, überregionalen und auch internationalen Zugkursen in Bregenz. Aber auch für jene Urlaubsgäste mit eigenem Pkw stellte die Bahn eine Attraktion dar, sie nutzten die Wälderbahn nicht selten zu einer Ausflugsfahrt zum Bodensee beziehungsweise in den Bregenzerwald.

Zur Angebotssteigerung der Bahn im Fremdenverkehr wurden durch die Initiative der Eurovapor[2], des Verkehrsvereins Bregenz sowie des Verkehrsverbandes Bregenzerwald seit dem Jahre 1974 wieder Dampflokomotiven zu Sonderfahrten eingesetzt. Diese Dampfbummelzüge, die in den Sommermonaten fast täglich als Sonderzüge geführt wurden, bestanden jeweils aus drei zweiachsigen Personenwagen und einem weiteren Vierachser mit Dienstabteil, darüber hinaus wurde bei allen Dampfzugfahrten der Barwagen „Wälderschänke" mitgeführt. Aufschluß über die erfreuliche Entwicklung dieser Dampfzüge gibt Tabelle 66.

Tab. 66: Verkehrsfrequenzen der Dampfsonderzüge auf der Bregenzerwaldbahn

Jahr	Anzahl der Züge	Anzahl der Fahrgäste
1974	106	15 493
1975	132	18 104
1976	148	22 774
1977	151	21 850

Quelle: Eurovapor 1978, S. 4

Im Güterverkehr zählte die Bregenzerwaldbahn mit einem jährlichen Transportaufkommen um die 10 000 Tonnen zu den aufkommenschwächsten Nebenbahnen Österreichs. Der Transport beschränkte sich hauptsächlich auf mengenmäßig geringfügige und wertmäßig unbedeutende Massengüter (Futtermittel, Düngemittel, Kohle und Stroh), die in den Bregenzerwald eingeführt und zu Ausnahmetarifen befördert wurden. Mit Ausnahme einiger weniger Holztransporte aus dem Achtal in Richtung Bregenz dominierte der Empfang von Gütern, so daß die Waggons meistens leer vom Bregenzerwald zum Umladebahnhof Bregenz-Vorkloster überstellt werden mußten. Dieses extrem unpaarige Aufkommen erschwerte die Leistungssituation.

---

2 Eurovapor = Europäische Vereinigung zur Erhaltung von Dampflokomotiven mit Sitz in Zürich.

Abb. 50   Entwicklung des Personenverkehrsaufkommens der Bregenzerwaldbahn in ausgewählten Betriebsjahren

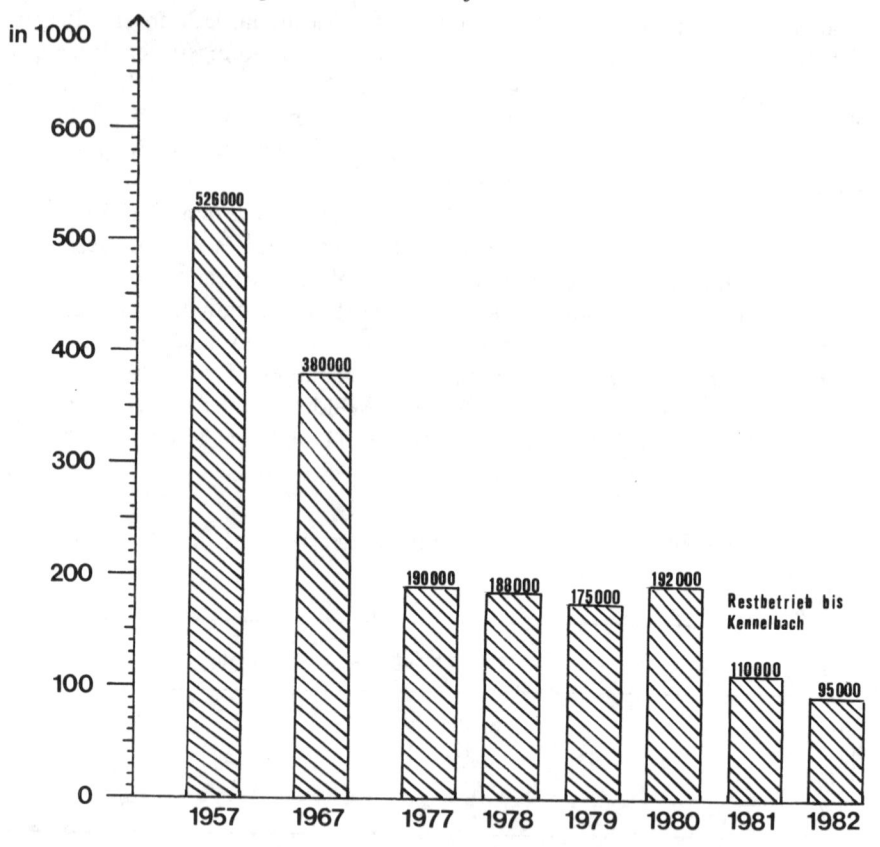

[Balkendiagramm: Personenverkehrsaufkommen in 1000]
- 1957: 526000
- 1967: 380000
- 1977: 190000
- 1978: 188000
- 1979: 175000
- 1980: 192000
- 1981: 110000 (Restbetrieb bis Kennelbach)
- 1982: 95000

Quelle des Zahlenmaterials: Betriebsleistungsstatistik der ÖBB, hrsg. v. der Stabsstelle Betriebswirtschaft der ÖBB, Generaldirektion Wien

Die Hauptkunden der Bahn waren eine Mühle in Egg und ein Baustoff- sowie Brennstoffhandel in Bezau. Die Struktur des Güteraufkommens zeigte im Jahre 1977 nachfolgende Zusammensetzung:

Land- und Forstwirtschaft:	7 Kunden	— 7 100 t = 65 %
Bau- und Brennstoffe:	1 Kunde	— 2 700 t = 25 %
Erze, Eisen, Stahl, Metalle:		—
sonst. Ind.: Textil:	2 Kunden	— 1 100 t = 10 %
	10 Kunden	— 10 900 t = 100 %

Quelle: ÖROK (Hrsg.) 1980, Schriftenreihe Nr. 22b, S. 163

Die starke Zunahme des Transportgewerbes verursachte auch hier, wie auf allen Bahnen, eine rückläufige Entwicklung des Güterverkehrs. Überaus nachteilig wirkte sich auch das Umladen der Güter im Bahnhof Vorkloster aus, denn außer den hohen Umladekosten entstanden zusätzliche Zeitverluste in der Güterbeförderung. Ein angestrebter Rollwagenbetrieb konnte aufgrund des zu geringen Lichtraumprofils eines Tunnels unmittelbar nach Vorkloster nicht ohne Trassenkorrekturen eingeführt werden.

Das Fahrplanangebot im Güterverkehr beschränkte sich auf ein an Werktagen, mit Ausnahme von Samstagen, verkehrendes Güterzugpaar. Diesem Güterzug war ein täglich verkehrender Stückgutkurs beigegeben. Darüber hinaus waren im Fahrplan noch zwei Bedarfsgüterzüge vorgesehen, die jedoch in der Regel nicht zum Einsatz kamen. Durch den fortschreitenden Ausbau der B 200 Schwarzach — Bezau wurde im Güterverkehr zusehends die Umschlagmöglichkeit Schiene — Straße im Bahnhof Wolfurt bevorzugt und die Bregenzerwaldbahn mehr und mehr als Transportmittel ausgeschaltet, was die rückläufige Entwicklung der Transportziffern in den letzten Betriebsjahren der Bahn belegt (vgl. Abb. 51). Die Bedeutung der Bregenzerwaldbahn als Zubringer für die Hauptbahn wurde damit immer unerheblicher.

Vor dem Hintergrund dieser abnehmenden Inanspruchnahme der Bregenzerwaldbahn durch die Bevölkerung wurde seitens der Österreichischen Bundesbahnen immer wieder eine Einstellung des Bahnbetriebes erwogen, zumal der Kostendeckungsgrad lediglich bei 8,4 Prozent lag. Die Stellungnahmen und Ausarbeitungen zur Bregenzerwaldbahn, die vom Land Vorarlberg, der Regionalplanungsgemeinschaft Bregenzerwald und weiteren Gremien in den 70er Jahren an das Verkehrsministerium weitergeleitet wurden, sprachen sich jedoch übereinstimmend für den Fortbestand der Bahn aus. Vielmehr wurde die Schaffung eines attraktiven Bahnverkehrs in den Bregenzerwald postuliert und für eine Forcierung der Maßnahmen im Sinne einer wirtschaftlichen Betriebsführung plädiert. Den österreichischen Bundesbahnen aber wurde der Vorwurf gemacht, jegliche Sanierungs- und Erhaltungsarbeiten auf der Strecke Bregenz — Bezau unterlassen und nicht mehr in die Wälderbahn investiert zu haben. Als verbessernde Maßnahmen wurden unter anderem vorgeschlagen: die Einführung eines Triebwagenzuges nach dem Vorbild der Steiermärkischen Landesbahnen, der neben einer Verbesserung des Fahrkomforts, einer Verkürzung der Fahrzeiten und der Möglichkeit des rationelleren und kostensparenden Einmannbetriebes auch eine Fahrplanverdichtung (Taktfahrplan) erlaubt; eine bessere Koordination der Fahrpläne zwischen Bahn und Post; eine Rationalisierung und Verbesserung der Umlademethoden im Übergabebahnhof Vorkloster sowie verstärkte Untersuchungen zum Einsatz eines Rollfahrzeugverkehrs. Darüber hinaus sollte die Bregenzerwaldbahn mehr als bisher in den Bereich des Fremdenverkehrs integriert werden; die Schaffung einer Bregenzerwälder-Ferienkarte stand hierbei im Vordergrund der Überlegungen. Durch Kooperation, Koordination und Kombination der Verkehrsträger Bregenzerwaldbahn, Postbus, Seilbahnen und Lifte sowie Bodenseeschiffahrt sollte dem Feriengast ein problemloses Urlaubsticket angeboten werden, auch waren gemäß den Vorstellungen der Fremdenverkehrsverbände die Dampfzugfahrten weiter zu führen.

Kritisiert wurde der große Personalstand der Bregenzerwaldbahn (Mitte der 70er Jahre: 75 Bedienstete), der dazu führte, daß 60 Prozent aller Aufwendungen Personalkosten waren. Eine Verbesserung der Wirtschaftlichkeit dieses Ver-

Abb. 51 Entwicklung des Güterverkehrsaufkommens der Bregenzerwaldbahn in ausgewählten Betriebsjahren

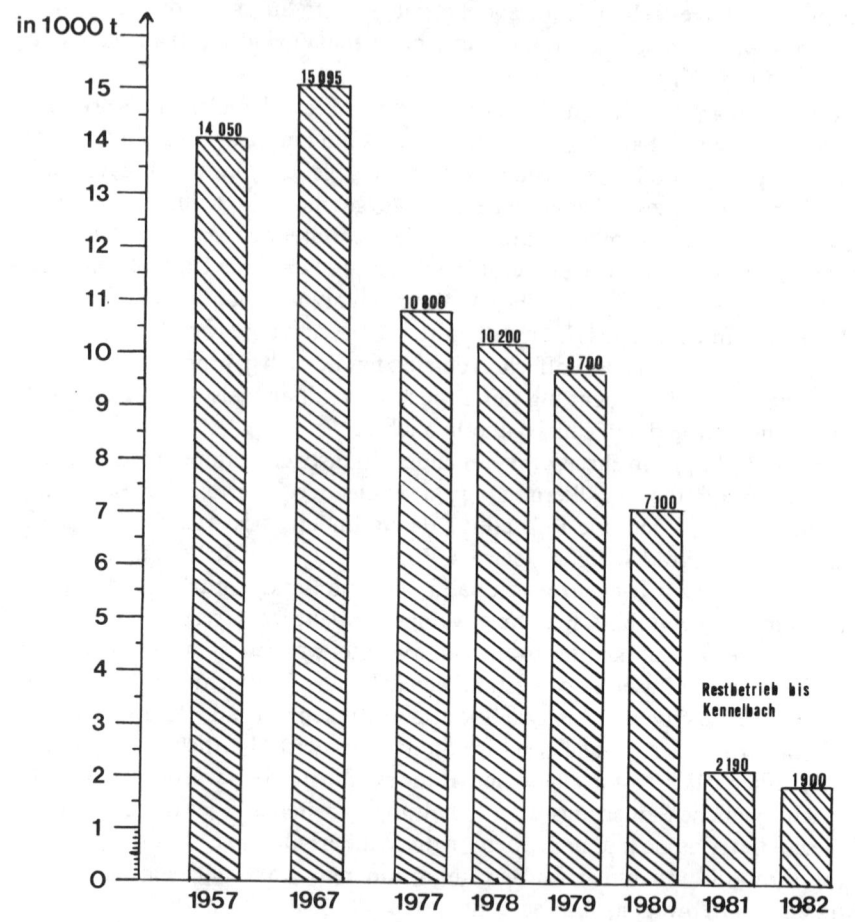

Quelle des Zahlenmaterials: Betriebsleistungsstatistik der ÖBB, hsrg. von der Stabsstelle Betriebswirtschaft der ÖBB, Generaldirektion in Wien

kehrsunternehmens wurde folglich auch in Relation zu einem verringerten Personalbestand gesehen. So wurde der Vorschlag gemacht, aufgrund der einfachen Streckenverhältnisse das Personal gleichzeitig für Tätigkeiten des Betriebs- und Verkehrsdienstes einzusetzen.

Die Erhaltungswürdigkeit der Wälderbahn wurde seinerzeit aber nicht nur in regionalen Studien geprüft. Als bundeseigene Nebenbahn war diese Lokalbahn auch Gegenstand des Mitte der 70er Jahre von der Österreichischen Raumordnungskonferenz für 44 Nebenbahnen erstellten „Nebenbahngutachtens" (ÖROK-Untersuchung). Die hier erarbeiteten und nach Teilstrecken untergliederten Empfehlungen lauten:

Teilstrecke Bregenz — Egg

„Die Aufrechterhaltung des Güterverkehrs ist langfristig nur mit Rollwagenbetrieb bzw. entsprechend rationeller Umladung (Holz!) vertretbar. Der Personenverkehr ist nicht unbedeutend, daher der Weiterbetrieb empfehlenswert."

Teilstrecke Egg — Bezau

„Die Aufrechterhaltung des Gesamtverkehrs ist von Rationalisierungsmöglichkeiten und Investitionserfordernissen abhängig. Aus Gründen der Raumordnung ist die gesamte Strecke nicht notwendig; aus Gründen der Nachfrage ist die Aufrechterhaltung des Gesamtverkehrs für die Gesamtstrecke vertretbar" (Beurteilung der ÖROK im Jahre 1979, zitiert bei einer Stellungnahme der ÖBB zur Bregenzerwaldbahn 1980, S. 7).

Im Jahre 1980 griff die Natur in die Diskussion um den Weiterbestand der Bregenzerwaldbahn ein, und es kam zu ersten Streckenstillegungen.

3.6 DIE BETRIEBSEINSTELLUNG DER BREGENZERWALDBAHN

Infolge Hochwassers kam es im April 1980 zu einer Unterspülung der Widerlager der Eisenbahnbrücke über die Rotach (km 12,4). Da die Sicherheit des Eisenbahnbetriebes daraufhin nicht mehr gewährleistet war, wurde die Strecke am 21. April 1980 im Abschnitt Kennelbach — Bezau von der Eisenbahnbehörde für den Gesamtverkehr gesperrt und ein Schienenersatzverkehr eingerichtet. Durch sofort eingeleitete Sicherungsarbeiten an der beschädigten Brücke konnte jedoch schon bald die behelfsmäßige Befahrbarkeit der Schadstelle wieder ermöglicht und der Verkehr am 16. Juni 1980 wieder aufgenommen werden.

Kaum einen Monat später, am 14. Juli 1980, kam es nach einem Felssturz in Bahnkilometer 7,1 zwischen Kennelbach und Doren-Sulzberg, bei dem etwa 6000 m^3 Gestein und Geröll auf das Streckengleis niedergingen, zu einer erneuten Streckenunterbrechung. Daraufhin wurde der Streckenabschnitt Kennelbach — Egg für den Gesamtverkehr gesperrt und erneut ein Schienenersatzverkehr eingerichtet. Von Egg bis Bezau wurde der Personenverkehr vorerst mit der dort eingeschlossenen Diesellok aufrechterhalten. Für den Güterverkehr wurde im gesamten Streckenbereich ein Ersatzverkehr mittels ÖBB-Lastkraftwagen bzw. durch Einschaltung privater Frächter eingerichtet.

Dieser seit dem Bestand der Bregenzerwaldbahn größte Felssturz rückte die Sorge bezüglich anderer schon seit längerer Zeit beobachteter Gefahrenstellen in den Vordergrund. So wurde bei einer durch eine ÖBB-Kommission vorgenommenen Besichtigung im Juli 1980 festgestellt, daß nahezu im gesamten Bereich des Streckenabschnitts von km 6,0 bis km 22,0 die gleichen ungünstigen Verhältnisse herrschen wie in jenem Abschnitt, in dem es zu dem gewaltigen Felssturz gekommen war. Aufgrund dieser bei der Trassenerhebung festgestellten Gefahrenmomente wurde das Land Vorarlberg vom Bundesministerium für Verkehr gebeten, mittels einer baugeologischen Gesamtprüfung abzuklären, ob auf der Strecke weitere Gefährdungen zu erwarten sind. In dem daraufhin von einem Schrunser Geologen erarbeiteten Gesamtgutachten heißt es hierzu:

> *„Die wegen des Felssturzes vom 1980—07—14 veranlaßte baugeologische Gesamtprüfung der ÖBB Strecke Bregenz — Bezau hat eine akute, einen sicheren und störungsfreien Bahnbetrieb nicht erlaubende Gefährdung durch Steinschlag, Felsstürze und Hangrutschungen im größten Teil der Steckenabschnitte Kennelbach — Egg (km 5,55—22,9) und Bersbucher Wald (km 28,58—29,10) ergeben.*
> *Als wesentliche Ursachen der Gefährdung werden die starke Hangneigung, die leichte Verwitterbarkeit des vorherrschenden Mergelfelsens, die Zerklüftung der Sandstein- und Konglomeratbänke sowie die Einschränkung bzw. Unterlassung der früher intensiven Absicherungs- und Verbauungsmaßnahmen durch die ÖBB festgestellt....*
> *Der Zeitaufwand der Maßnahmen, die vor der Wiederaufnahme des Bahnbetriebes getroffen werden müssen, wird auf mehrere Jahre geschätzt, da die beschränkten Arbeits- und Materialdeponieräume sowie die schwierigen Geländeverhältnisse nur den Einsatz kleiner, spezialisierter Arbeitspartien zulassen. Die gefährdeten Streckenabschnitte werden auch nach der Sanierung eine ständige, intensive und aufwendige Kontrolle und Betreuung erfordern und ein Restrisiko für den Bahnbetrieb enthalten"* (BERTLE 1980, S. 3).

Als letztendlich auslösendes Moment für den Felssturz im Juli 1980 wurden die Starkregen jenes Sommers angeführt:

> *„Die Verwitterungsanfälligkeit der die Hänge überwiegend aufbauenden Mergel und die Durchsetzung der Sandstein- und Konglomeratbänke mit offenen und lehmgefüllten Klüften haben auf diese verstärkte Wasserzufuhr mit einer schlagartigen Aktualisierung der bestehenden Absturz- und Gleitbereitschaft reagiert"* (BERTLE 1980, S. 30).

Die Elementarereignisse im Sommer 1980 sind jedoch kein Einzelfall auf der Strecke Bregenz — Bezau.

> *„Wie sich aus den Aufzeichnungen der ÖBB über die Streckenunterbrechungen durch Elementarereignisse nur für den Zeitabschnitt 1956—1980 ergibt (Aufstellung der Streckenleitung Bludenz vom 1980—08—13), haben allein während dieser 25 Jahre 74 Schadensfälle zu Betriebsunterbrechungen geführt. Dabei wurden 3mal die Lokomotive bzw. Wagen beschädigt, 5mal die Gleisanlage...*
> *Die Art und der Zustand der Sicherungsbauwerke zeigen, daß bis in die 60er Jahre wohlüberlegte, solide österreichische Ingenieurkunst beweisende Stütz- und Sicherungsbauwerke errichtet und verbessert wurden. Während der letzten 15—20 Jahre wurden dagegen nur noch die allerdringendsten Erhaltungs- und durch Schadensfälle erzwungene Ergänzungsarbeiten durchgeführt. Damit wurden zunehmend die Sicherheitsrisiken des Bahnbetriebes von den*

Sicherungsbauwerken auf das verantwortliche Bahnbetriebspersonal überwälzt. Angesichts der Gefährdungssituation grenzt es an ein Wunder, daß in den letzten Jahren kein Unglück mit Personenschaden eingetreten ist" (BERTLE 1980, S. 29, 30).

Auf der Grundlage dieses Gutachtens, in dem für den Bereich des Bersbucher Waldes ebenfalls eine akute Gefährdungssituation aufgezeigt wurde, sowie weiterer diese Aussage stützender Ermittlungsverfahren wurde von der Eisenbahnbehörde im Oktober 1980 auch auf dem Streckenteil Egg — Bezau der Gesamtverkehr aus Sicherheitsgründen eingestellt (vgl. Abb. 52). Der Bregenzerwaldbahn blieb lediglich ein Rumpfbetrieb zwischen Bregenz und Kennelbach. Seit dem 10. Januar 1983 ist wegen Kanalbauarbeiten der Stadt Bregenz auch auf diesem Reststück der gesamte Verkehr stillgelegt worden, so daß der Schienenersatzverkehr auf die ganze Strecke ausgedehnt werden mußte. Diese sukzessive, sicherheitsbedingte Streckenstillegung der Wälderbahn führte zu endlosen Diskussionen um ihren Weiterbestand und entwickelte sich schließlich zu einem Politikum.

Abb. 52 Gefahrenstellen im Streckenbereich Bregenz — Bezau

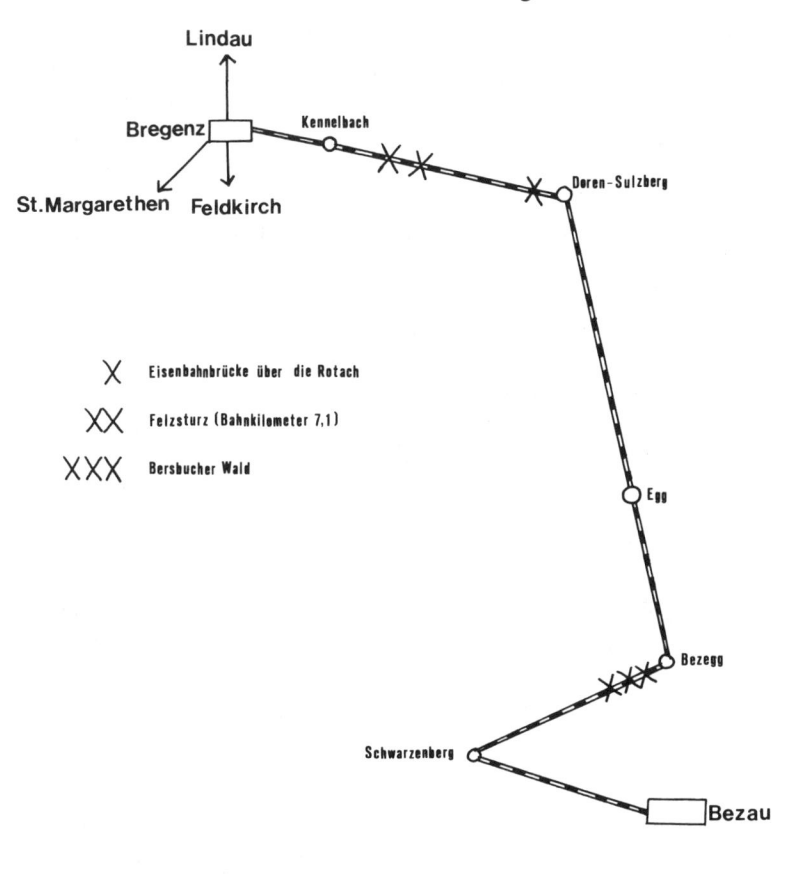

Der aus verkehrspolitischen (zunehmende Bedeutung des öffentlichen Nahverkehrs), energiepolitischen (Zuspitzung der Energiesituation), umweltpolitischen (Frage des Umweltschutzes) und vorsorgepolitischen (Vorsorge für Krisenzeiten) Gründen geforderten Aufrechterhaltung des Bahnverkehrs standen seinerzeit folgende Probleme gegenüber:

— durchzuführende kostenintensive Sicherungs- und Sanierungsmaßnahmen, begründet im geologischen Gutachten und hervorgerufen durch vernachlässigte Instandhaltungsarbeiten innerhalb der letzten 10—15 Jahre,
— die Frage möglicher Kraftwerksbauten im Unterlauf der Bregenzer Ache, projektiert von den Vorarlberger Illwerken, die eine Weiterexistenz der Bahn aufgrund Aufstauungsvorhaben der Ache im Trassenbereich unmöglich machen würden, und
— die aus Kostengründen negative Einstellung der ÖBB zu einer Weiterführung der Wälderbahn.

Eine möglichst rasche und — wenn möglich — positive Entscheidung über die Zukunft der Bregenzerwaldbahn wurde zum Hauptanliegen der gesamten Talschaft, da die Zeit der Ungewißheit nur Nachteile mit sich brachte. Diese waren eine weitere Verschlechterung des Bauzustandes aller Anlagen und damit die ungerechtfertigte Verringerung der Aussichten für eine Wiederinbetriebnahme des Betriebes, darüber hinaus die für die Bevölkerung nicht gut überschaubare und kaum verständliche Doppelgleisigkeit in den Fahrplänen des Kraftwagendienstes der ÖBB (Schienenersatzverkehr) und des Postautodienstes (unterschiedliche Tarife), auch zeigten sich Hemmnisse und Erschwernisse für die Betriebe des Tales, die so kaum konkrete Zukunftsplanungen durchführen konnten.
In jener Zeit der Ungewißheit wurden zahlreiche Gedanken zum Fortbestand der Bregenzerwaldbahn artikuliert, die von realistischen Verbesserungsvorschlägen bis zu illusorischen Projekten reichten. So wurde beispielsweise im Kontext der Kraftwerksvorhaben die Idee einer „Stauseeuferbahn" geäußert, wobei eine Neutrassierung der Bahn für 550 Millionen ö. S. notwendig gewesen wäre. Ein anderer Vorschlag war, das Kraftwerk, das als sogenanntes Dreisperrenkraftwerk mit den Staustufen Kennelbach, Buch und Bleigraben an der Bregenzer Ache projektiert ist, mit Hilfe der Bahn zu bauen. Nach einer geringfügigen Trassenverlegung würden sich Bahn und Kraftwerksbau in vielen Bereichen sogar ergänzen. Berghänge könnten gemeinsam gesichert werden, und da die Trasse der Bahn den einzigen Transportweg für den Kraftwerksbau darstellen würde, könnte sie als Zubringer fungieren. Ein weiterer Vorschlag war ein Anschluß der Wälderbahn in das Außerfern oder nach Oberstdorf, wodurch sich das Einzugsgebiet immens vergrößern würde. Die Funktion der Bahn als Entlaster der Bundesstraße 200 wurde seitens des Geschäftsführers des Verkehrsverbandes Bregenzerwald, Herrn E. Behmann, in einem Vergleich konkretisiert, der sich wie folgt darstellt:

„Im Sommer fahren Züge sonntags und werktags mit einer Auslastung von 300 Personen. An den Skiliften stellten wir fest, daß im Durchschnitt etwa 2,5 Personen in einem Auto sitzen. So heißt das, daß ein Zug mit 300 Personen

120 Pkw von unseren Straßen fernhält. Wenn im Sommer 30 000 Personen mit diesem alten Bähnle fahren, so heißt das, daß 12 000 Pkw weniger über unsere B 200 fahren" (Neue Vorarlberger Tageszeitung vom 10. 6. 1983).

Doch all diese Vorschläge und positiven Einschätzungen der Bregenzerwaldbahn konnten der betriebswirtschaftlichen Beurteilung seitens der Österreichischen Bundesbahnen nicht standhalten. Aus den ÖBB-Stellungnahmen wird deutlich, daß eine Aufrechterhaltung des Bahnbetriebes aus betriebswirtschaftlicher Sicht nicht zu vertreten ist. Als Gründe wurden angeführt: die einem Eisenbahnbetrieb nicht mehr adäquate Nachfrage nach Verkehrsleistungen sowohl im Personen- als auch im Güterverkehr, die veraltete Schmalspurtechnik, die eine Betriebsabwicklung nur im Inselbetrieb ermöglicht, der immens hohe Betriebsabgang, die extrem hohen Sanierungskosten, die sich Ende 1983 bereits auf mindestens 211 Millionen ö. S. beliefen, und das seit langem geplante Kraftwerk, das bei einer Realisierung die für die Sanierung der Nebenbahn aufzuwendenden hohen Investitionen zu einem verlorenen Aufwand machen würde. Auch wird zu dem Vorwurf Stellung genommen, in der Vergangenheit keine intensiven Absicherungs- und Verbauungsmaßnahmen vorgenommen zu haben; es heißt hierzu: *„Von 1971 bis 1980 wurden für die Erhaltung der Bregenzerwaldbahn 41,5 Millionen ö. S. aufgewandt, und zwar für Unterbau, Brückenbau und Sanierungsarbeiten 21,2 Millionen S., für den Oberbau 16,4 Mio. S. und für den Hochbau 3,9 Mio. S.. Allein im Jahre 1979 wurden für die Substanzerhaltung der Bahn 6,5 Mio. S. ausgegeben"* (ÖBB-Stellungnahme 1980, S. 15).
Schließlich wurde auch die mögliche Einsparung bei einer Streckenstillegung angegeben. Sie beziffert sich pro Jahr auf 38,3 Millionen S. und würde auch bei Berücksichtigung des Zubringerwertes der Strecke immer noch 36,8 Millionen S. betragen. Damit war für die Österreichischen Bundesbahnen aus betriebswirtschaftlicher Sicht ein eisenbahnrechtlicher Einstellungsantrag geboten. Den ebenfalls mehrfach erhobenen Vorschlag der Aufrechterhaltung eines Museumsbahnbetriebes im Interesse des Fremdenverkehrs lehnten die ÖBB aufgrund der notwendigen hohen Sanierungskosten ab. Gegen eine Übernahme der Wälderbahn durch eine andere Institution zum Zwecke des Betriebes einer Museumsbahn wurden keine Einwände erhoben, jedoch sollte diese Institution dann auch die Sanierungs- und Erhaltungskosten tragen (vgl. ÖBB Stellungnahme 1980, S. 17).
Nach dieser eindeutigen Absage der ÖBB an die Wälderbahn erklärten die Vertreter des Landes Vorarlberg, einer Stillegung der Bahn nur zustimmen zu können, wenn im Einvernehmen mit allen Beteiligten befriedigende Ersatzlösungen für eine nach Möglichkeit noch verbesserte Verkehrsbedienung für die Bevölkerung und Wirtschaft dieser Region gefunden würden. Zu diesem Zwecke wurde schließlich ein Projektteam, bestehend aus Vertretern des Verkehrsressorts, des Landes Vorarlberg und der betroffenen Regionen, zusammengestellt, das sich mit der Ausgestaltung einer verbesserten Verkehrssituation beschäftigte. Diese Arbeitsgruppe entwarf ein Fahrplankonzept, das aufgrund der leicht merkbaren Abfahrzeiten die Vorteile eines Taktfahrplanes nützt und auch auf dem Tarifsektor die Vergünstigungen des Schienenersatzverkehrs aufrechterhält. Darüber hinaus sollte das bestehende Verkehrsangebot im Postautolinien-

dienst eine beträchtliche Verdichtung erfahren und das Liniennetz durch neue Streckenführungen komplettiert werden. Die Neuregelung für den Personenverkehr trat mit Beginn des Sommerfahrplanes 1984 in Kraft. Auch im Güterverkehr wurde eine Lösung gefunden, die keine fühlbare Verschlechterung hinsichtlich Transportqualität und Transportkosten mit sich bringt.

Nach Sicherstellung einer allseits zufriedenstellenden Verkehrsbedienung im Bregenzerwald wurde schließlich nach nahezu fünfjährigem Kampf um die Wälderbahn die Strecke Bregenz — Bezau am 1. 1. 1985 offiziell stillgelegt. Damit hat auch diese Nebenbahn zu existieren aufgehört und gehört nunmehr der Vergangenheit an. Was aus der Bahntrasse werden soll, ist noch eine offene Frage. Vielleicht wird sie einmal Erholungssuchenden als Trampelpfad oder Radweg dienen, oder sie wird im Zuge eines Kraftwerkbaues vollständig verschwinden. Eines ist jedoch sicher, anstelle der sogenannten „Gesundungsvariante" hat man sich im Falle der Bregenzerwaldbahn für das Gegenstück, die sogenannte „Aushungerungsvariante", entschieden. Weder die Österreichischen Bundesbahnen noch das Land Vorarlberg waren letztendlich bereit, in dieses Nebenbahnunternehmen zu investieren, um einen vielleicht in Zukunft attraktiven und krisensicheren Verkehrsträger zu erhalten. Konträr zum Nebenbahnraum „Oberpinzgau" hat man im Bregenzerwald dem Straßenverkehr den Vorzug gegeben, eine — wie sich vielleicht in einigen Jahren zeigen wird — kurzsichtige und voreilige Entscheidung.

4. DIE ERHALTUNG VON NEBENBAHNEN, EINE VERKEHRS-, REGIONAL- UND RAUMORDNUNGSPOLITISCHE AUFGABE

Lange Zeit haben Raumordnung, Regionalplanung und Verkehrspolitik unabhängig voneinander und ohne Gesamtkonzeption auf Nebenbahnstillegungsabsichten reagiert; indem sie diese propagierten oder auch kritisierten. Da jedoch jegliche Eingriffe in ein existentes Schienennetz zu den raumwirksamen Maßnahmen zählen und regional-, wirtschafts- und sozialpolitische Veränderungen initiieren können, ist die Nebenbahnfrage ein überaus repräsentatives Beispiel für die Verzahnung von Verkehrs-, Regional- und Raumordnungspolitik.

Voraussetzung für eine erfolgreiche Mitsprache der Raumordnungspolitik in der Verkehrsplanung ist die Bereitstellung eines konkreten operationalen Modells für die angestrebte Raumgestaltung und in diesem Kontext einer stichhaltigen Begründung für die Erhaltung einer Bahnlinie sowie die damit verbundenen Neuinvestitionen. Die Bedeutung der Nebenbahnen als ein Grundbestandteil künftiger Entwicklungsmöglichkeiten ist insbesondere von raumplanerischer Seite erkannt worden. Sie leisten einen Beitrag zum Erhalt günstiger Standortbedingungen im Interesse der Wirtschafts-, Arbeitsmarkt-, Sozial- und Bildungspo-

litik, darüber hinaus dienen sie durch ihre Entlastungsfunktion der Verkehrssicherheit, erfüllen sozialpolitische Grundsätze (Anspruch der Gemeinwirtschaftlichkeit) und zeigen sich insgesamt als umweltfreundliches Massenverkehrsmittel.
Vor diesem Hintergrund kommt der Raumordnungspolitik große Bedeutung zu. Das österreichische Raumordnungskonzept stellt beispielsweise fest, daß in einer Zeit der räumlichen Funktionsteilung die Erreichbarkeit von zentralen Einrichtungen und Arbeitsplätzen, sprich die Verknüpfung von räumlichen Gegebenheiten, Strukturbedingungen und Verkehrssystemen, eine besondere Rolle spiele. In den peripheren Regionen sei daher innerregionalen Verkehrsverbindungen besondere Aufmerksamkeit zu schenken (vgl. KNOLL 1985, S. 12, 13). Da das Problem der optimalen Verkehrsbedienung somit in ursächlichem Zusammenhang mit den Bestrebungen der Raumplanung steht, die bestehenden Wohlstandsunterschiede zu verringern, ist ein Zurückziehen von Verkehrsunternehmen aus der Fläche zu verhindern. Diese Forderung wird auch in sämtlichen österreichischen Entwicklungsprogrammen artikuliert. Gleichgültig, ob auf regionaler oder überregionaler Ebene erstellt, findet sich ein Stereotyp etwa folgender Aussage:

„Die Erhaltung eines leistungsfähigen Schienenverkehrs ist für die angestrebte wirtschaftliche und soziale Weiterentwicklung in allen Teilen des Landes erforderlich. Der Ausgleich strukturbedingter Gefälle zwischen Landesteilen ist auf diese Weise sicherzustellen" (Knoll 1985, S. 99).

Adressat dieser Direktive, die die Schienenstrecken als sogenannte „Marktregulative der Fläche" sieht, ist die örtliche Raumplanung, die bislang dem Verkehrssektor und speziell den Bahnen über Jahre hinweg zu wenig Aufmerksamkeit geschenkt hat.
Heute müssen Raumplanung und Verkehrspolitik zusammenarbeiten, um eine Gleichwertigkeit der bestehenden Verkehrssysteme herzustellen. Es handelt sich dabei also letztlich um eine bilaterale Koordinierungsaufgabe zwischen Raumordnungspolitik und Verkehrspolitik, wobei es zunächst einmal gilt, starre Rahmenbedingungen aufzubrechen und sie zugunsten des Schienenverkehrs zu verändern.
Obgleich die öffentlichen Verkehrsträger im allgemeinen und der Schienenverkehr im besonderen aus ökologischer und sozial- wie sicherheitspolitischer Sicht unbestreitbare Vorteile besitzen, hatte der Individualverkehr jahrzehntelang eine deutliche ordnungspolitische Präferenz inne. Die Automobilindustrie wurde in ihrer Funktion als konjunktureller Schlüsselsektor weitestgehend von ordnungspolitischen restriktiven Eingriffen freigehalten. Die Mittel für öffentliche Verkehrswegeinvestitionen flossen zu großen Teilen in den Straßenbau; demgegenüber waren die Aufwendungen für den Schienenverkehr äußerst bescheiden.
An dieser Stelle ist ein Zitat von OETTLE anzuführen, das in allen weiteren verkehrspolitischen Überlegungen Berücksichtigung finden sollte; es heißt hier:

„Der Trend zur totalen Automobilisierung und zur Verkümmerung der öffentlichen Verkehrsbedienung ist ebensowenig wie die Heraufkunft des Überschallflugzeuges eine unausweichliche technisch-ökonomische Gesetzmäßig-

keit. Solche Entwicklungen beruhen vielmehr auf menschlichem Willen, neue technische Möglichkeiten des Verkehrs in großem Maße wahrzunehmen" (OETTLE 1967, S. 136).

Breiten Bevölkerungsschichten fehlt hingegen jedoch die Einsicht in die Notwendigkeit einer verkehrspolitischen Zielkorrektur. Auch die Österreichischen Bundesbahnen, seit einigen Jahren immer wieder vor die Alternative „Schiene oder Straße" gestellt, entscheiden sich in der Regel zugunsten der Straße, weil sie sich auf diese Weise der Verpflichtung zu erheblichen Wegeinvestitionen und jeglicher damit verbundener Risiken entledigen können. Vom Standpunkt des Verkehrspolitikers jedoch, der die Verantwortung für die Funktionsfähigkeit und Sicherheit des gesamten Verkehrssystems trägt, stellt sich die Alternative „Schiene oder Straße" in erweiterter Form. Hier geht es vor allem um die Überlegung, ob die durch den steigenden Verkehrsbedarf dringend erforderlichen Zusatzkapazitäten durch Investitionen im Schienenverkehr oder durch solche im Straßenverkehr geschaffen werden sollen, wobei die Frage der Verkehrssicherheit stets im Mittelpunkt aller Vorhaben stehen muß. Primäres Ziel einer verkehrspolitischen Kursänderung sollte damit eine Verminderung der Unfallhäufigkeit und ein Rückgang der Zahl der Verkehrstoten und Verletzten sein.

Ein weiteres regional- und verkehrspolitisches Argument zur Erhaltung der Nebenbahnen zeigt sich bei einer näheren Betrachtung der Verkehrsziele. In den Fallstudien wurde deutlich, daß die Verkehrsziele der ländlichen Bevölkerung in den Zentralen Orten (Schul-, Arbeits-, Versorgungs- und Dienstleistungsstandorte) liegen, wohingegen die Bevölkerung dieser mehr oder minder stark ausgeprägten Verdichtungsräume wiederum den ländlichen Raum zur Naherholung aufsucht. Es ist nun Aufgabe der Verkehrspolitik, ein Gesamtverkehrskonzept zu erstellen, das diese Verflechtungen nicht beeinträchtigt, sondern vielmehr begünstigt und fördert. Eine Stillegung der Nebenbahnen in den Zonen geringer Inanspruchnahme würde zur Folge haben, daß mit der Zeit zwangsläufig mehr Kraftwagen angeschafft werden müßten, die aber nicht nur für intraregionale Fahrten, sondern speziell auch für Fahrten zu den Zentren zur Verwendung kommen würden. Eine Intensivierung des Verkehrsflusses und ein Elastizitätsverlust des Gesamtverkehrssystems wären die unabdingbare Folge (vgl. FALLER 1968).

Raumordnung und Regionalpolitik dürfen in Kooperation mit der Verkehrspolitik das Ziel nicht aus den Augen verlieren, in allen Regionen Österreichs einen vergleichbaren Mindeststandard in der Bedienung mit öffentlichen Nahverkehrsmitteln zu erhalten beziehungsweise zu errichten. Hierbei sollte jedoch undogmatisch und den siedlungsstrukturellen Gegebenheiten entsprechend vorgegangen werden. In einigen Fällen wird aufgrund des Siedlungsbildes sicherlich einem gut organisierten Busverkehr der Vorzug gegenüber dem Nahverkehr auf der Schiene zu geben sein. Als Gegenleistung für den Rückzug der Schiene aus dem Nahverkehr sollte dann jedoch ein leistungsfähiger, in regionalen Tarif- und Betriebsverbünden organisierter Ersatzverkehr verlangt werden.

In der Nebenbahnfrage stehen damit den verkehrspolitischen Argumenten wichtige regionalpolitische Aspekte zur Seite und unterstreichen die Notwendigkeit, das Problem der Streckenstillegung behutsam und mit Weitblick anzugehen. Es scheint nahezu vermessen, vom „teuren Spielzeug der Nebenbahnen" zu sprechen oder auch ein „Gesundschrumpfen" zu propagieren; denn am Ende diesbezüglicher Praktiken wird nicht eine durch Schrumpfung erzielte Gesundheit, sondern eine gänzlich zugrunde gerichtete Ertragsfähigkeit und damit auch Leistungsfähigkeit der Bahnen stehen.

5. ALLGEMEINE EMPFEHLUNGEN UND MÖGLICHKEITEN FÜR EINE RATIONALISIERUNG UND SANIERUNG DES NEBENBAHNBETRIEBES

Ziel nachfolgender Ausführungen ist es, Möglichkeiten aufzuzeigen, wie der Nebenbahnverkehr nach neuzeitlichen Gesichtspunkten gestaltet werden kann. Einige der vorgestellten Maßnahmen und Vorschläge sind zum Teil bereits in der Praxis realisiert worden und haben sich durchaus bewährt (vgl. auch Fallstudien), andere sind der Literatur entnommen oder basieren auf Vorstellungen der Autorin.

5.1 ÜBERBLICK ZUR HEBUNG DER WIRTSCHAFTLICHKEIT

Die primäre Aufgabe einer Nebenbahn besteht in der Deckung des Verkehrsbedarfs ihres Einzugsbereiches. Hierbei genügt aber nicht die Bereitstellung und Durchführung der Transportleistung allein, sondern der gesamte Betriebsprozeß muß den Anspruch der Wirtschaftlichkeit haben. Nur wenn es gelingt, einen qualitativ hohen Grad der Bedarfsdeckung mit dem minimalsten Kostenaufwand zu erreichen, kann der Betriebsprozeß zum wirtschaftlichen Bedarfsdeckungsprozeß werden. Die Beachtung dieses Wirtschaftlichkeitsprinzips sollte jegliche Gestaltungspläne in der Verkehrsbereitstellung der Nebenbahnen beeinflussen (vgl. LOITLSBERGER 1955, S. 20).
Ein belastendes Chrakteristikum der Nebenbahnen ist jedoch, daß mehr Leistungen produziert als abgesetzt werden. Die fahrplanmäßigen Züge müssen fahren, gleichgültig, ob sie besetzt sind oder leer, und nicht jede Betriebsleistung wird damit zur Marktleistung. Im Gegensatz zu nahezu allen übrigen Verkehrsträgern erlitten die Nebenbahnen gravierende Verluste im Verkehrsaufkommen, während die Kosten, vor allem durch die hohen betriebsimmanenten Ausgaben zur Systemerhaltung (hoher Personalkostenaufwand für die Strecke auch bei

geringem Verkehrsangebot), weiter anstiegen und nunmehr in einem deutlichen Mißverhältnis zu den Erlösen aus dem Betrieb stehen.

Vorrangiges Ziel jeglicher Verbesserungsvorschläge sollte damit sein, den Aufwand zu reduzieren ohne das Angebot zu verschlechtern. Es gilt, die in ihrer Tradition begründete Starrheit der Eisenbahn in ihrer Betriebsführung aufzubrechen und die Aktivitäten der Bahn nicht auf die Defensive zu beschränken. Insgesamt geht es damit um die Schaffung jener Verkehrsattraktivität, die zu einer besseren Nutzung der vorhandenen Anlagen führt, denn die Auslastung, nicht der Erlös, ist der Indikator für die Effizienz einer Nebenbahn.

Verbesserungen sind in den Bereichen der Verkehrsorganisation, der Betriebstechnik und des Angebotes zu suchen. Durch technologische Veränderungen von Strecke und Fahrzeugen wie auch durch eine geänderte Betriebsweise soll erreicht werden, daß ein wesentlich verbessertes Leistungsangebot bei wesentlich niedrigeren Kosten pro Leistungseinheit und niedrigeren Streckenkosten erstellt wird. Für diese angestrebten Angebotsverbesserungen müssen jedoch zunächst einmal finanzielle Mittel für die Investitionen in Strecken und Fahrbetriebsmittel aufgebracht werden, wodurch sich dann langfristig beträchtliche Kosten einsparen lassen. Einsparungen ergeben sich allein bereits schon dadurch, daß die Betriebsausgaben einer nach modernen Gesichtspunkten betriebenen Strecke geringer sind, daß Fahrzeugtypen existieren, die im Betrieb wesentlich billiger sind als die bisher zum Einsatz kommenden, und sich schließlich auch die Nachfrage steigern wird. Allerdings gibt es keine „automatische" Abhängigkeit zwischen Angebotsveränderung und Nachfrageverhalten; vielmehr unterliegt die Entscheidung, ein neues Verkehrsangebot wahrzunehmen und beispielsweise auf die Bahn umzusteigen, dem individuellen, häufig kaum rational zu begründenden Verhalten der Verkehrsteilnehmer. Eine ausgesprochene Kundennähe und eine stets aktuelle Marktforschung werden somit bei der Erstellung zeitgemäßer Angebotsformen künftig eine entscheidende Schlüsselrolle einnehmen.

5.2 GRUNDSÄTZLICHE ÜBERLEGUNGEN ZUR VERKEHRSTECHNISCHEN, -BETRIEBLICHEN UND -ORGANISATORISCHEN FORMVERÄNDERUNG

Ein verkehrsmäßig verbesserter und zugleich wirtschaftlicher Betrieb der Nebenbahnen, das ist das Ziel nachfolgender Rationalisierungs- und Sanierungsmaßnahmen, die vor allem auf eine wesentliche Erhöhung der Produktivität der Bahnen ausgerichtet sind. Diesbezügliche Eingriffe in einen Bahnbetrieb sind jedoch sehr detailliert zu durchdenken, da sich dieser als überaus vielschichtig und kompliziert erweist. Bei der Beurteilung und Durchsetzung von Einzelmaßnahmen ist stets eine Berücksichtigung des Gesamtkomplexes Strecke — Fahrzeuge — Personal — Betrieb und der Relation Angebot — Nachfrage ange-

bracht. Aufgrund gegenseitiger Abhängigkeiten können ansonsten selbst aufwendige Verbesserungen, die nur einen Teilbereich betreffen, wirkungslos bleiben. Eine Anzahl technisch ungesicherter Eisenbahnkreuzungen und damit einhergehend die Auflage einer Geschwindigkeitsbegrenzung können beispielsweise eine hinter der Anschaffung moderner dieselelektrischer Triebwagen stehende Intention einer Fahrzeitverkürzung blockieren. Es müssen also auch Grundsatzbedingungen der Betriebsabwicklung, die an sich als unumstößlich gelten, einer Überprüfung unterzogen werden; denn gerade im Rahmen des historisch gewachsenen Eisenbahnwesens und seiner Vorschriften und Gesetze gibt es so manche Dogmen, die einer Veränderung oder aktuellen Abwandlung bedürfen. Vielfach sind gerade die überaus strengen Sicherheitsnormen sowie die Starrheit und Schwerfälligkeit der innerbetrieblichen Strukturen der Bahnunternehmen die Ursache vieler Wettbewerbsnachteile dieses Verkehrsmittels im Konkurrenzkampf mit dem Straßenverkehr. Inwieweit eine Revision der Betriebsvorschriften und streckenbezogenen gesetzlichen Vorgaben durchgeführt werden kann, ist von der Aufsichtsbehörde abhängig, die jedoch in jüngster Zeit eine positivere Grundeinstellung zum Themenkreis „Nebenbahn" bekommen hat (vgl. ÖROK (Hrsg.) 1980, Schriftenreihe Nr. 22e, S. 94).
Um nun einerseits die Wirtschaftlichkeit einer Nebenbahn auf den günstigsten für sie erreichbaren Stand zu bringen, andererseits aber auch die Verkehrsbedürfnisse in ihrem Einzugsgebiet bestmöglich zufriedenzustellen, ist es wichtig, für jede Bahn eine Individualisierung anzustreben und den nach dem Stand der Technik und Betriebserfahrung richtigen „Endzustand" der einzelnen Strecken zu erkennen (vgl. BOCK 1956, S. 25).

5.3 VERKEHRSNACHFRAGE UND ANFORDERUNGEN AN ANGEBOT UND BETRIEBSFÜHRUNG

Während Verkehrsnachfrage und Verkehrsströme sich seit der Inbetriebnahme der Nebenbahnen entscheidend gewandelt haben, ist das Angebot der Nebenbahnen lange Zeit weitestgehend gleich geblieben. Der Fahrplan wurde möglichst traditionsbewußt fortgeschrieben und eine enge Orientierung an der aktuellen verkehrsspezifischen Bedürfnisstruktur der Bevölkerung unterblieb. Diese mangelnde Ausrichtung am Verkehrsnachfrager soll nun aufgegriffen und auf mögliche Neuorientierungen hin untersucht werden.

5.3.1 Korrelation von Angebot und Nachfrage

„Die Verkehrsnachfrage für bahnbedienbare Relationen ist im Bereich der meisten Nebenbahnen so gering, daß der Vorteil der spurgebundenen Eisenbahn, Züge zu bilden und damit große Fahrgastmengen in einer Einheit zu

befördern, entweder nur zur Hauptverkehrszeit in Flutrichtung oder (wenn auch die HVZ-Verkehrsnachfrage gering ist) überhaupt nicht genutzt wird" (ÖROK (Hrsg.) 1980, Schriftenreihe Nr. 22e, S. 95).

Erfolgt eine Anpassung des Angebotes an diese im Zitat geschilderte nebenbahnspezifische Nachfrage durch eine weitere Verkehrsausdünnung, so wird sich das ohnehin schon geschädigte Image der Nebenbahnen weiter verschlechtern und eine wachsende Motorisierung der Bevölkerung und damit Abwanderung zum Individualverkehr verursachen.

Sinnvoll ist hingegen eine Angebotsverbesserung im Schienenverkehr, ermöglicht durch eine Fahrplanverdichtung, durch verbesserte Fahrtbedingungen (Erneuerung des Fuhrparks) und flankierende Maßnahmen, wie beispielsweise die Errichtung von Buszubringerdiensten, eines Park-&-Ride-Systems und Eingriffe in das Tarifsystem. Auf diese Weise wäre der Teufelskreis „schlechte Auslastung → Rückgang des Angebotes → weiterer Nachfrageschwund" unterbrochen und die Nebenbahnen könnten aus ihrer marginalen Position im Verkehrssystem herauskommen.

Als herausragende Musterbeispiele für eine derart betriebene Nebenbahnpolitik können die Niederlande und die Schweiz angeführt werden. In beiden Ländern konnte diesem Verkehrsträger bis heute ein bedeutender Anteil am Gesamtverkehr erhalten werden, woran nicht zuletzt ein bereits in den 60er Jahren vorhandener hoher Angebots- und Leistungsstandard dieser Bahnen beteiligt ist. Darüber hinaus wird dort versucht, durch laufende Angebotsverbesserung, beste Anschlüsse Bahn-Bahn und Bahn-Bus, hohen Komfort und hohe Reisegeschwindigkeit, einheitliche Tarife und Tarifgemeinschaften den Modal Split auch künftig zu halten, wenn nicht gar noch auszubauen (vgl. ÖROK (Hrsg.) 1980, Schriftenreihe Nr. 22e, S. 95).

5.3.2 *Anforderungen an den Fahrplan*

Ansatzpunkt aller Maßnahmen zur Verbesserung des Nebenbahnverkehrs ist der Personenverkehrssektor. „Der Schienenpersonenverkehr in den ländlichen Regionen muß attraktiver werden!" Zur Realisierung dieses Aufrufes gehört neben einem günstigen Fahrpreis ein Verkehrsangebot, das nicht nur von der Fahrzeit, sondern auch von der Fahrtenhäufigkeit akzeptabel ist. Akzeptabel heißt, daß allen Fahrtzwecken, sei es Berufs-, Schüler-, Einkaufs- oder Ausflugsverkehr, Fahrtmöglichkeiten angeboten werden müssen, die sich auch ändernden Verhältnissen anzupassen haben. Transportraum ist genau dann zur Verfügung zu stellen, wenn er gebraucht wird; die Fortschreibung eines Fahrplanes von Jahr zu Jahr ist damit sinnlos. Die für den Nahverkehr außerhalb der Ballungsräume ganz allgemein zu nennende Mindestgrenze für eine gute Bedienung im öffentlichen Verkehr liegt — je nach örtlichen Gegebenheiten — bei etwa 8—14 Verbindungen an Werktagen außer samstags, 7—10 Verbindungen an Samstagen und 6—10 Verbindungen an Sonntagen in jeder Richtung (vgl. ÖROK (Hrsg.) 1980, Schriftenreihe Nr. 22e, S. 96).

Eine derartige Fahrplandichte ist durch die Einführung eines Taktfahrplanes gewährleistet. Von den betriebswirtschaftlichen Vorteilen abgesehen, bietet dieser vor allem für den Verkehrsnachfrager durch seine leichte Merkbarkeit und das Bewußtsein, stets eine Verbindung zur Verfügung zu haben, einen wesentlichen Anreiz zur Bahnbenutzung. Größere Fahrplanlücken (das sogenannte 11.00 Uhr- und 15.00 Uhr-Loch), die dem Image der Bahn schädlich sind, entfallen auf diese Weise. Ein Taktfahrplan mit gleichbleibenden Minutenabfahrzeiten hebt die Attraktivität einer Bahnlinie und kann über den beruflichen Verkehr hinaus zu einer allgemeinen Frequenzsteigerung führen. Auch in ländlichen Gebieten mit dünner Besiedlung, in denen die Einführung eines Taktfahrplanes aufgrund des tatsächlichen Bedarfs nicht vertretbar ist, kann zumindest während der sogenannten Schwachlastzeiten ein starrer Fahrplan empfohlen werden, weil er benutzerfreundlich ist und das Bahnfahren erleichtert.

Die Einrichtung von Taktfahrplänen gestaltet sich jedoch oftmals gerade bei den eingleisigen Nebenbahnen als äußerst schwierig, da es aufgrund der Intervallkürzungen verstärkt zu Kreuzungen und Begegnungen auf der Strecke kommt. Empfehlenswert sind mindestens zwei in geringem Abstand voneinander vorhandene Kreuzungsbahnhöfe, um im Verspätungsfall flexible Kreuzungsmöglichkeiten anbieten zu können.

Die bisher eingerichteten Taktverkehre (beispielsweise Stubaitalbahn) brachten mitunter sehr beachtliche Frequenzsteigerungen, und auch die Bahnbenutzer loben diese Rationalisierung des Fahrplanes.

Ebenfalls zur Diskussion steht in diesem Kontext die Schaffung von Regional-Eilzügen (vorgeschlagen für die Graz-Köflacher Bahn). Diese Eilzüge halten nur in größeren Bahnhöfen, wo sich geeignete Park-&-Ride-Anlagen errichten lassen. Der echte Nahverkehr wird entweder durch den Kraftwagenverkehr bedient, der als Zubringerdienst Nahverkehrskunden sammelt und den großen Bahnhöfen zuführt, oder aber — und dieses ist ein Novum auf dem Nebenbahnsektor — es wird ein sogenannter „Haltestellen-Expreß" eingerichtet, der alle Haltestellen bedient und in allen wichtigen Bahnhöfen ohne Halt durchfährt, da diese ja bereits von den Eilzügen angefahren werden (praktiziert in der Schweiz auf der Strecke Solothurn — Bern).

Neben einem dichten Fahrplanangebot, sprich der Bereitstellung von Verkehrsleistungen, spielt auch die Gestaltung der Ankunft- und Abfahrzeiten eine entscheidende Rolle für den Verkehrsnachfrager. Hier sollte gerade im Nebenbahnverkehr, dessen Domäne der Schüler- und Berufsverkehr ist, eine Abstimmung auf Schul- und Arbeitsbeginnzeiten vorgenommen werden. Auch ist eine Koordination mit anderen öffentlichen Verkehrsmitteln (Hauptbahnanschlüssen, Zubringerverkehre) anzustreben, die das Umsteigen erleichtern und Fahrzeiten verkürzen. Die Notwendigkeit, den durch die allgemeine Siedlungsentwicklung immer länger werdenden Arbeitsweg zeitmäßig so kurz wie möglich zu halten, um einerseits die durch die Arbeitszeitverkürzung der vergangenen Jahre gewonnene Freizeit nicht durch unbefriedigende Fahrzeiten zu verlieren und andererseits als Verkehrsmittel konkurrenzfähig zu bleiben, rückt immer mehr in den Vordergrund bei der Fahrplanerstellung. Reibungslose Übergänge und gute Anschlußmöglichkeiten unter den Verkehrsträgern sind speziell auch in den Fremdenverkehrsgebieten erstrebenswert, denn häufig ist es gerade der Urlauber, der sehr empfindlich auf unnötige zeitliche Verzögerungen reagiert und sich dann eher für den eigenen Pkw zur Urlaubsanreise entscheiden wird.

5.3.3 *Kooperation und Koordination mit anderen Verkehrsträgern*

Die Zeit der Monopolstellung der Eisenbahn auf dem Verkehrssektor ist endgültig vorbei. Heute gilt es, sinnvolle Kooperationsformen zwischen den einzelnen Verkehrsträgern anzustreben, um auf der Basis organisatorischer Zusammenarbeit mit einem Minimum an Mitteleinsatz einen gewünschten Mindeststandard der Verkehrsbedienung zu erreichen.
Eine Zusammenarbeit der verschiedenen Verkehrsträger ist auf mehreren Ebenen möglich, zum Beispiel in der Form von Fahrplangemeinschaften, Tarifgemeinschaften, Verkehrsgemeinschaften oder — als höchster Form des Zusammenschlusses — als Verkehrsverbund. Die Errichtung von Verkehrsverbünden wird speziell für Ballungsräume diskutiert und propagiert. Entsprechende Vorarbeiten sind unter anderem auch für den Zentralraum Graz angelaufen. Je nach Abgrenzung dieses angestrebten Verkehrsverbundes werden mehrere Nebenbahnen davon erfaßt werden (Graz-Köflacher Bahnen, die Linie Graz — Weiz, die Nebenbahn Peggau — Übelbach etc.).
Als Mindestforderung an die Kooperation verschiedener Verkehrsträger ist die Durchsetzung des sogenannten „kleinen Lösungspakets" zu forcieren, das sich in Form von Fahrplanabstimmungen zwischen der Bahn und den parallelen, anschließenden und abzweigenden Buslinien, gemeinsamer Fahrplanveröffentlichung in einem Fahrplanbild und der Errichtung einer Tarifgemeinschaft zeigt. Auch sollte selbstverständlich sein, daß bei einer Kooperation mit Postbussen Fahrpläne und Werbematerial der Bahn in allen in Betracht kommenden Postämtern ausliegen sowie umgekehrt Postauto-Fahrausweise auch an Bahnschaltern der Umsteigebahnhöfe ausgegeben werden. Äußerst problemlos dürfte die Erstellung von einheitlichen Fahr-, Dienst- und Umlaufplänen auf Schiene und Straße dann sein, wenn die Koordination der einzelnen Verkehrsmittel auf innerbetrieblicher Ebene erfolgen kann (ÖBB-Nebenbahn u. ÖBB-Kraftwagendienst oder Landesbahn und landeseigener KWD). Zahlreiche Verkehrsbeispiele aus den Nebenbahnräumen haben jedoch das Gegenteil demonstriert; gerade betriebsintern wurde häufig wenig zur Vereinheitlichung des Verkehrsbildes getan.
Zu einer erfolgreichen Zusammenarbeit gehört auch eine sinnvolle Aufgabenteilung. Der Schienenverkehr vereinigt hohe Effektivität bei vergleichsweise geringem Personaleinsatz mit hoher Belastbarkeit, hohem Pünktlichkeitsgrad und der Möglichkeit der Durchführung von Güter- und Personenverkehr mit denselben Triebfahrzeugen und gleichem Personalstand; er ist damit für den Sammel- und Massenverkehr prädestiniert. Dem Autobus wird dagegen hohe Flexibilität zugeschrieben. Durch den möglichen Einsatz kleiner Einheiten auch in verkehrsschwachen Zeiten besitzt er eine hohe Wirtschaftlichkeit und die Möglichkeit,

Fahrzeuge auch im Werks-, Schüler- und Gelegenheitsverkehr zu nutzen. Hieraus ist ersichtlich, daß sich der Bus bei vorhandenem Schienenverkehr als Zubringer anbietet. Außerhalb des Schienen-Einzugsbereiches kann er im Schüler- und Werksverkehr Ergänzungsfunktionen wahrnehmen. Aus Konkurrenzierungsgründen ist ein bahnparalleler Busverkehr zu vermeiden.
Auch im Güterverkehr bieten sich zahlreiche Kooperationsformen zwischen Bahn und Straße an (zum Beispiel Huckepackverkehre im kombinierten Ladungsverkehr Schiene — Straße (KLV)), denen jedoch im Nebenbahnverkehr bislang keine übermäßige Bedeutung zukam und für die sich auch in Zukunft kein gewinnbringendes Nachfragepotential abzeichnet, zumal sich die Hauptfunktion der Nebenbahnen auf den Personenverkehrssektor zu verlagern scheint (vgl. ÖROK (Hrsg.) 1980, Schriftenreihe Nr. 22e, S. 97, 98 u. KNOLL 1985, S. 187—195).

5.3.4 *Anforderungen an die Tarifgestaltung*

Neben der Bereitstellung eines breiten Verkehrsangebotes ist die Preispolitik

> *„die Kernfrage, um die die Fragen der Investition, der Finanzierung, der Vermögensgliederung, des Vermögenseinsatzes, der Kosten, der technologischen und organisatorischen Formung des Leistungsvorgangs sich ranken"*
> (Zitat nach Illetschko bei POLLASCHECK 1959, S. 90).

Bei unrentabel gewordenen, defizitären Nebenbahnunternehmen gilt es daher, auch zu untersuchen, inwieweit die Preispolitik an dem Zustand mitbeteiligt ist. Sind Mängel oder Fehler in der Tarifpolitik oder im Tarifaufbau auszumachen, so wird auch auf diesem Gebiet eine Reform einzusetzen haben. Der Forderung jedoch, das Tarifniveau auf den Nebenbahnen insgesamt zu heben und damit von der bisherigen Tarifgleichheit abzugehen, ist mit äußerster Vorsicht nachzukommen. Eine generelle Tariferhöhung würde ein weiteres Abwandern der Verkehrsnachfrager zur Straße hervorrufen und somit eine Erhöhung unwirksam machen. Die weitgehende Substituierbarkeit der Verkehrsmittel im Nahverkehrsbereich setzt den Preismanipulationen enge Grenzen (vgl. POLLASCHECK 1959, S. 90—97).

Zwei entscheidende Eckpfeiler im gültigen gemeinwirtschaftlichen Tarifgebäude der Eisenbahnen bilden die bereits angeführte Tarifgleichheit im Raum und die Entfernungsstaffel. Obgleich zahlreiche Untersuchungen gezeigt haben, daß zumindest die damit verbundenen standort- und strukturpolitischen Vorstellungen nicht haltbar sind, wurde diese Tarifvorschrift dogmatisch verteidigt. Gerade die bei Nebenbahnen häufig zu beobachtenden Auslastungsunterschiede zwischen verschiedenen Strecken — sichtbar etwa in einem chronischen Leerwagenüberschuß an einem Endpunkt oder in einer Region — erhärten die Forderung nach einer flexiblen Tarifgestaltung, wobei je nach den Gegebenheiten eine Kombination von Streckensätzen mit Regionaltarif-Elementen und Ausnahmetarifen sinnvoll und wirtschaftlich erscheint (vgl. KELLER 1970, S. 187, 188).

Das Basisproblem der Eisenbahnen in der Preispolitik bildet jedoch die den vier gemeinwirtschaftlichen Grundpflichten der Bahnen zuzurechnende Tarifpflicht.

„Die Tarifpflicht verlangt von der Eisenbahnunternehmung, alle ihre Preise und Beförderungsbedingungen in der Form von Tarifen zusammenzufassen, diese Tarife dem Staat zur Genehmigung vorzulegen, anschließend zu veröffentlichen und gegenüber jedermann in gleicher Weise anzuwenden" (KELLER 1970, S. 158).

Auf dieser Grundlage eröffnen sich dem Staat die nachhaltigsten Einwirkungsmöglichkeiten, über das Tarifgebäude soziale Aufgaben zu erfüllen, regionalpolitische Belange zu verwirklichen und notleidende Industrien, beispielsweise durch Ausnahmetarife, zu unterstützen. Somit müssen die Bahnen im Interesse der Volkswirtschaft und der Sozialpolitik günstige Fahrpreise anbieten, vor allem im Berufs- und Schülerverkehr. Das Ergebnis ist, daß gerade zu den teuren Spitzenstunden ein Großteil der Fahrgäste mit Zeitkarten zu niedrigsten Tarifen fährt. Die Preise solcher Transportleistungen berücksichtigen primär nicht die Kosten, sondern die Bedürftigkeit der Nachfrager. Durch eine allgemein im Personenverkehr der Nebenbahnen spürbare Umschichtung in Richtung auf den sozialen Bereich (Hauptpotential die 4 A-Gruppen: Auszubildende, Arbeiter, Arbeitslose, alte Menschen) verminderten sich in den vergangenen Jahren generell die Einnahmen aus diesem Transportzweig.

Vor diesem Hintergrund erhebt sich die Forderung nach einer staatlichen Abgeltung betriebswirtschaftlicher Verluste, die in Verfolgung volkswirtschaftlicher Interessen entstanden sind. Eine diesbezügliche Finanzierung wäre insgesamt wohl eher als „Leistungsentgelt" denn als „Subvention" zu bezeichnen (Privatbahnen erhalten bereits Leistungen dieser Art).

Die Frage der Tarifpolitik und möglicher Reformen könnte noch endlos weiter ausgeführt werden; hier galt es jedoch, nur die Problematik anzureißen und auf mögliche Unstimmigkeiten hinzuweisen. Grundsätzlich ist im Sinne einer Attraktivitätssteigerung des gesamten öffentlichen Verkehrs konkret zu überlegen, ob nicht zumindest die in staatlichem Besitz befindlichen Unternehmen ÖBB-Bahn, ÖBB-Kraftwagendienst und Post-Kraftwagendienst langfristig zu einer gesamtösterreichischen Verbundlösung kommen könnten. Auf diese Weise wäre eine einheitliche Durchtarifierung von Bahnen und Bussen möglich, und die Tarifvielfalt könnte zugunsten des Verkehrskunden beigelegt werden.

5.3.5 *Möglichkeiten im Fremden- und Freizeitverkehr*

Ein Großteil der in dieser Studie vorgestellten Bahnen erschließt klassische Fremdenverkehrs- oder zumindest Ausflugsgebiete, so daß auch von der freizeitorientierten Verkehrsseite ein nicht geringes Nachfragepotential vorhanden ist. Der ehemals speziell den Wochenendverkehr vieler Nebenbahnen prägende Ausflugsverkehr mit vielen und langen Zügen (vgl. Bregenzerwaldbahn) ist bis zur Gegenwart häufig auf einen kümmerlichen Rest von einst zusammengeschrumpft. Die Verkehrsanteile der meisten Nebenbahnen am Freizeitverkehr sind erheblich gesunken.

Für die Nebenbahnen des österreichischen Alpenraumes besteht aufgrund der fremdenverkehrswirtschaftlichen Prägung ihres Verkehrsgebiets naturgemäß eine rege potentielle Nachfrage durch Urlaubsgäste, die Ausflüge unternehmen wollen oder von vornherein ohne Pkw anreisen. Vor dem Hintergrund der expandierenden Nostalgiewelle gewinnt darüber hinaus auch jene Gruppe von Bahnbenutzern an Bedeutung, die die Bahn als „Objekt ihres privaten Interesses" betrachten.

Überall dort, wo die Bahnen für den Ausflugsverkehr ein wirklich gutes Angebot aufweisen, gelingt es ihnen auch, nennenswerte Marktanteile zu erreichen (vgl. Stubaitalbahn, Zillertalbahn, Karwendelbahn). Die Grundvoraussetzungen für den Erfolg eines Angebotes im Eisenbahn-Ausflugsverkehr sind hierbei, daß Komfort und Geschwindigkeit dem Optimum des modernen Eisenbahnverkehrs entsprechen und daß mit der Bereitstellung einer ausreichenden Anzahl von Zügen die richtige zeitliche Lage einhergeht. Häufig ist es durchaus empfehlenswert, ein bahnspezifisches Sonderzugprogramm anzubieten, wobei eine intensive Werbung für einen hochwertigen Freizeitwert der Bahn notwendig ist.

Zunehmend größer wird in breiten Schichten der Bevölkerung auch das Interesse an Vergnügungsfahrten per Bahn. Solche Bahnausflüge werden vor allem von Urlaubern gern unternommen, um eine Urlaubsregion einmal anders kennenzulernen, um gegebenenfalls einen Schlechtwettertag zu überbrücken oder aber auch um die seltene Möglichkeit einer „Dampfbummelzugfahrt" zu nutzen. Dieser Nostalgie-Effekt konnte im Jahre 1979 in Österreich schätzungsweise 150 000 Urlauber und Bewohner der jeweiligen Regionen für solche Bahnfahrten gewinnen (vgl. ÖROK (Hrsg.) 1980, Schriftenreihe Nr. 22e, S. 102).

Ein regelmäßiges Angebot an Dampfbummelzügen findet sich vorwiegend auf Privatbahnen, aber auch die ÖBB haben diese Einnahmequelle erkannt und auf einigen Bahnen dieses Angebot eingerichtet, das sich für die entsprechenden Bahnräume auch überaus fremdenverkehrsfördernd auswirkt. Die Dampflokomotive als Relikt einer längst vergangenen Eisenbahnära und als Geschichtssymbol der Eisenbahntechnik ist damit wieder populär geworden. Noch sind einzelne Lokomotiven in technisch brauchbarem Zustand vorhanden, sie befinden sich teils in privater Hand, teils aber auch im Bestand des Österreichischen Eisenbahnmuseums oder im Besitz von Privatbahnen. Zum Vorteil der Nebenbahnregionen und des Nebenbahnverkehrs sollten diese Betriebsmittel wieder reaktiviert und im Gelegenheitsverkehr als Bummelzüge eingesetzt werden. Eine andere Möglichkeit stellt auch die fahrplanmäßige Führung von Personenzügen mit Dampflokomotiven während der Urlaubssaison dar (vgl. Zillertalbahn).

Aufgrund der ihm eigenen eisenbahntechnischen Geschichte, der gegebenen technisch-betrieblichen Möglichkeiten sowie der häufig sehr günstigen Lage der Nebenbahnen in Gebieten mit hoher oder aufstrebender Fremdenverkehrsintensität könnte gerade der österreichische Alpenraum eine herausragende Stellung auf dem Gebiet des „Nostalgiebahn-Tourismus" erlangen und angesichts der hier gegebenen Vielgestaltigkeit der Bahnen zu einem Dorado für Eisenbahnfreunde werden. Die Idee der Bahn-Hobbyferien, wie sie derzeit ein Urlaubspaket der Fremdenverkehrsregion Oberes Murtal anbietet (vgl. IV 2.3.2), sollte verstärkt von Fremdenverkehrsverbänden und Touristikunternehmen aufgegriffen und gegebenenfalls auf eine „Bahn-Hobbyferientour durch den österreichischen Alpenraum" (inclusive Übernachtung, Bahnfahrten, Museumsbesuche und ggf. Lokführerschein) ausgedehnt werden. Diese Symbiose von Lokalbahn und Fremdenverkehr würde sowohl dem Ansehen der Bahn als auch dem Freizeitwert einzelner Urlaubsregionen dienen und ist somit zu propagieren.

5.4 ANFORDERUNGEN AN DEN FAHRPARK AUF NEBENBAHNEN

Das Kapitel des nebenbahnspezifischen Fahrzeugparks, seiner Charakteristika und Verbesserungswürdigkeit kann im Rahmen dieser Studie nur fragmentarisch behandelt werden, so daß eine Begrenzung auf einige wenige wesentliche Aspekte vorzunehmen ist.

5.4.1 *Spezifische Merkmale des Fahrzeugparks von Nebenbahnen*

Wie bereits ausgeführt, blieben Nebenbahnen von Änderungen im Betriebsablauf und auf dem Fahrparksektor lange Zeit unberührt. Erneuerungen oder auch eine zeitgemäße Instandhaltung des Rollmaterials wurden vernachlässigt, so daß die heutige Konsequenz nicht selten eine gänzliche Überalterung des Wagenparks ist. Hinzu kommt, daß durch den aus Einsparungsgründen häufig vorgenommenen Aufkauf ausrangierter Fahrbetriebsmittel und Waggons sowie deren Umrüstung für bahneigene Zwecke die Palette des Rollmaterials äußerst breit und vielgestaltig ist. Einer Veränderung wurde lediglich die Antriebsquelle der Triebfahrzeuge unterzogen; Dampftraktion wurde ausnahmslos durch Dieseltraktion ersetzt. Die Betriebsführung in der traditionellen und kostenaufwendigen Form des „Zuges" im eigentlichen Sinne des Wortes (Triebfahrzeug und angekoppelte Waggons) blieb jedoch mit allen seinen Schwächen zumeist erhalten. Der eisenbahnspezifische Vorteil der Zugbildung kann vor dem Hintergrund stark rückläufiger Beförderungszahlen jedoch rasch zum Nachteil werden; dann nämlich, wenn bei verringertem Fahrplanangebot die Führung langer Züge beibehalten und der Einsatz kleinster Zugeinheiten versäumt wird.
Bis zum heutigen Zeitpunkt findet sich auf dem Nebenbahnsektor ein Nebeneinander von traditionellem Lokomotivbetrieb einerseits und dem seit den 30er Jahren mehr oder minder erfolgreich vorangetriebenem Dieseltriebwagenbetrieb andererseits. Nur zum Teil wurde auf den österreichischen Nebenbahnstrecken der durch eine entsprechende Konstruktion herbeigeführte Vorteil des

„Wendezuges", eines Zuges, der ohne Umsetzen des Triebfahrzeuges in beide Richtungen fahren kann, genutzt.

Einen entscheidenden Fortschritt brachten die in der Bundesrepublik Deutschland durch die Firmen Uerdinger Waggonbau und MAN in den Jahren 1954 bis 1965 hergestellten „Schienenbusse". Es handelt sich hierbei um zweiachsige Triebwagen, Steuerwagen und Beiwagen, die einzeln und in Zugsteuerung fahren können. Da die Führerstände dieser Triebwagen so konzipiert wurden, daß sie sich in unmittelbarer Nähe zu den Einstiegtüren befinden und von dem Fahrgastraum und den Plattformen nicht getrennt sind, war bereits zu diesem Zeitpunkt die Möglichkeit des Einmannbetriebes gegeben, so wie er beim Linienbus selbstverständlich ist. Obgleich diese Möglichkeit der Personal- und Betriebskosteneinsparung jedoch in den seltensten Fällen genutzt wurde (es wurden stets Zugbegleiter eingesetzt), bewährte sich mit diesen „Schienenbussen" erstmals ein Großserien-Leichtbau-Triebwagen, der für den Nebenbahnbetrieb besonders prädestiniert erschien (vgl. ÖROK (Hrsg.) 1980, Schriftenreihe Nr. 22e, S. 105—107).

Den heutigen Anforderungen an Fahrkomfort und rationeller Betriebsabwicklung können jedoch auch diese herkömmlichen Schienenbusse nicht mehr entsprechen, so daß weitere Erneuerungen notwendig waren und sind, um das Fahrgastpotential der Nebenbahnen zu halten und zu vergrößern.

5.4.2 *Erneuerungen auf dem Fahrparksektor*

Die teilweise unbefriedigenden Erfahrungen mit Nebenbahnfahrzeugen in der Zwischen- und Nachkriegszeit haben zur Entwicklung einer neuen und wirtschaftlichen Fahrzeuggeneration geführt, deren Merkmale zwar unter den einzelnen Bauarten kaum identisch sind, aber doch weitgehend dem selben Prinzip folgen.

Für die Weiterführung des Personenverkehrs auf Nebenbahnstrecken kommen heute wohl nur mehr Triebwagen in Betracht, da sie ein für den Fahrgast hochwertiges Angebot bei wesentlicher Verringerung des Aufwandes je Leistungseinheit ermöglichen. Obgleich die einzelnen Nebenbahnen eine sehr unterschiedliche Ausprägung in ihren Anlageverhältnissen und ihrem Verkehrsaufkommen aufweisen, sind jedoch die wesentlichen Anforderungen an Nebenbahntriebwagen allgemein gültig. Hier sind mit KNOLL insbesondere zu nennen: *„kleine, aber durch Vielfachsteuerung flexibel zu vergrößernde Einheiten (60—80 Sitzplätze), Allachsantrieb der Triebwagen, Achslasten von 8—12 t, verschleißfreie Bremseinrichtung, Möglichkeit zum Einmannbetrieb (automatische Türsteuerung, Einstiege an den Wagenenden, Traglastenabteil, Funkausrüstung, Lautsprecheranlage etc.) und angemessener Reisekomfort"* (KNOLL 1985, S. 265). Neben einer Verringerung der Achskilometer und der Schonung des Oberbaues durch modernst ausgeführte Laufwerke, die auch auf weniger guten Streckenteilen befriedigende Eigenschaften aufweisen müssen, tritt auch eine Verringerung des Treibstoffverbrauches gegenüber lokbespannten Zügen deutlich in Erscheinung. Eine hohe Beschleunigung ermöglicht einen Anstieg der Reisegeschwindigkeit und damit eine Kompensation des durch die relativ niedrige Streckenhöchstgeschwindigkeit, durch Geschwindigkeitsbegrenzungen in engen Bögen und an Eisenbahnkreuzungen sowie das ständige Halten und Anfahren (dichter Haltestellenabstand) bedingten Zeitverlustes. Von großer Bedeutung für einen flüssigen Betriebsablauf ist ferner das Vorhandensein flacher Einstiege, breiter Türen (Anordnung von Doppeltüren) und von Stauräumen, die gerade beim Einmannbetrieb wegen der Abfertigungsmöglichkeit durch den Fahrer besonders wichtig sind. Da Behaglichkeit, Sitzkomfort sowie Beleuchtung und damit die Möglichkeit, zu lesen oder sich bequem zu entspannen, für viele Bahnfahrer Argumente für die Benutzung dieses Verkehrsmittels sind, muß die Ausstattung der Triebwagen auch diesen Anforderungen gerecht werden, um der Nebenbahn damit einen Vorsprung gegenüber der Konkurrenz zu geben.

Sollte es zum Einsatz neuartiger Triebwagen kommen, so ist die radikale Umstellung des Betriebes auf diese zu propagieren und jeder Form eines Mischbetriebes vorzuziehen. Auch wäre es wünschenswert, einen weitgehend einheitlichen Fahrpark für die Nebenbahnen Österreichs zu beschaffen, wobei nach dem Prinzip eines Baukastensystems aus einen Grundtyp verschiedene den Streckenverhältnissen entsprechende Varianten entwickelt werden können.

Eine Pionierleistung auf dem Schmalspursektor erbrachten die Steiermärkischen Landesbahnen mit der Inbetriebnahme eines neuartigen dieselelektrischen Triebwagens auf der Murtalbahn (1980), der einem Großteil der aufgeführten Erfordernisse entspricht, zahlreiche Vorzüge auf sich vereinigt und damit eine neue Triebwagengeneration einleitet. Aufgrund bester Erfahrungswerte kommt diese neue Triebwagengarnitur bereits bei der Zillertalbahn zum Einsatz und wird künftig auch auf der Pinzgauer Lokalbahnstrecke fahren. Darüber hinaus können diese Triebwagen in leicht abgewandelter Form auch auf Normalspurstrecken verkehren, wie die Beispiele der Graz-Köflacher Bahnen und der Montafonerbahn zeigen. Diese Auflistung macht deutlich, daß es vorrangig Privatbahnen sind, die die Schaffung eines adäquaten Triebfahrzeugs vorangetrieben und technisch-betriebliche Neuerungen im Regelbetrieb eingesetzt haben.

Auf dem Güterverkehrssektor der Nebenbahnen ist seit geraumer Zeit eine als überaus positiv zu beurteilende Orientierung an den Kundenwünschen durch die Bereitstellung neuer Spezial-Wagentypen festzustellen. Neben dem Rollbock- und Rollwagen-Verkehr, der weitestgehend die Anschaffung von Schmalspurgüterwagen unnötig macht und damit eine bedeutende Kosteneinsparung bedeutet, sei auch auf eine weitere wirtschaftliche Form des Güterverkehrs speziell auf Schmalspurstrecken hingewiesen, der Großbehältertransport. Heute sind es vornehmlich genormte Container, die auf Schiene, Straße und Wasserweg befördert werden können. Die Murtalbahn paßte sich dieser Innovation an und erhielt 1984 einen Container-Portalkran, der in Unzmarkt sehr kosten- und personalsparend die Umladung von palettiertem Gut, Wechselaufbauten und Containern ermöglicht.

Neben diesen Formen des kombinierten Verkehrs ist auch der Einsatz eigener Schmalspurwaggons für den intraregionalen Verkehr (Binnenverkehr) wichtig. Hier spielt die Anpassung an Kundenwünsche eine große Rolle, um ein Transportgut nicht an Frachtunternehmen zu verlieren. Die Anschaffung verschiedener Spezialgüterwagen (beispielsweise Trichterwagen, Kesselwagen, Niederbordwagen etc.) ist unumgänglich.

5.5 MASSNAHMEN UND MÖGLICHKEITEN FÜR EINE RATIONELLE BETRIEBSABWICKLUNG

5.5.1 Der Bereich des Vorschriftenwesens

Eine Nebenbahn auch wie eine solche zu betreiben, dieser Grundsatz gilt als Richtschnur jeglicher Vorhaben. Wesentlichster Gesichtspunkt ist dabei eine den speziellen Verhältnissen gerecht werdende Betriebsvorschrift, *„die sich von einer auf Hauptbahnen gültigen und alle erdenklichen Betriebssituationen berücksichtigenden Vorschrift zu unterscheiden hat. Der allgemeine Trend zur Rahmenvorschrift, die dem örtlich tätigen Betriebsbediensteten in gewissen Grenzen Handlungsfreiheit und damit Verantwortung überträgt, ist zu begrüßen* (KNOLL 1985, S. 231). Es ist somit eine Anpassung der Vorschrift an die tatsächlichen Streckenverhältnisse zu fordern, sofern sich dieses mit der Sicherheit des Betriebes vereinbaren läßt.
Auch Rationalisierungsmaßnahmen und eine Änderung der Vorschriften stehen zueinander in enger Beziehung. Die häufigsten für Nebenbahnstrecken charakteristischen Mängel liegen in der Trassierung sowie der sparsamen Ausführung und Ausstattung begründet. Durch enge Bögen und eine große Anzahl schienengleicher Eisenbahnkreuzungen werden die Geschwindigkeiten begrenzt. Als nebenbahnspezifische Mangelerscheinung sind auch der geringe Standard der Sicherungsanlagen und der dadurch verursachte aufwendige und schwerfällige Betrieb zu nennen. Die Auswirkungen dieser Mängel werden durch das starre, für den komplizierten Hauptbahnbetrieb ausgelegte Vorschriftenwesen noch verstärkt. Erst eine Modifizierung der Vorschriften im Einklang mit der Durchführung von Verbesserungsvorschlägen wird letztendlich eine wesentliche Rationalisierung des Nebenbahnbetriebes ermöglichen.
Die jüngsten, seit dem 1. 6. 1980 geltenden Betriebsvorschriften gewähren eine größere Flexibilität gegenüber Erneuerungen. Da beispielsweise die zulässigen Höchstgeschwindigkeiten nicht mehr in einer für alle Züge gültigen Vorschrift festgelegt sind, sondern in die einzelnen „Buchfahrpläne" aufgenommen werden, kann auf die bahnspezifischen Zugbildungen eingegangen werden. Beschleunigungsvermögen und Bremsleistung der modernen Triebwagenzüge können Berücksichtigung finden, und aufgrund des geringen Achsdruckes ist es möglich, höhere Geschwindigkeitsstufen anzustreben.
Insgesamt gilt damit, einzelne Vorschriften entsprechend den Anforderungen des Nebenbahnverkehrs und seiner künftigen Betriebsformen zu verändern, wobei jedoch die Sicherheit von Fahrgästen, Mitarbeitern und auch Unbeteilig-

ten weiterhin oberstes Anliegen sein muß (vgl. KNOLL 1985, S. 231, 232 und ÖROK (Hrsg.) 1980, Schriftenreihe Nr. 22e, S. 124—126).

5.5.2 Korrekturmöglichkeiten in Streckenführung, Trassierung und Oberbau

Wie bereits mehrfach ausgeführt, war die möglichst weitgehende Anpassung der Trasse an das Gelände eines der Hauptkriterien bei der Errichtung von Nebenbahnen. Da zur Zeit des Nebenbahnbaues praktisch jede Arbeit beim Bahnbau manuell durchgeführt wurde, zwang schon allein dieser Umstand zu äußerster Sparsamkeit und Rücksichtnahme auf natürliche Gegebenheiten. Diese behutsame Vorgangsweise bei der Errichtung der Trasse verhindert heute vielfach eine rationelle Betriebsführung und ist darüber hinaus Ansatzpunkt zahlreicher Verbesserungsvorschläge.
Da Neutrassierungen von Nebenbahnen im großen Stil nur mit unverhältnismäßig hohem Kostenaufwand möglich sind, kann davon ausgegangen werden, daß großzügige Trassenkorrekturen aus finanziellen Gründen nicht empfehlenswert sind und deshalb außer Betracht bleiben können. Kürzere Trassenverlegungen können häufig im Zuge der laufenden Oberbauerhaltung vorgenommen werden; die Mehrkosten werden in solchen Fällen jene der Erhaltung kaum übersteigen. Naheliegend sind diese Maßnahmen dann, wenn aufgrund der Beseitigung bislang existenter enger Kurvenradien die Streckenhöchstgeschwindigkeit angehoben werden kann. In Österreich sind Beispiele für Trassenverbesserungen auf Nebenbahnen bislang eher selten (vgl. Stubaitalbahn), in der Schweiz dagegen sehr zahlreich. In diesem Land wird insgesamt eine überaus positive Grundeinstellung zu den Eisenbahnen sichtbar, und auch in der Verkehrspolitik wird der Schienenverkehr gegenüber dem Straßenverkehr bevorzugt behandelt.
Neben Veränderungen im Trassenverlauf ist häufig eine Gesamterneuerung des Oberbaus erforderlich. Auf weiten Nebenbahnstrecken zeigt sich die Notwendigkeit der Verlegung schweren Schienenmaterials, auch bedarf der Gleiskörper mit den seinerzeit ausnahmslos zur Anwendung gelangten Holzschwellen einer Überholung. Hier bietet sich das Verlegen von stabilen und haltbaren Beton- und Eisenschwellen an. Da ein Ersetzen einzelner schlechter Holzschwellen nicht zulässig ist, müssen gleich größere Abschnitte erneuert werden.
Obgleich die Sanierung des Oberbaues stets den größten Teil des von den ÖBB angegebenen Mittelbedarfs (zwischen 90 und 100 %) erfordert hat, so wird dieser Sektor auch künftig in den benötigten Aufwendungen sehr kostenintensiv sein, denn es sind in erster Linie Gleisrost, Schotterbett und Schienenprofil, die für die Sicherheit, den Fahrkomfort und die Leistungsstärke mitverantwortlich sind.
Die Kostenstruktur der Nebenbahnen wird damit eindeutig von den Bahnbau- und Bahnerhaltungskosten geprägt. Es handelt sich dabei aber selten um Ausbauvorhaben, sondern vielmehr um einen Nachholbedarf, da der Umfang der laufenden Erhaltung seit nahezu drei Jahrzehnten soweit reduziert wurde, daß auf einzelnen Streckenabschnitten bereits die Sicherheitsgrenze erreicht ist und

die Geschwindigkeit durch sogenannte „Langsamfahrstellen" drastisch heruntergesetzt werden mußte.

5.5.3 Maßnahmen im Bereich von Bahnhöfen und Haltestellen

In sehr enger Wechselbeziehung zueinander stehen auch Frequentierung einer Nebenbahn und Kundennähe des Angebotes, das heißt die Lage der Bahnstationen zu den Quell- und Zielgebieten der Verkehrsnachfrager.
Aufgrund der systemimmanenten Unmöglichkeit, einen Haus-zu-Haus-Verkehr anzubieten, zählt es zu den wichtigsten Aufgaben der Bahnen, jenes Verkehrspotential zu aktivieren, das mit zumutbaren Fußweglängen (15-Minuten-Radius) anzusprechen ist. Entscheidende Maßnahmen sind somit im Bereich der Verkürzung von Zu- und Abgangs- sowie Wartezeiten zu treffen. Wichtigstes Kriterium für die Lage von Haltestellen muß der günstigste Zugang für die Verkehrsnachfrager sein.
Vorteilhaft lokalisierte Haltestellen wurden rasch und kostengünstig beispielsweise von den Steiermärkischen Landesbahnen auf der Murtalbahn geschaffen (St. Egidi: die Schulen in diesem Ortsteil von Murau sind über eine neue Straßenbrücke auf kürzestem Wege erreichbar). Auch auf der Graz-Köflacher-Stammstrecke besteht seit Jahrzehnten eine vergleichbare Station, die außerordentlich gut frequentiert ist. Es ist die besetzte Haltestelle „Voitsberg Stadt", die den Bahnfahrern rund 400 m Fußweg ins Stadtzentrum erspart; weitere Stationsneugründungen finden sich auch bei der Stubaitalbahn.
Nach dem Beispiel dieser bewährten Vorbilder sind neue Haltestellen überall dort zu errichten, wo durch sie entsprechendes Hinterland erschlossen werden kann, selbst wenn dadurch die Stationsabstände in Einzelfällen weniger als 1000 m ausmachen. Die genaue Lage neuer beziehungsweise zu verlegender Haltestellen ist letztlich jedoch den örtlichen Verhältnissen entsprechend zu prüfen, auf die lokalen Wünsche abzustimmen und mit den Gebietskörperschaften im Detail zu planen, wobei auch der tatsächliche Bedarf festzustellen ist. Überlegungen zur „Rentabilität einzelner Haltestellen" sollten weitestgehend hinten angestellt werden, zumal die Errichtungskosten vergleichsweise gering sind. Die Ausgestaltung muß einfach und möglichst zweckmäßig sein (Wartehäuschen, Bänke, Beleuchtung etc.). Insgesamt ist es erstrebenswert, zur Mitfinanzierung dieser Halteposten örtliche Institutionen (Banken, Gastronomie) sowie die betreffenden Gemeinden zu gewinnen. Als Beispiel ist die Firma Stern & Hafferl (Gmunden) anzuführen, deren Flexibilität bei der Errichtung neuer Haltestellen im Bereich von Industriegebieten, Schulen und neuen Siedlungen bekannt ist. Hier existiert zwischen Bahn und Gemeinden ein Kostenverteilersatz von etwa 50:50, der von Fall zu Fall geringfügig variiert.
Eine weitere kundenfreundliche Maßnahme speziell im Bereich der unbesetzten Haltestellen ist die Bereitstellung ausführlicher und verständlicher Informationstafeln zum Verkehrsangebot der entsprechenden Bahn. Es sind oftmals gerade die Leiteinrichtungen und Servicebereitstellungen, die viel zu einem positiven Image einer Bahn beitragen können.

Bahnhöfe unterscheiden sich von Haltestellen — zumindest aus der Sicht des Fahrgastes — primär durch eine anspruchsvollere Ausstattung und das Vorhandensein von Hochbauten und Warteräumen. Bei einer Umfunktionierung der Bahnhöfe in unbesetzte Haltestellen werden die Bahnhofsgebäude häufig zu einem Problem. Vermietung, Verkauf und Abbruch sind oftmals die sich abzeichnenden Möglichkeiten. Im Sinne umfassender Kundenbetreuung und von der Überlegung ausgehend, daß Warte- und Umsteigezeiten angenehmer sind, wenn den Fahrgästen Serviceleistungen angeboten werden, ist eine Mehrfachnutzung bestehender Gebäude zu empfehlen. Hinsichtlich der Kombination des Bahnhofsdienstes mit anderen Dienstleistungen bietet sich beispielsweise die Unterbringung einer Sparkasse, eines Cafés oder auch einer Gaststätte an. Weitverbreitet ist auch die Nutzung der Bahnhofsräume als Verkaufsfläche (die Einrichtung von Geschäften) oder die Kombination von Bahn- und Postdienst. Vor dem Hintergrund der immer beliebter werdenden Aktion „Fahrrad am Bahnhof" könnte die Bahnstation zum Stützpunkt eines regionalen Radwegenetzes erhoben und eine Aktion „Radfahren mit der Nebenbahn" propagiert werden; eine Idee, die sicherlich in den Urlaubsregionen des österreichischen Alpenraumes rege Nachfrage finden wird. Insgesamt wird jede Mehrfachnutzung der Bahnanlagen Modernität, Anpassungsfähigkeit und Kundennähe suggerieren und damit zu einer positiven Änderung der Einstellung der Bevölkerung gegenüber der Bahn beitragen.

An dieser Stelle sei auch das vielfach postulierte Park-&-Ride-System angeführt, das nicht nur an Schnellbahnlinien errichtet werden sollte, sondern auch im Hinblick auf einen attraktiven und ebenfalls schnellen Nebenbahnbetrieb zu erwägen ist.

5.5.4 *Rationalisierungsmaßnahmen in der Verkehrssicherung und Verkehrsabwicklung*

Die Sicherheit des Eisenbahnbetriebes hat an oberster Stelle des Verkehrsgeschehens zu stehen. Nun ist es jedoch ein Charakteristikum der Nebenbahnen, daß mit wenigen einfachen und damit weniger aufwendigen Anlagen der gleiche Sicherheitsgrad wie auf Hauptbahnen erzielt werden muß. Dieser Tatbestand wird in der Regel durch das geringere Verkehrsaufkommen gerechtfertigt, wobei versucht wird, die fehlende Technik durch eine größere Verantwortung des Personals zu kompensieren. In den letzten Jahren hat der zunehmende Zwang zur Personaleinsparung zahlreiche neue und zuverlässige Lösungen zur allgemeinen Verkehrssicherung hervorgebracht.

Zugsicherung

Das Bestreben, die überaus hohen Personalkosten zu mindern, führte schon bald zu Überlegungen, den personalintensiven Zugmeldedienst, der ein sogenanntes „Weiterreichen der Züge" von einem Bahnhof zum nächsten vorsieht, durch ein rationelleres Verfahren abzulösen. Der heute in diesem Kontext als Schlagwort benutzte „Zugleitbetrieb" ist kein Novum auf dem Gebiet der Zugsicherungstechnik, vielmehr wurde er in seinen Anfängen über den Streckenfernsprecher abgewickelt. Das Zugleitfunk-Verfahren entspricht weitestgehend dem über Fernsprecher abgewickelten System, ist aber durch die Mobilität der Sender und Empfänger flexibler. Die Kostenersparnis besteht darin, die Bahnhöfe nicht mehr mit Fahrdienstleitern zu besetzen, sondern die Leitung des Verkehrsdienstes einem zentralen Fahrdienstleiter zu übertragen, der mit allen Fahrzeugen über Sprechfunk in Verbindung steht. Die Funkanlage besteht aus einer Funkstation, die häufig im Betriebsgebäude einer Bahnlinie untergebracht ist, einer Relaisstation und mobilen Funkgeräten, mit denen sämtliche auf der Strecke befindliche Triebfahrzeuge ausgerüstet sind. Da der Zugleiter im Betriebsgebäude als zentrale Person die Aufgaben aller Fahrdienstleiter im Bahnbereich wahrnimmt, können erhebliche Einsparungen gemacht werden, die den Betriebsergebnissen eines Unternehmens zugute kommen. Diese für österreichische Lokalbahnen richtungweisende Neuerung wurde mit Beginn des Sommerfahrplanes 1971 erstmals von der Zillertalbahn eingeführt.

Signal- und Sicherungsanlagen

Nur wenige Nebenbahnstationen sind mit umfassenden Sicherungsanlagen ausgestattet. Vor allem in Abzweigbahnhöfen und wichtigen Kreuzungsstationen sind zwar die Einfahrsignale, in den seltensten Fällen jedoch die Ausfahrsignale von einer Stellung der Weichen abhängig; letztere sind vielfach nur schlüsselgesperrt und nicht fernbedienbar.

Als Verbesserungsmaßnahme ist neben der Fernstellung der Weichen insbesondere die Einführung von sogenannten Rückfallweichen zu nennen, die zu einer flüssigeren Betriebsabwicklung beitragen. Rückfallweichen[3] sind seit Jahren beispielsweise bei Schweizer Bahnen und Nebenbahnen der Bundesrepublik Deutschland in Verwendung und bewähren sich dort zufriedenstellend und weitestgehend kritiklos. Sie eignen sich vorrangig in Betriebsstellen, wo regelmäßig Züge kreuzen und die Beschränkung der Einfahrgeschwindigkeit keine Rolle spielt, also beispielsweise bei der Einführung von Taktfahrplänen auf Nebenstrecken.

Sicherung von Eisenbahnkreuzungen

Im Gegensatz zu den Hauptbahnen weisen die Nebenbahnen nur selten technisch gesicherte Eisenbahnkreuzungen auf. Diese Tatsache bildet ein wesentliches Hindernis bei der Anhebung örtlich zulässiger Geschwindigkeiten, zumal die Anzahl der Eisenbahnkreuzungen und Privatwegübergänge insbesondere bei Lokalbahnen sehr groß ist und damit eine weitere Einschränkung der Konkurrenzfähigkeit dieser Bahnen mit sich bringt.

---

3 Es handelt sich um recht preiswerte Zusatzeinrichtungen zu allen gängigen Weichenbauarten, die die Weiche nach dem „Auffahren der Zungen" ölgedämpft und selbsttätig in ihre Grundstellung zurückstellen (ÖROK (Hrsg.) 1980, Schriftenreihe Nr. 22e, S. 139).

Die technische Sicherung von Eisenbahnkreuzungen ist sehr kostenintensiv; als Möglichkeiten bieten sich an: „Zugschranken", orts- oder fernbedient, bzw. „Handschranken", sie erfordern Personal zur Sicherung jeder Zug- bzw. Verschubfahrt; „Elektroschranken", sie sind zuggesteuert oder werden durch Ortsschalter bedient (in der Ausstattung automatisch oder halbautomatisch, Voll- oder Halbschranke) sowie „Blinklichtanlagen", die nur mehr für untergeordnete Straßen zugelassen sind.

Eine technische Sicherung aller Eisenbahnkreuzungen ist aus Kostengründen auszuschließen, zumal gut 3/4 Privatwegübergänge sind. Wirklich notwendig und auch sinnvoll sind diese Anlagen jedoch bei stärker befahrenen Straßen, speziell dann, wenn die Situation unübersichtlich ist.

Eine weitere wichtige Maßnahme ist der Einsatz von Magnet-Schienenbremsen bei Nebenbahntriebwagen, wodurch zahlreiche Unfälle verhindert werden können. Darüber hinaus ist zu überlegen, ob nicht auch bei österreichischen Nebenbahnen, dem Schweizer Beispiel folgend, die Annäherungsgeschwindigkeit bei Eisenbahnkreuzungen angehoben werden kann, wobei allerdings Achtungssignale (mit der Triebfahrzeugpfeife) über eine Hörweite von in der Regel 400 m die fehlende Sicht zu ersetzen haben (praktiziert von der Zillertalbahn). In der Schweiz wurde argumentiert, die Geschwindigkeit für die Bahn bei Eisenbahnkreuzungen prinzipiell nicht einzuschränken, da eine Geschwindigkeitsdrosselung in Kreuzungsbereichen den Kraftfahrer dazu verleite, vor dem „heranschleichenden" Zug doch noch die Kreuzung zu passieren (erhöhte Unfallgefahr). Fehlender Sichtraum wird daher grundsätzlich durch Achtungssignale ersetzt (vgl. ÖROK (Hrsg.) 1980, Schriftenreihe Nr. 22e, S. 133—136 und KNOLL 1985, S. 252—259).

5.6 MASSNAHMEN IM GÜTERVERKEHR

Der derzeitige Trend der Güterverkehrspolitik, den Umschlag zwischen Straße und Schiene an wenigen großen Knotenpunkten zu konzentrieren, scheint gerade die Nebenbahnen in ihrer Existenz zu gefährden. Diese Entwicklung engt die Möglichkeiten der Lokalbahnen, in ihrem Verkehrsraum kombinierte Verkehre zu organisieren, erheblich ein. Insbesondere die seit jeher zu beobachtende Aufgabenteilung, die den Nebenbahnen Zubringer- und Verteilerfunktionen zuweist, wird durch die Abwanderung von Wagenladungsverkehren zum kombinierten Containerverkehr mit einer Konzentration des Warenumschlags an wenigen Punkten unterlaufen.

Um den Nebenbahngüterverkehr wieder zu mobilisieren, gilt als oberstes Gebot, dem Kunden jene Bedienung zukommen zu lassen, wie sie heute im Speditionsgewerbe selbstverständlich ist. Vergleichbar dem Personenverkehr ist auch hier ein möglichst kundennahes und marktorientiertes Angebot erforderlich.

Im Nebenbahneinzugsbereich nutzt in der Regel ein bestimmter Kundenkreis die

Bahn für nahezu gleichbleibende Beförderungsmengen. Die Struktur der Verladerschaft und des Güteraufkommens wird dabei primär durch den land- und forstwirtschaftlichen Sektor bestimmt; erst sekundär spielen die Bau- und Brennstoffbeförderung, gefolgt von anderen diversen Gütergruppen eine Rolle. Eine Ausrichtung am speziellen Bedarf dieser Sparten durch die Anschaffung entsprechender Güterwaggons, die Erzielung rascherer Wagenumläufe, insbesondere zu Spitzenzeiten (Herbst), und ein intensiver Kundenkontakt sind deshalb unumgänglich.

Das nahezu monostrukturelle Güteraufkommen der Nebenbahnen hat zwangsläufig auch eine große Empfindlichkeit gegenüber wirtschaftlichen Entwicklungstendenzen zur Folge, so daß verschiedenste Faktoren einen unmittelbaren Einfluß auf die Beförderungsleistungen der Nebenbahnen haben (vgl. Fallstudien). Die einzelnen Bahnunternehmen sollten deshalb großes Interesse an kleinen und kleinsten Beförderungsmengen sowohl im Fracht- und Expreßstückgutverkehr als auch im Wagenladungsverkehr zeigen.

Äußerst schwierig gestaltet sich die Neugewinnung von Kunden, da die Marktlücken im Güterverkehr sehr begrenzt sind. Positive Beispiele der Extrapolation von Güterverkehrsaufgaben im Nebenbahnverkehr zeigen sich in der Schweiz durch die Kehrricht- und Mülltransporte in Wechselaufbauten oder auch durch den Autotransport auf schwierigen Gebirgsstrecken. Während erstere Möglichkeit auch für die Nebenbahnen im österreichischen Alpenraum zu überlegen ist, dürfte aufgrund der Streckenstruktur für den Autotransport wohl kein Bedarf bestehen.

Ein transporthemmendes Problem und zugleich ein wesentlicher Preisfaktor wird speziell bei den Schmalspurbahnen in der Notwendigkeit der kostenintensiven Umladung in Spurwechselbahnhöfen sichtbar. Während einige Bahnen bereits einen Rollschemel- oder Rollwagenbetrieb besitzen, ist die Einrichtung dieser spezifischen Maßnahme zur Beförderung von Normalspurwaggons und damit zur Überstellungserleichterung auf manchen Schmalspurstrecken aufgrund zu geringen Lichtraumprofils (beispielsweise auf Brücken oder in Tunnel) bisher nicht erfolgt. Zur Attraktivitätssteigerung des Güterverkehrs auch auf diesen Strecken sind jedoch die technischen Möglichkeiten für den Ausbau auf Rollwagenbetrieb verstärkt zu prüfen, möglicherweise wäre eine Erweiterung der häufig recht kurzen Tunnel oder ein Absenken der Sohle durchaus machbar und könnte sich langfristig amortisieren. Einen Ausweg bei unrealisierbarem Rollwagenbetrieb bietet auch der Containerverkehr auf modernisierten Güterwagen (vgl. Schmalspurstrecke der Murtalbahn).

Bei konstant niedrigem Güterverkehrsaufkommen ist ein Übergang vom Liniendienst zum billigeren Gelegenheitsverkehr denkbar. Auf diese Weise kann eine bessere Fahrtauslastung erreicht werden, da durch die Fahrtaneinanderreihung keine Leerfahrten anfallen und auch die Gewichtsauslastung entscheidend gesteigert wird; es wird nur gefahren, wenn genügend Ladegut vorhanden ist. Ein Nachteil zeigt sich jedoch in der Verschlechterung der Zeitnutzung durch zusätzliche Stillstandzeiten.

Als wesentlicher und allgemeingültiger Faktor für die zunehmende Verschlechterung des Güterverkehrs ist sicherlich nicht zuletzt die ungünstige Wettbewerbslage zu nennen, in die die Eisenbahn durch die Ausweitung des Straßengüterverkehrs geraten ist. Ein bedeutendes Ordnungsinstrument auf diesem Gebiet wäre die Novellierung des Güterbeförderungsgesetzes, das in seiner derzeitigen Fassung weder eine den volkswirtschaftlichen Erfordernissen entsprechende Verkehrsteilung zwischen Straße und Schiene propagiert noch anderen Forderungen, wie zum Beispiel jenen des Umweltschutzes, entspricht (vgl. FUCHS 1976, S. 239). Es sollte sichergestellt sein, daß die Nebenbahnen nicht die Funktion eines Lückenbüßers für jene Verkehre erfüllen, die keiner übernehmen will, sondern allgemein ein durchaus leistungsfähiges Alternativangebot zum Frachtverkehr auf der Straße darstellen. Aus diesem Grunde muß die zur Sicherung des Güterverkehrs auf Nebenbahnen immer wieder erhobene Forderung nach „Tarifänderung in kleinen Schritten zu marktgerechten Zeitpunkten" durchgesetzt werden. Auch könnte den Nebenbahnen durch das Abgehen von dem seit der Anfangszeit der Eisenbahn bestehenden Werttarifsystem und die Schaffung von Kundentarifen, die neben dem Beförderungsaufkommen und den bestehenden Wettbewerbsverhältnissen auch die wirtschaftliche Lage der Bahnbenutzer berücksichtigen, ein größeres Transportvolumen gesichert werden (vgl. FUCHS 1976, S. 239).

5.7 NEBENBAHNELEKTRIFIZIERUNG — EINE UNEINGESCHRÄNKTE FORDERUNG?

Die Ablösung der Dampflokomotiven durch die Dieseltraktion brachte hinsichtlich Personaleinsatz und Betriebskosten beachtliche Einsparungen. Heute stellt sich die Frage der Elektrifizierungswürdigkeit der noch verbleibenden unelektrifizierten Nebenbahnstrecken.
Als wesentliche Vorteile der Elektrotraktion sind ein höheres Beschleunigungsvermögen, größere Zugkraft und damit größere Geschwindigkeiten sowie ein hoher Zuverlässigkeitsgrad anzuführen; darüber hinaus sind die Kosten für Energie, aber auch für die Instandhaltung der Triebfahrzeuge wesentlich geringer als bei Dieselbetrieb.
Die Umstellung einer Strecke auf elektrischen Betrieb erfordert allerdings infolge der notwendigen ortsfesten Anlagen einen relativ hohen Errichtungsaufwand. Dabei scheint die unterste Grenze der Elektrifizierungswürdigkeit einer Bahnlinie dann gegeben zu sein, wenn sich die durch die Traktionsumstellung erzielten Ersparnisse in den Betriebsführungskosten und die Amortisation zuzüglich Zinsenbelastung ausgleichen. Allgemein galt bisher der Grundsatz, daß stark belastete Strecken der elektrischen Traktion und schwach frequentierte der Dieseltraktion zugeordnet werden sollten. Insgesamt werden die Grenzen der Elektrifizierungswürdigkeit jedoch durch eine Vielzahl streckenspezifischer Faktoren beeinflußt, die sich nicht generell konkretisieren lassen. Es ist allerdings davon auszugehen, daß sich diese Grenzen mit zunehmender Vermaschung und Ausweitung elektrisch betriebener Strecken nach unten verschieben, da in den festen

Kosten vor allem auch jene für die Erzeugung und Verteilung der Energie enthalten sind und diese besonders bei schon getätigten Vorleistungen im bestehenden Netz auch auf unbedeutenden Stichbahnen sowie bei einfachen Betriebsverhältnissen verschwindend gering werden.

Keinesfalls darf der Vorteil der geringeren Energiekosten bei elektrisch betriebenen Bahnen als alleinige Beurteilungsgröße herangezogen werden. In die Überlegungen zur Traktionsumstellung muß vielmehr der Aspekt miteinfließen, daß die bei einer Elektrifizierung zu ersetzenden Fahrzeuge und Anlagen vielfach noch nicht die ihnen zugeschriebene Lebensdauer erreicht haben und damit in vielen Fällen ein äußerst hoher Abschreibungswert offenbleibt, der dann zu Lasten der Elektrifizierung geht.

Im allgemeinen wird eine Elektrifizierung empfehlenswert sein, wenn eine Strecke ungünstig in bezug auf die Neigungsverhältnisse trassiert ist, eine gute Streckenfrequenz durch hohes Verkehrsaufkommen vorliegt und gegebenenfalls der Übergang von Zügen auf die Hauptbahn angestrebt wird (letzteres nur bei Normalspurbahnen möglich).

Ist eine Entscheidung zugunsten einer Streckenelektrifizierung gefallen, stellt sich die Frage nach der Wahl des Stromsystems. Auf der Grundlage zahlreicher Erfahrungswerte kann festgestellt werden, daß bei Neuelektrifizierungen größeren Umfanges nur mehr das Einphasenwechselstromsystem in Frage kommt. Ausnahmen können sich dann zeigen, wenn es sich um einen reinen Inselbetrieb handelt, dessen Elektrifizierung unter Umständen mit Gleichstrom wirtschaftlicher wäre. Allgemein wird das Gleichstromsystem nur noch für städtische Netze verwendet (vgl. Innsbrucker Verkehrsbetriebe einschließlich der ihnen angeschlossenen Stubaitalbahn), da sich bei dieser Betriebsform der Vorteil leichter Triebfahrzeuge bietet. Obgleich sich die Gleichstromtraktion durch einfachere Fahrzeugbauart auszeichnet, fehlt jedoch die Möglichkeit des Überganges auf die mit Einphasenwechselstrom betriebenen Hauptbahnstrecken. Gerade dieser kann aber häufig für eine Verkehrswertsteigerung der Nebenbahnen entscheidend sein, zumal die optimale Anbindung der Nebenbahnräume an überregionale Zentren stets im Mittelpunkt jeglicher verkehrs- und regionalpolitischer Bestrebungen steht. Folglich ist bei einer geplanten Streckenelektrifizierung das Wechselstromsystem zu propagieren, da es die Möglichkeit bietet, mehrere Strecken in ein überregionales Elektrifizierungsprogramm miteinzubeziehen (vgl. KNOLL 1985, S. 154—160).

Vor dem Hintergrund dieser Ausführungen ist schließlich festzustellen, daß eine Nebenbahnelektrifizierung keine uneingeschränkte Forderung sein kann, sondern stets streckenspezifische Momente zu berücksichtigen sind. Vielfach ist die Anschaffung der in 5.4.2 propagierten, neuen dieselelektrischen Triebwagenzüge einer mit großem finanziellen und technischen Aufwand verbundenen Elektrifizierung vorzuziehen.

VI. ZUKUNFTSAUSSICHTEN

Mit diesem Kapitel wird ein von zahlreichen Unsicherheitsmomenten und Spekulationen begleiteter Themenbereich des Nebenbahnkomplexes angeschnitten. Zukunftsprognosen zu geben, ist immer ein Risikounternehmen, speziell jedoch dann, wenn diese dem gegenüber externen Einflüssen äußerst sensiblen Verkehrssektor und hier dem langjährigen „Stiefkind" Nebenbahnen gelten.
Eine recht fundierte Basis für mögliche Entwicklungstendenzen, Entscheidungen und Lösungsansätze in der Nebenbahnfrage bietet die Verkehrspolitik; zusammen mit der Landes- und Regionalpolitik kommt ihr eine Schlüsselposition in der Zukunftsfrage um „Sein oder Nichtsein" der Nebenbahnen zu. Daß die von politischen Querelen gekennzeichnete Daseinsfrage letztendlich zu einem politischen Spielball geworden ist, der zwischen Bund, Land und Nebenbahnbetreibern hin und her geschickt wird, wird in nachfolgenden Ausführungen unter Einbeziehung nebenbahnspezifischer Zielsetzungen in nationalen und regionalen Verkehrskonzepten deutlich.

1. BEDEUTUNG UND ZUKUNFT DER NEBENBAHNEN IN ABHÄNGIGKEIT NATIONALER, LANDESPLANERISCHER UND REGIONALER VERKEHRSPOLITIK

Ein wesentliches Hindernis bei der Lösung der Nebenbahnfrage und damit bei der Zukunftsdeutung dieses Verkehrsträgers sind die verschiedenen Beurteilungs- und Wirkungsebenen, von denen aus auf die Vorteilhaftigkeit oder Unwirtschaftlichkeit dieser Bahnen geschlossen wird. Im Überblick sind unterscheidbar: die politische Ebene mit verkehrs-, regional-, sozial-, wirtschafts-, krisen- und fiskalpolitischen wie auch föderalistischen Aspekten, die wirtschaftliche Ebene mit gesamt-, regional- und einzelwirtschaftlichen Momenten und die technische Ebene mit infrastrukturellen und betriebstechnischen Kriterien. Zwischen dem Verkehr und den übrigen Lebens- und Wirtschaftsbereichen existieren damit vielfältige Beziehungen, Einflußnahmen und Wechselwirkungen, die speziell bei verkehrspolitischen Entscheidungen nicht unberücksichtigt bleiben sollten.
In der Nebenbahndiskussion ist aufgrund der Strukturiertheit der Verkehrsräume eine enge Koppelung des Lösungsansatzes mit dem Problemfeld „ländlicher

Raum" und speziell mit dem Thema „Verkehrsbedienung im ländlichen Raum" gegeben. Beide Themenkomplexe liegen im Überschneidungsbereich von Verkehrs- und Raumordnungspolitik, so daß bei einer Beurteilung der Nebenbahnzukunft folgende national und regional wirksame politische Programme und Konzepte zu berücksichtigen sind: das österreichische Gesamtverkehrskonzept (GVK-Ö), das österreichische Raumordnungskonzept, Landesentwicklungsprogramme mit eventuell existierenden Sachprogrammen „Verkehr", Konzepte und Planungen zum Ausbau des Schienenverkehrs der ÖBB in den einzelnen Bundesländern und regionale Entwicklungsprogramme mit integrierten Verkehrsregelungen und -maßnahmen sowie regionalpolitische Anforderungen an künftige Betriebsformen auf Nebenbahnen.

Die Verkehrspolitik ist ein wichtiges Mittel zur Verwirklichung von Raumordnungszielen, so daß eine Koordinierung verkehrspolitischer Maßnahmen im Rahmen raumordnungspolitischer Zielvorstellungen als vorrangige Planungsaufgabe auch für den Nebenbahnverkehr im ländlichen Raum gilt.

1.1 DER VERKEHRSTRÄGER „NEBENBAHN" IN DER ÖSTERREICHISCHEN GESAMTVERKEHRSPOLITIK

Die Zukunft betriebswirtschaftlich unrentabler, jedoch verkehrs- und raumwirtschaftlich bedeutender Nebenbahnlinien in ländlichen Regionen kann nicht losgelöst von der nationalen Gesamtverkehrspolitik und dem nationalen Eisenbahnkonzept betrachtet werden. Ob in der Eisenbahnpolitik ein restriktiver Kurs des „Gesundschrumpfens" oder aber ein expansiver Trend hinsichtlich einer Straßenentlastung angestrebt wird, ist für die Zukunft der Nebenbahnen von entscheidender Bedeutung und muß vor dem Hintergrund einer gesamtverkehrspolitischen Werteinschätzung von Individual- und öffentlichem Verkehr entschieden werden.

In Österreich zeichnet sich in den letzten Jahren eine verkehrspolitische Zielkorrektur ab. Speziell in der Nahverkehrsplanung scheint man erkannt zu haben, daß dem Ausbau öffentlicher Verkehrseinrichtungen besondere Priorität einzuräumen ist, da sich der Individualverkehr ansonsten festzufahren droht. Es sind vornehmlich die wirtschaftlichen Ballungsräume und auch die ausgesprochenen Fremdenverkehrsregionen, in denen die Straßenkapazitäten die Grenzen ihrer Belastbarkeit erreicht und teilweise gar überschritten haben.

Es ist darüber hinaus allgemein zum Bewußtsein gekommen, daß Aktionen wie die Einrichtung der Nahverkehrsmilliarde des Bundes — durch Beiträge der Länder (in der Regel 20 %) wirksam gemacht — bisher fast ausschließlich dem Verkehr in Ballungsgebieten zugute gekommen sind. Damit ist eine Förderung der an sich schon begünstigten Zentralräume erfolgt, wodurch die Disparitäten zwischen dem ländlichen Raum und den städtischen Zentren weiter verstärkt

wurden. Raumordnungspolitische Zielsetzungen auf Bundesebene sehen deshalb zur Aufwertung des ländlichen Raumes integrierte Maßnahmen mit der Verkehrsplanung vor. Zu nennen sind beispielsweise die Aufrechterhaltung einer wirtschaftlich vertretbaren Versorgung im Kontext des Ausbaues leistungsfähiger Verkehrsverbindungen zu benachbarten Zentren, die Betriebsansiedlung an leistungsfähigen Verkehrsachsen zur weitgehend eigenständigen Entwicklung der peripheren Räume, eine innerregional verbesserte Erreichbarkeit und interregional verbesserte Anbindung sowie eine Hebung der Ausstattung des öffentlichen Verkehrsangebotes bei gleichzeitiger Forcierung der Wirtschaftlichkeit der Verkehrssysteme durch Vermeidung zeitlich und räumlich paralleler Verkehrsbedienung durch Bus und Bahn (vgl. PLATZER 1984, S. 183). Zu propagieren ist der Ausstieg aus dem verkehrspolitischen Gegeneinander und eine Akzentuierung der Kooperation und Koordination der Verkehrsträger untereinander, wobei eine sinnvolle und der Verkehrsnachfrage adäquate Aufgabenteilung zwischen Schiene und Straße anzustreben ist. Während dem Busverkehr aufgrund seiner Möglichkeit der flächenhaften Erschließung die intraregionale Verkehrsbedienung zugeteilt werden kann (Zubringer- und Ergänzungsverkehr), muß dem Bahnverkehr als linienhaftem Verkehrssammler die interregionale Verkehrsanbindung zukommen. Da der Schienenverkehr im ländlichen Raum nahezu ausschließlich in der Form von Nebenbahnen vertreten ist, wird diesen in der österreichischen Verkehrspolitik verstärktes Interesse zuteil werden müssen. Bereits in der Vergangenheit existierten Pläne, den Schienenverkehr im ländlichen Raum zu sanieren. Seinerzeit standen Überlegungen den Güterverkehr betreffend im Vordergrund der Diskussion, der Personenverkehr wurde als Restgröße aufgefaßt. Grundlage dieser Prioritätensetzung war nicht zuletzt die Tatsache, daß wesentliche Teile der Nebenbahnerlöse auf den Gütertransport zurückzuführen waren und dabei sogar ein Einnahmenverhältnis von 15:85 erreicht wurde. Seit einigen Jahren ist jedoch ein zunehmendes Interesse am Personenverkehr der Nebenbahnen festzustellen, wobei nicht zuletzt gesellschaftspolitische Gründe eine Rolle spielen dürften. Selbst wenn nur Randgruppen das von Bahn und Bus bereitgestellte öffentliche Verkehrsangebot annehmen, so ist gerade die Sorge für diese Randgruppen ihrem Wesen nach eine öffentliche Aufgabe und sind die verkehrlichen Voraussetzungen für die Mobilität auch dieser Bevölkerungskreise bereit zu stellen (vgl. HALMEYER, GÜRTLICH (Hrsg.) 1984, Vorwort).
Vor diesem Hintergrund beginnt sich in der österreichischen Verkehrspolitik ein Umdenken herauszukristallisieren, das in der politisch umstrittenen Nebenbahnfrage eine behutsame, jedoch beharrliche Lösung zugunsten dieses Verkehrsträgers verspricht. Deutlich wird dies bereits in der Regierungserklärung vom 31. Mai 1983, die auf die Nebenbahnfrage mit nachfolgender Stellungnahme Bezug nimmt. Es heißt hierzu:

„Die Bundesregierung strebt die technische Umrüstung erhaltenswerter Nebenbahnen mit dem Ziel einer vereinfachten und rentablen Betriebsführung an" (ÖBB-Journal 1985, Nr. 1, S. 15).

Auch das Aktionsprogramm des Vorstandes der ÖBB von August 1984 sieht eine Überarbeitung des Nebenbahnkonzeptes im Hinblick auf die Möglichkeit einer einfachen Betriebsführung vor. Es gilt dabei, den aus dem Jahre 1964 stammenden Beschluß der ÖBB, *„bauliche Maßnahmen auf Nebenbahnen nicht über das zur Erhaltung der Betriebssicherheit erforderliche Maß hinausgehen zu lassen"* (KUNZE 1984, S. 22), zu reformieren und im Hinblick auf die den Nebenbahnen attestierte regionalwirtschaftliche Bedeutung (ÖROK-Gutachten) zu überdenken. Vielfach wurde bereits erkannt, daß Nebenbahnen kein Relikt aus vergangenen Tagen sind, sondern vielmehr — vorausgesetzt sie werden nicht „ausgehungert" — einen qualitativ hochstehenden, leistungsfähigen Verkehrsträger verkörpern können. Der Eindruck vom musealen Nebenbahnverkehr ist abzubauen wichtig ist es, die Bahn „zu entstauben", sie technisch und organisatorisch den heutigen Gegebenheiten anzupassen und auch das Sekundärsystem (Radweg, Fußweg, Park-&-Ride) auf die Bahn auszurichten.

Lange Zeit bestand in der Industrie kein Anreiz für technologische Forschung im Bereich der Nebenbahnen, da jederzeit mit der Einstellung dieser oder jener Bahnlinie zu rechnen war und sich damit das Risiko von Forschungsverlusten viel zu kostspielig gestaltete. Seit Anfang der 80er Jahre zeigt sich jedoch, angeregt durch private Bahnunternehmen, eine Mobilisierung auf diesem Sektor; die Schaffung des neuen dieselelektrischen Nebenbahntriebwagens (Schmalspur wie Normalspur) ist der beste Beweis.

Weitreichende Folgen für den Nebenbahnbetrieb werden auch jene Pläne haben, nach denen speziell in Urlaubsregionen die Straße eine Entlastung erfahren und der Güterverkehr mehr und mehr auf die Schiene verlagert werden soll. Weitere Aussagen zur Akzentuierung des Bahnverkehrs, der vor dem Hintergrund eines notwendigen umwelt- und energiepolitischen Umdenkungsprozesses eine Aufwertung erfahren haben dürfte, werden sich im in Ausarbeitung befindlichen **Österreichischen Gesamtverkehrskonzept** finden, das einen speziellen Beitrag zum Nahverkehr leisten soll. Dieses Gesamtverkehrskonzept wird sich nicht allein mit den einzelnen Verkehrssystemen und ihren Funktionen auseinanderzusetzen haben, sondern wird auch Wechselwirkungen zwischen dem Verkehr in seiner Gesamtheit und dem wirtschaftlichen und sozialen Umfeld erfassen müssen. Das Österreichische Institut für Raumplanung (ÖIR) hat es dabei übernommen, einen Entwurf des verkehrspolitischen Zielkatalogs auszuarbeiten, gemäß dem den Nebenbahnen speziell in ländlichen Regionen eine nicht unwesentliche Verkehrsbedeutung beigemessen wird (vgl. GEYER 1982, S. 11—15).

Vorrangigstes Ziel aller aktuellen verkehrspolitischen Überlegungen sollte sein, die Imparitäten zwischen den Verkehrssystemen zu beseitigen, die den Wettbewerb zu Lasten der Eisenbahnen verzerren, denn nur dann ist einem Verkehrskonzept eine verkehrspolitische Steuerungsfunktion zuzusprechen. Die Verkehrspolitik kommender Jahre wird also klarstellen müssen, ob der Trend der Vergangenheit, der die Wahlfreiheit der Verkehrsteilnehmer erhöht und damit vor allem die Kraftfahrzeug-Verfügbarkeit konstant vergrößert hat, auch in Zukunft beibehalten werden kann. Wenn allerdings der Anteil des nichtmotorisierten sowie öffentlichen Verkehrs vermehrt werden soll — und die Absichtserklärungen gehen alle in diese Richtung —, so müssen für diese Verkehrsarten nachfragegerechte Maßnahmen erarbeitet werden. Nur eine Verkehrspolitik, die klar definiert, welche Aufgaben die einzelnen Verkehrsmittel zu erfüllen haben, wird zu einer für alle Beteiligten zufriedenstellenden Verkehrsentwicklung führen. Wesentlichster Gesichtspunkt einer die Gemeinnützigkeit der Bahn anerkennenden Verkehrspolitik muß primär die Abkehr vom bisher gültigen Postulat der Eigenwirtschaftlichkeit sein.

Vor diesem Hintergrund sollte eine künftige Verkehrspolitik nachfolgende Grundsätze realisieren: Fahrweg und feste Anlagen der Eisenbahnen von der öffentlichen Hand herstellen, verzinsen und abschreiben zu lassen; die laufende Erhaltung jedoch in den Aufgabenbereich des Betreibers zu legen, wobei auch ein Beitrag für die Inanspruchnahme zu leisten ist. Ferner sollten entsprechend den Entwicklungsvorstellungen der Raumordnung Investitionsplanungen vorgenommen werden, die eine Übernahme der Angebotsverantwortung durch die Gebietskörperschaften zur Folge hätten. Entscheidungen über Stillegungen und Einschränkungen in der Verkehrsbedienung werden damit zu politischen Entscheidungen, bei denen den Ländern im Rahmen der Angebotsverantwortung eine Schlüsselrolle zukommt.

Gegenwärtig entscheidet das Bahnunternehmen (ÖBB) nach einzelwirtschaftlichen Gesichtspunkten über Beibehaltung, Einschränkung oder Einstellung des Verkehrs, wobei gemäß § 29 des Eisenbahngesetzes der Verkehrsminister nach Anhörung des Landeshauptmannes den Antrag auf Betriebseinstellung zu genehmigen hat. Die Bundesregierung kann aufgrund der Bundesbahn-Gesetzesnovelle von 1973 aber auch beschließen, daß die ÖBB auf Strecken und Streckenteilen einen betriebswirtschaftlich nicht mehr zumutbaren Schienenverkehr ganz oder teilweise weiterzuführen haben; eine Entscheidung, die häufig im Kontext der speziell im ÖROK-Nebenbahngutachten herangezogenen Beurteilungskriterien (Fremdenverkehr, Grenzlandförderung oder raumordnungspolitische Zielsetzungen) getroffen wird. Da hierbei Bereiche berührt werden, die insbesondere aus der Verantwortung der Länder beurteilt werden müssen, ist der Bundesminister für Verkehr im Jahre 1984 an die Landeshauptmänner herangetreten und hat um Mitteilung gebeten, inwieweit an der Weiterführung betriebswirtschaftlich nicht mehr rentabler Nebenbahnen ein Landesinteresse vorliegt und in welchem Ausmaß zutreffendenfalls die Bereitschaft besteht, für eine Weiterführung entsprechende Zuschüsse zu leisten (vgl. KNOLL 1985, S. 94 bis 109).

Das Zukunftsproblem der Nebenbahnen ist damit nicht nur eine Frage der verkehrspolitischen Wertschätzung dieses Verkehrsträgers, die sich in Österreich wohl insgesamt zugunsten einer eisenbahnpositiven Grundhaltung verschoben haben dürfte, sondern darüber hinaus auch eine finanzpolitische Frage, die sich jedoch derzeit noch im Stadium der Abklärung der Kompetenzen befindet. Es ist sicherlich kein leichtes Unterfangen, Landespolitiker davon zu überzeugen, daß eine Beteiligung der Länder am Bahndefizit erforderlich ist, zumal der Betrieb und die Erhaltung zumindest der bundeseigenen Nebenbahnen durch gesetzlichen Auftrag Aufgabe der ÖBB und letztlich des Bundes ist. Sollten jedoch die Länder eine finanzielle Unterstützung, wodurch sie weitgehend Mitbestimmung bei der Festlegung von Art und Umfang des Schienenangebotes erhalten würden, pauschal ablehnen, würde sich ein Widerspruch zu jenen Aussagen regionaler und landesweiter Entwicklungsprogramme der letzten Zeit ergeben, die eine Erhaltung und einen Ausbau des Schienenverkehrs, speziell des Schienennahverkehrs (Nebenbahnen), verstärkt fordern und damit ein Interesse an der Aufrechterhaltung des Betriebes auf Nebenstrecken bekunden.

Während diese finanzpolitischen Querelen ausschließlich die bundeseigenen Nebenbahnen betreffen, ist die finanzielle Kompetenzfrage der nichtbundeseigenen Nebenbahnen seit langer Zeit geklärt. Die Landesbahnen (Stmk) befinden sich verkehrs- und finanzpolitisch in der Obhut des Landes, in diesem Fall der Steiermark; bei den übrigen Privatbahnbetrieben handelt es sich nahezu ausnahmslos um Aktiengesellschaften, wobei sich der Großteil der Aktien im Besitz von Gebietskörperschaften befindet, sei es des Landes oder einzelner Bahngemeinden. Diese haben sich schon frühzeitig bereit erklärt, den Bahnunternehmen finanziell zur Seite zu stehen und sie zu subventionieren (vgl. Montafonerbahn, Zillertalbahn, Achenseebahn etc.); eine Bereitschaft, die zu zeigen auch gegenüber den bundeseigenen Nebenbahnen wünschenswert wäre.

1.2 RÄUMLICH KONKRETISIERTE ZIELSETZUNGEN IN DEN VERKEHRSKONZEPTEN EINZELNER BUNDESLÄNDER UND PLANUNGSREGIONEN DES ÖSTERREICHISCHEN ALPENRAUMES

Thematisch eingebunden in den Komplex der Nahverkehrspolitik wird die Frage nach der Erhaltung beziehungsweise des Ausbaus des Nebenbahnangebotes in nahezu allen Landes- und Regionalentwicklungsprogrammen mehr oder minder konkret abgehandelt. Häufig existiert nur der Hinweis auf die Notwendigkeit der Erhaltung eines leistungsfähigen Schienennahverkehrs, womit die Einstellung des Nebenbahnverkehrs implizite ausgeschlossen wird.
In der *Vorarlberger Verkehrsplanung* finden sich im Hinblick auf eine Verbesserung der Nahverkehrssituation nachfolgende Feststellungen und Planungsvorgaben (Auszüge):

„Zur Bewältigung des gegenwärtigen wie des zu erwartenden Nahverkehrsaufkommens sind die verschiedenen Verkehrseinrichtungen ökonomisch auszubauen und bestmöglich aufeinander abzustimmen. Dies gilt insbesondere für die Verknüpfung von über- und untergeordnetem Straßennetz und von Straßen und Bahnlinien.
Wesentliche Voraussetzungen für die Erzielung eines höchstmöglich sicheren, zeitsparenden und ökonomischen Gesamtverkehrsablaufes sind:

— *Funktionsgerechte Gestaltung und Verflechtung des Verkehrswegenetzes;*
— *Beseitigung von Engpässen;*
— *Steuerung des Verkehrsaufkommens und Einschränkung der wechselseitigen Beeinträchtigungen von Siedlungs- und Verkehrswesen durch Koordination von Siedlungs- und Verkehrsplanung...*
— *Verbesserung der Qualität der öffentlichen Nahverkehrseinrichtungen mit dem Ziel, den öffentlichen Verkehr so weit wie möglich als bedarfsge-*

rechte Alternative zum Inividualverkehr auszugestalten. ..." (Amt der Vorarlberger Landesregierung (Hrsg.) 1976, S. 80).

Zur Hebung der Leistungsfähigkeit und Attraktivität der Eisenbahn als wichtigstem öffentlichen Verkehrsträger werden speziell im Eisenbahnpersonennahverkehr folgende Zielsetzungen als wesentlich angesehen:

— *„Verkürzung der Fahrzeiten und Verbesserungen in der Fahrplangestaltung mit fortschreitendem Streckenausbau;*
— *Schaffung der Voraussetzungen für eine dichte regelmäßige Zugfolge im Personenzugverkehr der Strecke Bregenz — Bludenz (—Schruns);*
— *vermehrter Einsatz von modernen und leistungsfähigen Zuggarnituren;*
— *Anpassung der Ausstattung und erforderlichenfalls auch der Situierung von Bahnhöfen und Haltestellen an wesentliche Veränderungen in der Nachfrage nach Verkehrsleistungen;*
— *Förderung des Park-&-Ride-Verkehrs"* (Amt der Vorarlberger Landesregierung (Hrsg.) 1976, S. 82).

Insgesamt wird für die koordinierte Planung der Betriebsabwicklung und eine funktionsgerechte Verknüpfung von öffentlichem Schienen- und Straßenverkehr die Ausarbeitung eines eigenen Konzeptes für den öffentlichen Personennahverkehr als notwendig angesehen und angestrebt, wobei die Bemühungen um Angleichung in der Tarifgestaltung verstärkt werden sollen und die Möglichkeiten für die Bildung von Tarifgemeinschaften zu prüfen sind (vgl. Amt der Vorarlberger Landesregierung (Hrsg.) 1976, S. 111).
Im Bereich des Gütertransports wird der Schiene lediglich im Fernverkehr eine Verkehrsbedeutung zugesprochen, im Nahverkehr ist der Transport auf der Straße zu fördern. Darüber hinaus wird für eine zeit- und kostensparende Abwicklung des Güterverkehrs ein Abgehen von der bisher üblichen dezentralisierten Flächenbedienung gefordert und eine Konzentration auf wenige größere Umschlagplätze (Ausbau des Knotenpunktverkehrs) angestrebt (vgl. Amt der Vorarlberger Landesregierung (Hrsg.) 1976, S. 83 u. 125).
In der Vorarlberger Verkehrsplanung findet sich damit zwar das Motto „Vorrang dem öffentlichen Nahverkehr", nicht jedoch eine besondere Propagierung des Schienenverkehrs, auch wird der Nebenbahnkomplex, hier vertreten durch die Montafonerbahn und seinerzeit (1976) auch noch durch die Bregenzerwaldbahn, nicht explizit erwähnt. Recht unterschiedlich sind die Praktiken des Landes Vorarlberg, wenn es um die Subventionierung der Nebenbahnunternehmen geht. Als Mitaktionär der Montafonerbahn stellt das Land neben dem Stand Montafon und den Bahngemeinden jährlich einige Mittel zur Verfügung, um die Bahn den gewandelten Verkehrsanforderungen entsprechend zu gestalten. Bei der Existenzsicherung der bundeseigenen Bregenzerwaldbahn weigerte man sich jedoch, Kosten zu übernehmen und berief sich aus nicht unverständlichen Gründen auf die gesetzlich verankerte Betriebs- und Erhaltungspflicht der Bundesbahn und letztlich des Bundes.
Daß jedoch diese Kompetenztrennung auch einmal im positiven Sinne unterlaufen werden kann, bewies das **Land Salzburg** im Jahre 1985, als die Betriebseinstellung der Pinzgauer Lokalbahn zur Diskussion stand. Seinerzeit kam es zu einer

Vertragsunterzeichnung zwischen dem Bund und dem Land Salzburg, wonach die Finanzierung des propagierten dreistufigen Ausbauprogramms zur Attraktivitätssteigerung des Bahnverkehrs im Oberen Pinzgau zu 80 Prozent vom Bund und zu 20 Prozent vom Land zu tragen ist. Obgleich Staatsverträge zwischen Bund und Ländern speziell bei der Mittelbereitstellung für Nahverkehrsvorhaben keine Seltenheit sind, so war dieser Schritt jedoch ein Sonderfall und bisher einmalig in der Geschichte der staatlichen Nebenbahnpolitik. Angestrebt wurde im Pinzgau auch der Abschluß eines Kooperationsvertrages zwischen der Landesregierung und den ÖBB, um die Existenz der Lokalbahn Zell am See — Krimml zu sichern. Dieses insgesamt beispielhafte und zur Nachahmung empfohlene Vorgehen ist sicherlich im Kontext einer expansiv betriebenen Bahnpolitik seitens des Landes Salzburg zu sehen.

In der **Steiermark** zeigt sich eine gänzlich andere Nebenbahnsituation. Hier ist der überwiegende Teil der Nebenbahnlinien im Eigentum und Betrieb des Landes Steiermark; bei den übrigen Nebenbahnen handelt es sich um bundeseigene Strecken. Damit ist zunächst einmal zu fordern, daß das Land als Träger der Landesbahnlinien seine regional- und verkehrspolitischen Ziele und Vorhaben mit den Interessen des landeseigenen Bahnbetriebes in Übereinstimmung bringen sollte. Daß auf dem Verkehrssektor der Landespolitik verstärkt gearbeitet wird, zeigt die Existenz eines **Sachprogramms „Verkehr"** zum Landesentwicklungsprogramm (vgl. Institut für Umweltforschung (Hrsg.) 1983). Aus diesem steiermärkischen Zielsystem „Verkehr" sollen Gesamtziel und Oberziele kurz skizziert werden. Als übergeordnetes Ziel ist ein *„größtmöglicher Beitrag des Verkehrssystems zur Lebensqualität in der Steiermark"* anzustreben. Gefolgt wird diese Gesamtzielsetzung von den Oberzielen:

„1.1 *Bestmögliche Befriedigung des notwendigen Verkehrsbedürfnisses (Verkehrsnachfrage) unter Ermöglichung einer freien Verkehrsmittelwahl (örtlich und zeitlich) in jenen Fällen, wo einerseits aus der Konkurrenzierung der Verkehrsmittel Vorteile für den Einzelnen und für die Volkswirtschaft, andererseits aber keine Umweltschäden zu erwarten sind.*

1.2 *Breitstellung eines Gesamtverkehrssystems (Verkehrsangebot), welches einen wirtschaftlichen Mitteleinsatz gewährleistet.*

1.3 *Verbesserung der Auswirkungen des Verkehrssystems (Maximierung des indirekten Nutzens, Minimierung der negativen Auswirkungen).*

1.4 *Bereitstellung der rechtlichen und organisierten Voraussetzungen für ein bestmögliches Verkehrssystem"* (zitiert bei FALLER, GÜRTLICH, METELKA 1986, S. 159).

Neben diesem Sachprogramm „Verkehr", in dem in den Zielsetzungen zwar keine direkte Bezugnahme zum Verkehrsträger „Nebenbahn" erfolgt, jedoch aus der Gesamtdarstellung eine angestrebte Aufrechterhaltung des Verkehrs auf Nebenbahnen abgeleitet werden kann, existieren auch Konzepte und Planungen zum Ausbau des Steirischen ÖBB-Schienennahverkehrs. Mit dem **„Konzept für den Schienen-Nahverkehr der ÖBB in der Steiermark"** liegt eine detaillierte Diskussionsgrundlage für nebenbahnspezifische Ausbauvorhaben vor. Im Zuge der geplanten Landesbeteiligung an Investitionen der ÖBB aus der „Nahverkehrsmilliarde" ist mit einer Angebotsverbesserung des Schienenverkehrs in den nächsten Jahren zu rechnen. Das genannte Konzept sieht unter anderem einen Stundentakt als Basis eines S-Bahn-ähnlichen Verkehrs auf den wichtigsten Regionalverkehrsstrecken (ÖBB) der Steiermark vor (vgl. FALLER, GÜRTLICH, METELKA 1985, S. 161).

Trotz der auch in der Steiermark verbreiteten Einsicht, Nebenbahnen aus regional- und raumpolitischer Sicht aufrechtzuerhalten, zeigt sich aber auch hier besonders von seiten der Landesbahnen eine betriebswirtschaftlich orientierte und an Rentabilitätsmomenten ausgerichtete Vorgehensweise. Denn nur so lassen sich die Einstellung der Stainzerbahn und die Stillegung der Feistritztalbahn erklären, letztere entgegen der ausdrücklichen Empfehlung des Österreichischen Instituts für Raumplanung (ÖIR), die Bahnlinie aus regionalpolitischen Gründen aufrechtzuerhalten.

Schließlich sei besonders auf die Verkehrspolitik des Landes **Tirol** hingewiesen, das durch die Existenz eines eigens für den Bahnsektor erstellten „**Schienenverkehrskonzeptes**" unter den Bundesländern eine besondere Stellung in der Eisenbahnpolitik einnimmt.

Ausgangsbasis für ein derartiges Vorgehen war die Problematik des öffentlichen Personennahverkehrs, der speziell im Zentralraum Innsbruck eine so große Entwicklung genommen hat, daß sich die Notwendigkeit verkehrspolitischer Korrekturmaßnahmen zeigte, um eine weitere Funktionsfähigkeit im Sinne volkswirtschaftlich und sozial wünschenswerter Zielvorstellungen zu gewährleisten.

Vor diesem Hintergrund hat der Tiroler Landtag mit Entschließung vom 24. 11. 1975 den Tiroler Raumordnungsbeirat (TROB) mit der Ausarbeitung eines Tiroler Schienenverkehrskonzeptes beauftragt. Im Bericht zu diesem Entschließungsantrag wird als Zielsetzung für die Erstellung des Schienenverkehrskonzeptes insbesondere die Neustrukturierung des Verkehrswesens in Tirol in der Weise gesehen, daß einerseits eine Entlastung der Bahnen von der Konkurrenz parallel geführter Kraftfahrlinien erreicht wird, andererseits die dadurch frei werdende Kapazität der Kraftwagenunternehmen für Aufgaben des Zubringer- und Ergänzungsverkehrs der Bahnlinien eingesetzt wird (vgl. STICKLER 1978a, S. 1, 2).

Der Tiroler Raumordnungsbeirat ist bei der Durchführung dieses ihm vom Landtag erteilten Auftrages seinerzeit zunächst von der Überlegung ausgegangen, vorerst den Nahverkehr vom Fernverkehr getrennt zu behandeln. Im Nahverkehr wird die Schiene nicht losgelöst von der Straße gesehen, wobei der Personenverkehr im Vordergrund steht. Die Datenbasis für das Tiroler Schienenverkehrskonzept bildet primär eine Untersuchung des Nahverkehrsraumes Innsbruck.

Eine bereits allgemeingültige Erkenntnis sieht der TROB in der Notwendigkeit, den Individualverkehr in Ballungsräumen zugunsten des öffentlichen Personennahverkehrs einzuschränken. Daß man bei der Verfolgung dieser Notwendigkeit nicht zu zaghaft sein sollte, wird aus der im Bericht zum Entschließungsantrag des Tiroler Landtags vom 24. 11. 1975 vorgegebenen und bereits eingangs erwähnten Zielsetzung über die Neustrukturierung des Verkehrswesens in Tirol abgeleitet (vgl. STICKLER 1978b, S. 1).

Das Schienenverkehrskonzept kann jedoch nicht die pauschale Verdammung des privaten Pkw bedeuten, wie sie von einigen Verkehrsideologen im Namen der sozialen Verantwortung zur Zeit propagiert wird. Es sollte vielmehr ein Bündel sorgfältig aufeinander abgestimmter verkehrstechnischer, städtebaulicher und organisatorischer Maßnahmen erarbeitet werden, die sich aus einer vorurteilsfreien Diskussion der aktuellen Verkehrsprobleme ergeben und die das Ziel verfolgen, das gesamte Beförderungsvolumen so auf die verfügbaren Nah-Verkehrsmittel zu verteilen, daß deren spezifische Vorteile optimal genutzt werden. Anzustreben ist damit eine sinnvolle Arbeitsteilung zwischen öffentlichem Verkehr und Individualverkehr. Und obgleich der Pkw noch Entwicklungsreserven besitzt, die zu einer verbesserten Anpassung an die Verkehrsnachfrage genutzt werden könnten, gilt es — nicht zuletzt im Rahmen einer verantwortungsbewußten Umwelt- und Energiepolitik —, in zunehmendem Maße restriktive Maßnahmen gegenüber diesem Verkehrsmittel durchzuführen.

Eine weitere Überlegung ist, daß innerhalb eines Nahverkehrsnetzes keine Verkehrslinie eine isolierte Stellung einnehmen sollte, da in der Regel die Linien Fahrgäste von anderen Linien übernehmen oder an andere weitergeben. Deshalb ist neben der linienspezifischen Verkehrssituation auch die Errichtung einer Netzstruktur anzustreben, in der öffentliche Verkehrsmittel einander ergänzen (vgl. STICKLER 1978b, S. 11).

Diese Grundeinstellung ist wesentlicher Bestandteil der übergeordneten Gesamtkonzeption des Tiroler Schienenverkehrsmodells, das, in weiteren Details darzustellen, im Rahmen dieser Studie zu weit führen würde. Interessant ist in diesem Zusammenhang allerdings die Tatsache, daß von den Nebenbahnen Tirols (4 nichtbundeseigene, 1 bundeseigene) noch keine stillgelegt worden ist. Ganz im Gegenteil, das Land war stets bereit, Finanzierungshilfe zu leisten, und besonders in jüngster Vergangenheit spiegelt sich die positive Eisenbahnpolitik in der Sanierung der Stubaitalbahn, die, von dem Alpdruck einer Stillegung befreit, nun sogar Erweiterungsabsichten hegt.

2. VERSUCH EINER PROGNOSE FÜR DIE ZUKUNFT DER NEBENBAHNEN IM ÖSTERREICHISCHEN ALPENRAUM

Die Ausführungen dieser Studie haben gezeigt, daß es sich bei dem Verkehrsträger „Nebenbahn" um ein äußerst krisenbehaftes Verkehrsmittel handelt, das, der Monopolstellung beraubt, in seiner jüngsten Verkehrsgeschichte vielfach am Abgrund der Existenzauflassung gestanden hat. Manch eine Bahn wurde stillgelegt, andere konnten ihren Fortbestand aus eigener Kraft oder auch mit Hilfe von außen kurzfristig sichern, um dann jedoch erneut mit der Frage der Daseinsberechtigung konfrontiert zu werden; wiederum andere sind von diesen Schicksalsschlägen verschont geblieben und konnten eine vergleichsweise stabile Position auf dem Verkehrssektor wahren.

Wie wird es aber weitergehen? Diese nur allzu oft gestellte Frage der Bahnbetreiber darf künftig nicht nur auf kurze Sicht Beantwortung finden. Gegenwärtig ist auf dem Verkehrsmarkt ein Stadium erreicht, in dem es unzulänglich ist, ein Verkehrsunternehmen lediglich gerade am Leben zu halten. Erforderlich ist vielmehr eine klare, rationale, tiefgreifende und verschiedene Ressorts umfassende Vorgehensweise, die den Bahnen das Image eines modernen und leistungsfähigen Verkehrsmittels der Gegenwart gibt, das mit einem komfortablen und den heutigen Verkehrsbedürfnissen adäquaten Verkehrsangebot eine echte Alternative zum Individualverkehr und eine wesentliche Stütze des öffentlichen Verkehrs darstellt.

Aus den Äußerungen zur verkehrspolitischen Einschätzung des Schienenverkehrs ist abzuleiten, daß bereits ein Umdenken in der Nebenbahnfrage sichtbar wird. Die Erkenntnis, daß Eisenbahnen immer noch rationeller befördern können als der Autobetrieb, daß sie die Natur weit weniger belasten und zerstören als moderne Straßen und daß sie energiesparender betrieben werden können als manch anderes Verkehrsmittel, sollte dazu führen, daß die noch existierenden Nebenbahnen nicht gänzlich abgeschrieben werden, sondern eine bereits seit langem erforderliche Sanierung und Rationalisierung ihres Betriebes erfahren. Denn letztlich ist eine Nebenbahn nur dann erhaltungswürdig, wenn gewährleistet ist, daß sie eine Betriebs- und Bedienungsform erhält, die optimal den Erfordernissen der tangierten Regionen entspricht, und auch die finanzielle Zuschußnotwendigkeit innerhalb tragbarer und zu rechtfertigender Grenzen liegt. Allein mit der Existenz eines Schienenstranges ist der Region nicht geholfen, es geht primär vielmehr stets um die Frage, ein optimales Angebot an Verkehrsleistungen zu finden.

Wenn auch bislang noch in keinem Fall die Existenzwürdigkeit und der Verkehrswert einer nachhaltig modernisierten Bahn in Frage gestellt worden sind, so sollte dennoch keine Illusion darüber bestehen, daß bereits eine verbesserte Betriebsform aus Nebenbahnen aktive und gefragte Verkehrsunternehmen machen kann. Gerade in Österreich sind die Nebenbahnen aufgrund jahrzehntelanger Vernachlässigung in ihrem Verkehrsbild so schwer geschädigt, daß alle Maßnahmen zur Attraktivitätssteigerung auch durch eine intensiv betriebene Öffentlichkeitsarbeit begleitet werden müssen. An dieser werden sich neben den Verkehrsunternehmen auch die Gebietskörperschaften und Fremdenverkehrsverbände beteiligen müssen, denn gerade sie sind dazu prädestiniert, die Vorteile verbesserter Verkehrsangebote für die Bevölkerung in der eigenen Region überzeugend darzustellen. Aber auch dann noch ist es kaum vorstellbar, daß die im Laufe der Jahrzehnte eingetretene Abwanderung der Kunden zur Straße sich kurzfristig umkehren lassen wird. Es wird ein langwieriger Prozeß sein, die Verkehrsnachfrager wieder an die Bahn zu binden und aus ihnen zufriedene und beständige Bahnkunden zu machen.

Während die Privatbahnen schon längst bewiesen haben, daß zur Steigerung des Verkehrspotentials Ideenreichtum, Improvisationstalent und Kundennähe gehören, war diese Flexibilität den bundeseigenen Nebenbahnen bislang fremd, wäre aber auch hier wünschens- und in besonderem Maße erstrebenswert. Damit liegt es letzten Endes auch an der Bahn selbst, vor dem Hintergrund verkehrspolitischer Zielkorrekturen und bahnfreundlicher Signalsetzung sichtbare Zeichen für eine positive Rationalisierung zu geben und das starre und schwerfällige Erscheinungsbild gegen einen dynamischen und modernen Verkehrsbetrieb einzutauschen, zumal für eine negative Rationalisierung, sprich Stillegung sowie Abtragung der Anlagen und damit einhergehend Substanzverlust, bereits genügend Beispiele existieren.

Die Nebenbahnsituation im österreichischen Alpenraum dürfte durch die einzelnen Fallstudien weitestgehend beschrieben worden sein, auch die Zukunftsperspektiven jeder einzelnen Bahnlinie wurden dabei im Kontext gegebener und zu erwartender spezifischer Rahmenbedingungen aufgezeigt, so daß Detailausführungen zur Zukunftsfrage einzelner Bahnen an dieser Stelle unterbleiben können. Zudem ist es ein unsicheres Unterfangen, die Zukunft der Nebenbahnen generell beurteilen zu wollen, zumal sie sich je nach Bahncharakter und Bahnraum anders zeigen wird. Was jedoch pauschal festgestellt werden kann, ist, daß die sich abzeichnende Wende in der Schienenverkehrspolitik auch an den Nebenbahnen im österreichischen Alpenraum nicht spurlos vorübergehen wird; eine Aussage, die erste Pilotprojekte (Stubaitalbahn, Pinzgauer Lokalbahn) bereits festigen.

Darüber hinaus ist bei der Zukunftsbeurteilung dieser Nebenbahnlinien die Tatsache zu berücksichtigen, daß es sich bei ihren Verkehrsräumen um großenteils bekannte Ferienregionen handelt, die mit einzelnen Ferienorten (Bahngemeinden) zu den „Tourismus-Hochburgen" Österreichs zählen (Schruns, Tschagguns im Montafon, Mayrhofen im Zillertal, Neustift im Stubaital, Seefeld, Zell am See, Krimml etc.). Da der Fremdenverkehr nach der Definition von KASPAR aus den beiden Komponenten „Ortswechsel bzw. Reise" und „Aufenthalt" besteht, kommt gerade in diesem Bereich dem Verkehr beziehungsweise den Verkehrsträgern eine besondere Schlüsselposition zu. Auch stellt der Fremdenverkehr hohe und zum Teil unvereinbare Ansprüche an die Verkehrsbedienung: Das Feriengebiet soll gut erreichbar sein, doch soll der Gesamteindruck nicht von Verkehrsstrassen und den auf ihnen fließenden Verkehrsströmen gestört werden. Vor dem Hintergrund dieser Forderung bilden die Lokalbahnen des österreichischen Alpenraumes eine für die Verkehrserschließung einer Urlaubsregion geradezu prädestinierte Voraussetzung. Sie zeigen sich bei einem angestrebten leistungsfähigen, dichten und zeitlich koordinierten Verkehrsangebot als ideales Verkehrsmittel, das sich aufgrund seiner minimalen Flächenbeanspruchung, dem optisch gefälligen Erscheinungsbild und der geringen Umweltbelastung durch vergleichsweise geringe Emissionswerte gut in die Ferienlandschaft einpaßt. Auch ist es einsichtiger, den Verkehr auf einer bereits existenten Trasse auszuweiten, als die Landschaft weiter zu verbauen.

Ein zur Nachahmung empfohlenes Beispiel eines autofreien Ortsverkehrs findet sich in dem Fremdenverkehrsort Zermatt (Wallis/Schweiz). Der individuelle Verkehr besteht hier nur aus Elektro- und Kleinfahrzeugen. Das Auto der Urlauber bleibt auf einem an der Brig-Visp-Zermatt-Bahn außerhalb des Ortes in Täsch gelegenen Parkplatz zurück; die Fahrt in den Ort wird mit der Lokalbahn angetreten. Es wäre wünschenswert, wenn diese Praktiken auch im österreichischen Alpenraum zur Anwendung kommen würden, zumal auch hier die Verkehrsbelastung der Touristenzentren oftmals die Kapazitätsgrenze überschritten hat und mancher Urlaubsgast aus diesen Gründen bereits fernbleibt. (Einschränkend muß jedoch angemerkt werden, daß ein autofreier Ort nur dort möglich ist, wo sich das Urlaubszentrum am Talschluß befindet und kein Durchgangsverkehr vorhanden ist.)

Auf der Grundlage des Fremdenverkehrs eröffnen sich damit speziell den alpenländischen Nebenbahnen Zukunftsperspektiven, die teilweise auch bereits erkannt und genutzt werden. An dieser Stelle sei auch nochmals auf die populären Dampf-Bummelzüge und zahlreichen Sonderfahrten hingewiesen, bei denen kein lokal vorhandenes Verkehrsbedürfnis befriedigt wird, sondern gar neue „alte" Bedürfnisse zur Spazierfahrt oder einem Ausflug mit der Bahn geweckt werden.

Verkehrspolitisch korrigierte Zielsetzungen zugunsten des Schienennahverkehrs, die Zuweisung einer regional- und verkehrswirtschaftlichen Bedeutung durch die Landes- und regionalen Entwicklungsprogramme sowie die Erkenntnis, nicht durch wissenschaftliche Analysen allein, sondern nur durch den praktischen Einsatz angemessener Sanierungs- und Rationalisierungsmaßnahmen das Verkehrsbild eines bislang mehr verachteten als geachteten Verkehrsträgers verändern zu können, lassen gegenwärtig die Zukunft der Nebenbahnen allgemein, und speziell jener des österreichischen Alpenraumes, sicherer denn je erscheinen. Bei allem Optimismus darf aber nicht vergessen werden, daß die Weiterexistenz eines Bahnunternehmens nach wie vor eine Frage der finanziellen Mittelzuweisung durch Bund, Länder, Gemeinden und anderer Gebietskörperschaften sowie Interessenverbände ist und damit das Schicksal einer Bahn letztendlich von der Wertschätzung jener abhängt, die sie zu subventionieren haben. All diesen sei an dieser Stelle Weitblick und Verantwortungsbewußtsein bei künftig zu treffenden Entscheidungsfragen auf dem Nebenbahnsektor gewünscht.

SCHLUSSBETRACHTUNG

Am Beginn dieser Studie stand die Intention, den Verkehrsträger „Nebenbahn" in seiner spezifischen Entstehungsgeschichte, seinen ihm inhärenten Eigenheiten, aber auch die auf ihn wirkenden externen Faktoren umfassend zu untersuchen, um so Rückschlüsse auf die heutige Nebenbahnmisere ziehen zu können. Mit dieser Aufgabenformulierung war die Notwendigkeit eines multilateralen Untersuchungsansatzes verknüpft. Auf einer Makro- wie auch einer Mirkoebene galt es, das überaus diffizile Problem der Existenzfrage der Nebenbahnen zu erläutern.
Der österreichische Alpenraum, das Verkehrsgebiet zahlreicher Nebenbahntypen und damit als Erhebungsregion geradezu geeignet, bot den äußerst ergiebigen lokalen Rahmen der Studie. Die Alpenlandschaft als „Fremdenverkehrshochburg" Österreichs brachte darüber hinaus eine neue Diskussionsbasis im Hinblick auf das Pro und Contra der Existenz dieses Verkehrsmittels.
Vor diesem Hintergrund wurde versucht, mittels einer systematischen Bestandsaufnahme die Verkehrssituation der Nebenbahnen im österreichischen Alpenraum zu durchleuchten und über analytische Betrachtungen der einzelnen Nebenbahntypen zu einem Gesamtüberblick der verkehrs- und raumspezifischen Verhältnisse dieses Verkehrsträgers zu kommen. Zum besseren Verständnis der Komplexität, Heterogenität, Interdependenzen und Korrelationen des Raum-Verkehrsgefüges wurde als wissenschaftliche Untersuchungsbasis die Synthese einer formal-beschreibenden, funktional-analytischen und sozialgeographischen Betrachtungsweise gewählt. Dieser breite verkehrsgeographische Forschungsansatz ermöglichte eine relativ gründliche Erfassung und Beurteilung des Nebenbahnproblems und zeigte sich auch als gute Ausgangsbasis für die Erarbeitung der die Nebenbahnmisere verursachenden Faktoren.
Ausgehend von einer für alle Nebenbahnen nahezu vergleichbaren Entstehungsgeschichte und unter Berücksichtigung der räumlichen Gebundenheit sowie raumdeterminierenden Wirkung dieses Verkehrsträgers wurde in Global- und Detailanalysen der Entwicklungsverlauf dieses Verkehrsmittels untersucht. Veränderte Verkehrs- und Raumstrukturen sowie der Wandel verkehrsraumrelevanter Verhaltensweisen waren an dem sich abzeichnenden Bedeutungsverlust, dem Funktionswandel und der Existenzkrise ebenso beteiligt wie eine starre, den veränderten Verkehrsbedürfnissen kaum gerecht werdende Betriebsführung. Weitere innerbetriebliche Negativmomente, wie ein stark überalteter Wagenpark, ein sanierungsbedürftiger Oberbau, die fahrplanmäßige Ausdünnung des Verkehrsangebotes und der mehrfach feststellbare sukzessive Rückzug des Nebenbahnangebotes aus der Fläche, verstärkten die Auswegslosigkeit dieses einst den Verkehrsmarkt beherrschenden Verkehrsmittels „Bahn".

In den Fallstudien, die auf der Grundlage einer nach Anlage- und Betriebsstruktur sowie Funktionsgefüge erstellten Nebenbahnklassifikation ausgewählt wurden, kam die Vielgestaltigkeit dieses Verkehrsträgers deutlich zum Tragen. Während die durch die Straßenkonkurrenz verursachten Probleme vielfach ähnlich waren, variierten Transportsubstrat, Anlageverhältnisse, Betriebsführung und Raummuster der Einzugsbereiche erheblich, so daß die zugrundeliegende Gesamtsituation jeweils anders strukturiert war.

Unter Berücksichtigung dieses heterogenen Erscheinungsbildes der Nebenbahnen und der unterschiedlichen Problemlage war es unmöglich, ein multi-wirksames „Allheilmittel" zu propagieren, das die krisenbehaftete verkehrswirtschaftliche Situation der Nebenbahnen verbessern könnte. Jegliche Lösungsmöglichkeiten sind in den spezifischen Bezugsrahmen einer Bahnlinie einzubinden, um dem Anspruch von Effektivität und Erfolg gerecht werden zu können.

Daß das Nebenbahnproblem äußerst vielschichtig ist, zeigte sich auch bei der Abhandlung der Stillegungsfrage. Folgewirkungen unterschiedlichster Art, die sich auf die demographische, siedlungsgeographische (-strukturelle), wirtschaftliche und sozialpolitische Ebene auszubreiten vermögen, konnten herausgearbeitet werden, so daß die den Nebenbahnen attestierte verkehrs-, regional- und raumordnungspolitische Bedeutung nicht nur zu konkretisieren, sondern auch zu akzentuieren war.

Trotz der sich äußerst schwierig gestaltenden Aufgabe, allgemeine Verbesserungsmaßnahmen vorzuschlagen, konnten Ansatzpunkte gefunden werden, auf deren Grundlage es möglich war, Empfehlungen und Vorschläge für eine Rationalisierung und Sanierung von Nebenbahnbetrieben zu erarbeiten, die es jedoch für jedes Einzelunternehmen zu spezifizieren und modifizieren gilt.

Letztendlich war es interessant, in den nationalen und regionalen Verkehrs- und Raumordnungskonzepten nach nebenbahnspezifischen politischen Kurskorrekturen zu suchen und diese in den jüngsten Stellungnahmen von Bund und Ländern im Kontext einer angestrebten Intensivierung der Nahverkehrspolitik auch zu finden.

Obgleich die betriebswirtschaftliche Gesamtsituation der Nebenbahnen sich gegenwärtig und wohl auch in naher Zukunft noch mehr als kritisch darstellen wird und der Verkehrsträger vor einer reinen Kosten-Nutzen-Analyse wohl kaum zu bestehen vermag, zeichnet sich speziell in Österreich bei Verkehrswissenschaftlern, Verkehrspolitikern und besonders verstärkt auch bei Landes- und Regionalplanern ein zwar erst schwach spürbarer, jedoch bereits effektiv nachvollziehbarer Wandel in der Grundeinstellung zur Nebenbahnfrage ab, der auch schon erste konkrete Erfolge im Hinblick auf eine expansive Bahnpolitik verbuchen kann.

Koordination und **Kooperation** sowie **angepasste Leistungsfähigkeit, Flexibilität** und **Kundennähe**, das sind die Schlagworte, die die Zukunft der neuen „alten" Nebenbahngeneration werden begleiten und prägen müssen, um die Hoffnung auf einen attraktiven, existenzfähigen und gefragten Nebenbahnverkehr nicht unrealistisch erscheinen zu lassen.

LITERATURVERZEICHNIS

Die Abkürzungen wurden nach der World List of Scientific Periodicals vorgenommen.

ABERLE, G. u. J. Maier (1975): Fernpaß — Garmisch-Partenkirchen. — In: Tirol. Ein Exkursionsführer (= Innsbrucker Geogr. Stud., 2, 145—166). Innsbruck
Achenseebahn AG (Hrsg.) (1984): Die Achenseebahn. — Jenbach
Aktiengesellschaft Stubaitalbahn (Hrsg.) (1954): 50 Jahre Stubaitalbahn. —Innsbruck
— (1979): 75 Jahre Stubaitalbahn. — Innsbruck
— (1983): Betriebsumstellung der Stubaitalbahn am 2. 7. 1983. — Innsbruck
Amt der Kärntner Landesregierung (Hrsg.) (1955): Memorandum über die Notwendigkeit des Bahnbaues Bleiburg — St. Paul im Lavanttal. — Klagenfurt
— (1963): Entwicklungsprogramm Mittleres Gailtal. — (= Schriftenreihe f. Raumforschung u. Landesplanung, 4), Klagenfurt
Amt der Salzburger Landesregierung (Hrsg.) (1962): Der Ober-Pinzgau. Strukturanalyse und Entwicklungsvorschläge. — Salzburg
— (1975): Entwicklungsplanung Pinzgau. — Salzburg
— (1977): Landesstraßen im Spiegel der Verkehrs- und Landesentwicklung. 1. Neubewertung und Dringlichkeitsreihung der Salzburger Landesstraßen. 2. Funktionelle Untersuchung zur Neufestlegung des Landesstraßennetzes. — Salzburg
— (1982): Gesamtverkehrsgutachten Lungau. — Bearb. v. H. Hutter. Salzburg
Amt der Steiermärkischen Landesregierung (Hrsg.) (1980): Örtliche Raumplanung: Unzmarkt-Frauenburg. Entwurf des örtlichen Entwicklungsprogramms. — Judenburg (unveröff.)
— (1981): Die regionalpolitische Bedeutung der Schmalspurbahn Weiz — Birkfeld — Ratten. — Graz (unveröff.)
— (1983/84a): Erläuterungsbericht zum regionalen Entwicklungsprogramm „Region Voitsberg". — Graz (unveröff.)
— (1983/84b): Erläuterungsbericht zum regionalen Entwicklungsprogramm „Region Deutschlandsberg". — Graz (unveröff.)
— (1984): Region Murau 14.2, Entwicklungskonzept (Entwurf). — Graz (unveröff.)
Amt der Tiroler Landesregierung (Hrsg.) (1975): Regionalplanung Stubaital (Vorbericht). — Innsbruck (unveröff.)
— (1976): Regionales Entwicklungsprogramm, Planungsraum 15 — Stubaital (Endbericht). — Innsbruck (unveröff.)

— (1978): Regionalplanung — Planungsraum 53 — Achental (Bestandsaufnahme, Vorbericht und Schlußbericht). — Innsbruck (unveröff.)
Amt der Vorarlberger Landesregierung (Hrsg.) (1976): Verkehrsplanung Vorarlberg (Entwurf). — Bregenz
— (1983): Landesentwicklungsprogramm Vorarlberg. — Bregenz
ANDEL, A. (1981): Die Nachfragewirksamkeit verkehrsorganisatorischer Maßnahmen auf der Bahnlinie Weiz — Gleisdorf. — (Studie erstellt i. A. d. Steiermärkischen Landesbahnen), Graz (unveröff.)
Arbeitsgemeinschaft ländlicher Raum (Hrsg.) (1976): Politik für den ländlichen Raum — Stillegungspläne der Dt. Bundesbahn. — (= Beitr. z. d. Probl. d. ländl. Raumes, 3), Tübingen
ARMBRUSTER, K. (1914): Die Tiroler Bergbahnen. — Berlin, London, Wien
ASCHAUER, F. (1960): Aus der Geschichte der oberösterreichischen Eisenbahnen. — Oberöst. Heimatbl., 14
Ausschuß der Lokalbahn Kaindorf-Pollau (Hrsg.) (1917): Die wirtschaftliche Bedeutung des Ausbaues der österreichischen Eisenbahnlinien. — Pollau
AUTHENRIETH, H. (1954): Die Rationalisierung von Nebenbahnen. — Nahverkehrsprax., 2, 10, 269
— (1956): Rationalisierung von Nebenbahnen durch Umstellung auf elektrischen Betrieb. — Nahverkehrsprax., 4, 8, 215
BARBISCH, H. (1922): Vandans, eine Heimatkunde aus dem Tale Montafon. — Innsbruck
BARNER, E. (1953): Die Mittenwaldbahn — Bau, Verkehrsleistung und Zukunft. — Eisenbahn, 5, 78—79
BÄSELER, W. (1956): Leben landwirtschaftliche Gebiete von den Nebenbahnen? (dargestellt am Beispiel der Härtsfelder-Bahn). — Int. Arch. f. Verkehrswesen, 8, 245—250
BATH, G. u. G. Müller (1968): Zu Problemen der Bedarfsprognose im Personenverkehr. — DDR-Verkehr, 1, 373—376
BAUER, A. (1930): Entvölkerung und Existenzverhältnisse in Vorarlberger Berglagen. Beiträge zur Wirtschaftskunde der Alpenländer in der Gegenwart. — Bregenz
BECKMANN, K. (1951): Problem Schiene-Straße bei den nichtbundeseigenen Eisenbahnen. — Verkehr u. Technik, 4, 6, 149—152
— (1955): Schienenersatzverkehr mit Omnibussen. — Verkehr u. Technik (Sonderheft), 14 ff.
BEER, L. (1977): Die Bregenzerwaldbahn. Ein Beitrag zur Verkehrsgeschichte Vorarlbergs. — Innsbruck
BEITL, R. (1956): 50 Jahre Montafonerbahn. — Bludenz
— (1960): Das Montafon. — In: F. Metz (Hrsg.): Vorarlberg, Landschaft, Kultur, Industrie, 131—136, Konstanz
BELL, J. (1940): Länderkundliche Darstellung des Montafons. — Diplomarbeit, Univ. Innsbruck
BERCHTHOLD, A. (1969): Die Vorarlberger Illwerke und die Erschließung der Bergwelt. — Vorarlberg, 7, 4, 39—44

BERTLE. H. (1980): Baugeologisches Gutachten betreffend die ÖBB-Strecke Bregenz — Bezau. Felssturz-, Rutschungs- und Steinschlaggefährdung. — (Erstellt i. A. d. Amtes der Vorarlberger Landesregierung), Schruns

BETHKE, R.-D. (1969): Schienenersatzverkehr — eine Verbesserung der Verkehrsverhältnisse. — Verkehrsannalen, 16, 497 ff.

— (1971): Die Stillegung der Nebenbahnen der Dt. Bundesbahn. Ein Beitrag zum Verständnis verkehrspolitischer Entscheidungsprobleme. — Mannheim

Betriebsleitung der Achenseebahn AG (Hrsg.) (1985): Dampf-Zahnradbahn Jenbach — Achensee. Tirol. Geschichte, Fahrpark, Pläne. — Jenbach

BIEDENKOPF, W. (1952): Das große Kleinbahnsterben. — Nahverkehr, 3, 3, 40

BIENERT, W. (1910): Der Einfluß der Eisenbahn auf die Verteilung der Menschen und ihrer Siedlungen in der Steiermark. — Diss., Graz

BIRKENHAUER, J. (1980): Die Alpen. — Paderborn, München, Wien, Zürich

BISCHOFSBERGER, W. (1976): Der Fremdenverkehr im Bregenzerwald. — (= Beitr. z. alpenländischen Wirtschafts- u. Sozialforsch., 164), Innsbruck

BLUM, O. (1943): Die Bedeutung der Schmalspur. — Z. f. Verkehrswiss., 19, 1—12

BOBEK, H. u. M. Fesl (1978): Das System der Zentralen Orte Österreichs. Eine empirische Untersuchung. — (= Schr. d. Komm. f. Raumforsch. d. Öst. Akad. d. Wiss., 3), Wien, Köln

BOCK, H. (1956): Wirtschaftlicher Nebenbahnbetrieb — Erfahrungen und Ausblick. — Eisenbahntech. Rdsch., 5, 1, 24

BORCHERDT, C. (1968): Die neuere Verkehrserschließung in Venezuela und ihre Auswirkungen in der Kulturlandschaft. — Die Erde, 99, 42—76

BOREL, G. (1953): Sanierung von Nebenbahnen und Binnenschiffahrtsbetrieben in den Alpenländern. — Int. Arch. f. Verkehrswesen, 5, 24, 553—558

BRÜSTLE, K. (1970): Die Bregenzerwaldbahn. — Vorarlberg, 8, 2, 48—51

— (1972): Die Montafonerbahn. — Vorarlberg, 10, 4, 12—18

BUFE, S. (1977): Karwendelbahn. München — Garmisch-Partenkirchen — Innsbruck (Bildband). — Stuttgart

— (1978): Eisenbahnen in Oberbayern. — München

BUCHWALD, D. (1970): Das Problem der Bregenzerwaldbahn. — (= Beitr. z. alpenländischen Wirtschafts- u. Sozialforsch., 102), Innsbruck

— (1972):Die Bregenzerwaldbahn. — In: Wirtschafts- u. Sozialforschung in Tirol und Vorarlberg, 535—540. Wien

Bundesministerium für Raumordnung, Bauwesen und Städtebau (Hrsg.) (1978): Raumstrukturelle Wirkungen der Streckenstillegungen von Eisenbahnstrecken. — (= Schriftenreihe „Raumordnung" des Bundesministeriums für Raumordnung, Bauwesen und Städtebau, 06.022), Bonn-Bad Godesberg

BURTSCHER, H. (1974): Die Entwicklung des Fremdenverkehrs in Vorarlberg. Gezeigt an Hand der Fremdennächtigungen von 1947/48 bis 1971/72. — Diss., Wien

CALLIES, P. (1952): Über die Existenzberechtigung der nichtbundeseigenen Eisenbahnen. — In: Verkehr als öffentliche Aufgabe, 100. Stuttgart

Club 760 (Hrsg.) (1974): Die Murtalbahn in Wort und Bild. — Bearb.: A. Luft, Murau
— (1982): Die Stainzerbahn. — Bearb. v. H. Fritz u. A. Luft, Wien
CUHORST, F. (1932): Verkehrsgeographie der Republik Österreich. — Stuttgart
CZAUTSCHER, F. (1951): Die österreichischen Eisenbahnen von 1832 bis 1882 unter besonderer Berücksichtigung ihres Wirtschaftszweckes und ihrer Wirtschaftsleistung. — Wien
CZEDIK, Fr. v. A. (1910): Der Weg von und zu den österreichischen Staatsbahnen. — o. O.
CZUBIN, K. (1966): Probleme der Verkehrsführung im Raume Bregenz und deren wirtschaftliche Folgen. — Diss., Wien
Dampfzug-Betriebsgesellschaft Pinzgauer Bahn (Hrsg.) (1985): Pinzgauer Bahn. Romantisches Erlebnis. — Zell am See
Deutscher Industrie- und Handelstag (Hrsg.) (1977): Vom Gleis abgekommen. Die verkehrs- und regionalpolitische Bedeutung von Schienen für die Fläche. — Bonn
DIENES, M. (1892): Die Bedeutung der Eisenbahn für die Entwicklung steirischer Orte im 19. Jahrhundert. — Bl. f. Heimatkunde, 2, 52—57
DRUDE, M. (1971): Nebenbahnen in ländlichen Räumen. Zur Erfassung ihres Wohlstandbeitrags. — (= Schr. z. Regional- u. Verkehrsproblemen i. Industrie- u. Entwicklungsländern, 8), Berlin
DULTINGER, J. (1961): Tirols Schienenwege. — In: 100 Jahre Tiroler Verkehrsentwicklung 1858—1958 (= Tiroler Wirtschaftsstud., 10, 74—108). Innsbruck
— (1964): Investitionsplanungen der ÖBB in Tirol. — Eisenbahntech. Rdsch., 12, 589—591
— (1982): Auf schmaler Spur durch Südtirol. Schmalspurbahnen südlich des Brenners. Ein Beitrag zur Eisenbahngeschichte Tirols. — Rum
EGERT, F. (1951): 100 Jahre Tiroler Verkehrswirtschaft. — In: Tiroler Wirtschaft in Vergangenheit und Gegenwart, 1, 353—391. Innsbruck
— (1961a): Die Bedeutung des Verkehrs für das Land Tirol. — In: 100 Jahre Tiroler Verkehrsentwicklung 1858—1958 (= Tiroler Wirtschaftsstud., 10, 64—68). Innsbruck
— (1961b): Die Stellung Tirols im europäischen Verkehr. — In: 100 Jahre Tiroler Verkehrsentwicklung 1858—1958 (= Tiroler Wirtschaftsstud., 10, 2—16). Innsbruck
EGG, E.; PFAUNDLER, W. u. M. PIZZINUNI (1976): Die Nordtiroler Lokalbahnen. — In: Von allerley Werkleuten und Gewerben (Bildgeschichte der Tiroler Wirtschaft), 111—112. Innsbruck
EGGHART, E. (1977): Entwicklung der räumlichen und wirtschaftlichen Strukturen im politischen Bezirk Murau. —Diplomarbeit, Universität Wien
EGGER, A. (1948): Die Graz-Köflacher Eisenbahn- und Bergbaugesellschaft (Geschichtliche und betriebswirtschaftliche Abhandlung). — Diss., Wien
ELMENREICH, F. u. G. FEUERSTEIN (1968): Die Landwirtschaft Vorarlbergs. — In: K. ILG (Hrsg.): Landes- und Volkskunde, M. 2, 345—409. Innsbruck, München

ELSE, P. K. u. M. HOWE (1969): Cost-Benefit-Analysis and the Withdrawal of Railway Services. — J. of Transp., Econ. and Policy, III, 178—194

ERNST, W. (1967): Strukturwandel des Nahverkehrs im Zuge der Raumordnung. — Int. Arch. f. Verkehrswesen, 21, 12—14. München

ESENWEIN-ROTHE, I. (1956a): Die Verkehrs-Effizienz. Versuch einer Erfassung und Messung der raumwirtschaftlichen Leistung von einseitig angeschlossenen Nebenbahnen. — Berlin

— (1956b): Die raumwirtschaftliche Bedeutung von Stichbahnen für sekundäre Wirtschaftsgebiete. — In: Raum und Verkehr, Bd. 1 (= Forschungs- u. Sitzungsber. d. Akad. f. Raumforschung u. Landesplanung, 4, 141—170). Bremen, Horn

ESTERMANN, G. (1982): Nahverkehrsziele der Österreichischen Raumordnungskonferenz. — In: Erkenntnisse und Bekenntnisse in der Nahverkehrsplanung (= Bundesministerium f. Bauten u. Technik, Straßenforschung, Bundesstraßenverwaltung, 178, 17—21). Wien

Eurovapor (Hrsg.) (1978): Von Bregenz nach Bezau... Reiseführer der Bregenzerwaldbahn. — Bregenz

EXELI, W. (1975): Pendelwanderung der Arbeitnehmer in Tirol 1964—1974. — Innsbruck

FALCH, F: (1981): Planungsregion Deutschlandsberg: „Öffentlicher Nahverkehr"- (erstellt i. A. d. Steiermärkischen Landesregierung), Graz (unveröff.)

FALLER, P. (1968): Die Erhaltung von Nebenbahnen — eine verkehrs- und regionalpolitische Aufgabe. — Der Städtebund, 23, 73—39

FALLER, P.; GÜRTLICH, G. u. M. METELKA (1986): Projektstudie Gleisdorf — Weiz. Verkehrs- und regionalwirtschaftliche Analyse. Gestaltungsvorschläge — Kosten-Nutzen-Beurteilung. — Wien (unveröff.)

FEILER, K. (1949): Aus dem Reich der Schiene. — Wien

FELS, E. (1965): Anthropogene Geomorphologie. — Petermanns Geogr. Mitt., 109, 9—15

FELSINGER, H. (1979): Die Mariazellerbahn. — Wien

FESSEL, K. (1975): Strecken mit geringem Verkehrsaufkommen. — (unveröff. Stud. d. Dr. Fessel u. Gfk.-Ges. f. Konsum-, Markt- u. Absatzforsch. m. b. H., erstellt i. A. d. ÖBB), Wien

FEUERSTEIN, G. (1961): Die Verkehrswege des Bregenzerwaldes. — Diplomarbeit, Univ. Innsbruck

— (1972): Die Wälderbahn. — Die Quelle, 1, 12—14

FEUERSTEIN, J. (1942): Vorarlberg, eine verkehrsgeographische Untersuchung. — Diss., Wien

FLAIG, W. u. H. (1954): Alpenmark Montafon. Führer und kleine Heimatkunde der Talschaft Montafon. — Schruns

FRANZ, E. (1981): Nach 133 Jahren... Die letzten Dampflokomotiven in der Steiermark. — Wien

FRISCHLER, K. (1979): Das große österreichische Eisenbahnbuch. — Wien, München, Zürich

FREILINGER, K. (1979): Das Wettbewerbsproblem Schiene-Straße in Deutschland und Österreich. — Diss., Wien

Fremdenverkehrsverein Tamsweg (Hrsg.) (1970): Tamsweg, Land Salzburg, Österreich. Gebirgssommerfrische, Wintersportort. — Tamsweg

FRITZ, H. (1976): Die Pinzgauer Lokalbahn. Geschichte der Schmalspurbahn Zell am See — Krimml. — Murau

FRÖCHTLING, U.; EMMERICH, H.; LÖFFLER, W. u. H. SCHMEHLING (1980): Rationalisierungsmöglichkeiten bei Nebenbahnen mittlerer Belastung. — Die Bundesbahn, 7, 479—482

FROELICHER, B. (1945): Der Begriff „Fremdenverkehrsbahn". — Schweiz. Beitr. z. Verkehrswiss., 15, Bern

FOCHLER-HAUKE, G. (1976): Verkehrsgeographie. — 4. Aufl., Braunschweig

FUCHS, G. (1976): Probleme des Güterverkehrs auf Nebenbahnen. — Verkehr, 32, 6, 239

GANSER, K. (1976): Überlegungen zu einer offensiven Raumordnungspolitik beim Rückzug der Schiene aus der Fläche. — In: Inf. z. Raumentwicklung, 415, 183

GASSER, H. (1976): Erlebnis Stubaital. — Graz, Stuttgart

GASSER, S. (1965): Die Auswirkungen der Vorarlberger Illwerke auf das Wirtschaftsleben des Montafons. — Diplomarbeit, Univ. Innsbruck

Generaldirektion der ÖBB (Hrsg.) (1937): Die österreichischen Eisenbahnen 1837—1937. Gedenkblatt zur Hundertjahrfeier der Eröffnung der ersten österreichischen Dampfeisenbahn. — Wien

Gesellschaft für Natur und Technik (Hrsg.) (1953): Österreichs Eisenbahnen. — Wien

GEYER, H. (1982): Österreichs Gesamtverkehrskonzept. Beitrag zum Nahverkehr. — In: Erkenntnisse und Bekenntnisse in der Nahverkehrsplanung (= Bundesministerium f. Bauten u. Technik, Straßenforschung, Bundesstraßenverwaltung, 178, 11—15). Wien

GLAUERT, G. (1975): Die Alpen, eine Einführung in die Landeskunde. — Kiel

GLOTZ, H. (1955): Was bringt die Verdieselung einer Nebenbahn? — Verkehr u. Technik, 8, 7, 180

GORBACH, D. (1961): Die Industrie des Bregenzerwaldes. — Diplomarbeit, Univ. Wien

Graz-Köflacher Eisenbahn und Bergbaugesellschaft (Hrsg.) (1927): Konzessionsurkunden für die Eisenbahnlinien Graz-Köflach und Lieboch-Wies der GKB. — Graz

— (1960): Jubiläumsschrift anläßlich des hundertjährigen Bestehens der Graz-Köflacher Eisenbahn. — Graz

— (1983): Informationsbroschüre zur GKB. — Graz

— (1985): 125 Jahre GKB-Eisenbahnlinie Graz-Köflach. — Graz

GSTEU, H. (1933): Beiträge zur Anthropogeographie von Vorarlberg. — (= Forsch. z. dt. Landesk., 29, 80—198)

— (1957): Länderkunde Österreichs. — Innsbruck

— (1961): Das Land im Überblick. — In: K. ILG: Landes- und Volkskunde, Bd. 1, 7—55. Innsbruck

— (1972): Unsere Heimat. Au im Bregenzerwald. — Au

HAARMANN, A. (1896): Die Kleinbahnen. Ihre geschichtliche Entwicklung, technische Ausgestaltung und wirtschaftliche Bedeutung. — Berlin

HAIMAYER, P. (1975a): Die Fremdenverkehrslandschaft in der Seefelder Senke. — In: Tirol. Ein geographischer Exkursionsführer (= Innsbrucker Geogr. Stud., 2, 131—144). Innsbruck

— (1975b): Das Stubaital. Verkehrserschließung, Kleineisenindustrie, Tourismus. — In: Tirol. Ein geographischer Exkursionsführer (= Innsbrucker Geogr. Stud., 2 167—178). Innsbruck

HAINITZ, H. u. G. GÜRTLICH (1984): Möglichkeiten und Grenzen einer Verbesserung des Schienenverkehrs im ländlichen Raum. — In: Verkehr im ländlichen Raum (= Spezial, 8, 71—109). Wien

HANSELY, H. u. O. GLANZER (Bearb.) (1965): Entwicklungsprogramm Mittleres Gailtal. — Hrsg. v. Amt der Kärntner Landesregierung, Abt. Landesplanung. Klagenfurt

HAPERNEG. A. (1965): Die wirtschaftliche Situation und Entwicklung des Gail- und Lesachtales. — Diss., Innsbruck

HARRER, H. (1080): Salzburger Lokalbahnen. — Int. Arch. f. Lokomotivgesch., 18, Wien

HASSERT, K. (1931): Allgemeine Verkehrsgeographie. — 2. Aufl., Berlin

HEIMBURG, J. (1895): Die Kleinbahn, ihre Bedeutung und ihr Platz im heutigen Verkehrsleben. — Oldenburg, Leipzig

HEINERSDORFF, R. (1975): Die k. u. k. privilegierten Eisenbahnen der österreichisch-ungarischen Monarchie, 1828—1918. — Wien, München, Zürich

— (1980): Die Alpenbahnen in Österreich. — Zürich

HILGER, P. (1955): Die Nebenbahnen der Dt. Bundesbahn im Eifelgebiet unter dem Gesichtspunkt ihrer Wirtschaftlichkeit. — Köln

HIRSCHFELD, H. (1966): Die Elektrizitätswirtschaft des Montafons. — Diss., Wien

HOFBAUER, E. (1937): Die österreichischen Eisenbahnen 1837—1937. — Wien

— (1952): Die ersten österreichischen Eisenbahnplanungen, ihre volkswirtschaftlichen Grundlagen und verkehrspolitischen Auswirkungen. — In: Gegenwartsprobleme des Verkehrs, 73—92. Wien

HOFFMANN, R. (1961): Die Gestaltung der Verkehrswegenetze. — (= Veröff. d. Akad. f. Raumforschung u. Landesplanung, 39), Hannover

— (1963): Wesensunterschiede der Verkehrsträger in der Raumerschließung. — In: Aufgabenteilung im Verkehr (= Forschungs- u. Sitzungsber. d. Akad. f. Raumforschung u. Landesplanung, 24, 43 ff.). Hannover

— (1965): Rückzug der Eisenbahn aus der Fläche? — (= Veröff. d. Akad. f. Raumforschung u. Landesplanung, Abhandlungen, 46), Hannover

— (1969): Die Bedeutung der Eisenbahn für den ländlichen Raum. — In: Die strukturgerechte Verkehrsbedienung ländlicher Räume (= Veröff. d. Akad. f. Raumforschung u. Landesplanung, 57, 37—51). Hannover

HOHN, M. (1980): Die Waldbahnen in Österreich. — Wien

HÜRLIMANN, H. (1951): Die Zubringerdienste von und zu den Hauptverkehrslinien unseres Landes. — Schweiz. Arch. f. Verkehrswiss. u. Verkehrspolitik, 6, 2, 172—239

ILG, K. (1961—1968): Landeskunde Vorarlbergs. — 4 Bde., Innsbruck, München
ILLETSCHKO, — (1957): Transportbetriebswirtschaft im Grundriß. — Wien
INNEREBNER, K. (1915): Die Mittenwaldbahn. — Innsbruck
— (1936): Über die Schlüsselstellung Tirols im Verkehrswegenetz der Alpen. — Innsbrucker Nachr., 219, 12 ff.
Institut für Umweltforschung (Hrsg.) (1983): Sachprogramm Verkehr. — Erstellt i. A. d. Steiermärkischen Landesregierung. Graz
ISBARY, G. (1963): Regionale Probleme der Raumordnung. — Saarbrücken
JAEGER, W. (1975): Die Stillegung von Eisenbahnstrecken und ihre Auswirkungen. — (= Diskussionspap. d. Ges. f. Wirtschafts- u. verkehrswiss. Forsch. Bonn, 16), Bonn
JAKOPP, L. T. (Hrsg.) (1913a): Bergbahnen Tirols nebst kurzem Streckenführer für alle Tirol durchziehenden Bahnen. — Innsbruck
— (1913b): Die Mittenwaldbahn und ihr Verkehrsgebiet. — Innsbruck
JANIN, B. (1971): Le trafic aux tunnels du Mont-Blanc et du Grand-Saint-Bernard et sur l'autoroute du Val d'Aosta. — Rev. de Geogr. alp., LIX, 4, 503—534. Grenoble
JEANMAIRE, C. (1969): Zahnradbergbahnen in Österreich. — Dampfarch., 6, Basel
JORDAN, K. (1964): Die österreichischen Bundesbahnen und ihre Sanierung. — Diss., Wien
JUDMAIER, D. (1981): Achenseebahn. Jenbach-Achensee. (Technisch-betriebliches Gutachten der Landesbaudir. i. A. d. Tiroler Landesregierung), Innsbruck (unveröff.)
— (1982):Tiroler Bahnprojekte des 19. und 20. Jahrhunderts. — Mitt. d. öst. verkehrswiss. Ges., 28, 4, 15—19
JÜLG, F. (1964): Die Bedeutung der Bergbahnen für den Fremdenverkehr in Österreich. — Diss., Wien
K.u. K. Eisenbahnministerium (Hrsg.) (1908): Die österreichischen Bahnen niederer Ordnung. — Wien
KAAN, E. R. (1976): Die österreichischen Staatseisenbahnen. Ein Rückblick und ein Ausblick. — Vortrag gehalten i. d. verkehrswiss. Ges. am 28. 12. 1945. Wien
Kammer für Arbeiter und Angestellte für Salzburg (Hrsg.) (1981): Die Krimmlerbahn. Zustand und Entwicklungsmöglichkeiten einer Schmalspurbahn. — Salzburg
Kammer für Arbeiter und Angestellte für Tirol (Hrsg.) (1969): Pendelwanderungen in Tirol 1969. — Innsbruck
KANZLERSKI, D. (1976): Verkehrsverhalten, Verkehrsbedürfnisse und Organisationsformen im öffentlichen Personennahverkehr ländlicher Räume. — In: Infn. z. Raumentwicklung, 4/5, 225—236. Bonn-Bad Godesberg
KARGEL, F. (1935): Die Tiroler Bahnen. Geschichte ihrer Erbauung. — Tiroler Heimatbl., 321—359
KARNER, F. u. H. PREGANT (1962): 125 Jahre österreichische Eisenbahnen. 1837—1962. — Dt. Bundesbahn, 36, 24, 1082—1091

KASPAR, C. (1975): Die Fremdenverkehrslehre im Grundriß. — (= St. Gallener Beitr. z. Fremdenverkehr u. z. Verkehrswirt., 1), Bern, Stuttgart
KELLER, H. (1970): Die Funktionsfähigkeit des Wettbewerbs zwischen Schiene und Straße im Güterverkehr. — Zürich
KELLER, W. (1975): Das Außerfern. Wandel der Wirtschafts- und Bevölkerungsstruktur eines dezentralen Raumes. — In: Tirol. Ein geographischer Exkursionsführer (= Innsbrucker Geogr. Stud., 2, 251—280). Innsbruck
KELLNER, O. (1950): Geschichte des Salzburger Verkehrswesens ab 1850. — Diss., Innsbruck
KENNING, L. (1985): Eisenbahnführer Österreich 1985/86. — Nordhorn
KEPNIK, B. (1964): Die Entwicklung des Betriebsdienstes der österreichischen Bundesbahnen im letzten Jahrzehnt. — Eisenbahntech. Rdsch., 12, 539—552
KIRCHSBERG, H., Ritter Manger von (1914): Die steiermärkische Landesbahnen-Aktion. — Graz
KLASSEN, L. H. (1984): Die Erreichbarkeit ländlicher Regionen. — In: Verkehr im ländlichen Raum (= Spezial, 8, 45—54). Wien
KLOSSEK, J. (1968): Achenseebahn und Zillertalbahn in Wort und Bild. — Stuttgart
KLUMP, D. (1967): Das Straßenwesen im Bregenzerwald. — Diss., Innsbruck
KNELY, H. (1974): Die Entstehungsgeschichte der Gailtalbahn. — In: 80 Jahre Gailtalbahn Arnoldstein-Hermagor 1894—1974. Festschrift aus Anlaß des Jubiläums am 18. 08. 1974, 7—11
KNOFLACHER, H. (1973):Die Verkehrserschließung des ländlichen Raumes in Tirol. — Diss., Innsbruck
— (1984): Ländlicher Raum — Eigendynamik der Verkehrssysteme. — In: Verkehr im ländlichen Raum (= Spezial, 8, 147—158). Wien
KNOLL, A. (1985): Möglichkeiten einer Rationalisierung im Betrieb von Nebenbahnen bei gleichzeitiger Verbesserung des Verkehrsangebotes. — Diplomarbeit, Universität Wien
KNOP, B. u. D. KRAEMER (1976): Regionale Arbeitsmärkte und Schienenverkehrserschließung. — Infn. z. Raumentwicklung. 4/5, 209—217
KOCÉ, A. (1964): Die Elektrifizierung der ÖBB. — Eisenbahntech. Rdsch., 12, 582—588
KOCH, E. (1951): Das österreichische Eisenbahnwesen von der Entstehung bis zum Jahre 1938. — Diss., Innsbruck
KOCH, K. (1975): Die Bedeutung von Eisenbahnlinien für die Struktur einer Region, dargestellt am Beispiel der Region Oberrhein. — (= Materialien aus dem Aufbaustudium Regionalwissenschaft, Regionalplanung, Universität Karlsruhe, Nr. 3), Karlsruhe
KOFLER, A. (1929): Vom Werdegang der Stubaitalbahn. — In: Tirol, Natur, Kunst, Volk, Leben, 2, 6, 12 f.
— (1954): 50 Jahre Stubaitalbahn. Warum und wie die Stubaitalbahn entstand? — Tiroler Bauernz. 31, 7
KOHL, J. G. (1841): Der Verkehr und die Ansiedlungen von Menschen in ihrer Abhängigkeit von der Gestaltung der Erdoberfläche. — Leipzig

KORZENDÖRFER, H. (1968): Voraussetzungen für die endliche Sanierung der ÖBB. — In. Ber. u. Infn., 1132, 42 f.
KRAUSE, E. (1953): Rationalisierung von Nebenbahnen. — Eisenbahntech. Rdsch., 1, 15
KREBS, N. (1961): Die Ostalpen und das heutige Österreich. Eine Länderkunde. Bd. 1 u. 2 — 3. Aufl., Darmstadt
KREFT-KETTERMANN, H. (1986): Die Zillertalbahn — Konzeption, Entwicklung und Bedeutung für die Wirtschaft eines Tiroler Alpentales. — Mitt. d. Öst. Geogr. Ges., 128, 113—137
KREUTER, F. (1891): Technischer Bericht zum Vorprojekte einer Eisenbahn von Meran nach Landeck (Finstermünzbahn). — München
KREUTZ, W. (1982): Straßenbahnen, Busse und Seilbahnen von Innsbruck. — Innsbruck
— (1983): Ein Denkmal verschwindet. — Hobby Tourist, 34. Jenbach
— (1985): Stubaitalbahnumstellung war ein voller Erfolg. — Hobby Tourist, 18. Jenbach
KROBOT, W.; SLEZAK, J. u. H. STERNHART (1976): Schmalspurig durch Österreich. Geschichte und Fahrpark der Schmalspurbahnen Österreichs. — Wien
KRÜGER, K. (1955): Lage und Aussichten der europäischen Privatbahnen. — Nahverkehrsprax., 3, 9, 211
— (1957): Wirtschaftlichkeit der Lokalbahnen. — (32. Int. Kongreß). Hamburg, Berlin
KRUTIAK, W. (1976): Mittenwaldbahn. Innsbruck — Garmisch-Partenkirchen. Geschichte, Technik und Landeskunde der Mittenwald-und Außerfernbahn Innsbruck — Garmisch-Partenkirchen — Reutte. — Wien
KÜBLER, C. (1951): Eisenbahnprobleme im alpinen Raum. — Diss., Innsbruck
KÜBLER, E. (1951): Österreichs Lokalbahnsorgen. — Verkehr, VII, 7, 197
KÜHNHOLD, W. (1971): Die wirtschaftsgeographische Entwicklung im Montafon. — Diss., Münster
KUNZE, E. (1984): Die ländlichen Gebiete Österreichs: Entwicklungsstand durch mangelnde Verkehrserschließung? — In: Verkehr im ländlichen Raum (= Spezial, 8, 9—33). Wien
— (1986): Neuere Ansätze zur Lösung der Nebenbahnfrage in Österreich. — Mitt. d. Öst. Geogr. Ges., 128, 91—112
LAHNSTEINER, J. (1969): Unterpinzgau. Mittelpinzgau. Oberpinzgau.- In: Pinzgauer Heimatkunde, 1—3, 1956—2924. Hollersbach
— (1980): Oberpinzgau. Von Krimml bis Kaprun. Eine Sammlung geschichtlicher, kunsthistorischer und heimatkundlicher Notizen für die Freunde der Heimat. — Hollersbach
LAMPRECHT, H. (1984): Verbessertes Verkehrsangebot im ländlichen Raum: Interessen des Fremdenverkehrs. — In: Verkehr im ländlichen Raum (= Spezial 8, 62—70). Wien
LECHNER, N. (1913): Die Mittenwaldbahn. — Innsbruck
LEHNHART, H. (1973): Die Privatbahnen in der Steiermark. — Eisenbahn 26, 9, 131
LEIDLMAIR, A. (1983): Landeskunde Österreich. — München

LEITNER, W. (1979): Der Interaktionsraum Graz. Studie zur Stadt-Umlandproblematik und zur Abgrenzung von Agglomerationsräumen. — Graz
— u. P. EDER (1981): Jüngste sozio-ökonomische Strukturveränderungen im obersteirischen Bezirk Murau als Ansatzpunkte für eine Strukturanalyse des Tourismus. — In: Österreich in Geschichte und Literatur mit Geographie, 25, 3, 27 ff.
LIEBSCH, F. (1964): Vom Methodischen der Verkehrsplanungen bei den Österreichischen Bundesbahnen. — Eisenbahntech. Rdsch., 13, 12, 553—573
LOCHER, B. (1970): Struktur und Strukturveränderungen der Vorarlberger Industrie. — (= Beitr. z. alpenländischen Wirtschafts- u. Sozialforsch., 79), Innsbruck
LOETTGERS, R. (1981): Kleinbahnen im Sauerland. — Düsseldorf
LOITLSBERGER, P. (1955): Das Wirtschaftlichkeitsprinzip. — Wien
LORKE, B. (1962): Gestaltung und Entwurf von Eisenbahnkarten. — In: Kartengestaltung und Kartenentwurf. 293—312. Mannheim
LUFT, A. (1970): Bilder von der Murtalbahn. — Wien
MADER, D. (1965): Die Bregenzerwaldbahn. (Eine wirtschaftsgeographische Untersuchung). — Diss., Wien
MAIER. J. (1976): Zur Geographie verkehrsräumlicher Aktivitäten. (Theoretische Konzeption und empirische Überprüfung an ausgewählten Beispielen in Südbayern). — (= Münchner Stud. z. Sozial- u. Wirtschaftsgeogr., 17), Regensburg
—; PAESLER, R.; RUPPERT, K. u. F. SCHAFFER (1977): Sozialgeographie. — 1. Aufl., Braunschweig
MARCINOWSKI, B. (1983): Auswirkungen von Streckenstillegungen dargestellt am Beispiel von Nebenbahnen in Bayern. — (= Nürnberger Wirtschafts- u. Sozialgeogr. Arb., 35). Nürnberg
MATHIS, H. (1978): Eiertanz um defizitäre Nebenbahnen, Entscheidung wieder verschoben. — Die Presse, 9198, 9. Wien
MATZNETTER, J. (1953a): Die geographischen und historischen Grundlagen des österreichischen Eisenbahnwesens. — Geogr. Rdsch., 5, 10, 379—382
— (1953b): Grundfragen der Verkehrsgeographie. — Mitt. d. Geogr. Ges. Wien, 95, 109—124
MAYER, O. (1928): Entwicklung und Neuordnung der österreichischen Bundesbahnen. (Ein Beitrag zur Geschichte Deutsch-Österreichs und zur Anschlußfrage). — (= Münchner volkswirt. Stud., NF 5), Jena
— (1951): Begriff und Arten der Eisenbahnen. — Der Eisenbahner, 4, 2, 14 f.
MECHTLER, P. (1970): Die k. u. k. privilegierte Vorarlberger Bahn. — Montfort, 22, 2, 103—128. Dornbirn
MEDERT, K. (1968): Interessen der Raumordnung bei Betriebseinschränkungen der Dt. Bundesbahn. — Die Bundesbahn, 42, 752—757
MEINE, K.-H. (1967): Darstellung verkehrsgeographischer Sachverhalte. (Ein Beitrag zur thematischen Verkehrsgeographie). — (= Forsch. z. dt. Landesk., 136), Bad Godesberg
MENEDETTER, M. (1971): Österreichisches Eisenbahnwesen im 19 Jahrhundert. — Diplomarbeit, Univ. Wien

MEUSBURGER, P. (1975): Paznaun-Montafon-Klostertal. Ein landeskundlicher Überblick. — In: Tirol. Ein geographischer Exkursionsführer (= Innsbrucker Geogr. Stud., 2, 281—308). Innsbruck
MISSBACH, H. K. (1979): Eisenbahnen in Tirol. — Stuttgart
MISSELWITZ. A. (1956): Der Wettbewerb zwischen Eisenbahn und Kraftwagen und die dt. Verkehrspolitik. — Diss., Basel
MOLLOW, H. J. (1972): Die Lokalbahnen im Steigerwald und der Fränkischen Alb. — Erlangen
Montafonerbahn AG (Hrsg.) (1983a): Montafonerbahn Bludenz-Schruns. Informationsblätter für den Eisenbahnfreund. — Schruns
— (1983b): Montafonerbahn Bludenz-Schruns — Fahrtbeschreibung. — Schruns
MOSER, A. (1980): Stainzer Bahn nur mehr Vergnügungsbahn. — Eisenbahn, 5, 84—85
MÜLLER, A. (1976): Die Eisenbahnen in Salzburg. Geschichte der Schienen- und Seilbahnen. — Salzburg
MÜLLER, H. (1955): Kann die Schmalspurbahn durch Umspurung wirtschaftlicher gestaltet werden? — Verkehr und Technik, 8, 5, 131
MÜLLER, J. H. u. M. DRUDE (1971): Eigenwirtschaftlichkeit der Eisenbahnen und aktive Sanierung ländlicher Räume — ein Zielkonflikt? — Z. f. Verkehrswiss., 42, 162—173
MUHR. A. (1976): Der feurige Elias. Europas kleine Bahnen. — Wien
MUTH, E. (1970): Das Problem der Zentralen Orte im Bregenzerwald. — (= Beitr. z. alpenländischen Wirtschafts- u. Sozialforsch., 33), Innsbruck
NAGEL, F. N. (1977): Methodische Untersuchung stillgelegter Eisenbahnstrecken. Ein Beitrag zur Erfassung rezenten Kulturlandschaftswandels (mit Beispielen aus Schleswig-Holstein). — In: Ber. z. dt. Landesk., 51, 93—108
— (1981): Die Entwicklung des Eisenbahnnetzes in Schleswig-Holstein und Hamburg unter besonderer Berücksichtigung der stillgelegten Strecken. — Mitt. d. Geogr. Ges. Hamburg, 71. Wiesbaden
NAVÉ, H. (1973): Dampflokomotiven in Österreich. — Stuttgart
NEBELUNG, H. (1967): Der Raumbedarf der Schienenbahnen. — In: Der Raumbedarf des Verkehrs (= Forschungs- u. Sitzungsber. f. Raumforsch. u. Landesplanung, 37, 39 ff.). Hannover
NEUNER, A. (1985): Fremdenverkehr in Seefeld. — Diplomarbeit, Univ. Innsbruck
NEYER, U. (1964): Die Auswirkungen des Fremdenverkehrs auf das Bergbauerntum im Montafon. — Staatsarbeit, Univ. Innsbruck (unveröff.)
NIEL, A. (1976): Landpartie auf steiler Strecke. Die Achenseebahn in Tirol. — Klagenfurt
NOWOTNY, F. (1907): Die Besiedlungsverhältnisse des oberen Murtales. — Iglau
Österreichische Bundesbahnen (Hrsg.) (1937): Die österreichischen Eisenbahnen 1837—1937. — Wien
— (1963): Geschichte und Technik der österreichischen Eisenbahnen. — Almanach der österreichischen Eisenbahnen, 32, 301—331
— (1975): Unternehmenskonzept 1975—1985. — Wien

— (1982): Betriebsanalyse der Strecke Bregenz — Bezau. — Wien (unveröff.)
Österreichische Bundesbahnen, Direktion Linz (Hrsg.) (1968): 75 Jahre Schafbergbahn 1893—1968. — Linz
Österreichisches Institut für Raumplanung (ÖIR) (Hrsg.) (1979): Untersuchung raumbezogener Probleme der Fremdenverkehrsentwicklung im Montafon. — (Bearb.: H. Tiefenthaler u. P. Haimayer). Wien
— (1980): Die regionalpolitische Bedeutung der Schmalspurbahn Weiz — Birkfeld — Ratten. — (Verfaßt i. A. d. Fachabteilung Ib d. Amtes d. Steiermärkischen Landesregierung). Wien
Österreichische Raumordnungskonferenz (ÖROK) (Hrsg.) (1980): Die Nebenbahnen in Österreich — ihre verkehrs- und raumwirtschaftliche Bedeutung. — (Schriftenreihe 22 a-f). Wien
Österreichische Volkspartei (Hrsg.) (1981): Vorrang für den Pinzgau (Pinzgauer Verkehrsenquete des ÖVP-Landtagsklubs). — (= Schriftenreihe d. Salzburger ÖVP, 13), Salzburg
— (1982): Lungauer Verkehrsenquete. Das Problem aus der Sicht der Betroffenen. — (= Schriftenreihe d. Salzburger ÖVP, 15), Tamsweg
PARTZSCH, D. (1964): Zum Begriff der Funktionsgesellschaft. — Mitt. d. Dt. Verbandes f. Wohnungswesen, Städtebau u. Raumplanung
PASCHER, K. (1904): Das Lokalbahnwesen in Österreich. — (Schr. über Verkehrswesen, 1, 5)
PAWLIK, H. P. u. J. SLEZAK (1979): Schmalspurig nach Mariazell. — Wien
PELTZMANN, A. (1968): Steiermärkische Landesbahnen. — Steirische Ber., 3, 227—229
PERNER, A. (1981): Convolutum „Der Bürgermeister von Tamsweg." — (Denkschrift). Tamsweg
PENZ, H. u. K. RUPPERT (1975): Achensee — Tegernsee. Freizeitverhalten als landschaftsgestaltender Faktor. — In: Tirol. Ein geographischer Exkursionsführer (= Innsbrucker Geogr. Stud., 2, 113—130). Innsbruck
PEYKER, H. (1979): Mögliche regionale Auswirkungen der beabsichtigten Einstellung der Schmalspurbahn Birkfeld — Ratten. — (Studie erstellt i. A. d. Amtes d. Steiermärkischen Landesregierung). Graz (unveröff.)
PILLINGER, R. (1965): Die Frühgeschichte der Salzburger Eisenbahnen. — Diss., Salzburg
PIPPAN, T. (1953): Bahnstrecke Zell am See — Krimml. Geographischer Führer für die Reise mit der Pinzgauer Lokalbahn in den Oberpinzgau. — Wien
PIRATH, C. (1932): Die Eisenbahnen und ihre Stellung in der neuzeitlichen Entwicklung der Verkehrsmittel. — Verkehrstech. Woche, 39 (Sonderdruck)
PLANER, K. (1970):Der Fremdenverkehr Nordtirols. — Diss., Wien
PLATTER, — (1905): Stubaitalbahn. — Innsbruck
PLATZER, G. (1984): Bessere räumliche Integration durch Verkehrsorganisationsmaßnahmen: Kooperationsmöglichkeiten des Personenverkehrs im ländlichen Raum. — In: Verkehr im ländlichen Raum (= Spezial, 8, 159—188). Wien
POHLENZ, L. (1959): Der Einfluß von Nebenbahnstillegungen auf die Ertragsfähigkeit der Bundesbahn. — Eisenbahntech. Rdsch., 8, 3, 131

— (1962): Wert oder Unwert der Nebenbahnen im modernen Verkehrsnetz. — Die Bundesbahn, 36, 142—156
POLIFKA, R. W. (O. J.): Quer durch die Martinswand. Die neue Mittenwaldbahn. — Neue freie Presse
POLLASCHECK, D. (1959): Überlegungen, die für und gegen die Auflassung von Nebenbahnen sprechen. — Diss., Wien
POLSTER, R. (1984): Verbessertes Verkehrsangebot im ländlichen Raum: Interessen der Land- und Forstwirtschaft. — In: Verkehr im ländlichen Raum (= Spezial, 8, 55—61). Wien
POPPEN, G. (1948): Untersuchungen über das Rentabilitätsproblem bei Eisenbahnen unter besonderer Berücksichtigung der Salzkammergutlokalbahn. — Diss., Salzburg
PÖSCHMANN, A. (1930): Das österreichische Eisenbahnwesen. — Öst. Eisenbahnwesen, 9—14
POTOTSCHAN, M. (1962): Aus der Chronik der Murtalbahn. — Murtaler Z. (Jubiläumsausgabe, 9. 6. 1962, 1 ff.)
POTTGIESSER, H. (1958): Welche Nebenbahnen soll man stillegen? — Eisenbahntech. Rdsch., 7, 420 ff.
— (1963): Was ist der Zubringerwert einer Eisenbahnstrecke? — Arch. f. Eisenbahnwesen, 73, 150—172
Preußischer Minister für öffentliche Arbeiten, Bayerischer Staatsminister für Verkehrsangelegenheiten und Eisenbahn-Zentralbehörden anderer Dt. Bundesstaaten (Hrsg.) (1911): Das dt. Eisenbahnwesen der Gegenwart, Bd. I u. II. — Berlin
PRIX, H. (1979): Österreichs Museumsbahnen. — (= Eisenbahnsammelheft 12), Wien
PROCHASKA, K. (Hrsg.) (1899): Geschichte der Eisenbahnen der Österreichisch-ungarischen Monarchie, Bde. 1—6. — Wien, Teschen, Leipzig
PUMPERNIG, M. (1984): Kleinregion Murau — Entwicklungskonzept, Entwurf. — (Verfaßt i. A. d. Steiermärkischen Landesregierung). Graz (unveröff.)
QUENDLER, T. (1974): Die Verkehrsbedienung im ländlichen Raum. — Mitt. d. öst. Inst. f. Raumordnung, 90. Wien
RAFFER, K. (1976): Entwicklungsmöglichkeiten von Berggebieten an Staatsgrenzen, dargestellt am Kärntner Gail- und Lesachtal. — Diss., Wien
RAOS, J. (1981): Berufs-Pendler im Bundesland Salzburg. 1. Teil: Pendlerströme. 2. Teil: Erwerbsneigung und Pendlerverhalten. — (Hrsg.: Amt d. Salzburger Landesregierung, Abt. VII). Salzburg
RASTL, R. (1981): Die Stubaitalbahn. — (= Bahn im Bild, 19), Wien
REINITZ, M. (1903): Rücklösung und Heimfall der österreichischen Eisenbahnen. — Wien
REITBAUER, O. (1948): Eisenbahnen und Kraftwagen in Österreich. — Diss., Graz
REPP, K. (1929): 25 Jahre Stubaitalbahn. — In: Tirol, Natur, Kunst, Volk, Leben, 2, 6, 26 ff.
RHOMBERG, I. (1946): Die Stubaier Kleineisenindustrie. — Diss., Innsbruck

RIEHL, J. (1899): Programm für die Herstellung der Stubaitalbahn; vorgetragen von Herrn Ing. J. Riehl in der Versammlung des Straßen- und Bahnkomités zu Mieders am 16. 07. 1899. — Mieders
— (1902): Allgemeines über die Innsbruck-Mittenwalderbahn (Scharnitzerlinie). — Vortrag im tech. Club Innsbruck am 3. 2. 1902 (Teil 1 u. 2). — Innsbruck
— (1903): Vintschgauer und Fernbahn in Beziehung zur Scharnitzer Linie. — Innsbruck
ROCKELMANN, U. (1980): Die Stillegung von Nebenstrecken der DB als Problem der Kosten-Nutzen-Analyse. — Diplomarbeit, Univ. Berlin
ROHDE, W. (1952): Die wirtschaftliche Bedeutung der Nebenbahnen für die Dt. Bundesbahn. — Eisenbahntech. Rdsch., 1, 246—252
RONGE, C. (1983): Unrentable Nebenlinien als „Lebensadern". Verkehrsverbund soll Pendlern helfen. — Die Presse. 10 636, 9. Wien
ROTHKEGEL, J. (1976): Die Reschenscheideckbahn und ihre geplanten Anschlußprojekte nach Norden und Süden. — Augsburg
RUSSOLD, K. (1968): Der Fremdenverkehr in der Steiermark. — Diss., Innsbruck
SALGE, D. (1982): Erkenntnisse und Bekenntnisse in der Nahverkehrsplanung. — In: Erkenntnisse und Bekenntnisse in der Nahverkehrsplanung (= Bundesministerium f. Bauten u. Technik, Straßenforschung, Bundesstraßenverwaltung, 178, 79—83). Wien
SANDNER, G. (1958): Die verschiedenen raumdifferenzierenden Wirkungen von Eisenbahn und Autobuslinien. — Petermanns Geogr. Mitt., 102, 104—112
SCHACHERL, R. (1978): Verkehrsanalyse des öffentlichen Personennahverkehrs und des Individualverkehrs für den Raum südliches Achenseegebiet. — Diplomarbeit, Univ. Innsbruck
SCHANTL, M. (1952a): Grundtatsachen zur Verwaltungsform des österreichischen Eisenbahnnetzes. — In: Gegenwartsprobleme des Verkehrs, 38—56. Wien
— (1952b): Pläne der Verkürzung der Eisenbahnlinien über die Alpen. — Mitt. d. Geogr. Ges. Wien, 94, 5/8, 194—210
— (1961): Eisenbahnprojekte in Tirol. — In: Tiroler Wirtschaftsstud., 10, 231—254. Innsbruck
— (1964): Gedanken über die Koordinierung technischer und wirtschaftlicher Fragen bei den österreichischen Eisenbahnen. — Eisenbahntech. Rdsch., 12, 531—538
SCHATZ, H. J. (1952): Das Koordinierungsproblem der Verkehrsbetriebe. (Eine betriebswirtschaftliche Betrachtung). — Diss., Innsbruck
SCHEIDL, L. (1970): Österreichs Verkehrslage, Verkehrseignung, Verkehrsabwicklung. — In: Geographie und Wirtschaftsentwicklung, Teil 1, 9—61. Wien
— u. H. LECHLEITNER (1978): Österreich. Land, Volk, Wirtschaft in Stichworten. — 3. Aufl., Wien
SCHLIEPHAKE, K. (1973): Geographische Erfassung des Verkehrs. (Ein Überblick über die Betrachtungsweisen des Verkehrs in der Geographie mit

praktischen Beispielen aus dem mittleren Hessen). — (= Gießener Geogr. Schr., 28), Gießen
— (1984): Streckenstillegungen in der Rhön und ihre Auswirkungen auf den Zentralen Ort Würzburg. — Würzburg heute, 37, 24—28
SCHMEISS-KUBAT, M (1975): Innsbrucker Mittelgebirge. — In: Tirol. Ein geographischer Exkursionsführer (= Innsbrucker Geogr. Stud., 2, 67—78). Innsbruck
SCHMID, D. (1950): Staat und Eisenbahn in Österreich. — Diss., Graz
SCHMID, J. (1980): Die Bedeutung der Fremdenverkehrsbahnen für Österreichs Wirtschaft. — Diss., Wien
SCHMIDJELL, R. (1971): Gutachten über die Struktur und die zukünftige Entwicklung der Wirtschaft des Pinzgaues. — Salzburg (unveröff.)
SCHWARZ; A: (1974): Heimatbuch Egg/Bregenzerwald/Vorarlberg. — Egg
SCHWARZL, J. (1957): Zum Werden der österreichischen Eisenbahn. — Horn
SCHWARZWEBER, — (1904): Die Stubaitalbahn. — Mitt. d. öst. Alpenver., 169
SCHWEISGUT, R. (1976): Die Bildung von Fremdenverkehrszentren, modellhaft dargestellt am Beispiel Tirol. — Diss., Innsbruck
SCHWERZLER, F. (1977): Öffentliche Massenverkehrsmittel im Zielverkehr zu ausgewählten Fremdenverkehrsgemeinden in Vorarlberg und Graubünden. Untersuchung über Inanspruchnahme und Angebot. — Diplomarbeit, Univ. Wien
SEEFELDNER, E. (1961): Salzburg und seine Landschaften. — Salzburg
SEIDENFUSS, H. (1976): Streckenstillegung, Güterverkehr und Ersatzlösungen. — In: Infn. z. Raumentwicklung, 4/5, 219—225
— (1984): Der ländliche Raum in der Verkehrspolitik. — In: Verkehr im ländlichen Raum (= Spezial, 8, 1—8). Wien
SEIDLER, E. (1950): Fünf Jahre Wiederaufbau österreichischer Bundesbahnen 1945—1950. — Wien
SIMETZBERGER, R. (1979): Untersuchungskriterien über die Feststellung der Bedeutung von Nebenbahnen. — Diplomarbeit, Univ. Innsbruck
SLEZAK. J. O. u. H. STERNHART (1960): Die 100jährige GKB (Graz-Köflacher Eisenbahn) — ein Leckerbissen für Eisenbahnfreunde. — Wien
SONNENSCHEIN, S. (1887): Zur Nebenbahnfrage in Österreich. — Berlin
Stand Montafon (Hrsg.) (1974): Montafoner Heimatbuch. — Bregenz
Steiermärkische Landesbahnen (Hrsg.) (1969): Murtalbahn-Expreß. — Murtalbahn Z., Murau
— (1984a): Informationsbroschüre zu den Steiermärkischen Landesbahnen. — Graz
— (1984b): 90 Jahre Murtalbahn. — Graz
Steiermärkisches Landes-Eisenbahnamt (Hrsg.) (1910): Sonderbestimmungen zum Eisenbahn-Betriebsreglement sowie Tarife und Tarifbestimmungen für den Betrieb der Schmalspurlinien der Stmk. Landesbahnen Preding — Wieselsdorf — Stainz, Pötschach — Gonobitz, Kapfenberg — Au — Seewiesen. — Wien

STEMER, S. (1974): Bevölkerung und Wirtschaft im Montafon mit besonderer Berücksichtigung der Vorarlberger Illwerke. — 1. Staatsexamensarbeit für das Lehramt an Gymnasien, Univ. Innsbruck (unveröff.)

STERNHART, H. u. a. (1977): Niederösterreichische Südwestbahn. — Int. Arch. f. Lokomotivgesch., 25. Wien

STICKLER. H. (1978): Schienennahverkehr im Raum Innsbruck. — (Arbeitsbericht, erstellt i. A. d. Amtes d. Tiroler Landesregierung). Innsbruck

— (1982): Öffentlicher Regionalverkehr im Raum Innsbruck. — (Arbeitsbericht, erstellt i. A. d. Amtes d. Tiroler Landesregierung). Innsbruck

STÖCKER, K. (1984): Wie können die verschiedenen verkehrspolitischen Maßnahmen zur Entwicklung des ländlichen Raumes koordiniert werden? — In: Verkehr im ländlichen Raum (= Spezial, 8, 207—216). Wien

STOCKKLAUSNER, J. (1978): Schafbergbahn. — Wien

STÖFFELMAYR. K. (1968): Wieder einmal mit der Dampflok fahren. — Steir. Ber., 3, 229

STOLZ, C. (1964): Die Entwicklung des Zugförderungsdienstes der ÖBB seit 1945. — Eisenbahntechn. Rdsch., 12, 574—581

SUPLETZKY, W. (1968): Betriebs- und Arbeitskräftestruktur von Fremdenverkehrsgemeinden in Tirol. — Diss., Wien

Taurachbahngesellschaft (Hrsg.) (1983): Abhandlung zum Problem der schienengleichen Kreuzung von Straßen und Schienenbahnen, die nicht dem Eisenbahngesetz unterliegen. — Murau

TEZAK, S. (1980): Graz-Köflacher Bahn. Teil 1 u. 2. — Bahn im Bild, 14. Wien

— (1980b): Die Landesbahn Preding — Wieselsdorf — Stainz. — Schienenverkehr aktuell, 4, 15—20

THOMAS, R. D. (1971): Cost-Benefit-Analysis of Railway Closures. — In: Chartered Institute of Transport, 34, 4, 228—233

THURNER, H. (1924): Ein Beitrag zur Volkswohlfahrt: West-Tirols Lebensnerv. Die Fernbahn, eine neue Nord-Südlinie Deutschland — Italien. — Imst

— (1939): Tirols Achenseebahn in Gefahr. — Innsbruck

— (1940): Tirol im Brennpunkt transalpiner Schienenwege. Brennerbahn, Arlbergbahn, Karwendelbahn. — Innsbruck

TIEFENTHALER, H. (1972): Natur und Verkehr auf der Arlberg-Westseite. — (= Innsbrucker Geogr. Stud., 1), Innsbruck

— (1981): Touristisches Erschließungskonzept für das Montafon. — Montfort, 1

TRAUTWEIN, — (1891): Alpenbahnen und Alpenbahnprojekte. — Alpenfreund, 37

TREMEL, F. (1946): Schiffahrt und Flößerei auf der Mur. — Graz

VAVROVSKA, G. (1949): Das österreichische Parlament und die Entstehungsgeschichte der Eisenbahnen unter besonderer Berücksichtigung der Jahre 1867—1914. — Wien

VOIGT, F. (1959): Die gestaltende Kraft der Verkehrsmittel in wirtschaftlichen Wachstumsprozessen. — Bielefeld

— (1965): Verkehr. Bd. I u. II. — 1. Aufl., Berlin

— ; DICK, W. u. R. NEUMANN (1977): Die Straße — eine Alternative für die Stillegung von Nebenstrecken der Bundesbahn? (= Schriftenreihe d. Ges. f. Wirtschafts- u. verkehrswiss. Forsch. e. V. Bonn, 38), Bonn
— u. W. DICK (1981): Ansatzpunkte einer Rentabilitätssteigerung im Schienenverkehr. — (= Schriftenreihe d. Ges. f. Wirtschafts- u. verkehrswiss. Forsch., 44), Königswinter
VOSAHLO, R. (1971): Aktuelle Straßenverkehrsprobleme in Vorarlberg. — Diss., Wien
VOPPEL, G. (1980): Verkehrsgeographie. — 1. Aufl., Darmstadt
WAGNER, G. (o. J.): Die ÖBB heute. Eisenbahn zwischen Burgenland und Bodensee. — Franckhs Eisenbahnbuch
WAGNER, Gerh. (1968): Das wettbewerbspolitische Problem Schiene-Straße im österreichischen Güterverkehr. — Diss., Innsbruck
WALDBRUNNER, K. (1963): Die Veränderungen im Streckennetz und die Verkehrsveränderungen der österreichischen Eisenbahnen seit dem 1. Weltkrieg. — Diss., Wien
WARMUTH, H. (1984): Neue Verkehrssysteme für mehr Versorgungsqualität im ländlichen Raum. — In: Verkehr im ländlichen Raum (= Spezial, 8, 110—146). Wien
WEBER, H. (1919): Die Ertragswirtschaft der schweizerischen Nebenbahnen. — Berlin
WEGENSTEIN, P. (1979): Murtalbahn. Unzmarkt — Murau — Mauterndorf. — (= Eisenbahnsammelheft, 11), Wien
— (1983): Österreichische Eisenbahnstrecken. — Wien
WEHINGER, F. (1984): Die Geschichte und wirtschaftliche Bedeutung der Montafonerbahn. — Staatsarbeit f. d. Lehramt an Gymnasien, Bregenz, Innsbruck (unveröff.)
WEIGELT, H. (1976): Funktionen des öffentlichen Nahverkehrs und des Individualverkehrs in den Nahverkehrssystemen. — Der Nahverkehr, 18—28
WINSAUER, R. (1961): Strukturuntersuchung Vorarlbergs. — Diss., Innsbruck
Wirtschaftsgemeinschaft Bregenz (Hrsg.) (1975): Information der Bregenzer Wirtschaftsgemeinschaft. Bregenz-Report (Handel, Gastronomie, Gewerbe, Industrie) Nr. 1
WITTAS, H. (1974): Verkehr und Industrialisierung in der Mur-Mürz-Furche. Vom Beginn des Eisenbahnbaues bis zum Jahre 1914. — Diss., Wien
WITTEK, H. Ritter von (1912): Entwicklung und Funktion der Bahnen niederer Ordnung im Verkehrswesen. — Wien
WITTMANN, H. (1983): Privatbahnen in der Steiermark? Ja, gleich neun! —Kleine Z., Graz 11. 7. 1983, 7
WITZMANN, E. (1976): Nach Umfragen über Nebenbahnen, Einstellung nicht im Schnellzugtempo. — Die Presse, 8510, 4
WOITSCH, L. P. (1930): Nordtirol-Stubai. Eine Studie. — Wien
WOLDAN, E. (o. J.): Altösterreichische Eisenbahnen. — In: Ansicht der Ferdinands-Nordbahn. Wien
WOPFNER, H. (1933): Wandlungen des Verkehrsnetzes in den Ostalpenländern. — Geogr. Jahresber. aus Öst., 16, 132—256

WRESOUNING, G. (1949): Die Eisenbahnen der Steiermark. Ein Beitrag zur Verkehrsgeographie des Landes. — Graz
WURTHNER, H. B. (1968): Der Bregenzerwald als Industriestandort. — (= Beitr. z. alpenländischen Wirtschafts- u. Sozialforsch., 34), Innsbruck
WURZER, R. (1967): Die voraussichtlichen raumordnungspolitischen Auswirkungen von Rationalisierungsmaßnahmen für Nebenbahnstrecken. — Ber. z. Raumforsch. u. Raumplanung, 11, 2, 61—82
ZAJICEK, H. (1947): Geographische Grundlagen der Tiroler Eisenbahnen und ihre Elektrifizierung im Lichte der Betriebswirtschaft. — Diss., Wien
ZEHETGRUBER, H. (1970): Die Nebenbahnen der ÖBB — ein eigen- und volkswirtschaftliches Problem. — Nachrichtenbl. d. Generaldirektion der ÖBB, 7, 10—14. Wien
ZEHMANN, H. (1971): Die Zukunft des Eisenbahnpersonenverkehrs in Österreich. — Diss., Wien
ZIERL, H. (1969): Schwerpunktverkehr auf Schiene und Straße — gezeigt am Beispiel Vorarlberg. — Diss., Graz
ZIMPEL, H. G. (1958): Der Verkehr als Gestalter der Kulturlandschaft. — Zürich
ZINTEL, R. (1977): Bayerische Nebenbahnen. — Stuttgart
ZWANOWETZ, G. (1962): Die Anfänge der Tiroler Eisenbahngeschichte. Ein Beitrag zur Verkehrs- und Wirtschaftsgeschichte Österreichs in den Jahren 1835—1859. — (= Tiroler Wirtschaftsstud., 12), Innsbruck

Geschäftsberichte und Statistiken

Achenseebahn AG (Hrsg.): Geschäftsberichte. — Jenbach (laufende Jahre)
Amt der Salzburger Landesregierung (Hrsg.) (1981): Bundespendler im Bundesland Salzburg. — Salzburg
Amt der Steiermärkischen Landesregierung (Hrsg.) (1966): Die Straßen im politischen Bezirk Murau. (Eine statistische Betrachtung der Gemeinde- und sonstigen Straßen, ausgenommen Bundes- und Landesstraßen). — In: Steirische Statistiken, 10, 2, 77—95. Graz
—: Fremdenverkehrsstatistik der Gemeinden. — Graz (laufende Jahre)
Amt der Tiroler Landesregierung (Hrsg.) (1974): Statistisches Informationssystem für die Raumordnung im Lande Tirol (SITRO). Strukturdaten. — Innsbruck
—: Fremdenverkehrsstatistik der Gemeinden Tirols. — Innsbruck (laufende Jahre)
Bundesministerium für Verkehr (Hrsg.): Amtliche Eisenbahnstatistik der Republik Österreich, Bd. I u. II. — Wien (laufende Jahre)
Graz-Köflacher Eisenbahn- und Bergbaugesellschaft (Hrsg.): Geschäftsberichte. — Graz (laufende Jahre)
— Innsbrucker Verkehrsbetriebe (Hrsg.): Geschäftsberichte. — Innsbruck (laufende Jahre)

Institut für Verkehr und Tourismus (Hrsg.) (1982): Tiroler Verkehr in Zahlen. Statistik und Dokumentation. — (= Schriftenreihe C), Innsbruck

Österreichische Bundesbahnen (Hrsg.): Statistischer Wirtschaftsbericht. — Wien (laufende Jahre)

Österreichische Geographische Gesellschaft (Hrsg.) (1964): Pendelwanderungen in der Steiermark. — (Mitt. d. Öst. Geogr. Ges., 106), Wien

Österreichisches Statistisches Zentralamt (Hrsg.): Beiträge zur österreichischen Statistik; hier: Straßenverkehrszählungen im gesamten Bundesgebiet. — Wien (laufende Jahre)

—: Ergebnisse der Volkszählung vom 12. Mai 1981 im Rahmen der Beiträge zur österreichischen Statistik: Hauptergebnisse I — Kärnten (= Heft 630/3), —Salzburg (= Heft 630/6), — Steiermark (= Heft 630/7), — Tirol(= Heft 630/8), — Vorarlberg (= Heft 630/9); Hauptergebnisse II — Kärnten (= Heft 630/13), — Salzburg (= Heft 630/16), — Steiermark (= Heft 630/17), — Tirol (= Heft 630/18), — Vorarlberg (= Heft 630/19). Wien

—: Ergebnisse der Arbeitsstättenzählung vom 12. Mai 1981 im Rahmen der Beiträge zur österreichischen Statistik: Hauptergebnisse — Kärnten (= Heft 650/2), — Salzburg (= Heft 650/5), — Steiermark (= Heft 650/6), — Tirol (= Heft 650/7), — Vorarlberg (= Heft 650/8). Wien

— (1980): Der Fremdenverkehr in Österreich im Jahre 1979. — (= Beitr. z. öst. Statistik, Heft 536), Wien

— (1981): Statistisches Handbuch für die Republik Österreich 1980. — Wien

Stabsstelle Betriebswirtschaft der ÖBB, Generaldirektion Wien (Hrsg.): Betriebsleistungsstatistik der Österreichischen Bundesbahnen. — Wien (laufende Jahre)

Steiermärkische Landesbahnen (Hrsg.): Geschäftsbericht und Rechnungsabschluß. — Graz (laufende Jahre)

Stubaitalbahn AG (Hrsg.): Geschäftsbericht. — Innsbruck (laufende Jahre)

Vorarlberger Wirtschafts- u. Sozialstatistik. — Bregenz (laufende Jahre)

Lexika

ADLER, G. u. a. (Hrsg.) (1978): Lexikon der Eisenbahn. — Berlin

BERN, HEROLD, TRIEB (Hrsg.) (1977): Lexikon der Eisenbahnfreunde. — Luzern, Frankfurt

Österreich-Lexikon. — Wien 1965

RÖLL (1912): Enzyklopädie des gesamten Eisenbahnwesens. — Wien

Fahrpläne

Generaldirektion der ÖBB (Hrsg.): Das österreichische Kursbuch. — Wien (laufende Jahre)

Graz-Köflacher Eisenbahn- und Bergbaugesellschaft (Hrsg.): Eisenbahn- und Kraftfahrlinien der Weststeiermark, Fahrplan 1. 6. 1986—20. 5. 1987. — Graz

Excelsior Taschenfahrplan. Innsbruck (laufende Jahre)

Kursbuch für Autobusse, Österreich-West, 1981, 4

Montafonerbahn Bludenz-Schruns (Hrsg.): Fahrplan der Montafonerbahn 1984/85. — Schruns

Karten und Atlanten

Atlas der Eisenbahnen Deutschlands, Österreich-Ungarns, Belgiens, der Niederlande, Italiens und der Schweiz. Bearbeitet von W. Nietmann. Leipzig: Pfau 1886 u. 1906 (Nachdruck: Landsberg 1975)

Attaria's Eisenbahnkarte von Österreich-Ungarn. Wien 1912

Bobek, Hans: Atlas der Republik Österreich. Hrsg.: Kommission für Raumforschung der Österreichischen Akademie der Wissenschaften. Wien 1960—1980

Eisenbahn-Übersichtskarte von Österreich. Hrsg.: ÖBB, Wien 1985

Freytag & Berndt (Hrsg.): Österreichischer Oberstufenatlas. Wien 1981

ders. (Hrsg.): Wanderkarten im Maßstab 1:100 000 und 1:50 000, Wien

Kompass Wanderkarten im Maßstab 1:50 000, Wien, Innsbruck, München, Bozen

Palmer, Hermann (1949): Bahn-Atlas. Stuttgart 1949

Prochaska, Karl (1880): Eisenbahnkarte von Österreich-Ungarn. Wien 1880

Union Internationale des Chemins de Fer (Hrsg.) (1932): Atlas der europäischen Eisenbahnen. Paris 1932

Mündliche und schriftliche Auskünfte

Frau Martina Bacher, Fremdenverkehrsverein Stuhlfelden, Dampfzugbetriebsgesellschaft Pinzgauerbahn

Herr Mag. W. Fally, Salzburger Institut für Raumplanung

Herr Dipl.-Ing. Dr. Eberhard Franz, Graz

Herr Gerhard Geier, Bahnhofsvorstand im Bahnhof Zell am See

Herr Godschachner, Stabsstelle Betriebswirtschaft der ÖBB, Wien

Herr Hofrat Mag. Dr. Oskar Glanzer, Amt der Kärntner Landesregierung, Abt. Landesplanung, Klagenfurt

Herr Dr. Gerhard Gürtlich, Koordinationsstelle für Verkehrspolitik im Bundesministerium für öffentliche Wirtschaft und Verkehr, Wien

Herr Ing. Friedrich Haftel, Schriftführer beim Club 760, Verein der Freunde der Murtalbahn, Brand (Vorarlberg)

Herr Dipl.-Ing. Erich Heiss, Direktor der Zillertaler Verkehrsbetriebe AG, Jenbach

Herr Dipl.-Ing. Diethelm Judmaier, Amt der Tiroler Landesregierung, Innsbruck
Herr Dr. Kafka, Bundesministerium für öffentliche Wirtschaft und Verkehr, Wien
Herr Hofrat Dipl.-Ing. Sebastian Kienpointner, Präsident der Bundesbahndirektion Innsbruck
Herr Wirkl. Hofrat Dr. Kleindienst, Amt der Steiermärkischen Landesregierung, Referat Statistik, Graz
Herr Dr. Krafft-Ebing, Graz-Köflacher Eisenbahn- und Bergbaugesellschaft, Direktion der Verkehrsbetriebe, Graz
Herr Dr. Eduard Kunze, Geschäftsführer der Österreichischen Raumordnungskonferenz (ÖROK), Wien
Herr Ing. Wolfgang Leitner, Innsbrucker Verkehrsbetriebe AG, Stubaitalbahn AG, Innsbruck
Herr B. Mayer, Amt der Salzburger Landesregierung, Salzburg
Frau Mag. Gertrude Mras, Österreichische Akademie der Wissenschaften, Kommission für Raumforschung, Wien
Herr Mag. Emmerich Müller, Transportberatung, Bundesbahndirektion Innsbruck
Herr Dr. Ott, Amt der Tiroler Landesregierung, Landesbaudirektion, Innsbruck
Herr Alois Perner, Geschäftsführer des Fremdenverkehrs-Gebietsverbandes Lungau, Tamsweg
Herr Dr. Helmut Petrovitsch, Dozent an der Universität Innsbruck, Institut für Wirtschaftswissenschaften
Herr Ing. Anton Salzmann, Präsident des Verkehrsvereins Bregenz
Herr Otto Scheifinger, Betriebsleiter der Achenseebahn AG, Jennbach
Herr Dr. Schettek, Österreichische Bundesbahnen, Generaldirektion, Bibliothek, Wien
Herr Dr. Anton L. Schuller, Oberbibliotheksrat der Steiermärkischen Landesbibliothek am Joanneum, Graz
Herr Dr. Reinhard Schwarz, Amt der Steiermärkischen Landesregierung, Fachabteilung Ib (Raumplanung), Graz
Herr Dr. Sint, Amt der Tiroler Landesregierung, Abt. Ic, Landesplanung, Innsbruck
Herr Prof. Dr.-Ing. Gerd Steierwald, Ingenieurkonsulent für Bauwesen, Wien
Herr B. Helmut Tiefenthaler, Amt der Vorarlberger Landesregierung, Abt. Raumplanung, Bregenz
Herr Franz Troger, pensionierter Sachbearbeiter bei den Zillertaler Verkehrsbetrieben, Jenbach
Herr Fritz Wehinger, Bludenz
Herr Dipl.-Ing. Hermann Wilde, Betriebsführer der Montafonerbahn AG, Schruns
Herr Dr. Wittmann, Direktion der Steiermärkischen Landesbahnen, Graz
Herr Dr. Zauhar, Direktor der Steiermärkischen Landesbahnen, Graz
Herr Mag. Zöhrer, Bundesbahndirektion Linz